U0902828

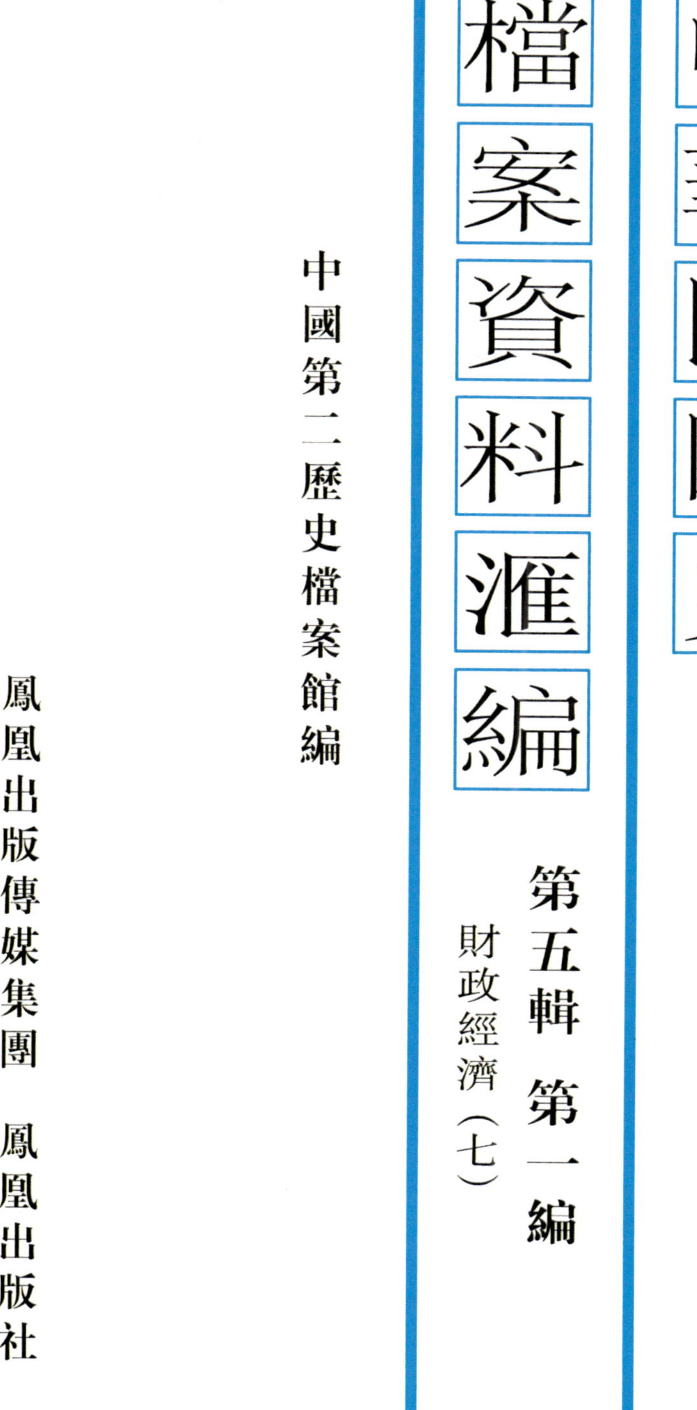

# 中華民國史檔案資料滙編

第五輯　第一編

財政經濟（七）

中國第二歷史檔案館編

鳳凰出版傳媒集團　鳳凰出版社

# 目　　录

## (二)地政改良

## (四)灾荒与救济

### 一、灾荒概况



### 二、灾荒救济

## 〔八〕商业

### (一)商业法规



### (二)国货运动

一、抵制外货

## (三)国内商业调查统计

# ［七］农　　业

## （一）农村经济危机与挽救对策

### 一、农村经济危机状况的调查

#### 1. 土地委员会关于全国土地分配状况的调查报告①

（1937年1月）

…………

第三章　土地分配

第一节　每户所有面积与地权集中程度

农家耕地，未必自有，而有地者，未必自耕，故每户所有面积与经营面积不同。兹据农家普查表统计之，将各省业主（即土地所有权人）平均每户所有面积，列为第二十表，每户所有面积大小各组户数及总面积之百分率列为第二十一表如下。

观第二十表　各省业主平均每户所有面积之大小，察绥最大，华北次之，华中及闽桂又次之，广东最小，与第十六表所载各省平均每户经营面积之大小有同一趋势。惟各省平均每户所有面积大多数较经营面积为小。

各省平均每户经营面积，本已太小，而所有面积更小。且观第二十一表，所有地不足五亩之业主，超过总户数三分之一，合

---

① 选自全国土地委员会1937年1月编《全国土地调查报告纲要》，沿用原标点。

# 第二十表各省业至平均每户所有面积

| 省别 | 县数 | 调査户数 | 所有总面积 | | | | 每户所有面积 | | | |
|---|---|---|---|---|---|---|---|---|---|---|
| | | | 水田（亩） | 旱地（亩） | 其他（亩） | 合计（亩） | 水田（亩） | 旱地（亩） | 其他（亩） | 合计（亩） |
| 江苏 | 12 | 170635 | 1085145.053 | 1274446.325 | 271319.397 | 2630910.775 | 6.359 | 7.469 | 1.590 | 15.418 |
| 浙江 | 15 | 81464 | 460001.042 | 120497.293 | 163474.117 | 743972.452 | 5.647 | 1.479 | 2.007 | 9.133 |
| 安徽 | 12 | 68658 | 475848.793 | 544693.845 | 65511.547 | 1086054.185 | 6.931 | 7.933 | 0.954 | 15.818 |
| 江西 | 5 | 22482 | 155615.826 | 22337.608 | 14025.787 | 191979.221 | 6.922 | 0.994 | 0.624 | 8.539 |
| 湖南 | 14 | 183849 | 1164700.642 | 232092.083 | 829392.287 | 2226185.012 | 6.167 | 1.229 | 4.392 | 11.788 |
| 湖北 | 11 | 90636 | 462725.196 | 356349.229 | 175564.023 | 994638.448 | 5.105 | 3.932 | 1.937 | 10.974 |
| 河北 | 23 | 151782 | 166206.493 | 2764293.445 | 261929.941 | 3192429.879 | 1.095 | 18.212 | 1.726 | 21.033 |
| 山东 | 18 | 225001 | 10110.294 | 3116548.239 | 224773.947 | 3351432.480 | 0.045 | 13.851 | 0.999 | 14.895 |
| 河南 | 12 | 129996 | 170161.807 | 1882750.530 | 142379.890 | 2195292.227 | 1.309 | 14.483 | 1.095 | 16.887 |
| 山西 | 2 | 6285 | 19343.324 | 209475.708 | 15601.212 | 244420.244 | 3.078 | 33.329 | 2.482 | 38.889 |
| 陕西 | 12 | 55433 | 52045.409 | 1096888.940 | 78010.746 | 1226895.095 | 0.939 | 19.787 | 1.407 | 22.133 |
| 察哈尔 | 1 | 1344 | 2106.778 | 270460.476 | 52869.197 | 325436.451 | 1.568 | 201.235 | 39.337 | 242.140 |
| 绥远 | 2 | 2560 | 7715.727 | 215036.016 | 79483.768 | 302235.511 | 3.014 | 83.998 | 31.048 | 118.061 |
| 福建 | 10 | 69620 | 356107.794 | 149315.189 | 52896.676 | 558319.659 | 5.115 | 2.145 | 0.760 | 8.020 |
| 广东 | 2 | 6081 | 16345.683 | 3781.282 | 161.854 | 20288.819 | 1.131 | 0.260 | 0.004 | 1.395 |
| 广西 | 12 | 24175 | 224980.065 | 73414.738 | 61571.662 | 359966.465 | 9.306 | 3.037 | 2.547 | 14.890 |
| 总计 | 163 | 1295001 | 4829159.926 | 12332330.946 | 2488966.051 | 19650456.923 | 3.729 | 9.523 | 1.922 | 15.174 |

第二十一表　每户所有面积大小各组户数及总面积之百分率

| 组别 | 业户 | | 人口 | | 所有总面积 | | 每户平均 | 每人平均 |
|---|---|---|---|---|---|---|---|---|
| | 户数 | % | 人数 | % | 亩数 | % | 所有亩数 | 所有亩数 |
| 5亩以下 | 461128 | 35.61 | 2039291 | 28.64 | 1216792.705 | 6.21 | 2.639 | 0.597 |
| 5—9.9 | 310626 | 23.99 | 1571302 | 22.06 | 2244605.692 | 11.42 | 7.226 | 1.429 |
| 10—14.9 | 170604 | 13.17 | 960970 | 13.49 | 2089742.768 | 10.63 | 12.249 | 2.175 |
| 15—19.9 | 103468 | 7.99 | 636378 | 8.94 | 1802062.836 | 9.17 | 17.417 | 2.832 |
| 20—29.9 | 106399 | 8.22 | 716090 | 10.05 | 2589018.364 | 13.17 | 24.333 | 3.615 |
| 30—49.9 | 80333 | 6.20 | 617191 | 8.67 | 3053077.956 | 15.54 | 38.005 | 4.947 |
| 50—69.9 | 28094 | 2.17 | 243292 | 3.42 | 1646172.868 | 8.38 | 58.594 | 6.766 |
| 70—99.9 | 17029 | 1.31 | 159465 | 2.24 | 1406770.576 | 7.16 | 82.610 | 8.822 |
| 100—149.9 | 9349 | 0.72 | 93107 | 1.31 | 1123858.701 | 5.71 | 120.212 | 12.071 |
| 150—199.9 | 3146 | 0.24 | 33714 | 0.47 | 541019.550 | 2.76 | 171.971 | 16.047 |
| 200—299.9 | 2587 | 0.20 | 26520 | 0.37 | 623341.887 | 3.17 | 240.952 | 23.505 |
| 300—499.9 | 1368 | 0.11 | 14468 | 0.20 | 517644.109 | 2.63 | 378.395 | 35.779 |
| 500—999.9 | 674 | 0.05 | 7523 | 0.11 | 452839.923 | 2.30 | 671.869 | 60.194 |
| 1000亩以上 | 196 | 0.02 | 2316 | 0.03 | 343510.353 | 1.75 | 1752.604 | 148.321 |
| 总计 | 1295001 | 100.00 | 7121627 | 100.00 | 19650458.288 | 100.00 | 15.174 | 2.759 |

之五亩以上至不足十亩者，几占总户数十分之六；再合之十亩以上至不足二十亩者，则逾十分之八；而百亩以上之业主，仅占总户数百分之一强；千亩以上者仅占总户数五千分之一。可见我国业主大多皆有地甚少。虽五十亩以上之业主，不及总户数二十分之一，而其所有地占总面积三分之一，几与占总户数中十分之八不足二十亩之业主所有土地面积（占总面积36.46％）相等，分配显然不均。然百亩之家，在华中华南比较上似已不小，在察绥则不大，访之欧美更嫌小，而据第二十一表推算之，总面积之三分之二在不足五十亩之业主之手，合之五十亩以上至不足百亩者，所有土地超过总面积五分之四，而千亩以上业主所有之土地，则不及总面积百分之二。可知土地尚无甚集中现象，惟显见大多数业主所有土地太少而已。

以上系就农家普查表统计之，普查表限于乡村住户，而大业主往往住居城镇，即此犹不足以窥地权分配之全。县调查表中曾有一项，询问最大地主有若干户，各有地若干亩。有报告者八十九县。各县答案所有之标准不一，或以百亩以上为大地主，或以千亩以上为大地主，每户所有面积仅系约数，不能籍作确切之比较，然亦可以觇其大概，以补普查表之不足。兹据以列为第二十二表如下。（见下页）

观上表，地主之大者，有地数千亩至数万亩，在若干地方，确有严重之土地集中现象。惟就全国言之，大地主户数比较的甚少，其所有地占全国耕地总面积之百分率甚低，除少数特殊地方外，尚无十分严重之地权集中问题。

### 第二节　自耕与租佃之多寡

有地者自耕，而耕者自有其地，自为最合理想之地权分配。然如上节所述，大体虽无土地过于集中现象，而各业主所有，多寡不一，显然失均。且上节系就有地之业主言之，无土地之农户，尚未计算在内。无地或虽有地而太少者，欲为有利之耕作，则必

第二十二表 各省大地主所有面积之一斑

| 省别 | 县数 | 大地主户数 | 每户所有面积之最大最小额 |
|---|---|---|---|
| 江苏 | 8 | 117 | 1000—30000 |
| 浙江 | 13 | 242 | 300—5000 |
| 安徽 | 9 | 81 | 500—10000 |
| 江西 | 2 | 34 | 100—1000 |
| 湖南 | 11 | 122 | 100—10000 |
| 湖北 | 3 | 157 | 500—1000 |
| 河北 | 18 | 242 | 300—10000 |
| 山东 | 4 | 49 | 500—2000 |
| 河南 | 8 | 72 | 500—4500 |
| 陕西 | 8 | 148 | 500—10000 |
| 福建 | 5 | 281 | 300—7000 |
| 总计 | 89 | 1545 | 300—30000 |

租种他人之田，于是产生租佃关系。租佃之多寡，更足表示地权分配均否之程度。欲考租佃之多寡，可从三方面观察之：(1) 自耕农与佃农户数之比较，(2) 各种农户自有自用及佃耕面积之多寡，(3) 自耕与租佃总面积之比较。

我国土地碎割，乡村住户与地权形态之关系，颇为复杂，不能截然分为地主、佃农、自耕农三类。据本会调查，约可分为十类如下：

1. 地主　有地不自耕而出租者。

2. 地主兼自耕农　有地自耕一部分而出租一部分。

3. 地主兼自耕农兼佃农　有地自耕一部分，出租 部分，而同时又佃耕他人土地者。

4. 地主兼佃农　有地出租而反佃耕他人土地者。

5. 自耕农　有地而完全自耕者。

6. 自耕农兼佃农　有地自耕而同时佃耕他人土地者。

7. 佃农　无地而佃耕他人土地者。

8. 佃农兼雇农　无地而佃耕他人土地，并同时受雇于人者。

9. 雇农　无地而受雇于人，从事农作者。

10. 其他　无耕地，亦不从事农作者。

依照此种分类法，据农家普查表统计之，十类户数之百分率如下列第二十三表。

观第二十三表，全国总计，纯粹地主只占百分之二强，自耕农几及半数，而佃农占六分之一弱，或约当自耕农之三分之一；即以佃农及自耕农兼佃农及地主兼佃农等合并计算，犹只及纯粹自耕农百分率之四分之三强；雇农百分率甚少。可知自耕农最为普通；农村凋敝泰半由于自耕农之困苦，而非尽由佃农所引起。惟分省言之，亦间有佃农多于自耕农者。大抵华北自耕农百分率最高，达百分之七十左右，而佃农约占百分之六左右；华中自耕农约占三分之一，佃农约占五分之一强；广东则自耕农不及四分之一，而佃农户数几当自耕农之两倍半。若再分县言之，则相差更甚，有自耕农户数占百分之八九十者，有佃农户数占百分之八九十者。

各类地权形态户自有、自用及承租地之多寡，及各省自耕与租佃面积之比较，据农家普查表统计之，分列为第二十四、二十五两表如下。

观第二十四、五两表，可得数种重要现象如下：(1) 地主兼自耕农，其出租面积稍多于自耕面积，即约出租其所有面积之半。(2) 地主兼自耕农兼佃农，其承租面积不若出租之多，盖偏于地主性质，而地主兼佃农则承租多于出租，偏于佃农性质。(3) 自耕农兼佃农，其承租面积与自耕面积约略相等，诚可谓之半自耕农。(4) 出租面积中，属于地主者不及地主兼自耕农之多，盖以

（下转11页）

## 第二十三表　各省十类地权形态户户数百分率

| 省　别 | 县数 | 调查总户数 | 地主（%） | 地主兼自耕农（%） | 地主兼自耕农兼佃农（%） | 地主兼佃农（%） | 自耕农（%） | 自耕农兼佃农（%） | 佃农（%） | 佃农兼雇农（%） | 雇农（%） | 其他（%） |
|---|---|---|---|---|---|---|---|---|---|---|---|---|
| 江苏 | 12 | 252232 | 2.90 | 3.51 | 0.65 | 0.09 | 37.01 | 23.49 | 21.73 | 0.01 | 0.60 | 10.01 |
| 浙江 | 15 | 139688 | 1.36 | 2.88 | 1.19 | 0.10 | 18.13 | 34.66 | 26.22 | 0.01 | 2.03 | 13.42 |
| 安徽 | 12 | 115074 | 1.53 | 2.80 | 1.02 | 0.32 | 31.90 | 22.10 | 35.38 | 0.03 | 0.58 | 4.34 |
| 江西 | 5 | 29154 | 10.10 | 7.25 | 0.64 | 0.04 | 27.877 | 31.20 | 14.27 | 0.003 | 0.42 | 8.20 |
| 湖南 | 14 | 288830 | 1.63 | 5.85 | 0.89 | 0.29 | 30.10 | 26.62 | 19.42 | 0.001 | 0.844 | 14.355 |
| 湖北 | 11 | 113549 | 0.97 | 2.39 | 0.17 | 0.03 | 48.26 | 28.00 | 14.98 | 0.01 | 0.56 | 4.63 |
| 河北 | 23 | 176339 | 1.89 | 1.86 | 0.02 | — | 71.35 | 10.95 | 5.48 | — | 4.41 | 4.04 |
| 山东 | 18 | 255692 | 1.46 | 1.37 | 0.04 | 0.01 | 74.73 | 10.38 | 4.61 | 0.01 | 2.26 | 5.13 |
| 河南 | 12 | 156226 | 2.42 | 2.73 | 0.16 | 0.09 | 64.75 | 13.06 | 7.29 | 0.04 | 2.54 | 6.92 |
| 山西 | 2 | 7076 | 0.16 | 3.14 | 0.03 | — | 80.53 | 4.97 | 1.99 | — | 7.39 | 1.79 |
| 陕西 | 12 | 65064 | 1.02 | 1.32 | 0.10 | 0.02 | 61.30 | 21.43 | 10.57 | 0.02 | 0.57 | 3.65 |
| 察哈尔 | 1 | 1466 | 2.59 | 2.80 | 0.55 | — | 71.62 | 14.12 | 8.32 | — | — | — |
| 绥远 | 2 | 3177 | 0.10 | 4.28 | — | 2.64 | 66.70 | 6.86 | 17.25 | — | 2.17 | — |
| 福建 | 10 | 99404 | 4.47 | 3.50 | 0.24 | 0.09 | 40.01 | 21.73 | 14.59 | 0.05 | 0.21 | 15.11 |
| 广东 | 2 | 14538 | 0.01 | 0.50 | 0.01 | — | 23.87 | 17.44 | 57.98 | 0.03 | 0.16 | — |
| 广西 | 12 | 27835 | 0.16 | 4.52 | 0.28 | — | 56.04 | 25.85 | 9.32 | 0.17 | 2.00 | 1.66 |
| 总计 | 163 | 1745344 | 2.05 | 3.15 | 0.47 | 0.11 | 47.61 | 20.81 | 15.78 | 0.02 | 1.57 | 8.43 |

第二十四表　各类地权形态户出租自耕与承租面积及其分百率

| 户别 | 户数 | 田地总面积 | | | | | |
|---|---|---|---|---|---|---|---|
| | | 出租 | | 自耕 | | 承租 | |
| | | 亩数 | % | 亩数 | % | 亩数 | % |
| 地主 | 35793 | 1238366.900 | 44.60 | — | — | — | — |
| 地主兼自耕农 | 54945 | 1393057.098 | 50.17 | 1310034.217 | 7.70 | — | — |
| 地主兼自耕农兼佃农 | 8205 | 111334.415 | 4.01 | 146848.228 | 0.87 | 85114.651 | 1.18 |
| 地主兼佃农 | 1957 | 33864.018 | 1.22 | — | — | 45805.774 | 0.64 |
| 自耕农 | 830907 | — | — | 12457167.674 | 73.83 | — | — |
| 自耕农兼佃农 | 363194 | — | — | 2958914.397 | 17.54 | 3128888.886 | 43.38 |
| 佃农 | 274910 | — | — | — | — | 3952644.460 | 54.80 |
| 总计 | 1569911 | 2776622.431 | 100.00 | 16872964.516 | 100.00 | 7212453.771 | 100.00 |

| 户别 | 平均每户田地面积 | | | | | |
|---|---|---|---|---|---|---|
| | 出租 | | 自耕 | | 承租 | |
| | 亩数 | % | 亩数 | % | 亩数 | % |
| 地主 | 34.598 | 100.00 | — | — | — | — |
| 地主兼自耕农 | 25.354 | 51.54 | 23.843 | 48.46 | — | — |
| 地主兼自耕农兼佃农 | 13.569 | 32.43 | 17.895 | 42.27 | 10.374 | 24.80 |
| 地主兼佃农 | 17.304 | 42.51 | — | — | 23.406 | 57.49 |
| 自耕农 | — | — | 14.992 | 100.00 | — | — |
| 自耕农兼佃农 | — | — | 8.147 | 48.60 | 8.615 | 51.40 |
| 佃农 | — | — | — | — | 14.378 | 100.00 |
| 总计 | 27.518 | | 13.420 | | 11.126 | |

## 第二十五表 各省自耕及租佃面积之比较

| 省别 | 调查县数 | 调查户数 | 经营面积 | | | 百分率 | |
|---|---|---|---|---|---|---|---|
| | | | 自耕（亩） | 承租（亩） | 合计（亩） | 自耕（%） | 承租（%） |
| 江苏 | 12 | 252232 | 1939083.164 | 1423402.392 | 3362485.556 | 57.67 | 42.33 |
| 浙江 | 15 | 139688 | 585290.582 | 616887.841 | 1202178.423 | 48.69 | 51.31 |
| 安徽 | 12 | 115074 | 850196.589 | 944969.667 | 1795166.256 | 47.36 | 52.64 |
| 江西 | 5 | 29154 | 139055.565 | 114239.379 | 253294.944 | 54.90 | 45.10 |
| 湖南 | 14 | 288830 | 1759936.233 | 1611380.041 | 3371316.274 | 52.20 | 47.80 |
| 湖北 | 11 | 113549 | 910945.279 | 352250.308 | 1263195.587 | 72.11 | 27.89 |
| 河北 | 23 | 176339 | 2912018.618 | 430771.604 | 3342790.222 | 87.11 | 12.89 |
| 山东 | 18 | 255692 | 3108653.670 | 449471.399 | 3558125.069 | 87.37 | 12.63 |
| 河南 | 12 | 156226 | 1878064.052 | 704123.305 | 2582187.357 | 72.73 | 27.27 |
| 陕西 | 12 | 65064 | 1184211.683 | 236326.999 | 1420538.682 | 83.36 | 16.64 |
| 察哈尔 | 1 | 1466 | 304473.738 | 34599.538 | 339073.276 | 89.80 | 10.20 |
| 绥远 | 2 | 3177 | 289377.809 | 27743.478 | 317121.287 | 91.25 | 8.75 |
| 福建 | 10 | 99404 | 433916.252 | 281309.229 | 715225.481 | 60.67 | 39.33 |
| 广东 | 2 | 14538 | 19922.491 | 66501.306 | 86423.797 | 23.05 | 76.95 |
| 广西 | 12 | 27835 | 323288.206 | 86974.158 | 410262.364 | 78.80 | 21.20 |
| 总计 | 161 | 1738238 | 16638433.931 | 7380950.644 | 24019384.575 | 69.27 | 30.73 |

(上接第 6 页)农家普查表限于乡村住户也。(5) 自耕面积泰半属于自耕农。(6)承租面积中，由佃农承租者超过半数，而自耕农兼佃农之承租面积亦甚多，与前者约为五与四之比。(7) 以经营面积计之，自耕与租佃面积约为七与三之比。

第三节　官有地公有地及团体所有地

前两节所论地权分配，仅就私人所有地言之。我国官有地公有地及团体所有地甚多，此等地大都出租，因此助长租佃制度。故论土地分配时不可不兼及官有地公有地及团体所有地。

我国官有地，一部分为政府因特种需要而指定或使用之地，如屯田、卫田、营地、牧厂、盐地、学田、藉田、庄田、旗地，以及官署、城根等；又一部分为籍没田地，淤湖成田，江海涨滩，以及一切无主荒熟田地山荡。全国官地几何，历来虽有若干记载，残缺不全。此次曾于县调查表中加以调查，有报告者六百八十九县，总为第二十六表如下。

观该表，虽各省报告县数不一，不足代表各该省官有地之多寡，惟各县大都均在数万亩至数十万亩之间，多者至如广东之儋县，官有荒地多至一百六十余万亩。官地之多，可以概见。而荒地之中，官地几占十分之九。

公有地系指属于一村或一地方共有共用之地，以山林地、池荡地，荒地为多，水田旱地则鲜见。此次调查关于公有地之材料颇多，惟欠齐全，不克统计，大抵以两广，云贵及边省为多。

团体所有地系指寺庙地、义庄地、祭田，及不属于官有之学田而言。大抵全国各县均有之，兹据县调查表调查所得，列为第二十七表如下。

观第二十七表，每县平均二万亩有奇，其中十分之八为熟地，以有报告者八百九十二县合计之，荒熟地达一千八百余万亩，数颇不小。

…………

〔实业部档案〕

## 第二十六表　各省官有荒熟田地面积

| 省别 | 熟地 | | | 荒地 |
|---|---|---|---|---|
| | 调查县数 | 总亩数 | 每县平均 | 调查县数 |
| 江苏 | — | — | — | — |
| 浙江 | — | — | — | — |
| 安徽 | 26 | 612627.207 | 23562.584 | 24 |
| 江西 | — | — | — | — |
| 湖南 | 47 | 1090316.529 | 23198.224 | 25 |
| 湖北 | 26 | 1938470.372 | 74556.551 | 22 |
| 四川 | 13 | 6056911.866 | 465916.297 | 10 |
| 河北 | — | — | — | — |
| 山东 | 60 | 287444.913 | 4790.749 | 33 |
| 河南 | — | — | — | — |
| 山西 | 75 | 47915.583 | 638.874 | 28 |
| 陕西 | 28 | 123903.970 | 4425.142 | 21 |
| 甘肃 | 4 | 37517.869 | 9379.467 | 13 |
| 宁夏 | — | — | — | 10 |
| 青海 | 1 | 449.190 | 449.190 | 5 |
| 福建 | — | — | — | — |
| 广西 | — | — | — | — |
| 贵川 | 6 | 31775.640 | 5295.940 | 6 |
| 总计 | 286 | 10227333.139 | 35759.906 | 197 |

续表：

| 省别 | 荒地 | | 荒熟合计 | | |
|---|---|---|---|---|---|
| | 总亩数 | 每县平均 | 调查县数 | 总亩数 | 每县平均 |
| 江苏 | — | — | 37 | 3716032.301 | 100433.305 |
| 浙江 | — | — | 50 | 6571585.276 | 131431.706 |
| 安徽 | 545222.609 | 22717.609 | — | 1157849.816 | 46280.193 |
| 江西 | — | — | 23 | 23224328.265 | 1009753.400 |
| 湖南 | 356526.839 | 14261.074 | — | 1446843.368 | 37459.298 |
| 湖北 | 1337479.650 | 60794.529 | — | 3275950.022 | 135351.080 |
| 四川 | 154205.964 | 15420.596 | — | 6211117.830 | 481336.893 |
| 河北 | — | — | 48 | 604445.460 | 12592.613 |
| 山东 | 4418668.245 | 133899.037 | — | 4706113.158 | 138689.786 |
| 河南 | — | — | 62 | 1105594.904 | 17832.175 |
| 山西 | 759928.845 | 27140.316 | — | 807844.428 | 27779.190 |
| 陕西 | 898688.401 | 42794.686 | — | 1022592.371 | 47219.828 |
| 甘肃 | 752027.592 | 57848.276 | — | 789545.461 | 67227.743 |
| 宁夏 | 1716995.970 | 171699.597 | — | 1716995.970 | 171699.597 |
| 青海 | 5418086.720 | 1083617.344 | — | 5418535.910 | 1084066.534 |
| 福建 | — | — | 28 | 3211994.430 | 114714.087 |
| 广西 | — | — | 7 | 1978239.139 | 282605.591 |
| 贵州 | 747724.499 | 124620.750 | — | 779500.139 | 129916.690 |
| 总计 | 17105555.334 | 86830.230 | 255 | 67745108.248 | 140534.715 |

## 第二十七表　各省团体所有地每县平均面积

| 省别 | 寺庙地: | | | 义庄地 | | | 祭田 | | |
|---|---|---|---|---|---|---|---|---|---|
| | 调查县数 | 熟地 | 荒地 | 调查县数 | 熟地 | 荒地 | 调查县数 | 熟地 | 荒地 |
| 江苏 | 43 | — | — | — | — | — | — | — | — |
| 浙江 | 39 | 4542.090 | | 21 | 3479.550 | | 23 | 21571.352 | |
| 安徽 | 19 | 3503.917 | 185.675 | 6 | 3135.159 | 361.352 | 12 | 4658.546 | 357.073 |
| 江西 | 23 | — | — | — | — | — | — | — | — |
| 湖南 | 50 | 10125.772 | 6042.505 | 39 | 2816.808 | 6588.422 | 40 | 17595.923 | 44308.592 |
| 湖北 | 38 | 14291.220 | 3339.748 | 17 | 4637.847 | 290.382 | 22 | 9560.066 | 2510.235 |
| 四川 | 17 | 6576.877 | 222.251 | 15 | 14081.849 | 28.971 | 12 | 2373.322 | 592.881 |
| 河北 | 81 | — | — | — | — | — | — | — | — |
| 山东 | 39 | 3692.498 | 1.182 | 14 | 746.680 | — | 19 | 2445.178 | 2.425 |
| 河南 | 77 | — | — | — | — | — | — | — | — |
| 山西 | 94 | 5767.165 | 497.193 | 15 | 161.424 | 48.967 | 21 | 3081.071 | 473.220 |
| 陕西 | 56 | 2708.900 | 211.273 | 27 | 1136.443 | 72.284 | 21 | 1092.908 | 55.925 |
| 甘肃 | 19 | 549.213 | 102.307 | 4 | 49.460 | — | 8 | 145.222 | — |
| 青海 | 10 | 24062.031 | 5850.464 | 2 | 80.720 | — | 4 | 980.440 | 70.000 |
| 宁夏 | 7 | 3753.274 | — | 7 | 2094.530 | — | 5 | 34709.810 | — |
| 福建 | 37 | — | — | — | — | — | — | — | — |
| 广西 | 8 | — | — | — | — | — | — | — | — |
| 贵州 | 27 | 5693.306 | 5496.958 | 6 | 6981.949 | 4167.737 | 21 | 3058.151 | 5056.343 |

续表：

| 省别 | 学田 | | | 熟地合计 | 荒地合计 | 荒熟地共计 |
|---|---|---|---|---|---|---|
| | 调查县数 | 熟地 | 荒地 | | | |
| 江苏 | — | — | — | — | — | 38035.558 |
| 浙江 | 47 | 3902.984 | | — | — | 33495.976 |
| 安徽 | 30 | 9904.695 | 479.260 | 21202.317 | 1383.360 | 22586.677 |
| 江西 | — | — | — | — | — | 14103.305 |
| 湖南 | 51 | 14394.764 | 1170.411 | 44933.267 | 58109.930 | 103043.197 |
| 湖北 | 45 | 4400.039 | 386.910 | 32889.172 | 6527.225 | 39416.397 |
| 四川 | 23 | 8533.473 | 5161.680 | 31565.521 | 6005.783 | 37571.304 |
| 河北 | — | — | — | — | — | 12365.711 |
| 山东 | 72 | 3223.823 | 506.083 | 10508.179 | 509.690 | 11017.869 |
| 河南 | — | — | — | — | — | 17082.325 |
| 山西 | 72 | 782.880 | 5.715 | 9792.540 | 1025.095 | 10817.635 |
| 陕西 | 61 | 2882.098 | 72.195 | 7820.349 | 411.677 | 8232.026 |
| 甘肃 | 32 | 2507.807 | 385.760 | 3251.702 | 488.067 | 3739.769 |
| 青海 | 7 | 1177.504 | 288.182 | 26250.695 | 6888.646 | 33139.341 |
| 宁夏 | 7 | 12422.718 | — | 52980.332 | — | 52980.332 |
| 福建 | — | — | — | — | — | 62095.291 |
| 广西 | — | — | — | — | — | 3931.287 |
| 贵州 | 27 | 2760.544 | 3153.146 | 18493.950 | 17874.184 | 36368.134 |

## 2. 土地委员会关于全国农村地价状况的调查报告①

（1937年1月）

……

第六章　地价

第一节　乡村地价

此次调查所得之地价，约分三类，一曰乡村地价，二曰城厢地价，三曰都市地价，前二者根据县调查表，后者根据地政学院历年汇集之材料。本节先论乡村地价。

乡村地价，县调查表中分为水田、旱地、山林地、池荡四项，前三项复各分上中下三等，民国元年及十九至二十三年之各该项地价，必须查填，民四至民十八则填否听便。兹将最近之民二十三各省乡村地价列为第三十八表如下。又为便于比较计，将上中下三等地价求得平均数，复将历年此种平均数，求其平均之平均，列为第三十九表如下（见下页）。观上两表，大抵水田之价最高，旱地次之，山林地最低。分省言之，水田以福建地价为最高，云南贵州次之，而江西最低；旱地以贵州地价为最高，广西福建次之。各省间各项田地之最高价与最低价相较，水田约为三与一之比，旱地逾四倍，山林地达二十倍，池荡几达九十倍，可见各省地价之参差。惟于此不无疑问，闽粤因海外华侨携回之资金，购置土地，地价特高，犹可说也，桂滇黔远不及江浙之富庶，而地价反高，显背常理，其他可疑之处亦不少。此中原因，盖有四种：（1）各县土地未经整理，地价未曾规定，调查所得仅据当地人士之估计填报，不无因主观不同而有出入之处；（2）各地亩法不一，贵州根本不以亩计，鄂西、川东亦有同样情形，虽经尽量调查旧亩大小，折合市亩，不能准确；（3）各省币值不同，例如云南旧币五元约抵新

---

① 选自全国土地委员会1937年1月编《全国土地调查报告纲要》，沿用原标点。

第三十八表 各省民国二十三年乡村地价

| 省别 | 水田 | | | 旱地 | |
|---|---|---|---|---|---|
| | 上等 元 | 中等 元 | 下等 元 | 上等 元 | 中等 元 |
| 江苏 | 81.513 | 58.256 | 40.385 | 56.686 | 40.627 |
| 浙江 | 73.225 | 49.517 | 28.272 | 44.676 | 29.747 |
| 安徽 | 91.657 | 62.459 | 35.412 | 68.308 | 42.897 |
| 江西 | 46.000 | 32.000 | 15.000 | 31.000 | 20.000 |
| 湖南 | 65.790 | 52.680 | 39.000 | 28.390 | 22.850 |
| 湖北 | 47.120 | 35.169 | 24.678 | 30.377 | 21.759 |
| 四川 | 77.465 | 61.010 | 50.794 | 59.878 | 43.581 |
| 河北 | 61.811 | 46.567 | 32.773 | 38.658 | 26.807 |
| 山东 | 82.215 | 61.580 | 47.733 | 53.827 | 36.981 |
| 河南 | 74.540 | 53.135 | 37.714 | 37.430 | 24.826 |
| 山西 | 42.917 | 32.454 | 21.559 | 15.941 | 11.142 |
| 陕西 | 61.955 | 47.750 | 32.616 | 25.484 | 17.701 |
| 甘肃 | 54.434 | 36.556 | 25.618 | 17.143 | 13.735 |
| 宁夏 | 118.000 | 50.000 | 16.000 | — | — |
| 青海 | 26.640 | 19.820 | 13.980 | 10.880 | 7.180 |
| 福建 | 125.119 | 89.458 | 58.500 | 73.595 | 50.244 |
| 广东 | 102.343 | 73.568 | 48.482 | 48.261 | 34.258 |
| 广西 | 103.935 | 70.760 | 45.504 | 35.299 | 24.175 |
| 云南 | 126.577 | 94.184 | 62.498 | 68.109 | 45.101 |
| 贵州 | 64.663 | 48.735 | 33.507 | 60.085 | 45.774 |
| 总平均 | 76.396 | 54.083 | 35.501 | 42.317 | 29.441 |

币一元，新币二元约抵法币一元，又如广西毫洋约合法币之七折至八折，似此表面之地价虽高，实际价值不高；（4）此次调查，

| 省别 | 旱地 | 山林地 | | | 池荡 |
| --- | --- | --- | --- | --- | --- |
| | 下等 | 上等 | 中等 | 下等 | |
| 江苏 | 26.706元 | 26.062 | 17.687 | 11.187 | 14.952 |
| 浙江 | 16.453 | 27.057 | 17.323 | 9.436 | 21.350 |
| 安徽 | 20.481 | 25.343 | 16.624 | 9.626 | 33.396 |
| 江西 | 9.000 | 2.310 | 1.490 | 1.980 | 11.070 |
| 湖南 | 15.360 | 17.681 | 12.806 | 9.069 | 26.974 |
| 湖北 | 14.141 | 13.846 | 10.114 | 7.158 | 10.911 |
| 四川 | 32.250 | 25.675 | 19.452 | 14.974 | 14.691 |
| 河北 | 15.650 | 24.011 | 16.956 | 10.600 | 17.632 |
| 山东 | 22.165 | 29.655 | 21.984 | 15.152 | 21.905 |
| 河南 | 13.444 | 12.562 | 8.398 | 4.742 | 20.090 |
| 山西 | 6.302 | 6.797 | 4.500 | 2.741 | — |
| 陕西 | 10.695 | 11.894 | 8.230 | 5.670 | 21.660 |
| 甘肃 | 9.751 | 8.506 | 6.433 | 4.300 | 85.000 |
| 宁夏 | — | — | — | — | — |
| 青海 | 4.280 | 9.340 | 6.720 | 3.910 | — |
| 福建 | 28.308 | 29.482 | 21.152 | 12.744 | 65.210 |
| 广东 | 24.578 | 38.869 | 29.246 | 19.623 | 20.000 |
| 广西 | 14.679 | 20.036 | 13.511 | 7.674 | 69.314 |
| 云南 | 26.574 | 31.520 | 21.460 | 14.333 | 16.829 |
| 贵州 | 33.162 | 20.641 | 13.832 | 7.911 | — |
| 总平均 | 18.099 | 20.068 | 14.101 | 9.096 | 29.437 |

有若干省未能普遍，抽查之县数太少，且择交通较便，治安较良之处为主，亦有仅调查地方比较贫瘠者，殊不足以代表各该省，

### 第三十九表　各省历年平均乡村地价
### （民元、十九、二十、二十一、二十二、二十三年）

| 省　别 | 水　田 | 旱　地 | 山林地 | 池　荡 |
|---|---|---|---|---|
| 江　苏 | 64.988元 | 49.914 | 18.663元 | 15.421元 |
| 浙　江 | 59.023 | 35.993 | 20.165 | 25.965 |
| 安　徽 | 74.578 | 49.657 | 20.777 | 37.860 |
| 江　西 | 41.000 | 24.000 | 1.730 | 10.930 |
| 湖　南 | 55.210 | 23.730 | — | — |
| 湖　北 | 37.311 | 22.568 | 9.874 | 11.135 |
| 四　川 | 74.544 | 51.183 | 21.446 | 15.753 |
| 河　北 | 50.367 | 31.642 | 18.456 | 17.757 |
| 山　东 | 69.015 | 40.053 | 22.835 | 31.140 |
| 河　南 | 57.877 | 26.158 | 8.756 | 17.166 |
| 山　西 | 36.525 | 13.453 | 5.923 | — |
| 陕　西 | 44.330 | 16.393 | 8.971 | 18.171 |
| 甘　肃 | 33.180 | 12.014 | 5.379 | — |
| 宁　夏 | 71.730 | — | — | — |
| 青　海 | 22.260 | 7.510 | 6.110 | — |
| 福　建 | 103.724 | 58.084 | 22.592 | 69.773 |
| 广　东 | 78.169 | 37.238 | 30.632 | 85.500 |
| 广　西 | 82.510 | 27.157 | 15.481 | 30.738 |
| 云　南 | 85.551 | 40.300 | 19.560 | 15.016 |
| 贵　州 | 53.812 | 50.025 | 14.274 | — |
| 总平均 | 59.785 | 32.372 | 15.090 | 32.309 |

例如广西所调查之苍梧、桂平、百色等县，为桂省地价最高之处，而广东所调查之澄海翁源等则皆为二三等县份，均不足以代表全省。

地价时有涨落，兹据调查所得，将民国十九年之地价为基数，计算近五年四种乡村价地之指数，列为第四十表如下。（见21页）

观该表，近五年乡村地价，大率皆以民十九为最高，较之民元，平均高出三分之一以上。民二十以来，则地价之跌落，几成普遍一致之现象。考其原因，盖以二十年洪水为灾，共匪猖獗，而日人乘我之患，发难沈阳，继有上海及长城战役，二十三年复遭大旱，一方则受世界经济恐慌之影响，农产品价格狂跌，而田赋负担反因建设事业而激增。农家收入减而支出增，乡村凋敝，人心惶惶，地价随而跌矣。

……

〔实业部档案〕

## 3. 土地委员会关于全国租佃制度的调查报告①

（1937年1月）

…………

第四章　租佃制度

第一节　租佃契约

我国租佃制度，随各省特殊环境与习惯而异，故必就其地域、土质、人口、风俗等分区比较研究，方能窥其究竟。此次调查，除农家普查表附有租佃调查外，并于普查县用区调查表为较详细之调查，使材料充实，真相易得。

租约为租佃制度或业佃双方关系之依据，宜极重要。虽有依照地方习惯，口头相约者，然口说无凭，易生争执，究以订立成文契约为宜。据上述区调查表之结果，十五省一百四十三县九百零五区之中，采用文字契约者三百六十四区，口头契约者二十四区，其余三百六十一区未详。是文字契约口头契约较多百分之五十。以省别言之，浙江、江苏、广东、湖北、湖南、安徽、山西多行文字契约，而陕西、河南、山东等省，则口头契约多于文字契约。

租约内容，大都殊为简单，多数仅载明业佃姓名、（下转25页）

---

① 选自全国土地委员会1937年1月编《全国土地调查报告纲要》，沿用原标点。

## 第四十表　各省乡村地价历年变动指数

（以民十九地价为基数）

| 省别 | 水田 | | | | | 旱地 | | | | |
|---|---|---|---|---|---|---|---|---|---|---|
| | 元年 | 二十年 | 二十一年 | 二十二年 | 二十三年 | 元年 | 二十年 | 二十一年 | 二十二年 | 二十三年 |
| 江苏 | 69.59 | 85.00 | 85.00 | 77.84 | 75.99 | 68.21 | 87.54 | 85.44 | 79.37 | 74.39 |
| 浙江 | 76.64 | 93.60 | 87.29 | 77.10 | 72.01 | 75.73 | 93.55 | 85.10 | 76.27 | 70.26 |
| 安徽 | 74.83 | 83.50 | 79.26 | 72.91 | 67.48 | 84.08 | 86.36 | 76.13 | 71.08 | 72.16 |
| 江西 | 53.70 | 96.30 | 81.48 | 68.52 | 57.41 | 56.67 | 100.00 | 83.33 | 76.67 | 66.67 |
| 湖南 | 62.65 | 98.68 | 103.04 | 100.13 | 84.31 | 87.32 | 94.66 | 99.06 | 97.63 | 87.32 |
| 湖北 | 104.83 | 87.14 | 90.39 | 92.11 | 89.89 | 108.66 | 88.03 | 86.69 | 90.67 | 92.42 |
| 四川 | 77.23 | 95.35 | 86.25 | 80.66 | 72.51 | 72.75 | 97.46 | 89.37 | 84.23 | 76.67 |
| 河北 | 59.58 | 93.82 | 83.69 | 76.08 | 76.19 | 59.53 | 95.51 | 82.99 | 72.24 | 68.04 |
| 山东 | 62.67 | 94.11 | 86.19 | 78.93 | 76.90 | 53.69 | 95.68 | 82.07 | 77.58 | 76.90 |
| 河南 | — | 101.82 | 102.49 | 97.15 | 94.48 | — | 102.84 | 103.88 | 39.31 | 96.94 |

续表

| | | | | | | | | | | |
|---|---|---|---|---|---|---|---|---|---|---|
| 山西 | 59.73 | 93.05 | 80.29 | 72.08 | 69.97 | 55.23 | 89.86 | 75.90 | 64.54 | 61.69 |
| 陕西 | 100.31 | 101.71 | 103.33 | 108.11 | 111.46 | 116.16 | 96.49 | 100.73 | 105.69 | 115.95 |
| 甘肃 | 76.93 | 109.23 | 124.21 | 130.38 | 131.80 | 89.12 | 112.37 | 125.39 | 128.65 | 128.65 |
| 宁夏 | — | 85.67 | 70.22 | 69.85 | 69.85 | — | — | — | — | — |
| 青海 | 44.75 | 101.18 | 94.82 | 82.22 | 74.11 | 58.54 | 98.51 | 78.66 | 71.85 | 80.53 |
| 福建 | — | 95.48 | 87.86 | 82.14 | 80.22 | — | 96.57 | 91.13 | 86.20 | 84.02 |
| 广东 | — | 92.76 | 89.27 | 93.29 | 88.83 | — | 97.42 | 94.33 | 95.75 | 91.92 |
| 广西 | — | 88.78 | 89.26 | 88.27 | 79.29 | — | 85.57 | 88.93 | 90.28 | 81.09 |
| 云南 | 59.04 | 108.52 | 102.43 | 104.63 | 106.36 | 55.94 | 106.52 | 105.62 | 106.01 | 107.26 |
| 贵州 | 40.89 | 99.75 | 96.49 | 88.81 | 75.05 | 39.55 | 100.83 | 100.61 | 94.30 | 79.30 |
| 总指数 | 60.92 | 94.13 | 88.84 | 84.79 | 80.50 | 66.42 | 95.42 | 88.79 | 84.68 | 80.62 |

| 省别 | 山林地 | | | | | 池荡 | | | | |
|---|---|---|---|---|---|---|---|---|---|---|
| | 元年 | 二十年 | 二十一年 | 二十二年 | 二十三年 | 元年 | 二十年 | 二十一年 | 二十二年 | 二十三年 |
| 江苏 | 71.83 | 89.25 | 88.67 | 85.95 | 85.17 | 72.12 | 88.74 | 90.35 | 87.13 | 84.18 |
| 浙江 | 72.44 | 94.66 | 87.62 | 80.45 | 75.75 | 90.33 | 93.74 | 87.39 | 76.03 | 71.07 |
| 安徽 | 58.43 | 91.24 | 67.40 | 64.44 | 61.05 | 88.45 | 94.11 | 93.90 | 93.21 | 80.95 |
| 江西 | 28.68 | 107.38 | 86.86 | 60.26 | 87.31 | 83.25 | 90.92 | 84.08 | 96.08 | 92.25 |
| 湖南 | — | — | — | — | — | — | — | — | — | — |
| 湖北 | 106.59 | 87.34 | 95.63 | 101.33 | 104.27 | 169.26 | 92.74 | 109.89 | 119.77 | 115.48 |
| 四川 | 65.17 | 97.37 | 93.19 | 85.84 | 81.19 | 54.94 | 109.79 | 119.36 | 119.36 | 92.65 |
| 河北 | 51.05 | 92.71 | 81.45 | 69.84 | 72.59 | 78.00 | 95.46 | 91.82 | 81.37 | 88.63 |
| 山东 | 37.30 | 91.31 | 82.54 | 71.37 | 74.34 | 89.26 | 97.57 | 92.47 | 62.24 | 58.64 |
| 河南 | — | 90.31 | 101.96 | 96.64 | 96.52 | — | 99.18 | 109.25 | 111.75 | 113.90 |

续表

| | | | | | | | | | | |
|---|---|---|---|---|---|---|---|---|---|---|
| 山西 | 52.09 | 84.95 | 69.52 | 58.50 | 54.72 | — | — | — | — | — |
| 陕西 | 135.05 | 94.93 | 96.50 | 99.71 | 100.08 | 88.03 | 97.92 | 94.49 | 100.95 | 118.36 |
| 甘肃 | 89.87 | 108.71 | 126.65 | 142.07 | 140.67 | — | — | — | — | — |
| 宁夏 | — | — | — | — | — | — | — | — | — | — |
| 青海 | 50.94 | 90.60 | 87.44 | 86.17 | 93.91 | — | — | — | — | — |
| 福建 | — | 106.27 | 85.01 | 84.28 | 86.22 | — | 100.01 | 93.93 | 88.68 | 37.96 |
| 广东 | — | 97.62 | 95.23 | 90.46 | 90.46 | — | 97.14 | 97.14 | 97.14 | 97.14 |
| 广西 | — | 80.83 | 80.59 | 82.0 | 74.13 | — | 96.71 | 92.67 | 93.50 | 79.37 |
| 云南 | 71.56 | 109.01 | 107.04 | 107.30 | 116.99 | 89.24 | 107.18 | 105.86 | 112.08 | 118.15 |
| 贵州 | 63.54 | 104.20 | 109.35 | 108.67 | 94.67 | — | — | — | — | — |
| 总指数 | 60.63 | 95.37 | 83.73 | 84.38 | 83.94 | 54.76 | 97.11 | 95.38 | 92.08 | 74.34 |

（上接20页）亩分、租额及缴租时期而已。兹将收集所得之租约式样，分析其所载事项，列为第二十八表如下。此等契约，悉为佃农单方书立之承租契，而不取合同形式。

附注：浙江山西二省租佃契约内容，系采取《二十四年中国经济年鉴》所载材料。

## 第二节　地租种类及重轻

我国地租，普通可分为包租与分收两种，前者不问年岁丰歉，每年缴纳额定地租，后者则以收获所得之正产物或正副产物按成

第二十八表　各省租约所载事项一斑

| 省别 | 县数 | 收集之租约数目 | 租田名称 | 亩数 | 坐落 | 姓名 | 业主供给农具、资本、房屋 | 缴租多寡 | 荒歉多寡 |
|---|---|---|---|---|---|---|---|---|---|
| 江苏 | 3 | 7 | 7 | 7 | 7 | 7 | 2 | 7 | 2 |
| 浙江 | 3 | 3 | 3 | 3 | 1 | 3 | — | 3 | 3 |
| 安徽 | 2 | 4 | 4 | 4 | 4 | 4 | — | 2 | 2 |
| 江西 | 2 | 3 | 2 | 3 | 2 | 3 | — | 3 | — |
| 湖南 | 3 | 3 | 3 | 3 | 2 | 3 | — | 3 | 2 |
| 湖北 | 2 | 2 | 2 | 2 | 1 | 2 | — | 2 | 2 |
| 河北 | 3 | 4 | 3 | 4 | 2 | 4 | — | 4 | — |
| 山东 | 2 | 9 | 4 | 9 | 8 | 9 | 2 | 9 | — |
| 河南 | 2 | 4 | 4 | 4 | — | 4 | — | 4 | 1 |
| 山西 | 3 | 3 | 1 | 3 | 1 | 3 | — | 3 | — |
| 陕西 | 2 | 2 | 2 | 2 | 1 | 2 | — | 2 | — |
| 绥远 | 1 | 3 | 3 | 3 | 3 | 3 | — | 3 | — |
| 福建 | 3 | 4 | 3 | 4 | 4 | 4 | — | 4 | — |
| 广东 | 2 | 2 | 2 | 2 | 2 | 2 | — | 2 | — |
| 广西 | 1 | 1 | — | 1 | — | — | — | 1 | — |
| 总计 | 34 | 54 | 43 | 54 | 38 | 52 | 4 | 52 | 12 |

续表

| 省别 | 缴租次数 | | 缴纳日期 | 赋税负担 | 租种年限 | 租约担保 | 违约处罚 | 解约方法 | 解约时间 | 有押租 | 中保签字 |
|---|---|---|---|---|---|---|---|---|---|---|---|
| | 一次 | 二次 | | | | | | | | | |
| 江苏 | 3 | 3 | 6 | — | 1 | 6 | 2 | — | — | 2 | 7 |
| 浙江 | 2 | 1 | 3 | — | — | — | 3 | — | — | 1 | 3 |
| 安徽 | — | 4 | 4 | — | 2 | 4 | 2 | — | — | 2 | 4 |
| 江西 | 1 | — | 1 | — | — | 2 | 2 | — | — | — | 2 |
| 湖南 | 2 | — | 2 | — | — | 1 | 3 | 1 | — | — | 3 |
| 湖北 | 2 | — | 2 | — | — | 2 | — | — | — | — | 2 |
| 河北 | 2 | 2 | 4 | — | 3 | 3 | 1 | — | — | — | 3 |
| 山东 | 2 | 4 | 4 | — | 7 | 7 | 1 | — | — | — | 8 |
| 河南 | — | — | — | 1 | 1 | 3 | 1 | — | — | — | 4 |
| 山西 | 1 | 1 | 2 | — | 1 | 2 | — | 1 | — | — | 3 |
| 陕西 | 1 | 1 | 2 | — | — | 2 | 1 | — | — | — | 2 |
| 绥远 | 1 | 2 | 3 | — | 1 | — | — | — | 1 | — | 3 |
| 福建 | 1 | 3 | 4 | — | — | 2 | 2 | — | — | — | 2 |
| 广东 | 1 | 1 | 2 | — | — | — | — | 1 | — | — | 2 |
| 广西 | 1 | — | 1 | — | — | 1 | 1 | — | — | — | 1 |
| 总计 | 20 | 22 | 40 | 1 | 16 | 35 | 19 | 3 | 1 | 5 | 49 |

分收。包租制又有每年缴纳额定货币与额定农产之别，前者谓之钱租，后者谓之物租。物租或仅纳一种农产，或兼纳二种农产，间有缴纳二种以上者。分收制又可分为普通分收制与佃工分收制二种。在普通分收制，地主仅供给土地，或至多兼供给房屋及若干农具，余归佃农自备。佃工分收制则地主供给土地、房屋、农具、役畜、种籽，及其他农场设备与经营资本，而佃耕者只出劳力，近似佣工，故谓之佃工分收制。兹据农家普查表，统计上述各类纳租方法户数百分率，列为第二十九表如下。

## 第二十九表　各省各类纳租法户数百分率

| 省别 | 定额钱租制 | | 定租物租制 | | 普通分收制 | | 佃工分收制 | | 其他 | | 合计 | |
|---|---|---|---|---|---|---|---|---|---|---|---|---|
| | 户数 | % | 户数 | % | 户数 | % | 户数 | % | 户数 | % | 户数 | % |
| 江苏 | 26639 | 47.54 | 23045 | 41.13 | 6143 | 10.96 | 28 | 0.05 | 178 | 0.32 | 56033 | 100.00 |
| 浙江 | 14073 | 33.96 | 26330 | 63.54 | 1032 | 2.49 | 4 | 0.01 | — | — | 41439 | 100.00 |
| 安徽 | 6607 | 14.44 | 30722 | 67.13 | 8405 | 18.36 | 23 | 0.05 | 9 | 0.02 | 45766 | 100.00 |
| 江西 | 241 | 92.42 | 3937 | 5.68 | 81 | 1.90 | — | — | — | — | 4259 | 100.00 |
| 湖南 | 5032 | 9.30 | 38898 | 71.93 | 9962 | 18.42 | 5 | 0.01 | 186 | 0.34 | 54083 | 100.00 |
| 湖北 | 3514 | 18.50 | 14537 | 76.51 | 763 | 4.01 | 180 | 0.95 | 5 | 0.03 | 18999 | 100.00 |
| 河北 | 6107 | 62.60 | 1719 | 17.62 | 1630 | 16.71 | 292 | 3.00 | 4 | 0.05 | 9752 | 100.00 |
| 山东 | 2676 | 22.14 | 4420 | 36.58 | 4866 | 40.27 | 122 | 1.01 | — | — | 12084 | 100.00 |
| 河南 | 996 | 8.81 | 2152 | 19.02 | 8105 | 71.66 | 32 | 0.28 | 26 | 0.23 | 11311 | 100.00 |
| 山西 | 11 | 7.86 | 69 | 49.28 | 60 | 42.86 | — | — | — | — | 140 | 100.00 |
| 陕西 | 969 | 13.81 | 5626 | 80.16 | 413 | 5.87 | 11 | 0.16 | — | — | 7019 | 100.00 |
| 察哈尔 | — | — | 23 | 47.92 | 25 | 52.08 | — | — | — | — | 48 | 100.00 |
| 绥远 | 39 | 92.85 | 3 | 7.15 | — | — | — | — | — | — | 42 | 100.00 |
| 福建 | 2594 | 16.03 | 12210 | 75.45 | 1378 | 8.51 | 1 | 0.01 | — | — | 16183 | 100.00 |
| 广东 | 1345 | 15.34 | 7416 | 84.60 | 2 | 0.02 | — | — | 3 | 0.04 | 8766 | 100.00 |
| 广西 | 207 | 7.94 | 2020 | 77.52 | 378 | 14.50 | — | — | 1 | 0.04 | 2606 | 100.00 |
| 总计 | 71050 | 24.62 | 173127 | 60.01 | 43243 | 14.99 | 698 | 0.24 | 412 | 0.14 | 288530 | 100.00 |

观上表，额定物租制最通行，达十分之六，钱租制次之，普通分收制又次之，佃工分收制极少，几不能与前三者相比拟。

租额之高下，可自两方面观察之：(1) 租额占收益之百分率，(2) 租额占地价之百分率。兹据农家周年出入调查表，计算该二种百分率，列为第三十表如下。

观该表，平均租额达收获总值百分之四十三有奇，实付额亦达百分之三十八以上，较之土地法所定不得超过正产物千分之三百七十五者，高出不少。又平均租额占地价百分之十以上，较之近年国内一般地政学者所主张之不得超过地价百分之八者亦高出不少。按包租制所冒歉收之危险，大于分收制，故后者之租额应重于前者。普通分收制中，地主所供给者少于佃工分收制中之地主，故前者之租额应轻于后者。此外尚有多种因素，影响应纳租额之高下。上表所载，未尝注意此等因素，分别比较，不免粗简。虽然，即此已可概见我国一般租额之高。

缴租方法，有由佃户直接送缴者，有由地主自行收取者，有由地主委托经理人代收者，要视各地习惯，及农民与地主间距离之远近而定。乡间地主，常因送租便利，可以坐收。其田地众多，分散于田乡者，则非托经理人往收，或于各乡分设租庄租栈不可。豪强者或凭藉势力，不问道路远近，逼令佃户送租，不给脚力。然亦有一部分住城地主不欲下乡，由佃户送租，酌给津贴者。情形至不一律。

佃户除缴纳地租外，又有须额外送礼物或听地主使唤服役者，甚至俨然有若主奴。其由经理人或经租帐房代收者，往往额外侵欺，滥施淫威，又或黠者包租转佃，耕者多受一重之剥削。亦有业佃关系甚为平等。佃户送租，款若宾客者。更有佃强业弱，租不可得者。情形亦至不一。

### 第三节 租佃期限

租佃期限，通常可分为定期、不定期、永佃三种。前二种意

第三十表　各省租额占地价及收益之百分率

| 省别 | 县数 | 佃户数 | 地价总额（元） | 收获总值（元） | 额定租金 | | | 实付租金 | |
|---|---|---|---|---|---|---|---|---|---|
| | | | | | 总额（元） | 占地价（%） | 占收益（%） | 总额（元） | 占收益（%） |
| 江苏 | 12 | 158 | 125188.600 | 31869.360 | 11931.000 | 9.53 | 37.44 | 4059.400 | 34.70 |
| 浙江 | 15 | 249 | 106682.620 | 30330.650 | 13746.000 | 12.89 | 45.30 | 10704.470 | 35.29 |
| 安徽 | 10 | 189 | 135004.270 | 31679.970 | 10827.250 | 8.02 | 34.18 | 9748.580 | 30.77 |
| 江西 | 3 | 32 | 21242.400 | 6846.550 | 3336.000 | 15.70 | 48.73 | 2815.600 | 41.12 |
| 湖南 | 10 | 164 | 157443.870 | 57945.920 | 24148.310 | 15.33 | 41.67 | 17162.920 | 29.61 |
| 湖北 | 6 | 48 | 17305.500 | 5852.410 | 27298.600 | 15.77 | 46.65 | 2053.810 | 35.09 |
| 河北 | 20 | 287 | 233153.800 | 36751.650 | 19922.080 | 8.54 | 54.21 | 19726.230 | 53.67 |
| 山东 | 16 | 207 | 185212.100 | 29404.870 | 14689.130 | 7.93 | 49.95 | 14649.640 | 49.82 |
| 河南 | 11 | 156 | 121921.500 | 26729.790 | 12669.960 | 10.39 | 47.14 | 12634.460 | 47.27 |
| 山西 | 2 | 16 | 6974.850 | 1503.340 | 596.440 | 8.55 | 39.15 | 596.440 | 39.54 |
| 陕西 | 9 | 83 | 29295.450 | 10733.390 | 4512.350 | 15.40 | 42.10 | 4269.900 | 39.78 |
| 绥远 | 3 | 58 | 29602.040 | 11701.990 | 4379.440 | 14.79 | 37.14 | 4379.440 | 37.42 |
| 福建 | 10 | 143 | 76382.620 | 22258.870 | 7881.210 | 10.32 | 35.41 | 7769.510 | 34.91 |
| 广西 | 8 | 17 | 8553.120 | 2037.520 | 722.900 | 8.45 | 35.48 | 722.900 | 35.48 |
| 总计 | 135 | 1807 | 1253963.110 | 305651.280 | 132092.850 | 10.53 | 43.22 | 118292.400 | 38.70 |

义明显。无庸解释。至于永佃，依据民法，农民有永远耕作之权利，地主寻常不能轻易撤佃。又我国各地，每有田底田面之分，卖买移转，俱可分别为之。田底为所有权，田面可视为使用权，田底权人只可收租而不能撤佃，故此种田面权在法律上亦称永佃权。兹据农家普查表，将各类租佃期限户数百分率，及定期租佃年限之长短，分列为第三十一、三十二两表如下。（见31页）

观上两表，租佃期限之不定期者，最为普通，达总数十分之七强，永佃次之，占十分之二强，而定期者不及十分之一。定期之中，一年期者占三分之一强，其性质与不定期同，三年期者亦占三分之一，合计逾十分之七。可知所谓定期，大都年限甚短，与不定期者无甚轩轾。永佃虽似稍胜，然以田底田面之关系，于业强租重时，耕者任受侵渔，欲自动脱佃而不能，反失身心之自由。

……

〔实业部档案〕

## 4. 土地委员会关于农家经济贫困状况与土地金融情况的调查报告①

（1937年1月）

……

第五章　土地与农村金融

第一节　农家收支与负债

农家普查表中，曾查询各农家每年收入与支出约数。兹将收收入多寡及收支比较列为第三十三、三十四两表如下。（见34页）观该第三十三表，农家每年收入在一千元以上者极少，不足二百分之一，而收入不满五十元者则近总户数六分之一，（下转37页）

① 选自全国土地委员会1937年1月编《全国土地调查报告纲要》，沿用原标点。

## 第三十一表　各省各类租佃期限户数百分率

| 省别 | 调查户数 | 永佃 | | 定期 | | 不定期 | | 其他 | |
|---|---|---|---|---|---|---|---|---|---|
| | | 户数 | % | 户数 | % | 户数 | % | 户数 | % |
| 江苏 | 54544 | 22284 | 40.86 | 5006 | 9.18 | 27251 | 49.96 | — | — |
| 浙江 | 39227 | 12000 | 30.59 | 3972 | 10.13 | 23096 | 58.88 | 159 | 0.40 |
| 安徽 | 43012 | 18990 | 44.15 | 5536 | 12.87 | 18482 | 42.97 | 4 | 0.01 |
| 江西 | 4192 | 96 | 2.29 | 13 | 0.31 | 4084 | 97.40 | — | — |
| 湖南 | 56100 | 566 | 1.00 | 263 | 0.41 | 55270 | 98.52 | 1 | 0.01 |
| 湖北 | 17354 | 2326 | 13.40 | 792 | 4.57 | 14236 | 82.03 | — | — |
| 河北 | 9726 | 383 | 3.94 | 2281 | 23.45 | 7062 | 72.61 | — | — |
| 山东 | 11845 | 530 | 4.47 | 663 | 5.60 | 10652 | 89.93 | — | — |
| 河南 | 11389 | 292 | 2.56 | 884 | 7.76 | 10211 | 89.66 | 2 | 0.02 |
| 山西 | 144 | 6 | 4.17 | 60 | 41.67 | 78 | 54.16 | — | — |
| 陕西 | 6879 | 36 | 0.52 | 194 | 2.82 | 6649 | 96.66 | — | — |
| 察哈尔 | 122 | 96 | 78.69 | 5 | 4.10 | 21 | 17.21 | — | — |
| 绥远 | 564 | 530 | 93.97 | 22 | 3.90 | 12 | 2.13 | — | — |
| 福建 | 14967 | 776 | 5.18 | 1294 | 8.65 | 12897 | 86.17 | — | — |
| 广东 | 8971 | 151 | 1.68 | 1384 | 17.66 | 7236 | 80.66 | — | — |
| 广西 | 2651 | 311 | 11.73 | 302 | 11.39 | 2036 | 76.80 | 2 | 0.08 |
| 总计 | 281488 | 39373 | 21.08 | 22874 | 8.12 | 199073 | 70.74 | 168 | 0.06 |

第三十二表　各省定期租佃年限之长短

| 省别 | 定期总户数 | 各期户数 | | | | | | | | | |
|---|---|---|---|---|---|---|---|---|---|---|---|
| | | 一年 | 二年 | 三年 | 四年 | 五年 | 六年 | 七年 | 八年 | 九年 | 十年 |
| 江苏 | 5009 | 305 | 72 | 2494 | 253 | 724 | 544 | 66 | 198 | 28 | 106 |
| 浙江 | 3972 | 2964 | 12 | 60 | 9 | 478 | 21 | 31 | 20 | 2 | 288 |
| 安徽 | 5536 | 75 | 90 | 4617 | 187 | 420 | 62 | 16 | 37 | 1 | 23 |
| 江西 | 13 | 2 | 1 | 8 | — | 2 | — | — | — | — | — |
| 湖南 | 263 | 23 | 6 | 58 | 24 | 69 | 18 | 5 | 19 | 24 | 9 |
| 湖北 | 792 | 457 | 17 | 156 | 15 | 114 | 12 | 1 | 3 | 2 | 14 |
| 河北 | 2281 | 1961 | 36 | 192 | 22 | 52 | — | 1 | 2 | — | 12 |
| 山东 | 663 | 436 | 17 | 99 | 11 | 85 | 3 | 1 | 4 | — | 5 |
| 河南 | 884 | 699 | 10 | 99 | 16 | 22 | — | — | 2 | — | 24 |
| 山西 | 60 | 52 | 1 | 5 | 1 | 1 | — | — | — | — | — |
| 陕西 | 194 | 170 | 1 | 18 | — | 4 | — | 1 | — | — | — |
| 察哈尔 | 5 | 3 | — | 1 | 1 | — | — | — | — | — | — |
| 绥远 | 22 | 4 | — | 13 | 2 | 3 | — | — | — | - | — |
| 福建 | 1294 | 971 | 72 | 89 | 12 | 70 | 8 | — | 6 | - | 26 |
| 广东 | 1584 | — | 6 | 23 | 142 | 614 | 183 | 7 | 194 | 2 | 378 |
| 广西 | 302 | 90 | 21 | 111 | 10 | 39 | 8 | 7 | 5 | 1 | 10 |
| 总计 | 22874 | 8212 | 362 | 8043 | 705 | 2697 | 859 | 136 | 490 | 60 | 895 |
| 百分比 | 100 | 35.90 | 1.58 | 35.16 | 3.08 | 11.79 | 3.76 | 0.59 | 2.14 | 0.26 | 3.92 |

续表

| 省别 | 各期户数 | | | | | | | | |
|---|---|---|---|---|---|---|---|---|---|
| | 十一年 | 十二年 | 十三年 | 十四年 | 十五年 | 十六年 | 十八年 | 二十年 | 二十年以上 |
| 江苏 | — | — | 30 | — | — | — | 136 | 36 | 17 |
| 浙江 | 1 | 6 | 5 | 2 | 26 | 1 | 1 | 37 | 8 |
| 安徽 | 1 | 7 | — | — | — | — | - | — | — |
| 江西 | — | — | — | — | — | — | — | — | — |
| 湖南 | — | 6 | — | — | 1 | — | — | 1 | — |
| 湖北 | — | — | 1 | — | — | — | — | — | — |
| 河北 | — | — | — | — | — | — | — | 3 | 1 |
| 山东 | — | 1 | — | — | — | — | — | 1 | — |
| 河南 | — | 12 | — | — | — | — | — | — | — |
| 山西 | — | — | — | — | — | — | — | — | — |
| 陕西 | — | — | — | — | — | — | — | — | — |
| 察哈尔 | — | — | — | — | — | — | — | — | — |
| 绥远 | — | — | — | — | — | — | — | — | — |
| 福建 | 2 | 38 | — | — | — | — | — | — | — |
| 广东 | — | 13 | — | 1 | 17 | 2 | — | 2 | — |
| 广西 | — | — | — | — | — | — | — | — | — |
| 总计 | 4 | 83 | 36 | 3 | 44 | 3 | 137 | 79 | 26 |
| 百分比 | 0.02 | 0.36 | 0.16 | 0.01 | 0.19 | 0.01 | 0.60 | 0.35 | 0.12 |

第三十三表　各省农家收入多寡各组户数百分率

| 省别 | 调查县数 | 调查总户数 | 25元以下 % | 25—49.9 % | 50—74.9 % | 75—99.4 % | 100—149.9 % | 150—199.9 % |
|---|---|---|---|---|---|---|---|---|
| 江苏 | 12 | 252232 | 1.64 | 7.70 | 13.32 | 11.05 | 22.20 | 14.20 |
| 浙江 | 15 | 139688 | 1.60 | 8.83 | 18.39 | 14.50 | 24.19 | 12.78 |
| 安徽 | 12 | 115095 | 5.05 | 15.22 | 18.28 | 12.03 | 18.03 | 10.03 |
| 江西 | 5 | 29156 | 1.31 | 8.87 | 17.55 | 16.36 | 27.90 | 13.24 |
| 湖南 | 14 | 288830 | 2.47 | 11.19 | 15.95 | 13.65 | 21.59 | 12.47 |
| 湖北 | 11 | 113547 | 4.24 | 12.76 | 17.24 | 13.60 | 23.14 | 12.39 |
| 河北 | 23 | 176339 | 4.70 | 16.04 | 20.14 | 14.24 | 18.73 | 10.39 |
| 山东 | 18 | 255692 | 10.91 | 26.02 | 23.31 | 12.23 | 13.20 | 5.97 |
| 河南 | 12 | 156226 | 7.05 | 24.16 | 23.54 | 14.16 | 14.68 | 6.93 |
| 山西 | 2 | 7076 | 15.76 | 19.83 | 19.45 | 9.62 | 13.52 | 6.91 |
| 陕西 | 12 | 65064 | 1.66 | 9.59 | 16.31 | 12.11 | 21.26 | 13.22 |
| 察哈尔 | 1 | 1458 | 51.92 | 14.40 | 10.56 | 3.36 | 7.89 | 3.57 |
| 绥远 | 2 | 3177 | 6.23 | 10.86 | 13.76 | 10.26 | 14.89 | 8.88 |
| 福建 | 10 | 99404 | 0.16 | 1.50 | 4.64 | 6.37 | 20.51 | 18.98 |
| 广东 | 2 | 14538 | 0.06 | 0.70 | 2.48 | 4.98 | 12.56 | 16.60 |
| 广西 | 12 | 27835 | 1.24 | 5.41 | 11.42 | 9.98 | 21.21 | 14.35 |
| 总计 | 163 | 1745357 | 4.32 | 13.90 | 17.40 | 12.54 | 19.51 | 11.36 |

续 表

| 省 别 | 200—249.9 % | 250—299.9 % | 300—349.9 % | 350—399.9 % | 400—449.9 % | 450—499.9 % | 500—999.9 % | 1000元以上 % | 调查不明 % |
|---|---|---|---|---|---|---|---|---|---|
| 江 苏 | 10.43 | 4.76 | 4.51 | 2.07 | 2.21 | 0.92 | 3.53 | 0.72 | 0.74 |
| 浙 江 | 7.77 | 3.11 | 2.77 | 1.28 | 1.10 | 0.52 | 1.95 | 0.60 | 0.61 |
| 安 徽 | 6.62 | 3.60 | 2.86 | 1.63 | 1.30 | 0.80 | 2.50 | 0.43 | 1.62 |
| 江 西 | 7.66 | 2.32 | 2.07 | 0.59 | 0.67 | 0.14 | 0.64 | 0.07 | 0.61 |
| 湖 南 | 8.42 | 3.47 | 3.15 | 1.36 | 1.43 | 0.68 | 2.22 | 0.41 | 1.54 |
| 湖 北 | 7.15 | 3.24 | 2.23 | 1.03 | 0.79 | 0.34 | 0.87 | 0.12 | 0.86 |
| 河 北 | 5.53 | 3.11 | 2.05 | 1.20 | 0.90 | 0.52 | 1.77 | 0.51 | 0.20 |
| 山 东 | 3.16 | 1.44 | 1.02 | 0.50 | 0.40 | 0.20 | 0.70 | 0.14 | 0.80 |
| 河 南 | 3.70 | 1.73 | 1.20 | 0.59 | 0.50 | 0.26 | 0.75 | 0.15 | 0.60 |
| 山 西 | 5.10 | 1.78 | 1.85 | 0.40 | 0.75 | 0.15 | 1.33 | 0.41 | 3.14 |
| 陕 西 | 9.51 | 5.07 | 3.80 | 2.05 | 1.57 | 0.91 | 2.28 | 0.33 | 0.33 |
| 察哈尔 | 3.43 | 1.30 | 1.03 | 0.41 | 0.27 | 0.21 | 1.03 | 0.21 | 0.41 |
| 绥 远 | 8.31 | 7.08 | 4.75 | 2.11 | 2.17 | 0.97 | 4.91 | 0.76 | 4.06 |
| 福 建 | 17.45 | 8.54 | 8.04 | 3.60 | 3.40 | 1.37 | 4.38 | 0.62 | 0.44 |
| 广 东 | 16.61 | 13.56 | 9.82 | 6.47 | 4.35 | 3.61 | 7.46 | 0.71 | 0.03 |
| 广 西 | 11.30 | 5.23 | 5.77 | 2.61 | 3.24 | 1.26 | 5.34 | 1.32 | 0.32 |
| 总 计 | 7.61 | 2.57 | 3.02 | 1.44 | 1.33 | 0.63 | 2.11 | 0.43 | 0.84 |

## 第三十四表　各省农家收入相抵与否户数百分率

| 省别 | 调查县数 | 调查总户数 | 收支有余 % | 收支相等 % | 收支不敷 % | 调查不明 % |
|---|---|---|---|---|---|---|
| 江苏 | 12 | 252232 | 19.10 | 45.30 | 34.86 | 0.74 |
| 浙江 | 15 | 139688 | 11.93 | 36.46 | 51.00 | 0.61 |
| 安徽 | 12 | 115095 | 23.87 | 33.82 | 40.69 | 1.62 |
| 江西 | 5 | 29156 | 17.94 | 50.95 | 30.50 | 0.61 |
| 湖南 | 14 | 288830 | 19.54 | 43.84 | 35.08 | 1.54 |
| 湖北 | 11 | 113547 | 26.94 | 35.86 | 36.34 | 0.86 |
| 河北 | 23 | 176339 | 33.01 | 28.38 | 38.41 | 0.20 |
| 山东 | 18 | 255692 | 25.09 | 48.75 | 25.36 | 0.80 |
| 河南 | 12 | 156226 | 32.69 | 36.62 | 30.09 | 0.60 |
| 山西 | 2 | 7076 | 23.39 | 25.64 | 47.84 | 3.14 |
| 陕西 | 12 | 65054 | 25.10 | 41.25 | 33.32 | 0.33 |
| 察哈尔 | 1 | 1458 | 34.88 | 12.00 | 52.71 | 0.41 |
| 绥远 | 2 | 3177 | 40.54 | 28.93 | 26.47 | 4.06 |
| 福建 | 10 | 99404 | 16.71 | 55.76 | 27.09 | 4.44 |
| 广东 | 2 | 14538 | 34.57 | 13.32 | 52.08 | 0.03 |
| 广西 | 12 | 27835 | 20.27 | 40.34 | 39.07 | 0.32 |
| 总计 | 163 | 1745357 | 23.21 | 41.06 | 34.89 | 0.84 |

(上接30页)五十元以上至不足二百元者约占十分之六。若以不满三百元者合计之，则占总户数十分之九，可知大多农家收入甚少。又观第三十四表，收支有余者不及总户数四分之一，而收不敷出者反逾三分之一。其收支相抵者亦生活程度甚低，非将生活费用减至极少，不能勉强相抵或有余。大多数农家皆陷于经济困难之中。

农家经济困难，收不敷支，或虽平时收支勉可相抵，设遇意外势必出于借贷。农家普查表曾查询有无债务，负债若干，及其原因与利率。兹将各省负债农户数及负债额，列为第三十五表如下。

观该表，负债农户占总户数百分之四十三以上，平均每户负债一百十余元，今试作一约略之估计：全国人口四万五千万，每户以五人计，约共九千万户；据前第二章第三节所述，农户约近总户数五分之四，共有七千二百万农户，负债者占百分之四十三有奇，共计三千一百余万户；每户平均负债一百十二元有奇，共计全国农家负责总额在三十五万万元以上。

负债原因，全国平均25.45％由于家常日用，18.03％由于天灾人祸，14.60％由于疾病丧葬，13.01％由于婚嫁喜事，以上四项合计已逾七成：而农事操作(2.56％)，发给工资(1.78％)，修理购置建筑及赎取田地房屋(11.20％)等合计仅一成半强；其他原因为偿付旧欠，纳税、付租、诉讼、工商业投资及亏空等。可知大都用于维持生活及应付意外，用于生产者甚少。

利率大都均甚高，兹据农家普查表查询负债农户所得，计算所付年息高下各组户数百分率，列为第三十六表如下。(见39页)

观该表，年利大都在二分至四分之间，占总户数四分之三强，四分以上者亦不少，间有高至十分以上者。区调查表中，曾调查债权人之类别，以商店、地主、富农为最多，其不能有利于负债农户，可以概见。

第二节　土地抵押

农村借贷可分为信用借贷或抵押借贷二种，抵押(下转41页)

## 第三十五表　各省负债农户数及负债额

| 省别 | 调查县数 | 调查总户数 | 负债户数 | 负债户数百分率(%) | 负债总额 元 | 负债户中每户平均负债额（元） |
|---|---|---|---|---|---|---|
| 江苏 | 12 | 252232 | 128173 | 50.82 | 19891442.75 | 155.192 |
| 浙江 | 15 | 139688 | 84987 | 60.84 | 13442882.64 | 158.176 |
| 安徽 | 12 | 115095 | 76024 | 66.05 | 8973975.35 | 118.041 |
| 江西 | 5 | 29156 | 14227 | 48.80 | 1221782.40 | 85.878 |
| 湖南 | 14 | 288830 | 120258 | 41.64 | 11807034.26 | 98.181 |
| 湖北 | 11 | 113547 | 42578 | 37.50 | 1543723.78 | 36.256 |
| 河北 | 23 | 176339 | 76867 | 43.59 | 9085279.38 | 118.195 |
| 山东 | 18 | 255692 | 71296 | 27.88 | 7676864.00 | 107.656 |
| 河南 | 12 | 156226 | 61177 | 39.16 | 3714357.37 | 60.715 |
| 山西 | 2 | 7076 | 3485 | 49.11 | 324848.00 | 93.213 |
| 陕西 | 12 | 65064 | 31656 | 48.65 | 2942905.63 | 92.965 |
| 察哈尔 | 1 | 1458 | 1066 | 73.11 | 176206.45 | 165.297 |
| 绥远 | 2 | 3177 | 1334 | 41.99 | 126351.00 | 94.716 |
| 福建 | 10 | 99404 | 33736 | 33.94 | 4716643.73 | 139.810 |
| 广东 | 2 | 14538 | 7374 | 50.72 | 235976.67 | 32.001 |
| 广西 | 12 | 27835 | 11460 | 41.17 | 420486.10 | 36.692 |
| 总计 | 163 | 1745357 | 765698 | 43.87 | 86300759.51 | 112.709 |

## 第三十六表　各省农村利率高下各组户数百分率

| 省　别 | 负债总户数 | 无利息者 % | 不及15%（%） | 15—19.9 % | 20—24.9 % | 25—29.9 % |
|---|---|---|---|---|---|---|
| 江　苏 | 128176 | 0.27 | 2.20 | 11.07 | 63.43 | 1.57 |
| 浙　江 | 84937 | 0.33 | 4.64 | 14.88 | 74.71 | 1.32 |
| 安　徽 | 76024 | 0.003 | 0.29 | 4.40 | 31.75 | 11.31 |
| 江　西 | 14227 | 0.23 | 2.23 | 36.73 | 28.38 | 0.89 |
| 湖　南 | 120261 | 0.09 | 0.46 | 5.14 | 46.39 | 6.57 |
| 湖　北 | 42551 | 0.09 | 0.39 | 0.97 | 14.35 | 22.80 |
| 河　北 | 76867 | — | 1.09 | 5.46 | 27.04 | 4.52 |
| 山　东 | 71296 | 0.07 | 0.79 | 1.97 | 12.33 | 0.70 |
| 河　南 | 61177 | 0.14 | 1.05 | 0.21 | 6.05 | 0.89 |
| 山　西 | 3485 | — | 0.34 | 0.35 | 6.40 | 5.37 |
| 陕　西 | 31662 | 1.94 | 1.63 | 0.68 | 11.47 | 2.25 |
| 察哈尔 | 1066 | 6.66 | 0.28 | 0.19 | 5.16 | 0.94 |
| 绥　远 | 1334 | 0.52 | 0.60 | 0.15 | 3.15 | 1.35 |
| 福　建 | 33736 | — | 12.76 | 29.26 | 46.27 | 4.72 |
| 广　东 | 7374 | — | 3.31 | 50.58 | 39.79 | 0.28 |
| 广　西 | 11460 | — | 2.33 | 2.07 | 21.94 | 5.99 |
| 总　计 | 765683 | 0.21 | 2.01 | 7.87 | 38.24 | 4.86 |

附注：表中所载利率，皆系折合为年利，以便比较。

续表

| 省别 | 30—34.9 % | 35—39.9 % | 40—44.9 % | 50—74.9 % | 75—99.9 % | 100%以上 % | 调査不明 % |
|---|---|---|---|---|---|---|---|
| 江苏 | 5.09 | 3.10 | 1.13 | 6.66 | 0.83 | 0.07 | 4.03 |
| 浙江 | 1.57 | 0.03 | 0.034 | 0.072 | 0.03 | 0.08 | 2.30 |
| 安徽 | 24.392 | 17.53 | 1.80 | 0.633 | 0.02 | 0.01 | 2.37 |
| 江西 | 28.21 | 0.32 | 0.03 | 0.06 | 0.05 | 0.06 | 2.80 |
| 湖南 | 23.58 | 7.63 | 2.67 | 3.63 | 0.15 | 0.39 | 1.95 |
| 湖北 | 42.17 | 12.83 | 1.82 | 1.01 | 0.05 | 0.01 | 3.21 |
| 河北 | 18.12 | 39.80 | 0.11 | 0.08 | 0.02 | 0.01 | 3.43 |
| 山东 | 13.87 | 39.36 | 3.89 | 6.34 | 0.04 | 0.09 | 10.77 |
| 河南 | 21.10 | 27.48 | 9.84 | 12.02 | 1.87 | 0.70 | 7.52 |
| 山西 | 23.61 | 49.55 | 7.00 | 1.41 | - | — | 2.44 |
| 陕西 | 18.13 | 40.96 | 2.55 | 10.82 | 0.30 | 0.32 | 2.70 |
| 察哈尔 | 35.83 | 28.89 | 0.94 | 0.66 | 0.09 | — | 19.89 |
| 绥远 | 78.26 | 2.85 | 4.50 | 5.47 | 0.15 | — | 3.00 |
| 福建 | 1.09 | 1.11 | 0.05 | 0.08 | 0.17 | 0.01 | 4.45 |
| 广东 | 1.03 | 0.29 | — | 0.19 | 0.19 | — | 4.34 |
| 广西 | 31.26 | 18.91 | 5.16 | 2.18 | 0.07 | 0.02 | 8.23 |
| 总计 | 16.38 | 16.34 | 2.28 | 3.87 | 0.35 | 0.16 | 4.17 |

(上接37页)或以田地或以房屋及其他不动产，或以物品如衣饰农具之类。合会亦为农民间通融资金之通行方法,实为变相之信用贷款,惟普通均不视作借贷。此次于区调查表中,曾查询各该区信用借贷及各项抵押借贷所占之百分率,兹据以列为第三十七表如下。观上表，土地抵押借贷几占半数。其中以江西之土地抵押比率为最低，湖北安徽亦颇低，殆以共匪骚扰之故。

近年农村凋敝，信用大减，贷款势必重视抵押。所谓信用借贷，大抵不过商店赊欠之货款。抵押品之价值，在乡村惟土地为最巨，房屋所值有限，衣饰杂物等可上当铺者价值更微，农产品虽可抵押，然在新式仓库制度未成立前，每不可能。年来虽有信用合作社之组织及银行放款，然粥少僧多，收效犹微。故土地抵押借贷在今日农村金融中极占优势，若以款额言之，较上列第三十七表所表示者更形重要。

土地抵押贷款合地价若干成，亦曾于区调查表调查之，少者只达三成,多者逾六成,大部分可多至五成上下。

## 第三节　土地典卖

典与押不同，前者自土地出典后，土地使用收益权即移转于典受人，地不起租，银不起息,后者则仅为抵押借款之担保品,土地仍归债务人使用收益。典田亦称活买〔卖〕田,盖在出典期内,与出卖无异，惟在典田期限届满后，得备原价回赎,与绝卖不同。在农村中，土地抵押与典卖每有连带关系。农人既常处于经济困难之中，以土地抵押贷款后，若为生活或意外所迫，或因债多利息重，无力负担，而债权人催逼甚急，则势必出典其土地，以解除目前之困难，盖典价可多于抵押所得之款额也。典后收益复减,或且较前更为穷困,若无力取赎而又遇急迫需款之时,最后势必向典受人找得若干价款，作为绝卖,而土地所有权完全移转于他人。此种现象，实为促成土地兼并或地权集中主要原因之一。(下转48页)

## 第三十七表　各省农村借贷抵押品种类百分率

| 省　别 | 调查县数 | 调查区数 | 信用借贷 % | 田地抵押 % | 房屋及其他不动产抵押 % | 物品抵押 % |
|---|---|---|---|---|---|---|
| 江　苏 | 12 | 97 | 36.00 | 43.50 | 11.50 | 9.00 |
| 浙　江 | 10 | 55 | 20.00 | 57.00 | 15.00 | 8.00 |
| 安　徽 | 10 | 59 | 48.00 | 34.30 | 7.30 | 10.70 |
| 江　西 | 4 | 25 | 40.00 | 25.20 | 15.00 | 19.80 |
| 湖　南 | 10 | 61 | 40.00 | 42.00 | 10.00 | 8.00 |
| 湖　北 | 9 | 46 | 55.00 | 30.20 | 9.90 | 4.90 |
| 河　北 | 20 | 95 | 32.00 | 55.90 | 9.20 | 2.90 |
| 山　东 | 18 | 139 | 46.00 | 44.60 | 7.50 | 1.90 |
| 河　南 | 12 | 77 | 27.00 | 62.80 | 7.30 | 2.90 |
| 山　西 | 2 | 5 | 13.00 | 69.60 | 14.80 | 2.60 |
| 陕　西 | 12 | 76 | 31.00 | 53.10 | 10.40 | 5.50 |
| 福　建 | 10 | 76 | 37.00 | 39.70 | 12.60 | 10.70 |
| 广　东 | 2 | 18 | 19.00 | 47.00 | 22.70 | 11.30 |
| 广　西 | 4 | 23 | 23.00 | 47.70 | 10.00 | 19.30 |
| 总　计 | 235 | 852 | 33.36 | 46.61 | 11.65 | 8.38 |

## 5. 实业部中央农业实验所农民离村调查统计

（1935年）

### （1）各种农民离村之总百分比（计算总计）

| 省 名 | 县 数 | 地 主 | 自耕农 | 佃 农 | 其 他 |
|---|---|---|---|---|---|
| 察哈尔 | 9 | 280.2 | 197.3 | 215.5 | 207.0 |
| 绥 远 | 9 | 192.1 | 306.3 | 269.1 | 132.5 |
| 宁 夏 | 4 | 146.7 | 109.7 | 85.3 | 58.3 |
| 青 海 | 6 | 110.8 | 186.7 | 226.5 | 76.0 |
| 甘 肃 | 25 | 523.5 | 1055.9 | 590.2 | 330.4 |
| 陕 西 | 37 | 829.3 | 1417.8 | 1006.6 | 446.3 |
| 山 西 | 65 | 973.6 | 1962.0 | 2471.8 | 1092.6 |
| 河 北 | 111 | 2192.6 | 4253.8 | 3018.2 | 1635.4 |
| 山 东 | 78 | 1219.1 | 3153.1 | 2283.7 | 1144.1 |
| 江 苏 | 48 | 776.2 | 1029.6 | 2088.1 | 906.1 |
| 安 徽 | 40 | 746.1 | 1100.4 | 1408.6 | 744.9 |
| 河 南 | 85 | 2210.5 | 2413.2 | 2614.5 | 1261.8 |
| 湖 北 | 29 | 593.0 | 611.8 | 1249.0 | 446.2 |
| 四 川 | 58 | 1298.9 | 1314.7 | 2162.9 | 1023.5 |
| 云 南 | 29 | 515.0 | 607.8 | 1223.0 | 554.2 |
| 贵 州 | 21 | 419.3 | 654.9 | 639.7 | 386.1 |
| 湖 南 | 26 | 523.6 | 471.0 | 1055.7 | 549.7 |
| 江 西 | 25 | 684.1 | 612.8 | 789.4 | 413.7 |
| 浙 江 | 51 | 902.7 | 1002.4 | 2176.3 | 1018.6 |
| 福 建 | 24 | 594.7 | 622.7 | 825.4 | 357.2 |
| 广 东 | 44 | 600.6 | 804.9 | 2020.6 | 973.9 |
| 广 西 | 30 | 361.2 | 735.1 | 1269.6 | 634.1 |
| 总 计 | 854 | 16,693.8 | 24,623.9 | 29,689.7 | 14,392.6 |
| 平 均 | | 19.5 | 28.8 | 34.8 | 16.9 |

(2) 全家离村的农家到下列处所的百分率(计算总计)

| 省　名 | 县数 | 到城市逃难 | 到城市工作 | 到城市谋生 | 到别村务农 | 到别村逃难 | 到城市住家 | 迁居别村 | 到垦区开垦 | 其　它 |
|---|---|---|---|---|---|---|---|---|---|---|
| 察哈尔 | 8 | 251.2 | 146.5 | 92.8 | 102.2 | 47.0 | 57.7 | 59.8 | 22.8 | 20.0 |
| 绥　远 | 9 | 133.3 | 97.0 | 105.0 | 265.8 | 78.3 | 76.3 | 46.7 | 60.9 | 36.7 |
| 宁　夏 | 4 | 37.7 | 60.1 | 41.8 | 55.8 | 87.6 | 26.6 | 35.0 | 10.0 | 45.4 |
| 青　海 | 6 | 82.3 | 95.7 | 84.5 | 111.7 | 62.0 | 48.8 | 49.5 | 52.5 | 13.0 |
| 甘　肃 | 25 | 303.4 | 502.4 | 272.5 | 455.9 | 280.2 | 155.6 | 259.9 | 95.9 | 174.2 |
| 陕　西 | 37 | 762.9 | 617.3 | 456.4 | 541.4 | 412.5 | 357.9 | 301.5 | 186.8 | 63.6 |
| 山　西 | 54 | 635.9 | 1140.4 | 951.0 | 1054.0 | 280.4 | 492.7 | 423.9 | 274.9 | 146.8 |
| 河　北 | 106 | 1627.4 | 2571.7 | 1891.9 | 1919.1 | 638.8 | 673.4 | 529.4 | 542.3 | 206.0 |
| 山　东 | 76 | 892.9 | 1698.3 | 1057.7 | 1312.4 | 649.7 | 476.1 | 432.2 | 582.2 | 498.5 |
| 江　苏 | 46 | 516.4 | 1380.0 | 849.7 | 624.2 | 245.0 | 342.5 | 286.1 | 152.4 | 203.7 |
| 安　徽 | 39 | 748.3 | 701.9 | 570.7 | 538.1 | 531.2 | 364.2 | 244.4 | 86.3 | 114.9 |

续 表

| | | | | | | | | | |
|---|---|---|---|---|---|---|---|---|---|
| 河 南 | 81 | 1696.1 | 1356.9 | 993.9 | 1316.8 | 713.3 | 768.8 | 553.6 | 423.3 | 282.3 |
| 湖 北 | 29 | 429.0 | 516.8 | 529.1 | 651.4 | 275.6 | 223.0 | 190.5 | 47.9 | 36.7 |
| 四 川 | 56 | 810.8 | 1061.0 | 942.6 | 907.0 | 422.7 | 612.0 | 582.0 | 133.9 | 128.0 |
| 云 南 | 25 | 227.3 | 400.0 | 400.7 | 552.8 | 149.7 | 222.9 | 219.1 | 141.6 | 185.9 |
| 贵 州 | 20 | 254.7 | 270.3 | 263.2 | 339.8 | 182.0 | 237.0 | 246.3 | 97.4 | 109.3 |
| 湖 南 | 28 | 402.3 | 509.3 | 439.6 | 539.7 | 274.4 | 233.8 | 211.[illegible] | 67.1 | 122.7 |
| 江 西 | 25 | 400.7 | 683.5 | 439.3 | 322.2 | 147.2 | 216.4 | 123.7 | 70.5 | 96.5 |
| 浙 江 | 45 | 563.4 | 1290.5 | 666.9 | 824.9 | 239.4 | 301.7 | 371.4 | 191.0 | 50.8 |
| 福 建 | 24 | 336.2 | 410.0 | 257.3 | 435.2 | 286.1 | 217.6 | 200.1 | 86.9 | 170.6 |
| 广 东 | 40 | 262.7 | 1204.6 | 831.8 | 543.2 | 122.8 | 294.4 | 260.8 | 93.7 | 386.0 |
| 广 西 | 28 | 157.5 | 581.1 | 352.9 | 612.2 | 145.3 | 254.5 | 320.8 | 204.5 | 171.7 |
| 总 计 | 811 | 11532.4 | 17295.3 | 12491.3 | 14025.8 | 6271.2 | 6648.9 | 5947.[illegible] | 3624.8 | 3263.3 |
| 平 均 | | 14.2 | 21.3 | 15.4 | 17.3 | 7.7 | 8.2 | 7.4 | 4.5 | 4.0 |

(3) 青年男女离村的农家到下列处所的总百分率(计算总计)

| 省 名 | 县 数 | 到城市作工 | 到城市谋事 | 到城市求学 | 到别村作雇农 | 到垦区开垦 | 其 他 |
|---|---|---|---|---|---|---|---|
| 察哈尔 | 9 | 265.7 | 169.3 | 110.8 | 284.5 | 49.7 | 20.0 |
| 绥 远 | 8 | 194.3 | 72.5 | 83.3 | 235.0 | 140.0 | 75.0 |
| 宁 夏 | 4 | 97.5 | 37.5 | 36.6 | 185.9 | 5.0 | 37.5 |
| 青 海 | 6 | 141.2 | 114.8 | 83.[illegible] | 153.0 | 95.5 | 12.5 |
| 甘 肃 | 24 | 584.7 | 358.7 | 344.4 | 735.2 | 101.9 | 275.1 |
| 陕 西 | 36 | 862.1 | 795.3 | 565.6 | 963.8 | 238.9 | 174.3 |
| 山 西 | 64 | 1596.6 | 1555.2 | 1070.7 | 1297.7 | 639.3 | 240.5 |
| 河 北 | 114 | 3514.9 | 2439.5 | 1866.2 | 2616.4 | 530.9 | 432.1 |
| 山 东 | 79 | 2286.3 | 1497.0 | 1479.3 | 1597.6 | 644.0 | 395.8 |
| 江 苏 | 49 | 1740.3 | 1071.3 | 749.6 | 941.9 | 201.1 | 195.8 |
| 安 徽 | 40 | 1125.4 | 769.1 | 602.6 | 1047.0 | 157.8 | 298.0 |
| 河 南 | 82 | 1962.4 | 1483.4 | 2036.2 | 1892.3 | 479.0 | 346.7 |

续 表

| | | | | | | | |
|---|---|---|---|---|---|---|---|
| 湖 北 | 28 | 675.2 | 612.5 | 423.6 | 887.5 | 72.2 | 129.0 |
| 四 川 | 57 | 1457.3 | 1225.5 | 1088.8 | 1329.2 | 215.6 | 383.6 |
| 云 南 | 28 | 610.7 | 480.1 | 572.3 | 706.7 | 205.1 | 225.1 |
| 贵 州 | 21 | 414.2 | 402.4 | 217.5 | 545.0 | 230.9 | 290.0 |
| 湖 南 | 27 | 733.6 | 508.8 | 540.1 | 474.7 | 113.8 | 329.0 |
| 江 西 | 25 | 706.5 | 655.9 | 314.8 | 413.9 | 100.3 | 308.6 |
| 浙 江 | 49 | 1757.0 | 829.6 | 809.8 | 1097.1 | 260.6 | 145.9 |
| 福 建 | 23 | 570.5 | 427.5 | 327.8 | 440.4 | 144.5 | 389.3 |
| 广 东 | 45 | 1387.2 | 972.4 | 755.7 | 723.9 | 198.9 | 461.9 |
| 广 西 | 28 | 728.6 | 506.8 | 701.2 | 565.5 | 177.0 | 120.9 |
| 总 计 | 846 | 23412.2 | 16985.1 | 14779.9 | 19134.2 | 5002.1 | 5286.6 |
| 平 均 | | 27.17 | 20.1 | 17.5 | 22.6 | 5.9 | 6.2 |

〔农林部中央农业实验所档案〕

（上接41页）区调查表中，对于出典之土地，曾特加调查。出典原因，大都由于日用、婚丧、天灾人祸及偿还债务，用于农事支出或改良田地修理房屋者绝少。典田期限，大都在三年以上，最长者达十二年。各省平均期限如下：冀豫鲁均三年，陕赣湘鄂三年半，苏皖四年，浙近四年半，桂五年，闽近六年，粤达八年半。出典人什九为农民。承典人虽亦以农民为多，仅占十之六，商逾十之二，余为士绅地主等。可见土地积渐移转于非农民之手。

……

〔实业部档案〕

## 二、重要决议案

### 1. 国民党中执委关于孔祥熙提议设立农民借贷所以拯救农村危机案公函

（1931年11月4日）

径启者：前准孔委员祥熙提议，本年洪水泛滥，各地农村淹没，生机尽绝，政府虽设法振抚，不遗余力，然散衣施食，只能济于一时，根本问题似应以全力注重于维持农村之组织，以免农民远离乡井。拟请于被灾省份之县区设立农民借贷所，对于被灾之贫苦农民实施借贷，籍以恢复农村原有经济状况，而为将来创办农民银行之基础。兹酌拟办法六项，是否可行，请核议等由。当经本会议第三百九十次会议决议，交经济组审查去后，兹据经济组报告审查结果，认为设立此项农民借贷机关，籍以维持农村组织，恢复农村经济，实为救济灾区农民之要图，拟请将本案原则通过，交行政院转饬实业、财政、交通三部妥拟详细办法，以期推行尽利等语。复经提出本会议第二百九十六次会议讨论，并经决议照审查意见通过。相应录案，并检同孔委员原提案油印件函达，即希查照并转行行政院，分别转饬遵照办理见覆为荷。此

致

国民政府

附孔委员祥熙提案油印件一份

中央执行委员会政治会议

二十年十一月四日

拟请行知国民政府从速设立农民借贷所，以维持农村组织，恢复农村经济，而为将来农业银行基础案

本年洪水泛滥，三大流域之区几成泽国，农村淹没，庐舍荡然，遍野哀鸿，生机尽绝。两月以来政府对于筹办赈灾不遗余力，然散衣施食，只能救济于一时，任听国家基本份子之农民流离失所，不独乡村荒废，有生产衰落之虞，更恐老弱者填于沟壑，少壮者化为匪共，未来隐患讵堪设想。为今之计，除为临时救济办法外，应以全力注重于维持农村组织，恢复农村之经济，使农民安土重迁，不忍远离乡井，则全国生产方有来苏之望，治安亦可无虞。对于被灾之贫苦农民实施相当之借贷，而后农村经济方可徐舒，推而进之，将来可即以此为创办农民银行之基础，为全国金融之辅助，而免于畸形之发展。

兹酌拟办法如左：

一、借贷所之设立　凡被灾省份之县区，皆得设立农民借贷所。

二、借贷所之性质　专为流通农村金融而设，以恢复农村原有经济状况，除图发展为目的。

三、借贷所之业务　专办理农民借贷事宜，根据丁漕粮串成户籍册，以不动产或视借贷人之身分觅具连环妥保借贷之（章程另定之）。

四、借贷所之资金：

甲、由政府于赈款项下酌拨若干元，视地方情形以定补助多

寡，委托正当之金融机关或合法之商业机关办理之，并得酌量情形发行铜元票，但须呈由财实两部核准。

乙、由政府令知金融界分头或通力合作，前往被灾区域，酌量地方情形投资设立。

丙、劝告当地有产阶级或旅外有产业者回乡投资。

五、借贷所之规律　务以简单适用为主。

六、办理借贷所之机关　由实财两部会同国府水灾救济委员会执行之。

以上办法皆系救济善后切要之图，事属急要，拟请政府权量缓急，不以平常法令为绳度，此举立可实现，则群黎得所，而党国之基本固实，是否有当，仍候公决。

提案人委员　孔祥熙

〔国民政府档案〕

## 2. 内政部为第二次全国内政会议有关农村救济提案致实业部咨文

（1932年1月18日）

**内政部咨　民字第138号**

为咨行事：案查本部此次召开第二次全国内政会议，所有议决可采各案，业经陆续呈报并通行在案。兹查有广西省会公安局长周炳南提议发展农村经济以固国本案，上海市社会局长吴醒亚提议救济农村案，以上两案经提出大会决议，认为关系救济农村，亟为重要，送由内政部采择，或咨请主管部施行，等语，记录在卷。复经本部详加审核，所拟办法除颁订租地耕用条例、废除繁文缛节、肃清盗匪、举办农事借本应由本部另案核办，余如减轻农民负担、防止各省遏禁农产品之出省等事，已分咨财政部查照办理外，相应抄同原提案咨请贵部查照，希将主管事项分别核办见复为荷。此咨

实业部

计抄送广西省会公安局长上海市社会局长提案各一件

黄绍竑

中华民国二十二年一月十八日

发展农村经济以固国本案

提案第266号

民字第88号

提议人　广西省公安局局长周炳南

类　别　关于民政事项

议　题　发展农村经济以固国本案

理由

中国以农立国，故农村经济实占全国国民经济重要地位。十九世纪以还，中国农村经济以外受帝国主义者的经济之侵略和压迫，加以内乱频仍及种种灾害，已日趋于崩溃。农村秩序日现动摇，农民生活日形艰窘，而社会现象亦因之日陷于恶劣化，此诚中国政治最大隐患，不可不急谋救治者。是则发展农村经济，实属裕国计利民生而巩固国本之积极要图。谨拟发展农村经济办法如左：

办法

(一)大规模移垦　中国各地人口密度极不均匀，人烟稠密之处则感耕地不足，稀疏之处则荒地满目。欲使地尽其用而裕生产，宜将各省县人口繁密者移殖于人烟稀疏之处，以开垦荒地，同时各地豪绅霸占未垦之荒田、弃地，宜即用法律规定限期开垦，或贷垦于一般贫农。一面订立移垦专章，俾资切实执行。

(二)督设农民银行　现代中国农村金融已陷于恐慌状态，一般农民虽欲发展生产事业，然每苦缺乏资本。贫者欲向资本家借贷，殊觉不易，即能贷借，其利率甚高，所得不偿所失。故为谋农村金融之活动，免受资本家之高利剥削，亟宜就各县地设立农民银行，厘订专章，专为农民借贷之所，则于督促农业之发展，其效诚大。此种银行如政府一时财力不足，可以征集民股，官民合办，较易为力。

（三）开设制造农产工厂　各地不少特产及优良原料，只以不加人工制造或装运，运销因之不广，物亦不能尽其用。各省须设立大规模之农产工厂，如纱厂、面厂、皮革厂等类，加以制造，装载运销各地则各地特产当能日益发达，又可收容各地无业游民于工厂工作，其裨益民生，收效实非浅鲜。

（四）设立农业督劝场　中国农民智识幼稚，耕作多听天由命，墨守成法，如选种、除害、施肥技术等等，新智识概未明晓，宜于各地设立农业督劝场，专负督劝，改良当地农业，研究农耕方法及地质之制宜等责，则各处农业当能日趋于现代化，而增加其产量。

（五）提倡农村合作社　农村人民经济力薄弱，欲经营较大之生产，免受高利贷及商人之剥削，则各种生产合作社、消费合作社、信用合作社等实有提倡组织之必要。

（六）颁订耕地租用条例　保护贫农为本党农工政策所应尽力者，对于苏息农困，提倡农业，发展农作，增加生产，繁荣农村经济，尤为目前急切之要求。本党虽有二五减租政策，然各地尚少遵行，故宜查酌各省地方情形，颁订耕地租用条例，切实施行，以保护一般贫农，俾有能力发展农作，增加生产。

（七）提倡水利　各地因缺乏水源灌溉，而废耕之地比比皆是，宜提倡凿井、筑坝、机器吸灌等项方法，俾谋救济，增加耕植面积，而谋生产力扩大。

（八）繁殖牲畜以裕农民之收入　农村副产物（如鸡、鸭、牛、羊、犬、豕等）应设法使其繁殖，政府并应派遣专员研究牲畜患病预防法及治疗法，使农民知所医治预防，其补助农村之收益亦非浅鲜。

（九）废除婚丧生寿之繁文缛节　婚丧生寿等繁文缛节，积习相沿，以有用金钱耗废于无用之地，直接贻累民众，间接阻窒生产，宜调查各地习俗，斟酌情理，颁订现代化之简便礼制，废除一切繁文缛节，使通俗利民，免费有用之金钱，影响于金融之活动（另有专案提出）。

（十）颁订奖励保护农产专章　欲发展农村经济，当谋农产之发达，则对于农产运输，农产之征税，宜有专章以保护之，以资鼓励而示提倡。

救济农村案　提案第　号　字第　号

提议人　上海市社会局局长吴醒亚

类　别　关于救济事项

议　题　救济农村案

理由

1. 农业生产有减退之现象。2. 农民生活陷于极窘困之地位农村经济破产。3. 天灾人祸，农民不能安居乐业。4. 农家因高利盘剥，负债累累。5. 农家因生产费用过高，入不敷出。6. 农民墨守成法，不加改良农作栽培。7. 农产品价格低落，农民不能维持生活。8. 农村缺乏团体组织，不堪外界经济之压迫。

办法

（甲）安定农民生活：（1）肃清盗匪，（2）减轻农民负担，（3）改善农民生活。（乙）增进农业生产：（1）普及农业教育，（2）多设农事试验场，（3）农耕利用机器。（丙）防止农产物价格之跌落：（1）制定各种农产品标准价格，（2）调查全国各重要农产品之产额，（3）防止各省遏禁农产品之出省，（4）指导农民增减农作物之栽培。（丁）提倡农村合作社。（戊）督促建设农产仓库。（己）奖励农家副业。（庚）举办农事借本。

以上办法是否有当，谨连同救济农村说明书提请公决

附救济农村说明书一份

救济农村说明书

## (一)农村之危机

(甲)农业生产减退之现象　我国向以农业立国,国家之隆替,系于农业之盛衰,而农业又于农村为中心,欲发展农业,充实国富,应先振兴农村,于巩固其基本组织。查我国所产之农产品,应有尽有,地广土肥,产量丰富,虽不足供世界之需要,至少亦可供给本国而有余。但年来,我国农产品之产量竟有逐渐减少之趋势,试观外国农产品输入状况,即足以证明。兹就米、棉、麦等农产品而论,在民国二十年,外棉之输入为四,五八四,〇〇〇担,华棉输出为一,一〇六,〇〇〇担,两相比较计入超三,四七八,〇〇〇担。而于民国八年,国内产棉数量为一〇,二二〇,七七九担,以后渐次减小,至民国二十年其产额只六,四六〇,六四一担。则国内产棉之不足,与夫逐年之减少现象可想而知。列表于后,于示原棉供需一斑:

最近十三年外棉输入及国产棉花概况(单位:担)

| 年别 | 外棉输入额 | 华棉输出额 | 输入输出比较 | | 国内产棉额 |
|---|---|---|---|---|---|
| 民国八年 | 239218 | 172040 | 少 | 832822 | 10220779 |
| 民国九年 | 686373 | 376230 | 多 | 310143 | 9028390 |
| 民国十年 | 1764060 | 609481 | 多 | 1094579 | 6750403 |
| 民国十一年 | 1783721 | 842010 | 多 | 941171 | 5429220 |
| 民国十二年 | 619229 | 914574 | 多 | 643655 | 8310355 |
| 民国十三年 | 1242720 | 1080019 | 多 | 162683 | 7144642 |
| 民国十四年 | 1811674 | 800786 | 多 | 1010888 | 7808882 |
| 民国十五年 | 2748801 | 878512 | 多 | 1870289 | 7534351 |
| 民国十六年 | 2412411 | 1446950 | 多 | 966461 | 6243585 |
| 民国十七年 | 1918278 | 1111558 | 多 | 806720 | 6722108 |
| 民国十八年 | 2525598 | 943786 | 多 | 1581812 | 7748366 |
| 民国十九年 | 3474000 | 825000 | 多 | 2649344 | 8809567 |
| 民国二十年 | 4584000 | 1106000 | 多 | 3478000 | 6460641 |

至国内所产之米亦不敷国内所需求,每年尚有大量洋米输入。即

就运沪洋米数量言，自二十年八月起至二十一年七月止计，西贡一百二十万包，小绞二百六十万包，敏当十五万包，暹逻二万包，大绞八万包，加辣地糙籼四万包，共计四百十四万包为数之巨，至足惊人。虽在输出方面亦有若干，但为数极微。试观十年来洋米输入之统计，足以证明国内米产之不足也。

最近十年来洋米进口数量表

| 十一年 | 十二年 | 十三年 | 十四年 | 十五年 |
|---|---|---|---|---|
| 1089703石 | 875926石 | 20992石 | 112446石 | 4642995石 |
| 十六年 | 十七年 | 十八年 | 十九年 | 二十年 |
| 3393602石 | 99642石 | 331479石 | 4754419石 | 559821石 |

右表合计一五八八一二五石

再就麦类之进口数量言之，只就上海一埠，民二十年输入之外麦以澳大利亚居首位，计一千二万余万担，美国次之，愈三百万担，坎拿大又次之，亦二百二十余万担，俄麦新有输入，约一百二十万担，日本麦亦有一万四千担之输入，而中国麦之运往外国者，绝无仅有。国产麦类之减少与不足供给全国人民之所需求，可以知矣。

此外如大豆，本为我国大宗出口货物之一，每年经沪出口者，辄在二百万担以上。乃去年豆之生产亦形减少，经沪出口之大豆降至一百八十万担。总上以观，吾国各种农产均在减退，国内农产减少，外国农产品乘机输入，农业衰落，国计民生均受其害，是应亟谋救济者也。

（乙）农民生活状况　我国农民占全人口百分之八十以上，其经营农业能耐劳苦而勤力，乃以种种原因致所获之农产品价格低落，而工业产品价格高昂，予农民生活以莫大打击，循至农村经济日趋破产，农民生活陷于不堪设想之地位。据米业界之调查，自有制产每种田一亩，插秧、耘耨、车水、刈稻等至售米止，须人工十工，每工半元，计五元，稻费约七角，肥料费约四元五角，完粮七角，上下忙一角四分，农具修理及杂费约三元，共计十四元零四分。倘属佃户尚须纳租米一石，以丰稔之年其肥田能收糙米三石，稍瘠之田决难有三石之收获，是以平均扯额不过二石五斗，以七元核算，计十七元五角，只余三 元四 角，如遇凶年，即致亏本。苟米价不能提高，则生产之农民，仰事俯蓄生活，定多窘困。即就上海农民而言，本市素称膏腴之地，富庶之区，据本局之调查，农民之负债者，平均占百分之六八八①，其它贫乏区域农民之负债可想而知。兹将本局于民十九年就上海调查百四十户农家之收之收之比较，录表如左：

上海市百四十户农家收支比较（以元为单位）

| 项 别 | 自 耕 | 半自耕 | 佃 耕 | 总 计 |
|---|---|---|---|---|
| 支出总数 | 28905.6 | 19567.8 | 11363.4 | 59836.8 |
| 收支总数 | 23550.3 | 13942.6 | 7689.7 | 45182.6 |
| 差 数 | 5355.3 | 5625.2 | 3673.7 | 14654.2 |
| 平均一家不敷数 | 109.5 | 119.7 | 83.7 | 104.2 |
| 一家不敷之百分比 | 34.9 | 38.7 | 26.4 | 100 |

据上表观之百四十户农家其每家收支不敷之总平均有一百零四元二角，其生活状况可以想见矣。

（二）农村经济破产之原因

我国农业产品渐呈减退之现象，农民生活陷于困 苦 之境地，致使农村经济破产已如前述，而综其原因，有如下述：

（甲）农作物生产费之过大　我国农民对于农业之经营，仍墨守旧法，不知改良，以致农作物之收获量不能增多。而一方则因

①原文如此，疑为百分之六十八点八，

农村劳动者因负债累累，在农村不能立足，往往入于不规则之途径，其有向上心者，则离去农村，大都向城市集中，农村劳动者大为减少。劳动者既少，则雇用较难，而工资亦较昂贵，加以农具之购买，牲畜之饲养等费，亦因生活之向上，物价之腾贵，其生产费亦从而增高，往往使农家手胼足胝终不能得收支相抵。

(乙)天灾人祸　我国近数年来迭经水旱之灾，致农作物之收获完全无望，全国农作物之产量亦因而减少，加以螟患蝗患交相加害于农作，无形有形损失大量之农产。此外尚有因兵匪之蹂躏，富庶之农村顿呈败瓦颓垣，膏腴之农田顿使废弃耕耘，以致田园荒芜，农产减收。

(丙)农村金融之恐慌　农民既收支不能相抵，则不得不设法资金之通融，其资金通融办法不外乎典当、抵押借贷、赊欠及预售农产等方法，农民经几重高利盘剥之结果，愈陷于窘境，农村金融呈停滞，终至不能周转，农业之发展更为绝望。

(丁)各种附税之负担太重　农民除纳付正当田赋外，尚有各种地方附税，如保安附税、水利附税、教育附税等，往往附税较正税为大，农民收支既难于相抵，复负此重大税捐，农村之不破产者几希。

(三)农村救济之意见

(甲)安定农民生活　安定农民生活，则农民不致离去其生活根据地之农村集中城市，而可尽力于农业之经营，然后农业有发展之希望。其办法：(1)肃清盗匪。盖盗匪不肃清，则乡里不能安居，往往逃入城市，农业无由发展。(2)减轻农民之负担。例如苛捐杂税之免除，豪绅剥削之禁止，缴纳租谷之减轻等是。(3)改善农民生活。例如农村娱乐之改善，适当工资之取得，以及社交生活之满足等，均其重要也。

(乙)增进农业生产　我国农产呈减退之现象，则其增进之道，首宜改良农作之栽培方法。欲使其栽培方法之改良，尤宜提高农民之农业智识，广设农业学校或农事讲习所，务使农民对农事有相当智识，有能力抵抗或预防天灾。如对于天旱，使有得水之方，对于螟虫、蝗虫，便知如何扑灭，各项农事因其知识之增进亦可籍以改良。次宜多设农事试验场以为改良农作生产之导师，并应用机器于农耕，如车水、打道、播种、磨谷、打米等，皆利用电力，应用机器以减少其农业上之生产费，兼可以提倡其他工业之发展。应使全国发电机关互相联络，便于供给电力于乡村，使乡村电器化。用电愈多，则电费愈廉，生产费愈可减少，而农业与工业亦可得到较平均之调和矣。

（丙）防止农产物价格之跌落　古语有云：谷贱伤农。农民产品价格之低落，间接妨碍农业之发展，直接影响于农民之生活。故政府宜竭力设法防止不使农民陷于穷困之地位，第一、政府对于各种农产品制定一标准价格，在此标准价格之下者，应尽种种方法使其提高。第二政府宜每年调查全国各重要农产品之产额，以便明瞭供给之过剩与不足，如有过剩则宜防止舶来农之输入，应利用关税保护政策，课以重税。第三、防止各省遏禁农产品出省，盖遏禁农产品出口，则农产只可在本省销售或有过剩之时，则价格跌落，而他省无此出产者，以本国遏禁来源缺乏，往往购订外国产品以补不足，而洋米充斥矣。第四、指导农民增减农作物之栽培，苟某种农产品有过剩时，应由政府通知一般农民减少该种农作物之栽培，其不足时，则增加种植，以资调节价格。

（丁）提倡农村合作社　合作社之组织，为调剂平民生计最完善之方法。即就消费合作社而言，农家日用生活之所需肥料、种子、农具等之购买公司，能直接与出口处交易，不经中间商人之手，则价格低廉不致受中间人之中饱。苟农家所需用之物品悉由消费合作社承办，照原价转给农民，则大可减少农民之消费。故政府应竭力提倡之，以发展农村经济。

（戊）督促建设农产仓库　农产仓库之利益有数种：（一）对于

农民之生产品如米麦等得为安全之贮藏，可免去鼠害、虫伤及火灾、盗贼等之不虞灾厄。(二)使农民将谷物贮入仓库换取入库有价证券，可作信用上之担保，以流通金融。(三)农民既可流通金融，不必急急贩卖，有待价而沽之利，故农于农产物贩卖制度上，得以改善。(四)依仓库制定之法则，粗恶之米谷不得入库，藉此得改良农产品。(五)如仓库制度普及，则入库数量可确实调查，因此可以调节粮食，其利固不胜枚举也。此种仓库应采用最新式之仓库建筑，并利用各地合作社组织，而政府必须与以多量之补助金，此实预储民食，调节食量，救济农村之要务也。

(己)奖励农家副业　农家贫困原因在经济上之收入不丰，苟能利用剩余劳力，行生产品之加工或从事家庭之手工业，则既可增加其收入，又可救济农村之失业，实解决农村问题之重要关键，宜积极提倡保护而奖励之。

(庚)举办农事借本　能于国中广设农民银行固佳，否则或限于财力则宜举办农事借本，一方既可解除贫农所受高利贷之痛苦，一方可使农民得资金之流通，以供生产之用。依各该地农民最低额之需要，为数不大，轻而易举，本局办理以本颇著成效，已详于各报告中，是亦救济农民之一道也。

〔实业部档案〕

## 3. 中国合作学社关于以合作方式繁荣农村方案致国民党中执委呈

(1932年12月3日)

为呈请事：窃敝社前于十月八日至十日在苏州举行第三届年会，曾议决以合作方式繁荣农村方案一案。吾国年来天灾匪祸，接踵而来，虽救济肃清已收伟效，然农村经济业已崩溃无余。吾国立国之本基于农村，农村经济之荣枯，关系于国民经济者至巨，而繁荣农村之方法，则舍合作方式外，实无他途。素仰钧会对于合作事业提携倡导，不遗余力，对于现今农村经济之救济方策，

谅在洞察之中，爰特呈方案一件，伏祈签核施行，无任企祷。谨呈

中国国民党中央执行委员会

中国合作学社执行委员

王志华

王世颖

侯厚培

民国廿一年十二月三日

## 以合作方式繁荣农村方案

### 第一章 导言

我国今日，内因封建势力之未尽铲除，外受国际资本主义之不断侵蚀，农村之崩溃已由隐蔽状态而趋于显露。吾人触于耳者，有嗷嗷待哺之哀号，现于目者，有骚动纷乱之惨状。昔日之绿野膏腴，今已赤地千里，蚩蚩者氓，强黠者，挺而走险，流为盗匪，老弱者，转辗沟壑，不知死所。农村现象之危殆已达极度，苟及此不为积极有效之救济，其不陷我国于万劫不复者，亦几希矣。

救济之道维何繁荣农村是已，然繁荣农村又非复铲除封建势力及打倒国际资本主义不为功。而繁荣必须探源，探源方能对症也。吾人细考国际资本主义及封建势力之侵略，实狼狈为奸，资本主义以封建势力为工具，封建势力以国际资本主义为护符，致酿成我国空前未有之危机。是以欲铲除封建势力，非打倒国际资本主义未能彻底肃清，同时欲打倒国际资本主义又须从铲除封建势力着手。故吾人认为两种侵略势力之推翻，实为繁荣农村，救济国运之先决条件也。

慨自国民政府成立以来，团结民族、提倡民权以及发展民生各大计，固在积极进行中。然数年来，不仅不平等条约之废除未能如愿，且帝国主义者更向我国作加紧的侵略。此无他，人民自

身努力之未尽讲求也。故欲渡目前之难关，一方固须恃政府之力量，而一方尤须求人民本身努力之途径，以树今后之根基，方为正确路线，此又不可不认识清晰者也。

人民自身能努力之途径，就吾人之经验言，莫如提倡合作事业为最切实、最彻底之办法，其收效之速，远在一切其他社会运动之上，此非空洞之理论，世界各国之事实足以引证者也。盖合作事业能使人民从事较好之工作，经营较好之营业，获得较良之生活。在中国尤能确立地方自治之基础，以自立、自强之精神，外抗帝国主义之压迫，内除封建之努力。所谓较好之工作，即使农民采用进步之生产技术与生产方法，以增进农产之发达；所谓较好之营业，即使农民能避免现代商业制度之摧残，使农产品得以自由畅流于市场，而此二者，即为使农民获得优良生活之张本，此经济方面之改良也。至政治方面，则因经济关系的团结，而形成强有力之连带关系，此种连带又为最合理、最平等、最有实力之组织。是以合作社建立地方自治，实较任何方式为优。苟经济环境既能改良，则人民本身之力量增进，地方自治既能树立，人民政治地位提高。经济之改进与政治地位之提高，双管齐下，民众伟大之力量可期。以此伟大之力量，与封建势力相肉搏，与国际资本主义相周旋，当与不摧之敌矣。敌既摧，农村之繁荣将迎刃而解，此根本之图，亦即万世之基，非仅头痛医头之治标方策，此我人之所以主张以合作方式繁荣农村为最彻底之途径也。虽然人民果能于最短期内实行组织合作社，以解决农村问题乎。值兹民智未开，教育未曾普及之中国农村，且当帝国主义正以全力向我作加紧之压迫，农业几已崩溃，农民几成饿殍。欲求农民绝对自动组织实为极大之错觉，即在平时，农民尚无此认识，实行方法亦未曾娴熟，故单纯的由农民自由解决虽未可断其为不可能，然收效之迟缓，则不待智者而后知也。是以政府之提倡、监督在初步进行中，极为重要，现在中央各省政府当局对于此种根本解决农村问题之合作运动，虽已有深切之注意，并有具体之设施，然计划终未周详，步调俱不一致，非有整个方案不足于最短期间挽救农村之危殆。兹值中国合作学社举行第三届年会于江苏之吴县，聚各省从事合作事业之同人于一堂，特提出以合作方式繁荣农村之实施方案，共同讨论以建议于当局之前。倘此项方案果能一一实行，则合作事业之推进，无待置疑，而农村之渐次繁荣，又为当然之结果。此非本社之幸，实中国民众之幸也。

## 第二章　组织方面

一、中央及各省市设置合作主管机关

（一）说明：我国人民智识程度之低浅，为不可掩饰之事实，其中自以农民为尤甚，合作社之组织虽以自动为原则，但不能适应目下严重之环境，其理甚明，故欲求农村合作事业之发展，首在指导机关之健全，次则监督职权亦应特别规定。合作二字，涵义极广，故他种组合间亦有称为合作者，如不严加分别，极易鱼目混珠，且国内合作事业已有相当发展，更非有主管机关无以收实效，故应由中央设一全国合作事业主管机关，以专职责，而利推广。

（二）办法：由国府设一强有力之独立合作主管机关，专负推进，监督各省市合作事业之责，各省市亦应设合作独立机关，负各项实地设施任务。

二、限期由各级政府使全国农民组织各种合作社及各级合作联合会

（一）说明：欲将全国农民均能以自力复兴农村，互相团结以反抗一切外侮，非于短时期内将所有农民均行合作化不可。此种大规模之进行方法，应由中央合作事业主管机关集中权力，限期进行，始能达到自〔目〕的。

（二）办法：欲使全国农民合作化，只须认定目标，努力进行，定可限期完成。兹规定六年分为两期如左：

（甲）第一期，定为两年，专事训练合作指导人员，计划进行方案，调查农民状况，宣传合作真义，设立农村合作实验区，尤应以全力利用合作方法繁荣已恢复之匪区。

（乙）第二期，定为四年，组织各种合作社及各级联合会，设置合作示范区，并完成辅助合作社之各种机关。就现时情形言，河北、江苏、浙江、江西、湖南、山东等省已入第一、二期之间，河南、安徽、湖北、贵州已入第一期之初，其余各省尚未着手，故应从速规定，其尚未着手之各省，限于民国二十二年以内进行，其已入第一期及第二期之各省，则应计划全省合作方案，呈报主管机关按期推进，务使全省农民至迟在民国二十七年以内一律完成各项合作组织。

第三章　实施方面

说明：政府既有独立之推进监督机关，以督促各省市县农民组织合作社，其事业之进行自可十分顺利。惟尚须使各个合作社，均有切实能力以改善生产技术，革新经济生活，斯为上策。欲达此目的，又非对于各种合作社予以实际助力不为功，兹列数点于下：

（一）由中央及各省各县区设立农民金融机关。

（甲）说明：农民自力复兴农村，其基本组织固在合作社，但目下农村均苦于资金之缺乏，凡属农民均受高利借贷之压迫。欲使信用合作社自由运用其力量，使佃农自耕农化，自耕农独立化，非有各种长期、中期、短期农民金融机关以为之辅导不可。

（乙）办法：（一）农民金融机关之筹备方法，先由各市县组织农民银行或借贷所。其基金，或拨各种公产，或借各种田亩捐，或请私人捐助，或由农民认股。规定借贷所资本金至少二万元，县农民银行二十万元，但收足四分之一即可开办，然后联合各县组织省农行，并由省政府筹集至少百万元之基金，再由各省联合而成中央联合银行，并由中央拨助五十万至一万万元为基金，藉资运用。(二)农民金融机关之放款，应严格审查，其用途及合作社之考成，并须随时注意是否确于生产有所改进，各高级农业金融机关应设技术专门人才若干人，会同主管官厅切实指导农业技术之改良。

(二)设法使用消费合作社与生产合作社切实联络。

(甲)说明：农民所需要之一切农具、种子、肥料以及所消耗之日用布匹、油盐杂物因操在中间商人之手，即其所生产之农产物亦无不受中间商人及外国商人所操纵，层层剥削，体无完肤。故应设法使各地生产合作社与各地消费合作社切实联络，以求生产合作与消费合作之沟通。

(乙)办法：由中央及地方政府明定津贴或借款办法，奖励各合作社共同发起各种联合组织，使城市与乡村直接交易。例如农民所生产之种〔粮〕食、丝、茶等物，除由农民自动组织运销合作外，各城市之消费合作社或其联合社亦不妨直接向农村合作社或农民大量购买，而等农民以享受赢余之机会，此项办法不但能沟通生产与消费之合作，且可济农民组织能力之所不及。

(三)由中央设法奖励及扶助土地利用合作社之组织。

(甲)说明：土地问题为农村问题之中心，殆为世人所知，然中国土地问题解决之特质，应为建立自耕农及推行共同经营之方式。建立自耕农之目的，在使耕者有其田，推行共同经营，则在采用进步之生产技术与方法，而此二者，咸属土地利用合作社之范筹〔畴〕。故中央应设法奖励并扶助此种合作社之组织，以期土地问题之解决。

(乙)办法：一、中央颁布土地利用合作社奖励规定，使全国农民尽速组织此项合作社。二、中央规定公有农地、荒地、合作社有优先承领耕种权，并尽量保护之。三、荒地之由合作社开辟者，在若干年内免除一切田粮赋税，并得设置补助金补助之。四、关于共同经营之土地利用合作社，政府应供给优良农具或贷给产业资金，以便自行购置，所有贷款分年摊还。五、中央应明令规定地主与佃农之业佃关系，并奖励以合作社为居开〔间〕人，使称成公允之租额及双方纯对平等之关系。

(四)农业研究机关应以合作方法为其实施之标的。

(甲)说明：农业生产及技术之必须改良，固为当务之急，然以目下农村组织之不良，农民生活之穷困，虽有极优良之农业技术，亦无法推广。例如食粮价格受外国廉价之未〔米〕麦面粉等倾销方法所压迫，农民有丰年饥馑之虑。国内农业改良机关之历史已达数十年之久，对于技术改进亦无若何之成绩，此属于设备及人才者固多，而改良方针之不能以农民为对象，改良机关之不能与农民相联络，尤不能以合作方法介绍于农民，实为其重大之病因。今后亟应改弦更张，所有各种农业研究机关均应以合作方法为其推广之标的。

(乙)办法：一、中央及省县各公私立农业研究机关之研究事项，应体察各该地农民之最需要者，集中力量，努力研究。二、各机关之推广工作，均应以合作社为惟一实施地点及主要对象。例如稻作改良场，应先指导就近农家所组织之合作社，劝其试验，该机关并应在推广方面另立预算，以充各项指导及补助经费之用。三、各农事机关均应自行组织各种合作团体，并应以充分之注意及努力，指导及训练邻近地点之农民，组织各项合作社。四、各农事及研究机关中，应聘用有合作知识及经验之人员充指导及推广之职责，主管行政机关，并应定期分批训练各该附属机关之各级职员为合作之训练。五、主管行政机关，对于隶属之学校或研究机关之考绩，应以各该机关指导当地农民成绩之优劣为标准。

(五)设立合作训练院

说明：训练为推行事业之首要，非独合作为然，故合作训练院之设立，以备全国高级干部之需，实为目前之急务。吾国合作导师薛仙舟先生于全国合作化方案中即有此项建议，迄今尚未实现，目前各省已着手于合作之推行，此项人才尤为急需，故应赶速成立，以应各地之需。

办法：中央筹拨的款从速开办，期限为三年，授课二年，实习一年，毕业后分发各省工作。

(六)行政人员之考成应加入办理合作之事项

说明：行政人员之工作，现各省均有考成，以资督促。然急于合作办理之事项，以致行政人员对于合作事业之推行，漠然不加注意，影响合作事业之推行极大，且合作为树立地方自治之基础，总理已有明示，是属行政之一部，自不待言。故今后对于行政人员之考成，应加入合作事业一项。

办法：由中央通令各省市，对于行政人员成绩之考核，加入办理合作事业一项，其考成数与其他行政事项列于同等重要之地位。

(七)联络党政机关及合作学术团体，共同研究关于合作事业之各项问题。

说明：合作事业虽有一定之制度，然其实施则因地而异，自非随时研究考察不为功。本社第一次所提方案，中国于研究事项曾罗列多端，现为集思广益计，拟由党政机关及合作学术团体切实联络，共同研究，以期收效。

办法：由中央通令各省市党政机关及合作学术团体，联合组织当地合作事业促进委员会或讨论会，从事研究之工作。

第四章　辅导方法

说明：以上所述之组织及实施两章，倘能积极推行，自可予合作事业以极大之助力。推〔惟〕为使此项工作之迅速有效计，尚须对于全国党员，教育立法及研究各项同时并进。关于教育立法研究方面，在本会第一次所拟推行全国合作运动方案中已有详细叙述，兹亦须就实际方面加以补述，以资参证。

(一)全国各级党部应一律为合作事业之总动员

说明：合作运动中央党部已规定为七项运动之一，际此外侮日亟，农村危迫及之秋，我全国党员更应全体动员，认定以合作方式以团结农民，挽救农村之危机。欲使全体党员总动员，则各级党部自应负其全责。

办法：(一)中央党部及各省市党部，应分期举办训练班，训练下级党部之干事人员，俾有充分之合作常识。(二)各级党部应分期举行讲习会，使全体党员均有宣传及组织合作社之充分能力。(三)所有党员均应就地组织各种合作社，或加入合作社为社员。

(二)全国各学校应实施各项合作事业

说明：本社前次所拟之合作运动方案第四章教育方面，举设立中国合作协会，添设合作学程及合作教材，规定国际合作日，扩大宣传等，尚属准备性质，其成分侧重于指导及宣传。目下时移势异，应更进一步使全国教育界从事于合作事业之训育与实施。盖教育机关最为普遍与人民关系亦最密切，自非合全国教育机关作实际之动员不可也。

办法：(一)由教育部重订各项课程，或用明令规定凡公私立大小教育机关，仿江西现有成例，列入合作科为必修课，至少应列入教材，举凡合作理论、历史及经营方法均须予学生以充分之了解，尤应明了我国农业状况，非用合作方法无以谋救济。(二)每一学校成立一消费合作社，举凡饭食、学用品等均应利用合作组织，在邻近及相当地点等设实验农业合作社一区，以为试验及示范之用，倘有余力更应多方努力，积极组织。(三)中央及地方教育行政机关，应编订合作教育进行方针及合作实施计划，并应任合作专门人员负各地学校指导督促之责。

(三)合作法规中应编订各项奖励及优良待遇

说明：合作法规急须颁布，上年所拟方案中亦已详细述及，上月闻中央政治会议亦已将大纲通过，不日或可由立法院从事草拟。但吾人认为编订合作法规时，应充分认识此项法规中除一般保障及应有条规外，并须下列待遇：

办法：(一)除一切营业税应免除外，如印花税、附加税及各地杂税等，亦应一律免除，其有重要出口商品，如为农业合作社直接经营者，亦应免除。(二)凡属国营交通机关，如电报、电话、轮船、火车等，对于农业合作社应加以特殊待遇，一律减半收费，并免除附加税。

〔实业部档案〕

## 4.行政院关于国民党中央政治会议四届三中全会褚民谊等提开发西北(农垦部分)各案训令

(1933年2月21日)

行政院训令　字第八二五号

令全国经济委员会筹备处

为令遵事：案奉国民政府第四八号训令内开：案准中央政治会议函开：准中央执行委员会函开，本会第四届第三次全体会议关于(一)褚委员民谊等提议开发西北，(二)刘委员守中等提议开发西北，(三)邵委员力子电请办理陕甘工赈，(四)陕西省政府主席杨虎城呈请救济陕西各案。经并案决议开发及救济西北至为重要，案内所开各节交政治会议妥筹办理，请查照等因，经本会议第三四三次会议决议，责成全国经济委员会于最短期间内召集西北各省长官及各专家在京开会，拟定开发西北计划。至陕西省政府杨主席所请救济陕西、甘肃省政府邵主席所请办理陕甘工赈两节，陕甘灾祲自应从速救济。三中全会决议由国民政府迅速赶办陕西冬赈，或依照前案发行救灾公债或另拨的款输运大宗赈粮入陕发放，及办理平粜事宜，同时筹办水利道路等项工程，施行工赈一案已交国民政府照办，应请对于陕甘两省兼筹并顾，迅速切实办理，以资救济，相应函达查照办理。原提各案一并附送参考等由，准此，合行检发附件，令仰该院分别转饬遵照办理。此令。

等因奉此。除分令外，合行抄发原提案，令仰该处即饬遵照办理。此令

计抄发原提案两件

中华民国二十二年二月廿一日

开发西北案（褚民谊等六委员提）

（提29）

为提议事：窃维国家当前急务，无过东北问题，举世皆知瞩目，不知西北问题，比之东北问题关系尤为重大，及今不图，数年、数十年后，恐亦将一发而不可收拾，其祸或更烈于今日。民谊去年奉命视察新疆，道经西北各地，归途复经过毗连西北及中国北部之俄境，目击西北地方物产蕴藏之丰富，山林原野之广漠，而乃人口稀少，文化衰落，田亩荒芜，水泉涸竭，生产之事可谓百无一举。起观边境，则外力日迫，国防空虚，万里神皋，几同瓯脱，真觉惕然心伤，不能自已。今岁复因筹备陪都建设事宜，循陇海铁道以至西安，沿途所经皆为腹地，乃亦触目凋敝，俨同西北，灾民游匪，所在成群，人民生活之困苦，社会经济之衰落，非东南人士所能想见，以此益知开发西北，以解除吾民之痛苦，增进国家之富力，实为今日刻不容缓之图。惟兹事涉及西北各省，包含事业太多，自非由中央设置西北拓殖委员会专管其事，不足以专责成而收实效。所管之事，先将西北交通线路修整完成，次及金融、贸易、农田、水利、造林、开矿、畜牧、纺织诸端，而促进教育，发扬文化，亦应为同时并举之事。至地方行政事务，则仍由地方官吏管理，以克权限混淆。值此国难方殷，万端待理，中央为开发富源抵御外侮起见，对于西北问题，实应举全力以赴之，万不容再托空言，徒糜岁月。民谊既有所知，自难缄默。谨此提议，敬候公决。

附陈开发西北之计划大纲一件

提议人　褚民谊

附议人　蔡元培　张　继

李煜瀛　吴敬恒

蒋作宾

## 开发西北之计划大纲

界说：(一)所谓西北之范围，以陕、甘、绥、宁、青、新各行省全境及外蒙西部唐努乌梁海、科布多、阿尔泰等处。

(二)所谓开发之范围，在不妨碍各地方政府行政之施行，特由中央政府划出建设事业之一部，用中央之政治及经济力量以经营之。

组织：于国民政府行政院直辖之下设西北拓殖委员会，置委员十五人至十九人，除西北范围内之各省主席为当然委员外，由中央政府任命专门委员六人至八人，技术委员三人至五人，并选任常务委员五人，负一切事务进行之责。

委员会之下设次之各局：

(一)国道局：办理道路工程，经营汽车运输，以及养路护运各事宜(铁道)。

(二)劝业局：办理由政府独营或与商民合营之各种企业及国际贸易与信托保险等事(实业)。

(三)采矿局：办理国营各种燃料及金属或化学原料之各矿事务(特产)。

(四)垦殖局：办理移民垦荒及屯垦奖励等事(内政)。

其各局所定事务列表说明如次①

西北建设委员会：

国道局：

---

①原表庞大，改作文字说明。

一、国道线路——

(1) 西伊线(西安经兰州、迪化至伊宁)，国道计划第4线。

(2) 西汉线(西安经凤翔、宝鸡至汉中)，国道计划第12线。

(3) 包兰线(包头、五原、宁夏至兰州)，国道计划第9线。

(4) 兰疏线(兰州经西宁、敦煌至疏勒)，国道计划第 9 线。

(5) 包塔线(包头经乌里雅苏台至塔城)，国道计划第10线。

(6) 汉白线(汉中经安康至白河县)国道计划第 3 线。

(7) 塔疏线(塔城经迪化、吐鲁番至疏勒)，国道计划第11线。

(8) 青玉线(西宁至玉树)，通西藏，国道计划第8线。

又补助地方政府经营二线：(一) 西安经延长、榆林至包头。(二)兰州经临洮、天水、阳平关至汉中。

二、运输营业——六轮汽车、爬行车、普通汽车、木炭汽车、骆驼队。

三、护路军警。

劝业局：

一、贸易组合——毛革公司、采木公司、药材公司、蓝靛公司、烟草公司、茶业公司、布业公司、骨肥公司。

二、工业组合——制革公司、织呢公司、制毯公司、酿酒公司、造纸公司、制碱公司、烛皂公司、肉业公司、缫丝公司。

三、信托保险(商业银行)。

采矿局：

一、金属——金、白金、银、铅、亚铝。

二、燃料——石油。

垦殖局：

一、奖励移民。

二、强迫移民。

三、移军屯垦。

四、流犯充垦。

五、消费合作。

六、信用合作。

所有各局之进行计划及经费预算分别说明于后：

一、设置国道局之意见与计划〔略〕

二、设置劝业局之意见与计划〔略〕

三、设置采矿局之意见与计划〔略〕

四、设置垦殖局之意见与计划

据查西北范围所属陕甘绥宁青新以及外蒙之土地面积共有一千六百五十九万余方里；而人口合计不过三千二百卅余万，平均每方里尚不及二人，而且仅此居留之民亦因生活枯窘或以宗教关系，生殖极不昌繁，并以不知卫生及灾害频生之，故其死亡率年见增加，如长此以往，即令外人不来侵占，亦将土地日化榛柽，民族日即销亡而已。回顾内地，如江浙、燕鲁人口繁密之区，平均每方里多至五百人以上。自东北事变之后，不特吾民东行移殖之途已断，反因日人肆虐之故，多数侨民回归关内而内地隙地已罄，生活不敷，于是人口过剩，四民失业，遂成今日社会上之严重问题。吾人为谋民族出路及保全疆土起见，主张移民西北，实为两利之法，故建议政府办理移民开垦，当与便利交通流通经济两事同时并重。据吾人所知，新疆绥宁一带如黄河两套及塔里木河、伊犁河、额尔济司河、色楞格河、乌鲁克穆河、通天河诸流域，皆地广人稀，土壤肥腴，水草甘美，宜耕宜收，旱涝无忧。风物和丽，如世外桃源，皆吾民卜宅托命最良之区，并无丝毫不便生活之处。前此地方政府虽曾提倡、宣传，招民往垦，惟以交通未便，奖劝无方，终无卓著之成效，故现在办法应由中央政府投资一千万元办理垦殖银行，并设立垦殖局，直接负责办理。于西北各处宜垦之区划立农牧地段，筑村辟路，凿井通渠，设立警卫，制备农具肥种，广事招徕，由银行贷款奖励，则凡失业无告之民自必闻风景从，其有安土重迁或有他项关系不能自动前往，则颁布移民条例，强迫移殖。如移兵屯垦、流犯充边各计俱由垦殖局调查情形，拟具办理。

以上共计三千八百四十四万元：

国道经费，二千四百万元；

劝业经费，三百四十四万元；

采矿经费，一百万元；

垦殖经费，一千万元。

西北水利：言西北之垦殖者莫不以引治水利为先要之务，因高寒之区，山多河少，雨量亦稀。平时恒苦亢旱，及遇雨期骤降或积雪融化之时，又以坂峻流急，土沙松燥之故，致山洪暴发，冲泻泛滥，或渗漏无余，农耕之业不得其利，徒受其害。因此，大好平原多为漠碛盆地，土层亦变荒硗，垦殖者多视为畏途。然苟能讲求水利，设法疏取，则转瞬之间，即可使瘠土变为沃壤。如河套之引黄、渭北之引泾以及陇西利用水车、新疆利用坎井，各处均不过偶得一端，稍事治理，至今农民利赖，沃野连阡，可资鉴矣。治理之道，当分(一)利用地面河川之水，如开渠作库，筑坝引车各项办法，(二)利用地下伏流之水，如凿井辟泉，设置水滂及用畜力、风力作车抽引各项办法。因天空雨量降地入海者，有地面河流及地层伏流二种，地面之水经见所及，易于利用，伏流之水恒依地层之结构，各处深浅大小不同。在欧美科学昌明之国家，其各处伏流之状况若何，均有精详之测量记载，可以按图而索。吾国地质调查尚不完全，何足语此，但吾人所知西北各处以地高流急，土质多沙之故，地层伏流必较表面河川为多。故拟特为设置水利机关，聘用专材从事考察计划，凡地面河流经行之处，则择其支流细源之地，逐段作坝，使其流缓潴多。其经行平畴多田之处，则开渠引灌，其经行山谷狭隘之处，则作堰设闸，储为水库，免至宣泄横流，可使亢旱时不生缺水之荒，发水时不受泛滥之害，并可利用其流力引车为水车灌溉之用，若流急堰高，则并可利用为工业动力之具也。若各处高岸无大溪流之地，则择其地势所宜，凿井通流，或涌为泉源，径流地面，或用人力、畜力、风力以及机械水滂，抽取上升，以供灌溉。总之，无地不可取水，亦无时不可利用也。至何处须用何法，如何计划得宜各节，是在有专门之机关与人材作精密之考察，通盘之筹划。凡重要工程，非地方政府力所能任者，由中央办理，其余重要计划，简易工事，皆由其指导，督率地方办理也。

开发西北案（刘守中等六委员提）（提30）

开发西北，在近日已为时人通常套语。而西北实业之途又极广泛，人民喁喁仰望于政府者，已迫不及待，言之周备莫若行之迅速为有切实用也。夫移民实边，屯垦畜牧，在古已利吾国家矣，然皆往事，未来之祸正在西北，倘不急谋充实，以固民力而安民心，则沦胥之患尚忍言耶。今见惯者不惊，习闻者反厌，曲突徙薪，岂宜更缓。谨从察绥两省调查文件中摭拾一二，以为引端云尔。

甲、交通〔略〕

乙、边防〔略〕

丙、垦牧　察绥两省古为牧畜之场，汉言屯田，北魏亦有垦殖，后世历有讲求。而垦终不敌牧，遂谓其地宜牧而不宜垦，是以人愈少而地愈旷。清自雍乾以后，垦务已大具规模，末叶涨贻谷专司其事，成效更著。入民国垦务设局，几于无县不有，而主政者视为征收机关，所以开辟有年，而荒芜如故，且汉人一经开入蒙地，蒙人则驱牛羊马群而远去之。盖一地不宜垦牧并行，应有专司为之指定，何处宜牧，何处宜垦，俾其两不相侵，而互为助，富庶之基，其在此矣。其道维何，即：

一、垦牧相济而不相妨害；

二、兵垦者捍卫地方，勤力工作，兵精粮裕，是为寓兵于农；

三、民垦者致力庄农，兼习武艺，足食足兵，是为寓农于兵；

四、古有司牧之官，其义不易以数言阐述明尽大略，牧较垦安适而利倍之，异日举办，当另设专司，善为研究而图改进。

丁、教育〔略〕

以上所列各端，皆系荦荦大者，其他应举足之事，不一而足。欲求西北事业之推行迅速，必须有组织健全之机关以统辖之，故西北建设委员会之组设，不可稍缓，略举其办法如左：

一、组设西北建设委员会。

二、本会设于绥远省城或包头县，南京、上海各设办事处一处。

三、西北建设委员会设委员长一人，副委员长一人，委员若干人，但西北七省省政府主席与建设厅长得为当然委员，余由国府选任。

四、西北建设委员会之常年行政经费由国库或庚款支出。

五、西北建设委员会依据建设计划，确定各项预算，呈请国府由下列各项支出之：

1. 国库拨付，

2. 地方协助，

3. 私人投资，

4. 外人投资，

5. 借内外债。

六、同时中央应继续派遣大员调查新疆、甘肃、宁夏、陕西、青海各省之沿革、气候、边防、交通、水利、农产、畜牧、造林、工业、矿业、商业、教育、社会情况、古迹名胜等事宜。

上列组设西北建设委员会理由、办法是否有当，敬请公决。

提案人：刘守中　张　继
吴敬恒　张人杰
于右任　居　正

〔全国经济委员会档案〕

## 5．行政院关于设立中央农业银行拯救农村破产案函

（1933年5月20日）

径启者：本院第一〇三次会议关于贵部长提案请设立中央农业银行并确定资金一案，经决议原则通过，相应函达查照。此致实业部

行政院秘书长褚民谊

中华民国二十二年五月二十日

设立中央农业银行并确定资金案说明

我国农业金融枯窘已极，各地农村破产堪虞，诚宜设法早图救济。然救济之道不一其端，而以流通农村金融，改良农业技术，发展林垦事业为要务。关于改良农业技术，发展林垦事业各项，均经拟有计划以备施行。关于流通农村金融，曾聘请专家组设农业金融讨论委员会，拟订农民银行、农业银行及其他有关发展农业金融之法规、计划，只以资金无着，迄未举办。现值农村经济益臻窘境，救济不容或缓之时，农业银行之资金应先行竭力筹措，俾其早日成立。兹拟具办法纲要如左，是否有当，敬候公决。

办法纲要

（一）农业银行采用土地抵押及分期摊还之放款方式，辅助农林、垦牧、农田水利等农业之发展，在未设立农民银行之区域内，农业银行得代理其业务。

（二）农业银行设总行于首都，设分支行或代理处于国内适当地点。

（三）农业银行资本定为国币壹千万元，收足总额二分之一即开始营业。

（四）由国家银行、商办银行及信托公司、保险公司投资四百

万元，一次缴足，其投资及保障办法另定之。

（五）除前项四百万元外，其余资本额数由政府筹足，其来源如左：

(1)国库直接拨付。

(2)农赈收回款项。前年水灾，政府向美国借贷小麦作为赈灾之用，其中农赈一项贷放于苏、皖、赣、鄂、湘等省灾民，其价值约为五百万元。无疑可以收回，纵不能到期全数收齐，然半数以上估计可以办到，拟请将收回之赈款悉数拨充农业银行资金。

(3)米麦面粉进口税。征收洋米进口税前由财政部召集之民食会议议决在案，外国麦及面粉俟本年五月中日互惠协定满期后拟请比照米之税率征收进口税。

(4)发行农业债务，其办法另定之。

(5)其他。

〔实业部档案〕

## 6. 行政院抄发修正农村复兴委员会章程的训令

（1933年5月20日）

训令2250号

令各部、会

为令行事：查本院前以我国农村经济加速崩溃，农产物日见衰落，亟应设法救济。经拟具农村复兴委员会章程，提出本院第九十七次会议决议通过，令行知照在案。兹查该项章程尚有稍欠妥适之处，复经拟具修正草案，提出本院第100次会议决议通过。除呈请国民政府备案，暨分别函令外，合行抄发修正章程，令仰该部会即便知照。此令

计抄发修正农村复兴委员会章程一份

中华民国廿二年五月廿日

### 修正农村复兴委员会章程

第一条　国民政府行政院为计划复兴农村方法，筹集复兴款

项，并补助复兴事业之进行起见，设农村复兴委员会。

第二条　委员会设于南京。

第三条　委员会委员由行政院院长聘任之，行政院正副院长暨有关系之各部部长（内政、财政、实业、交通、铁道）为当然委员，院长兼任委员长。开会时，有关系各部得派次长一员出席，其他各部部长、各委员会委员长、各省省政府主席、各直属市市长、行政院秘书长、政务处长得随时出席参加。

第四条　本会得分经济、技术、组织等组，分别计划，并得设各种专门委员会，专门委员由委员长聘任之。

第五条　委员、专门委员均为义务职，但委员长认为适当时，得酌支伕马费。

第六条　本会设秘书处，职员由委员长于各机关职员中调任之，不另支薪，必要时得酌支伕马费。秘书处设主任一人，承委员长之命处理本会一切事务。

第七条　本会得派员视察并辅助各种计划之实施。

第八条　本会所需邮电费，即由行政院支给，此外调查费、招待费、书籍费、印刷费、伕马费等由行政院核定范围，实报实销。

第九条　本会得于各省设立分会，分任调查建议及推行事宜，称为农村复兴委员会某省分会。

第十条　各省分会设于省政府内。

第十一条　分会委员由省政府主席，就学术机关之专门家，当地农民银行及实业界中遴选人员，荐请本会委员长聘任之。省政府主席为分会委员长，民政厅厅长、建设厅厅长、财政厅厅长为当然委员，其他厅长委员及省政府秘书长得于开会时出席参加。

第十二条　关于各分会之经费，应比照本章程第五条及第六条之规定力求撙节。

第十三条　凡隶属于行政院之市，有设立分会之必要者得比照本章程第九条至第十二条之规定办理之。

第十四条　本章程自奉行政院核准之日施行。

〔行政院档案〕

## 7. 军事委员会南昌行营制定国立集团农场设置办法草案

(1934年12月1日)①

### 国立集团农场设置办法草案

第一　宗旨

一、军事委员会为化兵为农，开发地利，倡导集团耕作，建设模范农村，特制定国立集团农场设置办法，以资遵行。

第二　土地之取给分配

二、凡各省区境内遇有左列各款情形之一，得依耕作之便利，划分集团农场区域，设置国立集团农场。

(一)大片原野旷土；

(二)大片无主荒地；

(三)从反动军阀、贪官污吏及不自耕作之大地主处没收　征收之大片土地。

三、前条既划定之国立集团农场区域中，设遇有零星之业主如系自耕农，其所有土地应安土地征收法征收之，如系坐食地租之大地主，其所有土地在百亩以内部分准用前法征收，在百亩至二百亩以内部分半价征收；在二百亩至三百亩以内部分四分之一价征收；三百亩以外者则没收之。

四、依测定之国立集团农场耕地田积大小与土宜及土质之肥瘠暨各该地气候状况，支配耕作场员名额。前项支配标准，以普通每人年需生活费用为最低限度，略参照农人耕作能力估定之(若在地多人少处依农人耕作之能力授耕亦无不可)。

五、国立集团农场之地权国有，但在农场中依法从事耕作之场员于其所使用之土地有永久使用权。

---

① 此时间为收文日期。

第三　人事之组织管理

六、国立集团农场之经营事务，其属于设计部分应由本会与全国经济委员会合组国立集团农场设置委员会（附专家调查团）担任，其属于执行部分，暂由本会添设国立集团农场管理处办理（但国立集团农场经营伊始，设置未广，行政事务有限，管理处职权可暂由第二厅执行，用节行政经费，待设置渐广，行政事务日多，有添设必要时再行添设）。国立集团农场设置委员会，组织规程与国立集团农场管理处组织规程另订之。

七、在设置国立集团农场众多之省区，应由本会添设各该省区国立集团农场管理分处，受本会国立集团农场管理处之指挥，监督办理各该省区国立集团农场行政事务。国立集团农场管理分处组织通则另订之。

八、每国立集团农场应设置农场经营处，设置管理员一人受管理处或管理分处之指挥，监督负责办理各该农场一切经管事务——核定农场工作计划，编制农场预算书，指导督饬农场计划之施行，管理农场帐目收支等。国立集团农场经营处组织通则另订之。

九、每国立集团农场应由场员中推选五人至九人组织场员代表会为该场场员意思代表机关，代表任期一年，连选得连任，但有三分之一场员提议，可以不等代表任期之满而提前改选。场员代表会之职权，在考查农场预算之是否按时履行，监督农场工务之进行，与传布命令转达下情，及协助农场经营处维持农场秩序等。

十、场员代表会对于农场经营处主持人员如有不满，准向管理分处或管理处告诉，静待管理分处或管理处仲裁，不得有妨碍集团农场经营事务之举动发生。

第四　耕种方法及利益分配

十一、国立集团农场之经营本分工合作原则，将高度合作经营方式在整个农场工作计划之下，行分工办法，为谋达地尽其利、人尽其才起见，农场工作凡开垦耕地、灌溉、施肥等有统一性者，由政府选派专门技术人员组织特种工作队担任，凡除草、中耕、追肥、收获等有个别性者，由场员组织工作队自行担任。

十二、农场工作计划，各集团农场应分别由农业专家按农场所在地之气候、土宜等实际情形拟具，交执行之农场经营处管理员核定。

十三、集团农场应用之各式农具机械及农具机械原动力，其属于机械部分暨稍贵重者(如碾磨、水车之类或役用牛马等)，由政府出资设备为原则，并雇用专门技术人员管理使用之，供诸场员之需要，但须按工作种别及数量酌收使用费。征收使用费办法另订之。其他零星个别使用之小农具(如锹、锄、镰刀等)，由各场员自行设备。

十四、工作时应用之牛马、草料、器具、碾磨、燃料以及工作队员之服装、给养等统归政府供给。

十五、种植、除草、中耕、追肥、收获等应用之器具及所化之工费，概由各场员自负责任。

十六、种籽由承佃场员按该集团农场工作计划之规定种别，向农场经营处报领。

十七、场员经营土地所有收入，须以收获主要产物之三成，送交政府指定仓库(或按市价折银送交政府指定之银行)，一成送储该场设立之社仓。各场应就地之良薄，岁之丰凶，分田地为上中下三等，于每等田地中各种样田三四处，估计该场每亩岁收多少，取中熟暨各等样田所收为率。

第五　实施之步序

十八、组织国立集团农场设置委员会及调查团，先就赣鄂二省收复各区现有荒地详加调查，指定国立集团农场设置区域，并勘明界址、测量面积、划分宅地、耕地，预为编成区段，同时规定道路、沟渠、河港、圩堤碉堡及其他公共建筑公共设备之用地，以及设计耕作场员人数之支配，垦务工作之指导，新村之设置等。依前法设置之国立集团农场在同一地方有二个以上时，应按设置先后次序，编列番号，以资区别，或因农场面积过大不便经营管理，为便利经营管理计，划分为二个以上者亦同。

十九、国立集团农场区域内，前条业经规定碉堡、道路、圩堤之建造，沟渠河港之开设。其建造开设之工程，应由政府办理。

二〇、国立集团农场应用各式必要房屋及农场建筑物之建筑，其建筑工程应由政府办理，但日后管理则由居住或使用之场员为之。

二一、聘请与雇用农业技师、技术员及熟习农事之农工，购置农场应用各式必要之农具机械及农具机械原动力，及选购种子肥料燃料等。

二二、指导场员组织工作队，分配各队伍耕地及住宅。

附注：实施步序中所规定之各项事务，除设计部分由农场设置委员会办理外，余由农场管理处及农场经营处按事务之性质分别办理。

第六　经费之筹措方法

二三、从事国立集团农场耕作之官佐士兵生活费用，初年仍由国库军费项下支给原饷，第二年减四分之一支饷，第三年减半支饷，第四年度起停支。

二四、国立集团农场行政经费第一、二、三年由原有军旅办公费移用，不足之数呈请军事委员会补给，第四年度起，改由地租收入支用。

二五、国立集团农场之开办费，其筹措方法显要者约有数端：

（一）由国家补给；〔说明〕各个国立集团农场应由政府按其耕作面积大小及场员名额多少，酌加补助若干万元，用于政府所指定之事项。

（二）政府保证普通银行借款；〔说明〕按投资贵投在能生利而稳固之事业上，而生利之事业衡诸现情，诚为最有利而最稳固之事业。如推之常理，银行投资家早当争竞而来矣，然而不然者，事初创立，从事者之信用未著也。例在上海资金，本患过剩，时若无法安置，而银行投资家仍相裹足者，即此道也。若中央或地方政府对银行投资家兴以投资安全之保证，约以担保品向其借款，专供发展垦务之用，想银行投资家当无不乐于屯垦事业之投资。至借款办法，或借现金，或由政府代发长期屯垦地产债券，由投资银行承销，均无不可。

（三）设立屯垦银行；〔说明〕由国民政府设立屯垦银行，为设置国立集团农场经营屯垦事业经费供应之中枢机关。行由官商合办，以便利大量资金之筹集，总行设于首都，分行设于兴办屯垦事业各地附近之较大城市中，兼营储蓄、汇兑及贷放款项、以助益金融之流通。同时政府屯垦军费一律解存该行，该行受政府之指挥、监督、负责经理，如能运用得当，屯垦事业经费可永无告乏之虞。

（四）举行内债外债；〔说明〕衡诸经济原理，借债以养兵或借债以裁兵，均属大不经济之举。何者，借债以养兵，养兵愈多，国家愈贫，殊非良策。若借债裁兵，裁兵愈多，失业游民愈多，亦非社会国家之福，故二者皆非正道。惟借债设置集团农场，有计划的兴办屯垦事业，变坐食耗粮之士兵为生财分子，树立国家富强之基，方是正道耳。以外，尚有各省政府屯垦事业经费之额派、军队官佐之减薪积资等法。要之，屯垦事业开办经费不比制造工业者之大而难举，只要有土、有人、有计划，经费问题断不患无解决之方也。

第七　附则

二六、本办法由军事委员会委员长南昌行营公布施行，如有未尽事宜得随时修改之。

〔中央政治学校地政学院档案〕

## 8，内政部关于第一次全国地政会议通过之移民垦荒诸要案致行政院呈①

（1935年10月7日）

查第一次全国地政会议决议案内关于土地使用事项，据陕西省政府民政厅长胡毓威提议：国家对于承垦及代垦荒地人民应多加保护少予限制，并将垦荒法规分别修正以利垦务而便实施案；青海省土地局长陈显荣提议：移民实边奖励垦殖，藉资整理土地案，及实行军垦藉固边防而安民生案；宁夏省政府主席马鸿逵提议：宁夏省移垦实施方案；云南省政府提议：励行殖边以固国防案，及切实调查各省区土地使用现状案，共计六件，经大会决议，除案内关于修改土地法及土地陈报部份另案讨论外，其关于垦荒事项通过原则，交内政部转呈行政院召集各关系机关从速议定边疆垦荒办法，早日施行等语记录在案。查关于移民垦荒事项，本部曾拟具全国移垦计划草案，并拟组织中央移垦委员会，于二十四年度概算列支该会经费，嗣经剔除缓办有案。兹据前由，究应如何办理之处，理合检同原提案六件，具文呈请鉴核示遵。谨呈

行政院

计呈送提案六件

内政部政务次长代理部务　陶复谦

中华民国二十四年十月七日

国家对于承垦及代垦荒地人民，应多加保护少予限制，并将垦荒法规分别修定，以利垦务而便实施案　陕西省政府民政厅厅长胡毓威提

总字第三十二号　使字第二号

提议人　陕西省政府民政厅厅长　胡毓威

---

① 沿用原标点。

类　别　土地使用事项

议　题　国家对于承垦及代垦荒地人民，应多加保护少予限制，并将垦荒法规分别修定，以利垦务而便实施案。

理由

我国各省荒地，最近经内政部调查统计，其总面积为八万六千五百五十七万三千五百五十八亩，实占现有耕地面积三分之二以上，虽因他种关系，未能完全施垦，然可垦之荒地，必不亚于现有耕地之面积，可断言也。因此之故，是以中央政府提倡垦荒，不遗余力，垦荒法规，颁有多种，如国有荒地承垦条例，清理荒地暂行办法，督垦原则等，莫不规定甚详，而土地法及土地法施行法，对于荒地使用之规定，尤为完密，最近期内，亦将实行，若使事实上均能相副，果无窒碍，则垦务发展，自可预期。惟就昔日经过之情形，默许将来进行之状况，有不能不设法变通，以求适合事实之需要者，其故维何，试分述之。

（甲）从前垦荒，鲜有成绩之症结。在本年以前，中央既颁有垦荒法规，各省亦自定方案，分别实施，然迄无成绩，或竟失败，推其原因，计有四端。

（一）法令虽多，而无通盘之计划，亦无固定之机关，以致中央未易推行，各省亦难收实效。

（二）对于边地垦户，无相当之补助，各地方专收地价，使垦户难以负担，以致垦户不前，地仍荒废。

（三）垦区环境不良，交通多阻，垦户之财产生命，不能保持，所收之农产物，亦不能运售得利，亏累渐巨，终于逃亡。

（四）各地方政府不能互相协助，甲省农民移垦乙省，则甲省责任已了，不再接济，乙省对于移来之垦户，亦均听其自然，毫不保护，甚或予以留难，加以苛敛，垦户穷蹙，遂至流离。

（乙）今后垦荒，应行考虑之事项。今后土地法及土地法施行法颁行，除已有地政机关负责办理，及不收地价外，从前各弊，仍须预防，而土地法内所定荒地使用各限制，亦有应加研究者四点。

（一）土地法所定农户，及农业合作社，请领荒地之面积，均有最低之限制，（土地法第一百九十一条至第一百九十四条）此固奖励小农，实行耕者有其田之政策，惟农民垦荒，志在得利，如所领之地，仅以能供十口之生活为限，则凡有其他方法可以谋生者，决不愿垦，况边地多荒，触目皆是，稍增面积，似亦无碍。

（二）土地法仅予承垦人以土地耕作权，而不予以土地所有权，（土地法第一百九十六条第一百九十七条）似与耕者有其田之旨未符。农民胼手胝足。将地垦熟，而地仍不为所有，永为国家之佃农，此等情形，与明代之卫田恰相类似，现今卫田均已放领，新垦之地，自不必再袭此法，如为防止大地主兼并起见，尽可于转让时加以取缔。

（三）土地法对于代垦人，不准其享有代垦土地之耕作权（土地法第二百条）以免操纵，立意甚善，惟代垦人开垦土地，毫无土地上之权利，深恐资本家不肯投资，而经营他种事业矣。况收回垦价，不得少于十年，（土地法第二百零五条）以十载之长期，而令代垦人守候收价。亦属困难之事。

（四）土地法关于私有荒地之开垦，（土地法第二百零八条）规定甚严，此等事实，内地无有，惟边荒之大地主，独买大段荒地，待机转卖，延不垦种者，数见不鲜，似宜本此法意，专定逾期不垦，即予征收之办法。

办法

依照上述情形，拟具办法如次：

（一）土地法施行后，从前公布之国有荒地承垦条例，清理荒地暂行办法，督垦原则，均予废止。另定垦荒条例，将全国垦荒事业，归中央政府通盘筹划，督饬各省实行。

（二）前项垦荒条例内，定明边地垦民之川资、住宅、耕牛、农具、种子，以及初年农产收入前之粮食等补助或贷给办法，对于垦区之保卫交通，尤须详为规定，更规定地方办垦机关互相协助程序。

（三）请修正土地法，将农户及农业合作社之承垦面积，稍予扩大，并承认其土地所有权，其代垦人之限制，亦略予变通，准其于土地垦竣五年后，按照该土地正产物收获总额百分之十五，向农人收取地租，而自向政府缴纳若干成之代垦租金，一俟所垫垦价收齐，再行停止收租，解除关系，如此办法，资本家稍有余利，自必乐于投资矣。

（四）编为农地之私有荒地，应于垦荒条例内，特定逾期不垦即行征收之办法，并应将垦熟升科年限，一并规定。

## 移民实边奖励垦殖藉资整理土地案

青海省土地局局长　陈显荣提

总字第三十三号

使字第三号

提议人　青海省土地局局长陈显荣

类　别　土地使用事项

议　题　移民实边奖励垦殖藉资整理土地案

理由

查我国西北一带，地旷人稀，土壤膏腴，自东北沦陷，边疆多事，欲杜强邻窥伺，亟应移民实边；若谋生产之增加，济公私之艰困，非实行奖励垦殖，殊难以奏厥功。惟是西北垦殖区域，多在蒙藏民族之境内，以青海言之：凡属蒙藏人民，咸以游牧为生，不谙农事，年来牧场日削，因其他民族，开种为地，遂一致反对放垦。且以叠来逐水草而居，迁徙靡常，故人无定所，家少储粮。近又牲畜倒毙，迥异往昔，是以生计困难，比比皆然。兹为整理边疆土地，改进蒙藏民族产业，以便救济危亡起见，拟具移民实边奖励垦殖办法三项，是否有当？谨请大会公决！

办法

移民实边奖励垦殖办法

甲、蒙藏民族，及各寺院，所有香火畜牧等地，须实行土地陈报，由地政机关，派员指导，除寺庙围寝地划出不计外，其余平原山坡，已垦熟者，经抽丈相符，核定利则，发照管业。其未垦熟者，酌留十分之六，作为牧场，其余十分之四，由各该管辖长官，（如蒙古各寺院之王公章京，藏族之千户百户之呼图克图，及法台香错等），出具放垦切结，着藏人民，及其他民族承领开垦，所需牛支籽种农器等，由公家酌予供给，三年竣垦后，依照所领器物等之价值，分年摊收归还，免致亏公，并另定放垦人及垦户之奖励条例，由各该省市政府，按期给奖，以昭激劝。

乙、移民实边，应以邻近者徙之，若将东南稠密之人口，遽徙之于西北，当为事实上所不可能，故移殖必以最近之边疆为先，例如欲实康藏，须移川汉之民，为实甘青，可徙豫陕之众，如此则移民无远劳之畏惮，且易收事半功倍之速效也。

丙、移民开垦之先，所需各费，当属不赀，值此地方财政孔艰，罗掘俱穷，请中央由国库拨发巨款，设立垦殖银行，发行纸币，以供移民垦殖之贷用。则各项建设教育等事业、亦赖此金融机关，可以逐渐推进，庶无窘步之所虞耳。

实行军垦藉固边防而安民生案

青海省土地局局长　陈显荣提

总字第三十四号

使字第四号

提议人　青海省土地局局长陈显荣

类　别　土地使用事项

议　题　实行军垦，藉固边防，而安民生案。

理由

查边疆驻军，所民皆有，青海孤悬塞外，面积辽阔，海西与西北及黄河附近一带，土地肥沃，水草畅茂，宜耕宜牧，到处均是；若与当地驻军，划定军垦区域，开垦屯田，以地利之所获，补助军队之饷糈，试一举而两得。且移民实边，须赖兵以为保障，是移民必先移兵，民垦先须兵垦，既可巩固边防，又能安定民生，则整理土地，收效之宏，不言而喻。唯是边地财力，率多奇窘，而青海入不敷出，相差尤属悬殊，今若实行军垦，则经济方面，无法筹措。诚以事非微细，需费浩巨，仰屋徒嗟，待援孔急，拟具恳请中央补助办法两项，可否之处？谨请大会公决。

办法

恳请中央补助办法

一、青海驻军，计有一师两旅，拟请以海南警备部所辖之两旅，以一旅协同一百师慎防，余一旅为屯垦工作之用，约计所需牛支籽种农器等项，至少年需洋三十万元，请由中央每年饬拨半数，用资补助。此项拨款，一俟三年竣垦后，当由青海土地收入项下，分作三期，如数偿还，以备归垫，藉清款目。

二、青海属境，向无确切之测量，常此整理土地，暨边防多事之际，其测绘丈量，不容再缓。惟因本省财力所限，无法购置大批仪器，殊为憾事。关于测量仪器，及绘图计算各器具，请由中央饬部各发给二十全副，以供地政之急需，兼备军事之应用。

## 宁夏省移垦实施方案

宁夏省政府主席　马鸿逵提

总字第四十七号

使字第五号

提议人　宁夏省政府主席马鸿逵

类　别　土地使用事项

议　题　宁夏省移垦实施方案

查本省土地，前经清丈完竣，熟荒各地，整理就绪，惟赖黄河之灌溉，土质肥沃。但以地处边陲，交通梗塞，居民稀少，地利废弃。亟应举办移民，从事垦殖，以为开发西北之根据。爰特拟具宁夏省移垦实施方案，提请公决。

附宁夏省移垦实施方案一份

## 宁夏省移垦实施方案

### 总论

本省当黄河之上游，沟渠交错，水利称便，土质则宜稻宜麦，年种年收，九曲黄河富宁夏之说，询非虚语。惟交通梗塞，祸乱频仍，原田千里，半属荒芜。近年国家多故，关于移垦事业，中央固无暇顾及，地方当局，更因循而未举，以致人口缺乏，地利废弃，一旦有事，则数万壮丁，已感无从召集，而地方财力，尤觉不敷应用，救济不暇，遑言建设。加以九一八事变后，我冀鲁豫人民，向感食粮之不足，与夫人满之为患，所赖以求食之东北，被人攫夺，以致失业众多，生计艰窘，影响所至，足以养成乱萌，破坏秩序，而沿边要害，任其荒凉，尤不免启戎心而滋隐患，故今日移民殖边之举，实为安定社会，巩固边防之根本要图，而不容少缓者也。二十二年春，热河战起，察绥震动，本府悚于国难之迫切，应时势之需要，本中央开发西北之大计，以实现民生主义之目的，仿照绥远成例，设立垦殖总局，以责成。首从事于熟荒各地之整理，着手清丈工作，嗣因宋部长莅宁视察，复面请拨给款项，筹办开渠移民诸事业，虽蒙邀准，而拨款甚微，杯水车薪，无济于事，但仍抱定苦干快干之决心，卒赖兵工之力，百里新渠，竟于短期完成，其他堤坝渠道，同时加以修理，清丈地亩亦于年终告竣，更进而调查户口，从事清乡，现在荒地之面积，农产之数量，土质之肥瘠，水利之有无，均经调查详晰，垦区治安，已有相当保障。亟应举办移民，从事垦殖，惟此事体重大，权限攸关，如垦区之指定，荒地之分配，农村之建设，自应依照二十二年二月实业内政两部土字第一〇九号会咨所定之奖励补助移垦原则，及二十三年十月行政院令发之保护奖励劳工移往西北办法大纲办理，惟查原则上第三、九两项所定之贷给资金与补助旅费两事，以公私交困之本省，决难与移出省方所能平均负担，应请中央予以补助，其一、八两项事件，仍须由中央通令各省办理，然后责任分明，按步实施，举办移垦，庶几可以实现，爰本斯义，拟具方案如下：

## 第一章 移民

### 第一节 交通概况

垦民之运输，实为举办移民之先决问题，故关于本省之交通，先略述其梗概。(一)陆路方面，则有包宁宁兰宁盐三线，此三线公路，凡在本省境内之各段，均经粗告完成，境外则属于邻省行政范围，限于事权，未便过问。现在已修筑完竣者，包宁线通至磴口，宁兰线通至一条山，宁盐线至盐池县之惠安堡，均达省境极边。包宁一线，东通察绥，西达甘青，为本省东西交通之唯一要道，全长约一千三百华里，仍用车驼。兼以包头至王原，临河至石咀山两段，满目荒凉，人烟稀少，百十里内仅有店房数椽，设备简陋，必须自理干粮，否则无处购办食物。宁盐一线，夙为陕晋商旅来往要途，崎岖难行，不便运输，近来刘匪子丹，盘据陕北，交通久断，但将来如移陕晋之民，来宁垦殖，犹以此路为必经之要道也。

(二)航路方面，黄河流经本省，每年夏秋二季，可资航行，由包头上驶，尚无汽船，(前曾有汽船试航，抵本省之横城堡，此种汽船事业，有及早设立之必要)赖民船或木筏载运，每日不过数十里，需时月余，若遇风雨，则日期即无从预计矣。

### 第二节 移民办法

本省交通概况，既如上述，则举办移民，对于运输方面，旅费数目，难期预标适宜，拟请中央通盘筹划，分饬办理，爰拟方案如下：

1．国营舟车之运输，应饬令铁道部免费输送。

2．垦民之旅费，应由移出之省分负担。

3．垦民经过地点，由经过之省分，与以保护及补助旅费。

4．垦民应携带之帐幕及食粮，由移出之省分筹备，或由邻近之省分发给。

5．垦民进入本省辖境，经招待处验证许可后，一切旅费概由本省供给。

## 第二章　垦区情况

### 第一节　垦区位置及面积

（一）磴口县　该县面积，约有千余方里，除沙漠渠道外，有荒田五十余万亩，向归阿拉善旗直辖，自庚子变乱，教堂赔款未清，竟归外人整理，开渠放垦，刻已垦得良田约十余万亩，直每仅向阿旗王府，缴纳包租银万元有奇，而全年收入，乃达三四十万。查庚子赔款，该教堂不过数万元，且条约期限，截至民国十九年已亦届满，应向教堂交涉，收回租地，并向阿旗王府，继续包租，既可挽回利权，并可增加收入。

（二）平罗县之镇朔堡　镇朔堡居湛恩渠梢，东至双墩子，南至二道渠地界，西至冲口堡，北至观湖墩，面积约四百方里，可垦荒地约二十万亩。湛恩渠自省城西南流入西北，至该堡边境之夏县屯庄止，自屯庄经镇朔堡至石咀山入河一段，仅有前清宣统元年，宁夏都统志锐之浚渠计划，而未实行，致良田数千顷，迄今荒芜。

（三）灵武县之河忠堡　该堡原属宁朔，因行政便利起见，划归灵武。东至秦渠，西至黄河，横宽约十五里，南至新接堡，北至黄河，纵长约二十里，共计面积二百方里，除沙漠渠道建筑物及已垦地一万余亩外，下余可垦荒地约七万亩，容纳农民约七千人，近来宁夏高等法院，拟在该堡划出一部，实行罪囚开垦，正在设备中。

（四）云亭垦殖区　该区系就云亭新建渠流域，占有宁朔宁夏两县之东边，划为垦殖区域。受水荒地，共有二十万亩，容纳垦民一万人，现在通朔段建有新村三个，预备一团军队屯垦之需，仅占全区二十分之三，其余二十分之七荒地，仍可容纳垦民八千五百人，以备将来移垦。

## 第二节　水利之筹划

西北各省，距海辽远，属大陆气候，雨泽稀少，时苦亢旱，本省擅有黄河水利，以资灌溉，土质尤不适于久雨，故渠道凿成，则荒地立变良田，无渠道之处，则任其荒芜，能否或种，恒以有无水利为断也。磴口县原有麻米兔大滩渠渡口堂渠数道，仅足灌溉熟田，未垦之荒地，尚有三十余万亩，原拟开凿干渠三道，将来施行兵垦，惟该地土地权，操于蒙旗之手，而教堂租地，尚未收回，一切计划，未能着手。镇朔堡之湛恩渠，须延长至石咀山入河，共长二百余里，可增加荒地二十余万亩，土质膏腴，亟应举办。河忠堡原有天水渠灌溉，嗣因山洪暴发，渠道全发，拟由该堡以南之古城，开渠一道，至堡北鱼湖，东接入天水渠，并将山水导沟，共入于河，渠长四十里，应疏浚之段仅十里，即可全垦，云亭渠干渠虽已完成，其支渠子渠等仍须继续挖凿。开渠费预算，详列第四章。

## 第三节　垦区之建设

土地之分配，按每人授田二十亩，每家以五口计，合余夫授田，约计百亩，每农田五亩为一耕作单位，百亩为一区段，以便管理，每新村内建设村公所，学校，操场，苗圃等，归村公所管理，更设交通网，使各村与都市互相连络，外此则每一区段，酌留车路，由农民自已选择路线，为收割农作物之用。镇朔堡约有荒地二十万亩，容纳农民万人，每家五口计，约二千户，百户为一新村，可建设新村二十个。河忠堡约有荒地七万亩，容纳农民三千五百人，每家五口计，约七百户，可建设新村七个。云亭渠有荒地二十万亩，容纳农民一万人，每家以五口计,约二千户,建设新村二十个，除三个新村为将来兵垦外,尚可建设新村十七个

第三章　垦民之招待及承垦办法

关于本章各事项，曾规定募民移垦暂行办法，附录于下：

宁夏省募民移垦暂行办法

第一章　总纲

第一条　本办法以招徕垦民，增加耕地面积，充实边防，调济内地过胜之人口为宗旨。

第二条　本办法所谓垦民以属于中华民国国籍者为限。

第三条　凡欲移民本省者，无论其为个人或法人，均应向其该管省或县政府领取执照，以资证明，并由发证机关先将户口男女人数起行日期经过路线通知本省垦殖总局以便筹备。

第四条　企业家组织之垦民团体，如系股份公司集资二十万元以上者，除施用本办法各种办法外，更由本省予以名义，以示奖励。

第五条　选择垦民，不论难民灾民，或自愿移垦之农民，均以品行良善，勤苦耐劳者为合格，其携带眷属举家前来者，尤为适宜。

第二章　招待办法

第六条　本省边境之往来要道，设置垦民招待处，垦民进入本省境界后，应将所携带之证明书或执照前往报到，以便招待。暂设招待处之地址如下：

磴口县之广兴源

中宁县之宁安堡

盐池县之惠安堡

第七条　垦殖总局在省城选择适宜地点，筹设垦民临时住宿舍，以备垦民经过省城时暂住之用。

第八条　垦民报到后招待处，验照无讹，应即查点人数，酌发给养或借给旅费，关于车船之运输，在可能范围内，予以相当之便利，并负指导之责任，如垦民团体自备旅费车船，不需借给者听。

第九条　招待处对于垦民之人数，到达起行日期，暨所发给养，借给旅费等事项，应详细列表，备文呈报本省府，同时拣选垦民中负责一人，将所填表发给一份，令其携交垦殖总局。

第十条　垦民抵省后，即持原有之执照或证明书，及招待所给之垦民表，赴垦殖总局报到，经查验后，送往垦民临时住宿舍，并酌发给养。

## 第三章　安插办法

第十一条　省府于垦殖区域，如云亭渠，河中堡，镇朔堡，白马滩，姚伏堡，李岗堡，广武等地，各选适中地点，设置垦殖分局，办理垦民垦殖事务。

第十二条　垦殖分局，于本区内选择适宜地点，建设新村若干处，每村以容纳居民百户为度，筑一土堡，并大规模之村公所，依次冠以村名。

第十三条　省府于每一垦区，设立农民借贷所一处，以便贷款民间。

第十四条　垦民到省后，由垦殖总局，按照移民之语言习惯，分划于垦区，再由垦殖分局，根据上项原则分配于某村，尤须注意垦民之职业，如木石铁窑等匠，应予以相当之分配。

第十五条　垦民分配于各村后，暂住村公所，再由垦殖分局，协同村长，按照一户人口数目，以村长之担保，得向农民借贷所借贷建筑费，其自由建筑者听，惟房屋式样及地址，均须依照村公所之规定，以昭划一。

第十六条　垦殖分局，应规定该区垦民需用之农具牲畜种子，及第一年生活各费，以村长之担保，得向农民借贷所借贷之。

第十七条　垦殖分局应按垦民之壮丁数目，授给荒地，（每一成年男子，授田二十亩，老幼及妇女以半数授给），并按科学方法，指导耕种或牧畜，以期农业之改进。

第十八条　村长应筹划乡村之保卫，农业教育及各种协会合作社等，以树立农村之良好基础。

第十九条　村长随时考察村民之所长，分别各种职业，如缺乏某项工人，得向垦殖分局请求拨给。

第二十条　垦民除按丁授田自行耕种外，另划田千亩，共同耕种，并划分一部为村有，苗圃及公共林，每年须先种公田，后种私田，其公田之收入，完全用作归还借贷之村公费，及兴办公共事业之用。

## 第四章　归还垫款及升科

第二十一条　归还垫款，应分建筑费事业费及村公费（凡公共事业，社会文化事业皆属之）三种，上两项由花户负责偿还，村长负保证及催讨之责，村公费由现任之村长负责偿还。

第二十二条　建筑事业两项借款，限三年后分期偿还，一年后偿还百分之二十五，二年后百分之三十五，三年后百分之四十。

第二十三条　村公费贷款，以公田之收入，限四年内分期偿还，每年归还百分之二十五，现任之村长，担负完全责任，村长更替时，前任须详细交代于后任。

第二十四条　以上三种贷款，不取利息，且可以农产品抵偿，农产品之价格，按照当时市价核算。

第二十五条　除以上三项贷款外，得以抵押或其他保证为私人之借贷，以便农村喂养家禽家畜及举办其他副业或婚丧之费，其利率及办法，由本府规定之。

第二十六条　以拨给荒地之日期起算，三年后升科，如遇天灾事变，及其他不可抗力，经垦殖分局查验属实，得予酌量展期。

第二十七条　田赋之数额，按照本省现行之征收田赋章则办理。

第五章　附则

第二十八条　农村之筑堡工作，即建设村公所，得施用兵工，其材料费，由本省府筹措。

第二十九条　民房之建设，除自己出资营造外，其贷款建筑者，须依村长之指导，使村民互相帮助，材料由业主自备，不出工资。

第三十条　农村之图式，由本府制定之。

第三十一条　农村借贷所之组织，及借贷办法另定之。

第三十二条　垦殖分局及垦民招待处之组织另定之。

第三十三条　如企业家携带大宗资本，办理移民垦殖事业，其堡寨民房完全由自己建筑者，另行商酌办理。

第三十四条　本办法自公布之日施行，如有未尽事宜，由本省省务会议议决修改之。

第四章　移垦经费

第一节　移民经费

垦民进入省境后，招待处之一切开支，如给养，车船费，临时宿舍各费，应请暂拨二十万元，将来实报实销。

第二节　建设经费

一、开渠费　1．镇朔堡开凿渠道二百里，需洋十八万元。

2．河忠堡开凿渠道，及挖山水沟需洋五万元。

3．云亭渠开凿支渠需洋十万元。

二、建渠费　民舍：每家需房十间，每间建筑费三十五元，每村民舍千间，需洋三万五千元。公共场所：村公所，学校，操场，苗圃，需用房舍一百间，每间建筑费四十元，共需洋四千元。堡寨；需洋五千元。每一新村之建筑费，需洋四万四千元。

1. 镇朔堡　按二十个新村计，需洋八十八万元。

2. 河忠堡　按七个新村计，需洋三十万零八千元。

3. 云亭区　按十七个新村计，需洋七十四万八千元。

三、补助费　农具：每户需车一辆，每辆值洋五十元，其他耕犁，播种器，耙，锹，等件，每户需洋五十元，按百户计算，共需洋一万元。牲畜：每户耕牛二头，每头值洋三十元，每村需牛二百头，合洋六千元。籽种：籽种每户需洋四十五元，其他杂费十元，每村需洋五千五百元。以上每一新村补助费，需洋二万一千五百元。

1. 镇朔堡　按二十新村设计，共需洋四十三万元。

2. 河忠堡　按七个新村设计，共需洋十五万零五百元。

〔云南省政府提案缺〕

〔全国经济委员会档案〕

## 9. 财政部赋税司钱币司关于国民党第五次全国代表大会萧铮等提积极推行土地政策等五案规划研究的往来函件

(1936年3月—4月)

(1) 赋税司函(3月22日)

案奉部座发下院令转发五全大会萧铮等推行土地政策及土地开发各案，饬将土地银行与垦殖部分筹商办理，已办事业与本案有关者，叙述送院，并对于提案各点签注意见。等因。到司。当将原案送请本部整理地方捐税委员会专委签注意见。惟土地银行一节，事关金融范围，系属贵司主政，现应如何办理，原提案究宜如何签注，均待详加规划研讨。相应检同原件及专委原签，送请察照详示意见，俾凭会同办理为荷。此致

钱币司

附原提案及专委原签各一件

赋税司启

## 积极推行本党土地政策案(提案第44号)

萧铮等24人

民生问题之解决，国民经济之建设，为吾国当前充实国力培养民力之基本国策，斯已成为举国上下一致公认之主张。顾建设国民经济，必须统制生产要素，解决民生问题，必须实施土地政策。总理孙先生曾曰，土地问题如能解决，民生问题，便可解决太半，又曰，中国革命也可说遂是土地问题的解决。本党第一次全国代表大会宣言云：国民党之主张，则以为农民之缺乏田地沦为佃户者，国家当给以土地，资其耕作。第二次全国代表大会宣言亦曰：农民生产占全生产百分之九十，其人数占全人口百分之八十，故中国之国民革命，质言之即是大多数农民参加革命，是故土地改革之实施，为吾党一贯之中心政策，其意义之重大，概可想见。本党政府自统握全国政权以来，瞬逾八载，徒以内忧外侮，交迫而至，致基本之国策，尚未获积极推行。兹届本党最高权力机关集会之期，正为吾侪厘定国策，贯彻党纲之日，爰拟订积极推行本党土地政策纲领如左：

一、实行土地统制，以便调整土地分配，促进土地使用，而利整个国民经济之建设。

二、迅速规定地价，实行累进之地价税及增值税，以图平均人民之负担，充裕政府之收入。

三、实现耕者有其田，以谋改进农民之生活，增加农业之产量兼以巩固农村之组织，奠定民族之基础

四、促进垦殖事业，以扩大可耕之面积，增加国家之富力，兼以调剂人口，充实边疆。

五、活动土地金融，以调剂农村经济，取缔高利贷，扶植自耕农，增加农村资本，奖励土地生产。

为实现上述纲领，则下列三项设施，实为刻不容缓之举：

甲、成立中央地政机关

查土地法及土地法施行法对于省以下各级地政机关，业经分别规定，而于中央地政机关之组织尚未具体厘订，中央之专管地政机关迄未成立，致地政系统零乱不堪，有则为内政部所管辖，有则为财政部之职掌，属于实业部主管者有之，属于军政部、教育部主管者亦有之，管理机关既不集中，行政效率因而低落。以如此紊乱零杂之组织、现状之整理，尚属无所措手，新政之实施，党纲之推行，更复有何希望。本党秉政多年，而总理手订之土地政策尚未获实现者，地政组织之未能确立，实为其重要原因也。地政工作为革命的新兴事业，非有强有力之负责专管机关，实无以应推动之使命。故本党不欲推行土地政策则已，如欲期土地政策之实施，则中央地政机关之设立，实为急切之要图。说者每谓地政机关之设置，诚属必要。惟值兹行政经费异常竭蹶之秋，原有经费尚须紧缩，更尚有何添设机关增加预算之可能。殊不知现行分隶于各部之地政组织，原亦有相当之人员与经费，今若将原有之经费人员集合而设立专管地政机关，不特事权集中，效率增进，即人员经费，亦可为合理之支配，而益能符合于经济之原则也。

乙、设立军垦及民垦实验区

为实践上列第四、第三两项纲领起见，中央与各省应各就事业范围分别择定适当地区，设立军垦及民垦实验区。良以吾国今日不特宁夏、青海、察、绥、陕、甘、康、藏等省地旷人稀，荒区辽阔，黄河上游及河套等地，土壤肥沃，水草畅茂，足资大规模之移垦，即东南繁庶之区，亦多荒芜未辟之地，地利旷废，国富湮没，实堪痛惜。而边疆空虚，防御松疏，一旦强邻入寇，将如封豕长蛇而无所抵御，其于国防上之隐忧，尤不堪设想。为今之计，应速由中央择定边疆冲要之地，分别设置军垦区，实施屯田，以原有之饷糈，充开阔之经费，复以生产之收获，补助军队之给养。即可巩固国防，增加国富，又可逐渐减中央军费之负担。至民垦区之设立，应择土壤膏腴，灌溉便利者，先行着手试办，并采用科学方法及适当机械，为大规模之集体经营。至移民之程序，应就地区接近者，逐步推动。例如以川滇之民移康藏，豫陕之民移甘青，如是则移民无劳远之畏惮，而可收事半功倍之速效也。

丙、设置中央土地银行

年来我国农村凋敝，生产衰落，原因固属甚多，而农村金融之枯竭，土地信用制度之未备，要为其主因。盖以农民资金匮乏为吾国一般农村之普遍现象，因无健全之农村信用组织，农民为生活或生产上之迫切需要，不得不为饮鸠止渴之计，以辗转呻吟于高利贷之下，以致农民一经负债，即如投入万丈深渊而没由自拔，往往以小康之自耕农，寖假而流为佃农、雇农，甚至流离失所，铤而走险，以酿成今日哀鸿遍野，匪盗如毛之危状。近来各省虽逐渐有农民银行、农业仓库之设置，但类多规模狭隘，资金不充，其经营之业务与一切商业银行，殊无区别，实未足以副流通农村金融之使命也。且土地信用机关之职能，不但为通融资金之便利，扶植农民，尤须以长期低利之放款，以积极创设自耕农，故非有雄厚之资力，难期收实际之效果。至关于移民垦殖之举办，亦端赖有巨量资金之筹集，故中央土地银行之设立，实为目前切要之设施。至其设立之原则，约有下列数端：

一、中央土地银行之设立，期将呆滞的土地资本，使之有成为活动资本之可能。

二、中央土地银行之设立，期以发行土地信用债券之方法，吸收社会游资，以供改良土地生产与分配之用。

三、中央土地银行之设立，系为创造土地信用，供给土地信用，及扶助土地信用之活动，具有公益性质，而非一般追求利润之企业金融机关。

四、中央土地银行之设立，其放款之目的，在城市当以扶助住者有其地，在农村当以扶助耕者有其田，及推进垦殖事业，发展农业生产为依归。

五、中央土地银行之设立，专营长期低利摊还之土地抵押放款，以期能使城市私有土地及农村的私有土地有活动资金之机会。

以上所述，实为推行本党土地政策之基本原则与必要设施，拟请大会予以裁决，并督促其实施。庶总理之土地政策，得及早实现，民族之经济基础，得益臻巩固，国计民生，实深利赖。是否有当，敬候公决。

提案人：萧　铮

连署人：陈立夫　陈潘岭　陈石泉
陈　诚　陈璧君　牟震西
李光忱　吴任沧　緱克敬
李嗣聪　张　炯　叶溯中
曾济宽　于学忠　洪陆东
吴开先　赵伟民　张　强
骆美奂　夏斗寅　贺云章
许绍棣　叶秀峰

## 设立土地银行流通金融复兴经济案

（提案第76号）

周伯敏等27人提

查我国幅员之广为世界各国之冠，据实业部经济年鉴所载约及2,173,558.6平方公里〔?〕，而衡其价值，则据主计处统计月报所载，以粤．黔、闽、滇、川等省为最昂，每亩农田约自2元至250元。其次为苏、浙、直、鲁等省，约自4元至170元。再次为皖、赣、豫、鄂、西、陕、甘等省，约自6角至120元。而以吉、黑、热、察、绥等省最低，约自3角至100元。若以上列价值折中平均，更以各省所占地亩相除，可知其数量之巨。当然在全经济界无与伦比，此尚系指耕耘之田地而言，他如都会之区市镇之属以及租界商埠，其每亩之值少则千百元，多至数十万元者，尤比比皆是。夫以如此肥饶之壤，富庶之区，徒以资金周转欠灵而坐令农田荒芜，市产衰落，曾不为之策划救济，良可慨叹。查各国对于经营不动产事业，以与社会经济，国家财政息息相通，故扶之植之，不遗余力。在美则有土地股份银行，在英则有建筑协会，在德、在法则有土地抵押银行，而在日本则如劝业银行、殖产银行等，莫不经营地产。反观我国，则政府银行均有不得兼营不动产之条例，即商办银行，亦多悬为禁例，虽事实上或有变通之处，然非以此为营业主体。可以断言，今欲开发实业，复兴经济必先自活泼地产，疏通金融。始此，土地银行之组织实有急切必要之图。爰本斯旨，为拟办法如左：

一、土地银行应定为国家专营事业。查各国先例，关于不动产金融机关，大都均由国家经营，良以土地收入为国家大宗财源，不能与任何经济团体等视。而在我国，则土地国有本为总理遗教，今地政整理方在萌芽，若骤许人民自由组设，或致发生参差紊乱之弊，故宜定为国营事业。

二、土地银行基金筹措。查筹码之大莫如地产，故土地银行所需之基金绝非浅浅可办，尤其在现在农业凋敝情形之下，所需必更多。非有雄厚基金以资周转，则其将来结果必仍如现在成立之各种农民银行，效率极有限。但欲筹措巨额基金，非另辟财源不可。查我国米麦进口，年在一万万元以上，棉花及其他农产物进口，其数亦至巨。我国农业不能发展之基本原因，即坐于此。鄙意今日筹措土地银行基金大可于此设法即应对此等农产物入口规定一种保护税率，切实征收，即以此等收入作担保，发行巨额公债，以作土地银行基金。如此，在过渡时代既可收保护农业之效，又可利用为发展农业之资。至将来我国农业发展，外国农产品进口稀少，税源纵绝，但因我国农产发展，土地银行之基础已固，公债之担保，可移归土地银行本身，一切当更不生问题矣。

三、土地银行应以经营不动产事业为限。查此类银行为特殊组织，范围广大，事业繁复，从业人员非有专门学识者不克胜任。业贵精勤，故宜以专理不动产业务为限。

四、土地银行应以低利受抵不动产。查筹码之大莫如地产，今欲流通金融，固当活泼地产。然欲活泼地产，尤非先限利率不可。过高必使企业方面无利可图，是纵有筹码又将焉用。且国家之设此银行，直接固为繁荣经济，间接原在增裕财政，本身之得失本可不论。兹就我国之经济现状观察此类押款之利率，至多不得超过五厘，若与各国利率相比，尚觉此优于彼也。

五、土地银行押款利息得以一定平价收受农产物。查银行放款所以视土地抵押为畏途者，盖因土地押款易成呆账。而近年来，农作物跌价无销路，尤为此中厉阶。我国自古以来有积贱防贵之善法，现今各国亦多由政府收买过剩农产物，以调剂农村经济。吾人即应采取此意，对土地押款之利息清理，应以一定平价收受农产物，不到有疏解可能时不投之市场。如此，既可免过分谷贱伤农之弊，又不致使土地押款基础发生动摇，致影响国家整个金融组织。引我国之农业物过剩现象，完全为一种季节关系，更不必虑及将来不能脱手。

六、土地银行应划分区域遍布全国。查此类银行之设置，重在救济农村，其设置地点，应以便利农民为主。顾以我国幅员之广，人口之众，遍地普设实不可能，即每县各设一行，亦恐为事实之所难行，唯有视土地之肥瘠，出产之丰啬，划全国为若干区域(不必以原有省县界为限)，每区各设分行一处，更于每区之中再分若干段，每段或设支行一处，而于首都或上海市区设置总行，俾总其成。若是则不必县各设行而自可遍布全国，且脉络相通，缓急可资，更无虑其阂隔。

七、土地银行应与人民合作估定地价。查地产价格高下悬殊，有收益者固可以此推算其元本，若无收益者则非评定不可。顾各地情形不尽相同，非有当地人民参加合作，必难得其正确标准。拟由各行各组评价委员会许当地人民团体各举若干人，再由本行选任专家若干人合组会议，专司其事。凡遇押款，即交审核，一经议决，即作定评。如此办法，庶几可免失出失入之弊。以上所陈办法是否可行，敬请公决。

提案人：周伯敏　韩克温　梁贤达
姚大海　赵连登　李　汾
李黎洲　马　亮　周　复
王漱芳　帿克敬　李　墀
石九龄　金维系　杨　亮
杨虎城　王星舟　蒋伯诚
方觉慧　赵伟民　朱普元
王冠英　钱家栋　涂鹏南
杜松延　宋从颐　张　冲

## 国家应积极从事垦殖事业案

（提案第118号）

叶秀峰等22人提

理由：中国以农立国，历代治国方针，均在重农。近来工商业虽已萌芽，尚未发达，整个国家经济来源，仍惟农是赖。如农村破产则经济源竭，国本动摇，危殆何堪设想。近来农业经济衰落之现象，日益显著。证以最近二年海关入超每年均达六万万两，而入口之棉、麦、米、面粉、烟叶、砂糖等项农产品，约占十分之八，此岂以农立国之国家所应有之现象。盖吾国虽号称地大物博，但全国耕地据中央统计局二十一年一月统计月报所载，为1332186000亩，以人口四万万八千万计之，每人平均仅占耕地约三亩。至全国荒地面积，虽未经切实调查，惟据农商统计估计之，约十万万亩，据最近垦殖专家估计，达三十万万亩，是耕地面积仅及荒地三分之一。加之近来水旱频仍，饥馑洊至，谷价低落，土匪骚扰，农民因经济破产而离村就市者，比比皆是，因此耕地荒弃者，当日有增加。如是而言，复兴农村，农产自给，民族复兴，实南辕北辙矣。故值兹国难严重，国命待续之秋，国家亟应确定垦殖政策，以尽地利，以尽人力。救亡图存，实利赖之。是否有当，敬请公决。

办法：一、中央应设专营垦机关，由本党派员主持之。垦殖事业，至钜且繁，应设专管机关，俾专责成。并应由本党精选刻苦耐劳之忠实干员主持，使能感化并领导垦殖区由之农村，如此在新开辟之区域，克树立本党之基础。

二、中央预算应列垦殖经费。国家兴办垦殖，如水利工程、土壤调查、农事试验等，均须巨费，中央应列为预算，俾垦殖事业，克以尽量发展。

三、中央应造就垦殖专门人才。我国荒地面积，估计数颇大，如兴办垦殖，其所需人才颇多，且以有垦殖特殊技术者为宜。现在中国研究垦殖者，不敷分配，颇为显见。故国家应设垦殖专校及短期训练班，以应需要。

四、各省应调查荒地，各应订定计划，切实进行，并举行全国垦殖会议。我国荒地尚未经确实调查，缺乏可靠统计。据农商统计，民国三年之荒地面积为358335867亩，民国十一年为896316784亩，9年之间增加荒地面积538180917亩。又据东亚同文学会中国年鉴所载，民国三年为358335867亩，民国七年为848925478亩，则5年之间，增加荒地面积为490589611亩，此类数字，实难凭信。故中央应督策各省调查荒地，订定计划，切实进行，并举行全国垦殖会议，以收集思广益之效。

五、省力能开发者，由省主持之。省力不足者，由中央协助之。我荒地既多，其分布在交通便利之区面积较少者，自可以省力开发，而由中央督策之。如面积过大，或在边远省分，地广人稀者，省力开发，当感不足，以由省主持，中央协助为宜。省力主持，则监督指挥较为便利，中央协助，财力人力易于供应。

六、垦殖技术，应由中央机关负责指导之。实行垦殖时，其技术计划，应由中央机关统筹全局，详审订定，研究指导，俾收划一之效。而生产、消费之间，亦以有所调剂，较之各省分别办理，当费省而效著。

七、新垦区域，关于土地问题，应严格施行，合于本党政策之制度。新垦区域之土地问题，比较简单而易于解决，应严格施行，合于本党政策之制度，使耕者有其田，而免造成地主与佃农之壁垒。

八、举行屯垦。我国屯垦制度，渊源于汉宣帝，二千余年来，兴废不常。现在中国人口分配，东南密而边省疏，自宜举行屯垦实边为国防计。近日更可实行，以正式军队分派屯垦，实两利之图也。

九、举行监犯殖边。我国各地之监犯，为数殊多，年来司法当局，目以为虑。如施行监犯殖边，固可有利于开发，且见分利为生利，当更有益于国家也。

十、发展新垦区域之交通。我国农产品，往往因各地交通不便，未能运输外埠，以资调剂，因之内地出品屯积。谷贱伤农，外货反乘机而入。新垦区域，必使其交通有相当之发展，以资运输之便利。

提案人：叶秀峰　韩克温　张明经
钮长耀　李嗣璁　潘秀仁
陈国桢　马愚忱　赵连登
李　汾　陈国英　刘守光
赵允义　纪守光　陈泮岭
魏寿永　周厚钧　陈希曾

许绍棣　骆美奂　邵汉元
彭　纶

## 移民实边垦荒并以救济灾民案

（提案第128号）

何选民等25人提

理由：（一）近年来，天灾人祸，交相洊至，以致人民死者填沟壑，生者呼饥寒，甚至铤而走险，沦为盗匪。倘长此而往，不加救济，其害不知伊于胡底。现在我国膏腴而尚未开垦之地甚多，且多在西北、西南边省，地旷人稀，经济枯竭，文化落后，驯至边疆事事感觉空虚。由此可见移垦以代赈灾，实一举两得也。

（二）现有许多民众，因其原居人稠地瘠，或地价昂贵，难以谋生而欲他徙者亦甚多，而政府亟应资助以成其志，以谋全国各地经济文化渐能平均发展。

办法：（一）请大会转函国民政府，筹措移垦经费，规定移垦办法。

（二）请大会转函国民政府，限令各省市政府负责征遣民众移垦。

（三）请大会转函国民政府饬内政部、实业部、财政部，及赈灾委员会协办灾民移垦事宜。敬请公决。

提案人：何选民
连署人：梁士俊　张公悌　张鹏高
周受来　李笃彬　李显延
李振殿　周杰三　程润全
谭冠三　吴伟康　陈衮尧
饶健生　李慕青　刘成灿
温菊朋　郑螺生　王志远
林泽臣　叶少琨　张国威

张国基　卢澣如　伍朝海

确定国家经济基础于土地上面设立全国有系统之土地专属机关，将土地整理、农村合作、农林畜牧、农业改良等事业合并管辖，以增进事业上之效能案　（提案第196号）

张导民等25人提

(一)理由：土地管理及农业生产之改进计划化，已为求国民经济自立之主要问题，而我国则尚在萌芽时代。如土地整理、农村合作、及农林、畜牧、实验场等名目，虽皆次第创立，然皆系局部进行，在实际上殊少事业上之成就，尤其是农林畜牧等事业，根本与农村不能发生丝毫关系。其最大原因，则为无整个计划之专属机关为之督促指挥。故设立全国有系统之土地机关，将土地整理、农村合作、农林、畜牧等事业合并管辖，以为整个有计划的推行，为目前刻不容缓之图。况我国以农立国，今后必须确立国家经济基础于土地上面，始足以言对外。

(二)办法：

甲：中央及各省县设立土地部、土地局、土地科，将中央及各省县所有之土地整理、农业合作、农林畜牧、农业改良等事业合并组织管理之。

乙、各省土地局，对于清丈土地，整理阡陌，是为其重要工作。再就各省地势土壤经济状况之实际需要，规定土地整理、农村合作、农林畜牧、农业改良等施行计划，分期为事业上之推广改进督促，以完成其预定之阶段。

丙、保护发展及改进，各该区已有之特产工业原料品，如桐油、漆木油、棉丝、靛、棓子等农村产品，使步步实现国民经济之自足。

丁、将每年对于合作改良农林畜牧害虫等，推行实验成功之结果，作成报告书，分发各县区乡镇张贴。并将育成之农林畜牧等新种，每年分发各县，为廉价之公卖，使农村获实际上之利益。

提案人：张导民

连署人：吴绍树　吴醒亚　张　冲

韩克温　贺衷寒　陈光祖

王澂芳　赖　琏　陈　畴

王秉钧　陶尧阶　李宗黄

王绍祐　杨　峰　陆京士

王　祺　汤德民　李中襄

陈希曾　杨　虎　陈颂平

艾毓英　陈绍平　周伯敏

【专委签注】　　翁之镛

张　淼

一、关于中央地政机关

原提案第一案关于成立中央地政机关办法，若仅就现行分隶各部关于地政事业之人员与经费合并，而设立一专管机关，尚不失为集中事权，加增效率之一法。中央既已通过，自应在办法上加以研究。

二、关于垦殖事业。

原提案第一、三、四案关于促进垦殖事业办法，原则自无可议，惟兴办垦殖工事，如排水，灌溉工程、土壤调查、农事试验等，在在均需巨额经费，与多量技术人才，经费之来源与人才之培植，事前均须有统筹之准备，似宜由本部会同军政、实业两部从长计议，详密规划，俾利进行。

三、关于设立中央土地银行

原提案第一、二两案关于设立土地银行办法，确为目前急切要图。惟土地银行设立之目的何在，其业务范围何若，似宜先行确定。据原案第一案所拟办法，中央土地银行之设立，系专营长期低利摊还之土地抵押放款。其放款目的，在城市以扶助住者有地，在农村以扶助耕者有其田为依归。据原案第二案所拟办法，土地银行应以低利受抵不动产。如上所述，则知土地银行仅以为供给长期低利之抵押放款而设，恐结果徒为谋地产之活泼，于农村经济非特无益，且虞有害。何以言之，盖欧西各国，土地金融政策附丽于土地政策而为一种手段，并非为目的。各国之土地政策大抵以扶植自耕农为骨干，故土地银行之业务，以收买地主土地转售于农民为主，以受抵自耕农土地为次，银行对于被收买与出抵之业主，付以低利长期之土地债券。是故低利长期，乃土地银行代表政府执行政策。向地主收买土地之条件，并非为地主谋便利，可向银行要求此放款也。如果地主有此便利，则拥有田产者，可藉长期低利之土地抵押放款，以增长其土地投机与兼并。而无土地者，反因无地为抵押物，丝毫不能享受长期低利放款之利益。原提案所谓扶助住者有地，耕者有田，恐不仅不能达其目的，反有适相反背之不良结果。

抑更有进者，土地银行若专营长期低利之土地抵押放款，则非有雄厚之资本，难收周转灵敏之良效。而巨额资本之筹集，尤为目前之难题，据原案第二案主张，拟以农产品保护税收入作担保，发行巨额公债，以为土地银行之基金，虽亦可作为有力建议，但农产保护税之征收，因受中外商约之限制，事实上能否办到，殊无把握可言。若果一时窒碍难行，其将何以善其后，更成问题。

其实若因实施土地政策而设土地银行，土地抵押放款不过次要业务，其主要业务，厥为收买地主土地。收买地主土地可发行土地债券，当土地银行设立之初固无须巨额资金也，即收买地主所发行之土地债券，其每年应偿之本息，尽可取给予转售农民之土地所摊还之收入，出入之间，可以相抵。惟为顾虑地主需要现款起见，国家银行予以贴现之便利，其问题即可解决。国家银行对贴现所需之准备，视债券期限长短而定若债券期限为20年，则准备仅须土地债券发行总额之二十分之一，即已足用。同时土地银行以土地转售于农民，尚能吸收现银，法币之现金准备，藉以增加，法币亦可转而增加发行额，实一举两得也。

综上所述，中央设立土地银行有要点二：第一、须认清土地银行之作用，为实现土地政策之手段，而非目的。第二、须确定土地银行之业务，以收买地主土地为主要，其次受抵土地以自耕农为限。循此要点以行，诚福国利民之要图，否则，利未见而害已形，恐非原提案之本意也。

（2）钱币司函（4月7日）

钱字第　号

司函案准贵司二十五年三月二十二日函称：案奉部座发下院令转发五全大会萧铮等推行土地政策及土地开发各案，云云。相应检同原件及专委原签送请查照，详示意见，俾凭会同办理等由，并附原提案及原等件到司。查原提案内关于设立土地银行一节，本部业经令饬中国建设银行公司积极筹设不动产抵押放款银行，一面由司会同拟具地产银条例草案签送部长核夺，并查本部前经规定由中国农民银行至少应以五千万元经营土地抵押放款及农村放款，令饬该行遵办。嗣为督促切实进行起见，特规定该行经营土地抵押放款及农村放款办法六项：（一）该行至少应以五千万元经营土地及农村放款。（二）前项放款应就该行总分支行或办事处所在地首先尽量办理，凡属农业重要区域或农村金融亟待救济地方，该行尚未设分支行或办事处者，应即推设。（三）该行经营土地抵押放款，以投放于农村土地为原则，对于改良土壤，整理农地等事业，并应予以低利通融。（四）该行经营农村放款，应特别注重自耕农之救济，尽速组织健全之合作社，以资投放，并应予以低利通融。（五）该行为办理农村放款，应于交通地方筹办农业仓库，以利农产品之运输，并应尽量提倡农业票据，流通农民资金。(六)该行经营土地抵押放款及农村放款，每届月终应将放款种类数目及投放地方详细报部，以凭查核，亦经令饬各在案。依照该草案及该办法(二)、(三)、(四)、(五)各项对于原提案办法，均已分别规定，即与查核记案办理，仍送本司会章为荷。此致

赋税司

〔财政部档案〕

# (二) 地政改良

## 一、土地问题的调研

### 1. 黄通：目前中国土地问题的重心①

(1934年1月)

在解答本案之前，先要注意三点，第一，土地可别为市地与乡地。乡地大部利用于农耕，殆可说乡地便是农地，市地的利用以住宅、工场、商肆居多，纵谓市地主系宅地，亦无大过。市地所利用者，是土地的载力，而农地则于载力之外，还需耕力与养力。所以市地可立体的利用，而耕地只能平面的利用。虽然，农业上亦有二层耕作，但其范围究甚狭隘，无关宏旨。市地问题，既系宅地问题，如能办到照价抽税，涨价归公，便可解决了大事。可是农地问题，并不这样简单，所以我拟将本案的土地问题，作农地问题解。

第二，中国与欧美诸国，经济发展，异其阶段。中国经济问题或社会问题，固不能与欧美相提并论，但同一客观环境，可产生同一的社会体系，同一社会体系，亦往往可产生同一的客观环境，其间有相互作用与反作用。关于中国土地的改革，固宜审时度势，未可借拾他人牙慧，依样葫芦，但行之于欧美已得良效者，中国亦尽可抉择推行。

第三，国民党所领导的政府，是革命的政府，革命是变更社会体系之意，如一七八九年的法国革命，资产阶级征服贵族阶级，

---

① 此件发表于1934年1月《地政月刊》。

而建设资本家的德谟克拉西，一九一七年的俄国革命，无产阶级征服有产阶级，建设劳动者的苏维埃。国民党所领导者，是国民革命，当然与法俄两国，有所不同，而且当民力残破之余，更不可再有武力的破坏，但应兴应革的事宜，亦不可囿于旧习，因循不顾，所以关于土地问题，当运用道德与理智之力，依和平奋斗的手段，达到农制革命的指标。

这样，前提条件既已认清，问题便易解答了，有人以为中国土地问题的重心，在于地尽其利。诚然，地尽其利，务使地方得充分利用，毋任天予之物，委诸旷废，所以，如耕地扩张，耕地整理，地类变换，地味改良等，均为目前要政。但标之实际，荒地面积，与年俱增，农民往往毁契弃田，流离四散。是岂全系懒惰与愚昧之故吗？地尽其利，必赖资本劳力之投下，资本系过去的劳力（借用李权奇博士的解释，见李氏著经济学原理第三编生产论第109页），所以劳力之多量的投入，为地尽其利之最切要条件。劳动效程的高低，系于劳动兴趣的强弱。劳动兴趣的强弱，又与劳动的报酬有关，那末，如何使农民得享其耕作成果，尤为地尽其利之先决条件。

再有人以为中国土地问题的症结，不在于地主与佃户间的如何分配，而在于人口与耕地的关系。所以应设法：(1）将狭乡的农民迁到宽乡；(2）将乡村人口移往城市；(3)打破宗祧观念；节制生育。细绎其意，拟谓乡村的土地的关系，可维持现状，只要将过剩人口，设法处置可已，此说亦颇近理，因为耕地面积过小，如过小农、零碎农之类，从农家劳力（所谓劳力利用最低限度）与农民生活（所谓生计维持最低限度）两点着想，均不合理的。但中国农民，将向何处去呢？从狭乡迁至宽乡，这是德国所谓内殖民，现今欧洲各国均以此与创设自耕农并行，或以此为创设自耕农手段，并非纯粹的农业经营问题。我国城市民族工业，遭帝国主义的压迫，奄奄一息，失业问题，正苦无法解决，更无余力，以吸收乡村人口，农民离村在欧美既成为社会上、农业上重大问题，在中国亦未见值得奖励与欢迎。如必以农业衰落与农民困贫，归咎于乡村人口之过密，这是否认一部分民众的生存权，俨然马尔塞斯的口吻，与中山先生的民族主义，适相径庭了！而且大经营与大所有不同，保护小工业者，并非支持其小经营的形态，乃维护其生活的资源，小经营之无从保护，欧战前巴威略的中产阶级政策，早为吾人证明之。小农如能利用合作社的组织，通田而耕，一方振兴农村副业，以调剂农家劳力，资助农民生活，则人口稍密，亦无大碍。是则人口与耕地关系，又决非土地问题的核心。

又有人以为中国土地问题的重心，在于生产与分配，这是一种二元观，在理论上更觉牵强，经济学上有所谓四分法者，始于一八二一年的穆勒詹姆士即生产论、分配论，体系及为工整，参加生产者有土地、资本、劳动及企事，于是，其生产的结果，以地租、利息、工资及利润的形式，分配于地主资本家，劳动者及企业家之间。这是一种极简单明瞭的观念。但这种观念，德国学者认为按份说，在理论已失其根据。因为经济生活，根本是一种流通生活，循环生活；生产与分配，行于同一过程，并非先有生产，后有分配。所以生产与分配并重二元观，亦无甚价值。

那末，土地问题的重心，果何在耶？依愚见所及，应系乡村土地关系的改善。土地关系的改善，并非单纯的地租之分配，而在于为产生地租之基础的地权之平均。换句话说，并非如何分配黄金之蛋；而为如何分配产黄金之蛋的母鸡。平均地权第一步是要耕者有其田。申言之，便是耕者毋须耕他人之田，以致辛勤所得，为不劳者攫取而去，使土地与耕者，发生极密切的关系。然后利用、生产，以及地尽其利诸题方谈得到。

耕者如何得有其田？地主所有地，将如何备价收买？耕者是指现在的农民耶，抑包括现虽非农民，但有力而且有意于耕作者耶？这是另一问题，须详加研究，最要应在政府领导之下，为民生主义的革命，社会动乱，必不可轻于掀起。

昔者俾士麦为镇压社会民主党，而先布社会政策的立法，今则东欧诸国，为防止布尔什维克的入侵，而断行土地改革。我政府如能速行平均地权，俾耕者得有其田，则反动者无一所窃借，农民大众不致被人煽惑，则内乱之源自绝矣。革命必先革心，人心向背，与革命成否大有关系。政府能行善政，使人民乐于拥护，而革其好乱之心，则政权安固，革命事业，便易奏功。中山先生说："若能将平均地权做到，社会革命，已做到七八分了"。金玉之言，实令人肃然起敬！

当然，土地问题解决，而整个的农业问题，未必即可解决。我国目下捐税繁重，农业生产的结果，尽举以付捐税，尚患不足，至苏省昆山农民，有以土地抵税的请愿（见二十三年一月十八日新闻报）。而且农产价格因受进口农产物的倾销，价格暴落，往往生产成果，都不够生产成本，所谓丰收亦可成实。这两点，虽距土地之重心问题稍远，但与土地问题之解决，却有密切的关联。因附带的提及之

〔地政署档案〕

## 2. 黄通：中国现阶段的土地问题①

（1936年4月）

### 一、土地问题之诸相

土地可分为市地与乡地，市地问题之中心，是住宅问题，比较容易解决，因为市地可以立体的利用。乡地呢，粗放的说，便是农地问题。农作物的长成，需要一定的空间，所以农地只能平面的利用，虽然农业上也有所谓"二层耕作"，土地的面积是有限的，是有不可增性的，农地既不能立体的利用，于是便发生种种问题。

---

① 作者黄通，1936年4月发表于《东南日报》。

现代的农地问题，概括的说，可大别为四，即(一)地权分配问题，(二)租佃问题，(三)地价问题，(四)地租归属问题。

(一)地权分配不均，发生土地兼并的现象，富者田连阡陌，贫者欲耕无地，大地主侵取不当利得，而在大都市中消费，所谓不在地主，于地力之保持与改进上，毫无贡献，这无疑的是一种莫大的罪恶，地权既被一部份人兼并，自生农业上过大经营与耕地散碎之弊，尤其是我国，耕地散碎奇零，为世界所仅见。

(二)租佃问题，有农业生产方面的与农村社会方面的两种，农业生产的租佃问题，只大经营的企业租佃之国能见之，问题的核心在于地力之保存，并非业佃之对立，此处可暂置勿论，至于我国，系小经营的分地租佃，佃农资力薄的，购买力低，以致挨取地主压榨，严重的社会问题，因而产生。

(三)地价之涨跌，均能影响农村繁荣与农民生计，就一般趋势言，地价下跌是变态，上涨是常态，农地价格上涨势必引起地租数额之抬高，并使小农民愈难备价购地，进为独立的自耕者。

(四)经济地租，基于自然力而来，地主坐享其成，无非叨天之功，益以人口有渐增趋势，粮食之需要越急，价格越高，以致地主之不劳得利越丰，是定事理之平，所以，地租之如何归属，成为严重的社会问题。

二、土地问题之社会性

现代的种种土地问题，一言以蔽之，其根源在于现代的土地私有制度，土地私有制度之精髓，不在于人与物的关系，而在于人与人的关系，换句话说，便是人们以土地为对象的一种排他的独占，比方住在杭州的某甲，有地五千亩，散在平湖县，某甲对于这五千亩地形四至，茫无所知，甚或任其荒芜，然而，一旦有某乙未得某甲同意，提供相当代价，贸然去耕其田，则某甲定立将予以禁止，或为适法的诉讼，请求赔偿，所以说，土地私有制是人与人的关系，是以土地为对象的一种社会关系。

三、土地问题之联系性

现代的土地问题，其根源既在于现代的土地私有制度，土地私有制度，不过私有财产制度之一面，而私有财产制度，是资本主义的基础条件，所以要瞭解现代土地问题，要解决现代土地问题，不能单从土地问题本身上着想，还须从整个资本主义的社会体系上着想，只要看新西兰在现社会体系下推行土地国有之鲜效，便可思过半矣。

四、土地问题之时空性

某一阶段的社会，有某一阶段的社会体系，在不同的社会体系下，自产生不同的土地问题。同时，土地问题还带有空间性的，世界大战后欧洲各国所采土地问题的对策，各显其姿态，苏联打倒地主，但东欧诸国，则以打倒大地主的手段，以谋土地私有制之巩固，中欧诸国，仍在土地私有制之维持下，进行其内地殖民的工作，西欧诸国的土地政策，保守色彩，更较浓厚，所以，同一土地政策，可施之于某一时代或某一地域，但不可强其他时代或其他地域，一律起而奉行或仿效。

五、现阶段的中国土地问题之重心

我国农村经济，尚停滞于半封建的生产关系之下，佃农与半佃农约占全体农户50%，佃农毫无保障，呻吟于租期无定，租额奇重的压迫之下，地租之构成，一部分出于佃农工资之转变，这种土地关系，长此继续下去，则佃农欲求贫困线以下的生存，且不可得，遑能望其改良农业，增加生产，以达地尽其利，地保其力之目的。然而佃农问题，究将如何解决，解决佃农问题，不外三种办法。即(一)取消土地私有制度，铲除地主阶级，(二)消减佃耕之企业形态，变佃耕地为自耕地，以及(三)维持土地私有制度，而限制租佃契约之自由，换句语说，便是(一)土地国有(二)创设自耕农，以及(三)改革佃制。

土地国有，有三个可能的途径，即(一)无偿没收，所谓踢去地主，(二)征收地价税，所谓税去地主，以及(三)备价征收，所谓买去地主。创设自耕农，亦有直接创设与间接创设二法，至于佃制改革之要点，不外(一)保障佃权，(二)限制租额，(三)佃地改良之赔偿，(四)业佃纠纷之处理等。

那末我国今日应取的土地政策是什么，自然第一要顾虑到时间性与空间性。第二还要把握住他的联贯性。中国处兹国难严重的关头。强邻压境，财政艰窘，要用激烈的或迅速的手段，推行土地国有或创设自耕农的政策，事实上是不容易行得通的。

同时，农地问题，不过农村经济问题之一部分，而农村经济问题，又系整个的社会经济之一环，所以要求土地问题之解决，还须从整个社会经济上着想。

中山先生的平均地权，是解决中国土地问题之当前的目标，而民生主义之完成乃中国土地政策之最高的理想，然而三民主义是有连续性的，以及时空性的，中国现阶段之土地问题，以佃农问题为重心，而佃农问题之解决目前只能从改革佃制做起，同时，研究土地问题，尤不可忽略了中国今日的民族地位。

〔地政署档案〕

### 3．经济委员会为实行土地改革组织全国土地委员会进行土地调查概况①

(1937年1月)

……

第一节　调查缘起及经过

土地为人生所依赖，使用分配之当否，与人民生活，社会荣枯，国家治乱等之关系至巨。而人事措施，鲜能适当。此所以土

① 选自全国土地委员会1937年1月编《全国土地调查报告纲要》，沿用原标点。

地常成问题，而古今中外，研讨斗争，虽有缓急轻重之别，莫不有待解决者也。

总理创设同盟会时，即以平均地权为四大政纲之一。嗣后历次讲演宣言，常有论及，民生主义中言之尤详。并主张耕者有其田及地尽其利。逮国府奠都南京，乃秉承总理遗教，令立法院制定土地法，于十九年六月三十日公布。二十二年冬，蒋委员长复有目前土地问题应取之方策之通电。至二十三年一月第四届中央执行委员会第四次全会，有刘峙等五委员提议实行土地政策案，陈果夫等五委员提议推行本党土地政策纲领案，中央民众运动指导委员会提议迅速施行土地法并救济农民案，经大会决议，交政治会议详细研究。同月，全国经济委员会第三次常务委员会议，常务委员孙科提出所拟土地法施行步骤，请于会中设立中央地政署，并于棉麦借款项下指定专款，以为施行初期经费案，经提呈中央政治会议，以上四案，经二十三年二月七日中央政治会议第三九四次会议合并讨论，议决：（1）由全国经济委员会及内政部，财政部，合组土地委员会，先将各省市土地实况，于六个月内为比较的系统之调查，再行拟具办法，提请中央核定；（2）所有四中全会及行政院全国经济委员会关系土地问题之提案，汇交土地委员会先行研究；（3）土地委员会经费，由全国经济委员会担任，内政部，财政部则充分供给以行政上之便利。此今次全国土地调查之所由起也。

二十三年二月十九日，全国经济委员会，内政部，财政部奉国府训令后，即从事筹备。推定全国经济委员会委员陈立夫为主任委员，内政部次长甘乃光(二十四年四月甘辞、推许修直继任，十一月许辞，推郑震宇继任)财政部司长高秉坊为委员。并由主任委员调用全国经济委员会技正唐启宇为秘书，延用张廷休、高信分任调查研究二组主任。于二十三年八月二日，正式成立土地委员会，由中央党部令苏、浙、鲁、豫、冀、陕、鄂、闽、皖、湘十省党部，全国经济委员会电桂省府，派送合于规定之现任职员，及本会直接选任者，共八十二人，授以短期训练，派赴各省为专区调查员。再由专区调查员，择各县干练党员，训练为县调查员，共九百八十六人。研究方面，聘用研究员八人，助理研究员七人，合之向中央党部、地政学院及全国经济委员会调用者，约共三十人。计算及抄写人员，除向资源委员会及金陵大学农业经济系调用者外，复先后招考三次，共计五百余人。益以顾问、专员、各省区督察员及中央或地方直接参加调查或受委托调查研究者，全会动用人员，共计不下三千余人。

……

〔实业部档案〕

## 二、重要土地法规

### 1. 土地征收法

（1928年7月28日）

土地征收法

民国十七年七月二十八日国民政府公布同日施行

第一章　总纲

第一条　国家依左列情形有征收土地之必要时，依本法行之：

一、兴办公共事业；

二、调剂土地之分配，以发展农业，改良农民生活状况。

省市县及其他地方政府兴办前项各款之事业，地方自治团体或人民兴办前项第一款之事业时亦同。

第二条　前条第一项第一款之公共事业，以合于左列各款情形之一者为限：

一、关于创兴或扩充公共建筑物之事业；

二、关于开发交通之事业；

三、关于开辟商港及商埠之事业；

四、关于公共卫生设备之事业；

五、关于改良市村之事业；

六、关于发展水利之事业；

七、关于教育、学术及慈善之事业；

八、关于创兴或扩充国营工商业之事业；

九、关于布置国防及其他军备之事业；

十、其他以公共为目的而设施之事业。

第三条　兴办事业人以其事业移转于他人时，本法规定之权利、义务当然一并移转。

第四条　本法称征收者，谓收买或租用。

称兴办事业人者，谓以第一条第一款或第二款之目的需征收土地之主管官署、地方自治团体或人民。

称土地者，凡宅地、田园、矿田、砂地、荒地、街市、道路、河川、沟渠、地沼、葬地等皆属之。

称土地所有人者，谓被征收之土地所有人。

称关系人者，谓于被征收之土地有权利之人。

第五条　本法称地方行政官署者，在县为县政府，在市为市政府，在特别市为特别市政府。

市谓依法律直隶省政府之市行政区域。

称地方自治团体者，谓县市特别市所属之各自治团体。

## 第二章　征收之标准

第六条　兴办事业人得于通知地方行政官署及土地所有人或占有人后，入该地内测量、绘图及调查，但兴办事业人为地方自治团体或人民时，应于呈经地方行政官署核准后行之。

第七条　兴办事业人因测量、绘图、调查有必要时，得除去该土地之上之障碍物，但兴办事业人为地方自治团体或人民时，应于呈经地方行政官署核准后行之。

土地障碍物之拆去，应于三日前通知土地所有人或占有人。

第八条 征收土地计划确定后，应由兴办事业人拟具计划书，并附地图，分别呈经左列机关核准：

一、国民政府、直辖中央各机关、省政府、特别市政府征收土地时，由国民政府内政部核准；

二、县或市征收土地时，由省政府核准。

三、地方自治团体或人民征收土地时，由县或市转呈省政府核准，其在特别市者，由特别市政府转报国民政府内政部核准。

第九条 前条核准机关为核准后，应将兴办事业人之名称、事业之种类及兴办事业之地域公告之。

第一〇条 土地之租用其期限在十年以内及土地之收买为扩展公共道路而无须拆毁人民之房屋者，若系国家、省或特别市事业，得省略第八条核准手续，由兴办事业之主管官署自行决定之。

前项土地之征收应由兴办事业之主管官署于决定后，将兴办事业人之名称、事业之种类及兴办事业之地域公告之，并呈报国民政府内政部备案。

第一一条 兴办事业人于国民政府内政部、省政府或特别市政府核准公告后一年内，不为第十二条之通知或呈请时，该项核准失其效力。

第十条兴办事业之主管官署于决定后二年内不为第十二条之通知时亦同。

## 第三章 征收之程序

第一二条 第八条核准机关为核准后，若系国家或省事业，应由兴办事业之主管官署通知地方行政官署，由地方行政官署公告所征收土地之详明清单，并通知土地所有人及关系人，若系特别市或县市事业，即由该地方行政官署自为公告及通知，若系地方自治团体或人民之事业，应呈请地方行政官署行之。

兴办事业之主管官署于为第十条之决定及公告后，应通知地方行政官署由地方行政官署公告所征收土地之详明清单，并通知土地所有人及关系人，其属于特别市事业者，由特别市政府自为公告及通知。

第一三条　兴办事业人于地方行政官署为前条之公告及通知后，得入该土地内测量、绘图及调查。

第一四条　土地所有人或关系人于地方行政官署已为前条之公告或通知后，不得以不当方法希图妨碍征收。

第一五条　国家或省征收土地时，兴办事业之主管官署于有第十二条之公告及通知后，为取得关于该土地之权利，应与土地所有人及关系人协议之，协议无结果或不能为协议者，应嘱托地方行政官署组织征收审查委员会议定之。

特别市县市征收土地时，准用前二项之规定，但得自行组织征收审查委员会。

第一六条　地方自治团体或人民为兴办事业人时，于有第十二条之公告及通知后，为取得关于该土地之权利，应与土地所有人及关系人协议之。

协议无结果或不能为协议者，应声请地方行政官署召集征收审查委员会议定之。

第一七条　依第十五条、第十六条嘱托或声请召集征收审查委员会者，应于嘱托书或声请书上记载左列各事项，提出于地方行政官署：

一、土地所有人及关系人之姓名、住址或其名称、事务所；

二、所征收土地之坐落、四至；

三、所征收土地之面积及其附着之种类，数量；

四、补偿金额；

五、收买时期；

六、租用时期。

第一八条　地方行政官署接受前条嘱托书或声请书后，应公告之或通知土地所有人或关系人。

其地方行政官署自为兴办事业人时，应自行公告前条所列各事项，并通知土地所有人或关系人。

第一九条　土地所有人或关系人得自前条公告之第一日起算，于二十日内提示意见书于地方行政官署。

第二〇条　地方行政官署于前条期限届满后，应即召集征收审查委员会。

第二一条　征收审查委员会于开会之日起算，于七日内议定之，但地方行政官署认为必要时得延展之。

第二二条　征收审查委员会议定后，应添具议定书，报告地方行政官署。

地方行政官署于接受前项报告后，应将议定书送达于兴办事业人、土地所有人及关系人。

## 第四章　征收审查委员会

第二三条　征收审查委员会得就左列事项为议定：

一、征收土地之范围；

二、补偿金额；

三、收买时期或租用之期限。

兴办事业人之主张违反本法或其他法令之规定者，征收审查委员会得驳斥之。

第二四条　征收审查委员会置委员长一人，委员四人或六人，委员长由地方行政官署之长官充任，委员为四人时，由地方行政官署之代表指派一人，为六人时，指派二人，其他委员额由地方行政官署所指定之工农商等法定团体选派代表充之。

第二五条　征收审查委员会非有全体委员过半数以上之同意，不得表决。

第二六条　征收审查委员会于必要时，指定鉴定人执行鉴定。

第二七条　征收审查委员会认为必要时，得命兴办事业人、土地所有人及关系人到会陈述意见，并得命邻近土地之所有人到会陈述意见。

第二八条　议定应作议定书，并附理由由委员长签名。

第二九条　征收之土地跨二个以上之地方行政区域者，征收审查委员会由各关系地方行政官署联合组织。

### 第五章　损失之补偿

第三〇条　土地所有人及关系人因土地征收，通常所受之损失，应由兴办事业人补偿之。

土地所有人已依不动产登记程序呈报其地价时，兴办事业人得照所呈报之价额给予补偿。

第三一条　土地除征收者外，尚有余地不能为从来之利用时，土地所有人得要求兴办事业人一并征收之。

第三二条　土地之附着物应由兴办事业人给予迁移费，使于一定期限内迁移之，但因一部分之征收，其附着物需全部迁移时，其所有人得要求全部之迁移费。

土地附着物若因迁移致不能为从来之利用时，其所有人得要求征收之。

第三三条　土地内如有坟墓，应由坟主迁移，其贫苦者，由兴办事业人酌量资助之。

第三四条　依第七条之规定兴办事业人除去障碍物时，因此及于他人之损害，应补偿之。

第三五条　兴办事业人于地方行政官署为第十二条之公告后，废止或变更其事业致土地所有人及关系人受损失者，应补偿之。

### 第六章　征收之效果

第三六条　兴办事业人应于征收土地前给付补偿金于土地所有人及关系人。

有左列情形之一者，兴办事业人得将补偿金提存之：

一、受补偿金人拒绝受领或不能受领时；

二、应受补偿金人之所在不明时；

三、受补偿金人不服征收审查委员会关于补偿金额部分所为之议定时，但经受补偿人之请求者应给付之。

第三七条　补偿金应以现金给付，但以第一条第一项第二款或第二条第二款或第五款之目的征收土地时，得由国民政府或省政府核准发行兴办该事业之公债券，充给付补偿金一部之用。

前行公债券至以搭发补偿金三分之一为限。

第七章　监督强制及罚则

第三八条　省政府对于县或市征收审查委员会所为逾越权限或违反法令之议定得撤销之，内政部对于特别市征收审查委员会所为逾越权限或违反法令之议定亦同。

第三九条　义务人拒不履行本法或其补充法令所定义务或虽履行而不于一定期限内完竣之者，地方行政官署得自执行之，并得命他人代为执行；义务人拒不履行本法或其补充法令所定义务不能依前项规定代为执行时，地方行政官署得直接强制其履行。

第四〇条　违反第六条规定未经地方行政官署核准擅入他人土地内者，处三十元以下之罚锾。

第四一条　违反第七条规定未经地方行政官署核准拆去障碍物者，除照价赔偿者外，处五十元以下之罚锾。

第四二条　监定人于征收审查委员会为虚伪之陈述者，处三百元以下之罚锾。

第四三条　监定人及依第二十七条规定受传唤之人无故不到者，处二十元以下之罚锾。

第八章　诉愿及诉讼

第四四条　对于县或市征收审查委员会之议定有不服者，得诉愿于省政府。

对于特别市征收审查委员会之议定有不服者，得诉愿于内政部。

前二项诉愿应自收受议定书之日起算，于十四日内提起之，但须扣去在途期间。

第四五条　对于征收审查委员会之议定有不服者，得向该管地方法院起诉，但以未经提出诉愿者为限。

前项诉讼应自收受议定书之日起算，于一个月内提起之。

第四六条　诉愿或诉讼之提起，不停止事业之进行及土地之征收。

附则

第四七条　内政部、省政府或特别市政府于必要时，得拟订补充本法之单行章程，呈请国民政府核准备案。

第四八条　本法施行后，从前中央及地方关于土地征收之法规废止之。

第四九条　本法自公布日施行

〔中国银行档案〕

## 2. 国民政府颁发土地法的训令

（1930年6月30日）

国民政府训令　字第三八四号

令　文官处

为令知事：查土地法规经制定明令公布。除施行日期及区域应分别另以命令定之外，合行抄发该法原文，令仰知照并转饬所属一体知照。此令。

计抄发土地法一份

中华民国十九年六月三十日

## 土　地　法

# 第一编　总则

## 第一章　法例及施行

第一条　本法所称土地，谓水陆及天然富源。

第二条　本法除法律别有规定者外，由地政机关执行之。

第三条　地方地政机关，每年度应将全年行政经过、编造报告书，呈送中央地政机关，并由中央地政机关，编造全国土地行政报告书，呈送国民政府。

第四条　本法未经规定或应修正之事项，得由中央地政机关呈请国民政府依法增修之。

第五条　本法之施行法，另定之。

第六条　本法各编之施行日期及区域，分别以命令定之。

## 第二章　土地所有权

第七条　中华民国领域内之土地，属于中华民国国民全体。其经人民依法取得所有权者，为私有土地。但附着于土地之矿，不因取得土地所有权而受影响。

前项所称之矿，以矿业法所规定之种类为限。

第八条　下列土地，不得为私有。

一、可通运之水道。

二、天然形成之湖泽而为公共需用者。

三、公共交通道路。

四、矿泉地。

五、瀑布地。

六、公共需用之天然水源地。

七、名胜古迹。

八、其他法令禁止私有之土地。

市镇区域之水道湖泽，其沿岸相当限度内之公有土地，不得变为私有。

第九条　前条第一项所列水道湖泽之私有岸地，因坍没或浸蚀而变成水道或湖泽之一部分者，其所有权视为消灭。

前项坍没或侵蚀之岸地回复原状时，经原所有权人证明为其原有者，仍回复其所有权。

第十条　第八条第一项所列之水道湖泽，其岸地如因水流变迁而自然增加时，其接连地之所有权人，有依法取得其所有权或使用、收益之优先权。

第十一条　水道因天然变迁而成新水道时，新水道所经土地之所有权，视为消灭。但因天然或施用人工，新水道所经土地回复原状，经原所有权人证明为其原有者，仍回复其所有权。

第十二条　凡未经人民依法取得所有权之土地，为公有土地。

私有土地之所有权消灭者，为公有土地。

第十三条　地方政府对于管辖区内公有土地，除法令别有规定外，有使用及收益之权。前项土地，非经国民政府核准，不得处分，或设定负担，或为超过十年期间之租赁。

第十四条　地方政府对于私有土地，得斟酌下列情形，分别限制个人或团体所有土地面积之最高额，但应经中央地政机关之核定。

一、地方需要。

二、土地种类。

三、土地性质。

第十五条　私有土地受前条规定限制时，由主管地政机关规定办法，限令于一定期间内，将额外土地分划出卖。

不依前项规定分划出卖者，该管地方政府得依本法征收之。

第十六条　国民政府对于私有土地所有权之转移，设定负担或租赁，认为有妨害国家政策者，得制止之。

第十七条　下列土地，不得转移、设定负担或租赁于外国人。

一、农地。

二、林地。

三、牧地。

四、渔地。

五、盐地。

六、矿地。

七、要塞军备区域及领域边境之土地。

## 第三章 土地重划

第十八条 因一定区域内之土地，其分段面积不合经济使用者，得由主管地政机关，就该区域内土地之全部，重行划分，并将重划地段，分配于原土地所有权人。

第十九条 前条重划地段，比原地段相差之面积，应由增加面积地段之所有权人，补偿于减少面积地段之所有权人。

第二十条 前条补偿办法，适用本法关于征收补偿之规定。但划为该区域内之道路、公园及其他公共用地，应按照重划地段面积比例分担之。

## 第四章 土地测量

第二十一条 土地测量为地籍测量与地质探验，其实施计划及测验方法，由中央地政机关定之。

第二十二条 地籍测量与地质探验，应于可能范围内同时为之。

第二十三条 地籍测量及地质探验，由主管地政机关执行之，并于测量完竣时，编造地籍册及地质探验报告书，递呈中央地政机关。

第二十四条 未经依法为地籍测量之土地，不得为所有权之登记。

第二十五条 公有土地，于地籍测量完竣依法登记后，由主管地政机关编造公有土地册，递呈中央地政机关。

## 第五章 地政机关及土地裁判所

第二十六条 地政机关，分中央地政机关与地方地政机关。

第二十七条　中央地政机关，于国民政府所在地设立之，直辖于行政院，对于地方地政机关有监督指挥之责。地方地政机关，为省地政机关及市县地政机关。

第二十八条　本法所称主管地政机关，谓市县地政机关。

第二十九条　地政机关之组织另定之。

第三十条　市县地政机关所在地，应设土地裁判所，直辖于中央土地裁判所。

第三十一条　土地裁判所之组织及其受理事件之程序另定之。

第二编　土地登记

第一章　通则

第三十二条　土地登记，谓土地及其定着物之登记。

第三十三条　下列土地权利之取得、设定、转移、变更或消灭，应依本法登记。

一、所有权。

二、地上权。

三、永佃权。

四、地役权。

五、典权。

六、抵押权。

前项规定于公有土地及私有土地，均适用之。

第三十四条　关于土地权利在登记程序进行中发生之争议，由土地裁判所裁判之。

第三十五条　土地权利，其名义与第三十三条第一项所列各种不符，而其性质与其中之一种相同或相类者，交由土地裁判所审定认为某种权利后，为该权利之登记，并添注其原有名义。

第三十六条　依本法所为之登记，有绝对效力。

第三十七条　同一土地为所有权以外权利登记时，其权利次序，除法律别有规定外，应依登记之先后。

第三十八条　附记登记之次序，应依主登记之次序。但附记登记间之次序，应各依其先后。

第三十九条　因登记错误，遗漏或虚伪致受损害者，由地政机关负损害赔偿责任。但地政机关证明其原因应归责于受损害人时，不在此限。前项损害赔偿，不得超过受损害时之价值。

第四十条　地政机关所收登记费，应提存百分之十作为登记储金，专备前条赔偿之用。

第四十一条　地政机关所负之损害赔偿，如因登记人员之重大过失所致者，由该人员偿还，拨归登记储金。

第四十二条　损害赔偿之请求，为地政机关拒绝时，受损害人得向法院起诉。

第四十三条　登记费由声请登记人缴纳之。

第四十四条　未依本法登记所有权之土地，不得为所有权以外权利之登记。

第四十五条　地政机关成立后一定期间内，其管辖区内之土地应声请为所有权之登记。

## 第二章　登记簿册及登记地图

第四十六条　地政机关应备登记簿及登记地图。

第四十七条　登记簿于一宗土地，应备一份用纸，土地有定着物者，登记于土地标示之次。

第四十八条　登记簿得就地方情形，分区登记之，但应于簿面标明某区登记簿字样。

同一地政机关管辖之土地，跨连数区时，得在一区之登记簿登记之。但应将跨连情形，于各关系区之登记簿分别标明之。

第四十九条　登记簿每一份用纸，分为登记号数栏、区段号数栏、土地标示部、所有权部及他项权利部。又于土地标示部，设标示事项栏、地价栏及标示先后栏。于所有权及他项权利二部，各设权利事项栏及权利先后栏。

登记号数栏，记载土地在登记簿开始为登记之次序。

区段号数栏，记载土地所在地之区段号数。

标示事项栏，记载关于土地之标示及其变更事项。

地价栏，记载申报地价或卖价。标示先后栏，记载登记标示事项之次序。

所有权部权利事项栏，记载关于所有权之事项。

他项权利部权利事项栏，记载关于所有权以外权利之事项。

权利先后栏，记载登记各权利事项之次序。

第五十条　登记簿应付备索引簿及共有人名簿，登记地图应分为登记总图、分区图及分段图。

第五十一条　地政机关所备之登记总图，标示该管土地登记区之全部。

分区图，标示区内各地段号数及登记号数。

分段图，标示土地之一段，并于图中记明该地段号数、登记号数、所有权状号数及其面积界线。

第五十二条　登记簿、登记收件簿，由中央地政机关制定，并应于封面里面记明该簿总页数，钤盖官印，每页依次编号，各盖官印。

土地所有权状、土地他项权利证明书及关于登记之其他表册，应由中央地政机关制定，或由地方地政机关，依中央地政机关所规定之格式，自为制定。

第五十三条　登记簿、索引簿、共有人名簿、收件簿、登记总图、分区图、分段图、调查笔录、审查报告书、土地所有权状及土地他项权利证明书之存根，永远保存之。

第五十四条　登记簿、索引簿、共有人名簿、登记总图、分区图及分段图，应备副本，分别保存。

第五十五条　登记申请书及土地他项权利清摺，自接收之日起，应保存十年。

第五十六条　登记簿正副本灭失时，主管地政机关应速调取原土地权利书状，补造登记簿，仍保持原有次序。

第五十七条　申请给与登记簿之誊本或节本者，须缴纳抄录费。其以邮包申请时，于抄录费外，并纳邮电费。申请阅览登记簿或其附属文件者，应缴纳阅览费，但以有利害关系部分为限。

## 第三章　登记程序

### 第一节　通则

第五十八条　登记，应由权利人及义务人或代理人申请之。

第五十九条　未经依本法登记所有权之土地，为第一次所有权登记或因判决或继承为登记时，得仅由权利人申请之。

第六十条　因征收土地为所有权移转之登记时，得仅由权利人声请之。

第六十一条　登记人因更名或住所变更为登记时，得仅由原登记人申请之。

第六十二条　因官署或法定自治机关，执行拍卖或公卖处分，为权利移转之登记时，权利人得请求官署或法定自治机关，作成登记原因证明书，嘱托地政机关登记之。

第六十三条　就公有土地为登记时，权利人得请求该公有土地之保管机关，作成登记原因证明书，嘱托地政机关登记之。

第六十四条　官署或法定自治机关自为权利人，而为土地权利之登记时，应取义务人之承诺书或他项证据，嘱托地政机关登记之。

第六十五条　申请登记，应提出下列文件。

一、申请书。

二、证明登记原因文件。

三、土地所有权状或土地他项权利证明书。

四、依法应提出之书据图式。

证明登记原因文件为确定判决书时，得不提出前项第三款第四款之文件。

未经依本法登记所有权之土地，为第一次所有权登记时，申请人应并具土地他项权利请摺。

第六十六条　申请书，应记载下列事项。

一、土地所有权状或土地他项权利证明书之号数。

二、登记原因及其年月日。

三、登记标的。

四、地政机关。

五、年月日。

六、申请人及证明人之姓名、籍贯、年龄、住所、职业，申请人及证明人为法人时，其名称、事务所、及代表人姓名。

七、代理人申请时，代理人姓名、籍贯、年龄、住所、职业。

八、其他应记明之事项。

第六十七条　申请书应由申请人或其代理人及证明人签名或盖章。

前项证明人，应证明申请登记人有声请登记权。

第六十八条　由代理人申请登记时，应附具授权书。

第六十九条　登记原因订有特约者，申请书内应记明之。

第七十条　权利人不止一人时，申请书内应分别记明其各个应有部份或相互间之关系。

第七十一条　证明登记原因文件或土地权利书状不能提出时，应取具乡镇坊长或四邻或店铺之保证书。

前项保证书，应保证申请人无假冒情事，并证明其原文件不能提出之实情。

第七十二条　申请登记人为权利人或义务人之继承人时，除提出证明文件外，并应取具亲属之保证书。

前项保证书，应保证申请人为合法继承人。

第七十三条　登记人因更名申请登记时，除提出证明文件外，并应取具乡镇坊长或四邻或店铺之保证书。

前项保证书，应保证申请人为原登记人。

第七十四条　申请登记，须第三人之承诺时，应由第三人在申请书签名或盖章。

第七十五条　地政机关接收申请书时，应将收件年月日时、收件号数，申请人姓名住所、登记标的，记载于收件簿，并将收件年月日时，收件号数，记载于申请书。

前项收件号数，应按接收申请书之先后编列，其就同一土地同时有二个以上申请时，应编为同一号数，记明收件第几号之几。

地政机关应给与申请人收据，并记明接收文件件数、收件号数及年月日时。

第七十六条　地政机关，于下列情形，应附理由驳回登记之申请，但即时可以补正者，应命申请人补正之。

一、事件不属于地政机关之管辖者。

二、事件不应登记者。

三、当事人或其代理人不到场或代理权限不明者。

四、申请书不合程式者。

五、申请书所载当事人土地或权利之标示或关于登记原因之事项，与登记簿或证明登记原因文件不符，而未能证明其不符之原因者。

六、不加具申请书所必需之件或图式者。

七、不纳登记费者。

申请人不服前项驳回时，应于三日内，将其异议呈请土地裁判所裁决。

第七十七条　前条第二项之异议，经土地裁判所裁决，准其登记者，应即予登记。

第七十八条　地政机关于接收申请书后，应即调查，并予十五日内调查完毕，制作调查笔录。但有特别事由或未经依本法登记所有权之土地，为第一次申请登记者，不在此限。

第七十九条　登记，应依收件号数之次序为之。

第八十条　未经依本法登记之土地为所有权登记，或因土地分割为新登记时，应依次记载登记号数于登记号数栏。

第八十一条　在标示事项栏或权利事项栏为登记时，应依次记载栏数于标示先后栏或权利先后栏。

第八十二条　标示事项栏之登记，应记载收件年月日。收件号数及关于土地之标示。

权利事项栏之登记，应记载收件年月日、收件号数、权利人姓名住所、登记原因并其年月日、登记标的及其他申请书所载关于权利应行记载之事项。

登记人员应标示事项栏及权利事项栏登记完毕时，应于其后加盖名章。

第八十三条　权利人不止一人时，得仅记载申请书首列人姓名、住所及此外若干名于登记用纸。其余姓名、住所，应记载于共有人名簿。义务人不止一人时亦同。

第八十四条　附记登记之权利先后栏数，应与主登记之栏数同，但应记明附记号数于次。

第八十五条　登记人更名或住所变更之登记，以附记为之，其前记之名称或住所，应涂销之。

第八十六条　权利变更之登记与第三人有利害关系时，应于申请书外，加具第三人之承诺书或其他证明书。

第八十七条　前条登记，以附记为之，其前记已经变更之事项，应涂销之。

第八十八条　行政区域或其名称或地方街道名称或门牌号数有变更时，登记簿之后记载视为已经变更。

第八十九条　土地所有权登记完毕时，应给申请人以土地所有权状。

前项所有权状，应记载登记号数、收件年月日、收件号数、所有权人姓名、土地标示区段号数、登记年月日，由主管地政机关长官签名、加盖官印，并将登记簿、他项权利部权利事项栏记载之事项，照录于所有权状之后幅，并附分段图。

第九十条　土地所有权以外权利登记完毕时，应给申请人以土地他项权利证明书。前项证明书，应记载登记号数、收件年月日、收件号数、登记人姓名、所有人姓名、土地标示区段号数，登记原因及其年月日、登记标的、权利先后栏次序、登记年月日、由主管地政机关长官签名、加盖官印。

第九十一条　因申请登记提出证明文件及其他应行返还之文件，应加盖主管地政机关官印，并记载登记号数、收件年月日、收件号数，分别交还于权利人或义务人。

第九十二条　官署或法定自治机关代权利人嘱托登记时，应将地政机关送致之土地权利书状或附属文件，分别存留，及转送于权利人。

第九十三条　得仅由权利人申请登记者，地政机关于登记完毕时，应即用登记通知书，通知于义务人。

前项义务人不止一人时，应依照共有人名簿记载之关系人，分别通知之。

第九十四条　登记人员或利害关系人于登记完毕后，发见登记错误或遗漏时，非以书面通知或申请土地裁判所审查后，不得更正。

土地裁判所审查后，认为与他人权利无损害者，得准其更正。

## 第二节　第一次土地登记程序

第九十五条　未经依本法登记所有权之土地，申请为第一次所有权之登记时提出之申请书、土地他项权利清折、契据及其他关系文件，应由契据专员审查之。

第九十六条　契据专员审查前条文件完毕，应具审查报告书，记载下列各款事项。并签名盖章。

一、土地标示。

甲、坐落。

乙、种类。

丙、四至界限。

丁、面积。

戊、定着物情形。

已、申报地价。

庚、审报定着物现值。

辛、四邻土地概况。

壬、现时使用状况、使用人姓名及使用人与所有权人之关系。

前列各目，应实地调查，绘图具说，所绘图式，以地政机关实测地图或官署检定地图为准，并于图中标示四邻土地概况。丁目面积，应以后有四至界限内实际测量所得之面积为准。

二、所有权来历

甲、上手各契据及其移转实情。

乙、最近契据记载所有权人是否为申请人名字或其别号，如非申请人时，评述其关系，并其所以为申请人之理由。

丙、检验关系所有权之粮串、租约、房捐收据，继承遗嘱赠与书据，法院判决书及其他证明所有权之书据，为简要说明。

丁、契据记载所有权人不止一人时，应查明各个人姓名住所。

三、所有权以外之权利关系。

甲、列举权利种类、内容及述明其来历。

乙、权利关系人姓名、住所。

丙、四邻界线关系及各关系人姓名、住所。

四、保证书之调查。

出具保证书之保证人或有关系之其他证明人，其姓名、职业、住所及与土地权利义务人之关系，应调查确实，为简要说明。

五、备考事项。

甲、其他足以证明所有权或所有权以外权利之事物，为前各款所未备举者。

乙、契据专员审查结果之意见。

第九十七条　第九十五条之申请书，应记载下列事项。

一、第九十六条第一款关于土地标示，第二款关于所有权来历，及第五款关于其他足以证明所有权之事物。

二、第六十六条第二款至第八款事项。

第九十八条　第九十五条之土地他项权利清折，应记载第九十六条第三款关于所有权以外权利，及第五款关于其他足以证明所有权以外权利之事物。

第九十九条　地政机关接受契据专员审查报告书后，应于三日内公告之，并同时以书面通知第九十六条第三款乙目之权利关系人。

第一百条　公告应登报及揭示六个月，并依下列规定为之。

一、登载主管地政机关及其直接上级地政机关所发行之定期公报。

二、揭示于主管地政机关门首之公告地方。

三、揭示于申请登记地段之显著地方。

四、揭示于申请登记土地所在区内之公众地方。

前项第二至第四各款之公告，应保存其继续六个月期间之存在。

第一百零一条　前条登报及揭示，应公告下列事项。

一、申请为所有权登记人之姓名、籍贯、住所。

二、土地坐落、四至、面积及其定着物。

三、所有权以外之权利关系及其权利人之姓名、住所。

四、申请登记年月日。

五、对于该土地有权利关系人，得提出异议于土地裁判所之期限。

第一百零二条　在公告前已取得所有权以外权利之人，应将其权利，于公告期间内，申请登记。

第一百零三条　公告期满后无异议之土地，地政机关应即为所有权之登记，并依次为所有权以外权利之登记。

前项登记之土地面积，应按实际测量所得之面积登记之。

第一百零四条　土地裁判所接受权利关系人提出之异议，应于公告期满后，开始审理。

前项审理，经裁判确定后，应即通知地政机关登记之。

第三节　所有权登记程序

第一百零五条　就土地之一部申请为所有权移转登记时，申请书内应记明其移转部分并附具图示，标示其移转部分及残余部分。

第一百零六条　土地有分合、增减、塌没或其他变更时，所有权登记人应即申请登记。

第一百零七条　前条申请，依下列规定为之。

一、记明变更状况，并附具图式，标示其分合、增减或塌没或其他变更情形。

二、其登记用纸内有关于所有权以外之权利登记时，添具该权利登记人之承诺书或其他证明书。

第一百零八条　土地分割为独立地段时，应依下列规定为登记。

一、于新登记用纸内登记号数栏，记载新登记号数，于标示事项栏，记明因分割由登记某号移载字样，于相当权利事项栏，转载关于所有权或所有权以外权利之登记，并于所有权以外权利之登记后，记明与某号土地共同的权利标的字样。

二、于前登记用纸内标示事项栏，登记残余部分，记明他部分因分割移载于登记某号字样，涂销前标示事项及栏数，并于相当权利事项栏内，记明与登记某号土地共同为权利标的字样。

第一百零九条 前条分割，如仅新地段为所有权以外权利之标的时，除前条规定适用者外，应于新登记用纸内相当权利事项栏，移载关于该权利之登记，并于前登记用纸内相当权利事项栏，以附记记明分割部分及因分割移载于登记某号字样，涂销前登记。

第一百一十条 土地一部合并于他土地时，应依下列规定为登记。

一、于他土地登记用纸内标示事项栏，记明合并部分及由登记某号移载字样，并涂销前标示事项及栏数，于相当权利事项栏，由前登记用纸转载关于所有权或所有权以外权利之登记，并记明由登记某号某权利事项某栏转载，及仅合并部分为权利标的。或与登记某号土地共同为权利标的各字样。

二、于前土地标示事项栏，登记残余部分，记明他部分因合并移载于登记某号字样，涂销前标示事项及栏数。如与登记某号土地共同为权利标的时，于相当权利事项栏记明之。

第一百一十一条 土地全部合并于他土地为登记时，除前条规定适用者外，应于前登记用纸内标示事项栏记明截止。

第一百一十二条 因土地增减为登记时，应于登记用纸内标示事项栏，记明增减原因，并涂销前标示事项及栏数。

第一百一十三条 因土地坍没为登记时，应于登记用纸内标示事项栏，记明坍没原因，涂销登记号数，标示事项及栏数，并记明截止。

第一百一十四条 坍没土地与他土地共同为所有权以外权利

之标的时，应于他土地登记用纸内相当权利事项栏，以附记记明坍没土地之标示、坍没原因及已经坍没字样，并于载有坍没土地与他土地共同的权利标的字样之登记内，涂销坍没土地之标示。

他土地所在地属于他地政机关管辖者，应速嘱托该机关为前项登记。

第一百一十五条 因土地种类名称变更或其他变更为登记时，应涂销前标示事项及栏数。

第四节 所有权以外权利登记程序

第一百一十六条 申请为地上权设定或移转之登记时，申请书内应记明地上权设定之目的及范围。其登记原因定有存续期间或地租并付租时期者，亦同。

第一百一十七条 申请为永佃权设定或移转之登记时，申请书内应记明佃租数额，其登记原因定有存续期间，付租时期或有其他特约者，亦同。

第一百一十八条 申请为地役权设定之登记时，申请书内应记明需役地及供役地之标示，并地役权设定之目的及范围。其登记原因有特别订定者，亦同。

第一百一十九条 为地役权设定之登记时，应于需役地登记用纸内权利事项栏，记载供役地之标示，并地役权设定之目的及范围。

需役地属于他地政机关管辖时，应速将前项权利事项栏应记载各事项及收件年月日，通知该管地政机关。

接受前项通知之地政机关，应速将通知事项，记载于需役地登记用纸内权利事项栏。

第一百二十条 申请为典权设立、转典或让与之登记时，申请书内应记明典价数额。其登记原因定有回赎期限或绝卖期限者，亦同。

第一百二十一条 申请为抵押权设定之登记时，申请书内应记明债权数额。其登记原因定有清偿时期，利息并其起息期及付息期，或于债权附有条件或其他特约者，亦同。

第一百二十二条　申请为抵押权设定之登记，其担保之债权不以一定金额为标的时，申请书内应记明其债权之估定价额。

第一百二十三条　申请为抵押权设定之登记，其设定人非债务人时，声请书应经债务人签名或盖章。

第一百二十四条　申请为抵押权设定之登记，其标的为所有权以外之权利时，申请书内应记明其权利之标示。

第一百二十五条　申请为抵押权设定之登记，其标的为关于数宗土地之权利时，申请书内应记明其各宗土地权利之标示。

第一百二十六条　债权一部之让与或代位清偿，供其担保部分之抵押权因而为移转登记时，申请书内应记明其所让与或代位清偿之债权额。

第一百二十七条　依第一百二十五条申请就其一宗土地权利为登记时，应于该土地登记用纸内权利事项栏，记明其他各宗土地权利之标示及其共同的担保字样。

第一百二十八条　抵押权之标的为数宗土地权利，就其一宗土地权利为抵押权之变更或消灭登记时，应于前条规定所为之登记内，以附记记明该权利已经变更或消灭字样，并涂销前登记内关于变更或消灭事项。

第一百一十九条第三项之规定，于前项情形准用之。

第五节　涂销登记

第一百二十九条　已登记之权利，因一定关系人之死亡而消灭者，得仅由权利人或义务人申请为涂销登记。但应加具死亡证明书。

第一百三十条　权利人或义务人因其对方踪迹不明，不能共为涂销登记之申请时，得请求该管法院定一期限公示催告之。

逾前期催告期限，经法院为除权判决者，得仅由一方附具判决书誊本，申请为涂销登记。

第一百三十一条　涂销登记，于第三人有利害关系时，申请人应加具第三人之承诺书或其他证明书。

第一百三十二条　因征收土地，为所有权移转登记之申请或嘱托时，所有其他权利之登记，应涂销之。但地役权登记，不在此限。

## 第四章　登记费

第一百三十三条　申请为第一次土地所有权登记，按照申报价值，缴纳登记费千分之二。

申请为土地权利取得、设定、移转、变更或消灭之登记，应依下列规定缴纳登记费千分之一。

一、于有卖价时，依其卖价，无卖价时，依估定价值。

二、所有权以外之权利，依该权利价值。

前项第二款权利价值不确定者，其计算标准由地政机关定之。

第一百三十四条　土地因重划为登记时，免纳登记费。

第一百三十五条　土地所有权状及土地他项权利证明书，每张应缴费额，依下列之规定。

一、土地或权利价值不满一百圆者二角。

二、土地或权利价值在一百圆以上者五角。

三、土地或权利价值在五百圆以上者一圆。

四、土地或权利价值在一千圆以上者二圆。

五、土地或权利价值在五千圆以上者五圆。

六、土地或权利价值在一万圆以上者十圆。

第一百三十六条　下列登记，每件缴纳登记费一角。

一、更正登记。

二、涂销登记。

三、更名登记。

四、住所变更登记。

前项更正登记原因，因可归责于登记人员之事由即发生者，免纳登记费。

第一百三十七条　抄录费，每百字一角，不及百字者，以百字计算。

第一百三十八条　阅览费，每次收一角。

## 第五章　土地权利书状

第一百三十九条　土地所有权状，于所有权移转或土地分合为登记时，由地政机关分别换给之。土地他项权利证明书，于所有权以外权利之移转或分合为登记时，亦同。

第一百四十条　土地所有权状及土地他项权利证明书，因损坏或灭失请求换给或补给时，依下列之规定。

一、因损坏请求换给者，应提出损坏之原土地所有权状或原土地他项权利证明书。

二、因灭失请求补给者，除提出灭失原因之证明及其他关于土地权利之证据外，并取具四邻或店铺保证书，保证其为原权利人，经地政机关公告三个月后，得补给之。

# 第三编　土地使用

## 第一章　通则

第一百四十一条　土地使用，谓施以劳力、资本，为土地之利用。

第一百四十二条　土地，得就国家经济政策，地方需要情形及其所能供使用之性质，编为各种使用地。

第一百四十三条　凡编为某种使用地之土地，不得供其他用途之使用。但经地政机关核准得暂为他种使用者不在此限。

第一百四十四条　编为某种使用之土地，于其所定之使用期限前，仍得继续为从来之使用。

第一百四十五条　使用地之种别或其变更，经主管地政机关编定，由地方政府公布之。

第一百四十六条　使用地编定公布后，国民政府于认为有较大利益或较重要之使用时，得令变更之。

第一百四十七条　地政机关，于其管辖区内之土地，得依其性质及使用之种类为最小面积单位之规定。前项规定最小面积单位之地段，不得再为分割。

## 第二章　市地

### 第一节　使用限制

第一百四十八条　市地为市行政区域内之土地，于使用，得分为限制使用区及自由使用区。自由使用区，于必要时，得改为限制使用区。

第一百四十九条　限制使用区，关于下列事项，应于市设计时分别定之。

一、土地及其建筑物使用之限制。

二、各区段建筑地有规定房屋建筑线之必要时，其房屋建筑线。

三、建筑物之高度、层数及其形式。

四、建筑地段之深度及宽度。

五、建筑物所占土地面积及应留余地。

第一百五十条　自由使用区之土地，不适用前条第一款之规定。

第一百五十一条　地段面积过小或其形式不整，不适于建筑独立房屋时，市政府得不许其建筑。并应斟酌接连地段情形，准由接连地段之所有权人请求依法征收之。

前项不许建筑独立房屋之地段。其所有权人亦得请求由市政府依法征收之。

第一百五十二条　全部或大部分未建筑之建筑区，因路线通过，致其中各地段有面积过小或形式不整，不适于建筑房屋，或其位置不临街道者，市政府得依本法关于土地重划之规定，于路线公布后一定期限内整理之。

第一百五十三条　土地已公布为街道者，虽未公布征收，不得为一切建筑。但其建筑仅为临时性质而不因之增加将来施工费用者，不在此限。

第一百五十四条　一区段之建筑物，因水火或其他之灾变毁灭，而该区内之土地有一百五十二条情形，或街道狭小有重划之必要者，市政府应于一定期限内重划之，并得于未重划前制止重建。

第一百五十五条　繁盛区域内之空地，市政府得斟酌地方需要情形，规定二年以上之建筑期限。

逾规定期限而不建筑者，得准需用土地人请求征收其全部或一部。

第一百五十六条　前条第二项征收之土地，其开始建筑期限，由征收完毕之日起，不得超过一年，其超过一年而不建筑，原土地所有权人复不依第三百五十一条要求买回时，市政府得代为拍卖之。但因不可抗力而不能依限建筑者，得因需用土地人之请求，为一年以内之展限。

收回土地之原土地所有权人或拍卖之承买人，其开始建筑期限，均准用前项规定之期限。

第一百五十七条　第一百五十五条之空地，因土地权利之纠纷而未解决，致不能依限建筑者，其所有权人得请求为相当之展限。

第一百五十八条　地段之一部保留为将来供同一事业之使用，或为花园、草地、运动场而经改良者，不适用第一百五十五条之规定。

第一百五十九条　建筑地之建筑物，其价值不及全段估定地价百分之二十者，视为空地。

第一百六十条　空地内建筑地段之划分，未经市政府核准者，不得建筑。

第二节　房屋救济

第一百六十一条　市内房屋应以所有房屋总数百分之二，为准备房屋。前项准备房屋，谓随时可供租赁之房屋。

第一百六十二条　准备房屋额，继续六个月不及房屋总数百分之一时，应依下列规定，为房屋之救济。

一、规定房屋标准租金。

二、减免新建筑房屋之税款。

三、建筑市民住宅。

第一百六十三条　前条第一款之标准租金，以不超过地价册所载土地及其建筑物之估定价额年息百分之十二为限。

第一百六十四条　自房屋标准租金施行之翌日起，在施行期间，原定租金超过标准租金者，承租人得依标准租金额支付，原定租金少于标准租金者，依其原定，出租人均不得用任何名目加租。

第一百六十五条　以现金为租赁之担保者，其现金利息视为租金之一部。前项担保之现金，不得超过二个月租金之总额。

第一项利率之计算，应与租金所由算定之利率相等。

第一百六十六条　出租人非因下列情形之一者，不得收回房屋。

一、承租人积欠租金额，除担保现金抵偿外，达二个月租金以上时。

二、承租人以房屋供违犯法令之使用时。

三、承租人违反租赁契约时。

四、房屋损坏，因承租人重大过失所致，而承租人不为相当之赔偿时。

第一百六十七条　在房屋标准租金施行期间，定期租赁契约终止者，承租人得依原契约条件继续租赁。

第一百六十八条　市政府对于在房屋标准租金施行期间新建筑之房屋，应依第三百二十八条之规定，斟酌地方情形，减免其地价税，并定减免期限。

第一百六十九条　第一百六十二条第三款之市民住宅出租时，其租金不得超过建筑用地及建筑费总价额年息百分之八。

第一百七十条　本节各条之规定，于准备房屋额回复第一百六十一条规定之限度继续至六个月时，停止适用。

### 第三章　农地

#### 第一节　耕地租用

第一百七十一条　以自为耕作为目的，约定支付地租使用他人之农地者，为耕地租用。前项所称耕作，包括牧畜。

第一百七十二条　依定有期限之契约，租用耕地者，于契约届满时，除出租人收回自耕外，如承租人继续耕作，视为不定期限，继续契约。

第一百七十三条　出租人出卖耕地时，承租人依同样条件，有优先承买之权。

第一百七十四条　承租人纵经出租人承诺，仍不得将耕地全部或一部转租于他人。

第一百七十五条　本法施行后同一承租人继续耕作十年以上之耕地，其出租人为不在地主时，承租人得依法请求征收其耕地。

第一百七十六条　于保持耕地原有性质及效能外，以增加劳力、资本之结果致增加耕地生产力或耕作便利者，为耕地特别改良。前项特别改良，承租人得自由为之。但特别改良费之数额，应即通知出租人。

第一百七十七条　地租，不得超过耕地正产物收获总额千分之三百七十五，约定地租超过千分之三百七十五者，应减为千分之三百七十五，不及千分之三百七十五者依其约定。

出租人不得预收地租，并不得收取押租。

第一百七十八条　耕地之地价税，由承租人代付者，应于地租内扣除之。

第一百七十九条　承租人不能按期支付应交地租之全部，而先以一部支付时，出租人不得拒绝收受，承租人亦不得因其收受而推定为减租之承诺。

第一百八十条　依不定期限租用耕地之契约，仅得于有下列情形之一时终止之。

一、承租人死亡而无继承人时。

二、承租人抛弃其耕作权利时。

三、出租人收回自耕时。

四、耕地依法变更其使用时。

五、违反民法第四百三十二条及第四百六十二条第二项之规定时。

六、违反第一百七十四条之规定时。

七、地租积欠达二年之总额时。

第一百八十一条　承租人抛弃其耕作权利，应于三个月前，向出租人以意思表示为之。

第一百八十二条　非因不可抗力继续一年不为耕作者，视为抛弃耕作权利。

第一百八十三条　依第一百八十条第三款之规定终止契约时，出租人应于一年前通知承租人。

第一百八十四条　收回自耕之耕地再出租时，原承租人有优先承租之权。自收回自耕之日起未满一年而再出租时，原承租人得以原租用条件承租。

第一百八十五条　出租人对于承租人耕作上必需之农具牲畜、肥料及其农产物，不得行使民法第四百四十五条规定之留置权。

第一百八十六条　因一百八十条第二第三第五第六各款契约终止，返还耕地时，承租人得向出租人要求偿还其所支出第一百七十六条第二项耕地特别改良费。但以其未失效能部分之价值为限。

第一百八十七条　前条偿还金额，当事人不能协议或协议不成立时，得请求地方法定调解委员会调解之。不服前项之调解者，得请求主管地政机关决定之，其决定为最终之决定。

## 第二节　荒地使用

第一百八十八条　公有土地之荒地，适合耕作使用者，除经政府保留或指定为他种使用外，应由地政机关于一定期间内勘测完竣，分割地段，编为垦荒区。并规定道路沟渠及其他耕作必需之公共用地。

垦荒区，应预留相当面积之宅地，分配于承垦人。

第一百八十九条　垦荒区内之地段，由地方政府定期招垦。

第一百九十条　前条荒地之承垦，以自为耕作之中华民国人民为限。

第一百九十一条　承垦人，分下列二种。

一、农户

二、农业合作社。

前项农户，为家属在十口以下之农民。农业合作社，为三个以上农户共同经营农业之组合。

第一百九十二条　承垦人请领荒地时，应具承领书，呈由主管地政机关核准。

前项承领书，应记载下列事项。

一、承垦人姓名、住所、籍贯及年龄。

二、承垦人前五年内之职业。

三、承垦人家属、人口、年龄及其职业。

四、承垦荒地之坐落、境界及面积。

五、经营农业之主要种类。

六、垦竣年限之拟定。

承垦人为农业合作社时，应并记载其社名、社员名额及其组织。地政机关于核准承领后，应即发给承垦证书。

第一百九十三条　承租地之单位面积额，以其收获足供十口之农户生活或其可能自耕之限度为准。一农户之承垦地，以一个单位为限。

第一百九十四条　承垦人为农业合作社时，其面积总额，以每一社员承垦一个单位计算。

农业合作社于前项总面积外，得为承领准备地之请求。但其面积，以不超过总面积二分之一为限。

第一百九十五条　承垦人应自受领承垦证书之日起，一年内为开垦工作之实施，其垦竣年限，由地政机关分别核定之。

第一百九十六条　承垦人自垦竣之日起，无偿取得其土地耕作权。

第一百九十七条　前条耕作权，视为物权，除本法有规定外，准用民法关于永佃权各条之规定。第一百九十八条已取得耕作权之土地，应缴纳地租，其租额以不超过该土地正产物收获总额百分之十五为限。前项地租，自取得耕作权之日起，免纳五年。

第一百九十九条　荒地须有大规模之组织，始能开垦者，地政机关应仅准代垦人承领。

承领之荒地垦竣后，分配于农人而收回垦价者，为代垦人，前项垦价，谓农人依契约应支付代垦之价金。

第二百条　代垦人不得享有其代垦土地之耕作权。

第二百零一条　代垦人请领荒地时，应具承领书，记载下列事项。

一、代垦人之姓名或名称及其住所。

二、开垦资本之准备。

三、承垦地之坐落、境界及其面积。

四、开垦工程计划及工程费之预算。

五、农人名额及垦竣地分配方法。

六、支付垦价方法及年限。

地政机关于核准承领后，应即发给代垦证书。

第二百零二条　代垦人于代垦证书发给前，应向地政机关缴纳保证金。

前项保证金，于承垦地垦竣时发还之。

第一项保证金额，以不超过其承垦地之估定价值为限。

第二百零三条　代垦人实施开垦之期限，准用第一百九十五条之规定。

第二百零四条　代垦人招致农人，应以契约为之。

前项契约，应订明农人分配地段之面积，垦价支付方法及年限。

第二百零五条　垦价分期支付，其年限不得少于十年，并应于收获后为之。

第二百零六条　农人分配垦竣地后，免租年限及耕作权之取得，准用第一百九十六条至第一百九十八条之规定。

垦竣地，在垦价未清付前为供垦价之担保，得设定抵押权。

第二百零七条　垦价全部付清时，其代垦地区内之公共用地及其他公共用物，为该代垦地区内之全体农人所共有。

第二百零八条　编为农地之私有荒地，应由主管地政机关限令其所有权人于一定期间内，开垦或耕作，逾期间而不为开垦或耕作者，得由需用土地人依法呈请征收之。

第二百零九条　违反第一百九十五条之规定者，地政机关得撤销其承垦证书。

第二百一十条　违反第二百零三条之规定者，撤销其代垦证书，并没收其保证金。

## 第四章　土地重划程序

第二百一十一条　地政机关于该管区域内之土地，有下列情形之一时，得依第十八条之规定，为土地重划。

一、区内之土地，其各地段有面积狭小奇零，不合耕作之经济使用者。

二、有第一百五十二条或第一百五十四条之情形者。

第二百一十二条　土地因重划之必要，得为交换，分合及地形改良。

公园、道路、堤塘、沟渠及其他建筑物，因重划土地，得为废置。

第二百一十三条　应为重划之土地就其互相连接者，编成重划地区。

经政府指定为特别使用之地段，得不编入重划地区。

第二百一十四条　土地重划，由地政机关制定土地重划计划书，重划地图，并规定重划地段之最小面积单位，呈请地方政府核定之。

第二百一十五条　前条重划计划书，应记载下列事项。

一、重划地区总面积及其所在地。

二、原有各地段之面积及其所有人姓名、住所。

三、各段土地及其建筑物之价值。

四、公园、道路、堤塘、沟渠及其他公共建筑物之土地面积及状况。

五、重划各地段应分配之面积及前款之变更状况。

六、施行重划之工事及其费用。

七、前款费用之筹措及各地段应担负费用之定额及其支付方法。

八、第十九条之补偿金额及补偿办法。

九、重划完竣期限。

第二百一十六条　重划地图，应分别标示各原有及重划后地段面积，并公园、道路、堤塘、沟渠及其公共建筑物之位次。

第二百一十七条　地政机关，于土地重划计划书并重划地图经核定后，应即通知各该土地所有权人，并于重划地区公告之。

前项通知及公告，应记载第二百一十五条第二款、第五款、第七款及第八款各事项。

第二百一十八条　自公告之日起三十日内，有关系之土地所有权人半数以上，而其所占土地面积，除公有土地外，超过重划地区总面积一半者，表示反对时，地方政府应停止其重划计划。

第二百一十九条　土地重划后，因其享受改良利益而负担之重划费用，以重划后之面积为计算标准。

第二百二十条　第二十条规定之道路、公园、及其他公共用地，以不超过该区域内土地总面积百分之二十五为限。其原有用地已超过百分之二十五者，得依其原有。

第二百二十一条　已重划之土地，依照原有地段之价值或面积，为相当之分配。

前项分配地段位次，在可能范围内，依其原有位次。

第二百二十二条　依前条第一项为分配时，其差额以现金清偿之。

第二百二十三条　因原有地段面积过小，致不能以规定之最小面积单位分配者，应补偿其地价。但该地段为耕地而其使用人仅恃之为生活者。应以适合使用之地段分配之，其无力补偿之地价，由政府补助之。

第二百二十四条　同一所有权人之数宗地段，分散于重划地区内者，得合并为一宗地段。

第二百二十五条　编入重划地区之建筑物，因重划而毁损者，应给予相当赔偿。

第二百二十六条　耕地之重划，不得于收获前为之。

## 第四编　土地税

### 第一章　通则

第二百二十七条　土地，除依法令免税者外，依本法之规定征税。

第二百二十八条　土地定着物，其存在为施用劳力及资本之结杲而合于本法之规定者，称改良物。

第二百二十九条　土地及改良物之价值，应各别估计及各别申报。

第二百三十条　土地税征收程序由中央地政机关核定之。

第二百三十一条　土地税由该管地方政府依照前条核定之程序征收之。

第二百三十二条　土地及改良物价值之估计及土地税款之计算，应以国币为准。

第二百三十三条　土地税全部为地方税但中央地政机关因整理土地需用经费时，经国民政府之核准，得于土地税收入项下指拨，其款项以不超过税款总额百分之十为限。

第二百三十四条　土地及改良物，除依本法规定外，不得用任何名目征收或附加税款。但因改良地区就其土地享受改良利益之程度特别征费者，不在此限。

第二百三十五条　地政机关对于该管区内之土地市价，应据实纪载，并为有系统之统计。

第二百三十六条　土地税，除法律别有规定外，向所有权人征收之。

第二百三十七条　地政机关为土地及改良物价值之估计，设估计专员办理之。

前项估计专员之任用资格，由中央地政机关定之。

### 第二章　地价之申报及估计

第二百三十八条　本法所称地价，分申报地价与估定地价二件。

依本法申请登记所申报之土地价值，为申报地价，依本法估计所得之土地价值，为估定地价。

第二百三十九条　地政机关为地价之估计，应将所辖区内之土地，就其地价情形相近者，划分为地价区。

前项地价相近情形，以估计时前五年内之市价为准。

第二百四十条　地政机关应制定地价分区图，以同样颜色标示同一地价区之土地。

前项地价分区图，应公布之。

第二百四十一条　估计地价，应于同一地价区内之土地，参照其最近市价或其申报地价，或参照其最近市价及申报地价。为总平均计算。

第二百四十二条　因财政需要或经济政策之必要，得就同一地价区内之土地最近市价或申报地价，择其中地段价值之较高者，为选择平均计算。

前项选择平均计算所得之数额，超过前条总平均计算所得之数额时，其超过数额以总平均计算所得数额三分之一为限。

第二百四十三条　依第二百四十一条总平均计算或第二百四十二条选择平均计算所得之地价数额，为标准地价。

第二百四十四条　地政机关于地价估计完竣后，应将标准地价分区公告之。

第二百四十五条　土地因其地位之特殊情形，得按其标准地价数额，为相当之增减，其增减数额均以不超过该地所属地价区之标准地价三分之一为限。

为前项增减时，应将增减数额以书面通知该土地所有权人。

第二百四十六条　标准地价，自公告之日起三十日内，同一地价区内之土地所有权人认为计算不当时，得以全体过半数人之连署，向主管地政机关，提起异议。

第二百四十七条　第二百四十五条增减地价之土地所有权人，得单独向主管地政机关，提起异议。但应于通知到达后二十日内为之。

第二百四十八条　前二条所提起之异议，经主管地政机关决定后，原异议人不服时，得要求召集公断员公断之。

第二百四十九条　公断，应由主管地政机关之估计专员及异议人双方各推公断员一人，另由两公断员加推公断员一人，会同公断。前项加推之公断员不能推出时，应由该地方自治团体推出一人充之。

第二百五十条　异议人提出公断之要求，应于主管地政机关之决定送达后七日内为之。

第二百五十一条　公断之期限由主管地政机关决定之。

第二百五十二条　公断之决定为最终之决定。

第二百五十三条　因公断需用各费，由主管地政机关及异议人双方平均负担之。

第二百五十四条　标准地价，经过公告程序，不发生异议，或发生异议，经主管地政机关决定或公断决定者，为估定地价。

第二百五十五条　依第二百四十五条情形增减之地价，适用前条之规定。

第二百五十六条　地价每五年从新估计一次，但因地价有重大变更时，不在此限。

第二百五十七条　地政机关于本法所定估计原则范围内，对于地价估计得为方法之变更。但应先经中央地政机关之核准。

## 第三章　改良物价值之估计

第二百五十八条　改良物价值之估计，于估计地价时为之。但因改良物有增减或重大改变者不在此限。

第二百五十九条　改良物分为建筑改良物与农作改良物二

种。

附着于土地之建筑物或其他性质相同之工事，为建筑改良物。附着于土地农作物其他植物及土壤之改良，为农作改良物。

第二百六十条　建筑改良物价值之估计，应以同样之改良物，于估计时为重新建筑需用费额为准。

第二百六十一条　建筑改良物，应计算其经历时间，所受损耗，于估计价值时，减去其损耗数额。

第二百六十二条　就原建筑改良物增加之改良物，于从新估计价值时，并合于原改良物计算之。

因维持建筑改良物现状所为之修葺，不视为增加之改良物。

第二百六十三条　农作改良物价值之估计，以等于农作改良物附着之土地估定价值百分之十至百分之五十限度内，为农作改良物价值之标准。

第二百六十四条　地政机关就前条所定之标准，估计农作改良物价值之实数。

第二百六十五条　建筑改良物之估定价值不及使用地段面积之估定价值百分之二十者，不视为改良物。农作改良物之估定价值不及其使用地段面积估定价值百分之十者，不视为改良物。

第二百六十六条　地政机关，于改良物价值估计完竣后，将所估计价值数额，用书面通知其所有权人。

第二百六十七条　前条受通知人于通知书到达后十五日内认为估计不当时，得向主管地政机关，提起异议。

第二百六十八条　前条异议，经主管地政机关决定后，原异议人不服时，得要求召集公断员公断之。前项公断，适用关于地价公断各条之规定。

第二百六十九条　改良物价值经过通知程序不发生异议，或发生异议，经主管地政机关决定或公断决定者，为改良物之估定价值。

第二百七十条　改良物已失去其使用效能者，不视为有改良物之存在。

## 第四章　地价册

第二百七十一条　地政机关，应置地价册，登载主管区内土地之申报地价与估定地价，改良物之估定价值，附记于地价之后。

第二百七十二条　地价册应分区编造之，其分区范围，以土地登记区为准。

第二百七十三条　地价册于每宗土地记载下列事项。

一、土地段号。

二、税地区别。

三、土地种类。

四、土地面积。

五、所有权人姓名、住所，如属公有土地，证明其保管机关。

六、申报地价及其年月日。

七、估定地价及其年月日。

八、土地改良物情形。

九、改良物之估定价值，及其年月日。

十、土地与改良物不属于一人时，证明其事由。

十一、经过地政机关决定或公断决定者，证明其概要。

十二、备考事项。

第二百七十四条　前条列举事项，依法应为登记者，以土地登记簿为准。登记簿之记载有变更时，地价册应同时修正。

第二百七十五条　地价及改良物价值，于每次从新估定后，地价册应同时修正。

第二百七十六条　地价册应备三本，以一本存主管地政机关一本呈中央地政机关一本送主管征税机关。

第二百七十七条　申报地价，估定地价及改良物之估定价值，应登记于地政公报。

第二百七十八条　地政机关应将地价状况，印制图表公布，并得将图表出售。但以取回印制费为限。

## 第五章　税地区别

第二百七十九条　依法令负纳税义务之土地，为税地。

第二百八十条　市行政区域内之土地，为市地。市地以外之土地，为乡地。

第二百八十一条　依法令使用之土地，为改良地。未依法令而使用之土地，为未改良地。无改良物之土地，为荒地。

法令期限改良或使用之土地，在期限届满前，不以未改良地或荒地征税。

第二百八十二条　市地、乡地，依前条之规定，分下列六种。

一、市改良地。

二、市未改良地。

三、市荒地。

四、乡改良地。

五、乡未改良地。

六、乡荒地。

地方政府，就前项税地区别之每种中，得按其实际情形，依法定税率分等征税，但应经中央地政机关之核定。

## 第六章　土地税征收

第二百八十三条　土地税，分下列二种征收之。

一、地价税。

二、土地增值税。

第二百八十四条　地价税，照估定地价按年征收之。

第二百八十五条　地价税，得由主管地政机关核准，分期缴纳。但每年不得过四期，并各分期相距之时间不得互有差别。

第二百八十六条　土地增值税，照土地增值之实数额计算，于土地所有权移转或于十五年届满土地所有权无移转时，征收之。

乡地所有权人之自住地及自耕地于十五年届满无移转时不征收土地增值税。

第二百八十七条　依本法为第一次所有权登记之土地，关于前条规定之十五年期间，自本法公布之日起计算，其已登记而经移转之土地，自移转登记完毕之日起计算。

第二百八十八条　土地所有权之移转为绝卖者，其增值税向出卖人征收之。移转为遗产继承或无偿赠与或法院判决者，其增值税向继承人或受增人或因判决而取得所有权人征收之。

第二百八十九条　土地所有权因征收而移转者，视为绝卖。

第二百九十条　土地所有权，因依法令整理土地而移转者，不视为移转。

前项所有权移转之土地，如与承受所有权人之原有土地合并为一段者，于计算第二百八十六条规定之十五年期满时，应以距十五年届满较近之地段为准。

第二百九十一条　市改良地之地价税，以其估定地价数额千分之十至千分之二十为税率。

第二百九十二条　市未改良地之地价税，以其估定地值数额千分之十五至千分之三十为税率。

第二百九十三条　市荒地之地价税，以其估定地价数额千分之三十至千分之一百为税率。

第二百九十四条　乡改良地之地价税，以其估定地价数额千分之十的税率。

第二百九十五条　乡未改良地之地价税，以其估定地价数额千分之十二至千分之十五为税率。

第二百九十六条　乡荒地之地价税，以其估定地价数额千分之十五至千分之一百为税率。

第二百九十七条　市地、乡地、所有权人之自住地及自耕地，于自住或自耕期内，其地价税，按应纳税额八成征收之。

第二百九十八条　第二百八十六条第二项及前条之自住地及自耕地面积之限度，由主管地政机关，呈清中央地政机关核定之。

第二百九十九条　前条自耕地不为相连地段时，得合并计算以凑足其核定面积。

第三百条　第二百八十六条第二项及第二百九十七条所有权人之自住及自耕。包括其家属在内。

第三百零一条　以自住地一部分出租时，其出租部分之地价税，仍照应纳税率征收之。

第三百零二条　自耕地地价税之八成征收，不因自耕人雇用助理工人，致受影响。

第三百零二条　就地价税之法定税率范围内为增减税率时，得由地方政府依法定程序，斟酌下列情形为之。

一、因地方财政之需要。

二、因社会经济之需要。

第三百零四条　前条税率之增减，应于会计年度开始时为之。

第三百零五条　土地增值总数额之标准，依下列之规定。

一、申报地价后，未经过移转之土地，于绝卖移转时，以现卖价超过申报地价之数额为标准。

二、申报地价后，未经过移转之土地，于继承或赠与移转时，以移转时之估定地价超过申报地价之数额为标准。

三、申报地价后，未经过移转之土地，于十五年届满时，以估定地价超过申报地价之数额为标准。

四、申报地价后，曾经过移转之土地，于下次移转或于十五年届满无移转时，以现卖价或估定价超过前次移转时之卖价或估定地价为标准。

第三百零六条　前条第一款至第三款之申报地价数额及第四款之前次移转时卖价或估定地价之数额，称为原地价数额。

第三百零七条　土地及其改良物之价额混合为一数额时，应依其各别价值之申报或估定数额为各别计算。但因改良物现状变更，得由主管地政机关从新估定其价值。

第三百零八条　土地增值之总数额，市地在其原地价数额百分之十五以内，乡地在其原地价数额百分之二十以内者，不征收土地增值税。其超过者，只就其超过之数额，征收土地增值税。

依前项规定计算所得之超过数额，为土地增值之实数额。

第三百零九条　土地增值税之税率，依下列之规定

一、土地增值之实数额，为其原地价数额百分之五十或在百分之五十以内者，征收其增值实数额百分之二十。

二、土地增值之实数额，超过其原地价数额百分之五十者，就其未超过百分之五十部分，依前款规定征收百分之二十，就其已超过百分之五十部分，征收其百分之四十。

三、土地增值之实数额，超过其原地价数额百分之一百者，除照前款规定分别征收外，就其已超过百分之一百部分，征收其百分之六十。

四、土地增值之实数额，超过其原地价数额百分之二百者，除照前款规定分别征收外，就其已超过百分之二百部分，征收其百分之八十。

五、土地增值之实数额，超过其原地价数额百分之三百者，除照前款规定分别征收外，就其已超过百分之三百部分，完全征收。

第三百一十条　土地税之征收，不因估计价值发生异议而停止。

前项异议决定时，依其决定。

## 第七章　改良物征税

第三百一十一条　市地改良物，得照其向定价值，按年征税，其最高税率以不超过千分之五为限。

第三百一十二条　改良物税之纳税人，依第二百三十六条之

规定。

第三百一十三条　改良物之征收，于征收地价税时为之。

第三百一十四条　改良物税全部为地方税，其征收程序，适用第二百三十条，第二百三十一条之规定。

第三百一十五条　乡地之改良物不得征税。

第三百一十六条　市地之农作改良物，得由地方政府免予征税。

第八章　欠税

第三百一十七条　地价税不依期完纳者，视为欠税，就其所欠数额，自应缴纳之日起，按照年息百分之五征收之。

第三百一十八条　积欠地价税，等于三年应缴税额总数时，主管地政机关得将欠税土地及其定着物拍卖，以所得价款抵偿欠税，余款交还原欠税人。

前项土地及其定着物，如何划分拍卖一部分即足抵偿欠税者，得因欠税人之申请仅拍卖其一部分。

第三百一十九条　前条之土地拍卖，应于拍卖前三十日，以书面通知土地所有权人。

第三百二十条　土地所有权人接到前条通知后，能提出相当缴税担保者，主管地政机关得展期拍卖。

前项展期以一年为限。

第三百二十一条　土地增值税不依法令完纳者，视为欠税。依第三百一十七条之规定办理，并不为移转登记。

第三百二十二条　前条欠税土地延至一年届满，仍未完纳者，得由主管地政机关将其土地及定着物拍卖，以所得价款抵偿欠税，余款交还原欠税人。

第三百一十八条　第二项之规定，于前项情形准用之。

第三百二十三条　前条之土地拍卖，适用第三百一十九条及第三百二十条之规定。

第三百二十四条　欠税土地为有收益者，得由主管地政机关提取其收益，抵偿欠税，免将土地拍卖。

前项提取收益，于积欠地价税额等于全年应缴数额时，方得为之。

第三百二十五条　地政机关提取收益数额，足以抵偿欠税全数时，应回复收益人原状。

第三百二十六条　改良物欠税，准用本章关于积欠地价税各条之规定。

## 第九章　土地税之减免

第三百二十七条　下列土地，得由中央地政机关呈准国民政府免税或减税。

一、公有土地。

二、学校及其他学术机关用地。

三、公园公共体育场用地。

四、农林试验场用地。

五、公共医院用地。

六、慈善机关用地。

七、公共坟场用地。

八、森林用地。

九、其他专办公益事业用地，而不以营利为目的者。

第三百二十八条　因地方发生灾难，或调剂社会经济状况，得由中央地政机关呈准国民政府就关系区内之土地于灾难或调剂期中免税或减税。

## 第十章　不在地主税

第三百二十九条　土地所有权人，有下列情形之一者，称为不在地主。

一、土地所有权人及其家属，离开其土地所在地之市县，继续满三年者。

二、共有土地，其共有人全体离开其土地所在地之市县，继续满一年者。

三、营业组合所有土地，其组合于其土地所在地之市县，停止营业继续满一年者。

第三百三十条　土地所有权人因兵役，学业或公职，离开其土地所在地之市县者，不适用前条之规定。

第三百三十一条　不在地主之土地，除改良物外，得由主管地政机关按其应纳地价税率，递年增高之。

前项增高税率，不得超过该土地应纳税率之一倍。

第三百三十二条　土地增值税缴纳时之土地，所有权人为不在地主者，按其应缴税额加倍征收之。但不得超过其增值之实数额。

第三百三十三条　土地所有权人，为不在地主时，应于次期缴税前，呈报主管地政机关，逾期不报者，按其应缴税额加倍征收之。

第三百三十四条　土地所有权人，于其不在地主情形消灭时，应呈报主管地政机关。但自呈报之日起，须经过三个月后，始得免除第三百三十一条之限制。经过一年后，始得免除第三百三十二条之限制。

## 第五编　土地征收

### 第一章　通则

第三百三十五条　国家因公共事业之需要，得依本法之规定，征收私有土地。

第三百三十六条　前条所称公共事业，以适合于下列各款之一者为限。

一、实施国家经济政策。

二、调剂耕地。

三、国防军备。

四、交通事业。

五、公共卫生。

六、改良市乡。

七、公用事业。

八、公安事业。

九、国营事业。

十、政府机关、地方自治机关及其他公共建筑。

十一、教育、学术及慈善事业。

十二、其他以公共利益为目的之事业。

第三百三十七条　依前条规定需用土地时，需用土地人与土地所有权人不能为直接协订或协订不成立者，得为征收土地之申请。

第三百三十八条　征收土地，为下列各款情形之一者，由国民政府行政院核准之。

一、需用土地人为国民政府直辖机关及不属于省政府管辖之市政府者。

二、兴办之事业，属于国民政府机关直接管辖或监督者。

三、土地面积跨连两省以上者。

四、土地，在不属于省政府管辖之市区域内者。

第三百三十九条　征收土地，为下列各款情形之一者，由省政府核准之。

一、需用土地人，为地方各级政府或其所属机关及地方自治机关者。

二、兴办之事业，属于地方政府管辖或监督者。

第三百四十条　征收土地，遇有名胜古迹，应于可能范围内避免之。

名胜古迹，已在被征收土地区内者，应于可能范围内保存之。

第三百四十一条　需用土地人，于申请征收土地时，应证明其兴办之事业已得法令之许可。

第三百四十二条　关于第三百三十六条第七至第十一各款事业之征收土地，于必要时，得为附带征收。

前项附带征收，谓因兴办之事业所需土地范围外之接连土地为一并征收者。

第三百四十三条　关于第三百三十六条第一至第六及第十二各款事业之征收土地，于必要时，得为附带征收及区段征收。

前项区段征收，谓于一定区内之土地，须以新分段整理，为全区土地之征收者。

第三百四十四条　征收土地时，其定着物应一并征收。但该定着物所有权人要求取回并自行迁移者，不在此限。

第三百四十五条　征收之土地，因其使用影响于接连土地致不能为从来之利用，或减低其从来利用之效能时，该接连土地所有权人得要求需用土地人为相当补偿。

第三百四十六条　前条补偿金，以不超过接连地因受征收地使用影响而低减之地价额为准。

第三百四十七条　征收土地之残余部分，面积过小或形式不整致不能为相当之使用时，所有权人得要求一并征收之。

第三百四十八条　附带征收与区段征收，除法律别有规定外，只限于需用土地人为政府机关时，适用之。

第三百四十九条　政府机关兴办之事业，与他人有合股关系时，所有因附带征收之土地或区段征收之土地而直接获得之利益，只限于政府享有之。

第三百五十条　政府为区段征收之土地，于从新分段整理后，将土地出卖或租赁时，原土地所有权人或土地他项权利人有优先承受之权。

第三百五十一条　征收之土地，不依核准计划使用或于征收完毕一年后不实行使用者，其原土地所有权人得要求照原征收价额，买回其土地。

第三百五十二条　现供第三百三十六条各款事业使用之土地，非因兴办较为重大事业无可避免者，不得征收之。但征收只为现供使用土地之小部分，不妨碍现有事业之继续进行者，不在此限。

第三百五十三条　被征收土地应有之负担，其款项计算，以该土地所应得之补偿金额为限。并由地政机关于补偿地价时，为清算结束之。

第二章　征收准备

第三百五十四条　征收土地，应由需用土地人拟具详细计划，并附具征收土地图说，依第三百三十八条或第三百三十九条之规定，分别申请核办。

第三百五十五条　需用土地人因拟具前条计划图说，须预为调查土地情形时，得请求该管地政机关代为调查协助调查之。

前项之请求，非有充分理由，不得拒绝。

第三百五十六条　地政机关，因需用土地人调查或协助调查前条事项，得向需用土地人收取必要之费用。

第三百五十七条　第三百五十四条之计划书，应记明下列事项。

一、征收土地原因。

二、征收土地所在地及范围。

三、兴办事业之性质。

四、需用土地人所拟兴办事业之法令根据。

五、申请为附带征收或区段征收者应详述理由并说明其为公共之需用。

六、土地定着物情形。

七、土地使用之现状及其使用人之姓名、住所。

八、四邻接连土地之使用状况及其定着物情形。

九、土地区内有无名胜古迹并记明其现状及沿革。

十、曾否与土地所有权人经过协订手续及其经过情形。

十一、土地所有权人之姓名、住所，所有权人不明时，其管有人之姓名、住所。

第三百五十八条　国民政府行政院或省政府于核准征收土地后，应将原案全部令知该土地所在地之地政机关。

第三百五十九条　同一土地，有二人以上申请征收时，以其兴办事业性质之轻重为核定标准。

## 第三章　征收程序

第三百六十条　地政机关于接到国民政府行政院或省政府令知核准征收土地案时，应即公告，并通知土地所有权人及土地他项权利人。

第三百六十一条　前条之公告及通知，应备载、补偿地价及其他补偿费额，并依下列规定为之。

一、公告标贴于主管地政机关门首及被征收土地之显著地方。

二、被征收土地已登记者，应依照土地登记簿记载之土地所有权人及土地他项权利人姓名、住所，以书面通知。

三、被征收土地未经登记者，应将通知书于被征收土地所在地之市县内发刊之日报，登载广告三十日。

第三百六十二条　被征收土地之所有权，未经登记完毕者，土地他项权利人应于前条公告后三十日内向主管地政机关申请将其权利备案。但所有权已经登记完毕之土地，以公告届满之日土地登记簿所记载之权利为准。

第三百六十三条　未经依法为所有权登记之土地，土地他项权利人不依前条规定申请备案者，不视为被征收土地应有之负担。

第三百六十四条　第三百六十条之公告发出届满三十日，为公告完毕。

第三百六十五条　需用土地人，应俟补偿地价及其他补偿费额发给完竣，方得进入征收土地内实施工作。但因特殊情形，经国民政府行政院或省政府特许者，不在此限。

第三百六十六条　需用土地人于公告发出后，得进入征收土地内为察勘或测量工作。

因执行前项工作，于必要时得通知土地所有权人或土地他项权利人除去其土地障碍物，或代为除去之。

第三百六十七条　第三百六十一条公告征收之土地，于公告后，不得在该土地增加定着物，其于公告发出时已在建筑中之定着物，应即停止工作。但主管地政机关认该定着物之增加或继续建筑，于征收计划不发生妨碍者，得依关系人之申请特计之。

第三百六十八条　征收土地应于公告完毕后十五日内，将应补偿地价及其他补偿费额发给完竣。

前项地价，包括定着物应受补偿之价值。

第三百六十九条　被征土地之使用人，于其应得补偿金，未发给完竣前，有继续使用该土地之权。

第三百七十条　被征收土地，于一切补偿金发给完竣后，为征收完毕。

第三百七十一条　被征收土地之所有权人，因其土地发生之权利义务，于征收完毕时终止。

## 第四章　补偿地价

第三百七十二条　补偿地价，指土地因被征收所应得之补偿金而言。

第三百七十三条　征收土地应补偿之地价，由需用土地人员负担之。

第三百七十四条　属于植物类之土地定着物，于被征收时，与其孳息成熟时期相距在一年以内者，其应补偿价值，以视同已成熟之孳息估计之。

第三百七十五条　依第三百六十六条第二项之规定，因除去土地障碍物致被征收土地以外之土地受损害时，应为相当之补偿。

第三百七十六条　被征收土地，其所有权已经登记而未转卖者，照申报地价额补偿之。其已经转卖者，照已登记之最后卖价补偿之。

第三百七十七条　未经依法申报地价之土地，其应补偿地价额，应由主管地政机关估定之。

前项地价之估定，准于本法关于地价估计之规定。

第三百七十八条　补偿金，由需用土地人将应补偿款额缴交于主管地政机关。

前项款额，地政机关应于清偿该土地应有负担后，将余款交付被征收之土地所有权人。

第三百七十九条　地政机关交付补偿金，遇有下列情形之一时，得将补偿金存储待领。

一、应受补偿人拒绝受领或不能受领者。

二、应受补偿人不明所在者。

三、应受补偿人对于补偿金额有异议者。

第三百八十条　关于补偿金事项，由主管地政机关办理人。

### 第五章　迁移费

第三百八十一条　因征收土地，致其定着物迁移时，应由需用土地人给予相当迁移费。

第三百八十二条　因土地一部分之征收，而其定着物须全部迁移者，该定着物所有权人得要求给予全部之迁移费。

第三百八十三条　征收土地，须将坟墓迁移者，其迁移费，与定着物同。

无主坟墓，应由需用土地人妥为迁移安葬。并应由主管地政机关将其情形详细记载，列册备案。

第三百八十四条　受领迁移费人，于迁移费受领完竣后，应于指定期限内迁移完竣。

第三百八十五条　地政机关，遇有下列情形之一时，得将定着物代为迁移，或一并征收之。

一、受领迁移费人于交付迁移费时，拒绝收受或不能收受者。

二、受领迁移费人不明所在者。

三、受领迁移费人不依定限迁移者。

第三百八十六条　受领迁移费人对于迁移费额，有异议时，应将其定着物依限迁移，始得要求公断。

第三百八十七条　征收土地，经第三百六十五条之特许，不俟补偿完竣即进入征收土地实施工作者，需用土地人对于在该土地住居人或工作人，应另给予等于该土地及其定着物一个月租金之迁移费。

前项之工作人，以其工作场所必须迁移者为限。

第六章　诉愿与公断

第三百八十八条　诉愿，于征收土地有违法或不当之处分时，依法为之。

第三百八十九条　征收土地，不因诉愿而停止其进行程序。

第三百九十条　因第三百四十五条、第三百四十六条、第三百四十七条、第三百七十五条及第三百八十一条之情形发生异议，不服主管地政机关之决定时，土地所有权人或土地他项权利人得要求召集公断员公断之。

前项公断，适用本法关于地价公断各条之规定。

第七章　罚则

第三百九十一条　违反第三百四十条第二项之规定者，除责令该需土地人将名胜古迹妥为保存外，并处以一百元以上一千元以下之罚锾。

第三百九十二条　违反第三百六十五条之规定，未经特许，于补偿金发给完竣以前进入土地内工作者，除勒令停止外，并处以二十元以上二百元以下之罚锾。

第三百九十三条　违反第三百六十六条第二项之规定，未经通知手续，擅行除去障碍物者，处以十元以上一百元以下之罚锾。

第三百九十四条　违反第三百六十七条之规定者处以五元以上五十元以下之罚锾。

第三百九十五条　违反第三百八十三条第二项之规定者，处以五十元以上五百元以下之罚锾。

第三百九十六条　违反第三百八十四条之规定者，处以三十元以上三百元以下之罚锾。

第三百九十七条　受处罚人为政府机关时，应由该机关之主管人负其责任。

〔国民政府档案〕

## 3. 剿“匪”区内各省农村土地处理条例

（1932年6月）①

剿匪区内各省农村土地处理条例　二十一年六月

第一章　通则

第一条　豫鄂皖三省剿匪总司令部，为兴复农村奖励农业起见，特制定剿匪区内各省农村土地处理条例，除特别指定之屯田县区，应依屯田条例办理者外，关于各省农村土地之处理，悉依本条例行之。

第二条　凡经赤匪实行分田之县或乡镇，于收复后，为处理土地及其他不动产所有权之纠纷，及办理一切善后事宜，得设农村兴复委员会。

---

① 1933年6月国民党在庐山召开豫鄂皖湘赣五省剿“匪”会议议订之，10月公布，沿用原标点。

第三条　农村兴复委员会，分为县农村兴复委员会，区农村兴复委员会，乡或镇农村兴复委员会三种，皆冠以该县区乡镇之名，但不必同时设立。

第四条　农村兴复委员会，依左列各款组织之。

一、县农村兴复委员会，以县长秘书科长及各区代表一人为委员，以县长为主席。

二、区农村兴复委员会，以区长及各乡镇代表一人为委员，区长为主席。

三、乡或镇农村兴复委员会，由县政府选聘该乡或镇之有正当职业，素孚众望者，五人至七人为委员，互推一人为主席。

第五条　农村兴复委员会，所处理之事项如左。

一、关于土地及其他不动产所有权之争执事项。

二、关于被毁坏之经界整理事项。

三、关于所有权未确定，及无主土地之代行管理，或官有荒地之管理事项。

四、关于土地耕佃之分配事项。

五、关于田租之决定事项。

六、关于提倡农村合作社事项。

七、关于准备征收地税事项。

八、关于农民债务之清理事项。

第六条　未被匪患之各县，为谋农村经济之健全，及预防赤匪之煽惑起见，得依第四条之规定，组织委员会，处理前条第五、第六、第七各款事项，但简称为农村委员会，以示区别。

第七条　农村兴复委员会之处理事项，先由乡或镇农村兴复委员会决定，乡或镇农村兴复委员会不能决定时，递取决于区及县农村兴复委员会，为最后之决定，仍将所决定之办法及理由，呈报省政府备核。

第八条　凡未设区及县农村兴复委员会之区域，其最后之决定，由县政府执行之，并依前条之规定办理。

第九条　农村兴复委员会，依第二章第三章及第四章之规定，于所辖区域内，将所有权业经确定之土地，发还原主及所有权未经确定或无主之土地及官有荒地分配耕佃，办理完竣后，应即指导各区域内之自耕农佃农业主，同组织农村利用合作社，其章程另定之。

第十条　农村兴复委员会，依第四章之规定，所管理之土地农产物及田租赁金俟各该区域内农村利用合作社成立后，应全部移交该合作社管理。

第二章　所有权之确定

第十一条　农村兴复委员会，处理被匪分散之田地，及其他不动产所引起之纠纷，一律以发还原主，确定其所有权为原则。

第十二条　凡被赤匪分散，而经界未毁之田地，业主提出其原有契据，经乡或镇农村兴复委员会审查属实者，应令业主呈报地价及税额，转报区及县农村兴复委员会，前项审查期间，自接受业主提出契据之日起，不得逾十五日。

第十三条　县农村兴复委员会，接据乡或镇农村兴复委员会前条之报告后，应为假登记，并于一星期内，汇案公告之，经过一个月后，无人提出异议者，即为所有权之登记，并换给管业证书，假登记簿式，及登记簿式，另定之，前项登记，得征收其地价千分之五登记费，前项证书，田地在一亩以下者，征收证书费四分，一亩以上五亩以下者，征收一角，五亩以上十亩以下者，征收二角，十亩以上者征收五角，五十亩以上者征收一元。

第十四条　凡被赤匪分散而经界未毁之田地，若原契遗失，或被焚毁者，原业主得开具亩数，坐落界地，由本乡镇或邻乡镇农村兴复委员会之委员二人以上之保证，出具书状，经所管之乡或镇农村兴复委员会，审查属实者，应令业主呈报地价及税额，转报县农村兴复委员会核定之，前项之保证，在农村合作社已经成立之区域，应由合作社保证之。

第十五条　县农村兴复委员会，复核前条之报告，认为属实者，应先为假登记，并随时公告之，经过三个月后，无人提出异议，即为所有权之登记，并给予管业证书，前项登记及证书之征收费用，查照第十三条办理。

第十六条　依照第十三条及第十五条公告后，如有提出异议者，乡或镇农村兴复委员会，应会同双方，详查事宜，为慎重之决定，乡或镇农村兴复委员会，不能为前项之决定时，得开具双方所主张之理由，递送区县农村兴复委员会决定之。

第十七条　田地以外之不动产，因被匪患，致所有权发生纠纷者，应依第十二条及第十四条之规定，分别处理之。

第十八条　田地契据或保证书状，依第十二条及第十四条之规定，经审查属实者，应由乡或镇农村兴复委员会同时施行丈量，绘具简图，并将各业主之姓名，亩数，坐落界址，及其地价税额，汇报县农村兴复委员会，编入登记簿。

## 第三章　经界整理

第十九条　凡田地经界已毁，不易恢复原状者，其业主应依第十二条之规定，提出原有契据，无契据者，应依第十四条之规定，取具保证书状，报经乡或镇农村兴复委员会审查属实后，应由乡或镇农村兴复委员会，斟酌地理情状，将所辖区域内之田地，划为若干小区，定期召集区内业主会议，并呈报区县农村兴复委员会备案，前项审查期间，适用第十二条第二项之规定，区内业主，被召集时应如期报名到会，其不居本乡镇或有故障者，以得书函委托代理人出席。

第二十条　乡或镇农村兴复委员会，计算区内报到业主所报地亩，达本小区田地总面积二分之一时，即开区内业主会议，区内业主会议之主席，由乡或镇农村兴复委员会之主席兼充之，有事故时，由其所指定之委员代理之。

第二十一条　区内业主会议，各以其原有契据，或保证书状所载之亩数，坐落界址为根据，指明田亩原状，经到会业主，公开审查，互相承认后，乡或镇农村兴复委员会，即为划定界址。

第二十二条　前条界址之划定，如各业主之田地，因星散区内，彼此隔越，有感耕作之不便者，得以交换分合之方法，使各个田地。集中于一处，议定新界址，区内业主之田地，散在两区以上者，亦得以前项办法，集中于一区。

第二十三条　经界未毁之田地业主，依第十二条及第十四条之规定，审查属实者，因界址或交换田地之关系，亦应出席业主会议，并得参加审查。

第二十四条　业主因交换分合之结果，而有损益之别者，得依时价使受益者，给受损者以相当之赔偿。

第二十五条　区内业主之田地，未满一亩者，得以农村兴复委员会之斡旋，买进区内之田地，以增益之，或卖却其田地之全部。

第二十六条　原业主之房屋园圃林地，被匪摧毁，改为田亩者，应以田亩论。

第二十七条　区内业主所报亩数，如不足第二十条之法定额，致到期不能开会时，应由乡或镇农村兴复委员会，酌量改订开会日期，设法催促各业主到会，经过一次改订日期，仍不足第二十条之法定额时，应准业已到会之业主，集合开会，查照第二十一条至第二十三条之规定，在可能之范围内，为之划定界址。

第二十八条　区内业主会议，如因田地亩数坐落界址，或其他事故，发生争执，乡或镇农村兴复委员会无法调解时，应开具理由，呈请县农村兴复委员会，迅速派员察勘，为最后之裁决。

第二十九条　凡经界已毁之田地，依第二十一条第二十二条第二十七条及第二十八条之规定，划定界址或新界址后，原有契据者，或仅取具保证书状者，均经由乡或镇农村兴复委员会，转报区县农村兴复委员会，查照第十二条至第十五条之规定，分别办理之。

第三十条　关于本章所规定田地界址，或新界址之划定，事后回乡业主，不得以未到会为理由，提出异议。

## 第四章　土地之管理及分配

第三十一条　经界无论未毁或毁之田地，凡已有业主自承者，在依第二章或第三章所规定之程序，办理未竣，致所有权未经确定以前，应暂由乡或镇农村兴复委员会，代行管理，并第十八条之规定汇报之，田地以外不动产之管理，亦适用前项之规定。

第三十二条　经界无论未毁或已毁之田地，及其他不动产，凡无法判明其业主者，应依前条之规定管理之，经过三年后，如原业主仍未发见时，得没收该土地为公有，交各该村利用合作社管理。

第三十三条　各乡镇官有荒地，由乡或镇农村兴复委员会管理，并准用第十八条之规定汇报之。

第三十四条　凡由乡或镇农村兴复委员会管理之田地，应以计口授佃法，分配耕佃之，前项计口授佃，应先催告所辖乡镇之农民，无论为所有权未经确定之业主，或自耕农，及原佃户，或赤匪分田以后之承耕人，均将所耕田地之亩数，坐落，及其家庭人数，向委员会报告，其无田可耕者，亦应报告其家庭人数，由委员会汇计之。

第三十五条　计口授佃之标准，应由县农村兴复委员会，按照各地土壤肥瘠，人口稀密，及各区所管理田地面积之多寡规定每人使用田地之最大限度与最小限度，及每户使用田地之最大限度与最小限度，乡或镇农村兴复委员会，再根据本地生活程度，及农户人数，在县农村兴复委员会所定之限度内，决定农民每人及每户之亩数，前项每人授佃之最大限度，不得多于六亩，最小限度，不得少于二亩，每户授佃之最大限度，不得多于二十亩，最小限度，不得少于八亩，自耕农及雇工代耕之业主，依第三十一条所规定之情形，致所有权尚未能确定时，对于其业已自承之所有田地，有优先承佃权，但其授佃标准，亦不得超过前项每人或每户最大限度之一倍。

第三十六条　乡或镇农村兴复委员会之分配耕地，除前条第三项有特别规定外，应依左列次序，就本乡镇之人分配之，一、原佃户，二、赤匪分田以后之承耕者，三、本村农民之归来者．前项耕佃之分配，如尚有余田时，得由乡或镇农村兴复委员会，招雇他乡镇或他县之人，代为耕种。

第三十七条　农民因避难离开本村，经收复后，陆续归来者，如在土地分配以后，乡或镇农村兴复委员会，应就其雇工代耕之田地，分划授佃之，遇前项情形，凡所有权业已确定之田地，无论自耕之业主或向业主批耕之佃户，如超过第三十五条第一项，每人每户之最大限度，至一倍以上，而全部或一部雇工代耕者，乡或镇农村兴复委员会，得依前项之规定，勒令分出一部，另行授佃。

第三十八条　佃农依计口授佃法，承佃田地，如有荒废耕作，或沾染恶劣嗜好者，乡或镇农村兴复委员会，得取销其承佃权。

第三十九条　业主于所有权确定后，收回田地自行管理时，对于乡或镇农村兴复委员会，所授佃之佃户，及其承佃亩数，不得更之，但遇左列情形，不在此限，一、因未享受第三十五条第三项之优先权，而现欲收回自耕者，二、因有前条所规定之原因者。

第四十条　乡或镇农村兴复委员会，于其所分配耕佃之田地，应收取田租，以最善之注意保管之，并应于收取后十日内，开列原额数及现收数，呈报区及县农村兴复委员会备核。

第四十一条　乡或镇农村兴复委员会，依第三十一条第二项及第三十二条之规定，所管理之不动产，应尽速分配使用，并收取凭金，依前条规定办理，前项不动产之分配，所有权未经确定之业主，有优先使用权。

## 第五章　业佃关系

第四十二条　乡或镇农村兴复委员会，于分配耕佃后，应由承佃人按年缴纳田租，其额数查明各地习惯，在低减于赤匪分田以前之原定租额范围内，由乡或镇农村兴复委员会决定之，租额决定后；业主收回田地，自行管理时，不得以任何理由，再行增加。

第四十三条　乡或镇农村兴复委员会，对于所有权早已确定，而未经代行管理之田地，亦应依前条之规定，决定其租额，通知业主与佃户，遵照缴纳。

第四十四条　业主收回田地自耕时，对于佃户改良土地之用费，应为相当之赔偿，因水灾冲毁堤塍，或田地之一部，经佃户修复者，以改良土地论，关于前二项之争执，由乡或镇农村兴复员会调解之。

第四十五条　依计口授佃之承佃人，如家无壮丁全系老弱妇女者，仍准其雇工代耕，乡或镇农村兴复委员会，不得以此为拒绝授佃，或退佃之理由。

第四十六条　佃户因天灾地变，致农产减少，或全无收获时，得向业主或乡镇农村兴复委员会，请求减租，或免租。关于前项事件，发生争执时，其应向业主请求者，由乡或镇农村兴复委员会调解之，其应向乡或镇农村兴复委员会请求者，由区农村兴复委员会调解之，如该村利用合作社成立后，其调解程序，应依照社章办理，前项调解，如有不服时，得分别申请区或县农村兴复委员会，再议定之。

第四十七条　本章之规定，于未被匪患各县所组织之农村委员会，得准用之。

## 第六章　私有田地之限制

第四十八条　私人所有田地，依第二章、第三章之规定，确定其所有权后，应由乡或镇农村兴复委员会，参酌左列情形，限制每一业主所有田地面积之最高额，自一百亩起，至二百亩为止，一、当地之土壤肥瘠，二、当地之人口稀密，三、业主之家庭状况。

第四十九条 前条最高额范围以内之田地，依普通税则征收地税，其超过最高额以上之地税，除依普通租则征收外，对于超过最高额部分之田租，应依累进法征收其所得税，其所得税，其税率之标准如左。

一、超过最高额十五亩以上五十亩以下者，就其超过部分，征收其田租额百分之三。

二、超过最高额五十亩以上一百亩以下，除就其已超过五十亩以下之部分，依前款规定，征收其田租额百分之三外，就其已超过五十亩以上之部分，征收其田租额百分之六。

三、超过最高额一百亩以上一百五十亩以下者，除依前款规定分别征收外，就其已超过一百亩以上之部分征收其田租额百分之九。

四、超过最高额一百五十亩以上，二百亩以下者，除依前款规定，分别征收外，就其已超过一百五十亩以上之部分征收其田租额百分之十二。

五、超过最高额二百亩以上，二百五十亩以下者，除依前款规定分别征收外，就其已超过二百亩以上之部分，征收其田租额百分之十五。

六、超过最高额二百五十亩以上，三百亩以下者，除依前款规定分别征收外，就其已超过二百五十亩以上之部分，征其收田租额百分之十八。

七、超过最高额三百亩以上，三百五十亩以下者，除依前款规定分别征收外，就其已超过三百亩以上之部分，征收其田租额百分之二十一。

八、超过最高额三百五十亩以上，四百亩以下者，除依前款规定，分别征收外，就其已超过三百五十亩以上之部分，征收其田租额百分之二十四。

九、超过最高额四百亩以上，四百五十亩以下者，除依前款规定分别征收外，就其已超过四百亩以上之部分，征收其田租额百分之二十七。

十、超过最高额四百五十亩以上，五百亩以下者，除依前款规定，分别征收外，就其已超过四百五十亩以上之部分，征收其田租额百分之三十，超过最高额五百亩以上之税率，每多加五十亩，即以三累进，递征收其田租额，至百分之八十为止。

第五十条　私人所有田地，散在两县以上者，应合所有各县之田地面积计算，如业主所在县，除私有田地之最高额外，尚余一部分之田地，得由各该县分别征收累进税，若超过最高额部分之田地，全在他县时，应由该县专征累进税。

第五十一条　依第六条之规定，未被匪患各县所组织之农村委员会，亦应调查各县私人所有之田地亩数依本章之规定处理之。

第五十二条　以公益为目的之法人所有田地，不适用本章累进税之规定。

## 第七章　农村借贷

第五十三条　农民关于债务之争执，应由乡或镇农村兴复委员会调解之。

第五十四条　农村兴复委员会，对于农民债务之处理，得据债权人提出之债券，或原保人之证明为凭。

第五十五条　农村之负债额，经确定后，其清偿时间，自确定之日起，准予延期二年。

第五十六条　农民债务，自确定之日起，以前未缴之利息，在一年以内者，应予以全免，在三年以内者，应免三分之二，但以前利率，及延期之利率，最高不得过年利一分二厘，其超过部分无效。

第五十七条　农村兴复委员会，应于各区指导农民，设立信用合作社，为融通农业资金之机关，并得酌量农民之需要，提倡组织供给及运销合作社，其章程另定之。

第五十八条　左列各款收入，应储贷于农村信用合作社，以为融通农业资金之用，其管理及存放章程，另定之。

一、农村兴复委员会，或农村利用合作社，代管之农产物及田租赁金。

二、公有田地应收之田租。

三、依累进法征收之所得税。

第五十九条　第五十七条及第五十八条第三款之规定，于未被匪患各县所组织之农村委员会，亦适用之。

## 第八章　附则

第六十条　县区农村兴复委员会之经费，得以第十三条，第十五条，及第二十九条之登记费，证书费拨充之，乡或镇农村兴复委员会之经费应开具预算，呈候区县农村兴复委员会核准后，得由所代管之田租赁金或农产物中，划定拨充之。

第六十一条　农村兴复委员，发现业主提出之契据或保证书状，系伪造意图欺诈者，当予以重科罪，保证人如有协同隐蔽情弊，并科以同等之罪。

第六十二条　县农村兴复委员会，发现乡或镇农村兴复委员会，所保管之农产物，或田租赁金，有未经核准，擅自开支者，应责令各委员赔偿，其有侵害占之嫌疑者，并从重科罪。

第六十三条　各级农村兴复委员会，除依本条例规定外得自订办事规程，但应呈报其上级农村委员会或省县政府备核。

第六十四条　农村兴复委员会，无设立之必要时，得由省县政府撤消之。

第六十五条　本条例如有未尽事宜，由本总司令部修正之。

第六十六条　本条例自总司令核准公布之日施行。

〔中央政治学校地政学院档案〕

## 4. 剿"匪"区内屯田条例

（1932年10月）

剿匪区内屯田条例

民国二十一年十月　日　豫鄂皖剿匪总司令部公布

第一条　凡各县有左列各款情形之一，其荒废地面积超过全县总耕地面积十分之六者，得划为屯田县，其不及十分之六者，得就荒废地之部份划为屯田区。

一、因受匪共蹂躏致人口稀少，田地荒芜者；

二、多数农民为匪共裹胁逃亡，一时不能还乡者；

三、多数土地经赤匪分配后，地界混淆、契约丧失、实无法整理以拨还原地主认领者；

四、与匪共邻接或为匪共必争之地，人民不能耕种者；

前项屯田县区之分划以命令规定之。

第二条　凡屯田县或区之荒废地，应收归公有，依计口授田法分配于现役兵士耕种之，但依当地情形得酌留耕地总面积十分之四或十分之三，归参加该县区自卫组织之人民所有。

第三条　屯田县之县长及屯田区长由剿匪总司令部依现在清剿善后之特殊情形，得就剿匪军师旅长中分别选任之。

第四条　屯田县农村之组织，十户为一甲，以排长充甲长；十甲为一保，以营连长充保长；十保为一区，以团营长充区长。统隶属于屯田县长，各以军法递相部署，监视其工作之勤惰、品行之良否，并监督指挥一切自卫、自治事宜。

屯田区之组织由屯田区长参酌前项之规定办理。

第五条　屯田县县长或屯田区区长应兼受所属省政府及主管厅处之指挥、监督。

第六条　计口授口每士兵一人至少不得低过四亩，至多不得超过八亩，视当地土壤之肥瘠定之。

第七条　凡士兵有配偶及老弱者，其配偶授田与士兵等，其老弱授田当士兵二分之一，但以同居屯田者为限，每户授田总面积不得超过三十亩。

官长除依定章给以所应得之俸给外，前两条士兵授田之规定于官长亦适用之。

当地习惯不以亩计者，得以石数折算。

第八条　士兵授田后无配偶者，应就近求配或由士兵原籍求配迎与同居。

第九条　凡屯田农村关于住宅、道路、水利之设备、耕牛、农具、籽种、肥料之购置，及第一年粮食之供给，其用款尽以师旅部经费充之，不足时得呈请总司令部拨款补助。

第一〇条　屯田县县长或屯田区区长对于新垦荒地自第三年起，无主熟地自第二年起，征收其农产额百分之二十五之地税。

第一一条　屯田县县长或屯田区区长于计口授田后，应督率保长、甲长施行丈量、绘具简图，开列受田人姓书、住址、亩数、坐落，详予登记并呈报省政府备核。

第一二条　屯田士兵或兵民间发生争讼时，先由甲长调解，递次取决于保长、区长，以县长为最终之裁决。

在屯田区发生前项之争讼时，则以屯田区区长为最终之裁决。

第一三条　屯田县县长为处理县行政事项，得召集区长、保长会议。区长、保长为执行屯田县长之命令发展农事之设备，督促耕作之改良，得召集保长、甲长会议，各级会议之议事章程由县长定之，前项召集各级会议之规定于屯田区区长亦适用之。

第一四条　屯田县县长或屯田区区长应于屯田县之各区或屯田区之各乡镇内，指导屯田兵民依农村合作社条例之规定设立农村各种合作社。

第一五条　屯田县县长或屯田区区长应聘约农林专家及有农林之实地经验者充任技正、技士。

第一六条　屯田县县长或屯田区长为灌输知识，调节劳逸起见，应于各区保筹设农业讲习所、讲演会及娱乐场。

第一七条　本条例如有未尽事宜得由屯田县长或屯田区长呈请本总司令部修正之。

第一八条　本条例自剿匪总司令部核准公布之日施行。

〔中国银行档案〕

## 5．清理荒地暂行办法

（1933年5月27日）

清理荒地暂行办法

二十二年五月二十七日行政院公布

第一条　各省市公有、私有荒地除边荒另定办法外，应由各省市政府依照本办法清理之。

第二条　各省市清理荒地由省市政府督促所属县局办理之。

第三条　各省市清理荒地如需勘丈，所用尺度应适用国民政府公布之度量衡法及内政部公布之修正土地测量应用尺度章程之规定。

第四条　各县局清理荒地应备置荒地声报书暨荒地登记簿，并按季将清理情形汇报主管省市政府。前项荒地声报书暨荒地登记簿应载明荒地之地位、面积及所有人姓名等项，其格式有内政部规定之。

第五条　各省市于本办法颁布后，应限期令荒地所有人填具荒地申报书，并绘具略图向该管县局申请登记，公有荒地由保管机关为之。

第六条　各县局接到荒地申报书后，除认为必需查勘者外，应即予登记。

第七条　各县局对于申报期满后未履行申报之荒地，应于六个月内代为查报并酌收手续费。

第八条　各县局于荒地查勘完竣后，应按区段号数分别公有、私有，编制荒地图册。

第九条　各省市汇集县局之报告，应编制荒地清理报告书，按年咨送内政、实业、财政三部备查。

第一〇条　各省市清理荒地统限于民国二十五年底完成。

第一一条　各省市清理荒地于必要时得呈准中央发行地方垦荒公债。

第一二条　本办法未尽事宜由内政、实业、财政三部会呈行政院修正之。

第一三条　各省市于必要时得拟定补充本办法之单行章则，咨送内政、实业、财政三部核准施行。

第一四条　本办法自公布之日施行。

〔中国银行档案〕

## 6. 剿"匪"内屯田条例实施规则

（1933年8月）

剿匪内屯田条例实施规则

民国二十二年八月豫鄂皖剿匪总司令部呈准公布

第一条　本规则遵照剿匪区内屯田条例之原则参酌豫鄂皖边区地方特殊情形规定之。

第二条　凡边区土地合于屯田条例第一条之情形者，随时划为屯田县或屯田区，呈请核定之。

第三条　屯田区之废荒地依屯田条例第二条收归公有，以十分之五分配现役兵士或团队耕种，以十分之五归参加该县区自卫组织之人民所有。

第四条　依屯田条例第七条第三项之规定，参酌当地习惯不以亩计者以石数折算之，其石数容量以颁定新量为准。

第五条　计口授田之标准，每兵士或团队一名计折收稻谷十二石，自卫队组织之人民每一名计收稻谷十石，老弱减半。

第六条　同居屯田之人，每户授田总额至多不得超过实收稻谷数量一百石。

第七条　屯田县及屯田区之组织，依屯田条例第四条规定办理之。

第八条　本规则未尽事宜得随时呈请修正之。

第九条　本规则自呈准之日施行。

〔中国银行档案〕

## 7. 公有土地处理规则

（1934年6月2日）

公有土地处理规则

民国二十三年六月二日行政院公布

第一条　公有土地除法令别有规定外，均依本规则处理之。

第二条　本规则所称公有土地指国有、省有、市有、县有土地。

第三条　本规则所称管有机关指现管公有土地之中央或地方机关。

第四条　公有土地管有机关对于所管公有土地有使用管理及收益之权。

地方政府对于管辖区内公有土地，除中央管有部份外，有使用管理及收益之权。

第五条　凡属公有土地非经行政院核准，管有机关不得放领、标卖、设定负担或超过十年期间之租赁。公有土地除中央管有部份外，面积在一亩以下者，得由省政府或直隶于行政院之市政府之核准处分之，但须呈报行政院备案。

第六条　公有土地放领时，由承领人依照评定或呈准地价缴价承领。

第七条　公有土地标卖时，最少须有二标，以评定地价为底价，超过底价最高者为得标，如最高标价有两标以上相同时，以抽签法定之。

如有一方不愿抽签应再行竞投。

第八条　公有土地放租时，以评定地价千分之一至千分之五为月租租额，并得酌收担保金，但承租人租地全部确系从事耕作而能觅得确实担保人者，得免收担保金。

第九条　凡承租人之公有土地应由管有机关发给租照，承领或标卖之公有土地应由主管地方政府依据放领或标卖机关所发执照依法予以登记，发给土地所有权状及勘图。

第一〇条　各级政府机关需用公有土地时，应商同该公地管有机关予以拨用或租用，同时报请行政院备案。

第一一条　依前条核准拨用之公有土地应由该地原管有机关依法移转，报由主管地方政府查勘登记。

第一二条　经核准领用公有土地机关，对于该土地全部或一部不需要时，似应交还原管有机关并报请行政院备案。

第一三条　本规则施行前各省市处理公有土地单行章则有与本规则不符者，应修改之。

第一四条　本规则自公布日施行。

〔中国银行档案〕

## 8．办理土地陈报纲要

（1934年6月13日）

办理土地陈报纲要

民国二十三年六月十三日行政院公布

第一条　本纲要遵照中央决议大纲并参证行政院令发办法制订之。

第二条　各省办理土地陈报，由财政厅会同省地政机关或由省地政机关会同财政厅(以下简称主管机关)办理。

第三条　各省境内凡公有及私有一切田地、山荡等土地，除道路、桥梁、河流、城墙外，在依法办理测量登记以前，均遵照本纲要据实陈报，以便政府编造征册更订科则等事宜。

营、屯、卫等项田地，由地方政府会同原主管机关办理陈报。

第四条　土地陈报由主管机关令县饬区督率乡镇公所办理，县、区、乡、镇各设土地陈报办事处。

第五条　陈报分：(一)册书编查，(二)业户陈报，(三)乡镇长陈报，(四)审查、复查或抽丈，(五)县府公告，(六)编造征册，发给土地营业执照，(七)改订科则等项程序。

(说明)业户陈报以户为经即产领丘(外乡之户不得登入)，每乡陈报单合订一册，册尾应统计本册共若干户并土地若干亩，内分坐落本乡者若干亩(各注明某乡)。乡镇长陈报以地为经即丘领户(外乡之地不得登入)，亦每乡陈报单合订一册，册尾应统计本册共若干亩并若干户，内分住居本乡者若干户，住居外乡者若干户(各注明某乡)。以上两册同时陈报，庶可互相比对，籍防欺隐而免漏舛，此项单册式由部分别规定。

第六条　办理土地陈报及改订科则，限期一年。

第七条　册书依照粮户按乡镇自治区域，参照原有征粮区域造具，编查清册呈县核发各区，转交乡镇办事处参考。其册或另订之，同时由县政府先期召集各区乡镇长会议，俾认识陈报要义，然后成立乡镇办事处，分清公正士绅及公团、法团代表暨学校校长、教师申说陈报意义，嘱其分别预为劝导，务于实行陈报前全县人民完全明瞭陈报意义。

第八条　县办事处于业户填报期间未开始前，印就陈报单及收据，转发乡镇办事处分别发交各业户暨存处备用，陈报单款目及收据式样另订之。

第九条 业户于填报期限内应检同证明文件径赴乡镇办事处呈验、分丘、填报亩数、地价等项，惟丘块相连者得合并陈报，户在乙乡地在甲乡者，得由业户径向甲乡镇填报核送乙乡汇转；业户在他县或他省市者，得派代表径向县办事处填报并由县分别转饬田地所在地乡镇办事处知照。

第一〇条 业户因交通不便或其他特殊情形未能于填报期内办竣者，在未公告前得准予径向县办事处补报。

第一一条 呈验之证明文件应随时验明加盖验讫图章，当场发还，并附给陈报单收据，将来凭据发给土地管业执照。

土地营业执照式另定之。

第一二条 各业户陈报田地亩数应按地方习惯以亩为准（另由县办事处依照六千平方市尺折合市亩注明入册），如所报亩数不及串载册亩者，应由乡镇办事处详查原委，以免隐匿。

第一三条 各业户陈报时，遇有契载田地亩数多于折合册亩者，应据实列报具新增亩数，应由乡镇办事处于陈报单册备注栏内注明。

第一四条 各业户陈报户名应用本人真实姓名，不得沿用旧日某记某堂等名号，凡属公产或社庙、义庄等田地亦应详注经管人或代表人姓名。

第一五条 土地陈报概不收陈报费及执照费，并准免贴印花。

第一六条 乡镇办事处应于业户陈报期满后十五日内汇转区办事处，区办事处亦于十五日内转县办事处。

第一七条 复查抽丈公告造册给照及改订科则均由县办事处办理。

第一八条 陈报清册式样暨筹措陈报经费、改订科则、厉行推收及改善征收办法另定之。

第一九条 凡有地无粮或地多粮少之田亩，概不究既往，一律准予免费升科，不得征收补粮费及手续费，无地之粮即予开除。

第二〇条　未税契据准予缓期报税并免征罚金。

第二一条　陈报后田地加多新增之收入悉数拨抵减轻田赋附加之用，如再有余均拨充地方事业经费。

第二二条　凡依限陈报或延期陈报者，准于第一年田赋项下分别增减其税额百分之十至二十，以示惩奖，其隐匿不报之土地于陈报结束后由乡镇公所暂管，如经过三年仍无人过问者，视为无主土地，作为地方公产，其暂管期内之孳息及作为公产后之收入，均同前条办法悉数拨抵减轻田赋附加及指充地方事业经费之用。

第二三条　土地管业执照除丘块相连者得并发一张外，均按丘发给，不收执照费。

第二四条　各省办理土地陈报，得就地方人力、财力分区举办，其区域及日期并应由主管机关先期会同呈报省政府分别转请主管部察核备案。

第二五条　各县有左列情形之一者，得免予举办：

一、已举办清丈登记或已着手清丈而在三年内可期完成者；

二、已办土地陈报、土地调查或其他清赋事宜著有成效者；

其正在办理本条第二项事务者，应一律改照本纲要办理。

第二六条　办理土地陈报得由主管机关先期训练或遴选专门人才，分赴各县切实指导，并得会同地政机关厘订专章考选有测绘学识经验人员登记给照，准在各该县执行测丈业务，以便人民于必要时委托测丈田亩。

第二七条　办理土地陈报遇有产权争执时，应由区乡镇调解之，调解不洽由县政府核定，其已提起诉讼者仍由司法机关处理。

第二八条　无契土地确经长期和平占有经四邻证明合于民法之规定者，即依规定办理。

第二九条　凡对于公地或他人产业冒认陈报者，除查明注销陈报外，并依法处理。

第三〇条　凡阻挠土地陈报者，依法治罪。

第三一条　办理土地陈报人员，由县政府考核奖惩之。

第三二条　凡经办土地陈报事务人员如有舞弊行为者，依法治罪。

第三三条　各省主管机关应于事前依照本纲要厘订章程，呈送主管部备案。

主管部遇必要时，得派员实地考察指导。

第三四条　本纲要如有未尽事宜，得由主管部呈院核准修订之。

第三五条　本纲要自呈奉行政院核准公布之日施行。

〔中国银行档案〕

## 9．土地法施行法

（1935年4月5日）

土地法施行法

民国廿四年四月五日国府公布廿五年三月一日施行

第一编　总则

第一条　本法依土地法第五条规定制定之。

第二条　本法之施行日期及区域与土地法同。

第三条　在土地法施行之区域，于施行前已经举办之地政事项，应呈经中央地政机关依法核定，其认为不合者，应令更正或停止之。

第四条　土地法第八条第二项所称之相当限度，由主管地政机关呈请上级机关核定之。

第五条　各级政府机关需用公有土地时，应商得该公地保管机关之同意，予以租用或无偿拨用，并呈请国民政府备案。

凡国营事业需用公有土地时，应由该事业最高级主管机关核定其范围，向该公地保管机关无偿拨用，但应呈请国民政府核准。

前二项土地无偿拨用者，以未经确定用途者为限。

第六条　地方政府依土地法第十四条及第十五条征收逾最高额之私有土地时，其地价得分期给付之，但清付期限最长不得逾三年。

第七条　土地法所称省地政机关为地政厅，在成立前省地政事宜暂由民政厅设科办理。

第八条　土地法所称市县地政机关为市地政局及县地 政局，在成立前市县地政事宜暂由他局科办理。

第九条　违反土地法第十七条之规定者，除将其土地无偿收归国有外，并处以所得利益全数以上二倍以下之罚锾。

第一〇条　对于外国人不得为条约所未许可之土地权利之移转、设定负担或租赁。

第一一条　外国人依条约租用土地违反条约上所规定之租用目的者，主管地政机关得撤销其租用。

第一二条　土地法所规定之各项公断，其规则由中央地政机关定之。

第一三条　土地法所称自耕系指自任耕作或为维持一家生活直接经营耕作而言。

第一四条　土地法第三十九条规定之赔偿请求权，自登记日起二年内不行使而消灭。

## 第二编　土地登记

第一五条　土地法第四十三条所称之申请登记人在权利人及义务人协同申请或为嘱托登记时，为登记权利人。

第一六条　土地法第四十五条所称之一定期间，由主管地政机关拟定呈请中央地政机关核定之。

第一七条　土地法第四十九条第五项之地价栏，如土地有定着物时，应并记载定着物之估定价值。

第一八条　土地法第四十九条所定所有权部权利事项栏及他项权利部事项栏，应就土地及其定着物之权利各为一分栏分别记载之。

第一九条　每一登记区应编制之索引簿，分地段索引簿及所有权人索引簿二种，必要时得增制之。

地段索引簿依地段号数次序编制之，记载所有权登记号数。

所有权人索引簿依所有权人姓氏笔划编制之，记载所有权登记号数。

土地为一人以上所共有者，应将共有人姓名分别编列并各附载其他共有人姓名。

第二〇条　登记用纸中标示部或权利部，已无空白可为登记时，于新用纸中登记号数栏转载前登记用纸之登记号数，记明前登记用纸所属登记簿之册数、张数及其为继续用纸字样，并于前用纸中登记号数栏记明新用纸所属登记簿之册数、张数及为其继续用纸字样。

前用纸中标示部或其他部有空白时，就该部应登记之事项仍应于其空白处登记之。

第二一条　收件号数在前之土地，因有特殊情形未能依次登记者，其收件号数在后之土地得按照原编号数提前登记。

第二二条　土地权利登记完毕后，主管地政机关应于三十日内填发土地权利书状，但于书状未发前因登记人之声请应为登记完毕之证明。

第二三条　土地法第一百零三条所称实际测量所得之面积较提出契据所载所增减时，如契据所载四至相符，应认为所有权人土地之增减。

第二四条　依土地法第一百三十二条，但书规定不得涂销之地役权登记，以被征收土地为需役地时为限。

第二五条　申请为所有权一部移转之登记时，应于申请书表示其部分，如登记原因，有民法第八百二十三条第一项，但书之约定者应一并记载之。

第二六条　在土地法施行之区域，于施行之已举办之地政事项经中央地政机关依法核定者，其已经登记并领有凭证之土地经过一年未发生纠纷者，视为已依土地法登记。

第二七条　有左列情形之一者，得申请为预告登记：

一、为保全关于土地权利移转或使用其消灭之请求权；

二、为保全土地权利内容或次序之变更之请求权。

预告登记于附有条件或将来之请求权亦得为之，经预告登记后土地权利人对于其土地权利所为之处分有妨碍第一项之请求权者无效。

第二八条　因登记原因之无效或撤销提起诉讼者，得申请为异议登记。

土地权利经为异议登记者，于异议登记涂销前，主管地政机关应停止其与异议有关部分权利之新登记。

第二九条　预告登记或异议登记因假处分或经土地权利登记名义人之同意为之。

第三〇条　以所有建筑物或其他工作物或竹木为目的承租他人土地者，得申请为租赁登记。

申请为前项登记时，申请书内应证明租赁之目的及范围，其登记原因定有存续期间或租金并付租时期者亦同。

第三一条　外国人依条约租用之土地应由主管地政机关为公有土地所有权之登记，再由租用人为租赁之登记。

第三二条　契据专员之资格及住用办法，由中央地政机关定之。

第三编　土地使用

第三三条　土地所有权人因不可抗力致不能依土地法第一百五十五条之规定期限建筑时，得因所有权人之请求为一年以内之展限。

第三四条　土地法第一百六十一条所称房屋总数，应按房屋每层地面面积计算之。

第三五条　出租人因重新建筑，得不受土地法第一百六十六条规定之限制，收回其房屋。

第三六条　出租人出典土地时，原承租人依同样条件有承典之优先权。

第三七条　土地法第一百七十三条之优先承买权及本法前条之承典优先权，承租人于接到出租人通知后，为拒绝之表示或于十日内不为表示者，其优先权消灭。

第三八条　耕地出租人以耕畜、种子、肥料或其他生产工具供给承租人时，除依土地法第一百七十七条第一项规定收取地租外，并得约定相当报酬。

第三九条　地租以现金支付者，土地法第一百七十七条所定之地租限度，应按支付时市价折算之。

第四〇条　土地法第一百八十条第七款关于不定期限租用耕地终止契约之规定，于定期租用耕地之契约准用之。

第四一条　土地法第一百八十七条所称地方法定调解委员会未设立时，得由主管地政机关指定地方公正人士调解之。

第四二条　土地法第一百七十一条、第一百七十三条、第一百七十五条、第一百七十七条至第一百七十九条、第一百八十六条及第一百八十七条之规定，于永佃权准用之。

第四三条　土地法第一百九十三条所称承垦地单位面积额之限度，应由主管地政机关拟定，呈请中央地政机关核定之。

第四四条　以所有建筑物为目的承租他人之土地，如于租赁契约期间届满时，尚有建筑物存在者，承租人对该土地有优先承租之权。

前项情形出租人不再出租或因其要求增加租金致续租契约不能成立时，应按该建筑物之估定价值对于承租人为相当补偿。

第四五条　前条租赁于契约期届满后承租人继续使用，其土地出租人于期满后三个月内不提出异议者，视为依原契约之条件订立新约。

第四六条　第三人取得租赁土地上所存之建筑物而出租人不为转租之承诺时，承租人得请求出租人按该建筑物之估定价值为相当补偿。

第四七条　本法第四十四条及四十六条估定价值之估计，适用土地法第二百六十条至第二百六十二条之规定。

第四八条　因不可抗力致不能依土地法第一百九十五条或第二百零八条之规定期限竣垦者，主管地政机关得因承垦人或所有权人之请求，酌予展期。

第四九条　土地重划得因有关系之土地所有权人超过半数，而其所占土地面积除公有土地外超过有关系土地总面积一半者之协同请求，由主管地政机关核准行之。

第五〇条　前条土地所有权人为土地重划之请求时，得附具土地法第二百一十四条所定之重划计划书、重划地图或仅就第二百一十五条第五款至第八款事项订立章程，呈请主管地政机关一并核准之。

第五一条　土地重划后重行分配于土地所有权人之地段，除另有规定外，自行分配决定之日起，视为其原有之土地。

前项规定对于行政上或裁判上之处分，其效力与原有土地性质上不可分离者，不适用之。

第五二条　承租地因土地重划不能达租赁之目的者，承租人得终止契约。

因土地重划致妨害承租地之原使用者，承租人得请求租金之相当减额。

承租地因土地重划致增加其利用之价值者，出租人得请求租金之相当增额。

对于前项之请求，承租人得终止契约而免其义务。

第五三条　因土地重划致地上权、永佃权或地役权不能达其设定之目的者，地上权人、永佃权人或地役权人得抛弃其权利，对于土地所有权人请求相当之补偿。

第五四条　重划土地之上所存之地役权于重划后仍存于原有土地之上，但因重划而地役权人已无行使其权利之利益者，其地役权消灭。

因土地重划，地役权人不能享受与从前相同之利益者，得于保存其利益之限度内，请求设定地役权。

第五五条　本法第五十二条第二项至第四项之规定，于地上权、永佃权及地役权准用之。

第五六条　依前四条之规定租赁契约之终止，地上权、永佃权或地役权之抛弃或设定租金地租佃租或地役权代价之增减之请求，自重划土地分配决定之日起，经过二个月者不得为之。

第五七条　重划土地或其定着物为抵押权或典权之标点者，依土地法第十九条、第二百二十二条、第二百二十三条或第二百二十五条之规定，应受补偿或赔偿时而未得关系人之同意，其补偿或赔偿金额应提存之。

第五八条　耕地重划除依土地法第二百一十一条第一款之规定外，因灌溉排水或其他农事上之改良亦得为之。

第四编　土地税

第五九条　依土地法第二百三十四条但书规定特别征费时，其办法由主管地政机关拟定，送请市县政府审核后提送市县人民代表机关议定之。

第六〇条　特别征费以建筑道路或开凿河渠为限。

第六一条　为特别征费时，按事业为一地方全部及局部之利益或仅为局部之利益，得使受益人负担事业举办所必需费用之一部或全部，但其事业系为一地方之全部利益者，不得为特别征费。

第六二条　特别征费应按土地之面积、土地与道路或河渠毗连之宽度及距离，以定受益人之负担金额。

第六三条　特别征费应按事业之进行程度分期令受益人缴纳，受益人因该事业征用土地而应受补偿者，得以之抵充其应分担之金额。

第六四条　依土地法第二百三十四条但书规定之特别征费于征收增值税时，视为土地法第三百零六条所称原地价数额之一部分。

第六五条　土地法第二百四十一条所称最近市价，在市地为地价区内各段地最近二年内平均市价，在乡地为地价区内各段地最近五年内平均市价。

第六六条　主管地政机关估计地价，应依土地法第二百四十一条及第二百四十二条所定各种计算方法计算，所得之各种数额分别开列，另附说明呈请市县政府审核后提送市县人民代表机关议决之。

第六七条　土地法第二百四十二条第二项所称前条总平均计算所得之数额，系指依第二百四十一条所定各种计算方法计算所得之各种数额中之最高者而言。

第六八条　土地法第二百六十一条建筑、改良物损耗数额之估计方法，由主管地政机关定之。

第六九条　地方政府应于每期地价税及改良物征税开征一个月前，将应征税额通知纳税人。

第七〇条　土地法所称自住，系指土地所有权人或其家属自己居住而言。

第七一条　依法减税或免税之土地，如因一部或全部变更使用致减税或免税理由不存在时，其变更部分不得继续减税或免税。

第七二条　变更免税地为税地时，其地价之估定依土地法第四编第二章各条规定办理。

第七三条　免税地成为税地时，其地税自地价估定后次月份起计算之。

税地成为免税地时，其地税自受许可之日起免除之，但未依免税理由使用者，追缴其应缴之税额，不得免税。

第七四条　依土地法第三百一十八条或第三百二十二条规定，得拍卖之定着物，以属于欠税人所有者为限。

第七五条　地价税及改良物征税，于设有典权之土地或改良物，向典权人征收之。

土地增值税于设有典权之土地，由典权人缴纳，但于土地回赎时，得就其所缴纳之额数免息向土地出典人求偿。

第五编　土地征收

第七六条　土地征收于不妨害征收目的之范围内，应就受损害最少之土地为之。

第七七条　需用土地人为私人时，主管官署对于其申请征收土地之核准，应以其事业必须使用该地者为限。

第七八条　依土地法第三百四十二条、第三百四十三条附带征收之土地，不得超过兴办事业所需土地面积五分之一。

第七九条　需用土地人以其征用之土地移转于他人或变更其原具计划书所载明之使用目的时，应得原核准机关之许可。

前项许可以其土地使用目的仍合于土地法第三百三十六条各款之一者为限。

第八〇条　有土地法第三百五十条情形，其原土地所有权人于接到主管地政机关通知后六个月内，不要求买回其土地时，主管地政机关得呈准原核准征收机关照原征收价额收归公有。

第八一条　需用土地人依土地法第三百五十四条之规定申请时，应加具详细计划图，绘载征收土地之使用配置及工程设计。

前项计划图与土地法所规定之详细计划及征收土地图，均应备具二份。

第八二条　土地法第三百五十四条所规定之征收土地图，应绘载左列事项：

一、征收土地之四至界线；

二、被征收地区内各段地之界线及其使用状态；

三、附近街村乡镇之位置及其名称；

四、被征收地区内房屋等定着物所在；

五、图面之比例尺。

第八三条　土地法第三百六十条所规定之公告及通知，除记载补偿地价及其他补偿费额外，并应记载左列事项：

一、需用土地人姓名或机关名称；

二、兴办事业之种类；

三、征收土地之详明区域、

公告应附具征收土地图。

第八四条　需用土地人应于依法核准公告后，在征收土地范围内树立标志。

第八五条　需用土地人于主管地政机关为土地法第三百六十一条之公告及通知后，废止或变更其事业致土地所有权人及他项权利人受损失时，应负补偿之责。

前项补偿数额由双方协议定之，协议不成立时，由主管地政机关决定之。

第八六条　土地法第三百四十六条所称之低减地价额，由主管地政机关估定之。

前项地价额之估定准用土地法关于地价估定之规定。

第八七条　土地法第三百七十五条所称之相当补偿，其数额由双方协议定之，不成立时，由主管地政机关决定之。

第八八条　土地法第三百七十六条所称被征收土地，其所有权已登记而未转卖者，如仅有申报地价时，依申报地价额补偿之，如并有估定地价时，依估定地价额补偿之。

前项估定地价经过五年未依土地法第二百五十六条之规定从新估计者，其地价补偿额得由主管地政机关估定之。

前项地价补偿额之估定准用土地法关于地价估计之规定。

第八九条　土地法第三百七十六条所称之最后卖价，如超过估定地价百分之二十时，其地价补偿额得由主管地政机关估定之。

第九〇条　依土地法第三百八十三条第二项之规定迁移无主坟墓时，应于二十日以前公告之，公告期限不得少于七日。

第九一条　土地法第三百八十四条所称之指定期限由主管地政机关定之。

定着物所有权人逾前项期限不为迁移者，由主管地政机关代为迁移，其已领之迁移费应令邀还。

〔中国银行档案〕

## 三、租 佃 制 度 改 良

### 1. 修正浙江省佃农二五减租暂行办法

（1932年7月）

浙江省佃农二五减租暂行办法，自十八年颁布后，施行迄今，已阅三年，以原办法所定程序手续，稍嫌繁重，致推行之际，未能十分顺利，尤以确定缴租数额及减少佃业纠纷，为亟待解决之问题，自非酌加修正，俾办法简易明确，无以期减租实施之普遍，措佃业关系于安定。浙江省党部省政府爰体察政纲之精意，根据实际之情形，博征省民意见，详加审议。于二十一年七月订定修正浙江省佃农二五减租暂行办法，由省政府呈请国民政府核准施行，其条文如下：

第一条　本办法公布后，凡新成立之租佃契约，其缴租额应以该田地常年正产全收获量37.5%为标准，其副产全归佃农所有。

第二条　在本办法公布前已存在之租佃关系，其缴租额暂照民国十六年以前正产旧租额减去25%(即依旧租额七五折)为缴租标准。其已依十八年颁布之浙江省佃农二五减租暂行办法订定新租约者，照新租约缴租。

第三条　凡向有小租之田地，其大租小租之分配，依当地向来习惯办理。但大租小租应各依旧租额减去25%。

第四条　遇有荒欠年岁，如该田地全无收获或收获在二成以下时，应全部免租。如收成欠薄时，依当地向来减成缴租习惯办理。(即依前三条所规定之应缴租额内，再行减成。)

第五条　租佃定有期限者，依其约定。

其未定期限者，非有下列情事之一时，业主不得撤佃。

一、佃农死亡，而无继承人时。

二、业主收回自耕时。

三、佃农自愿抛弃其权利，经签字证明，或非因不可抗力，继续一年不为耕作时。

四、经业主催告，而欠租达一年之总额时。

五、佃农未经业主承诺，私行转佃时。

六、违反民法第432条及第462条第二项之规定时。

七、田地依法变更其使用时。

第六条　有永佃权之佃农，非欠租达二年之总额时，业主不得撤佃。但当地有特殊习惯者，从其习惯。

第七条　买主买得附有佃权之田地，非依前二条之规定，不得任意撤佃。

第八条　业主收回田地自耕时，应准原佃农留佃一年。

第九条　撤佃应于收益季节后次期作业开始前为之，其有当地特殊习惯者，从其习惯(如春不撤佃等)。

第十条　业主将田地出卖时，原佃农依同样条件有承买优先权。

第十一条　收回自耕之田地再出租时，原佃农除有欠租或恶习者外，有优先承佃之权。自收回自耕之日起未满一年而再出租时，原佃农得以原条件承佃。

第十二条　缴租期依当地习惯办理，如佃农逾期不缴，业主应限期催告。业主如故意怠于催告，不得藉口欠租而撤佃。

第十三条　预租应行禁止，但公产学产会产祀产不在此限。如预租之租额，确较当地通常租额为轻者，得暂依习惯办理。

第十四条　押租金应行禁止，但已有押金而其缴租额确较当地通常租额为轻者，得暂依习惯办理。

第十五条　业主除依本办法收租外，不得违法多收，并不得有租难、租力、租脚等额外需索。佃农缴租，亦不得有和水、搀粃、过蒸等不正当行为。

第十六条　佃业双方如因缴租撤佃或协订租约而发生争议时，应依区乡镇坊调解委员会权限规程及民事调解法先行调解。如调解不协，依法申请司法机关办理。

第十七条　争议事件有涉及刑事范围者，其刑事部分，除依区乡镇坊调解委员会权限规程第四条得行调解者外，应诉请司法机关办理。

第十八条　在未实行新度量衡之地方，得暂以各该地方通用之旧度量衡缴租，其已实行新度量衡之地方，依各该地方通用之旧度量衡折合计算之。

第十九条　本办法除森林畜牧地外，一般农作地皆适用之。

第二十条　本办法施行细则另定之。

第二十一条　本办法发生疑义时，由浙江高等法院解释之。但遇疑难时，由高等法院函询省党部省政府之意见。

第二十二条　本办法自浙江省政府核准公布施行。

## 修正浙江省佃农二五减租暂行办法施行细则

第一条　本细则依修正浙江省佃农二五减租暂行办法第二十条之规定订定之。

第二条　自二十一年七月一日起，关于佃业双方之订约缴佃撤佃及争议处理，均照修正浙江省佃农二五减租暂行办法及本细则办理。

第三条　自本办法公布后，新成立之租佃契约，应由佃业双方协订，各执一纸，约内除载明产别亩分四至坐落等必要事项外，须依本办法第一条之规定订明租额。

第四条　本办法第二条所称民国十六年以前正产旧租额，系指民国十六年以前佃业双方最后所约定之缴租额而言。有租约或租簿者，依租约或租簿所载之缴租额。如租约或租簿所载含有虚额高于实际缴租额者，依实际缴租额。

第五条　凡现无预租之田地，业主不得收取押租金，其以本办法第十四条但书之规定暂准依照习惯收取者，不得再行增加。

第七条　凡佃业关系，为修正浙江省佃农二五减租暂行办法所未规定者，依民法及当地习惯办理。

第八条　任何团体或个人，如有违反本办法，对于农民施行威迫欺诈，或假借二五减租名义，从中渔利或煽惑农民怠租抗租者，均依法惩办。

第九条　在二十一年七月一日以前发生之佃业争议案件，仍依十八年颁布之浙江省佃农二五减租暂行办法暨施行细则及浙江省佃业争议处理暂行办法各规定办理。其争议案件已系属于县佃业仲裁委员会者，限二十一年九月底办结。其已系属于省佃业仲裁委员会者，限二十一年十二月底办结。其未经申请仲裁者，依修正浙江省佃农二五减租暂行办法第十六条规定之程序办理。

第十条　本细则自浙江省政府公布日施行。

附民法第四百三十二条及第四百六十二条如下：

第四百三十二条　承租人应以善良管理人之注意保管租赁物，租赁物有生产力者，并应保持其生产力。

承租人违反前项义务，致租赁物毁损减失者，负损害赔偿责任，但依约定之方法或依物之性质而定之方法为使用收益致有变更或毁损者，不在此限。

第四百六十二条　耕作地之租赁，附有农具牲畜或其他附属物者，当事人应于订约时评定其价值，并缮具清单，由双方签名各执一份。

清单所载之附属物，如因可归责于承租人之事由而减失者，由承租人负补充之责任。

附属物如因不可归责于承租人之事由而减失者，由出租人负补充之责任。

〔行政院档案〕

## 2. 浙江诸暨县公民代表黄鼎勋等为仍照省订修正二五减租办法办理业佃缴租事致国民政府呈

（1932年9月）

呈为呈请饬县撤销布告，仍照省订修正二五减租办法办理，以杜纠纷而安佃业事：窃本区在诸暨之上小东为县属第三区，向来习惯每田一亩全收获量约为六石，业户于秋成时得收租三石或分稻半数，佃户于缴租三石或分稻半数外副产均归独有，其有非佃而欲承种者，则始有大租小租名称，大租即业户所得，小租为佃户所得，由欲承种者向有佃权者直接订约，或连大租在内总共缴租与总共分稻，或大租照缴外另缴小租若干，与大租照分外另分小租若干，须经妥协方得承种。在业户方面，只顾照额收租，其余概不与闻，是小租一项缴者为种户，得者为佃户，而于业户之收租三石毫无关系，此本区数百年来之习惯一成不变者也。自十六年二五减租办法颁行后，县府当局既不免变本而加厉，湖乡山村又不能共地而同俗，以致争端，几无宁日。本年见省党政联席会议条文有大租小租各按当地旧时实租额减去百分之二十五，方谓佃业双方从此得相安无事，乃未几又见县党部政府会议布告年成为六折，又于二卖田中业户所得租额以四分之一缴于佃户作为小租，直使本区向来收租三石之田缴租额为一石一升，而又前后共词，后幅略有似例语尚为未定之局，前段则有依遵省颁办法，参照本县习惯妥为议定，本年收租缴租之简明计算等语，却为确定之案，以致纷争者赋税递增，捐派繁重，业户之负担殆去得数之半。是业户实收不过五斗，而佃户则足得五石，对佃户固欲其生，对业户则欲其死，其民生主义偏生于一方乎。抑民生主义之信仰分子偏生于一方乎，犹有本非业户而全赖收租以维持者，如学校、善堂、路局、桥会等公共机关，若果照布告实行，势必立时停歇。是不特扰乱地方，甚且阻遏进化。当此内外交迫之际，而复为此忍心之举，实不解得各执一是，冲突大起，势将不可收拾。在县府长官均非本籍，原未易通晓风土，而党部则咸为就地人员，即或见闻寡陋，亦应查询明悉方可与议。乃突以种户缴于佃户之小租名目，无故取缴，于业户之大租又于并无灾荒之区域而通议年成为六折，而又故混其词以引起遍地纷争，抑何任意妄为，若是其甚且查本年本区年成每亩全收获量不下六石，而业户得租不过一石一升，际此其用意所在，其尤可怪者。该布告以修正办法犹未公布为词，不知新法未经施行，旧法自然有效，该布告竟将十八年省颁改订办法完全废弃，另订非驴非马之办法，设非故意捣乱，何得有此非法之文告。为此除先行电达外，合亟附呈布告，联名呈请鉴核，饬令本县撤销布告，仍照省订修正办法办理，无任迫切待命之至。除分呈中央党部暨浙江省党部、浙江省政府、浙江高等法院、浙江民政厅外，谨呈

国民政府主席林

浙江诸暨公民代表　黄鼎勋　章　韬　蒋伯雄

徐颂械　徐文绯

中华民国二十一年九月

〔行政院档案〕

## 3．实业内政两部关于修正租佃暂行条例草案致行政院呈稿

（1933年1月11日）

内政<br>实业两部会呈　字第　号

为呈请事：窃以保障佃农为本党确定政策，关系至为重要，特由内政部根据第一期民政会议议决办法，及内政部前拟之租佃条例草案，并参加各省保障佃农单行法规与实际情况，审慎拟订租佃暂行条例草案十七条并提案，提交第二次全国内政会议大会修正通过在案。理合将修正租佃暂行条例草案，缮具清折一份，会呈鉴核，转咨立法院议定施行。再，此呈系内政部主稿，合并声明。谨呈

行政院

计呈送修正租佃暂行条例草案一份

中华民国　　年　　月　　日

### 租佃暂行条例草案

第一条　凡田圃、山场、湖沼、池塘、森林、牧场等，无论公有、私有，如成立业佃间之关系者，依本条例之规定办理。

第二条　课租以征收当年当地之生产物为原则，但业佃间订有给付他物或变价之特约时，从其特约。交租物之价格，依约定缴纳时当地市价折算。

第三条　缴租限度，不得超过当地正产物收获总额千分之三百七十五。

第四条　副产物品概归佃农所有。

第五条　正租以外，不得再有小租、杂役及一切陋见。

第六条　业主与佃农身分平等，业主绝对不得强课佃农以力役或供应。

第七条　包佃包租制，及预收地租，收取押租制，应即废止。

第八条　凶年灾歉及其他不可抗力致收益减少或全无者，应按歉收程度比例减少，或免阻租额。

第九条　业主对于佃农仅得于左列情形之一时，解约撤佃：

(一)承佃人自愿解约时。

(二)承佃人死亡，而无法定继承人时。

(三)业主为生活必要收回自耕时。

(四)承租地依法变更其使用时。

(五)承佃人因伤病残废且无人代行耕种时。

(六)承佃人受刑事处分无人代耕时。

(七)承佃人故意荒芜地亩或妨害业主产权经证明确实时。

(八)承佃人将土地转租他人时。

(九)土地所有权移转于自耕农时。

(十)地租积欠达二年之总额时，但荒年及遇不可抗力者，不在此限。

第十条　业主收回自耕之土地再出租时，原佃农有优先承佃权。

第十一条　业主典当或出卖土地时，佃农依同样条件，有优先承典或承买权。土地所有权移转时，除移转于自耕农外，佃农有继续承佃权。佃农依地方特殊习惯，有偿或无偿取得永佃权者，得仍依习惯办理。

第十二条　依第九条第三款第九款之规定解约撤佃时，业主应于一年前通知佃农。如佃农对于租地确有特别改良，尚未完全享得其报酬者，业主应偿还其损失。

第十三条　业佃间因租佃关系发生纠纷时，应报由乡村自治机关调解处理之，不服者仍得向法院起诉。

第十四条　本条例施行细则另定之。

第十五条　各省市政府得就当地情形，拟定补充本条例之单行法规，咨部核准施行。

第十六条　本条例如有未尽事宜，得由内政部呈准修改之。

第十七条　本条例自公布日施行。

〔实业部档案〕

## 4．黄通：佃制改革概论①

（1935年11月）

### 一、导言

佃制改革之根本精神，在于租佃契约自由之限制，租约自由，应如何限制，换句话说，佃制改革之要点何在？概括述之，可别为四：（1）佃权之保障，（2）田租之限定，（3）佃地改良之赔偿，以及（4）业佃纠纷之处理。

上述四项，何者最要，须视各国农业情形而定。例如英国，普通均系大规模的企业租佃，所谓资本家的借地农，故以佃地改良之赔偿，最为急务。返观我国，通常均系小面积的分地租佃，则田租之限定，尤较紧要。然而，各国认为普遍而且根本的要点，厥为佃权之保障。从国民经济上说，佃耕不若自耕，主因佃耕缺乏保障，佃权基础薄弱。再从业佃关系上说，佃农被地主用种种手段来压迫，亦无非因佃权基础薄弱，无力与地主之强占的土地所有权对抗所致。故佃权之保障与安定，为革除租佃关系上一切弊害之基础条件，亦属租佃立法之主要使命。

### 二、佃权之保障

佃权保障，可分直接保障与间接保障二法。间接保障，乃对于地主解除租约，加以间接的限制。直接保障，则系取直接的限

---

① 此件1935年11月发表于《地政月刊》。

制手段，又有最短期限法定与租佃条件法定二端。

佃权之间接保障，英格兰之租佃立法可为楷模，据其规定，地主如无一定理由，而解除不定期条约，或于定期租约届满而拒绝其续租，则佃农得认为侵害佃权，要求赔偿。即从法律上说，地主固可不受任何拘束，有权解除租约，但行之不得其当，则须负损害赔偿之责，这样地主自然知所戒慎，不欲贸然撤佃，于佃权之保障上，有间接的裨补。换句话说，地主对于佃农，虽可不问理由，随时挥之使去，惟须赔偿其所受损失耳。

此法效力如何　于损害赔偿之如何计算。如赔偿额高或许有相当效力。惟一般意见，均指为无济于事。盖仅此不足以抑制豪富的大地主之暴戾也，何况此法明认地主之任意解约为合法行为，尤背现代社会之正义观念，不足为训。不过，英格兰乃企业租佃之国，佃耕规模较大，佃农之势力亦较强，此法或尚可行。

佃权之直接保障，乃对于地主之租约解除权，加以直接限制，又因定期租佃与不定期租佃而异。对于定期租佃，通常规定其最短期限，而且佃农于期满时有要求续租之权，地主如无正当理由，不得拒绝，对于不定期租佃，则规定佃农如不违反法定租佃条件，地主不得解约。

最短期限之法定，宅地易而农地难，盖借地建筑，得以建筑物之维持年限为标准。而定一最短期限。欧洲之轮作式农业，犹可以轮作年限为标准，而以其若干倍，为一最短的租佃期限。若我国之连作式的稻作，经营年各一度。实难决定一适当之最短期限，通常于租约之存续期间外，犹带有租率不变期间之意义。即田租之改订，普通于租约满期后为之，故最短期限之决定，可以田租应于若干年后改订一次为准绳，依据德国习惯，租佃期限，大抵大农场为十八年，小农场十二年，分地租佃者六年。有模范佃制之称的普鲁士邦有地之放租，亦以十八年为一期。

如上所述，租佃最短期限之决定，理论上是以田租改定时期为标准。所以，租佃期限虽届满，如佃农仍愿纳适当田租，而希望继续耕作，则地主除有正当之理由外，不得拒绝，而且何者方算正当理由，法律上亦应明白规定，至于不定期租佃亦然，地主如无正当理由，不得任意解约，致妨佃权之安定，换句话说，不定期租佃与期限届满后的定期租佃，只要佃农不违反法定的租佃条件，地主无任意解约之权，这便是租佃条件法定的佃权保障法。

法定的租佃条件之内容，自随各国的租佃情形而异，未可一概而论，惟其主要条件，总不外欠缴田租与荒废耕地二点。田佃欠缴达二年以上，或荒废耕地，业经地主劝告而仍不停止者，始得视为故意违反，要之，佃权保障方法，无非欲使一般租约，逐渐化为永佃关系，佃农苟无不当之行为，地主不得解约，纵令地主易人，对于佃权，亦不生任何影响耳。惟于此有一问题，即一旦地主因不得已事故而欲自营耕作，或基于其他正当理由，而欲变更其所有地之使用目的（如变农地为宅地或厂基等），将如之何？法律对此，自应有例外规定，使地主得给与佃户以相当赔偿，而收回其耕地，不过为预防其滥用此种规定计，应向法院请求批准。

此外，与佃权保障有关者，犹有佃权买卖问题，佃地转佃问题，以及农业自由经营问题。自来农政学者，大抵侧重地主保障，认佃权买卖足以限制地主土地所有权而不知取其实。既有租佃法以保障佃权，则佃权买卖，自须认为合法。盖禁止佃权买卖，则佃户因衰老、疾病或家属患病而致劳力缺乏，不得已退佃时，须无条件的还地归主，与租佃立法之禁地□□□解约，或要求还地须付赔偿之规定，用意恰相背反。即同一佃权，于地主撤佃时，视作佃户财产，使受一定赔偿，而于佃户退佃时，即成毫无偿值之物，于理殊说不通。然而，佃户退佃必要求地主一一加以赔偿，为地主计，实亦不胜其烦，所以，倒不如佃权得以自由买卖，使其价值有实现机会，较为简便易行。当然，佃权之承购者系何等人物，与地主有重大的利害关系，佃户须将承购者姓名，通知地主，地主如认为非适当之人，得拒绝其承购，不过，地主之拒绝权，系消极性质，并非佃户出售佃权，必须请求地主许可，此则不可不办别者。

或以为佃权买卖之结果，农民取得佃耕地，亦须出资购买，佃权从增加佃户之负担，殊非得计。讵知佃权原系一种耕作权，佃户出资购取佃权，犹自耕农出资购取土地所有权，一旦退佃，仍可出售，而收回其代价，并无所损。而且佃权将因有代价的取得，其权益固，佃权买卖之结果而发生永佃，各国固不乏其先例也。即佃权单固而佃权之买卖起，佃权买卖而使佃权益固，其间正有因果关系呢。

其次，与佃权之买卖似是而非者，为佃耕地之转佃问题，此系第一佃户向地主租地而转赁于第二佃户耕作，已则于中取利之谓。第二佃户（即是耕作的佃户），因受第一佃户（即租地佃户）之居中剥削，负担增重。爱尔兰与罗马尼亚的农民，曾为此种恶习而尝过不少的苦辛。所以，法律上应加以明文禁止方合，不过于此亦应有例外，此方佃户因家属生病，以致劳力不足，或因其他正当理由，临时的转赁他人耕作，或佃耕合作社，租借大面积的土地，加以分割，而转赁其社员耕作，前者系不得已而出此，应视作临时的行为，而加以有限制的承认，后者则佃农欲藉团结之力，自动的改善租佃条件，却值得奖励的。

复次：系农业之自由经营问题。佃权保障之结果，佃农获得农业经营之自由，更藉农业经营之自由支配权，而获得土地之相当支配权，这是自明之理。但一般习惯，地主为预防佃农之损耗地力起见，常于租约上严限佃地之使用方法，尤以田租谷纳时，地主为收取品质优良的谷物计，往往指定应栽培的作物之种类及品种，妨害佃农经营之自由，实非浅鲜。所以，法律上应明定此种束缚为无效。英格兰的租佃法，即有不同习惯与特约如何，佃农对于佃耕地有自由经营权，对于农产物有自由处分权之规定，当然，佃农如毁坏或荒废其耕地，地主得要求赔偿损失的。

三、田租之限定

田租之限定，有间接限定与直接限定二法。间接限定法，系扶助佃农团结，使籍自助力量，限定田租，又分共同租佃与团体协约二法，共同租佃法，乃由佃农组织租佃合作社，以合作社名义，向地主租借大面积土地，分割转赁于各社员耕作，或不加分割而由全体社员共同耕作之，这样，佃农可藉集团的自助力量与有力的地主对抗，以获得合理的租佃条件，而限定适当的田租。欧战以前，罗马尼亚政府曾奖励租佃合作社之设立，颇著成效。团体协约法，乃由佃农与地主协会，对于期限、租率等重要的租佃条件，缔定基础的协约，使各业佃均准此约定而商订租约。欧战以后，意大利的分益租佃，曾采此法，二者均欲凭藉佃农集团的自动力量，达到间接限定田租之目的，除俟佃农自身之觉醒与奋斗外，别无捷径，法律上不过明定租佃合作社得以转租其田地，以及确认团体协约之效力，使于此不合的租约，加以改正而已。

直接限定法，乃以国家权力，强制的限定田租，又分最高田租公定与适当田租公定二法。田租数额，应视佃地之地位、地形以及土宜而异，未可适用划一的规定。故最高与适当田租，均须使特殊机关，审察实在情形，而为各别的规定，前者大批以一小区域的地方为一单位概括的决定其最高数额，后者须依每一佃地而各定其适当数额，惟二法所生效力，显有不同，即最高田租，系指地主可以收取的最高租额，在此租额以下，业佃双方得任意商订一定租额。但适当田租，意谓田租数额，恰与其佃地之生产力相当，而保持公正的平衡，一径限定，不许变更，地主与佃户，不复有自由商订之权。换句话说，最高田租之决定，仅足拘束业方意思，适当田租，则可拘束业佃两者。采用前者，罗马尼亚的租佃法，德国的小园地租佃法。采用后者的，有爱尔兰的土地法：英格兰及苏格兰的租佃法，以及德国的租佃保护法。

最高田租公定与适当田租公定二法之优劣，须视各国租佃情形而异，未可一概而论，大体上，似以后者较优。论理最高田租之限定，无非藉以预防地主利用强大势力，而收取高度的田租，其所根据标准，亦不外佃地之生产力，故与适当田租，并无二致，而且最高田租之效力，仅是拘束业方意思，而适当田租，则兼拘束佃方。为佃农利益计，却似以前者为优。然而，实际上最高田租决定之机关，往往易为最高二字所蒙惑，以为此乃佃农可以支付的最高租额，难免陷于南辕北辙之弊。

如以适当田租公定法之较为可取，那末，一旦限定的租率，其适用期间应为若干年，即田租之不变期间，应定若干年？此则须视田租之种类而异，例如货币田租与实物田租分益田租与定额田租，以及活准田租与实物折价田租等，其价值变化之情形既异，其租率之不变期间亦应不同。然而，现今世界上最普通者，厥为货币田租，货币田租之不变期间如何，又须视一国一时代经济情形的安定程度而决。如果主要农产物之价格，变动靡常，或货币价值，摇乱不定，则田租之不变期间，以短为尚。活准田租，此时或较定额田租为优。如果经济情形，较为安定，则田租之不变期间，以长为宜，否则有妨租约之安定，以及农业经营之发展。至于具体的决定，自然还须依据具体的情形。例如爱尔兰的租佃法定为十五年，苏格兰七年，英格兰两年，长短各有不同也。然此仅就货币而且定额的田租而言，如系实物田租，则田租价值，随实物价格之腾贵而自动增涨，其不变期间，自不宜过长，以便业佃双方，得以随时改订。

其次，适当田租之公定，应由何种机关行之，亦一重要问题。但各国关于业佃纠纷，必有处理机关，使之兼管适当田租之决定，殊属便利而恰当。其组织与权限如何，容述于后。

此外，尚有田租之减免问题。论理，年荒岁歉，则收成减少，收成减少，则农产物价格腾贵，于农民之货币收入，无大影响。

故货币田租，除颗粒无收外，只要租额平允，似无减少或免除之必要，但实物田租则不然，佃农一遇灾荒，即影响其纳租能力，自非设法减租或免租不可。

四、佃地改良之赔偿

佃农用自己劳力与费用，改良佃地，增高其价值，一旦送地归业主，而不获丝毫赔偿，则等于业主没收佃业之财产，而坐受不当利得，其不合理也甚明。故佃地改良之赔偿，亦佃制改革上一大要点。英国租佃立法，初本专以保障佃户关于此种权利而发轫，其后加上田租限定，佃权保障等规定，始成今日之租佃法。当然，佃权得有充分之保障，地主不能随意撤佃，则租佃契约，甚少终止机会。关于佃地改良之赔偿问题，自亦渐失其重要性，然而，基于种种正当理由，仍不乏地主撤佃，或佃农退佃之事，关于此点，仍有明白规定之必要。

那么，何谓佃地改良？此处所谓佃地改良，不仅单指狭义的农业土木的土地改良，乃包括农房、畜舍、禽舍、肥料堆积处等各种必要的建筑物之设置，树木之栽植、排水、灌溉、客土、耕耘、肥培，以及其他一切足以提高佃地价值的工程之外，佃农于长期间续继适当的工作，改良佃地之土壤，而提高其生产力，即所谓继续的善良耕作，亦包含于其中。佃地因上举原因而增加其价值，则地主于归还佃地时，对于其所增价值，有给与佃农以赔偿之义务。当然此等改良物，其中有易为佃农取回者，佃农自有取回之权利，但其大部分系定著或密接于土地之上，不便撤去。或虽有撤去，而因撤去将大损其价值者，故原则上亦应视为不复取回。佃农既不拟取回，则地主不问其能取回与否，均有赔偿之义务。同时，改良物性质有不宜撤去者，如佃农必欲取回，必致破坏农场组织，损害其经济价值，地主自有拒绝之权。

其次，如佃农未得地主同意，或积极违反契约而施行土地改良，是否亦有请求赔偿之权利？换句话说，佃农得以请求赔偿者，仅以已得地主之同意者为限乎？或土地得以契约而禁止一般的或特殊的土地改良，如佃农出于契约之违反，则地主可不负赔偿之责乎？论理佃农对于佃地实施必要的改良，为农业经营及国民经济计，均值得奖励，地主不应以契约而加以禁止，同时，苟佃农改良土地，一一须求地主同意，则遭地主反对，即等于以契约而禁止其改良。所以不问租约如何，或地主是否同意，佃农对于佃地得随时加以改良方合。惟据一般习惯，重要的土地改良，大抵由地主担任，所以，佃农于着手改良之前，最好先拟就计划，通告地主，使其于一定期限内实施之。如遭地主拒绝，或虽不拒绝，而不于一定期限内实施，然后开始自动改良较为妥当。土地改良，何者须得之主意，法律上应逐条列举之，除列举者外，不妨由佃农自由改良之。

反之，地主要改良耕地时，是否须征求佃农同意？原来耕地之重大的改良，必致引起地形变异，田租改订等问题，与佃农有深切的利害关系，自以征求佃农之同意或合作为宜。

此外，佃农获得赔偿请求权后，关于佃地改良之评价，或法律的解释，业佃双方，颇有意见冲突之可能。关于此点，可使处理业佃纠纷机关，负决定之责。

## 五、业佃纠纷之处理

业佃纠纷，不问租约自由之有无限制，均有发生之可能。国家应设特殊机关处理之，因为（一）向普通法院起诉，手续麻烦，而且确定的判决，亦须经过相当时期于解决琐佃事件，甚不方便。（二）非延请才能优秀的律师办理诉法，往往难于取胜。但才能优秀的律师，所索报酬较高，决非贫寒佃户所能延请。（三）法律家对于攸关农业习惯或农业技术的特殊纠纷，未必能下正确的判断，如欲得正确的判断，则必先以慎重的调查，费用既大，而判决亦愈致延迟，所以普通法院，以之审判普通民事上，或商法上的大诉讼则可，以之处理关于农业上特殊情形的小纠纷则不可。

那末，处理业佃纠纷的特殊机关，应如何组织？不可不一论之，此种机关，既专为处理关于农业上的事件而设立，则与普通法院，自异其性质，应使熟谙农业情形者参加之。当然审判官须为法律专家，惟使精通农事者充陪审员或审判员，而尽其辅佐之责而已。而且纠纷之如何解决，影响业佃双方之福祉甚大，所以陪审员宜从地主及佃农两阶级中，各选同数的代表以充之。德国、爱尔兰以及苏格兰的土地审判机关之构成，甚足为吾人取法。

其次，诉讼手续，应力求简便，口头辩论，以当事人亲自出庭为原则，律师以及其他代理人，不宜参加，否则律师能力之强弱，影响讼事之胜败。地主能延请高明的律师，易操胜券，佃户反之，而且佃户将有惧讼费之浩大，而停止诉讼者。至于裁判机关，遇有业佃纠纷，应使当事人先谋和解，和解不成，然后方下判决。德国的租佃保护法中，是有这样的规定。

六、结论

我国租佃立法，除适用民法债篇关于佃债之规定外，土地法中耕地租用节，有详密的厘订。关于佃权之安定，采直接的保障法，业主无法律上列举理由，不得终止无定期的租约（土地法第一百八十条）对于耕地并予佃农以优先承买（同第一百七十三条）请求征收（同第一百七十五条）之权。关于田租，限定最高租率为正产物千分之三七五（同第一百七十七条），并禁止其预收，准许其缓付（同第一百七十九条）。遇年岁荒欠，且得分别请求减租或免租（民法第四百五十七条）。其次，佃地改良之赔偿，土地纠纷之处理，以及佃地转租等问题，均有明文规定。

然而，佃权之保障，即此已属充分欤？田租最高额之限定，已得合理的标准吗？解决土地纠纷机关，不病重床叠架欤？凡此种种，均有论议之余地。去年中国地政学会，曾召集土地法研究会对此已提出修改意见矣（参照本刊第三卷第一期）作者当以探讨所得，要目另篇论之。

〔地政署档案〕

## 5. 賁通：中国租佃问题及其解决方案①

（1936年 4 月）

### 一、租佃问题

租佃问题，有二重意义，一为农业生产问题的租佃问题；另一则系农村社会问题的租佃问题，当然这二者不能机械的划分，因为农业生产力量与农村社会形态，是有反作用与交互乡的关系。

农业生产问题的租佃问题，惟大农经营之国始见之。例如美国耕地较富，而农户较稀，佃农又较雄于资力，所谓资本家的借地农，不致轻易受人压迫，有种佃农恐其行动将蒙拘束，不愿与地主订长期租约，常利用短期租佃，实施掠夺农业。地主呢，有出于投机性质者，其购置田地目标不在于收取地租，却在于高价而估。为脱售便利计，亦喜短期租约，虽掠夺农法，足以损耗地力，但地主所注视者，在于地价之投机者的抬高，而非地力之保存也。地力损耗，从整个国民经济弊害甚大，所以美国农政学家如戴乐、葛莱等均力主制定租佃法，延长租佃期限，与佃地改良以赔偿请求权，而使佃农与耕地发生密接关系。可见，美国的租佃问题，并非在于业佃对立之解除，而在于农业生产力之保持。

至于农村社会问题的租佃问题，主因租佃条件所引起的业佃对立，是一种严重的社会问题。此种租佃问题之发生，必先有物质的与精神的前提条件。物质的条件有三：（一）佃农数量较多，（二）佃农类属贫户，（三）租佃制度不合理。精神条件则为（四），佃农有斗争的意识。四者缺一无法爆发。例如德国以自耕农居多，英国虽多佃农，但资力较富，一八八一年以后爱尔兰的佃农，虽类多贫苦，但已得合理化的租佃制度，所以，均不致掀起严重的问题。此外，如印度、朝鲜诸邦，关于物质条件，已应有尽有，使以大多数佃农尚浑浑噩噩，缺乏斗争意识，所以农村危机，犹可

① 此件发表于1936年 4 月《大公报》。

掩盖下去。

## 二、中国今日的租佃问题

我国农业经营规模之狭小，为世界各国所仅见，自然不会引起农业生产方面的租佃问题。然而农村社会方面的租佃问题之发生条件则早已具备，兹请分别论之。

(一)我国佃农数量虽乏确凿统计，但佃农与半佃农而言约占全农户百分之五十左右；而且近年有继续增加之趋势，其分布区域，南部多于北部，广东、江苏两省中比率较高的地方，竟达百分之九十以上。

(二)据国府主计处民国二十一年的统计，我国农家每户平均田地，不过二十亩左右，而人烟较密的如湘、粤、闽、浙等省，只有十二三亩。至于每亩平均出产，据陈正谟先生估计，一年亦不过十二元，而佃农对于地主所缴租额则甚高，物租常占产量百分之五十以上，钱租亦常占地价百分之十以上。假定长江流域佃农某甲，佃耕水田十二亩，每亩出产十二元，每年共得一百四十四元，缴给地主百分之四十二（据陈正谟先生估计，这是长江流域的平均物租率）所余只八十四元，经营资金的本利及企业利润，都在其中，如果这佃农家有三、四口，靠这八十四元为生，则欲求过贫穷线以下的生活亦不可得（参照陈正谟，如何解决各省耕地之地租问题，中山文化教育馆季刊三卷一期）。我国佃农之困苦，于此可见一斑。

(三)关于佃农保障。我国向无积极的设施，民十五，国民党二届中央各省市总支部代表联席会议，始有“二五减租”的决定，但奉行者寥寥，收效亦微。十八年，国民政府曾命令调查各省田租数额及农人生活概况、生产概况，以为“二五减租”之实施基础。二十一年，第二次全国内政会议曾通过租佃条例，但均纸上空文，未见实效。最关重要的尤推十九年六月颁布之土地法，其中农地章之主要部分，便是保障佃农，但迟至今年三月一日，始命令实施。佃农既无保障，佃制自难合理，一般贫穷无告的小民，自然要挨受压榨的痛苦。

（四）至于精神条件呢。农民在国民党宣导之下，渐有革命意识。中山先生于十三年八月曾亲对农民党员讲演；第一次全国代表大会（十三年四月）对于辅助农民定有种办法。第二次全国代表大会，更采取积极的农民政策，所以农民运动，遂由粤、桂而次第蔓延于各省。蔡树邦先生以苏浙二省为中心，研究各地佃农风潮，计自民十一迄民二十年，共一百九十七件，加入人数达三十七万四千六百六十六人。而且由民十一之十一件，加入者一万八千一百二十人增为民二十之二十一件，加入者四万五千九百七十五人（见东方杂志三十卷十号二十八面）。

年末强邻煎迫益急，国势险危万状，农村景象远不如前，驯致业佃纠纷，层出不穷，农民生活惨不忍视。例如江苏常熟，佃农因追租、放押者一时达六百余人，监狱人满，只好鹄立过日（二十四年三月二十六日苏报）。湖南滨湖各县，湖汛之余颗粒无收，一般田主竟勒令加壮纳租，以致灾农扶老携幼，相率流亡（二十五年一月二十日湖南民国日报）。四川灌县佃农因愈耕愈穷，迫得佃农住的破草屋，吃的是碱杏菜，逼得无可为生，情愿去坐牢（二十三年一月十三日益世报）。诸如此类，不胜枚举，农村社会之危机四伏，可想而知。

三、中国租佃问题之对策

我国农民约占全国总人口四分之三，而佃农又占全农户百分之五十左右。租佃问题之是否解决，不但影响农村安危，抑将攸关国族民脉。解决租佃问题，不外三条路线：（一）废止土地私有制度，铲除地主阶级；（二）变佃耕为自耕地，消减佃耕的企业形态以及（三）颁布租佃法规，限制自由契约，换言之即（一）土地国有，（二）自耕农创设以及（三）佃制改革。

土地国有，当然是最彻底的手段，可惜言之非艰，行之为艰。

实施土地国有，有三个可能的途径，即：（1）无偿没收土地，所谓踢去地主；(2)征收地价税，所谓税去地主；与(3）补偿征收土地，所谓买去地主。

无偿没收土地，理论上的当否，暂置勿论，但在现代社会体系之下，欲以和平手段，推行没收政策，事实上是不可能的。

征收地价税，要用课税方法，消灭地主，理论上仍以地租课税，不能转嫁，而且要以课税办法征取全部地租，结果等于没收。如不能全部征取，则地主仍可存在的（参照祝平中国土地改革导言地政月刊二卷一期）。补偿征收土地,是承认今后孳生的地租，乃地主的既得权，理论上很不彻底，而且实行时，国家于财政上有莫大负担，是否所得足偿所失，殊属疑问。

其次，所谓自耕农创设，是借国家、公共团体、或其他的助力，使佃农购取其佃耕地而进为自耕农。其实施方法有直接创设之别，直接创设法，乃由国家依照自由契约或强制手段，自行购进土地，分割为适当的面积，转售于农民，使分年缴价，间接出售与否，全任地主自由或用一定手段，加以强制而已，但佃户之条件，即：(1)运用绝大资金，与(2)强制地主售地，否则必无显效。

那么佃制改革之价值如何？佃制改革，其利有三：（1）国家以租佃立法而改革佃制，无须财政上特别负担，其利一。（2）佃制改革结果，田租减轻可使地价逐渐下跌，间接便于自耕农之创设，其利二。（3）制定租佃法而改革佃制，给土地私有权以一种限制，可目为一种土地社会化之阶梯，其利三。所以，中山先生手定的政纲，是平均地权。对于市地，侧重涨价归公,对于乡地，主张实现耕者有其田。但国民党具体的土地政策，仍从保障佃农入手，盖以改革佃制，不仅其本身具有相当价值，且亦有补于其他政策之推行，与中山先生之指示，并无所违也。

佃制改革要点有四即(1）佃权之保障，（2）田租之限定，(3)

佃地改良之赔偿，以及(4) 业佃纠纷之处理。我国土地法对此均已有相当规定，例如关于佃权之安固，采直接保障法。定期租约届满时，除出租人收回自耕外，如承租人继续耕作，得视为不定期租约(一百七十二条)。不定期租约，则业主无法律上列举理由，不得终止之(一百八十条)。对于耕地，并予佃农以优先承买（一百七十三条)与请求征收(一百七十五条)之权。关于田租之数额，采取最高田租公布法：限定最高租率为正产物375‰(一百七十七条)，并禁止预收，准许缓付(一百七十九条)。其次，关于佃地改良，允许承租人自由为之(一百七十六条)将来返还耕地时，得向出租人要求赔偿(一百八十六条)。惟关于业佃纠纷处理机关之规定，尚欠明确，似应参酌爱尔兰、苏格兰以及德国的土地审判机关之构成，予以适当的补充。

中国系小面积分地租佃的国家，租额高低，极关佃农祸福，土地法正产物三七五为最高租率，殊不妥当。盖所谓耕地正产物收获总额，乃农业生产上之成果。但经营农业，土地之部分不变，而劳力资本，可以次第增加，今以正产物收获总额定为地租标准，则佃农多投劳、费所增之成果，亦将令地主参与分配，事之不公，莫甚于此。所以，似应采取中国地政学会所提修正意见，改以地价为标准。推定地租最高额为8％，衡以目下普通利率，犹嫌稍高耳。

爱尔兰一八八一年的土地法适当田租公定法，以佃耕地的生产力，农产物价格，农业经营费，以及佃耕地的改良暨毁损五者，为决定租额标准(参照杜修昌佃租问题地政月刊二卷二期)，作者以为适当田租公定法较优。惟衡之中国今日的地政情形，自知此种愿望，未免过奢。

## 四、结论

大凡一种政策都具时间性与空间性的。佃制改革，只是在土地私有制度下，一种温和的救济手段而已，当然不是解决土地问题的根本办法。何况租佃问题，不过土地问题一部分，土地问题不过农村经济问题一部分，而欲把握农村经济问题之核心，又非了解整个的国民经济体系不可。本篇范围限于租佃问题，其他不欲涉及，然而与租佃问题最有密切关系者，要算土地问题，租佃问题之真正解决，有待整个的土地政策之推行。审察国民经济及社会组织之现状。中国今日之土地政策，仍以中国地政学会第二届年会所议决的纲领较为切实，作者不嫌蛇足，爰引录于下，以充本篇的结语。即：

一、迅速规定地价，实行累进制之地价税及增价税，以平均人民之负担，限制豪强之兼并，使国家可收应得之地租，人民除离之压迫。而土地得尽量经营利用，以期国民经济之繁荣，社会之和平进展。

二、立即依照规定地价，严定租额，并基于平等合作之精神，改正佃租制度，使业佃两方权利义务之分配，合乎公平妥善之原则。使劳资密切合作，地尽其利，农村安定，整个社会之进步可期。

三、实行设立农业及土地金融机关，以调剂农村经济，奖励土地生产，扶植自耕农。于监督贷款用途之中，寓统制土地使用之意，庶使将于国民经济生产建设之趋向。

四、国家应即速注重土地利用，实行移垦政策，以求土地与人口之调剂，地利之开发，生产之增进，边疆之充实，至办理边疆之垦殖，宜以国营为原则。

〔地政署档案〕

## 四、土地政策的实施

### 1. 国民政府文官处关于废止福建省龙岩县实行的生产党土地政策恢复业权问题与行政院往来函

（1935年7月—9月）

（1）国民政府文官处函（7月29日）

公函　第三八二四号

径启者：奉主席交下福建龙岩县旅沪同乡会吴剑秋呈，为龙岩县历任县当局以政费之故，仍施行生产党之分田制，不予恢复业权，重征土地税，有违中央政纲，请立赐严令该县政府，确复业权，并遵令设立土地登记处，规复粮制一案，奉谕交行政院。等因。相应检同原呈，函达查照。此致

行政院

计检送原呈一件

中华民国廿四年七月廿九日

呈为呈请事：窃敝邑于民十八年惨遭共祸，旋于十九年冬蒙四十九师杨旅长逢年督同民团克复全境。杨旅长以招集流亡，安定农村，统一民志，当从恢复业权始。莅岩之初，即令佃农悉依十七年之旧，尔时长县政者为康县长子常，照此方针，规复旧制，而业佃翕然，毫无争执。故四十九师以一旅之众驻岩年余，而四境帖然，民忘其乱（现杨旅长充驻闽绥靖主任公署高级参谋，康子常闻仍任归化县长，是否事实，不难询问）。虽廿年春，共匪复陷岩城，然未几即为十九路军所驱逐，其于杨旅长已复之业权，尚未及捣乱也。后不幸十九路军创乱闽省，竟以敝邑为试验区域，援用徐名鸿、魏育怀等一班生产党，谬为计口授田之说，而为百分之三十之征，佃虽不纳谷于业户，而政府征收之土地税，几于过之，名虽分田，实则夺产也。嗣荷驻闽绥靖主任蒋提军入闽，记其莅漳讨逆第一号文告有夺产分田形同赤化两语。尔时敝邑难民，聆此德音，无不欣然色喜，私念蒋主任既明瞭逆军残民之症结之所在，则此后施政方针，自有把握。不料，我军奠定敝邑之始，长县政者为彭县长，不知为何人所煽惑，亦以征收土地税，可以充裕政费，而分田如故也，夺产如故也。适陈专员兼县长琢如莅任，

敝邑难民于轺车到漳时，当即以恢复业权，停收土地税请。而陈专员发表谈话亦有决不使有田者顿失其田之语(见厦门各报)。不料，迟之又久，分田如故也，夺产如故也。今荏苒已三年矣，探闻委员长蒋行营已有限期成立登记处条例，闽省政府亦有恢复龙岩业权之请，仰见层峰顾念政体，爱惜民生之意。难民等翘首东望曰：庶几其生我乎。久之，噩耗传来，而分田如故也，夺产如故也，且闻变本加厉，征收本季土地税，犹以为未足，复有预征下季几成之举。嗟我岩民，其何以堪。伏思我蒋委员长为除赤安民起见，不惜穷全国之力，冒寒暑以长征，至其与汪院长等陈述全国土地整理与分配之电，一则曰：吾党纲领何在，土地政策是否可离弃党纲，而仿效他人，充其所至，非如闽中之反党易号不可。再则曰：实行分田制，同村土地有肥瘠，异村人口有多寡，自绝难得有合理分配之方案，因而赤匪所行，村各异政，人各异施，纯恃爱憎与强弱为出入，对其伪特殊阶级，尽先分配以肥沃，仍许以雇工代耕，替代其所残杀打倒之原有地主，起而为新地主。呜呼，何其明见万里之外至此也。今全国一千七百余县，独敝邑一县土地竟异其制，想亦无此政体。乃历任县当局敢于冒此大不韪者，知必有故矣。去年省政府特派王毛两委员到龙岩调查土地，其如何呈复，无从探悉，但据其过厦谈话，则曰龙岩土地径界如故，业权不难立行恢复，所以混乱至今者，实因政费之故（载厦门各报)，此等言论，可谓微而显，婉而严，而历任县当局固熟视无睹也。总之，以赤匪蹂躏之田制，杨旅长以一纸文告复之，已如上述矣，即邻县长汀，赤匪据为巢穴者，七年于兹，今年甫经克复，而业权之恢复，不待崇朝，此显著之事实，无可隐讳者也。尤痛心者，龙岩之田，乱于赤匪者，可以立复，而分于逆军者，至今为梗，不知县当局将何说以处此。况业权不恢复，则难民不能回岩，民志不能统一，而农村之秩序，自长在混乱之中。即前蒋委员长所谓村各异政，人各异施，安保其不因强弱肥瘠而争竞也。日来传闻敝邑除城厢外，其附廓数里内，即日有惨杀事发生，致病原因，当可想见。敢乞钧府顾全政体，俯恤难民，立赐严令龙岩县政府速布文告，确复业权。一面遵令设立登记处，规复粮制，毋使一千七百余县之民得享田园之乐，而龙岩一县独抱向隅。敝会同人，身受惨祸，流落他乡，复叠承父老之哀鸣，目击流离之惨状，哀痛切身，义难缄默，披肝沥胆，泣涕陈词，伏乞如请施行，实为德便。谨呈

国民政府主席林

福建龙岩旅沪同乡会主席　吴剑秋

会址上海法租界吕班路万宜坊八十四号

中华民国二十四年七月二十日

（2）行政院公函（9月6日）

行政院公函　字第三〇八七号

案查前准贵处二十四年七月二十九日第三八二四号公函，以据福建龙岩县旅沪同乡会吴剑秋呈，为请严令龙岩县政府确复业权，并遵令设立土地登记处，规复粮制一案，奉谕交院，函达查照等由，准此，经交福建省政府在案。兹据该省政府查复办理经过情形前来，相应抄同原件，函达查照转陈。此致

国民政府文官处

附抄送福建省政府查复原函一件

院长　汪兆铭

中华民国二十四年九月六日

抄　原　函

案准贵处函开：奉代理院长谕：国民政府交办福建龙岩县旅沪同乡会吴剑秋呈，为龙岩县历任县当局以政费之故，仍施行生产党之分田制，不予恢复业权，重征土地税，有违中央政纲，请

立赐严令该县政府确复业权，并遵令设立土地登记处，规复粮制一案，应交福建省政府。等因。相应函达查照等由，附抄送原函暨原呈各一件。准此，查此案前据该同乡会径呈前来，业已令饬龙岩县政府遵照剿匪内农村土地处理条例规定，妥速办理，并批示该会知照在案。准函前由，相应函复查照。此致

行政院秘书处

福建省政府主席　陈　仪

八月二十三日

〔国民政府档案〕

## 2. 国民党第五次全国代表大会关于推行土地政策纲领的决议

（1935年11月）

推行本党土地政策纲领

本党秉承，总理遗教倡议平均地权及耕者有其田，历有年所。徒从军事丛脞，国难迭乘，致未实现。兹因民生艰苦日甚，实施党纲，决不容缓，爰确切依据总理所倡办法，提议实行本党土地政策如左：

一、各省应在所属区域内，分期举办申报地价。申报地价之办法期限及其推行程序另定。

二、自申报地价完成之日起，一切旧额粮赋及附加税捐，概行废止；同时实行按照报价，征收地价税。地价税采累进制。

三、举办申报地价时，须同时办理土地需要登记，凡需要土地者，得向政府申请土地，并报告其支付能力，政府得随时依照报价，征收土地，转给自为耕作之农民，以实现耕者有其田。或为其他建设事业之用。

---

① 原件无时间，经考证为1935年11月。标点为原件所有。

四、自申报地价后，关于土地一切负担之设定，其总额不得超过报价百分之七十；地租最高额，不得超过报价百分之十。

五、自申报地价后，实行征收土地增值税。土地增值税，系以移转时之地价或申报地价满三年后之估定价格，超过现所申报之地价为标准。

六、自申报地价限期满后，未申报地价之土地，由政府没收之。

七、自申报地价后，政府积极实施垦殖政策，以租税收入之一部，及征收或没收所得之土地，供移垦之用。凡私有荒地，并须限期垦竣之。

附则

一、土地法与本纲领不符之处，由立法院修正之。

二、实施本纲领，应设立地政机关及土地银行；其办法另定之。

三、申报地价后，土地权利如有移转变更，应申请登记。

〔说明〕

1. 本办法之主要目的，系求能于测量登记等整理手续未完成前，即速实行地价税及土地增值税以一扫田赋积弊，增加政府财政收入，兼可平均人民赋税负担，故以求申报地价近似真实为第一前提。(三)(四)(五)各条，统系为此而设，使人民不敢报低地价，盖既须防政府之收买，又须顾虑将来抵押价格之降低，地租收入之减小，增价税负担之加大。(此时报低，而实价高，则增价大，负担重矣)第六项则系防止人民之不报价，或少报亩数，故特加严格限制，人民因此不能不真正申报，则土地不经繁重之整理手续，即可有整理之效。嗣后一切政策，有所依据矣。

2. 一般人虑地主之不顾有其土地，故皆报低地价，以备政府收买；此层在非十分凋疲之农村，本不致实现；即实现，亦予国计民生有利。盖地主既废弃其土地，不实行此政策，亦不再投资予土地，则其保留土地，徒足剥削农民，为害社会。故如有地价报低各县。即迅设一土地银行，令需要土地者，(如感觉土地不敷之自耕农及需要土地为居住及其他用途之人）向银行分期缴价购地，而银行即请政府依照本纲第(三)项之规定征收之，则耕者有其田，及房屋救济之政策，即可因此实现矣。且因同时举办需要土地申报，则申报需要土地者多，地主固不敢低报也。

3. 一般人往往以为今日土地政策，当有须注意佃租问题，利用改良问题或分配改正问题等，而不知如今日地籍之不明，田赋负担之不平，政府财用之不给，此种问题，根本无法改善，如举办申报地价改正地税后，政府之财政能力充足，则上述各问〔原件以下缺〕

〔中央政治学校地政学院档案〕

## 3. 国民政府制定铁道、水利建设须尽先施行土地政策方案

(1935年)①

土　地　政　策

兴修铁道水利区域尽先施行本党土地政策方案

(一)中央或地方政府兴修铁道或办理大规模之水利工程所经之市县，得依照本案之规定办理之。

(说明)吾国疆域辽阔，土地整理一时不克全部完成，而兴修铁道或办理大规模水利工程区域，地价增涨甚速，为使因公所生之增值还归于公，而建设经费有所取给起见，各该区域有尽先实行地价税及土地增值税之必要。

(二)中央或地方政府于兴修铁道或水利计划确定后，应由该计划所经市县地政机关，从速举办土地测量登记或呈准上级机关，

① 原件无时间，经考证约为1935年。

先行申报地价。

（说明）实施地价税及土地增值税，必先整理地籍，自须从速依法举办测量登记。惟测量登记需时颇久，而建筑计划一经公布，往往投机立起，地价激增，迫不及待，故有时宜酌量情形，先办申报地价，以作初步整理，惟须呈准上级机关，以免纷歧。

（三）土地测量登记参照土地法之规定，得呈准上级机关为程序上之简略。

（说明）若遇时间尚不甚迫，无须先办申报地价，而又不克一一依照土地法所定测量登记之繁重程序时，自宜量为变通，得呈准上级机关，为程序上之简略，缩短时间，以求适合实地需要。

（四）申报地价时，土地所有权人得照地政机关所定标准地价额，为百分之二十以内之增减，凡土地所有权人不为地价申报时即由地政机关按照标准地价规定之。

（说明）申报地价之前，地政机关先行调查规定标准地价，以为人民申报之依据，藉免过于纷歧，高下失实。惟仍令人民有相当伸缩余地，以免标准价过于呆板，或难尽合实际情形，不能令人心服。

（五）征收地价税及征收土地，均依照前条申报地价办理之。

（说明）照价征税则地主不愿多报地价，照价收买及征收增值税，则地主不便少报地价，故征收地价税、土地增值税及征收土地，均照前条申报地价办理之，可令地主不致故意多报少报，而所申报地价较为近真。

（六）兴修铁道或水利区内，因工务需要或整理耕地调剂分配所为之土地征收，应按照左列规定办理之：

1．被征收之土地，确系自耕自住，而该户总地价在三百元以内者，以国币补偿至一百元为限，其余部分以土地债券补偿之；

2．被征收之土地，如非自耕或自住者，或虽系自耕自住地，而该户总地价超过三百元者，一律以土地债券补偿之，惟老弱孤寡所藉以为活者，依照第一款之规定，酌增国币补偿数额。

（说明）值此财政困难之时，建设业务费已不易筹，于所收用之土地，若必尽付现金，则政府一时无此财力，故用土地债券为偿。惟自耕自住之小业主及老弱孤寡之籍土地为活者，需要现金颇急，不可不酌量给以国币。

（七）兴修铁道水利区内之土地所有权人总地价在二千元以内者，其地价税税率为千分之十至二十，每增两千元其每级超过部分，递增税率千分之一增至税率千分之八十为止。

（说明）地价税采用累进制，则地产愈多税率愈重，可塞兼并，取有余以补不足，今田赋正附税合计，大都超过地价千分之十，故地价税率宜不分市地农地，概以千分之十至二十起算，稍留伸缩余地，使易适应地方财政及社会经济之要需，以免扞格难行。

（八）兴修铁道水利区内之土地增值税，按照土地法之规定征收之，但除移转外，第一次征收增值税之年期，应为申报地价后之第六年。

（说明）土地法规定申报地价后，其产移转者，待十五年届满时征收土地增值法税。惟此种建设区域内地价增涨甚速，十五年似嫌过长，第一次以改为五年为宜。

（九）地价税、土地增值税，除抵补地方原有土地税之收入外，其征收部分，应充土地债券之还本付息及抵偿水利部分投资，余额仍为地方之收入。

（说明）土地税本为地方税，惟土地税之增收，既因兴修铁道水利地价增涨而得，则除铁道本身尚有营业收入外，其水利部分之投资及征用土地所发土地债券之还本付息，不论原系中央或地方所主办，理宜取偿于此，待增收部分抵偿投资及土地债券有余额时，自应仍归地方，以免纺乱赋税系统。

（十）兴修铁道水利区内，应尽先设立土地银行，以利整理土地及办理关于土地债券之各项事宜。

（说明）土地银行可使土地资金化，且整理土地必须相当资金，土地债券亦以由土地银行办理为宜，故兴修铁道水利区域内，有尽先设立土地银行之必要。

十一、本案所未规定事项，悉照土地法、土地法施行法之规定。

十二、其他重要建设区域，遇有必要时，亦得呈准援用本办法之规定。

〔中央政治学校地政学院档案〕

## 4. 行政院关于在山西先行试办土地村公有制的函令

（1935年11月22日—12月10日）

（1）褚民谊致实业部函（11月22日）

奉院长谕：奉国民政府交办太原绥靖公署与山西省政府会呈，为本先总理耕者有其田之主张，拟定土地村公有制，请由山西先行试办，以期根本防范共祸，请鉴核施行一案。除函达全国经济委员会征询意见外，并应交内政、财政、实业三部详议具复等因，除分函外，相应抄同原件，函达查照。此致

实业部

计抄送原呈一件，原附折呈一件。

行政院秘书长　褚民谊

中华民国二十四年十一月二十二日

抄原呈

呈为谨本先总理耕者有其田主张，拟定土地村公有制，由山西先行试办，以期根本防范共祸，恭请鉴核事：窃查陕北二十三县，赤区猖獗，势若燎原，大军围剿，从挫其势而不能除其根，如突围而出，则传染益多，更难善后，此剿共所以不能专恃武力，而须注重于政治力量也。晋西与陕北毗连，仅隔一衣带水耳，陕北

共匪之开辟队，常出没于沿河西岸，企图向晋西发展，如听其蔓延，则晋西终不免为陕北之续，是以未雨绸缪，不可不防之于渐也。因是特于八月二十九日召集晋西沿河二十一县县长及各文武长官在省开防共联席会议，会议十四日，议决以武力防共、政治防共、思想防共各具体方案，令其切实遵行，惟佥以解决土地问题，为防共釜底抽薪之根本方法，若不急切解决，则所议决之武力防共、政治防共、思想防共等之具体方案，亦将失其效力。但因变更经济制度，且欲由省试办土地村公有制，事体重大，须先呈请中央核准，方可施行。谨将理由撮呈于下：年来山西农村经济整个破产，自耕农沦为半自耕农，半自耕农沦为佃农、雇农，以致十村九困，十家九穷，土地集中之趋势，渐次形成，在此种情形之下，不但佃农、雇农最易受共匪之煽惑，即自耕农、半自耕农，鉴于自己之经济地位日趋动摇，亦易受共匪之煽惑。共匪即以土地革命为夺取农民心理之要诀，而农民只知要求土地，并不知何者为共产主义，则共匪必乘此空际，激起农民暴动，扩大赤化范围，此防共不得不解决土地问题，以消灭其造乱之目标者一也。

在今日经济侵略下之农村，无田之耕农，歉岁所分之粮少，不足以供食用，丰年所分之粮贱，不足以易所需，而藉租息生活者，不劳而获，反比一般贫农无论丰年歉岁生活为优，土地私有实为枷锁，且为赤化之一大空隙，今欲弥此空隙，不能不解决土地问题者二也。

陕晋两省，隔河相望，上下游相距，长至二千余里，地广兵单，封锁不易，共匪无处不可以偷渡，即无处不可以赤化。且转瞬严冬又至，河水结冰，天堑一失，更无屏障。内既有土地问题，媒介其扰乱，外又防线太长，便宜其偷渡，万难满布兵力，防其潜入，此为补足军事防共之不足，不得不解决土地问题者三也。

此三者，既皆以解决土地问题为防共之必要条件，如忽略此点，则防共根本方法，不能成立，所谓政治防共，亦何由而实现。果能废除土地私有权，树立土地村公有制，由山西先行试办，则山西农民为共党煽惑之目标者，可一变而为拼命防共自动武装之民众，此不但为防共之要图，亦即国家长治久安之政策也。锡山等不能浅薄，谬任地方，深维利不十不变法之古训，诚不敢妄议更张。然值此匪祸横行之际，体察地方情形，及中外大势，舍用常之法，根本救济，实不足弭巨患于已成，用特不揣冒昧，胪陈刍议，欲竭其棉薄，请自山西先行试办，冀效土壤细流之助，上纾宵衣旰食之忧，如蒙俯准，拟以半年为宣传时期，使民众确实了解，半年为训练时期，使民众奉行有方，并请中央特派大员驻晋监督，以昭郑重。所有议定土地村公有制请自山西先行试办，以期根本防范共祸各缘由，是否有当，理合检同办法大纲及说明，合词呈请鉴秩施行。谨呈

国民政府主席林

太原绥靖主任　阎锡山

山西省政府主席　徐永昌

二四·九·十八

抄原附折呈

谨将土地村公有办法大纲及说明开呈鉴核

土地村公有办法大纲

一、由村公所发行无利公债，收买全村土地为村公有。

二、就田地之水旱肥瘠，以一人能耕之量为一分，划为若干份地，分给村籍农民耕作。

三、如经村民大会议决，对于村中田地为合伙耕作者，即定为合伙农场。

四、如田地不敷村中农民耕作时，应由村公所为未得田地之人另筹工作，如田地有余不能耕作时，应将余田报请县政府移民

耕种，以调剂别村无地耕作者。

五、农民之耕作年龄定为十八岁至五十八岁，人民满十八岁即有向村公所呈领份地之权，至五十八岁即应将原领之田缴还村公所。

六、耕农有左列情事之一者，村公所即应将所领之田地收回：1．死亡，2．改业，3．放弃耕作，4．迁移，5．犯罪之判决。

田地收回时，对于田地之有效改良工作，应给与补偿金。

七、耕农在充当兵役期限内，其所耕份地应由本村耕农平均代耕。

八、耕农因耕作力之减退或田地之精密工作或栽植特别费工之作物，应准使用雇农，但雇农以左列三种为限：

甲、其他耕农之有暇力及余力者；

乙、十八岁以下五十八岁以上之男丁；

丙、劳动年龄内之女子。

九、推行之初，耕农对省县地方负担仍照旧征收田赋。

十、收买土地之公债，其分年还本之担保如左：

甲、产业保护税：凡动产不动产均年抽百分之一之产业保获税；

乙、不劳动税：凡村民无正当缘故而不劳动者，应比照耕农一份地平均所交之劳动所得税，征收不劳动税；

丙、利息所得税：凡以资产生息者，应按所得利益征收百分之三十为基之累进所得税；

丁、劳动所得税：凡劳动而有收入者，应就左列标准征收劳动所得税；

1．耕种田地收入十取其一。

2．耕农以外劳动者之收入，征收百分之一为基之累进所得税。

十一、坡地、宅地暂不收买，田地买归村有后，被收买者如为老弱无劳动能力而又无抚养之人，且其每年应得公债数额不足供生活者，应由村另定抚养办法，老者至于死亡，少者至于成年。

十二、村中山林、池沼、牧地等公用土地，除向属国省县村公有者外，一律按土地收买办法收归村公有，其地上有价物应给予补偿金。

十三、村公所应按人口增加情形、土地改良状况，在适当期间将分地重行划分。

（说明）解决土地问题，本不是一件小事，亦不是一件易事，但以村公债收买，归村自办，亦不是怎么的一个难事。事固有难易，若办理得法，难事易办，若办理不得法，易事亦难办，况事之需要者，尤不当以难易而定办不办也。今日之土地私有，实为共产党露下一个大空隙，亦为现在社会埋下一个摧毁的爆炸弹，土地公有，已成不得不办之势。

有人以为江西之共，亦未因不能解决土地问题而扩大。诚然，但江西之共，竭国家之全力费时数载，仅仅灭之。西北农村破产，十户九贫，地广兵单，封锁不易，赤祸蔓延，似非此少数兵力所可封锁，舍从解决土地问题，根本消除大空隙入手，恐别无良法。惟兹事体大，在会议场中，曾有若干问题，兹摘述如下：

问一：土地公有，是应归国有，如主张归村公有，则主权在村，是否有侵占国家主权之嫌。

答：村为群生之基础组织，亦为行政之最小单位，土地村有，是分配使用问题，不是主权问题。即主权而论，村属于县，县属于省，省属于国，主权在村，即是在国。如从主权之直接间接关系而言，则主权在国，国岂能离开村而处理土地。主权在村，村亦不能抗拒国家处理土地。国内固皆国土，国上皆是村土，归村有，有之事实始有着落。土地归国有，亦是分属于村，分归农种，实际属于村而言国有，有之事实反为落空。且村近而国远，言村有，村人易知而易从，言国有，村人难谅而难从。

问二：村之范围大小，土地肥瘠，人口多寡各不相同，土地归村，则村与村之间，土地之分配，是否发生不平之现象。

答：村与村之间无所谓平不平，村小地少人少，村大地多人多，正是个平。即间有地少地瘠而人多之处，人之愿居此村，亦必于耕作之外，别有图生之路。试观渡口之处，人口较农村为多，是以操舟为生者；海之处，人口较农村为多，是有以渔业为生者；商业区人口较农村为多，是有以商业为生者；工业区人口较农村为多，是有以工业为生者。人之求生，如水之就下，村界虽有一定，而人之居住还徙，原属自由，一为一定的，一为活动的，纵有不平，自能趋于平也。

问三：我国土地，本患分散，土地归村公有，是否更促进其分散。

答：土地分散，是属于使用的问题，不关乎村有不村有。一村一个合伙农场，可，数村一个合伙农场，亦未尝不可。

问四：各国土地之重行分配，须先清丈调查，然后统计分配，需时既长，需费亦巨，如主张解决土地问题，依中国目前情形而论是否难于及时实现。

答：归国有而分配，诚属确办，若归村有而分配，却极易为。一村的土地情形，村中人原即明白，不要调查不要清丈，亦比政府派陌生的人调查上岁次为清楚。就是调查清丈要让村中人自办，不但花不了多少钱，也用不了多少时。而且清丈调查后，统计分配，固然好，即不清丈不调查，也未尝不能分配。

问五：行政上要执简驭繁，国家不办而归之无量数的村去办，岂非舍简就繁。

答：行政上之执简驭繁，是要找着一件事的单位。村的事村办之，就是执简驭繁，村的事县办之，就是繁确无功。土地归村，只要一村有办法，村村自有办法，即是一国有办法，此为一村有无办法的问题，土地归国有，必须全国有办法，各村始能有办法，此为全国有无办法问题。一村有办法易，全国有办法难，归之于国，就是舍易而就难。即以土地归国而言，亦不应舍了这知根知底住在村中的村公所办理此事。如舍此而另找人办理，须找多数人。且说到土地国有，易惹起人民反感，说到国家以公债收买，使人民负担，亦易惹起人民反抗，说到政府处理分配，易生滋扰，更易惹起人民反感，且为贪官污吏造从中渔利的机会。在人民不胜其扰，在国家不胜其繁，何如归村有村办，国家站在指导督促的地位，扶助村民办理。大部分用了民力，较之纯用官力，反抗民怨，难易自见。

问六：以无利公债收买土地，是断绝地主生活之道，地主岂能乐从。

答：无利公债，固不如有利公债，地主欢喜。但是反过来看，地主不劳动而剥削，劳动者劳动而被剥削。人应靠劳动而生活，不应靠剥削而生活，不让剥削，正是人类之所当然。况无利公债，虽不付利，而逐年还本，还来之本，自可用以维持其生活，加之个人更从事于劳动，何至于断绝其生活。

问七：村公债较国家公债之信用如何。

答：公债之信用，全视偿还之担保确实如何。若同一之担保，则在村民视之，村公债较国家公债信用确实，何者。因第一，不怕国家更改年限。第二，不怕国家将基金移作别用，第三，款项均村中自收自支，不怕官吏舞弊，收多支少也。

问八：村有大小有贫富，地有多少有贵贱，公债由村发行，负担是否不均。

答：就农村言之，大体小村地少，大村地多，贫村地贱，富村地贵，此多少贵贱，俱是因果相符。说到公债的负担，收的地多地贵，负担重，收的地少地贱，负担轻，这也是因果相符。反比国家收买，全国平均负担，不只是易推行易处理，而且比较公道。

问九：收回土地，既归民耕种，收田公债，亦应由农民分年偿还，斯为公道。

答：如你所说，不是公有的办法，是转卖的办法。且如这样办，仍消弭不了共产党煽乱的空隙。共产党仍然可以拿上一个跟我来，不要偿还公债的口号，挑动全体农民背向。

问十：按偿还公债之税款，是富人出的多，是否有以富人之钱还富人之债之嫌。

答：农民收获，十取其一，负担亦不轻。收回田地，并不尽为富人者，亦有贫农者。既说负担，当然是能负担的人负担。

问十一：以产业保护税、不劳动税、利息所得税、劳动所得税等四种税款，偿还收田公债，是否足用。

答：偿还无利公债，无所谓足用不足用，税款如不多，偿还可多分年限。

问十二：土地使用权变更之后，有农具而不耕地者，有耕地而无农具者，当如何救济。

答：应将不耕地者之农具，由村公所作价，卖与耕地者，并由村公所担保，分期付价。

问十三：农民充当兵役时，其份地规定由村民代耕，现在的士兵，能否分地。

答：当然能。

问十四：士兵以外的人，能不能分地。

答：不能。

问十五：何独优待士兵。

答：士兵为国家保卫者，应当优待。士兵必定，国家之保卫可以无虞。

问十六：服兵役之义务，只是耕农有，抑人人皆有。

答：人人皆有，但武器之给予，应先给耕农。

问十七：何故。

答：把心理安定的耕农武装起来，比方山西说，好像在全面积上至少钉了一百二十万个极稳固的钉子，真是措社会于磐石之安。

问十八：有人主张计口授田，将田地平分给农民，我们主张按一人能耕之量分为份地，分给农民，是使得到田地耕作的人少，翻过来看就是使失业的人多。

答：主张将田地平均分给农民者，是收买人心的一个手段，不是他的政策，他的政策是合伙农场，执器耕作。若将土地多给农人，即是减少人力，比如一人能耕之地分给两人，即是将两人能力，减为一人。人力即是国力。减少人力，即是减少国力。这生存竞争之今日，增加人力，尤恐不足以图存，尚敢减少人力乎。

问十九：人力既是愈大愈好，则于变更土地之始，即提倡合伙农场，将一人能力，变为数人能力，岂不更好。

答：合伙农场将一人能力，变为数人的能力，固好，但须有先决条件。顶要紧的条件，是此限物产限制生产发展之二层物产制，金代值之废止，一层物产制之物产证券之推行，没有这个条件，一面看是增加了人力，他面看是增加了失业人的数量。增一个失业的人，就是增加一个崩溃败政府的人。现在的俄国五年建设的口号，是将厨房里的女子，拉到工厂里来，你看世界那个国家，敢唱这个口号，不只是不敢，且把工厂里的女子，赶回厨房里去。这关键就在货物本位制与金银本位制。苏俄虽仍是金银本位制，但加工上不兑现不汇兑与国家对外贸易，实质上已具有货物本位制的货币之效能。盖货物本位制的货币制下，由厨房里拉到工厂里一个女子，是增加一份造产能力。若金银本位制下，从工厂里赶回厨房里一个女子，是减少了一个倒政府的武器。拉出来，赶回去，皆因币制之关系，有其不得不然者。次要紧的条件，即生产工具之充分改进，生产工具愈改进，工作效能愈大。但不改进生产工具，只要币制改良，亦可使人人有粗笨工作，即可使人人有粗笨的生活。政府不至因失业人民增加而受困难也。

问二十：土地公有实行之后，能解决了赤化的危机，其余是否得足以偿失。

答：没有失处，土地问题解决，将共产党造乱的空隙弥补，将摧毁现社会的爆炸弹消除。减少地主对农民的剥削，同时减少富人的骄奢淫佚，也就是减少社会的不平。积极方面，可以逼迫的人人劳动，增加社会的生产量。有何失处。

问二十一：土地问题如此解决，有房产者仍可得房租，有钱者仍可放贷得利，是否太占便宜。

答：房租利息亦是今日社会上的问题，我主张课重税，亦不能算是解决。惟解决一件事，只能就一件事的范围内说，既称土地问题，只好就土地说。

问二十二：只将地主之土地收回，亦足以消除弥共党煽惑之空隙，何必将自耕农之土地亦并收回。

答：只将地主之土地收回，固然足以消弥共党煽乱之空隙，但自耕农之土地多少不一，就土地使用与分配上说，尚多不便，就民力耕种上说，亦有损失也。国家之土地政策，不但是为消极的防共，并积极对分配生产等问题，亦谋合理的解决。

问二十三：为减少地主之反感，而且达到防共之目的，不若将地主之地租回，分给佃农耕种，村中之负担较轻，地主之反感亦少。

答：此系苟且之办法，防共固亦有相当效力，但国家之土地政策，不应乃尔。

### （2）行政院致实业部训令（12月10日）

行政院训令　字第2395号

令　实　业　部

案查前奉国民政府交办太原绥靖公署与山西省政府会呈，为拟定土地村公有制，请由山西省先行试办，祈鉴核施行一案，经交该部及内政财政两部详议具复，并函请全国经济委员会查核见复。嗣据该部及内政财政两部议复，以此项土地村有制，在防共事实上，或不无理由。惟按诸现行各种法律所规定，颇多未合之处，宜依照立法程序，送请中央政治会议先行核议，请鉴核等情。复经函请全国经济委员会迅予核复，并将该部等意见抄送参考，暨指令该部等知照各在案。兹准全国经济委员会函复，以对于内政、财政、实业三部核议意见，亦表赞同，并抄送该会专家对于本案之意见，嘱查照核办等由，过院。经提出本院第二四〇次会议决议，送中央政治会议核议。除照函送及函达国民政府文官处查照转呈，并分令内政、财政两部知照，暨函复全国经济委员会查照外，合亟抄发原件，令仰该部知照。此令。

附抄发经委会原函及原附专家意见各一件。

中华民国二十四年十二月十日

抄全国经济委员会原函

案准贵院第三五九八号公函，以准国民政府文官处函送太原绥靖公署与山西省政府会呈，拟定土地村公有制，请由山西先行试办，以期根本防范共祸一案，抄同原件，函嘱查核见复，并详抒意见，以资参考等由。准经交由本会专家详加研究，业据签具意见前来，察核所称应予考虑各点，似尚不无见地，正拟函复间，又准贵院第四一一六号函，抄送内政、财政、实业三部会核此案意见原呈到会，核阅原议各节本会亦表赞同，相应抄同本会专家原签意见，备函送达，即希照查核办为荷。此致

行政院

附送抄件一件

常务委员　汪兆铭　孙　科　宋子文

蒋中正　孔祥熙

二四、十一、三十

**抄原件**

## 对于土地村公有办法大纲之意见

查本案主张以解决土地问题为防共根本计划，以利用村制为土地公有着手单位，立意深远，堪称伟见。惟兹事体大，施行之先，对于下列数者，似亦应考虑之处，谨述于下：

一、发行无利公债收买全村土地。考地主不独有大小之别，且其财产亦有不动产(土地)与动产(如营业活动资金或银行储蓄等)之分，苟一概以无利公债收买其土地，则首先最感困难者，即为一般仅足自给素无储蓄之小地主(或自耕农)与夫全部财产均属不动产之地主，盖此等地主，早日当经济困难时，尚可利用土地以作抵押，而谋金融上之援助，今乃仅得一纸之无利公债，市面上不易流动(此项公债既不支付利息，则其在市面上不易活动无疑)，其尤甚者，则当时难年荒之际，公债担保摇动还本数目延期或减少，地主生计当益形困难无疑。且也，我国人民手中所有之资本，大多投诸土地中，尤以内地各省为甚，即古语所谓有土斯有财是，不若外国之代表资本多而流动性大，故每当金融紧急之际，其籍以活动市面者，除普通信用借款外，即须利用土地以作押款。今苟以无利公债收买所有土地，是不啻社会上此种重要借债工具既无形取消，其影响金融，恐非浅鲜，此外如已抵押之土地，一旦收回村有，其债权者与债务者之关系，究应如何清理，始免金融恐慌，而符公平原则，是似均应加以事前考虑者。

二、就田地之水旱肥瘠，以一人能耕之量为一份，划为若干份地，分给村籍农民耕作。关于此层，似应加以考虑者有三，分述于下：

(甲)以一个能耕之量为分田标准，殊欠公允。盖田地之肥沃者，需人力少而生产多，则一人能耕之量自多，其收入亦增，田地之旱瘠者，需人力多而生产少，则一人能耕之量自少，其收入亦减，似此情形，是不啻对于肥沃之区之农民待遇特隆，而于贫瘠之地之农民，则摧残过甚，天下不平之事，孰有甚于是者。是以欧洲大陆各国所采用之模范小农制，系按田地之水旱肥瘠而以能维持一家农户理想中最低生活所需之量为标准。例如德国采用肥田二法亩（每法亩约合中国十二亩）或瘠田五法亩，为每家农户应有最低耕田限量，如是始于农民生计得一充分解决，故本案所采取之分田标准，似有考虑之必要。

（乙）一个能耕之量之多少，究应若何而定，亦属难决问题。盖人尝受体力、知识、年龄、环境之支配，而田地又有水旱肥瘠之不同，今欲勉强冶为一炉得一适当标准，殊非易事，何况本案对于清丈调查等重要工作，似乎有意暂时置诸度外，则对于此种空玄标准之推测，尤令进行上益感棘手。

（丙）计口授田，难免地少人多，及授受手续繁杂之患。查山西全省共有已耕田地六千零五十六万亩，农民九百八十七万六千人（参看中国农业概况估计，张心一编金陵大学农业经济系出版），如照本案规定将十八岁以下及五十八岁以上之农民（据各种统计结果推求，此项农民约占全国农民总数百分之四十）除出，则可求得实际分田农民约为五百九十二万五千六百人，每口农民约可分田十亩，再按经济原理推测，实际分田农民总数或将超过此数。盖操他种职业者所得之收入，如不及农业所得之收入时（因在此新制度之下农民生活或当较前改进），则此种人民亦必舍其所操之业而归农，农民增多，则每农可分之田当在十亩以上无疑，加之农民有田可耕，生计日趋稳定，农户人口增加率必较高，因之每农可分之田亦必愈少，其结果遂致田少人多，不敷分配。且也每人所耕之田过少，则每人在经济上所受之损失必大，盖地可尽其利，而人不能尽其力，即或采用合伙农场制度，亦因地少人多，恐难逃此经济损失，其与本案中所谓若将土地多给农人，即是减少人力之原理，实属背道而驰。此外如授田地手续之繁杂，份地重行划分之困难，均在在足令进行上发生极大障碍。我国古代井田制度之所以行之不久即告停止，或续行之而未著成效者，盖以此也，何况贡、助、彻等古制均系采用计户授田办法，今乃计口授田，则前途困难尤必增多，是不可不事前加以考虑者也。

三、村公所之职权，依照本案计划，凡土地分配，公债之发行，份地之重行划分等重要工作，均归村公所管理，故村公所之职权，极关重要。夫现在所有村公所之内部组织是否健全，是否能负此重大责任，是否亦有土豪劣绅混迹其中，均系施行本案前之极宜先决问题。且也公债之担保品，如产业保护税等亦归村公所自收自支，其流弊必致，各村税率悬殊，征法互异，似与中央统一地方税制之意旨相违，是亦不可加以考虑者也。

〔实业部档案〕

## 5．经济建设区内土地政策实施办法

（1936年）①

一、国家实施经济建设时，应于经济建设区内依照本案之规定办理土地整理、土地征收、实行地价税及土地增值税。前项所谓经济建设区，系中央或地方政府实施建筑铁道、公路、河渠、闸坝及其他直接有利群众之建设工程之市县。

二、中央或地方政府于建设计划确定后，应即在计划线所经各市县设立地政机关，举办土地测量、登记及申报地价。

三、土地测量、登记，依照土地法之规定办理之，但为迅速计，得酌量实地情形，为程序上之简略，地价申报，应由地政机关先行调查当地情形，参照土地收益额分等，规定标准地价，由土地所有权人于登记时申报之。土地所有权人申报地价时，得照标准地价额为百分之二十以内之增减。凡土地所有权人不为地价申报时，即由地政机关按照标准地价额估定之。

① 原件无时间，经考证约为1936年。

四、经济建设区内举办申报地价时，应同时宣布按照申报地价征收土地并征收地价税及土地增价税。

五、经济建设计划线内，因工务需要或整理耕地调剂分配所为之土地征收，应按照左列规定补偿之：

1．被征收之土地地价在一百元以内，经地政机关之调查土地所有权人，仅特以为活者，应从国币补偿之；

2．被征收之土地地价在五百元以内并经地政机关之调查原土地收益为所有权人之主要收入者，得以国币补偿其二分之一，其余二分之一以地价券补偿之；

3．被征收之土地地价在五百元以上或经地政机关之调查土地所有权人非持该土地为生者，一律以地价券补偿之。

六、前条所称地价券，即系以经济建设区内之土地增价税为担保所发行之债券，其券额及分期还本付息方法另定之。

七、经济建设区内之地价税，依照左列规定征收之：

1．土地所有权之在同一市县内之土地总价值在五千元以内者，其税率为千分之十之税；

2．土地所有权人之土地总价值在五千元以上者，每增二千五百元其每级超过部份递增税率千分之一增至税率为地价之千分之八十为止。

八、经济建设区内之土地增值税，按照土地法之规定征收之，但除移转外，第一次征收增值税之年期，应为申报地价后之第五年。

九、经济建设区内之地价税、土地增价税，除抵补地方原有土地税之收入外，其增收部份应以百分之五十为地价券之担保，余额视建设经费之负担情形分别归为中央或地方之收入。

十、在经济建设区内应尽先设立土地银行，并得以地价券搭发工资或购买原料，以利建设之进行。

十一、本案办法所未规定事项，悉照土地法、土地法施行法及各省市地政施行程序大纲之规定办法之。

〔中央政治学校地政学院档案〕

## 6. 国民政府颁布各省市地政施行程序大纲

（1936年2月12日）

各省市地政施行程序大纲

二十五年二月十二日国民政府公布

第一章　总则

第一条　各省市举地政之程序，除依照土地法及土地法施行法之规定外，依本大纲办理。

第二章　地政机关设立程序

第二条　省已设立专管地政机关而限于事实未能依法成立地政厅以前，得暂维现状，但应一律改称省地政局。

第三条　市已设立专管地政机关者，应即改为市地政局。

第四条　省由民政厅、市由财政局设股办理地政者，应改为设科办理，但财力不足省份，得专案呈准暂维现状。

第五条　省由财政厅办理地政者，应划归民政厅办理，市由其它局办理者，应划归财政局办理。

第六条　省市尚未设立专管地政机关者，省由民政厅设科办理，市由财政局设科办理，但财力不足省份得专案呈准暂缓设置。

第七条　各省市地政机关之职掌，在组织法未经明定前，应由各省市政府依照土地法原则之规定迅予划定。

第三章　土地测量施行程序

第八条　土地测量，依三角测量、小三角测量、图根测量、地籍测量之程序办理。

第九条　大三角测量，由内政部会同参谋本部陆地测量总局统筹办理之，小三角测量以下由各省市政府拟具实施计划及法规，咨内政部核定，各就主管地方分别办理之。

第十条　在大三角测量尚未测到之地方，各省市得呈准先行举办小三角测量，以为举办地籍测量之根据。

第十一条　依前条提前举办土地测量，应就下列各地方尽先举办之。

一、省会所在地方；

二、已设市地方；

三、已开商埠地方及交通要冲商业繁盛地方；

四、其他生产事业发达地方。

第十二条　各省市举办土地测量，悉应依照部颁土地测量实施规则之规定。

第十三条　在本纲公布以前，各省市已行举办土地测量之地方，如合于第八条至第十二条之规定者，得由省市政府将办理情形专案咨内政部核定，免予重办。

第十四条　已设立地方，各省省会所在地方及已开商埠地方，如尚未办理土地测量，应由各省市政府于六个月内拟具测量计划，咨内政部核定，迅予举办。

## 第四章　土地登记施行程序

第十五条　在本大纲公布以前业经呈准举办土地登记之地方，仍得照案进行，但业经开始办理土地登记之市县，第一次所有权及他项权利登记完毕后，各省市单行土地登记法规即行废止。前项单行法规规定之登记范围不完全者，应即依法补正咨部核转案备施行。

第十六条　在本大纲公布以前已办理土地测量尚未办理土地登记而业经呈准注册发照之地方，应从速依法办理土地登记，发给土地所有权状，但所收书状费及登记费应扣除注册发照时所已收之费用。

第十七条　业经办理土地测量之市县，应由省市政府将办理土地测量经过情形，拟具报告附同区地籍图，咨内政部核准，依法举办土地登记。各省市县开始举办登记之日期，应由省市政府咨部转呈备案。

第十八条　依前条举办土地登记之市县，得分区举办，就地籍测量完毕之区，尽先举办之。

第十九条　各省市举办土地登记，得根据土地法及土地法施行法拟定施行细则，咨内政部核定施行。

第二十条　依法办理土地登记之地方，自开始登记之日起，法院所办不动产登记，应即停止办理。已经法院办理不动产登记之土地，应免费予以登记。

第二十一条　依法办理土地登记之区域，自开始登记之日起，原有征收所应即停止征收，由主管地政机关移转登记并随时将移转结果通知征收机关。

第二十二条　在登记期间未税白契，应准缓期报税，并免予处罚。

## 第五章　土地使用施行程序

第二十三条　各市已定市区计划，应专案咨内政部核转备案，其未定者，应于一年内妥为规划，咨内政部核转备案施行。

第二十四条　各省市关于农地使用及关于田租之单行章则，应专案咨由内政、实业两部核转备案。

第二十五条　各省市应于一年内拟定清荒施垦计划及章则，咨由内政、实业、财政三部核转备案施行。

第二十六条　各省市公地之使用，除法令别有规定外，由主管地政机关规划办理之。

## 第六章　土地税施行程序

第二十七条　业经依法办理土地登记之地方，应即依法规定地价，并拟定税率咨由内政、财政两部会核，呈准行政院举办地价税及土地增值税。

第二十八条　业经举办地价税之地方，自开始征税之日起，原有由土地负担各项正杂赋税，应即一律取消。

第二十九条　未经依法办理土地登记之地方，原有土地赋税得暂照旧征收，但法令规定减免者不在此限。

第七章　土地征收施行程序

第三十条　需用土地人，如非市县政府，应事先与主管地方政府接洽，并将接洽情形于征收计划书内叙明，如需用土地人与主管地方政府意见不一致时，得分别申请或呈请核准机关核办。

第八章　附则

第三十一条　各省市清理地籍办法与土地法、土地施行法及本大纲之规定有不符者，应即停止办理，但依照院颁办理土地陈报纲要之规定办理土地陈报之地方，仍照案进行。

第三十二条　本大纲有不适宜时，得由内政部呈准行政院修正之。

第三十二条　本大纲自公布之日施行。

［中央政治学校地政学院档案］

## 五、垦殖政策

### 1. 农矿部垦务会议全国垦务计划大纲决议案①

（1929年7月19日）

全国垦务计划大纲决议案（审查报告第一案）

（一）组织

中央设中央垦殖委员会为全国垦务最高计划机关，由农矿部长会同有关系各部会最高行政长官并加入专家若干人组织之，其

---

① 选自《农矿部垦务会议汇编》该大纲于1929年7月19日农矿部垦务会议第四次大会审查通过，

计划交农矿部执行。各省设立省垦殖委员会为全省垦务最高计划机关由农矿厅长会同有关系各厅厅长并加入专家若干人组成之，其计划交农矿厅执行。各县遇必要时得设县垦殖委员会。农矿部应增设垦务司，各省农矿厅得斟酌情形设垦务科，办理垦务行政事项。农矿部在边地或内地各垦区设立该垦区垦务局，农矿厅在该省垦区内亦得设垦务局，在部或厅指导之下直接办理该垦区垦殖事业。

（二）政策

根据总理遗训决定政策十项如左：

（1）造成模范社会；

（2）巩固边防；

（3）采用保护奖励政策；

（4）限令全国私有荒地定期竣垦；

（5）提倡与垦殖有关之各种合作社；

（6）励行兵工政策；

（7）视垦区风土之宜农林牧三者兼筹并重；

（8）励行土著政策；

（9）奖励移民屯垦；

（10）强迫游民垦殖；

（三）经费

设立中央垦殖银行为经营垦殖经费之中枢机关。

（1）组织及系统：

由国民政府设立中央垦殖银行，各省县得视事实之需要设立分行及代理处。

（2）营业范围：

对于垦区工程建设费及移民垦殖资金等放款，垦殖银行均得经营之。

（3）资本及其筹集方法：

资金额定二万万元。

甲、由中央垦殖委员会负责请国民政府指定来源分年筹拨。

乙、不足之数由国民政府发行公债垫补。

（四）施行计划

（1）划分垦区：

1. 东北：兴安区、松花江区、热河区。

2. 西北：察绥区、甘宁青区、新疆区、外蒙区。

3. 西南：西康区、西藏区、云贵川桂区。

4. 滨海：长芦区、两淮区、三门湾区、琼崖区。

5. 其它。

（2）垦殖方针：

1. 边疆垦区注重兵工屯垦，

2. 内地垦区注重移民开垦。

（3）进行程序：

1. 调查，

2. 测量登记，

3. 拟定垦区整个实施计划及保卫方法，

4. 设立垦殖银行，

5. 训练垦务人才，

6. 设立垦务局，

7. 建筑道路，

8. 建筑河渠闸坝及一切水利工程，

9. 建筑村屋、购办农具、种子、牲畜、粮食、饲料等，

10. 设立农具制造所，

11. 设立实验场，

12. 组织新农村，实行地方自治，

13. 组织新县。

（五）法规

（1）垦殖法，

（2）垦荒条例，

（3）督垦条例，

（4）移民章程，

（5）屯垦条例，

（6）垦殖保护奖励条例，

（7）游民强制垦殖条例，

（8）垦区农田水利章程，

（9）垦殖银行及农民银行条例，

（10）其他章程条例。

〔行政院档案〕

## 2．农矿部垦务会议关于西北农垦计划大纲决议案①

（1929年7月19日）

关于西北农垦各案之决议——西北农垦计划大纲案（审查报告第四案）（第四次大会议决）

一、区域

（1）察绥区：张家口以西察绥两省辖境内荒地。

（2）甘宁青区：宁夏以西宁夏、甘肃、青海辖境内荒地。

（3）新疆区：新疆境内荒地。

（4）外蒙古区：外蒙古境内荒地。

二、组织。于西北重要垦区设置垦务局：

（1）察绥屯垦局，

（2）甘宁青屯垦局，

（3）新疆屯垦局，

---

① 选自《农矿部垦务会议汇编》，该大纲于1929年7月19日农矿部垦务会议第四次大会审查通过。

(4) 外蒙古屯垦局，

并得于屯垦局下设置分局。

三、人才

(1) 选用国内外有经验，学识才具人员主持其事。

(2) 在各农垦区造就垦区领袖人才。

四、经费

拟具预算由中央垦殖委员会审核呈由国民政府筹发，其用途如左：

(1) 兴办垦区内一切水利、交通工程及建筑并移民开垦等各项用费，

(2) 训练垦区垦务人才经费，

(3) 施行地产长期贷款，

(4) 施行牲畜及农具等中期贷款，

(5) 施行作物短期贷款。

五、注意事项

(1) 规划水利：

甲、依据精密地图设计西北整个水利计划，

乙、于黄河上游择相当地点设置贮水机关以资灌溉，

丙、疏通旧有河渠，

丁、相水势之情形挖凿支渠。

(2) 开垦旱地：

甲、设置蓄水坝以蓄雨水，

乙、掘井以资灌溉。

(3) 改良农产：

甲、于张家口、绥远、包头、宁夏、迪化、库伦设立农具制造所，

乙、于各重要农林畜牧区设置农林畜牧试验场，

丙、经营畜牧以劝农民由游牧而垦殖。

(4) 便利交通：

建筑铁道和汽车路，

(5) 建设新村。

(6) 政府之鼓励。

甲、鼓励科学家之调查，

乙、鼓励专门家之携眷移住，

丙、鼓励良善垦民携眷移住，

六、施行程序

1. 调查，

2. 测量登记，

3. 拟定垦区整个实施计划及保卫方法，

4. 设立垦殖银行，

5. 训练垦殖人才，

6. 设立垦务局，

7. 建设道路，

8. 建筑河渠开坝及一切水利工程，

9. 建设村屋，购办农具、种子、牲畜、粮食、饲料等，

10. 实行兵工屯垦及移民政策，

11. 设立农具制造所，

12. 设立试验场，

13. 组织新农村，实行地方自治，

14. 组织新县。

七、一切详细设计拟请由农矿部主持办理。

[行政院档案]

## 3. 农矿部关于督垦条例草案致行政院呈

(1929年12月25日)

呈为呈送事：兹将职部业经以部令公布之统计委员会章程，暨

拟订之督垦条例草案、私荒登记办法草案，计三种遵章呈请钧院鉴核备案，并乞将草案二种转送立法院审议，实为公便。谨呈

行政院院长谭

附呈章程一份(略)，草案二种各一份，另附各三十份。

农矿部长　易培基

中华民国十八年十二月二十五日

## 督垦条例草案

第一条　凡中华民国私有荒地应行垦殖者，依本条例之规定办理。

第二条　私有荒地应由所有者呈请地方主管官署登记，并汇报农矿部备案。

私荒登记办法另定之。

第三条　私有荒地经登记后由地方主管官署发给登记证书。

第四条　私有荒地登记人应于受领登记证书后，按左列年限将所有荒地全部垦竣，但不宜于垦殖之荒地，经呈明地方主管官署者不在此限。

一、草原地：

百亩以内者　三年

五百亩以内者　四年

千亩以内者　五年

三千亩以内者　七年

五千亩以内者　九年

一万亩以内者　十二年

一万亩以上者　每加一万亩延长三年

二、树林地：

百亩以内者　四年

五百亩以内者　五年

千亩以内者　　六年

三千亩以内者　八年

五千亩以内者　十年

一万亩以内者　十三年

一万亩以上者　每加一万亩延长三年

三、斥卤地或砂碛地：

百亩以内者　　五年

千亩以内者　　六年

三千亩以内者　八年

五千亩以内者　十二年

一万亩以内者　十五年

一万亩以上者　每加一万亩延长四年

登记人因不可抗力之事，故于前项年限内不能垦竣时，得呈请地方主管官署核准延长年限。

第五条　荒地自垦竣之年起得依下列规定免纳田赋。

五百亩未满者　五年

三千亩未满者　四年

一万亩未满者　三年

一万亩以上者　二年

第六条　垦殖荒地在三万亩以上者，得呈请地方主管官署派员指导。

前项荒地之所有人应将垦殖计划呈请地方主管官署核定，其垦殖成绩，应按年呈报地方主管官署。

第七条　地方主管官署应随时派员赴所辖区域内各荒地视察垦殖情形并酌予指导。

第八条　荒地所有人违反本条例第二条之规定者处以每亩一元以内之罚金，但因不可抗力之情事，经呈明地方主管官署核准，免予处罚者不在此限。

第九条　荒地已满垦竣年限尚未全垦者，其未垦部分，得由地方主管官署准用垦荒条例之规定，招人承垦，其所收地价，除由地方主管官署留用十分之二外，其余仍归荒地所有人。

第十条　私有荒地经农矿部或地方主管官署指定，供特别使用之目的时，得按亩给其地价收用之。

第十一条　本条例自公布日施行。

〔行政院档案〕

## 4. 奖励补助移垦原则

（1933年2月）

奖励补助移垦原则

民国二十二年二月内政部会同实业部咨各省政府查照

一、举办移垦，移送人民应以具有耕作能力，坚苦耐劳之贫民为主。

二、举办移垦应劝励移民实行土著，以求达到繁荣与发达垦区之目的。

三、举办移垦，对于贫苦移民必须筹划贷给资金，以为购买农具、牲畜、种子、肥料、食粮、饲料及建筑住宅筹用费，此项贷金取息不得超过年利三厘，本息于垦地成熟后分年摊还，期限不得短于五年。

四、举办移垦先须计划垦区内之水利、交通等建设，施工时在可能范围得征求移民分任劳力。

五、举办移垦须注意垦区内之教育、卫生等设备，籍以增进移民知识，保障移民健康。

六、举办移垦对于垦区治安，应预有充分之准备。

七、举办移垦必须派员担任移民、垦殖、耕作及经济、自卫上各种组织之指导，并训练移民完成自治。

八、举办移垦对于移民初次赴垦区时，须按途程补给旅费，其乘坐国营舟车者，应由地方政府负责办理免费或减费手续。

九、举办移垦得由移入、移出两省间互商协定办法，呈报行政院并咨内政、实业两部备案。至于贫苦移民贷给金总额应由移出省方担任百分之五十乃至百分之八十，移入省方担任百分之二十乃至百分之五十。

前项贷给金额之分摊比率及其收回办法，由移出、移入两省于互商协定移民办法时订定之，其所需补助移民之旅费则由两省平均负担之。

〔中国银行档案〕

## 5．督垦原则

（1933年5月27日）

### 督 垦 原 则

二十二年五月二十七日行政院公布

一、各省市自本原则达到之日起六个月内，应依照本原则旨意及国有荒地承垦条例与各省地方情形，拟订督垦单行章则，咨送实业、内政、财政三部核定。

二、各省市自督垦单行章则公布后五年内，应督同各县局设法将全省可垦荒地全部开垦或拓垦。

三、各省市可垦公有荒地，应由省市政府按地段、地号划定垦区，分别缓急，实行垦殖。

四、公荒垦区得准许人民个人或其组织之合作团体依法承垦。

五、各省可垦私有荒地应由各该管县局依照督垦单行章则，分别地质肥瘠，面积大小、工事难易，严定竣垦年限，逾期未垦者，得酌予处罚，其罚则由省市政府制定，咨部备案施行。

六、私有荒地有提前竣垦者，其升科年限得由省市政府酌予展缓，以示优异。

七、民营合作垦荒，面积在五万亩以上者，得呈请该管县局指导耕种或开垦，工事在可能范围内并得请求物质上之补助。

八、私人尽力垦务成绩卓著者，得由该管县局依照实业部奖励实业规程转请褒奖。

九、对于私有荒地之开垦，应酌予保护及奖励，按其所垦种之种类(如禾稻及林木等)分别免税年限及其他保护方法，其详细另定之。

〔附录〕

## 国有荒地承垦条例

三年三月四日公布三年十一月十二日修正，国府令暂准援用

### 第一章　总纲

第一条　本条例所称国有荒地，指江海山林新涨及旧废无主未经开垦者而言。

第二条　凡国有荒地除政府认为有特别使用之目的外，均准人民按照本条例承垦。

第三条　凡承领国有荒地开垦者，无论其为个人、为法人均认为承垦权者。

第四条　前条之个人或法人之团体员非有中华民国国籍者，不得享有承垦权。

### 第二章　承垦

第五条　凡欲领地垦荒者，须具书呈请该管官署核准报部立案。

第六条　呈请书须记载左列各项：

一、承垦人之姓名、年龄、籍贯及住所，若系法人则发起人及经理人之姓名、年龄、籍贯、住所，其设有事务所者并记其设置地点；

二、承垦地形及规划堤渠疆里之图；

三、承垦地积计若干亩；

四、境界：东西南北各至何处，并与某官地、民地交界，若指定该荒地之一部分者，并记其方隅；

五、种类：江河湖海、涂滩地、草地或树林地；

六、地势：平原、高原、山地、干地或湿地；

七、土壤：土质、土色并砂砾之多寡；

八、水利：距离江海河湖远近，一切堤岸沟渠规划建设之概要；

九、经营农业上主要事项，种谷或畜牧或种树；

十、开垦经费若干；

十一、预拟建辟堤渠疆里工程及竣垦年限。

### 第三章　保证金及竣垦年限

第七条　承垦人提出呈请书，经该管官署核准后，须按照承垦地亩每亩纳银一角作为保证金。

前项保证金得以公债票或国库券交纳。

第八条　承垦人缴纳保证金后，即由该管官署发给承垦证书。

第九条　承垦证书须记载左列各事项：

(一)第六条第一款至第十一款之事项；

(二)承垦核准之年月日；

(三)保证金。

第一〇条　承垦地除建辟堤渠疆里工程外，因亩数多寡，预定竣垦年限如左：

一、草原地：一千亩未满者一年，一千亩以上二千亩未满者二年，二千亩以上三千亩未满者三年，三千亩以上四千亩未满者四年，四千亩以上五千亩未满者五年，五千亩以上一万亩未满者六年，一万亩以上者八年；

二、树林地：一千亩未满者二年，一千亩以上二千亩未满者三年，二千亩以上三千亩未满者四年，三千亩以上四千亩未满者五年，四千亩以上五千亩未满者六年，五千亩以上一万亩未满者七年，一万亩以上者九年；

三、斥卤地：一千亩未满者四年，一千亩以上二千亩未满者五年，二千亩以上三千亩未满者六年，三千亩以上四千亩未满者七年，四千亩以上五千亩未满者八年，五千亩以上一万亩未满者九年，一万亩以上者十一年。

第一一条　承垦人受领承垦证书一月内，须设立界标或开界沟。

第一二条　承垦人受领承垦证书后，每年度之初一月内须报告其成绩于该管官署，如满一年尚未从事堤渠疆里工程或开垦者，即撤销其承垦权，但因天灾地变及其他不可抗力曾经申明而得该管官署之许可者，不在此例。

第一三条　已满竣垦年限尚未全垦者，除已垦外，即撤销其承垦权，但因天灾地变及其他不可抗力而致此者得酌量展期。

第一四条　本于第十二条之规定而撤销其承垦权者，应追缴其承垦证书，保证金概不返还；本于第十三条之规定而撤销其一部承垦权者，当更换其承垦证书，其被撤销部分之保证金亦不返还。

第一五条　承垦人对于前三条之处分有不服者，准其提起行政诉讼。

第一六条　承垦权得继承或移转之，但须呈请该管官署核准。

## 第四章　评价及所有权

第一七条　承垦地给承垦证书后，即由该管官署勘定地价，分别登记。

第一八条　承垦地之地价分为五等，其别如左：

产草丰盛者为第一等，每亩一元五角；

产草稀短者为第二等，每亩一元；

树木未尽代除者为第三等，每亩七角；

高低干湿不成片段者为第四等，每亩五角；

卤斥砂碛未产草之地为第五等，每亩三角。

第一九条　地价按每年竣垦亩数缴纳。

第二〇条　缴纳地价时，得以所缴纳之保证金抵算。

第二一条　于竣垦年限内提前竣垦者，得优减其地价，其别如左：

提前一年者，减百分之五；

提前二年者，减百分之十；

提前三年者，减百分之十五；

提前四年者，减百分之二十；

提前五年者，减百分之二十五；

提前六年者，减百分之三十。

第二二条　承垦者依第十九条之规定缴纳地价后，该管官署应按其缴价之亩数，给以所有权证书。

第二三条　承垦地于竣垦一年后，须按竣垦亩数一律照各该地之税则升科。

### 第五章　罚金

第二四条　本条例施行后，凡未经该管官署之核准私垦荒地者，除将所垦地收回外，每地一亩处以三百元之罚金。

第二五条　违背第十一条及第十二条报告成绩之规定者，处以五十元以上二百元以下之罚金。

第二六条　违背第十六条之规定者，除将承垦地撤销外，并处以一百元以上二百元以下之罚金。

第二七条　呈报应升科之亩数不实者，每匿报一亩处以三元之罚金。

第六章　附则

第二八条　本条例除边荒承垦条例所定区域外，均适用之。

第二九条　本条例于公布三月后施行。

第三〇条　本条例施行前私垦荒地未经缴价者，须于本条例施行后六个月内补缴地价。

前项地价每亩均缴一元五角。

〔中国银行档案〕

## 6. 内政部等关于边疆移垦办法大纲草案致行政院呈

（1936年3月21日）①

内　政　部
军　政　部
财　政　部
　　会呈字第
实　业　部
蒙藏委员会
侨务委员会

案准钧院秘书处二十四年十月十八日第四六八零号函开：本院长谕：内政部呈送第一次全国地政会议关于垦荒事项提案六件，请鉴核一案，除函请全国经济委员会查核见复外，应交内政、军政、财政、实业四部及蒙藏委员会、侨务委员会核议具复。等因。除分函外，相应函达查照。等由。准此，当经本部会等迭次会商，根据各部会前拟垦荒计划，并参照第一次全国地政会议，将关于垦荒各提案，于不抵触中央政治会议决议之蒙古自治问题办法原则范围内，拟就边疆移垦办法大纲、国营垦区移垦局组织章程

① 此时间采主稿单位内政部之封发日期。

及绥区国营区实施计划等草案各乙件，理合将会拟边疆移垦办法大纲等草案，各缮清一份，具文呈请鉴核施行。再此呈系本内政部主稿，合并陈明。谨呈

行政院

计呈送边疆移垦办法大纲，国营垦区移垦局组织章程，绥区国营垦区实施计划等草案各乙件。

## 边疆移垦办法大纲草案

第一条　边疆各区荒地由内政实业两部，按情形缓急，分期调查，选定垦区，实施移民垦殖。

第二条　边疆垦区以国营为原则，由内政实业两部派员先从绥远或宁夏选定国营垦区地点，计划进行。

第三条　国营垦区分模范垦殖区与移民垦殖区，于当地设立移垦局经营管理之。国营垦区实施计划及移垦局组织章程另定之。

第四条　模范垦殖区面积，至少应为一万亩，由移垦局雇用垦民，直接管理经营，以资实验而树模范。

第五条　模范垦殖区雇用垦民之衣食住，由公家供给。

第六条　移民垦殖区，以地三万亩或四万亩为移垦单位，按年由移垦局计划招集有耕作能力之人民，承领垦种。

第七条　移民每一户承垦面积暂以五十亩至二百亩为标准，自竣垦之日起，永远取得所垦地之耕作权。

第八条　移民前往垦区得减免舟车费用。

第九条　移民生产生活必需费由公贷给，贷费总额每户以三百四十元为标准，于竣垦年后分年无息摊还。

第十条　移民于法定年限起，按年交纳耕地正产收获百分之十五之地租。

第十一条　国营垦区内之交通、水利、碉堡、自卫、卫生、教育等，均由移垦局计划建筑或设备之。

第十二条　边疆各地方政府举办官营垦区者，得根据奖励辅助移垦原则，拟定办法，呈准施行。

第十三条　边疆要塞地之垦区，由边防驻军带饷屯垦，另组屯垦机关，呈准军政部及主管垦务机关规划经营。

第十四条　华侨及国内有志投资经营边荒者，得组织团体或合作社举办民营垦区。

第十五条　举办民营垦区应由主办人拟订计划章程，并填具承领荒地书据，呈由该管地方政府核准转咨内政实业两部备案。

第十六条　本办法大纲如有未尽事宜，得呈请行政院修正之。

第十七条　本办法大纲，自公布之日施行。

［实业部档案］

## 7. 地政署编印中国移垦政策及抗战前垦务概况稿

(1938年)①

……

吾国古传神农作耒耜，教民稼穑，是为农垦之始，及后黄帝拓疆，大禹治水，农垦之术渐趋进步，周代更设官经理其事，农垦始发达焉。自汉以后，垦殖之任务几全由屯田法实行之，汉文帝募民种塞下，为屯田之权兴，及赵充国屯垦金城，屯田之利始普，而边患稍杀。唐之屯垦有屯田、营田二种，屯田以兵，营田以民，有时则兵民合屯，或民兵合营，纷扰兹生，未能推行尽利。宋以路分屯，亦有屯田营田，并立务掌之，号曰屯田务、营田务，然往往兵民什用，名异实同。元代入主中国，大兴屯垦，各行省广置屯田，藉资控扼，或由兵屯或由民屯，大抵皆世祖所立，成

① 原件无时间，根据内容约为1938年。

宗以后，间有增损。明之屯制有兵屯、民屯及商屯三种，其初制度甚善，迨正统后屯政渐弛。洪武时屯田达八十九万三千余顷，嘉靖时减至六十五万七千余顷矣。清沿明制，亦置屯田，有兵屯、旗屯、户屯、回屯之别。兵屯为绿营兵屯垦，旗屯为满兵之屯垦，户屯为商民之屯，回屯为回民之屯。就其种类言，有直省卫所屯田、直省旷土新辟屯田、新疆屯田、东北屯田等数种，或为垦荒，或为边防。据皇朝文献通考所载，乾隆卅一年全国各地屯田达三千九百廿七万九千五百余亩。民国成立，鉴于农垦之重要，曾于元年九月卅日颁布农政纲要卅一条，其中如(一)移民东北、西北，开辟官荒，使北部无旷土，南部无饥民，(二)南部及中部各省查明荒废地亩，设法利用之，(三)北部未辟之荒地，急宜从事测量，分为区段，招民承垦，(四)开垦殖博览会，提倡国民移垦。立法并非不良，借政失常轨，未见实行耳。民国三年又颁行国有荒地承垦条例，凡承垦权之限制、承垦之手续、保证金之缴纳、竣垦之年限、地价之分等勘定与优减，以及所有权证之发给，均详为规定，亦未积极推行。十七年七月十五日，农矿部召开垦务会议于首都，决定政策十项：一、造成模范社会，二、巩固边防，三、采用保护奖励政策，四、提倡与垦殖有关之各种合作社，五、限令全国私有荒地定期竣垦，六、励行兵工政策，七、视垦区风土之宜农林牧三者兼筹并重，八、励行土著政策，九、奖励移民屯垦，十、强迫游民垦殖。并划分全国为十四区，卒因时局不宁，未能如愿以偿。廿二年五月廿七日国府公布督垦原则九条：一、各省市自本原则达到之日起，六个月内应依照本原则意旨及国有荒地承垦条例，与各省地方情形，拟订督垦单行章则，咨送实业、内政、财政三部核定；二、各省市自督垦单行章则公布后五年内，应督同各县局设法将全省可垦荒地全部开垦或招垦；三、各省市可垦公有荒地应由省市政府按地段、地号划定垦区，分别缓急，实行垦殖；四、公荒垦区得准许人民个人或其组织之合作团体依法承垦；五、各省可垦私有荒地，应由各该管县局依照督垦单行章则分别地质肥瘠，面积大小、工事难易，严定竣垦年限，愈期未垦者，得酌予处罚，其罚则由省市政府制定，咨部备案施行；六私有荒地有提前竣垦者，其升科年限得由省市政府酌予展缓，以示优异；七、民营合作垦荒，面积在五万亩以上者，得呈请该管县局指导耕种或开垦工事，在可能范围内并得请求物质上之补助；八、私人尽力垦务成绩卓著者，得由该管县局依照实业部奖励实业规程转请褒奖；九、对于私有荒地之开垦，应酌予保护及奖励，按其所垦之种类(如禾稻及林木等)，分别免税年限，及其他保护方法，其详细另定之。同日国府又公布清理荒地督行办法，令各省市政府督促所属县局清理管辖区内公有、私有荒地，勘丈造册，汇报内政、实业、财政三部备查。迨廿五年九月十日行政院始公布内地各省市荒地实施垦殖督促办法，规定内地各省市所有可垦荒地。应分两期实施垦殖，以江苏、浙江、福建、安徽、江西、湖北、湖南、四川、贵州、河南、甘肃、陕西等十二省及南京、上海二市为第一期实施范围，山东、山西、河北、广东、广西、云南等六省及青岛、北平、天津三市为第二期实施范围。第一期各省市荒地其尚未依清理荒地暂行办法查报或尚未齐全者，仍限于廿五年年底报齐，于廿六年起实施垦殖。第二期各省市荒地限于廿七年年底查报齐全，于廿八年起实施垦殖。实施垦殖时，应将公私荒地分别办理，公有荒地整段面积超过五千亩时，由县市政府呈报省政府办理，如不足五千亩，则由县市政府负责招垦。直隶行政院之市，由市政府办理。属于私人之荒地，应督促业主开垦或招垦，各县市办理招垦时，应依照国有荒地承垦条例及其施行细则，并依清理荒地暂行办法、督垦原则、奖励辅助移垦原则拟具进行计划，呈由省政府核转内政 财政、实业三部备案。其由省或隶属行政院之市办理者，应将进行计划咨送内政、财政、实业三部备案，招垦荒地如有必须举办水利、交通工程，而其经费浩大确有困难情形时，由县市政府办理者，应于每年度提出预算，并叙明理由，拟具工程计划，呈请省政府补助之，由省或隶属行政院之市办理者，呈请中央酌量补助之。私有荒地由县市政府依照左列规定，负责督促各业主实施垦殖，其隶属行政院之市由市政府负责督促之。

（一）私有荒地应由各业主自行酌定竣垦年限，呈报该管政府核准登记，其荒地面积在一百亩以下者，垦竣年限不得超过三年；在一百亩以上一千亩以下者，不得超过六年；在一千亩以上，一万亩以下者，不得超过十年。

（二）业主所有荒地不能自行开垦者，应依前款规定年限，招人承垦，其收益由业主与承垦人双方以契约定之。

（三）私有荒地如业主无力自行开垦或逾期一年而不自行招垦者，应由该管政府另定办法代为招垦。

（四）依照上款规定由该管政府代为招垦而逾期未能垦竣者，其未垦竣部分得由该管政府另行招垦。

（五）各业主或承垦人依一二两款之规定成绩卓著者，得依督垦原则奖励之。

各县市每年办理荒地垦殖情形，应于年终编制报告，呈由省政府分咨内政、财政、实业三部备案，其由省或隶属行政院之市办理者，应径咨内政、财政、实业三部备案、呈报后由省政府执行初查，由内政、财政、实业三部会同派员复查，由省或直属市办理者，径由三部会同派员查之。各县市公私荒地每年招垦亩数不得少于全数五分之一，其能照此限度增垦二倍以上者，分别奖励，其不及最低限度者，以废弛职务论，依法惩戒之。

民国□□年立法院拟订垦殖法草案，计四十八条，分为十章。第一章总则，第二章国有荒地，第三章公有及私有荒地，第四章荒地清理，第五章经费，第六章补助及奖励，第七章保护，第八章指导及监督，第九章罚则，第十章附则。

……

〔抗战前各省垦殖情况如下：〕

一、绥远之屯垦及移垦——绥远垦务可别为屯垦、移垦两种。民国十八年陆军第七十师师长王靖国在萨县设新农试验场，在五原设模范县，二十年将编余官兵八十余人组为垦殖队，于五原县属之锦绣堂购地数十顷，遣往耕种，并由其他晋军各师各拨军士一连，名为试办兵垦队，成立垦殖联合办事处，在临河县属之长泰魁觅地三百顷，筑堡建渠开垦。九一八事变后阎锡山拟扩大规模，先以编余军官五百人组为军官屯垦队，设兵垦试办处于包头。廿一年八月于包头成立绥区屯垦督办办事处，由阎氏自兼督办，于五原设立驻五办事处，将兵垦试办处及联合办事处归并于屯垦办事处，以三团士兵织织为第一期屯垦部队，实行屯垦。屯垦人资格以上尉以下准尉以上之失业军官为限，每人领地以一百五十亩为限，如有本人父兄子弟愿随同耕种者，每多一人得多领五十亩，但至多不得超过三百亩，应缴粮赋得豁免二年，应缴地价由第三年起分三年交还，交足即归私有。其维持费每人发给二百元，分三年发给，由第三年冬耕起分年还清，其农具种子等费，亦分别介绍贷借。前赴垦区之旅费，亦分别发给，此为屯垦之大略。九一八事变后，东北抗日人员流落平津各地，朱委员霁青等提议请中央拨款，将该项人员移赴西北开垦，经行政院核准，廿四年四月成立绥远和硕公中垦区办事处办理，由财政部拨款五万元为筹备费。垦民衣服、用具、农具由公家发给，并建筑正式房屋十一排，每排十二间，及汽车碾房等共一百六十二间，为垦民居住及工作之用，形成新村组织，并办理教育及警卫事宜。共有垦民一百六十人，垦民眷属四十四人，全面积七百余顷。又民国廿三年冀南黄灾特重，难民流离，由段承泽等组织河北移民协会，于包头成立一村，名为河北村，将冀南之长垣、濮阳、东明以及河南滑县等黄河灾区难民移往垦殖。计自廿三年起，每年分批移民，先后共三百户，一千一百人，但其中一部分则移于萨县新农试验场及五原之曹枢，此为移垦之大略地。

二、宁夏之屯垦——宁夏居黄河之上游，当西北之要冲，土地肥美，水利称便。徒以人口稀少，遍地荒凉，边区既感空虚，地利尤嫌未尽。民国廿三、廿四两年，省府为调剂人口，增加生产，开发地利计，特指定云亭渠、河忠乡、镇朔乡、李刚乡、白马滩、广武、姚伏乡等地为移垦区，并规定移民手续及招待办法，安插办法，并于指定各垦殖区设置垦殖分局隶属于地政局，分掌各该区垦殖事务。

该省自云亭渠开辟以后，可灌地数十万亩，即设立云亭渠区域屯垦筹备处，实施兵民屯垦。该处以十五路总部之高级长官二员、建设厅科长一员、垦殖专门人员一员、屯垦部队之长官一员组织之。屯垦办法，先行测量通朔乡地一段，为一团人之屯垦区，以军队组织运用于行政组织之上，以便军民不分，实行保甲制度。一切应用房屋及用品概由军队自作，至车辆、牲畜须由公家购买，将来以出产物如数偿还。通朔乡测定屯垦区域三万余亩后，拟先建筑第一、二、三新村三处，以期逐步试验。关于寨房墙屋工程，概由保安处第一团全体官兵担任。迨至廿四年六月间，三处村寨已成其二，适值红军迫近边境，保安团奉命堵截，于是工作遂告停顿。

三、江苏之盐垦——江苏于民国十七年在农矿厅设立垦务委员会，但以限于经费，未能有所设施，不久遂告停顿。廿四年二月复成立垦殖设计委员会，从事全省垦殖之设计，而尤注意于江北海滨盐垦之整理，乃由设计而入于实施之境。

苏省地积江北大于江南，而江南富于江北，倘能开发江北，则江苏立致繁荣。惟开发江北首当整理盐垦区域，而为之兴利除害。查盐垦区域，土中盐质太多，区内复无淡水来源，故土中盐份不易排除，致生产事业不能进展。区内盐垦公司约计七十余，其获利者仅二三家而已。设计委员会成立后即计划开辟滨海新运河堤，引淡防潮，改良土质，将来堤工告成，盐垦区二千万亩土地，水利得以解决，十年后江北盐垦荒区当可与江南农村媲美。

四、广东之西北移垦区——民国廿二年广东西北区绥靖委员李汉魂氏设立广东西北移垦局，在英德县属走马坪地方划定移垦区，面积约一万一千余亩，按地势即为泽地、平原、山地三种。山地悉为村有林，泽地以二十亩为一段，平原以三十或五十亩为一段，分段放垦，并将附近之琵琶塘及水亭塘开浚，以事蓄水。又于每段田凿一水井，以备不虞，垦民以户为单位，每户得领宅田五亩，耕作地五十亩。自领受证书之日起，三个月内须实施开垦工作，限三年垦竣，自垦竣之日起，取得土地所有权，依例升科，但粮税免纳三年。又垦民分自费移民、贷款移民、裁兵移民三种，实际上所办者仅为自费移民而已。移民局附设繁殖场，担任移民技术上之指导，并储备优良动植物品种，以便分让于各移民。垦区临时建设有临时合作商店、诊病所、学校、公园、医院、图书馆、俱乐部、合作社、托儿所、乡公所、警卫队等，惟所需经费，实甚支绌，赖李氏之热心毅力，撙节绥署经费以挹注之。迨西北区绥署裁撤，移垦区交由第二区行政专员管理，业务之进行，不复如从前之积极矣。

五、山东之移垦——山东东北滨海一带，利津、沾化、蒲台、无棣、滨县、广饶等县，因黄河冲积，海水渐退，涸出之荒地甚多，设有滨蒲利沾棣垦丈局及广饶淤荒垦丈局，专司丈放。

滨蒲利沾棣垦丈局放地办法系每亩收地价一元五角，勘丈费二角，所有权证书每张收费二元，发证后由局隔年咨县升科。自十九年十月到廿四年六月底止，共放地廿四万五千余亩，其未放之荒地及经垦种而未领所有权证书者，共约三百余万亩。

广饶淤荒垦丈局放地地价分上中下三等，上等每亩四元，中等三元，下等二元。勘丈费一律二角，所有权证书每张收费二元，发证后由局隔年咨县升科。由二十年十月到廿四年六月底止，共放出地七万三千余亩，尚有未放出之脊腴地八万余亩。

黄河下游屡次改道，其旧河淤积之处，土地至为肥沃，广袤不下六百余方里。廿四年黄河在董庄决口，灾区人民经移往下游各县开垦淤荒，先后约计二万余人，六千余户，每户授地三十亩，自董庄决口合龙，移垦事务始行结束。

六、河北之林垦——河北东西两陵，荒山荒地所在多有，垦荒造林均属必要。民国十七年间，曾分别筹设河北省第一、第二林垦局，一面设圃育苗以便造林，一面订定处理荒地办法，任人领购。至民国十九年，前农矿厅以河北荒山太多，均应积极造林，以宏效用为切实进行起见，将第一、二两林垦局改设林务局五处，复在北平设立中山林场一处。以上六处，每年专在荒山、荒地依法造林，以作模范而便推广。又以各县垦荒专恃林务局，恐收效太迟，遂订定人民承领荒山、荒地造林条例，并订推广苗木及育苗造林考成保护各办法，成绩尚有可观。

七、皖省营垦务之概况——皖省省营垦务，曾于廿五年十月由财、建两厅订定计划大纲，分官资官营区域及官资协助民营区域二种，属于官资官营者，以泗县所属之洪泽湖东岸，沿湖北随老汴河绕至柳山南随漂河绕至柳山两河交会处，界内土地五十万亩，为省营第一垦区，望江宿松所属之华阳河沿岸东西两部土地七十万亩，为省营第二垦区，宜城、广德间沿公路铁路之荒地五十万亩为省营第三垦区。凡区内土地无论已垦未垦之官民荒熟地，一律收归垦区使用，属于官资协助民营者，淮河流域以寿县、凤台、怀远、宿县为棉豆推广区，长江流域以望江、东流、贵池、和县为植棉改良区，垦殖经费，固定资金暂定三百万元，由省府自廿六年度起，每年拨五十万元拨足之，流动资金视业务需要，由财建二厅就固定资金指定若干，或就该区生产收入担保向国内银行抵借支用。开垦时以合作方式为原则，划全区为若干段，以一万亩为一段，每段分为一百户，每户授地一百亩，合百户为一村落，组织利用合作社，推进垦务。

八、甘肃垦务状况——甘肃荒地各县均有，但多系另散，其大段地带以洮岷间之叠川面积纵横六万亩，永登之连城面积三万亩以上，民勤之北海面积五万亩以上，景泰县之宽沟松出滩面积在二万亩以上，武威之大滩湖面积在万余亩，皋兰之秦王川面积八万亩。民荒每亩约一元五角，以僻处边陲，交通阻塞，故对于垦荒向未讲求，光绪季年，西宁首先设立垦务专局，亦系有名无实。民国成立，垦务局初属实业司，旋移财政厅兼营，民间领垦之户，寥若晨星，民国十三、四年后甘肃分为甘宁青三省，甘省府乃于十九年三月设甘肃垦务总局于兰州，卒以军事关系，殊鲜成效。廿三年春为节省经费，移归建设厅办理，建设厅鉴于荒壤满目，利弃于地，乃重订垦务章程，调查各县荒地，招领承垦，始略有端倪。

九、陕北黄龙山之垦殖——陕北黄龙山地跨七县，延绵三百余里，土壤膏腴，蕴藏极丰，可农可牧，林矿亦富。惜自清末以降，地方不靖，农民迁徙，沃野变为荒芜。据调查所知，该荒区在洛川、宜川、甘泉、鄜县、韩城、郃阳、澄城等七县之间，纵长三百余里，横长约二百里，面积在五万四千方里以上，除山岭河流等不能垦殖者外，计有可耕之田一千四百余万亩。陕省政府曾于廿二年拟定移垦计划，招致垦民，每一垦民领地三十亩，全区可容纳四十万人，开垦以后，每亩农田收获以四斗计算，共可得粮五百八十余万石，每石以十元计算，可得五百八十余万元之利益，而畜牧、森林、矿产等尚不在内。

十、江西省垦务概况——江西省襟江带湖，气候温和，土质肥沃，物产丰饶，素以农业繁荣著称，惟因连年烽火，人口缺乏，各县仍多荒地。十七年六月曾颁布江西垦荒暂行条例，廿三年四月曾颁布清理荒地实施办法及督垦规则，惟均为督垦性质，廿六年抗战开始后为救济难民，补充资源起见，乃设垦务处，在赣西南吉安、泰和、吉水等县划区垦殖，查得荒地七万余亩，就难民中选收垦民，分集团经营与单独经营及合作经营三种方式，但在第一年尚未垦竣以前，为力求充分利用劳力及便于支配起见，一律按照集团方式办理，现方积极推进中。

〔地政署档案〕

# （三） 复兴农村经济

## 一、农 村 合 作 社

### 1. 实业部颁布农村合作社暂行规程

（1931年4月18日）

农村合作社暂行规程

民国二十年四月十八日实业部公布

第一章　总则

第一条　在合作法未经颁布以前，各地农民所组织之各种合作社，均依本暂行规程之规定。

第二条　合作社之种类如左：

（一）信用合作　凡放款于社员以供生产及他种正当事业之用，并办理储金业务者属之。

（二）供给合作　凡以物品供给社员职业上之需用，或购买物品加工制造，或不加工制造，以供给社员者属之。

（三）运销合作　凡运销社员之农产品者属之。

（四）利用合作　凡制备职业上所需设备，使社员共同使用者属之。

（五）储藏合作　凡收受社员之生产物办理保管者属之。

（六）保险合作　凡对于生命负伤牲畜水灾火灾风灾雹害病虫害等为保险之行为者属之。

（七）消费合作　凡供给农家日用必须品者属之。

（八）其他合作　凡不属于上列之各种合作，如建筑合作改良品种合作等属之。

第三条　合作社之责任分左列三种：

（一）无限责任　社员以其所有财产对社及社之债权人负分担债务责任。

（二）有限责任　社员对社之债务仅以所认之股额为限。

（三）保证责任　社员对社及社之债权人除所认股款外，尚负若干金额之责任。

合作社之设立应任择前项三种责任之一。

第四条　合作社之所在地名及主要目的责任须在名称上标明之。

第五条　凡不合本规程之规定，及未经所在地县市政府许可及登记者，不得用合作社之名称。

第六条　正式许可及登记之合作社，得呈请财政主管机关酌免税捐。

第二章　设立

第七条　合作社至少须有社员九人以上方得设立。

第八条　凡合作社之设立应按照本条例规定订立社章，呈请县市政府许可。县市政府应将前项许可，按月汇报省主管农政官署备案。

第九条　合作社社章应记载左列事项：

（一）名称；

（二）目的；

（三）责任；

（四）区域；

（五）社址；

（六）社股金额及其交纳方法；

（七）第一次交纳金额；

（八）会计年度起止日期；

(九)赢利分配及损失之分担；

(十)公积金之存储；

(十一)预定之存立时期及解散事由；

(十二)社员资格及入社出社除名之规定；

(十三)社务委员任免之规定。

第十条　设立人于取得许可证书后，应按照社章组织成立，并于三个月内于县市政府为成立之登记，其应登记事项如左：

(一)第九条所列各事项；

(二)设立许可之年月日；

(三)社务委员之姓名住所及职业；

(四)社员名单及左列各事项：

甲：各社员认购之社股及已缴金额；

乙：保证责任合作社社员保证金额及住所；

丙：无限责任合作社社员之住址。

前项各款有变更时，应于半个月为变更之登记，第一项之登记及前项之变更登记，县市政府应转报省主管农政官署备案。

第十一条　合作社在未经登记，或呈请变更登记而未经许可前，认为未取得法人之资格。

第三章　社股

第十二条　社股金额在同一社内必须一律，每股最高金额不得过国币十元。

第十三条　社股不得数人合有一股，或合有数股。

第十四条　社员入社时至少须缴足第一次应缴金额，其余得依社章之规定分期缴纳之，但社员未缴纳股金全部者，其赢余不得支取。由合作社扣作应缴股金之一部。

第十五条　社股之转让须得理事会之同意。

第十六条　合作社欲增减每股金额时，须经社员大会之决议，并须呈报县市政府备案。但议决减少金额时，须于一个月内作成财产目录及借贷对照表，正式通知债权人，限期表示意思，如债权人于三个月内无异议时，即视为承认，但限期得延长至六个月。

第十七条　前条限期内债权人正式表示异议时，合作社非将其债务清偿，或提供担保不得减少社股金额。

第十八条　保证责任合作社减少其保证金额时，准用前二条之规定。

第十九条　公积金应经大会之议决存储于农业及农民银行或其他殷实之银行。

## 第四章　社员

第二十条　合作社社员须具左列各款资格：

（一）中华民国人民年满二十岁，居住社章所规定之区域内者；

（二）有正当职业者；

（三）有相当生活能力者。

第二十一条　有左列情事之一者不得为合作社社员：

（一）褫夺公权者；

（二）受破产之宣告尚未撤消者；

（三）禁治产者；

（四）吸食鸦片或其代用品者。

第二十二条　社员入社至少须认缴一股；

第二十三条　社员之继承人承受社员之社股者，适用前条之规定。

第二十四条　合作社成立后新入社之社员，须有社员二人以上之介绍，并依左列规定决定之：

（一）加入无限责任合作社者，须得社务委员全体之认可，及社员大会出席社员四分之三以上之同意，但社员大会流会三次以上，此项同意，合作社得以书面限期征求全体社员之意见，限期内不表示异议时，即认为同意，但此项限期不得少于十五日。

（二）加入保证责任合作社或有限责任合作社者，须经社务委员会之同意，及社员大会出席社员过半数之追认。

第二十五条　新社员对于入社前之社内债务应与旧社员负同样之责任。

第二十六条　社员有左列情事之一者即丧失其社员资格：

(一)与第二十条规定之一抵触者；

(二)有第二十一条规定之一者；

(三)死亡；

(四)自请出社者；

(五)被除名者。

第二十七条　社员除名，须经社员大会出席社员四分之三之同意决定之，并正式通知被除名者。

第二十八条　社员申请出社者，限于会计年度终了时决定之，但须三个月前，正式提出请求书。无限责任合作社社员为前项申请之决定，须得全体社务委员之认可，及社员大会过半数之通过。

第二十九条　出社社员之股份及股息赢余以事业年度终了时之合作社财产定之，但社章规定依出社时之财产者不在此限。

第三十条　无限责任及保证责任合作社出社社员，对于出社前合作社债权者之责任，自出社决定之日起经过两年始得解除。

## 第五章　职员及会议

第三十一条　合作社设理事及监事各若干人，通称社务委员，由社员大会就社员中选任之。

第三十二条　理事任期三年，每年改选三分之一，监事任期一年，但其社章有特别规定者，依其规定。

第三十三条　理事依本条例及社章之规定，有执行一切社务之权。

第三十四条　理事及监事得以大会出席社员四分之三以上之同意罢免之。

第三十五条　理事及监事为名誉职，但合作社业务发达时，得由社员大会之决议，酌给酬金。

第三十六条　理事会应置社章社员名簿及社员大会纪录于社所，以供社员及债权人检阅。

第三十七条　社员名簿应记载左列事项：

(一)社员姓名职业及住所；

(二)社员认购之股数；

(三)社员已缴金额及缴纳之年月日；

(四)保证责任合作社社员之保证金额。

第三十八条　理事会于社员大会开会七日前，应作为财产目录贷借对照表、事业报告书及赢余处分案，交由监事会审查后，提出社员大会，但临时召集之社员大会，社员及债权人对于本条未经规定之书类，均得要求检阅。

第三十九条　监事之职权如左：

(一)监查合作社之财产状况；

(二)监查理事执行业务之情形；

(三)发现财产状况或业务执行有危险及不合时，报告于社员大会；

(四)审核第三十八条规定之书类，报告于社员大会；

(五)合作社与理事私人订约或诉讼时，代表合作社。

第四十条　监事不得兼充理事，或其他同性质合作社之社务委员。

第四十一条　社员大会分为常会与临时会，常会每年定期召集一次。临时会有左列各项情事之一时得召集之：

(甲)理事会认为必要时；

(乙)监事会发现财产状况或业务执行有危险及不合时；

(丙)社务委员缺额时；

(丁)社员四分之一以上请求时。

第四十二条　理事会监事会每月各开会一次，遇必要时得开临时会。

第四十三条　理事会、监事会各设立主席一人，由理事、监事分别互选之，主席不能执行职务时，得分别互推一人代理之。

第四十四条　社员大会由理事会召集之，以理事会主席为主席，如理事会主席缺席或大会由监事会召集时，应由监事会主席为主席。

第四十五条　召集社员大会时，须于七日前将应行会议之事项及日期通告社员。

第四十六条　合作社各项会议，均须有过半数之出席。

第四十七条　制定或修改社章，须由社员大会出席社员四分之三以上议决之，遇流会时，适用第二十四条第一款之规定。

第四十八条　社员之表决权，不同其社股之多寡均为一权。

第四十九条　社员对于社员大会之召集手续决议方法认为违背法令或社章时，得自决议之日起十日内请求县市政府取消其决议。

## 第六章　赢余分配

第五十条　股息不得超过年息六厘。

第五十一条　合作社公积金不得少于每年纯益百分之二十，但积至社股总额两倍以上时，得由社自行规定之。

第五十二条　公益金不得少于每年纯益百分之五。

第五十三条　合作社每年纯益除照社章提出公积金、公益金外，应以余额按社员交易多寡比例分配之。

## 第七章　解散及清算

第五十四条　合作社有左列情事之一者应即解散：

(一)社员不足法定人数者；

(二)存立期满未重新注册者；

(三)社员大会议决解散；

(四)社员大会议决与其他合作社合并；

（五）宣告破产者；

（六）与现行法令有抵触者。

第五十五条　合作社解散及合并时，须将解散与合并日期及经过情形向县市政府登记，并应由县市政府转报省主管农政官署备案。

第五十六条　合作社因合并而消灭者，其权利义务均由合并之合作社继承之。

第五十七条　合作社解散时，除合并与宣告破产外，应由社员大会选举三人以上之清算委员，清理债权债务，结算一切账目及了结未完事务，但因违法解散或宣布破产时，由主管机关清算之。

第五十八条　清算委员选出后理事之职务即行停止。

第五十九条　合作社之清算人不能选出或选出后有缺额时，主管机关得选派之。

第六十条　清算委员就职后，应即调查合作社财产状况，作成财产目录借贷对照表及清算报告书，提交社员大会。

第六十一条　清算人于就职后三个月内，对于合作社之债权人须为三次以上之公告，并通知债权人于限期内呈请清偿，其限期不得少于二个月。

第六十二条　债权人于前条限期满后始行呈请时，应就合作社清偿债务后尚未分配于社员之剩余财产内偿还，但债权人在前条限期内虽未呈请，其债权为清算人所已知者，不在此限。

第六十三条　清算结果有余款时，应依社章或大会决议分配于各社员。

第六十四条　清算委员就职及清算终了后，应于七日内向县市政府呈报。

第六十五条　合作社在清算时期于清算之范围内，视为继续存在。

第六十六条　清算期内社员之责任继续存在。

第八章　监督

第六十七条　合作社不能维持，或者合作社之行为违背社章或法规条例时，得由县市政府令其改选理事监事及取消社员大会之决议，并得令其停办。前项改选理事监事，取消大会决议，或令停办事项县市政府应呈报省主管农政官署备案。

第六十八条　凡规程中责任属于合作社者，由合作社理事负责。

第六十九条　凡合作之理事或监事不得处分合作社之财产。

第九章　合作社联合会

第七十条　同一目的之合作社，得组织合作社联合会。

第七十一条　除信用合作社联合会外，合作社联合会得加入其他合作社联合会。

第七十二条　合作社联合会之组织，限于左列二种：

(一)有限责任合作社；

(二)保证责任合作社；

第七十三条　合作社之加入或退出合作社联合会，由社员大会决定之，并须经合作社联合会大会之通过，合作社联合之加入或退出其他联合会亦同。

第七十四条　合作社联合会在区域上发生争执时，应呈请县市政府核定之。

第七十五条　合作社联合会之理事及监事，由合作社联合会会议就其所属合作社及合作社联合会之代表选任之。

第七十六条　合作社联合会区域超过一县或一市以上时，由各省主管农政官署直接监督之。

第七十七条　合作社联合会除本章各规定外，准用本规程关于合作社之规定。

第七十八条　合作社联合会得代其区域内之合作社，向县市政府登记。

第十章　附则

第七十九条　本规程之施行细则，由各省主管农政官署就地方之情形定之，并须呈请实业部备案。

第八十条　本规程自公布之日施行。

〔实业部档案〕

## 2. 实业部印发合作运动方案的咨①

（1931年6月）

实业部咨　劳字第　　号

为咨送事：查合作社之组织为解决社会经济问题之要端，值兹训政时期，尤应积极提倡。兹由本部依据合作原理，参酌社会情形，拟定合作运动方案，以广宣传而资推进。理应检送十册，咨请贵省市政府查照转发所属主管机关参照，至纫公谊。此咨

各省、市政府

另邮寄合作运动方案十册

部长

中华民国二十年六月

### 合作运动方案

中华民国二十年四月

缘起

近代经济组织，大都基于资本主义，以致一般生产者皆为商品而生产，非为消费而生产。为商品而生产，在市场方面之商品不必尽人所需要；或为所需要，又不尽人能购买；由此商品有时滞销而呈过剩现象。商品过剩，势必停止其一部过剩之农业或工

---

① 沿用原标点。

业，于是其一部之农人或工人遂陷于失业状态。在消费一方面所必需者，商场中或感缺乏；商场所不缺乏者，或非所必需；由是又演成今日商品满市，人多饥寒之情形。此种情形，急需解决。解决之方不一，此争彼持，甲攻乙御，重以失业问题，于是遂酿成社会之不安！合作社之使命在改革为商品而生产之现象造成为消费而生产之目的；故于社会经济问题之解决，含有极重大极其切之意义。合作之产生，始自英国，渐及欧美，在我国经先总理提倡，及中央议决合作运动为七大运动之一，一般人始知合作为完成民生主义之一办法。欲谋普及，端赖宣传。本编列举宣传方案，而于合作原理与办法则非范围所及，从略。尚望国人本此方案规划进行，俾合作宣传，普及全国，进而从事各种合作社之组织，斯则本编之意尔。兹分如次：

总纲

壹　特殊宣传　分名称，目的，时期，组织，办法，题目，等六项。

贰　常时宣传　分人材养成，社会宣传，合作刊物，合作研究，等四项。

叁　实施　分协助，指导，行政，等三项，

肆　目的　分促进各种合作社之组织，及合作联合会二项。

壹　特殊宣传

一、名称　定名为某地合作运动大会。

二、目的　唤起国人合作运动，实行合作组织，以期实现人类互助，达到经济平等。

三、时期　合作运动大会之时日，由各地合作运动委员会定之。

四、组织、由各地政府主管机关与党部发起联合各界民众团体组织合作运动委员会，办理合作运动事务，其经费由发起人筹集之。

五、办法

(一)文字宣传

1. 报纸　在运动期间，当地各报馆，应发刊专号，或另辟专栏，或送登广告，尽力鼓吹。

2. 特刊　合作运动委员会应于事前特约当地研究合作事业者，撰述各种关于合作运动有价值之文字，并将该会运动经过情形汇编专刊，廉价出售或赠送。

3. 标语　于通街大衢之墙壁，或电杆，或汽车，电车，人力车，马车，等车身之前后左右，张贴各种标语，并于街口及马路交叉处，悬挂白布标语。

4. 印刷品　编辑合作运动小册，单张，月份牌，或日历表，广为散发。

(二)图书宣传：

1. 发行画报(漫画)与统计图表。

2. 散发或张贴图画单张。

3. 悬挂白布图画于交通要道。

4. 用活动电影机映放幻灯画片。

(三)口头宣传

1. 特别报告　于各学校，会堂，戏院，之各种集会时，特别报告之。

2. 公开演讲　规定讲题与时间，于公共场所请具有合作知识之人演讲。

3. 播音演讲　凡装有无线电话之地方，均应请人作播音演讲。

4. 党部演讲　各级党部对党员及民众应作公开演讲。

5. 民众团体演讲　各级民众团体对各该团体份子及民众应作公开演讲。

6. 学校演讲　各级学校对学生及民众应作公开演讲。

7．化装演讲　约请艺术家在适中地点举行化妆演讲。

8．利用幻灯　关于此项幻灯由各地合作运动委员会制成合作标语镜片，于上项各种演讲时，用幻灯或电影机放之。

9．分区演讲　由合作运动委员会召集当地男女党员，男女学生，组织演讲队；队设队长，分为若干组；每组设组长，划定各组演讲区域，不论露天公所，按区举行；演讲之前，或以锣鼓，或以乐歌，号召听众。

上述7、9两项，均应先时有相当之训练与准备，

10．开幕演讲　合作运动开幕之日，应举行隆盛典礼，请当地党政各机关，各民众团体，学校，工厂，商店，一律参加，举行闭幕演讲。

(四)游行宣传：

1．举行游行或提灯大会。

2．大都市举行汽车游行。

六、题目　宣传题目，约拟如下：

(一)合作之使命。

(二)合作运动之历史。

(三)何谓消费合作？

(四)何谓生产合作？

(五)何谓信用合作？

(六)合作社之组织

(七)合作与民生主义

(八)合作与俭德。

(九)合作与社会。

(十)合作与国际。

(一一)合作与法律（政府颁布合作法规，合作社始得法律保障）。

(一二)世界合作运动近况。

（十三）农村合作运动。

（十四）劳工合作运动。

（十五）妇女合作运动。

（十六）本党与合作运动。

（十七）其他。

贰　常时宣传

一、人材养成

（一）省市合作指导人员养成所：各省各特别市应由各主管机关及党部设立合作指导人员养成所。

（二）地方合作人员养成所：各县市应设立地方合作人员养成所，招选各区乡镇村闾里长正等人所训练。

（三）合作讲习所：应由各地党政机关设立合作讲习所，以便一般服务党政机关及各民众团体等人员讲习，其时间应在公余；或有私人自愿设立者，只须呈报当地主管机关，便得设立。

（四）加设合作课程：

1．大学校及各专门学校如商业经济等科，及高中，职业等学校，均应加添合作科目。

2．小学，初中等校之国语或常识教科书，应由教育部通令书局，关于上项教科书，须加编合作运动教材。

3．民众读物如工人农民等读本，均须加编合作教材。

4．大学及各大书局，均应增加合作函授科。

二、社会宣传

（一）揭示合作信条。（合作信条附后）

（二）编制合作歌曲。

（三）编选通俗合作读物，如评话，弹词，说书等。

（四）映放幻灯镜片　采用合作信条、歌曲，及总理合作遗训，编制幻灯镜片，令各电影院于演放换片时映放。

（五）通俗演讲　凡通俗或民众教育馆所在之地，每周应有一次之合作问题演讲。

（六）乡村演讲　由各男女学生利用星期假日及寒署假期分赴乡村行之。

（七）演说辩论会　各社团，各学校，均可举行合作问题辩论会，并宜由合作机关备送奖品，藉示鼓励。

（八）个别谈话　凡合作机关人员及了解合作之人，宜就便向一般人以友谊的谈话，宣传合作。

三、合作刊物

（一）译著：合作译著除书肆已有者外，宜由政党机关或文化团体广事译著。

（二）杂志；

（三）月刊；

（四）周刊；

（五）日刊；

以上刊物，以阐扬合作理论及详列合作办法为主。

（六）图书：各地图书馆，对于合作书籍，应广为搜陈，以供浏览。

四、合作研究

（一）合作研究会　此项研究会，以曾研究合作者组织之。

（二）合作研究班　凡党部，学校，社团，有志研究者，不限人数，不分性别，由领导者发起组织之。

参　实施

一、协助

合作运动协会　此项协会为各地合作运动委员会结束后之组织，其任务以规划研究及促进该地合作事业为主旨。

二、指导

合作指导机关　中央省市县各级党部应负合作指导监督之责。

三、行政

合作行政机关　中央省市县各级行政主管机关应添设合作专管司科，以便办理合作行政等事。

肆　目的

一、促进各种合作社之组织

(一)消费合作社　凡供给日常用品：如食，衣，书籍，文具，工农用具，及家用器具等项，皆属消费合作社范围应办之事。（其详细办法已见消费合作实施方案。）

(二)生产合作社　消费合作社所购进之用品食品，应由生产合作社制造之，生产之；他如农业，工业，园圃，畜牧，以及转运交通等合作社，均须依照需要设法逐渐设立。

(三)信用合作社　在现时经济制度组织之下，一般贫人，除以高利向银行，钱庄，当铺，等处借贷抵押外，别无他道。信用合作社之目的，在供给社员以信用借款，信用储蓄；其信用借款无须抵押，利息又低，社员借贷之款，用以开办各种实业或调剂生活，均甚便利。

(四)其他各种合作社。

(五)附设事业　以上各种合作营业，除成本及开支外，为盈利；应照章规定提若干成为公益金，办理下列各事：

1. 教育及娱乐　如画报，演讲，学校，及俱乐部等项，使社员与其家庭子女，获得知识与娱乐之机会。

2. 医药及卫生　开办医院或疗养所，以诊治社员及其家庭子女之疾病，并为卫生之设备，使之共享健康。

3. 救济　设立残废，育婴，及养老等院，以救济社员意外之事及一般人之痛苦。

4. 其他　如保险，储蓄等项。

二、合作联合会　合作联合会，系各地合作社之一种联络机关；其目的在使彼此交换意见，发展合作事业。兹就其性质分列如下：

(一)全国(省，市，县)消费合作联合会。

(二)全国(省，市，县)生产合作联合会。

(三)全国(省，市，县)信用合作联合会。

(四)全国(省，市，县)农村合作联合会。

(五)其他……以至国际各种合作联合会。

附合作社信条

一、社员自由入社，自由购股，但至少须购一股。

二、股息不得超过最低流行利率。

三、凡社员只有一投票权不论购股多少。

四、参加社员大会，不得请人代替。

五、各货一律售现不赊。

六、货品卖价宜与市价相同。

七、所得盈利，除按社员购买额之多寡分配若干成外，应提公积金和公益金若干成。

八、合作社成立后，须联合其他合作社为一大团体，以期达到国家及世界合作联盟之目的。

合作运动方案终。

〔实业部档案〕

## 3. 保证责任农村利用合作社模范章程

(1933年10月)

保证责任农村利用合作社模范章程

(豫鄂皖三省剿匪总司令部于民国廿二年十月颁布)

第一章　总则

第一条　本社定名为保证责任某某村利用合作社。

第二条　本社于民国几年、几月、几日在所在地主管官署呈准登记。

第三条　本社以代为管理社员土地并置办农业及生活上公共之设备供社员共同或分别利用为目的。

第四条　本社以九人以上之社员组织之，各社员均负保证责任。

第五条　本社区域以某县第几区某乡某村为范围。

第六条　本社存立期间为几年。

第七条　本社事务所设立某县第几区某乡某村。

## 第二章　社员

第八条　凡具有左列资格之一，与剿匪区内各省农村合作社条例（以下简称条例）第十六条及第十七条之规定不相抵触者，得与本社订立土地契约，加入本社为社员：

一、自耕农；

二、佃户；

三、业户。

第九条　本社社员因田地、林地所有权与使用权之关系，有在本社区域以外者，同时得为另一利用合作社社员。

第十条　本社成立后请求入社者，须遵照条例十八条至第二十条之规定办理。

第十一条　本社社员有左列情事之一者，经社员大会议决予以除名：

一、不遵照条例及本社章则与契约履行其义务者；

二、破坏本社名誉及信用者；

三、假借本社名义图谋私人利益者，

四、无故连续二次或间断四次缺席各种会议并未委托代表者。

第十二条　社员出社除遵照条例第二十一条至第二十八条办理外，并须解除契约，但自请出社者在入社未满二年时不得请求，但遇有特别事故经社员大会认可者不在此限。

## 第三章　社股

第十三条　社股金额每股定为国币几元。

第十四条　社员除认股外并须认定所认股额五倍之保证金额。

第十五条　股金分两年缴纳入社时，每人至少应缴足所认股额之半数，以后缴股时日及数目由社员大会决定之。

前项缴股时日及数目不依社员大会所决定又无充分理由者，应科以罚金，其数目不得超过月息三分。

第十六条　社员在条例第三十条规定之额数内，得随时加认股数及保证金额，但股金须一次缴足。

第四章　业务

第十七条　本社业务分主要、次要两类如左：

主要业务：

一、田地、山林、牧场、苗圃等之管理及经营。

二、耕畜、仓库、耕作用器、灌溉排水用器、病虫害防除用器、调制用器、农产制造用器等之设备及经营。

次要业务：

一、公路、邮政代办处、医药所、守望队、国术馆、农村实用学校、农民教育馆、用具制造场等之设立及经营。

二、房屋、公共会场、托儿所、乡贤祠、婚丧用器、公用水井、洗澡塘、理发所、娱乐场、公墓等之设备及经营。

第十八条　本社业务除管理社员土地外，其他各项设备及本章程所未规定者，得视财力与需要次第举办，由社员大会决定后呈报主管官署备案，并函送各级联合会备考。

第十九条　凡本社向社员承租或转佃之土地，其租额由利用评定委员会评定，再由理事会与社员订立契约，其式样另定之。

第二十条　本社征收设备费应由社员大会议决，每年经收各社员田地、山林收获量百分之五以上充之，其收获量之多寡由利用评定委员会确定之。

前项设备费每年概以一次为限，视当地习惯于夏季或秋季征收之。

第二十一条　本社得就设备费提出若干成充省县农民银行之股金或发行省县农民银行债券之基金。

第二十二条　本社各项设备得联合数社经营，其设备费之分担及使用费之征收，先由各该社利用评定委员会协议，再由各该社社员大会决定之。

第二十三条　本社遇有公共设备需要劳力时，社员应尽量供给，但必要时得酌给酬金。

第二十四条　本社各种设备由利用评定委员会分别种类订定使用规则，交理事会执行之。

第二十五条　本社各种设备非社员不得使用，但经社员大会特别规定者，不在此限，其办法另定之。

第二十六条　本社得在本社区域内购置田地、山林、牧场等，为集中之经营。

第二十七条　本社对于农产制造及其他副产得集中经营，或奖励社员个人之经营。

第二十八条　本社因耕作方法之改进与便利，得举行耕地整理，惟整理后对于业户之权利应予确实保障及变更之便利。

第二十九条　本社关于技术事项，得单独或联合数社聘请专门人员担任之。

第三十条　社员对于利用评定委员会评定之结果有异议时，得随时申请监事会审查，交回利用评定委员会复议，仍不能解决时，得由监事会召集社员大会处理之。

第三十一条　本社经费开支应由理事会编制预算、决算，提交社员大会决定之。

第三十二条　本社关于会计事项以采取新式簿记为原则，其会计规则另定之。

第三十三条　本社以每年自国历二月一日起至翌年一月三十一日止为一事业年度，每年度终了时应作各种书类，遵照条例第四十六条之规定办理之。

第三十四条　本社于每一年度开始及年度终了时，应缮具业务计划、业务报告分呈主管官署及省农村合作委员会或建设厅备案，并函送各级联合会备考。

第三十五条　本社年度终了结算有盈余时，须依照左列规定顺次分配之：

一、提出百分之二十为公积金；

二、提出年息六厘以下之股息；

三、余额概作为职员之酬劳金。

第三十六条　本社公积金应由社员大会指定机关存储，非经社员大会决议不得动用。

第三十七条　本社如有亏损，除将社股金、公积金、保证金抵补外，仍不足时应依照条例第六十八条之规定宣告破产。

## 第五章　职员

第三十八条　本社设理事几人组织理事会，监事几人组织监事会，悉遵照条例第四十一条至第五十条之规定办理之。

第三十九条　本社设利用评定委员会，其规则另定之。

第四十条　本社设司库一人，由理事会就理事中推任之，经理一人，事务员几人，技术员几人，由理事会选任之，必要时并雇用工役几人。

第四十一条　本社理事、监事，利用评定委员及出席区联合会代表遇有出缺时，应为补缺之选举，以补足前任之任期为止。

第四十二条　本社各职员除司库、经理、事务员、技术员、工役支给薪金外，余均为义务职，但因公务上必需之费用得由理事会酌量支给。

## 第六章　会议

第四十三条　本社各种会议除利用评定委员会另有规定外，余悉遵照条例第五十一条至第五十八条之规定办理。

第四十四条　社员大会须于会前七日函请本区联合会选派非本社之区联代表列席，遇有违背条例章则之事实发生，列席代表得陈述意见请求复议，如请求无效时应报告县联合会及主管官署纠正之。

第七章　附则

第四十五条　本社各种规则须由理事会提交社员大会通过。

第四十六条　本社登记监督解散清算及本章程未尽事宜，悉遵照条例办理。

第四十七条　本章程经社员大会通过后呈由县主管官署转呈省农村合作委员会或建设厅核准施行。

## 利用评定委员会规则

第一条　本社依据社章第三十九条之规定设立利用评定委员会。

第二条　本会由左列人员组织之：

一、本社理事长一人；

二、本社区域内乡长或村长一人；

三、本区利用合作联合会技术员一人；

四、自耕农社员选出三人至六人；

五、佃户社员选出三人至六人；

六、业户社员选出三人至六人。

第三条　本会职权如左：

一、调查土地并确定等级；

二、评定土地之产量；

三、确定各项租额；

四、决定佃户使用土地之面积与时期；

五、计划各种设备之种类与程序；

六、审查本社与社员订立之契约；

七、订定使用规则；

八、指导利用上之方法；

九、公断社员间利用上之纠纷；

十、决定耕地整理之方法；

十一、协定凶年租额之减免；

十二、评定社员大会及理事会之交付事项。

第四条　本会各委员任期除第二条一、二、三款当然委员外，余均为二年，但得连选连任。

第五条　本会常会每三个月举行一次，由理事长召集之，必要时得由理事长或委员三人以上之提议召集临时会议。

第六条　本会开会须有出席委员三分之二以上为法定人数，表决议案须得出席委员过半数之同意可否，同数时取决于主席。

第七条　本会开会时以理事长为主席，理事长因故不能出席时，由出席委员互推一人代理之。

第八条　本规则经社员大会通过施行。

〔中央政治学校地政学院档案〕

## 4. 合作社法①

（1934年3月1日）

### 合　作　社　法

中华民国二十三年二月十六日立法院会议通过，

中华民国二十三年三月一日国民政府命令公布

第一章　原则

第一条　本法即称合作社谓依平等原则，在互助组织之基础

① 沿用原标点。

上，以共同经营方法，谋社员经济之利益，与生活之改善，而其社员人数及资本额均可变动之团体。

第二条　合作社为法人，

第三条　合作社之业务，得为左列各款之一种或数种。

1. 为谋农业之发展，置办社员生产上公共或各个之需要设备，或社员生产品之联合推销

2. 为谋工业之发展，置办社员制造上公共或各个之需要设备，或社员制造品之联合推销

3. 为谋社员消费之便利，置办生产品与制造品，以供给社员之需要。

4. 为谋金融之流通，以低利贷放生产上或制造上必要之资金于社员，并以较高利息收受社员之存款与储金。

5. 为谋相互之扶助，对于社员之灾患，疾病，养生，送死，及其所经营事业之灾害办理保险。

6. 其他不违反第一条之规定者。

第四条　合作社之责任，分左列三种。

1. 有限责任，谓社员以其所认股额为限负其责任。

2. 保证责任，谓社员以其所认股额及保证金为限负其责任。

3. 无限责任，谓合作社财产不足清偿债务时，由社员连带负其责任。

第五条　合作社之业务及责任，应于名称上表明之，非经营本法第三条所规定之业务经所在地主管机关登记者，不得用合作社名称。

第六条　合作社得要征所得税及营业税。

## 第二章　设立

第七条　合作社非有七人以上，不得设立。

第八条　合作社设立人应召集创立会，通过章程，选举理事，监事，组织社务会，亦一个月内向所在地主管机关为成立之登

记。

应登记之事项如下。

1. 名称。

2. 业务。

3. 责任。

4. 社址。

5. 理事，监事，之姓名，性别，年龄，籍贯，职务，住所。

6. 社股金额缴纳方法。

7. 各社员认购之社股及已缴金额。

8. 关于社员资格及入社，退社，除名之规定。

9. 关于社务执行及职员任免之规定。

10. 保证责任合作社之社员其保证金额。

11. 关于盈余处分之规定。

12. 关于公积金之规定。

13. 定有解散事由时，其事由。

前项登记事项有变更时，应于二十日内为变更之登记，在未登记前，不得以其变更对抗善意第三人。

第九条　主管机关接到前条呈请后，应于十五日内为准否之批示。

## 第三章　社员社股及盈余

第十条　合作社社员应具有左列资格。

1. 中华民国人民年满二十岁者。

2. 有正当职业者。

第十一条　法人得为有限责任及保证责任合作社社员，无限责任合作社社员不得为其他无限责任合作社社员。

第十二条　有左列情事之一者，不得为合作社社员。

1. 褫夺公权。

2. 破产。

3. 吸用鸦片或其代用品。

第十三条　合作社成立后，凡愿入社者，应有社员二人以上之介绍，或直接以书面请求依左列规定决定之。

1. 加入有限责任或保证责任合作社，应经理事会之同意，并报告社员大会。

2. 加入无限责任合作社，应经社务会之同意，及社员大会出席社员四分之三以上之追认，前项第一款之追认，合作社得以书面限期征求全体社员之意思。限期内不正式表示异议者，视为追认，但此项限期不得少于十五日。

加入之社员，合作社应依本法第八条第七款之规定，于追认后一个月内向主管机关登记。

第十四条　新社员对于入社前合作社所负之债务，与旧社员负同一责任。

第十五条　社员认购社股，每人至少一股，至多不得超过股金总额百分之三十，但经营第二条第三款业务之合作社社员，每人至多不得过十股。

社股金额，每股至少国币二元，至多不得过二十元，关于社员之股数，于法人为社员时，得由合作社呈请主管官署以命令定之。

第十六条　社员已认未缴之社股金额，不得以对于合作社或其他社员所有之债权主张抵销，亦不得以已缴之社股金额，抵销其对于合作社或其他社员之债务。

第十七条　社员欠缴之社股金额，合作社得将其应得之股息及盈余拨充之。

第十八条　社员非经合作社之同意，不得让与其所有之社股，或以之担保债务。

社股受让人应继承让与人对于合作社之权利，义务，受让人为非社员时，应适用第十二条及第十三条之规定。

第十九条　社股年息不得过一分，无盈余时，不得发息。

第二十条　合作社盈余，除依次弥补累积损失及付息外，应提存总额百分之二十以上为公积金，百分之十以上为公益金，百分之十为理事及事务员酬劳金。

前项公积金已超过股金总额时，得由合作社自定每年应取之数。

第二十一条　合作社盈余，除依前条规定提出外，其余额之分配，以社员交易额之多寡为标准。

第二十二条　公积金应经社员大会之决定，存储于信用合作社或其他殷实银行。

第二十三条　社员有左列情事之一者，丧失社员资格。

1. 丧失中华民国国籍者。

2. 有第十二条所规定情事之一者。

3. 死亡。

4. 自请退让。

5. 除名。

第二十四条　社员得于年度终了时退社，但应于三个月前提出请求书。

前项期间，得以章程延长至六个月，社员为法人时，得延长至一年。

第二十五条　社员之除名，应经社务会出席理事、监事、四分之三以上之决议，以书面通知被除名之社员，并报告社员大会。

除名之理由，以章程定之。

第二十六条　出社社员，仍得依第十三条之规定，再请入社。

第二十七条　出社社员，得依章程之规定，请求退让其股金之一部或全部，股金计算，依合作社营业年度终了时财产定之，但章程另有规定者，依其规定，经营第三条第三款所定业务之合作社，得以货物偿付出社社员之退还股金。

第二十八条　无限责任合作社或保证责任合作出社社员，

对于出社前合作社债权人之责，自出社决定日起，经过二年始得解除。

前项合作社于社员出社后六个月内解散时，该社员视为未出社。

### 第四章 理事监事及事务员

第二十九条 合作社设理事，监事，至少各二人，由社员大会就社员中选任之。

第三十条 理事任期一年至三年，监事任期一年均得连任。

第三十一条 理事依本法及合作社章程之规定，与社员大会之决议，执行任务，并互推一人或数人，对外代表合作社。

理事违反前项规定，致合作社受损害时，对于合作社负赔偿之责。

第三十二条 理事会应置社员名簿及社员大会纪录于合作社。

社员名簿应载明左列事项。

1。社员姓名，性别，年龄，籍贯，职业，及住所。

2。社员认购社股之日期及其股数与股票字号。

3。社员已缴金额及其缴纳之日期。

4。保证合作社社员之保证金额。

第三十三条 理事会应于社员大会开会七日前，造成财产目录，资产负债表，业务报告书，及盈余配案，置于合作社，并以一份送交监事会，但召集临时社员入会时，不在此限。

第三十四条 前两条之书类，社员及合作社社债权人，均得查阅。

第三十五条 经营第三条第四款业务之合作社，不能清偿储金之债务时，理事负连带清偿之责。

前项责任，理事解任后，经过二年方得解除。

第三十六条 监事之职权如左。

1。监查合作社之财产状况。

2。监查理事执行业务状况。

3。审查第三十二条，第三十三条，所规定之书类。

4。合作社与其理事订立契约，或为诉讼上之行为时，代表合作社。

第三十七条　监事不得兼任理事或事务员。

曾任理事之社员，于其责任未解除前，不得当选为监事。

第三十八条　监事不得享受第二十条所规定之酬劳金。

第三十九条　理事监事违反法令或合作社章程时，得由社员大会全体社员过半数之决议解除其职权，其失职时亦同。

第四十条　理事，监事，违反法令或有其他足以危害合作社之情事者，主管机关认为必要时，得令其解除职权。

第四十一条　理事，监事有变更时，非经登记不得以其变更对抗善意第三人。

第四十二条　合作社因业务之必要，得设事务员，由理事会任免之。

## 第五章　会议

第四十三条　合作社会议，分左列四种。

1。社员大会，每年至少召集一次。

2。社务会，每三个月至少召集一次。

3。理事会，每月至少召集一次。

4。监事会，每月至少召集一次。

第四十四条　社员大会由理事会召集之。

前项召集，应于七日前，以书面载明召集事由及提出事项，通知社员。

第四十五条　理事会于必要时，得召集临时社员大会，社员全体四分之一以上，亦得以书面记明提议事项及其理由，请求理事会召集临时社员大会。

前项请求提出后十日内，理事会不为召集之通知时，社员得呈报主管机关，自行召集。

第四十六条　社员大会应有全体社员过半数之出席，始得开会，出席社员过半数之同意，始得决议。

第四十七条　社员大会开会时，每一社员仅有一表决权。

第四十八条　社员不能出席社员大会时，得以书面委托其他社员代理人，同一代理人，不得代表二以上之社员。

第四十九条　社员大会流会一次以上时，理事会得以书面载明应议事项，请求全体社员于一定期限内，通信表决之，但此期限不得少于十日。

第五十条　社务会由理事会召集之，其主席由理事监事互选之。

社务会应有全体理事，监事，三分之二出席，始得开会，出席理事监事过半数之同意，始得决议。

社务会开会时，事务员得列席陈述意见。

第五十一条　理事会由主席召集之。

理事会应有理事过半数之出席。始得开会。出席理事过半数之同意，始得决议。理事会主席由理事互选之。

第五十二条　前条之规定。于理事会备用之。

## 第六章　解散及清算

第五十三条　合作社因左列各款情事之一而解散。

1. 章程所定解散之事由发生。
2. 社员大会之解散决议。
3. 社员不满七人。
4. 与他合作社合并。
5. 破产。
6. 解散之命令。

前项第二款第四款之决议。应有全体社员四分之三以上之出席。出席社员三分之二以上之同意。

第五十四条　有限责任或保证责任之合作社不能清偿其债务时。法院得因理事会。监事会。或债权人之请求。宣告破产。

第五十五条　合作社决议解散。应向主管机关登记。

第五十六条　合作社为合并时，应于一个月内向主管机关分别依左列各款，申请登记。

1．因合并而存续之合作社，为变更之登记。

2．因合并而消灭之合作社，为解散之登记。

3．因合并而另立之合作社，为取立之登记。

第五十七条　合作社解散或为合并时，应于一个月内分别通知各债权人，并公告之，并应指定一个月以上之期限，申明债权人得于期限内提出异议。

合作社不为前项之通知及公告，或对于在其指定期限内提出异议之债权人，不为清偿或不提供相当之担保者，不得以其解散或合并，对抗债权人。

第五十八条　合作社之解散，其清算人除合作社章程别有规定。或由社员大会另行选任外，以理事充任之，不能依前项之规定清算人时，法院得因利害关系人之申请，选派清算人。

第五十九条　清算人之职务如左：

1．了结现务。

2．收取债款，清偿债务。

3．分派剩余财产。

清算人为执行前项职务，有代表合作社为一切行为之权。

第六十条　清算人有数人时，关于清算事务之执行，以其过半数决之，但对于第三人，各有代表合作社之权。

第六十一条　清算人就任后，应即检查合作社情形，造具资产负债表及财产目录，提交社员大会，请求承认。清算人遇有询问时，应将清算情形，随时答复。

第六十二条　清算人于就任后十五日内，愿以公告方法，催告债权人，限期报明偿权，对于所明知之债权人，并分布通告。

前项期限，不得少于十五日。

第六十三条　清算人于清算事务终了时，应即造具报告书，提交社员大会，请求承认。

第六十四条　清算人清算完结后，应于十五日内，呈报主管机关。

清算人由法院选派者，并应呈报法院。

## 第七章　合作社联合社

第六十五条　二个以上之合作社，或合作社联合社，因区域上或业务上之关系，得设立合作社联合社。

同一区域或同一区域内同一业务之合作事业，不得同时有二个联合社。

第六十六条　合作社联合社为法人。

第六十七条　合作社之入社或退社，应经各该合作社社员大会之议决，合作社联合社之入社或退社应经各该联合社代表大会之决议。

第六十八条　合作社联合社之代表大会，以合作社或合作社联合社之代表组织之。

前项代表之名额，依左列各款方式之一定之。

1．依合作社社员或合作社所属合作社社员之人数比例定之。

2．依合作社股金总额，或合作社联合社所属合作社股金总额比例定之。

3．依合作社或合作社联合社对于联合社之出资额比例定之。

第六十九条　合作社联合社之责任，限于左例两种。

1．有限责任。

2．保证责任。

保证责任合作社联合社所属合作社，或合作社联合社之保证责任。照依各社或各联合社加入之股金总额定之。

第七十条　合作社联合社之理事，监事，由联合社大会就所属合作社或合作社联合社之代表中选任之。

第七十一条　除本章及法令别有规定外，本法关于合作社之规定，于合作社联合社备用之。

## 第八章　罚则

第七十二条　合作社设立人，理事，监事及清算人，有左列各款情事之一者，得科三十元以下之罚锾。

一、违反第十三条第二项但书，及第三项，第五十五条及第五十六条关于申请登记期限之规定者。

二、违反第四十五条第二项，第四十九条但书，第五十七条第六十二条关于公告，催告，或通知期限之规定者。

第七十三条　合作社社员，设立人、理事、监事、及清算人，有左列各款情事之一者，得科五十元以下之罚锾。

一、违反第三十二条，及第三十三条，第六十一条，及第六十三条关于合作社章程，大会纪录，财产目录，资产负债表，业务报告书及盈余分配案，清算报告书之规定，为不实之纪录，不备置于事务所，或不提交于社员大会时。

二、违反第三十四条关于查阅书类，无正当之理由，而拒绝查阅者。

三、违反第五十四条之规定，不为宣告破产之申请者。

## 第九章　附则

第七十四条　各种合作社业务之执行，除依本法规定外，于必要时，另以法律定之。

第七十五条　本法施行细则，由实业部定之。

第七十六条　本法施行日期，以命令定之。

〔实业部档案〕

## 5. 邹枋关于陕西合作事业实施状况致经委会呈

（1934年6月13日）

奉谕赴西北调查，计历时二月。兹将调查所得缮具简单报告，速同资料二百种、地图四幅、照片二十张，送呈钧座察核。敬呈秘书长秦

职邹枋谨呈　六月十三日

### 西北调查报告

此次赴西北调查，其目的在研究西北农村凋敝之症结所在，以定救济之策，故调查范围以农业与农村建设为主。而于农业中则注重农作物产销情形及农业副产、农业经营等，于农村建设中则注重租佃关系，苛捐杂税、农村合作、农村工业、农村组织等。计自二月二十四日启程至四月十八日返京，费时几两月，所调查区域除西安外，为长安、潼关、华阴、华县、渭南、临潼、咸阳、泾阳、三原、高陵、富平、蒲城、大荔等十三县，初止于西安并赴附近各县调查，后则至泾水及洛水流域调查。所调查机关为建设厅、民政厅、教育厅、财政厅、省立农棉试验场、省立林业试验场、省立畜牧试验场、西北农林专校、省立第一职业学校、第一女子职业学校、省立第一民众教育馆、第二民众教育馆、三原、长安、大荔、泾阳、蒲城等县县政府、陕西省银行、富秦钱局、陕西省第一便民质、各县之小押铺、平民工厂、华洋义赈会、省立第一图书馆、禁烟总局等。此外则与当地人士谈话，藉悉其地之实际情形，以便于官方所得之资料相比较。与农民作个别谈话，详询当地高利贷之情形、农业经营之方式、农家收入及其支出、保卫团之压迫、田赋与摊派之繁重，并参观各地合作社，有泾阳之永乐区棉花生产运销合作社、华县杏仁合作社、渭南中东区棉花生产运销合作社等十余社，复乘机研究泾惠渠放水前后农家之经

济情形，西潼线沿路农产之运输方法及农业与农村之一般状态，至此次所搜集之资料不下二百余种，现加以整理，撰成西北调查报告，以供本会开发西北暨改进农业之参考。

一、灾情〔略〕

二、农作物〔略〕

三、农业经营〔略〕

四、租佃制度〔略〕

五、田赋〔略〕

六、金融及利率〔略〕

七、合作社

陕省农民处灾荒之余，需款甚急，惟以农民智识幼稚，组织散漫，故合作事业未见若何发达。现据调查所得，全省合作社为数凡三十一，至其区域分配及性质如左表：

| 县名 | 棉花生产运销合作社 | 信用合作社 | 特产运销合作社 | 总计 |
|---|---|---|---|---|
| 泾阳 | 2 | 5 | | 7 |
| 临潼 | | 3 | 1 | 4 |
| 长安 | | 9 | | 9 |
| 咸阳 | | 1 | | 1 |
| 醴泉 | | 2 | | 2 |
| 华县 | 3 | | 1 | 4 |
| 兴平 | | | 1 | 1 |
| 渭南 | 3 | | | 3 |
| 总计 | 8 | 20 | 3 | 31 |

（一）泾阳有永乐区棉花生产运销合作社，系保证责任性质，成立于二十二年四月二十二日，社员二百五十四人，棉田面积四千四百亩，本年向上海银行所借款项计六六九二七元。

斗口区棉花生产运销合作社，社员三百六十户，棉地约二千亩，由斗口农事试验场所主持，闻已向该场借得款项千元。

泾阳有信用合作社五，皆由中国银行协助，放款则在接洽中。

（二）临潼有信用合作社有三：一、南北胡王村信用合作社，社员十人，于二十二年八月卅一日成立，二、华清池信用合作社，社员三十五人，亦于廿二年八月卅一日成立，三、三合村信用合作社，社员十二人，于九月十日成立，各由华洋义赈会借款五〇〇元。此外有一韭黄合作社，闻正向上海银行接洽借款。

（三）长安有合作社九所，其中五社为青年会所指导，共有社员四三二人，向四省农民银行借得款项五千元，其余四社由华洋义赈会所指导，其社员及借款等项，则如左表：

| 社　　名 | 社员数 | 成立日期 | 向华洋义赈会借款数（元） |
|---|---|---|---|
| 兴柳村信用合作社 | 47 | 22.5.22 | 500 |
| 徐东村信用合作社 | 12 | 22.8.7 | 300 |
| 贾家村信用合作社 | 24 | 22.8.8 | 200 |
| 琢珥王村信用合作社 | 13 | 22.7.25 | 200 |

（四）咸阳有大陈村信用合作社，社员廿二人。廿二年六月二十日成立，向华洋义赈会借款二百元。

（五）醴泉则有合作社二，洛张庄信用合作社，社员四十人，于十月二日成立，向华洋义赈会借得款项三〇〇元，又附郭村信用合作社，社员十七人，亦于廿二年十月二日成立，亦向华洋义赈会借得款项三〇〇元。

（六）华县则有棉花生产运销合作社三，每社约有社员五百户，棉田一万亩，至华县之杏仁运销合作社，则因华县西南山下十几村，每家皆种有杏树，社员二百余户，收入杏子约可得五六万金，现已组织就绪，正向上海银行接洽借款中。

（七）渭南则有合作社三：一、中西区棉花生产运输合作社，有社员百余人，棉田四六〇〇亩；二、中东区棉花生产运销合作社，社员二百余户，棉田三〇〇〇亩；三、固市棉花生产运销合作社，社员六十余人，棉田三千亩。

上述三合作社，最近始由上海银行贷款，总数约为四万余元。

(八)兴平有土布运销合作社，内容不详。

此外，上海银行在长安、临潼、高陵、朝邑等处，亦在筹备组织棉花生产运销合作社，至临潼省立第二民众教育馆所筹备之石榴生产合作社，则仅有进行计划，而未实际组织成立者也。

此外则尚有数事足述者：一、全省合作社社员共计约为二千人左右，其对农民人口所占成分极微。二、合作社向各银行借得之款总数约为十三万元，当兹农村破产之际，实仍为杯水车薪也。三、合作社对银行之借款利率普通约为年息一分，月息一分二种，而农民所付之利息则为月息一分及月息一分二厘。四、放款期限短者三、四月，长者一年。五、合作社组织成分多为自耕农及半自耕农，佃农极少，至地主可云绝无仅有。

关于各合作社之借款还款手续，略述如下：上海银行放款方面程序如下：(一)先填写承认申请书，经查核许可后乃以社股、全部公积金存储于上海银行，(二)填写借款申请书，由该社理事会会长及司库连署，(三)由上海银行派员调查，(四)调查后认为合格，乃发给放款核准通知书，(五)凭通知书并填具正式借据，除合作社之图托外，必须有理事会会长司库及保证人之签名盖章，至上海银行所放款为农业信用放款、农业育苗放款、农产物押款、农业、动业押款，至合作社之用途限于一、种子或肥料购买，二、牲畜及轻便农具购买，三、精制或运销上增置设备，四、其他农业生产上之用途(例如运销放款)。

至华洋义赈会之借款与还款手续如次：一、先由社方填具借款申请书，交本会会长审核，二、经会长审核后发给借款核准书并借款合同两张、保结单一纸，三、社方接到借款核准书并借款合同保结单后，填具合同及保结原交本会，四、本会办理签字盖章手续后，将保结交司库调查合同一张，存会一张，仍送社方执行，并发给领款书，五、各社方将款领到后即日按社章第十、第十一、第十二各条办法放给各社员。

各社还款手续：一、各社第一次向本社所借款项均定期一次缴纳，二、还款到期一星期前由本会发给还款通知书，三、社方接到还款通知书后即按期到会还款，四、社方还款后撤回领款收条保结并涂销合同。

陕省建设厅于二十二年同华洋义赈会合办农村合作讲习所，开讲日期为一月，听讲人员六十人，有大学毕业者，有小学毕业者，年龄最大者五十岁，小者十九岁。

华洋义赈会报告书中载有所得经验及所感到的困难点极有价值，兹将其原文摘述于下：

一、在组织信用合作社前，应先有一次低利放款，因为这样可以试探农民信用之有无。

二、在信用合作社未发起组织以前，应调查村中有道德有名望、有实力的人，教他们做发起人。

三、贫农有信用，亦可准其入社，无贫农合作社则仅有存款而无借款者。

四、富农亦可投入合作社，无富农将生空虚病，以其只有借款而无存款。

五、对农民宣传合作，不能只说合作社可以一倍的股金做担保，向本会借到二十倍的款子，因为这样说，足以引人行侥幸的心理。

六、信用合作社应该替借款人设法通融，他们可以整理分还，以产生利益，拨还债项，不致使他们借债还款，愈借愈多，永无出头之日。

七、信用合作社须促进其他合作事业，不应以成立借款为目的。

所感困难如下：

一、乡农共信的心理不易建立，

二、乡农对于合作办法总是怀疑，

三、贫农组织不成，

四、富农不愿组成，

五、贫农加入不进去，

六、存款吸收不到社，

七、组织条例过繁多，

八、借款手续太麻烦，

以上各点极可供吾人之参考。

〔以下略〕

〔全国经济委员会档案〕

## 6.江西省农村合作委员会关于各县区合作社联合会经营动产押款业务暂行办法致四省农民银行江西分行公函

(1935年2月22日)

照抄合委会二月二十二总字第六二号公函乙件

径启者：查动产抵押放款原为合作社调剂金融之主要业务，以各社分别办理，规模过小，管理不易，故由区联合会联合经营较为妥当。本会业经制订办法并择定临川李家渡区合作社联合会先行试办，经营以来，成效尚有可观，惟所感困难者厥为资金问题，如不事先筹定，实难继续维持。本会为使该联合会资金充实起见，拟请贵行参酌农村合作社申请农民动产押款办法，准予贷款三万元，按本省合作贷款过去成例，系由本会函请酌拨款项，交由本会核放。以其放款多属对人信用，有由本会代办之必要。现此种动产押款系由各社员以其物品提供抵押，存于区联合会，属于对物之信用，极为稳妥可靠，故拟请贵行直接办理，由本会负保证责任。至于利率，仍请援照储押粮食例定为月息八厘，每届月底结息一次。为便于监查，并可由贵行介绍押品保管员负责保管押品，薪金由联合会负担，两方稳妥便利，裨益农村，实非浅鲜。兹特检上各县区合作社联合会经营动产押款业务暂行办法，敬希查照办理，迅予赐复为荷。此致

豫鄂皖赣四省农民银行江西分行

附送各县区合作社联合会经营动产押款业务暂行办法一份

委员长　文　群

## 江西省各县区合作社联合会经营动产抵押业务暂行办法

第一条　凡本省依法登记之县区合作社联合会（以下简称联合会）得呈准江西省农村合作委员会（以下简称合委会），遵照本办法之规定经营动产押款业务。

第二条　联合会经营动产押款以所属农村合作社之社员为限。

第三条　动产押款品类如左：

（一）布质衣装；

（二）金属饰物；

（三）主要农产；

（四）农具耕牛。

前项押款品类应于开始承押前呈报合委会核准。

第四条　动产押款标准如左：

（一）衣装按时值百分之五十；

（二）饰物按时值百分之六十；

（三）农产按时值百分之七十；

（四）农具耕牛按时值百分之四十。

第五条 动产押款期限如左：

（一）衣装饰物概以十个月为限，必要时得再展期十个月；

（二）农产、农具、耕牛概以六个月为限，必要时得再展期三个月。

第六条 动产抵押贷款其总额每年、每一社员不得超过三十元，每一合作社不得超过一千元，但遇特殊情形经呈准合委会者不在此限。

第七条 动产押款利率定为按月一分二厘，其计息方法依照习惯月不过五，逾五日即以一月计算。惟第三条一、二、三各项押品另收保管费四厘（每一元按月四厘），第四项农具另收保管费三厘（每一元按月三厘），耕牛则仍由抵押人自收，不另收费。

第八条 动产抵押放款程序如左：

（一）合作社社员申请押款时，应持社员动产押款证，连同押品送交联合会；

（二）联合会接到抵押品及申请书后，应即将押品鉴定价值，估定贷款；

（三）联合会核定贷款后，除耕牛、农具、合作社保证书、本人收据及加标记外，其余各项押品概应收存，并填制押品存证连同款项发交押款合作社或社员收执。

第九条 动产抵押还款程序如左：

（一）由联合会于每月一日将各社在该月内所有到期押品开单通知，准备取赎；

（二）由合作社将各社员到期押品分别通知，如期或于期前取赎；

（三）由社员于到期前将押款本息及押品存证，交合作社或径由押款社员交付区联会；

（四）由区联会于收到押款本息及押品存证后，即将抵押品清交原取赎人，并注销存证。

（五）押款社员遇有特别事故不能如期偿还时，得准在逾期一个月内缴清利息，依照第五条之规定申请展期。

第十条　社员抵押贷款之耕牛，无论发生任何变化，均须随时报告合作社，转报联合会，并清偿贷款本利，社员无力归还，应由保证人垫缴。

第十一条　联合会办理动产押款业务，对左列各项物品概不受押。

（一）难于鉴别、保管暨非农家所恒有者；

（二）破烂过甚无法估价或属违禁物品者；

（三）来历不明及非通常所服用者。

第十二条　联合会办理动产押款业务，对于合作社与其所属社员舞弊或延期不还情事，应按左列规定处分。

（一）凡合作社经办人员舞弊者，处予诈欺取财罪；

（二）凡社员私代非社员抵押或将贷款转借于非社员，藉图高利者，科予押款金额十分之二罚金，并停止贷款一年至三年；

（三）凡社员押款逾期一月内未经申请补息展期，及展期再满仍未还款取赎者，得由联合会没收押品，自由变卖，或追缴贷款，并停止其隶属合作社对于该项押款应得之手续费及分配本年盈余，关于农产品之变卖扣抵押款如有余时，仍交押款人领还，不足时亦得向押款人追补。

第十三条　联合会办理动产押款业务，如因天灾人事或水火盗劫及其他非人力所能抵抗救护情事，致以押品发生损毁时，不能负赔偿责任。除事后原物仍属完整者外，其仅存残废部分或因而贬损价值者，由联合会呈请官厅依法清理之。

第十四条　联合会办理动产押款业务，对于押款人挂失押品存证办法如左：

（一）由押款人将押品存证号数、押品名称及数量等报告联合会；

（二）由联合会查明原押品如尚未赎出时，得准押款人觅取妥保挂失；

（三）挂失人存证挂失一个月后，如无纠葛发生，得向联合会清还本息，取回押品；

（四）押款人遗失押品存证时，如预计一个月时间已在押款最后期限之外者，须先将到期本息缴存联合会，方得挂失。

第十五条　联合会办理动产押款业务，其处分期满押品，如售价不足抵补本息及保管费时，应由原经手鉴定人负责赔偿，如有盈余，亦按照当地习惯，提出十分之二为动产抵押所职员奖励金之用，其余款仍归联合会存储。

第十六条　联合会经营动产押款业务时，得另设动产押款，所添职员分列账簿办理之，并须按月编造报告呈送合委会查核。

第十七条　联合会经营动产抵押业务，凡申请抵押贷款之合作社应按照贷款金额及期限提出利息一厘，作为该合作社之手续费，于年终结算时一次拨给。

第十八条　联合会经营动产抵押业务有盈余时，除提出十分之二公积金、十分之三职员酬劳金外，其余十分之五仍按交易额分配于各合作社。

第十九条　联合会经营动产抵押业务，其一切费用以不超过保管费为原则，必要时得提用利息二厘。

第二十条　本办法自江西省农村合作委员会公布之日施行，如有未尽事宜得随时修正之。

〔中国农民银行档案〕

## 7．合作社法施行细则

（1935年8月19日）

合作社法施行细则

民国二十四年八月十九日实业部部令公布

第一条　本细则依合作社法(以下简称本法)第七十五条之规定制定之。

第二条　本法及本细则所称主管机关在县为县政府，在市为市政府，在隶属行政院之市为社会局。

第三条　合作社之设立，以社员能实行合作之范围为准。

在同一能实行合作之范围内，非有特殊情形呈经所在地主管机关核准，不得设立二个同一业务之合作社。

第四条　前条合作社范围如超过一市或一县以上时，其主管机关为社址所在地之市县政府或社会员。

第五条　合作社依本法第三条之规定经营业务，得于名称上用生产、消费、信用、利用、运销、保险等名词表明之。

第六条　本法施行前成立之合作社，应自本法施行之日起三个月内，向所在地主管机关依法申请登记，其与本法及本细则抵触者，于登记时自行改正。

第七条　本法施行前成立之合作社，其实际性质不合本法之规定者，应即按照性质各依其关系法令更改名称。

第八条　合作法于必要时得呈准所在地主管机关设立分社。

第九条　依本法第六条之规定，合作社得呈请财政主管机关免征所得税及营业税。

第十条　合作社业务不受任何行规之限制。

第十一条　合作社章程应载明左列各事项：

1．名称；

2．责任；

3．社址；

4．业务；

5．社股金额及其交纳或退还之规定；

6．保证责任合作社社员之保证金额；

7．营业年度起止日期；

8. 盈余处分及损失分担之规定；

9. 公积金及公益金之规定；

10. 社员资格及入社退社除名之规定；

11. 社务执行及理事监事任免之规定；

12. 定有成立期限或解散事由者其期限或事由；

13、其他处理社务事项。

第十二条　合作社向所在地主管机关为成立之登记时，应附送创立会决议录、章程及社员名册。

第十三条　合作社登记成立后应即开始经营业务，但因天灾人变或不可抗之事由，得呈准所在地主管机关延长之。

第十四条　合作社成立登记证由省主管厅印制分发所在地主管机关转发，在隶属行政院之市社会局印发。

第十五条　所在地主管机关应备置合作社登记簿，其式样由省市主厅局定之。

第十六条　所在地主管机关对于合作社之成立登记及变更解散合并清算之登记，应呈请省主管厅备案并汇报实业部，在隶属行政院之市由社会局汇报实业部。

第十七条　合作社章程之变更须经社员大会议决并附具决议录向所在地主管机关登记。

第十八条　社股金额在同一社内必须一律。

社股不得数人共有。

第十九条　社员认购社股得依章程之规定以货币以外之财物估定价值代付股款。

第二十条　社员认购社股第□次所缴股款不得少于每股四分之一。

第二十一条　有限责任合作社增减每股金额须经社员大会议决，其议决减少时须通知或公告债权人，并指定一个月以上之期限，得提出异议。

前项期限由债权人表示异议时，合作社非将其债务清偿或提供相当之担保者，不得减少社股金额。

第二十二条　保证责任合作社减少社员之保证金额时，准用前条之规定。

第二十三条　合作社因减少社股金额或保证金额申请登记者，应叙明公告结果，附送社员大会决议录、财产目录及资产负债表。

第二十四条　合作社之公积金超过股金总额时，其每年应提取之数由社员大会决定之。

第二十五条　合作社公积金超股金总额时，其超过部份得社员大会决定作为经营业务或公共事业之用。

第二十六条　合作社理事、监事不得兼任其他同性质合作社之理事、监事。

第二十七条　合作社得依章程之规定设候补理事及候补监事，其人数不得超过理事、监事之半数，在未递补前不得参加理事会或监事会。

第二十八条　社员大会开会以理事主席为主席，理事会主席缺席时以监事会主席为主席，社员召集大会时临时公推一人为主席。

第二十九条　合作社员人数超过二百人以上时，社员大会得就地域之便利分组举行，并依各该社员人数推选代表出席全体代表大会。

第三十条　法人为社员时，其表决权由其代表，一人行之仍为一权。

第三十一条　社员大会及代表大会之开会及决议，如有违反本法第四十六条、四十七条及本细则第二十九条、三十条之规定时，社员得申请所在地主管机关宣告其决议案为无效。

第三十二条　合作社每届年度终了时，应将本法第三十三条所规定书类于社员大会承认后呈报所在地主管机关。

第三十三条　所在地主管机关得派员审查合作社帐簿及本法第三十二条、第三十三条规定之各种簿录书表等，于必要时并得指导该书类之编造及记载方法。

第三十四条　合作社依本法第五十三条第一、二、三、四各款解散向所在地主管机关登记时，应叙明解散事由，其依第二款、第四款解散者加具社员大会议录。

第三十五条　合作社清算人就任后应呈报所在地主管机关。

第三十六条　所在地主管机关得随时令清算人报告清算事务，于必要时并得派员检查之。

第三十七条　清算人清算完结后呈报所在地主管机关或法院，随附送社员大会承认之清算终了报告书。

第三十八条　合作社联合社社股金额每股不得超过五十元。

第三十九条　合作社联合社之设立以业务上联合之需要为准，得不依现有之行政区域。

第四十条　除前两条外，本细则关于合作社之规定合作社联合社准用之。

第四十一条　本细则与合作社法同日施行

〔实业部档案〕

## 8. 四川省政府等关于各县区驻军协助农村合作工作要点致军委会委员长行营呈

（1935年11月19日）

建设厅案呈。据四川省农村合作委员会主席刘航琛二十四年十一月七日呈称：窃查本会成立以来，将近一月，所有一切应行准备事宜，均经规划就绪，即将派遣指导人员驰赴外县组设办事处，开始指导农民依法组织各种合作社，以赴事机。第以事属创举，本省境内，又值清剿时期，深恐各地民众暨驻军不明真相，致有所阻挠，或发生其他误会，窒碍工作进行。兹援照赣鄂皖等省先例，谨拟具各县驻军协助农村工作要点，理合备文呈请钧府鉴核赐予转呈委员长行营核准，令饬本省各县区驻军遵照，切实协助，以利进行，实为公便。谨呈。等情。附呈各县区驻军协助农村工作要点二份。据此，查核该会所拟办法尚属切要，除将附件提存一份备查一并指令外，理合据情连同附件转呈钧行营俯予鉴核转令，以利进行。谨呈

军事委员会委员长行营

附呈各县区驻军协助农村工作要点一份

四川省政府主席　刘　湘

建设厅长　郭昌明

中华民国二十四年十一月十九日

## 各县区驻军协助农村工作要点

一、凡持有四川省农村合作委员会工作证及佩带该会证章工作人员，非特别戒严时期，一律准予通行，不得留难，如遇戒严时，各驻军应随时允许该项工作人员之请求，发给该区域内之通行证，以利工作。

二、凡四川省农村合作委员会派赴各县之特派员、指导员或视察员，进行工作发生困难，请求协助时，各驻在地军事长官务须尽力协助，不得故意推诿。

三、凡四川省农村合作委员会派遣人员分赴各县区乡村工作，中途发生障碍，请求保护时，各驻在地军事长官应随时酌派队伍护送，并令饬所驻各村镇官兵随时保护。

四、凡四川省农村合作委员会派赴各县工作人员，遇有公持四川省政府官电纸拍发无线电报时，各驻在地军用无线电队或电台务须代为拍发。

五、凡四川省农村合作委员会遇有无线电报致各地工作人员时，各驻在地军用无线电队或电台务须代为转递。

六、各驻军对于农村工作协助不力，经查明属实者，即予惩处.

〔军委会南昌行营档案〕

## 9. 全国合作社发展概况统计

（1935年12月）

全国各种合作社比较表(1)截至二十四年十二月底止

| 项目 | 信用 | 运销 | 购买 | 利用 | 生产 | 供给 | 消费 | 兼营 | 总计 |
|---|---|---|---|---|---|---|---|---|---|
| 南京 | 45 | 1 | — | 2 | 3 | — | 2 | — | 53 |
| 上海 | 9 | 11 | 98 | — | 5 | — | — | — | 123 |
| 北平 | 6 | 1 | — | — | — | — | 2 | — | 9 |
| 江苏 | 1731 | 213 | 164 | 109 | 504 | — | — | 1356 | 4077 |
| 浙江 | 945 | 128 | 97 | 26 | 495 | — | — | 281 | 1972 |
| 安徽 | 1886 | 86 | — | 34 | — | 26 | — | — | 2032 |
| 江西 | 1511 | 40 | — | 430 | — | 27 | — | 55 | 2063 |
| 湖北 | 1363 | 1 | — | 537 | — | — | — | — | 1901 |
| 湖南 | 804 | 6 | — | — | 28 | 14 | 12 | — | 864 |
| 河北 | 5015 | 514 | — | 3 | 13 | — | 47 | — | 5592 |
| 河南 | 514 | 114 | — | 15 | — | 1 | — | 1104 | 1774 |
| 山东 | 1087 | 1029 | 106 | 10 | 1024 | — | — | 381 | 3637 |
| 福建 | 188 | — | — | — | — | — | — | 144 | 332 |
| 广东 | 53 | 41 | 51 | 13 | 80 | — | — | 64 | 302 |
| 广西 | — | — | 8 | — | — | — | — | — | 8 |
| 山西 | 169 | 6 | 2 | — | — | — | — | 1 | 178 |
| 陕西 | 664 | 20 | — | — | 126 | — | — | 13 | 823 |
| 甘肃 | 49 | — | — | — | — | — | — | — | 49 |
| 绥远 | 53 | — | — | — | — | — | — | — | 53 |
| 总计 | 16118 | 2211 | 526 | 1179 | 2278 | 68 | 63 | 3399 | 25842 |
| 百分率 | 62.37 | 8.56 | 2.04 | 4.56 | 8.82 | 0.26 | 0.24 | 13.15 | 100.00 |

〔原注〕 本表数字豫鄂皖赣闽五省系根据各该省农村合作委员会之报告；冀湘甘三省根据各该省建设厅之报告，京平二市根据各该市社会局之报告；苏浙鲁粤桂晋绥八省及上海市则根据中央农业实验所出版之农情报告第四卷第二期所载。

全国各种合作社社员数(2)

截至二十四年十二月底止

| 项　目 | 信用 | 运销 | 购买 | 利用 | 生产 | 供给 | 消费 | 兼营 | 总计 |
|---|---|---|---|---|---|---|---|---|---|
| 南京 | 2018 | 215 | — | 82 | 68 | — | 457 | — | 2840 |
| 上海 | 2020 | 1095 | 13859 | — | 223 | — | — | — | 17197 |
| 北平 | 95 | 40 | — | — | — | — | 2090 | — | 2225 |
| 江苏 | 45779 | 7161 | 14244 | 3792 | 25128 | — | — | 42265 | 138369 |
| 浙江 | 25267 | 12375 | 6008 | 849 | 14408 | — | — | 11759 | 70666 |
| 安徽 | 58165 | 4968 | — | 2573 | — | 1323 | — | — | 67029 |
| 江西 | 50119 | 2530 | — | 31437 | — | 2104 | — | 34310 | 120500 |
| 湖北 | 48791 | 166 | — | 43744 | — | — | — | — | 92701 |
| 湖南 | 20186 | 16365 | — | — | 984 | 509 | 7392 | — | 45436 |
| 河北 | 99453 | 11911 | — | 93 | 366 | — | 3859 | — | 115682 |
| 河南 | 23047 | 5527 | — | 807 | — | 50 | — | 64900 | 94331 |
| 山东 | 26239 | 28373 | 7392 | 446 | 34285 | — | — | 9408 | 106143 |
| 福建 | 4935 | — | — | — | — | — | — | 6943 | 11878 |
| 广东 | 2411 | 5114 | 4737 | 856 | 5461 | — | — | 4713 | 23292 |
| 广西 | — | — | 592 | — | — | — | — | — | 592 |
| 山西 | 1856 | 3962 | 216 | — | — | — | — | 36 | 6070 |
| 陕西 | 28862 | 13775 | — | — | 24608 | — | — | 6006 | 73251 |
| 甘肃 | 3264 | — | — | — | — | — | — | — | 3264 |
| 绥远 | 1112 | — | — | — | — | — | — | — | 1112 |
| 总计 | 443619 | 113577 | 47048 | 84679 | 105531 | 3986 | 13798 | 180340 | 992578 |
| 百分率 | 44.70 | 11.44 | 4.74 | 8.53 | 10.63 | 0.40 | 1.39 | 18.17 | 100.00 |

〔原注〕 本表数字之根据与第一表同。

〔实业部档案〕

## 10. 全国经济委员会为改善农村经济推行合作事业概况及对陕西等省合作事业的调查①

(1936年1月)

近年来中国农村经济日趋衰落，农民生活益臻困苦，若不根本改善，必将无以图存。现在国内公私团体，或从事研究农业技术之改善，以谋农产质量之增加，或于指定区域，举办农民新式组织，及促进农民初级教育，以为农村建设之根据（一九三四年十月十日至十二日，全国乡村工作讨论会开第二届大会于河北定县，参加者共七十六团体，凡关于乡村组织、及农民教育各问题，如乡村负担、乡村自卫、乡村自治、乡村卫生、乡村合作、乡村经济建设、乡村教育及人才训练，均经该会详细讨论，其讨论主旨，则在交换各地不同之经验与意见，以谋统筹改善)。

关于技术研究方面，行政院鉴于农村建设刻不容缓，因设立中央农业实验所，以应需要(该所隶属于实业部)。该所新址位于南京近郊，其全部工程及设备，不日即可竣工。

关于社会组织及农民普通技术教育方面，查近年来各省合作事业发展最速，收效最宏，似已超越创办人组织之能力。全国经济委员会鉴于此项专门人才之缺乏，乃会同实业部及行政院农村复兴委员会，于一九三五年三月十三日在京召集全国合作事业讨论会，以资研讨今后进行步骤，总计到会参加之各院部会、各省政府、各合作团体、各银行及各主要大学之代表共计一百十四人，其讨论范围约分四项：

---

① 选自1936年1月全国经济委员会报告汇编第九集。

一、合作事业之行政系统。

二、合作业务之指导，包括帐目审查，运销合作及信用合作等。

三、农村投资及合作资金之增加。

四、合作组织及监督人员之训练。

全国合作事业讨论会闭幕后，实业部乃复增设合作司，以谋促进全国合作事业之发展，其地位与该部之农业司、工业司、劳工司及矿业司等。

全国经济委员会根据技术合作代表之报告书，决先集中财力，积极促进西北与江西之农村建设工作，此外并因国家经济关系，复致力于全国茶业、棉业及蚕丝业之改良。

西北各省，地瘠民贫，对于合作贷款之需要，刻不容缓，全国经济委员会有鉴于此，因于一九三四年夏，遣派专家前往调查该地农村金融状况，以为发展合作事业之准备。嗣经根据调查结果，爰会同陕西省政府合设陕西农业合作事务局，以资实施，现该局已分遣经验丰富之合作人员，约二十人散处乡村，进行工作。兹将陕西合作事业发展近况，列表如次：

| 县别 | 调查村庄数 | 成立互助社数 | 承认社数 | 社员数 | 贷出款项（元） |
|---|---|---|---|---|---|
| 大荔 | 44 | 33 | 26 | 732 | 6562 |
| 朝邑 | 85 | 46 | 46 | 1950 | 15425 |
| 平民 | 2 | 1 | — | — | — |
| 醴泉 | 114 | 84 | 84 | 2822 | 19809 |
| 乾县 | 14 | 8 | 2 | 50 | 480 |
| 华县 | 12 | 12 | 12 | 420 | 4102 |
| 洛南 | 27 | 17 | 16 | 574 | 5046 |
| 咸阳 | 60 | 50 | 49 | 1490 | 12045 |
| 合计 | 358 | 251 | 235 | 8038 | 63469 |

〔以下略〕

〔全国经济委员会档案〕

## 11. 江西省农村合作委员会与中国农民银行联合制订农村合作社放款办法

（1936年4月）

江西省农村合作委员会<br>中　国　农　民　银　行　协　订

中国农民银行对江西省农村合作社放款方法

一、本办法在江西省农村合作委员会（下称合委会）划定由中国农民银行（下称农行）放款区域内适用之。

二、凡经合委会正式核准登记之农村合作社，经农行调查以后，得向合委会申请借款。

三、合作社借款用途及期限分别规定如左：

甲、为转借社员购买种子、肥料、家畜、食料、饲料、小件农具及支付工资、地租等，与经营小工艺流通资本之借款，于一年内还清；

乙、为转借社员购买大套农具、舟车、耕畜及经营手工艺固定资本等之借款，须于一年至三年内还清；

丙、为批发、制造、储押、运销、供给各种物品之借款，须于一年内还清；

丁、为购买加工运输各种工具之借款，须于二年至三年内还清；

戊、为垦荒、掘井、排水、濬河及修筑大堤、闸等之借款，须于五年内还清。

四、合作社借款数额应按照登记之年限，业务之大小及成绩之优劣为标准，并暂定限额如左：

甲、凡经营信用业务者，以社员为标准，第一年每社员二十元为限，以后每年得递增五元；

乙、凡经营利用业务者：

(子)不得超过社员保证金总额，

(丑)在工程费或设备总值百分之八十以内；

丙、凡经营供给业务者：

(子)不得超过社员保证金总额，

(丑)在预进大批货物总值百分之六十以内，

(寅)在社员未缴足之股额或购买额三个月总额以内；

丁、凡经营运销业务者：

(子)不得超过社员保证金总额，

(丑)在收集产品总额百分之七十以内，

(寅)在加工或运输工具总值百分之八十以内，

戊、凡经营农仓业务者：

(子)建筑仓库，每一市石不得超过五角，三年内分期归还，

(丑)修理仓库，每一市石都不得超过两角，两年以内分期归还，

(寅)农产物之押款不得超过时价百分之七十，除特种产品外，每一社员不得超过五十元，限一年以内出仓时归还；

已、凡经营动产抵押者：

(子)不得超过保证金额，

(丑)在押品市值百分之五十以内，

(寅)以衣饰什物农具等为限，农产品押款属农仓业务范围；

庚、凡经营特种产品者：

(子)农本借款不得超过该产品普通价值百分之五十。

(丑)加工及运销借款依丁项之规定，但预支代价得酌量提高，前项借款，合作社得根据实际需要于规定限额内，分别申请或分期支款，以免空付利息。

五、合作社借款利率及计息方法分别规定如左：

甲、合作社借款利率依借款期限之长短规定之：

（子）凡合作社借款限期一年内归还者，月利八厘，

（丑）凡合作社借款限期二年以内归还者，其第二年利率月利八厘五毫，

（寅）凡合作社借款限期三年以内归还者，其第三年利率月利九厘，三年以上者，逐年增加五毫；

乙、合作社借款计息方法：

（子）按月计算不满一月者，按日计之，

（丑）起息日期自农行付出借款之日计算止息日期，以合作社付出还款之日为止，均以邮局戳记或银行钱庄之汇票及代收之据为凭，

（寅）合作社借款，如系分期偿还者，其计算方法除第一期应以全部借款依照本期利率计算外，以后各期均应以本期结欠全额依照各期利率计算之。

六、合作社借款程序分别规定如左：

甲、合作社申请借款时，应缮具借款申请书及有关业务具体办法，送由合委会驻县办事处转呈合委会审核；

乙、　合委会接到合作社借款申请书后于三日内，根据该社各种书表审核之，如有疑议时，得迅速派员实地调查，但调查时间，至多以十日为限；

丙、合委会接到调查意见后于二日内，根据调查者所具意见核定准驳迅予通知之；

丁、合委会核准各合作社借款后，即分别函送农行并通知合作社，再由农行填发合同及收据，交合作社查收签盖，向指定付款地点办理借款手续。借款付出后，农行按旬列表函送合委会备查；

戊、合作社借款收到后，应即报告合委会，并函请合委会驻

县办事指导人员莅社监督处理，并应作成处理借款报告递送合委会备案；

己、凡付出借款之汇费，由农行负担，偿还借款之汇费，由各社负担，凡遇汇兑十分不便之处付款时，得酌收最低限度之汇费。

七、合作社还款程序分别规定如左：

甲、合作社借款由农行于到期一个月前通知准备筹款，并函知合委会；

乙、合作社借款到期时，须即本利如数付清，不得稍有拖欠；

丙、农行收到合作社还款本息清楚后，即将原借据发还，并填发还款收据，一方面函知合委会；

乙、农行收付款项概以国币为准。

八、合作社展期还款办法规定如左：

甲、合作社借款遇有特别事故不能如期偿还全部时，得在到期一个月前声叙理由，请求展期一部或全部；

乙、合作社请求展期还款一部，经合委会，农行会商核准后，本期利息及应还一部本金，必须如数清偿，如请求全部展期，其期内利息亦必须先行清偿；

丙、合作社请求展期还款未经核准以前，仍以延期论得随时追缴；

丁、合作社展期利率，仍照第五项乙、丙两款所定标准计算之。

九、合作社借款如有舞弊或延期不还情事，经查实后，应按左列惩处：

甲、凡合作社职员舞弊者，除由合委会或农行依法究办外，并追还全部借款；

乙、凡社员转借贷款于他人图高利者，科以加倍利息之罚金；

丙、凡借款用途不实或社务上发生重大不利变化情事，应即提前还款一部或全部；

丁、凡借款未经先期请求展期或请求未准者，在延期内之利率，应按照原定利率增加四厘计算，并严予追缴。

十、农村合作社各级联合会请求借款时，除利率、年限、款额得由合委会酌予优待外，其余均得准用本办法办理之。

十一、本办法自成立之日施行，如有未尽事宜，得随时以书面修改之。

中华民国二十五年四月　　日

〔中国农民银行档案〕

## 12. 经济委员会合作事业工作概况

（1936年4月）

合作事业工作概况（第一集）①

中华民国二十五年四月

### 一、绪言

合作事业，不仅为救济农村之一种方法，实亦国民经济建设之基本工作。

我国合作事业，至民国二十三年后，发展极速。据最近估计，自民国二十二年底至二十三年底，全国合作社数目，自五三三五社增至一四六四九社，增加率为百分之一百八十。社员人数，自一八四五八七增至五五七五二一，其增加率，为百分之二百。自民国二十三年底至二十四年底，全国合作社数目，自一四六四九社增至二六二二四社，其增加率为百分之七十九，此外尚有预备社及互助社共五三三二社。合作社社员人数自五五七五二一增至一〇〇四〇四二人，其增加率为百分之八十，预备社及互助社之社

---

① 此集系全国经济委员会合作事业委员会刊物丙类第一种，沿用原标点。

员数，尚不计在内。关于合作社种类之分配，在民国二十三年底，信用合作占百分之六七·二，兼营合作占百分之九·三，生产合作占百分之八·六，运销合作占百分之七·二。民国二十四年底，信用合作占百分之五八·八，兼营合作占百分之一六·七，生产合作占百分之八·九，运销合作占百分之八·七①。

合作事业之发展，虽如此迅速，其对于全民族之民生经济，尚少重大贡献。试以合作社社员人数与全国人口相比较，民国二十三年则每千人口中，合作社社员为一·二四人，民国二十四年每千人口中，合作社社员亦仅二·三四人而已。在苏联合作社社员对总人口之比率，为千分之六五六；此外有十七国，在千分之百以上；有二十一国，在千分之十至千分之百之间；有十三国，在千分之二至千分之十之间。我国合作社社员对人口之比率，与世界各国相比较，当在第五十位以下矣。

虽然，我国合作运动目前之危机，不在其发展迟缓，而在其发展过速。盖我国专门人才缺乏，组织与技术，均不甚健全。就合作社之监督制度论，则会计管理等，缺乏甚多。就合作社资金来源言，银行界虽表示愿意投资农村，而农民借款之保护，资金保管之安全，则仍感困难。若论合作行政效率，各级政府及社会团体，固多热心赞助合作运动，惟在管理方面，条例方面，事业方面，在在表现冲突与重复。

为减免上述困难，增加事业效率起见，全国经济委员会会同实业部，暨行政院农村复兴委员会召集全国合作事业讨论会。该会民国二十四年三月十三至十七，在南京举行，到会者凡百五十人，其中除中央及省政府代表外，有各省合作指导主要负责人员，合作事业机关代表，银行代表，学术团体代表及专家，大会讨论

① 二十三年度估计见《农情报告》第三卷第一期，实业部中央农业实验所民国二十四年二月出版，二十四年度估计系根据中央农业实验所未发表之数字。

结果，咸认我国合作运动发展极速，中央政府对于合作行政之统一及合作事业之推广，应积极推进，因于是年九月实业部成立合作司。十月全国经济委员会遵奉国民政府之命，成立合作事业委员会。前者掌管合作行政事项，如合作社之登记，合作法之施行等。后者掌管技术推广事项。如业务指导，资金介绍，技术联络，及人才培养等。

合作事业委员会设委员十五人至十七人，同年十月由国民政府简派陈公博、秦汾、周作民、邹秉文、王志莘、文群、楼桐荪、彭学沛、卓宣谋、许仕廉、章元善、赵连芳、曾仲鸣、王世颖、高秉坊、张一飞、寿勉成为委员，并指定陈公博为主任委员，秦汾、邹秉文、章元善、许仕廉为常务委员，委员会之下，设秘书室、金融股、技术股、并为便利研究起见，得分设合作组织，合作业务、合作教育等组，又于必要时，得在工作区域酌设办事处或办事分处，现已成立之办事处，有驻皖驻赣驻湘驻鄂四办事处。

查本会所参加之合作事业，可分四项：

(甲)皖赣湘鄂四省之农贷及合作事业

(乙)西北合作事业

(丙)华北合作事业

(丁)合作研究与人才训练

兹将本会所参加之合作事业一一分述于后：

二、皖赣湘鄂四省之农贷及合作

民国二十年秋，长江流域，洪水为灾，国民政府特设救济水灾委员会，拨发美麦四万吨，价值约合国币三百万元，作为救济安徽江西湖南湖北灾区农民之用。当时四省灾区农民，组织互助社，再由政府借款互助社，惟社员须负连带偿还之责。此项组织工作，皖赣湘三省由水灾会委托中国华洋义赈救灾总会及其湖南分会办理。水灾会结束后，此部工作，即移交全国经济委员会接管。二十一年湖北农赈后之合作事业，亦经委托义赈会湖北分会办理。近数年来，互助社渐次改组为合作社。下表为民国二十五年一月底四省互助社与合作社之数字：

表一、皖赣湘鄂四省办事处所办合作事业概况 二十五年二月一日

| 省别 | 安徽 | 江西 | 湖南 | 湖北 | 总计 |
|---|---|---|---|---|---|
| 县数 | 25 | 15 1市 | 22 | 4 1市 | 66 2市 |
| 社数 | | | | | |
| 合作社 | | | | | |
| 已认 | 949 | 791 | 555 | 380 | 2675 |
| 未认 | 2847 | 149 | 326 | 386 | 3708 |
| 互助社 | 1132 | 818 | 824 | — | 2774 |
| 共计 | 4928 | 1758 | 1705 | 766 | 9157 |
| 社员数 | | | | | |
| 合作社 | | | | | |
| 已认 | 27777 | 25454 | 14589 | 6905 | 74725 |
| 未认 | 75521 | 4653 | 7189 | 7079 | 94442 |
| 互助社 | 62762 | 38279 | 64750 | — | 165791 |
| 共计 | 166060 | 68386 | 86528 | 13984 | 334958 |
| 自筹资金(元) | | | | | |
| 合作社 | | | | | |
| 已认 | 93943.48 | 59791.50 | 35346.14 | 8099.42 | 197180.54 |
| 未认 | 137340.00 | 12279.50 | 16333.00 | 6378.97 | 172331.47 |
| 共计 | 231283.48 | 72071.00 | 51679.14 | 14478.39 | 369512.01 |
| 贷放款额(元) | | | | | |
| 已认合作社 | 579533.00 | 536813.00 | 337501.00 | 215934.00 | 1669781.00 |
| 互助社 | 1011920.92 | 352932.40 | 332272.00 | — | 1697125.32 |
| 共计 | 1591453.92 | 889745.40 | 669773.00 | 215934.00 | 3366906.32 |
| 收回款额(元) | | | | | |
| 已认合作社 | 347086.09 | 335042.18 | 161534.00 | 81820.00 | 925482.27 |
| 互助社 | 882637.35 | 320066.43 | 272917.70 | — | 1475621.48 |
| 共计 | 1229723.44 | 655108.61 | 434451.70 | 81820.00 | 2401103.75 |

农民还款，均为现金，积累而成专款，此款即划为合作基金。

兹将四省合作基金周转金，及贷款结欠实数列表如后：

表二、皖赣湘鄂四省办事处合作专款贷放概况二十五年二月一日报告

| 省　别 | 安　徽 | 江　西 | 湖　南 | 湖　北 | 总　计 |
|---|---|---|---|---|---|
| 原拨专款(元) | 880747.42 | 460000.00 | 793336.65 | 876820.16* | 3010904.23 |
| 已收回农贷款项(元) | | | | | |
| 提拨陕西合作基金 | 180000.00 | 30000.00 | — | — | 210000.00 |
| 现存周转金 | 339016.94 | 195363.21 | 534754.20 | 17187.91 | 1086322.26 |
| 合作社贷款 | 232446.91 | 201770.82 | 175967.00 | 134114.00 | 744298.73 |
| 旱灾贷款 | 14580.23 | — | 59354.30 | — | 73934.53 |
| 共　计 | 766044.08 | 427134.03 | 770075.50 | 151301.91 | 2114555.52 |
| 未收回农贷款项(元) | | | | | |
| 互助社结欠 | 114703.34 | 32865.97 | 5552.68 | — | 153121.99 |
| 棉贷结欠 | — | — | 17708.47 | — | 17708.47 |
| 民堤籽种结欠 | — | — | — | 571635.06 | 571635.06 |
| 农贷结欠 | — | — | — | 131374.42 | 131374.42 |
| 共　计 | 114703.34 | 32865.97 | 23261.15 | 703009.48 | 873839.94 |

* 湖北因已动支专款洋22508.77元，故两共计相加，不能与原拨专款数字相符。

三、西北合作事业

西北连年饥荒，农民亟需低利之借款，以资救济。而西北一般借款利率，较其他各省为高。全国经济委员会遂拟联合当地政府及社会团体，推行农村合作事业。民国二十三年夏，派专家二人，先调查陕西农村金融状况，再根据调查报告，与陕西省政府

共同组织陕西农业合作事业委员会。委员会之下，设陕西农业合作事务局，办理该省合作事宜。

陕西合作事业之经费，由合作专款拨发。此项专款，系陕西省政府与全国经济委员会所筹拨，由陕西农业合作事业委员会推定专款委员三人，负责保管，并由陕西农业合作事务局随时请领贷放。下表为陕西合作事务局民国二十五年一月底止所经办合作事业之概况：

表三、陕西合作事务局所办合作事业概况二十五年二月一日报告

| 类别 | 县数 | 调查村庄 | 成立社数 | 已认社数 | 已认社员数 | 实际贷款总额（元） |
|---|---|---|---|---|---|---|
| 合作社 | 18 | 976 | 624 | 573 | 17596 | 200382.00 |
| 互助社 | 23 | 2313 | 1679 | 1662 | 46812 | 272128.03 |
| 总计 | 41 | 3289 | 2303 | 2235 | 64408 | 472510.03 |

表四、陕西合委会合作专款收支概况二十五年二月一日报告

| 陕西合作专款（元） | | 合作事务局已领款（元） | 结存款额（元） | |
|---|---|---|---|---|
| 陕省府已拨 | 300000.00 | 606771.00 | 合委会 | 93229.00 |
| 经委会已拨 | 400000.00 | | 事务局 | 134260.97 |
| 共计 | 700000.00 | 606771.00 | 共计 | 227489.97 |

四、华北合作事业

民国二十二年春，热河事起，战事沿长城而波及冀察两省三十余县。人民受灾极重，政府成立华北战区救济委员会，内设农赈组。在被灾各县，组织互助社。贷放资金，协助农民，恢复农

事。次年三月，以农赈工作不久告竣，及提议设立华北农业合作事业委员会。为永久机关，办理保管收还之农赈款项，并推行合作。四月经行政院驻平政务整理委员会批准，七月正式成立。二十四年冬，行政院驻平政务整理委员会结束，该会改隶于实业部。二十五年一月，实业部将该会事业部分，委托全国经济委员会合作事业委员会办理。

华北农业合作事业委员会指导下之合作社及贷款概况。可于下列二表中见之。

表五、华北合委会所办合作事业概况二十五年二月一日报告

| 社数： | | | | 社员数： | | | | 自集资金（元） |
|---|---|---|---|---|---|---|---|---|
| 合作社： | | 互助社 | 共计 | 合作社： | | 互助社 | 共计 | |
| 已认 | 未认 | | | 已认 | 未认 | | | |
| 1462 | 666 | 2947 | 5075 | 57096 | 20673 | 141544 | 219313 | 113807.50 |

五、研究与训练

合作人才之训练，对于中国合作运动，最为切要。本会近与美国罗氏基金董事会合作，商定津贴合作研究员办法。现已决定选派研究员五名，赴各省考察与实习，为期一年。更拟与中政校合作学院、金陵大学、南开大学、燕京大学合作，训练大学毕业之高级合作人员。又于去年十月国际联盟派英国合作专家甘贝尔(W. K. H. Campbell)来华任本会顾问。甘顾问抵华后，前后赴河北、安徽、浙江、江西、湖南等省，实地考察合作事业，藉资改进。又为介绍合作之理论与方法起见，本会正筹备发行合作专刊，其专刊第一种，即斯屈兰教授（C. F. Strickland）所编之《农村金融与合作》，该书为斯氏在金陵大学所编之讲义，现与

表六、华北合委会合作专款贷放概况二十五年二月一日报告

| 原拨专款（元） | | | 贷放款额（元） | | | 收回款额（元） | 结欠款额（元） |
|---|---|---|---|---|---|---|---|
| 农赈贷款 | 农赈贷款 | 共计 | 未收回农赈款 | 贷出款额 | 共计 | | |
| 1433096.00 | 128065.86 | 1561161.86 | 275796.42 | 1016334.94 | 1292131.36 | 162249.54 | 1129881.82 |

该校合作，将原讲义编成专刊印行，以供研究者之参考。为辅助各地合作机关，改进会计制度起见，本会复与实业部合组合作会计制度委员会，拟以其研究结果，推行各地。

〔全国经济委员会档案〕

## 13. 四川省农村合作委员会与中国农民银行关于四川省农村合作社贷款办法及标准的呈

（1936年4月14日）

案查本会奉令成立推行川省农村合作事宜，数月以来，除兼办通、南、巴等八县农村金融紧急救济外，计在万县成立登记之合作社已达数十余所，最近并选定简阳、资中、内江、灌县、乐山、阆中、广元等七县为推行合作县，所有上开各县本行大都设有办事处。兹经本会行等会商援照豫皖两省成例，拟订中国农民银行对四川省农村合作社贷款办法十一条及各种农村合

作社贷款标准五项各一种，以利合作进行。理合检同上项办法及标准各一份，备文会呈伏祈鉴核赐准备案，俾资遵守，深为公便，谨呈。

军事委员会委员长行营

附件：中国农民银行对四川省农村合作社贷款办法一份
各种农村合作社贷款标准一份

四川省农村合作委员会委员长　刘航琛
中国农民银行总经理　徐继壮

中华民国二十五年四月十四日

中国农民银行对四川省农村合作社贷款办法

第一条　四川全省合作社必须经四川省农村合作委员会（以下简称合委会)成立登记后，方得放款，此项放款资金除合委会自筹基金外，凡由中国农民银行(以下简称农行)供给者，概依本办法办理。

第二条　合作社成立登记后，由合委会将该社社员人数，职员名单，社股金额每月汇集，函知农行备查。

第三条　合作社如有正当用途需要资金时，得向合委会填具借款申请书，并由合委会负责考核用途及数目，附注意见，函请农行核放，如农行有疑义时，应于二日内函请合委会解释后再行核放。

前项贷款到期时，合委会与农行应共同负责催偿贷款本息。

第四条　合委会与农行每年先商定合作社放款标准，利率及贷款总额，如有变更放款标准或增减贷款数额时，应由变方临时决定之。

第五条　合作社借款合同由合作社与农行各执一份，但付款后，农行应将付款机关、日期、金额、利率及领款人姓名，随时函知合委会备查，还款时亦同。

第六条　合作社贷款除农行设有分处及代理处所在地外，所有款项收付及签订合同得委托合委会代为办理，但往来汇费农行须负担半数。

第七条　合作社借款自农行汇出之日起息，合作社汇还之日止息。

第八条　凡与农行有借款关系之合作社，每月应寄月报表一份到行备查。

第九条　农行得随时派员赴各县抽查合作社贷款，但经合委会委托须协助各县指导员促进各社业务。

第十条　将来合作社数增多，合委会为核放贷款迅速起见，得函请农行派员赴合委会参加贷放工作。

第十一条　本办法之适用范围，以合委会核准登记之合作社及合作社联合令为限。

各种农村合作社贷款标准

一、信用合作社以人数为标准：

甲、有信用保证或附属担保品者，每人十五元至二十五元；

乙、完全信用者每人十元至二十元。

附注：第二年度起，得逐年增加五元。

二、利用合作社以业务为标准：

甲、如有设备者，须以其设备抵押于银行，贷款如超过设备费八成时，须由农行或合委会认可之保证人担保；

乙、无设备者，视其用途而定。

三、供给合作社以合作社两月或三月供给数量为标准。

四、运销合作社以产品百分之七十为标准：

甲、青苗抵押贷款，以去年或估计每亩收获量百分之二十为标准；

乙、工程抵押设备，以全部工程八成五为标准。

五、合作社借款利率暂定月利八厘，待合作社业务发达后陆续增加，但最高不得超过壹分，还款期限，信用、运销业务最短半年，最长不得超过二年，供给、利用业务最短两年，最长不得超过五年，运销业务之设备与利用业务同。

〔军事委员会南昌行营档案〕

## 14. 合 作 金 库 规 程

（1936年12月18日）

### 合 作 金 库 规 程

（民国二十五年十二月十八日部令公布）

第一章　总则

第一条　合作金库以调剂合作事业资金为宗旨，准用合作社法合作社联合社之规定组织之。

第二条　合作金库分左列各种：

一、中央合作金库；

二、省及直隶行政院之市合作金库；

三、县市合作金库；

四、县市以下之区域于必要时得设合作金库代理处。

前项第四款合作金库代理处之任务，得由当地信用合作社或信用合作社联合社行使之。

第三条　合作金库之责任依合作社法第六十九条之规定，以有限责任或保证责任为限。

第四条　中央合作金库受经济部之监督，省合作金库受省以上合作主管机关之监督，直隶行政院之市合作金库受直隶行政院之市以上合作主管机关之监督，县市合作金库受县市以上合作主管机关之监督。

第五条　合作金库应设于各该主管机关所在地，在同一区域内不得设立两个以上同级合作金库。

第二章　资本

第六条　中央合作金库由省及直隶行政院之市合作金库暨以全国为范围之合作社联合社认股组织之，省合作金库以县市合作金库及以省为范围之合作社联合社认股组织之，直隶行政院之市合作金库及县市合作金库由各该区域内信用合作社及各种合作社联合社认股组织之。

在合作金库试办期间，各级政府、农本局、农民银行、地方银行及办理农贷各银行暨其他不以营利为目的之法团，得酌认股额提倡之。

依前两项认股之机关、银行、法团、信用合作社、各种合作社联合社及下级合作金库均为合作金库社员，得选派代表出席代表大会。

第七条　中央合作金库资本总额至少一千万元，省合作金库、直隶行政院之市合作金库至少一百万元，县市合作金库至少十万元。

第八条　合作金库股票分一股、十股、一百股三种，均为记名式，非经各该合作金库理事会之同意，不得让与或担保的债务。

第九条　合作金库资本额之增加或减少须经代表大会议决，呈报主管机关核准，其减少资本额时并应依合作社法施行细则第二十一条规定之程序行之。

第十条　合作金库初成立时，得由第六条第二项之社员先行认股组织，并订奖励信用合作社、各种合作社联合社认股方法，俟合作金库基础巩固时得将认缴之股逐渐收回。

第十一条　合作金库每股金额年息及缴纳方法均于各该合作金库章程内载明之。

## 第三章　组织

第十二条　各级合作金库由社员选派代表出席代表大会，其选派名额于章程中规定按所缴股额比例分配之，但合作社或合作社联合社至少须有代表一人。

第十三条　代表大会分常会、临时会两种，常会于每年十二月结帐后两个月内由理事会召集之，临时会经主管机关或理事会、监事会认为必要时召集，或经社员四分之一以上之请求由理事会召集之。

第十四条　合作金库设理事、监事各若干人，分别组织理事会、监事会，其人数由代表大会议定之。

前项理事、监事由代表大会就代表中选任，但依第六条第二项及第十条之规定由政府、农本局、银行及各法团提倡，组织时至少须有理事、监事各一人为信用合作社或各种合作社联合社之代表。

信用合作社、各种合作社联合社及下级合作金库所认股额逐渐增加时，各机关、银行及法团代表当选之理事、监事应比例减少。

第十五条　理事、监事之任期职权依合作社法之规定。

第十六条　合作金库置经理一人，综理金库事务，遇必要时得增置副经理一人襄助经理处理事务，均由理事会聘任之。

第四章　业务

第十七条　合作金库办理存款、借款、放款、汇兑及代理收付各种业务。

第十八条　中央合作金库得放款于省及直隶行政院之市合作金库暨以全国为范围之合作社联合社，省合作金库得放款于县市合作金库及以省为范围之合作社联合社，直隶行政院之市合作金库及县市合作金库得放款于该区域内信用合作社及各种合作社联合社。

第十九条　各级合作金库之信用放款，除直隶行政院之市合作金库及县市合作金库得对于各该区域内之信用合作社及信用合作社联合社为信用放款外，以对直属合作金库及同级信用合作社联合社为限。

第二十条　合作金库之营业资金不得为本规程规定业务外任何事业之投资。

第二十一条　合作金库营业计划应于每年度开始前提出代表大会通过，并呈报主管机关备案。

第二十二条　合作金库以每年度终了为总决算期，应依合作社法第三十三条之规定造成财产目录、资产负债表、业务报告书及盈余分配案，提请代表大会承认，并呈报主管机关备案。

第二十三条　合作金库盈余之分配依合作社法第二十条、第二十一条之规定。

第五章　附则

第二十四条　合作金库应依本规程订立一切章则，呈请主管机关核准转报经济部备案。

第二十五条　本规程自公布日施行。

〔实业部档案〕

## 15．各省市合作行政主管机关概况①

（1937年6月）

各省市合作行政主管机关略表

（民国二十六年六月调查）

江苏省　主管机关建设厅，除行政外兼办促进事项。负责人沈百先厅长，通讯处镇江市江苏省建设厅。登记手续遵办情形：呈部手续完整。

浙江省　主管机关建设厅，除代理行政事项外负促进之责。负责人朱家骅厅长兼代，通讯处杭州市浙江省建设厅。登记手续遵办情形：呈部手续完整。

① 原件为表格。

安徽省　主管机关农村合作委员会，兼代理行政事项。负责人魏鉴委员长，通讯处怀宁市政府公字十八号。登记手续遵办情形：办法已呈部核定；另一主管机关实业部合作事业安徽省办事处，其工作以办理促进事项为限。该办事处代理主任为田起龙(字云波)，通讯处怀宁市忠孝街一号。

福建省　主管机关为建设厅，除行政外兼办促进事项。负责人为陈体诚(子博)厅长，通讯处闽侯福建省建设厅。登记手续遵办情形：呈部手续完整；另一主管机关为农村合作委员会，其工作以办理促进事项为限。负责人为陈体诚(子博)委员长，通讯处为闽侯。

广东省　主管机关为农村合作委员会，兼代理行政事项。负责人为伍观祺主席委员和凌道扬总干事，通讯处广州市东山庙前西路十七号。登记手续遵办情形：呈部手续在整理中。

广西省　主管机关为农村合作委员会、兼代理行政事项。负责人为韦云松(世栋)厅长，通讯处邕宁广西省建设厅。登记手续遵办情形：推行未久未据呈报。

湖南省　主管机关为建设厅，除行政外兼办促进事项。负责人为余籍傅(剑秋)厅长，通讯处长沙湖南省建设厅。登记手续遵办情形：呈部手续完整，另一主管机关为实业部合作事业湖南省办事处，工作以办理促进事项为限。负责人为谢国荣(干青)主任，通讯处长沙如意街四号。

湖北省　主管机关为农村合作委员会，兼代理行政事项。负责人为伍廷飏(展室)委员长.通讯处武昌湖北省农村合作委员会。登记手续遵办情形：办法已呈部核定，另一主管机关为实业部合作事业湖北省办事处，其工作以办理促进事项为限。负责人为胡必详(少卿)主任，通讯处汉口湖南街商业大楼。

江西省　主管机关为农村合作委员会，兼代理行政事项。负责人为文群(诏云)委员长和熊在渭(紫若)总干事，通讯处南昌黄黎洲路一号。登记手续遵办情形：呈部手续完整；另一主管机关为实业部合作事业江西省办事处，其工作以办理促进事项为限。负责人为魏竞初主任，通讯处南昌四纬路五十号。

贵州省　主管机关为农村合作委员会，兼代理行政事项。负责人胡嘉诏委员长和鲍殊明总干事，通讯处贵阳棉花街三十号。登记手续遵办情形：推行未久未据呈报。

云南省　主管机关建设厅，除行政外兼办促进事项。负责人张邦翰(西林)厅长，通讯处昆明云南省建设厅。登记手续遵办情形：推行未久未据呈报。

四川省　主管机关为农村合作委员会，兼代理行政事项。负责人刘航琛委员长和汤允夫总干事。通讯处成都桂王桥西街三十六号。登记手续遵办情形：推行未久未据呈报。

河北省　主管机关为建设厅，除行政外兼办促进事项。负责人为王景儒(雅堂)厅长，通讯处清苑河北省建设厅。登记手续遵办情形：在催办中；另一主管机关华北农业合作事业委员会，其工作以办理促进事项为限。负责人为刘治洲(定五)主席，通讯处北平西堂子胡同十八号。

山东省　主管机关建设厅，除行政外兼办促进事项。负责人张鸿烈(幼山)厅长，通讯处济南市山东省建设厅。登记手续遵办情形：呈部手续完整。

河南省　主管机关农村合作委员会，兼代理行政事项。负责人张静愚委员长，通讯处开封共和路北段门牌附八一七号。登记手续遵办情形：办法已呈部核定。

山西省　主管机关建设厅，除行政外兼办促进事项。负责人樊象离(虚心)厅长，通讯处阳曲山西省建设厅。登记手续遵办情形：推行未久未据呈报。

陕西省　主管机关合作委员会，兼代理行政事项。负责人孙蔚如主席，通讯处长安北大街通济南坊三十四号。登记手续遵办情形：呈部手续完整；另一主管机关为合作委员会办事处，系前项委员会之执行机关。负责人为杨性存主任，通讯处同上。

甘肃省　主管机关农村合作委员会，兼代理行政事项。负责人罗贡华委员长和孙友农总干事，通讯处皋兰甘肃农村合作委员会。登记手续遵办情形：推行未久未据呈报。

察哈尔省　主管机关建设厅，专办行政。负责人张砺生厅长，通讯处万全察哈尔省建设厅。登记手续遵办情形：呈部手续在整理中；另一主管机关为华北农业合作委员会，工作以办理促进事项为限。负责人刘治洲(定五)主席，通讯处北平西堂子胡同十八号。

绥远省　主管机关农村合作事业指导委员会，兼代理行政事项。负责人冯曦(子和)主席，通讯处归化绥远省农村合作事业指导委员会。登记手续遵办情形：呈部手续完整。

青海省　主管机关为建设厅，负责人魏敷滋厅长，通讯处西宁青海省建设厅。登记手续遵办情形：尚无合作组织。

宁夏省　主管机关建设厅，负责人马如龙(晓云)厅长，通讯处宁夏省建设厅。登记手续遵办情形，尚无合作组织。

新疆省　主管机关建设厅，负责人师世昌(仲武)厅长，通讯处迪化新疆省建设厅。登记手续遵办情形：尚无合作组织。

南京　主管机关社会局，除行政外兼办促进事项。负责人陈剑如局长，通讯处南京市贡院街。登记手续遵办情形：呈部手续完整。

上海　主管机关社会局，除行政外兼办促进事项。负责人潘公展局长，通讯处上海市市中心区。登记手续遵办情形：呈部手续完整。

北平　主管机关社会局，除行政外兼办促进事项。负责人雷嗣尚(季尚)局长，通讯处北平市府右街集灵囿四十号。登记手续遵办情形：呈部手续在整理中。

天津　主管机关社会局，除行政外兼办促进事项。负责人李在中(乐天)局长，通讯处天津市社会局。登记手续遵办情形：呈部手续在整理中。

青岛　主管机关社会局，除行政外兼办促进事项。负责人周家彦(韬甫)局长，通讯处青岛市社会局。登记手续遵办情形：呈部手续完整。

威海卫　主管机关管理公署，除行政外兼办促进事项。负责人孙凤玺专员，通讯处威海卫管理公署。登记手续遵办情形：呈部手续完整。

热河、西康、辽宁、吉林、黑龙江不详。

〔实业部档案〕

## 16．吴秀生关于抗战前农业金融及信用合作概况的报告①

（1939年1月14日）

我国农业金融，以高利贷为主，据中央农业实验所二十三年二月份调查报告，关于借款与储蓄，二十二省八百七十一县中，借款来源各省平均商人占25%，地主占24.2%，富农占18.4%，商店占13.1%，典当占8.8%，钱庄占5.5%，合作社占2.6%，银行占2.4%。关于信用方法，抵押信用占46.3%，保证信用占33.9%，个人信用占19.8%，关于借款利率各省平均，月利一分至二分者占总次数9.4%，二分至三分占36.2%，三分至四分占30.3%，四分至五分占11.25%，五分以上占12.9%。关于借款时期，各省平均六个月以下者占12.6%，六个月至一年占64.7%，一年至二年占4.3%，二年至三年占5%，三年以上占2.1%，不定期者占11.3%，可见农贷多属短期信用。关于储蓄机关，各省

① 沿用原标点。

平均，私人占61.2%，商店占25.6%，典当占7.4%，钱庄占1.1%，合作社占0.4%，其他占3.6%。关于合会款额，各省平均百元以下者占58%，百元至一九九元者占21.6%，二百元至三九九元者占8.6%，四百元至五九九元者占5.5%，六百元以上者占6.3%。关于合会年限，各省平均，五年以下者占57.3%，五年至九年者占35.4%，十年以上者占7.3%。关于合作社种类，各省平均信用合作社占46.2%，生产合作社占20.8%，运销合作社占18.7%，消费合作社占9.9%，利用合作社占1.8%，购买合作社占0.2%，其他占2.4%。借款来源中，关于我国典当与钱庄之情形，兹根据二十五年全国银行年鉴，列载各省市总数于附表，藉明其梗概，以下就我国新式农业金融机关——农民银行，合作社及农业仓库——简述之。

(一)农民银行——我国农业金融机关之设立，首先见诸法令者，有民国三年之劝业银行条例，民国四年之农工银行条例，皆渊源于光绪三十四年之殖业银行条例。民国七年虽设中国农工银行于北平，惜因政轨失常，进展极缓。开我国正式农业金融机关之先河者，实唯民国十七年之江苏农民银行，而中央设立之农业金融机关，则以二十四年之中国农民银行为最早。

我国农民银行之历史甚短，故为数尚少，据二十五年银行年鉴所载，全国农民银行，包括农工银行在内，共有32家。半数以上开设于民国二十年以后。大多资力薄弱，而且名不符实，兹将全国农工银行自二十一年至二十四年概况。

列表如下：至于各行详细统计，则附载于篇末。

各主要农贷银行之内容，略述于后，其余农民银行，一概从略。

(1) 江苏省农民银行，成立于十七年七月，系以孙传芳督苏时经征之特借亩捐220万元为基金，专以低利放款，调剂农业金

| 项　　别 | 二十一年 | 二十二年 | 二十三年 | 二十四年 |
|---|---|---|---|---|
| 资产总额 | 215,542,972 | 274,449,487 | 330,481,269 | 311,371,113 |
| 实收资本 | 17,734,811 | 22,244,274 | 26,372,914 | 28,700。617 |
| 公积金及盈余滚存 | 4,601,256 | 4,973,483 | 5,389,772 | 6,317,877 |
| 各项存款 | 136,604,341 | 177,438,035 | 212,825,760 | 238,875,074 |
| 各项放款 | 125,587,116 | 153,303,350 | 187,217,679 | 218,462,398 |
| 发行兑换券 | 40,917,785 | 52,767,987 | 64,156,838 | 50,418,978 |
| 本年总益 | 5,686,441 | 6,600,681 | 9,152,663 | 9,095,883 |
| 本年纯益 | 1,553,656 | 1,859,877 | 2,865,149 | 2,787,377 |
| 总 支 出 | 4,132,785 | 4,742,047 | 6,287,514 | 6,308,878 |

融为宗旨二十四年度营业报告，二十四年增至390万元，该行略称存款与储蓄，近年来发展极速，二十二年存款储蓄合计184万余元，二十四年底普通存款已达964万余元，储蓄存款280万余元，两项并计为1254万余元，与二十三年比较，增加557万余元，二十四年放款合计营业总数为2475万余元，十二月底余额9,168,000元，其中青苗放款十二月底余额1,547,000余元，农仓储押十二月底余额3,039,000余元，其他合作运销农产放款，及农民组织放款押汇等十二月底余额共计300余万元。

该行放款种类依性质分，有青苗、储押、运销三种。依用途分，有种籽、肥料、机油、原料、畜本、农具、蚕本、茧本、救旱等九种。依担保言，有信用放款、田单契押款、动产押款，耕牛押款等四种。放款对象，以合作社为主，月息不得过一分，期限一年，该行因此对于合作社之组织，倡导颇力。

（2）中国农工银行，由北京财政部于民国七年筹备，同年十二月开业，官商各筹资本10万元，民国九年改为完全商办，营业颇为发达。至二十二年收足资本500万余元，其业务注重农工放款，浙省府于十八年与该行杭州分行订有代理农民放款之约，即为办理农贷之一例。观二十五年银行年鉴，该行仅在杭州设有堆栈一所，储米只1万担，此外，并无仓库，可知其对于农业金融之裨益，尚未达理想之境地。

（3）浙江省之农民银行有三种，一为中国农工银行杭州分行，成立于民国十八年由省府拨38万元投资该行，以低利放款于合作社转放于农民。二为各县农民银行，通常每行资金在10万元以内。三为各县农民借贷所，每所资金仅1万元左右，上述三者，各不统属。二十四年年终浙省共有县农民银行13家，资本共实收100余万元，借贷所47所，资金897,000余元。至放款种类，分信用、保证、抵押三种，以抵押为最多，农工银行杭州分行，自十八年至二十二年抵押放款557,000余元，信用放款132,000余元，放款用途大抵为买肥料、种子、农具、机械、工资、桑种、蚕种。利率以月息一分为最高，合作社对社员放款月息一分二厘至一分五厘，偿还期半年至三年。

（4）中国农民银行之前身为四省农民银行，成立于二十二年四月，初收足资本2,500,000元，二十四年增至7,500,000元，放款对象以合作社为主。放款种类（1）信用保证，（2）抵押，（3）实物三种。动产抵押，对合作社月息一分，合作社对社员月息一分一厘，对非社员一分二厘。期限最高不得过五年。依该行规定，农业放款，不得少于放款总额60%，二十二年该行共放款11,070,000余元，二十三年共放款17,630,000余元，二十四年共放款66,410,000余元。二十五年三月财政部为救济农村完成法币政策，令饬该行5,000万元经营土地抵押放款及农村放款。

（5）中国银行由农业放款委员主持农村放款，二十三年该行营业报告载称，农业放款有三：（1）农产抵押放款，利用其五〇九处仓库，储押棉、米、茧、烟草、茶叶、什粮等农产品，该年共放款7,600万元。此中粮食占1,724万元，棉与丝占5900余万元，（2）农民小额贷款，二十三年实放1,125,000余元，押户9,000余家，（3）合作社放款，二十三年计放款197万余元，到期收回133万余元。贷款之合作社944社，社员共52,760人。分布6省40县。二十四年度该行营业报告载称年终结余农业放款额达25,161,000余元。就中贷与小农者计51万元，贷与合作社者449万余元，超出二十三年一倍以上。放款区域达9省80县。内计合作社联合会26处，合作社有2,814所，农家126,000余户。

（6）上海银行农贷部成立于二十二年一月，当年该部放款102万余元。二十四年度该行营业报告载称全年农业放款总额608万余元，区域分布京沪二市及苏浙皖鲁陕粤豫晋鄂湘等10省72县，承贷之合作社及仓库凡900余处。与该部发生金融关系之农民达20万人，放款种类如下（1）产销贷款，供合作社及农民短期周转，以作物为担保，二十四年度共放出370余万元，供担保之作物，在苏浙陕为棉花，鲁为丝、烟草，粤为甘蔗，皖为茶叶、小麦、烟叶。（2）信用贷款，贷与信用合作社，供改良生产之用，分布苏浙皖鄂鲁五省。该年度放出46余万元。（3）仓库农产押款，或由合作社仓库承做，或由特约仓库承做，或由该行直接承做，二十四年度押款180万元。（4）耕牛会贷款，在江宁、江浦、宣城三区试办，全年借款11万余元，均已到期归还。各项贷款该年收回330余万元。

（7）中华农业合作贷款银团开办于二十四年春，颇收成效，二十五年除中国农民银行奉令办理5000万元农业贷款申请退出外，其余交通等9家仍继续办理。计二十五年度农贷总额有250万元，区域规定河北棉贷，陕西棉贷，及安徽农仓贷款，分二十五个单位，每单位10万元，计金城、交通各50万元，上海40万元，浙江兴业30万元，中南、四行、大陆各20万元，国华、新华各10万元。

此外交通部邮政储金汇业局于二十四年十月试办苏浙湘三省农产押款，每户以2000元为限。实业部亦于二十五年初筹设农本局，资金6000万元，半为固定资金，由政府筹给，半为合放资金，由参加银行合缴，又有流通资金，由农本局与参加银行洽定之，其目的在联合官商对于农村为有计划有系统之投资，以合作组织为骨干，办理流通农业资金，调整农业产品二大业务。

（二）合作社——民国十六年以前，我国合作运动，限于河北一隅，自国府奠都南京，苏浙二省对农民合作事业，倡导不遗余力，十七年苏省府颁布苏省合作社暂行条例，由农民银行辅助农业金融之周转。十八年鲁省府通过合作社暂行章程，十九年赣冀二省亦颁布合作社暂行规程，二十一年湘省府公布合作社暂行规程，同年实业部公布农业合作社暂行规章行政院令发各省遵行，二十三年三月国府颁布合作社法，合作运动，至此始渐露曙光。

我国合作社之设立，民国八年，全国只有八所，社员2568。至二十三年六月，中央统计处报告，突增至9948社，占世界第12位。社员达373856人，分布二十一省。二十三年年底，中央农业实验所报告全国合作社有14649所，社员达557528人，而以信用合作社为最多。兹将各省市合作社数及社员数列表如下：

合作社之放款，大多由银行供给资金，通常合作社借入之月息以八厘至一分为最多，合作社借出之月利以一分至一分二厘为最多。我国合作社之组织，系由上而下，与欧美各国由下而上之组织，适成相反，故其内容，在在有改进余地，诚如中国银行二十四年度营业报告所云，过去数年中，我国农村合作运动颇盛，但各团体各以其见解及方法而组织之。中外合作专家常患其长久如此，则合作运动，将难告成功，近来实业部添设合作司，全国经济委员会设立合作事业委员会，中央政治学校添设合作学院，在希冀斯等新机关能改正过去之错误，而俾立法与推动及训练合作指导员，咸归于实际及有效之途，以求将来之进步，农村合作之运动，将迅为农村复兴之主动力也。可知农村合作事业欲臻于完美之境地，似尚有待吾人之努力也。

（三）农业仓库——农业仓库，或由公营，或由私营，其目的

| 省　　市 | 合作社数 | 社　员　数 |
|---|---|---|
| 京 | 16 | 2476 |
| 沪 | 85 | 10771 |
| 广　州 | 1 | 233 |
| 苏 | 2937 | 105006 |
| 浙 | 1793 | 61433 |
| 皖 | 1463 | 46939 |
| 鄂 | 566 | 24343 |
| 豫 | 997 | 51508 |
| 冀 | 1935 | 40641 |
| 鲁 | 2472 | 65366 |
| 陕 | 320 | 44689 |
| 晋 | 190 | 6187 |
| 湘 | 558 | 36484 |
| 赣 | 1078 | 36079 |
| 川 | 3 | 95 |
| 粤 | 193 | 24499 |
| 桂 | 8 | 800 |
| 闽 | 14 | 1 |
| 绥　远 | 20 | 258 |
| 总　计 | 14649 | 537497 |

（上表根据二十五年中国经济年鉴下册）

有三：（1）为农民谋农产品之安全保管及改善。（2）俾农民以农业仓库所发之证券为押品，向金融机关贷款，或径由农业仓库予以贷款。（3）代寄藏者或委托者销卖。

我国积谷之法，古已有之，近年以农村破产，各界始注意储押放款，而以苏省农民银行于十八年经营仓库业务，为我国新式农仓之始创，至二十三年该行已成立农仓184所，仓房5000余间，分布苏省36县，积谷百万石，储押放款四百余万元。嗣后鲁鄂皖各省亦次第办理仓库，中国农民、中国、上海诸银行，均以其特殊地位，雄厚资力，急起直追，竭力推展，其他如交通、新华、大陆、四行储蓄会，浙江兴业、金城、聚兴诚等银行亦以其游资，纷设仓库于各地。湘陕二省且有银行合组之贷款团，汇同办理农仓放款业务。战前中央所办之农仓，有实业部主办之中央模范农仓140处，由上海银行供给资金，二十三年共押谷67800余担，贷款107000余元，储户4470户。二十四年苏省农仓，计有省库10所，县库65所，苏省农民银行自办56所，合办58所，合作社农仓22所，共211所，分布40县。二十四年共储押716万余元，年底余额303万余元，兹将苏省历年储押统计比较表及我国仓库总数列表于后，以资参考。

**苏省农民银行各仓库历年储押统计比较表**

（二十五年银行年鉴）

| 年 份 | 仓库数 | 分布县数 | 历年储押农产品总数值 | 历年进展数值指数 | 环 比 |
|---|---|---|---|---|---|
| 十八年 | 3所 | 2县 | 35,885.00元 | 100.0 | |
| 十九年 | 20 | 7 | 303,141.21元 | 844.8 | 844.8 |
| 二十年 | 不详 | 8 | 497,639.51元 | 1386.8 | 164.1 |
| 二十一年 | 34 | 10 | 636,136.04元 | 1772.7 | 127.8 |
| 二十二年 | 94 | 17 | 1,281,707.00元 | 3571.7 | 201.5 |
| 二十三年 | 184 | 36 | 4,278,620.77元 | 11923.1 | 333.8 |
| 二十四年 | 211 | 40 | 6,616,298.46元 | 18437.5 | 179.3 |

## 二十五年度各省市钱庄、典当及仓库总数

| 各省市名称 | 钱庄总数 | 典当业总数 | 仓库总数 |
|---|---|---|---|
| 上海市 | 48 | 44 | 18 |
| 天津市 | 53 | 57 | 19 |
| 北平市 | 24 | 24 | 14 |
| 杭州市 | 30 | 13 | 21 |
| 青岛市 | 26 | 5 | 27 |
| 南京市 | 20 | 3 | 12 |
| 重庆市 | 13 | | 15 |
| 汉口市 | 18 | 23 | 31 |
| 广州市 | 80 | 123 | 7 |
| 苏 | 60 | 121 | 112 |
| 浙 | 174 | 90 | 40 |
| 晋 | 6 | 14 | |
| 鲁 | 74 | 10 | 14 |
| 冀 | 30 | 24 | 24 |
| 豫 | 21 | | 15 |
| 陕 | 12 | 3 | 3 |
| 川 | 56 | 35 | 20 |
| 皖 | 10 | 8 | 23 |
| 赣 | 17 | 3 | 12 |
| 鄂 | 9 | 8 | 32 |
| 闽 | 60 | 38 | 13 |
| 桂 | 50 | 96 | |
| 粤 | 66 | 22 | 10 |
| 吉 | 13 | 28 | |
| 黑 | 1 | 15 | |
| 辽 | 43 | 69 | 11 |
| 绥 | 28 | 11 | 6 |
| 总额 | 1042 | 887 | 499 |

〔地政署档案〕

# 二、农产改良与统制

## 1. 实业部关于中央模范农业推广区组织章程草案致行政院呈

（1931年8月10日）

呈为呈请事，窃查中央模范农业推广区，原在江宁县第四、第八两区，办理其组织章程，经前农矿部拟请钧院核定，转呈国民政府令准有案。兹为便利农业推广起见，拟将区址迁汤山附近，并择定以第三、第五、第六三区为工作主要范围，所有原定章程应即酌加修改以便实施，理合拟具修改中央模范农业推广区组织章程草案，备文呈请鉴核，并转呈国民政府核准备案，至为公便。谨呈行政院

附修改中央模范农业推广区组织章程草案一份

实业部部长　孔祥熙

中华民国二十年八月十日

### 中央模范农业推广区组织章程草案

第一条　实业部及中央大学为倡导农业推广，特就江宁县第三、第五、第六三区合办中央模范农业推广区。

第二条　实业部派五人，中央大学派二人，组织中央模范农业推广区管理委员会，负责计划及监督本区一切推广事务，其主任委员由实业部所派人员充任之。

第三条　本区设农业指导员三人至七人，直接受委员会之指挥，监督在区内实施推广业务。

第四条　前条所列农业部及中央大学备核。

第五条　本区之业务依据农业推广规程第五章第十九条之规

定分别办理。

第六条　本区指导员办事处得分农事合作、社会总务等股办事。

第七条　本区办理各项事务，除直接受实业部监督外，并应将办理经过情形报告中央农业推广委员会备案。

第八条　本区应将工作情形随时公布，并于每月及每年度终结时，将推广情形分别呈报各主管机关备核。

第九条　本委员会及本区办事处议事规则办事细则另订之。

第十条　本章程自公布日施行。

〔行政院档案〕

## 2．江苏棉产状况及改进方案①

（1932年7月）

一、江苏省棉产状况

江苏省历年棉产状况，日趋月下，兹列表于下，以作参考。依上表所载，面积与产量，逐年减少。而每亩平均斤数之少，殊足骇人听闻。一方面固因兵燹频仍，农村治安及经济皆陷于绝地，以致农田日渐荒芜。一方面亦因种植方法陈旧，复不能选用良好种子。在十三年间，南通如皋两县，虽曾有每亩平均收量自127斤至146斤之报告。而十九年二十年两年水旱灾后，在盐垦区域内，每亩有少至4斤尚不足价其播种量。若长此以往，不谋善后，江苏省之棉产，势必一蹶不振矣。再以品质而言，因气候及土质关系，不能尽量推广栽植美棉，只就南通鸡脚棉从事研究，经多年之育种改良，其纤维长度，已达到二十九公厘，能纺二十支以上之纱，成绩亦称不恶。近年有鸡脚洋棉之试种，尚未能确定其品质如何？惟以现在试验情形推测，似有达三十公厘以上之希望。是

---

① 选自1932年7月江苏实业厅编《江苏省主要实业实施方案》。

| 年　　别 | 面积(亩) | 产量(担) | 每亩平均斤数 |
|---|---|---|---|
| 八年 | 19,278,307 | 2,763,160 | 14.5 |
| 九年 | 12,474,700 | 3,022,210 | 25.1 |
| 十年 | 11,812,600 | 1,283,660 | 11.7 |
| 十一年 | 9,605,978 | 2,446,650 | 27.1 |
| 十二年 | 8,194,751 | 1,489,084 | 18.5 |
| 十三年 | 7,790,893 | 2,768,781 | 39.4 |
| 十四年 | 7,815,016 | 2,242,475 | 32.0 |
| 十五年 | 8,129,000 | 1,920,849 | 24.1 |
| 十六年 | 7,328,619 | 1,637,590 | 23.3 |
| 十七年 | 8,824,000 | 2,542,345 | 28.3 |
| 十八年 | 9,511,179 | 2,279,613 | 25.2 |
| 十九年 | 8,625,235 | 1,084,835 | 12.6 |
| 二十年 | 7,656,244 | 626,480 | 8.2 |

以江苏省之棉业，急有改进之必要。

二、今后棉业之改进方案

1. 分区设场改良棉种，江苏境内，现有之棉种，甚为复杂，且多退化不良。兹求地方纯种起见，参酌省内地势农情，划分全省为五大棉区。一为通海区，采用黑籽棉。二为淞沪区，采用白籽棉。三为盐垦区，四为徐淮海区，均用脱字美棉。五为金陵区采用爱字美棉。并拟于每区内设一试验场所，面积在500亩以上，担任全区棉种与种植法之改良，并供给区内各县县场以最良棉种，以及研究棉作重要问题，以谋解决之方法。现在淞沪通海徐海三区，有省立农事试验场，对于棉作改良事业，已有相当基础，应再图充实以谋发展。盐垦区内原有一场，前因紧缩停办，应设法恢复。金陵区则须创立一场，以完成本项之计划。

2. 扩大县场面积增进良棉繁殖能力，现在苏省各县，设有农业改良场：其责任为接受省场育成之良种，从事繁殖，以便推广。

惟现有各场种植之面积有限，繁殖良种之力量，甚为薄弱。拟在宜棉各县之县场，力求扩大，其种棉面积至少百亩，俾繁殖良种效能加速，则推广自易。

3．广设植棉指导所及特约棉田，每县仅有一场，繁殖与推广良种之能力，尚嫌不充。故须广设植棉指导所，以增其力量。每所棉田应有十亩至三十亩。大县设二十所，小县十所，能多设更佳。所之地点，使均布全县，除示范及指导植棉外，并可繁殖良种，补县场之不及。此外更须斟酌各处情形，多办特约棉田，大县50处，小县20处，亩数多寡，随农户自愿。在栽培期间，予以各种之便利，如借给农具、补助肥料等。此项棉田，较指导所尤为普遍。其繁殖与推广良种之能力更较宏大，故不可忽视之。现各县农场对于二种办法，已多在进行中，惟规模尚小，当设法督促其扩大也。

4．开垦荒地增加植棉之面积　用改良方法，增加产量，固属重要。然开垦荒地，扩充种植面积，亦为增加生产之最要方法。苏省已有之熟地，能利用以植棉者，当尽力推广。其未垦之荒地，亦当设法开拓，以增加植棉之面积。查江北滨海之地，南自海门，北至阜宁，南北长600余里，面积2000多万亩，自盐垦公司开垦以后，以棉为主要作物，为利颇厚。然其中未垦荒地，约尚有1300万亩，设悉数辟为棉田，以每亩产净棉一担计之，可得净棉325万担。比之现有全省棉产，约多三分之一，若计其价值，约有16250万元。如此巨利，尽弃于地，诚为可惜。现在省府正设垦殖专区委员会，筹备此事，诚能迅速推行，不仅可以消纳多数游民，亦挽塞漏卮之一法也。

5．棉作病虫害研究　扩充棉田，增进产量，固属要图。而防治病虫害，亦不容或缓。据前江苏省昆虫局调查，民国八年，南汇县造桥虫为害，棉花损失达200万元。其他重要病虫，如金钢钻虫、红铃虫、蜷采虫、地老虎，与畸形病、炭疽病等，对于全省棉作之损失，当百倍于此数。应于重要棉区，指派专员，从事棉作病虫害研究，以谋防治方法。

6. 设立棉区公共轧花厂　在棉区内，由省县各场，发出改良棉种。在收获后，如不收回代为轧花，棉农每因经济之窘迫，将籽棉出售榨油，不自留种，或仅留小部分作种，优良棉种，作此用途，正为可惜。且此后推广能力，因之缩减，殊与改进之道，大相背驰。故每一棉区，至少设立一公共轧花厂，推机与打包机器均须完备。领种农户。籽棉数交由该厂代为轧花，不取工资，留其种子，则纯种可以积聚一处。下年推广范围.可渐扩大，地方纯种，得以维持。且所得花衣，可为之分等打包，直接运销各纱厂，提高其价值，农人当正欢迎。此厂即委托该区内之省场办理之，似较适宜。距厂较远之处，交通不便，可另设分厂，由县场办理之。现通海棉区内省立第一农事试验场，已有轧花厂之设备，惟规模甚小，应设法扩充，以代该区内之公共轧花厂，其他各区，应亦促其实现。

7. 指导农民组织棉产运销合作社　查棉农销售棉花，向无组合，每于收获后，由小贩持秤至乡间收买，或送至附近花行出售。市价高低，惟中间人之利益是视，尤以美棉为甚。乡间之手工业，惯用土棉，美棉织维虽长，反不合其需要，致销售迟滞，价值低下，农人既不能直接售于纱厂，复不能蓄积待沽，任人剥削，殊属可怜。救济方法，应由各县合作事业指导员指导各区农民组织运销合作社，聚集多量籽棉，运至公共轧花厂，请代轧花打包转销各纱厂，俾获较高之利益，藉以引起植棉之兴趣。

8. 与省内农业机关联络进行　查中央大学与金陵大学农学院，以及南通学院农科等农业机关，进行棉作改良事业，已有相当历史。且各该校在省内之棉场，计有数处，惟与本省各场，未能切实联络。所有育种试验推广等工作，率多各自为政，常有同一事项，彼此同时进行，致相重复。或另一事项，在改进上本属必要，而彼此均付缺如。甚或所做工作，互有冲突者，如在一区之内，彼此推广不同之棉种，致破坏地方纯种主义，极非所宜。此种情形，妨碍农事之发展，殊为可惜，此后应设法沟通，联络进行，则改进自易。

9．与省内各纱厂协力合作　省县各场，收回籽棉，轧花留种，可供下年推广之用。轧出花衣，转销纱厂，则纱厂既免零星收花之烦琐，复获大宗花衣供其需要，而各场收花之款项，纱厂必乐于垫付，使得周转。又如某纱厂对于棉之某品质，有急切之需要，或解决棉作上某种问题，以便发展其纺织事业，若自行研究，则人才与设备，皆有困难。可委托省场，代为研究解决，而予以经济上之补助。又如某纱厂在某县，有场地一所，或拟自办一棉场，希图棉产之增加，供其需要，则需聘请职员，添置设备，皆不经济。若托县场代为兼办，补助一部分经费，与自办者所得之结果无异。且该场多一场地，繁植良种之面积扩大，推广之效率，亦因之增加，农民之受惠愈多。凡此诸端，须藉协力合作之精神，方克有济也。

四、结论

江苏每亩棉产欠多，品质不良，已如上述。今若于栽培育种两方，力求进步，则每亩倍收为可能之事。至欲增加二成，可断言其不难。兹就全省现有面积832万余亩计算，则每年至少可增加2000万元之收入。至其品质改良，即如省立第一农场现有之鸡脚棉，可纺十余支，每担价目增加4元，依现有棉产212万多担计算，则每年亦可增850万元。两项相加，为数可观。今设办理全省农业改进事项，所需经费，即年以100万元计算，亦不过占其增加数额三十分之一，亦属有限。若再将前项方案，一一实现，则将来棉田之增加，较诸目前奚啻数倍。每亩产量20余斤，品质改良，其纺纱能力，断非至20余支为止。纺织事业，当更随同发达。届时收入之增加，殆难预计，江苏之富庶，实利赖之。

〔行政院档案〕

## 3. 实业、内政、教育部关于修正农业推广规程草案致行政院呈

（1933年1月14日）

呈为呈请事：窃农业推广规程，前由农矿部会同内政部 教育部呈请钧院转呈国民政府核准，以部令公布，并通令各省遵照在案，兹据中央农业推广委员会呈称：查农业推广规程自十八年五月奉国民政府第三五零号训令，以部令公布施行，迄今已逾三载，对于乡村实地工作，以增加农业生产，发展农村经济，指导农村合作，改善农民生活，尚获效益。兹因各地实施情况历时已久，不无变迁，亟应就原有规程加以修改，俾臻完善而利施行。兹经拟具修正农业推广规程草案，提出本会第三十六次会议决议通过，呈主管部鉴核呈转，等语，纪录在卷。按此次修正草案规程第二章新增条文有第五条、第十一条、第十六条等三条规程，局部或大部份修改者有第四条、第六条、第七条、第八条、第十条、第十二条、第十三条、第十四条、第十七条等九条，其余第二条、第三条等条，文字上略有修改，规程第五章第十九条改为第二十三条，条文稍有补充，修改(丙)、(戊)两项俱有出入，并增入(辛)项，全项文字原规程共计二十条，现经修改补充后共计二十四条。各条序数依次顺改，理合缮具修正农业推广规程草案全文两份，备文呈请鉴核施行。等情。据此，查所呈修正草案尚无不合理，合将修正草案二份，备文呈请鉴核，转呈国民政府指令公布，并通令遵照，至为公便。谨呈

行政院

附修正农业推广规程草案二份

教育部部长　朱家骅

内政部部长　黄绍竑

实业部部长　陈公博

中华民国二十二年一月十四日

## 修正农业推广规程草案

### 第一章　总则

第一条　国民政府为普及农业科学知识，增高农民技能，改进农业生产方法，改善农村组织，农民生活，及促进国民合作起见，依本规程之规定，实施农业推广。

### 第二章　组织

第二条　各省应酌量该省情形，采用下列三种组织之一，于必要时得由实业部会同教育部、内政部指定之。

(一)国立或省立专科以上农业学校与省农政主管机关，会同有关系之机关团体，组织一农业推广委员会，管理关于该省内农业推广事务，其委员会组织章程另定之。

(二)国立或省立专科以上农业学校内，设一农业推广处，管理该省内之农业推广事务，为扶助其进行，并得设农业推广顾问委员会，其组织章程另定之。

(三)省农政主管机关内，设一农业推广处或推广委员会，管理该省内之农业推广事务，其组织章程另定之。

第三条　各省以若干县为一区域，每区域设区农业指导员一人，督察该区农业推广事务，并协助该区之县农业指导员、农业副指导员及农村合作指导员，此项区指导员由省农业推广委员会或推广处派出。各省得量度情形，设省农业指导员若干人，不设区指导员。

第四条　省农业推广委员会或推广处，应设置各系专门委员，由专科以上农业学校教授，省立农事试验研究机关高级技术人员，及富有学识之农林专家兼任，或将聘农林专家若干人专任。前项专门委员应随时供给最新农业知识及优良材料，并襄助拟订推广进行计划等，于必要时赴乡村工作。

第五条　省农业推广事业，如由省农政主管机关主办时，其直辖之省立农事试验研究机关高级技术人员，应兼任省农业推广委员会或推广处专门委员。

第六条　各县设农业指导员一人或数人，农业副指导员及农村合作指导员若干人，并指派一人兼任主任职务。

第七条　具下列资格之一并经考试及格者，得充农业指导员。

(一)中等以上农业学校毕业富有经验者。

(二)曾任农业副指导员或农村合作指导员著有成绩者。

具下列资格之一并经考试及格者，得充农业副指导员。

(一)农林蚕桑专修科毕业者。

(二)中等以上农业学校毕业者。

(三)其他相当学校毕业、或肄业，并具有农林学识经验者。

具下列资格之一并经考试及格者，得充农村合作指导员。

(一)合作训练所毕业者。

(二)农林专修科或中等以上农业学校毕业，具有农村合作学识经验者。

(三)其他相当学校毕业或肄业，具有农村合作学识经验者，考试及格后，得与以相当时间之推广训练。

第八条　农业指导员、农业副指导员与农村合作指导员，须以诚恳耐劳，任事热心，明瞭党义，思想纯正，并确能乡村化者充之。考试除学识试验外，并须注意于操行之考察。

第九条　各县得设乡村家政指导员，此项指导员必须以具有相当学识经验之女子充之。

第十条　各县农业指导人员办事处，设于适当地点，其名称为农业推广所或农业指导员办事处。

第十一条　县立农场如兼办本规程第五章所载业务时，其名称应依第十条之规定。前项农业推广所或农业指导员办事处之农业及农村合作指导人员，于必要时得由县立农场职员之合于本规程第七条规定兼任之。

第十二条　省农业推广委员会或推广处，对于各县农业推广所或农业指导员办事处，有指挥监督之责。

第十三条　各省得先就情形适宜之县，设区农业推广所或农业指导员办事处，并得酌量情形先设指导大员一人，逐渐扩充，次第推及全省。

第十四条　举行农业推广应先事调查，并定工作程序，与县内农民团体、农林蚕桑机关、地方自治机关、教育机关、县农民银行及其他有关系之机关联合进行。

第十五条　在农业推广人才极为缺乏之省，应由省农政主管机关与省教育主管机关从速设法养成。

第十六条　各县为协助农业推广之进行，得由县农业推广所或农业指导员办事处，会同县区内有关系机关团体，及热心农村改进人士组设县或区农业推广协进会，或农村改进会，其章程另订之。

第十七条　实业部直辖各农林试验研究机关，及其他农林蚕桑机关之与农业推广有关者，得与中央或省农业推广委员会或推广处合作进行推广事业。省立中等农林蚕桑学校，应与省农业推广委员会或推广处合作进行推广事业。省立农林试验研究机关、省农民银行及省立其他农林蚕桑机关，应与省农业推广委员会或推广处合作进行推广事业。私立各级农业学校得与省县农业推广机关合作进行推广事业。

## 第三章　经费

第十八条　农业推广经费分省费及县费两种，由省政府酌量该省及各县情形分别确定之。

第十九条　实业部、教育部、内政部于必要时，得会同呈请国民政府酌拨专款，以补助农业推广经费。

第二十条　农业推广之进行得由农民团体补助经费。

第四章　管理

第二十一条　全国农业推广行政事务之监督，由实业部会同教育部、内政部行之。为协助及督促农业推广之进行，得由实业部、教育部、内政部等联合其他农民农业机关团体，合组一中央农业推广委员会，其组织章程另定之。

第二十二条　各省农业推广委员会或推广处，应于每年将推广情形呈由主管厅转呈实业部、教育部、内政部备案。

第五章　业务

第二十三条　农业推广之业务分为下列各款，视各县实际需要情形酌定之。

甲、推行农林试验研究机关及农业学校之成绩：(一)供给优良种子、树苗及畜种。(二)普及优良的农具及肥料。(三)普及优良的农林经营方法。(四)普及优良的农家副业之原料与方法。(五)普及虫害病害之防治方法，(六)推行其他成绩。

乙、提倡并扶助合作社之组织及改良：(一)宣讲关于合作社一切规章法令之解释应用，(二)指导其组织及改良，(三)其他关于合作社事项。

丙、直接或间接举办下列各事项：(一)各种农业展览会，(二)农产品比赛会，(三)农产品陈列所，(四)农具陈列所，(五)巡回展览，(六)各种农业示范(与农家合作示范等)，(七)各种儿童农业团，(八)农业讨论周，(九)农民参观日，(十)农民联欢会，(十一)农民谈话会，(十二)森林保护运动，(十三)提倡并扶助正当农林团体之组织，(十四)农林实地指导，(十五)育蚕指导，(十六)农村示范人才之培养，(十七)其他关于农业指导及提倡事项。

丁、为增进智识及技能，得举办下列各事项：(一)乡村农林讲习所，(二)乡村妇女家政讲习会，(三)农林讲习班，(四)农林夜校，(五)农林函授科与农林函询及办事处面询，(六)巡回讲演、特殊讲演、幻灯讲演及农林影片之演放，(七)提倡扶助乡村公共书报阅览处，及巡回文库之设立，(八)其他增进智识及技能事项。

戊、规划并扶助乡村社会之改良与农村经济之发展：(一)提倡扶助模范新村之设立及新村制度之施行，(二)提倡扶助农民组织各种农事或农村改进会或改进委员会，(三)促进乡村道路之改良及发展，(四)促进乡村卫生之改良，(五)指导农家家政之改良，(六)指导乡村之正当娱乐，(七)扶助失业农民，(八)提倡并指导乡村房屋之改良，(九)扶助农村正当自卫事项，(十)提倡扶助农村仓库之设立及食粮之储蓄与调剂，(十一)其他乡村社会之改良与农村经济之发展事业。

己、提倡并扶助垦荒造林耕地整理及水旱防治。

庚、实施关于农业调查及统计，并编辑农业浅说报告，农林教育画及他种定期不定期出版品。

辛、直接或间接举办种子、种畜或树苗繁殖场圃。

第六章　附则

第二十四条　本规程自公布日施行。

〔行政院档案〕

## 4. 实业部拟订改进全国茶叶生产办法

(1934年)①

实业部改进全国茶业办法

(一)导言　我国茶业近年凋敝已极，内则茶农生活困难，茶商营业失败，对外则输出日减，甚至日印红茶有充斥本国市场之势。故中央与地方对于茶业之改进俱感觉其切要，良以我国茶区广大，情形复杂，设各自为政，殊非良策，亟待统筹整个办法，以

---

① 原件无时间，据查证似为1934年3、4月间文件。

求步骤齐一，收效易宏。

(二)改进办法

甲、关于生产者

1. 划分茶区，组织茶业协会。

A. 说明：按照各地产茶情形，划分区域，组织茶业协会，使散漫之茶商、茶农得有健全组织能自动改良生产，俾政府便于指导、监督。

B. 办法：由实业部拟订规程及办法，分别与地方政府会商划分产区，并由地方政府负责指导组织茶业协会。

2. 调整各省茶叶试验研究工作。

A. 说明：各省原有茶叶试验研究机关，其工作类多未能适合实际需要，头绪纷歧，亟应谋分工合作及切实联络办法。

B. 办法：各省原有茶叶试验研究机关由各省切实整理，实业部负指导之责，并得酌给津贴。

3. 整理旧式茶号，筹办机制工厂。

A. 说明：整理旧茶号之目的：1. 使茶产标准化，便于外销；2. 使茶农、茶商合作化(指定茶号收买毛茶，毛茶产区茶农、茶商共组互助社，使茶农不致吃亏，茶号得有利润分配茶农)；3. 使茶号制造方法逐渐科学化。

新式工厂筹设之目的：1. 使茶叶生产合理化，便于外销；2. 大量生产、减低成本，改良品质，解决分级标准，并得集中运销。

B. 办法：1. 整理旧式茶号，由实业部拟订办法，请各省政府依照切实施行，并由国产检验委员会派员协助；2. 新式工厂由实业部及各省政府与茶商分别需要办理。

4. 产地之指导及检验

A. 说明：指导方面：1. 改良栽培，2. 改良采摘，3. 改良烘制。检验方面：1. 取缔潮茶；2. 监示装璜，3. 取缔劣品及搀杂。

B。办法：指导由实业部国产检验委员会会同地方研究试验机关办理，检验由实业部国产检验委员会办理。

乙、关于销售者〔略〕

〔实业部档案〕

## 5。祁门茶业改良委员会就祁门茶业改良情况致经委会呈①

（1935年10月30日）

案查祁门茶业改良场自去年九月间开始工作以来，迄今已阅一载，所有该场各项事业进行经过情形，理合撮其梗概，为钧会分别陈之：

一、关于办理本场交接之经过查该场自开始合办，场长一职，经由职会第一次常务会议议决，推派胡浩川担任，其时胡君任上海商品检验局技师，未获如期履任，至九月二十二日，甫由上海到京，转赴祁门就职，并由职会派员会同前往，监理交接，适于其时皖南一带，匪气正炽，风声鹤唳，一夕数惊，交通因以阻塞，中途遂改稽迟，比至十月八日，始克到达祁场，正式办理交接，此该场改组后办理交接之大概情形也。

二、关于办理修水茶场交接之经过修水茶场停办以后，所有机械器物文具等项，经中央农业实验所呈准实业部暂借与祁门茶场移运使用，该场原拟于接收本场之后，即行派员前往修水，办理接收，惟因其时河干水浅，交通阻塞，无法移运，延至本年三月中旬，始由该场胡场长暨前修水茶场主任冯绍裘会同派员前往修水，实行接收，并为便利沿途照料起见，由该员随船押运，至本年四月二十五日始克到达祁门，复经双方点验接收，造具簿册，

---

① 沿用原标点。

呈送委员会转请中央农业实验所呈部备案，此该场办理修水茶场交接之经过情形也。

三、关于业务计划之厘订　该场自开始合办，以迄于今，为为时虽经一年，而过去之最初数月间，无日不在匪共扰攘之中，故一切事业进行，不免受其影响，惟场中重要事务，如工厂之设计建筑，机械之交涉订购，业务计划之拟订，茶叶运销合作之推广，颇能循序渐进，不遗余力，现该场业务计划，经职会第四次常务会议议决，请钧会农业处赵处长详加核阅后，会同中央农业实验所钱副所长决定实施办法，并经送请实业部核定，令饬祁场遵办，此该场业务计划厘订之经过情形也。

四、关于工厂之设计建筑　该场工厂之建筑蓝图及详细设计，经该场呈送到会后，提出第四次常务会议讨论，当推钱委员负责审核，复几经修改，始行决定，其所以不即请款建筑者，良以原有场址，过于偏僻，交通不便，均认有迁地为良之必要。嗣经农业处赵处长中央农业实验所钱副所长会同安徽建设厅代表赴祁察勘以后，佥以祁城附近之凤凰山为最适宜。现正在测量中，一俟工厂招标办妥，即行请领经费，着手建筑，此该场厂屋设计建筑之经过情形也。

五、关于机械之交涉订购　该场机械，原拟向锡兰科仑布公司购办，早经该场场长同具尺码，专函征询，但为时数月，迄未得复，嗣由该场场长向上海德商礼和洋行洽商订购，当将各项制茶机械样本及说明书类，送会核办，经评加审核后，始决定向礼和洋行购办，现此项机械，业已由德运沪，不日即可运祁，另有烘干机及揉茶机两部，系购自台湾大成工厂者，则于五月间运场应用矣，此该场购办机械之经过情形也。

六，关于茶叶运销合作之推广　祁门茶叶运销合作事业，经农业处派员会同该场努力倡导后，颇见成效，先后成立合作社一十八所，并组织理事联合会以总其成，规模既具，该场以祁门产茶各乡区、农村衰落，经济困难，而种种植茶制茶之应用的材料，急宜乘时制备，遂商请职会向上海商业储蓄银行洽商贷款，当经职会函请皖建厅致函上海银行予以介绍保证，银行方面，以有职会之接洽于前，建厅之介绍保证于后，遂见贷款十二万元，并派员会同祁场办理合作贷款及茶叶产销事宜，今年茶价低落，祁红之得免受重大亏折者，悉赖经营得宜耳，此该场办理茶叶产销合作之经过情形也。

他若测量原有场地，修缮原有场屋，修剪茶丛，开辟茶园，以及场内一切例行事务暨各种制茶试验上之技术事项之设计改进，该场工作报告内分别述明，不复赘陈。除分呈外，理合将该场自改组合办开始工作以来各项事业进行之大概情形，连同该场工作报告备文呈请钧会鉴核备查，实为公便。谨呈

全国经济委员会

附祁门茶叶改良场第一年工作报告一份

祁门茶业改良场委员

会常务委员　赵连芳

钱天鹤　刘贻燕

中华民国二十四年十月三十日

## 祁门茶叶改良场第一年工作报告

### 导　言

本场自去年九月间奉令改组合办以来，对于场内一切设施，力求改善，而于技术之改进，事业之推广，尤为重视。因体察本场实况，及当地需要，分门别类，因时制宜，拟具第一期业务计划，及实施程序，俾树不拔之中心，以为进行之依据。现二十三年度已告终了，所有年内关于事务方面技术方面暨合作方面之进行情形，以及一年来经济收支状况，亟为分别缕陈如次。

### 一、例行事务

甲、办理祁门茶场之交接事宜

祁场自经全国经济委员会、实业部暨安徽省政府改组合办以后，场长一职，经第一次常务会议议决，推派胡浩川担任。其时胡浩川在上海商品检验局任技师，因事稽迟，未获如期履任，至九月二十二日，甫由沪来京，转赴祁门就职，委员会当亦派员会同前往，监理交接。适其时皖南一带，匪氛正炽，交通中梗，比至十月八日始克到达祁场，正式办理交接。当由前场长吴觉农所派之代表，将该场所有机械器物文具及山场茶丛厂屋等项逐一点交，并由双方会同造具交接清册，呈会备查。

乙、办理修水茶场之交接事宜

修水茶场停办以后，所有机械器物文具等项，经中央农业实验所呈准实业部暂借与祁门茶场移运使用。原拟于接收祁场之后，即行派员前往修水，办理接收，运祁应用。惟因其时河干水浅，交通阻塞，无法移运，延至本年三月中旬，始由该场胡场长暨修水茶场前主任冯绍裘会派前在修场现在祁场服务之孙尚直君于三月十八日前往修水，实行接收。为便利沿途照料起见，并由孙君随船押运，道经鄱阳湖景德镇，溯昌江而上，至四月二十五日始克到达祁场，所有该场机械器物文具，经冯前主任暨胡场长会同点验，照数交收，并合同双方造具簿册，呈送委员会转请中央农业实验所呈部备案。

丙、其他例行事项

例如任免职员，及一切日常行政事务，详见本场月份报告，兹不赘述。

二、技术工作

1. 茶园之部

本场正式成立，已在深秋，为茶园工作紧张之时，当即督促职工，从事旧有茶园之整理。

甲、旧有茶园之整理与恢复

子、茶树之修剪　本场所有茶丛，春夏茶后，曾经修剪，特以新生枝叶，多参差不齐，十月中旬后，乃督工加剪，以求整饬。惟着乎已迟，仅及低山第二区即止，其他各区，尚有待于来年也。

丑、茶树施肥　各区茶丛，发育原不旺盛，树势亦大小不一，经春夏两季之采摘，树势益形瘦弱。本场有鉴及此，遂于十月中旬购入芸苔粕六十担，研成细末，全部施肥，每一茶丛，施肥六两。故今春茶丛之发育，极见茂盛。

寅、茶园与圃地之除草　本场平地区茶园，及一二两区苗圃，土质特优，草极易生，虽经一再铲除，而仍滋生无已。故本场工人除整理茶丛外，即从事除草工作。

卯、整理郭口垦地　前场所垦郭口荒地，有已垦而未经整理者，亦有已经整理而未经施种者，计有八十九亩之多，本场接收后，乃饬工人分别从新整理，以为春季播种之用。但费工甚多，直等新辟。

辰、整理场前苗圃　各区圃地沟渠，多已淤塞，为免积水停潴，防害茶苗生长计，特将第二苗圃之行道及沟渠加以改良，第三苗圃加以深耕，并将第三苗圃之苗床加以整理。

巳、修复低山行道阶级及各处行道　低山二区入口行道，原系石级，去冬被驻军拆去，移筑堡垒，路面毁坏，不便行走，特行修复。其他茶园要道，亦多崩塌，经派工，次第修复，以利通行。

午、高山茶园之恢复　本场高山区之金钹尖，为平里群山之最高峰，顶部平坦，面积有三亩二分。前本场在农商部办理时代，曾经垦殖一次。但所种之茶，未能有成，即行荒废，现存茶株不过八百六十五丛。大凡山势愈高，茶之品质愈佳，该金钹尖废置不顾，殊属可惜，特兴工除草砍木，整理深耕，使之恢复，并移植二年生茶苗一百七十一丛，以便与平地茶园比较。

未、试种绿肥　本场茶园肥料，为将来自给计，特向日本采购绿饼、黄花绿饼，及山腊豆三色，在场试行秋播，此外并在当地选购蚕豆一种，播种于新垦园区，以便作为肥料。

申、制造堆肥　茶园需用肥料甚多，基肥尤为主要，绿肥一种，尚嫌不足，因特于附近山间采取草屑落叶，购入稻草，制造堆肥，以供将来基肥之用。

酉、播种油茶　本场郭口新辟茶园，四面无树木为之屏蔽，易罹风霜冻害。去年冬初，特就行道两端，每距五尺播种油茶子数粒，今夏皆已出土，五年以后，即可成为防风林。

乙、茶园之扩充

子、开辟新茶园　本场郭口，山地八百三十余亩，系页岩砾质粘土，颇宜植茶。除前场曾垦百余亩外，余尚属生荒，每年既无收入，并须赔付租金，遂呈准委员会予以续垦，于十二月间雇工开始工作，依山形作梯形阶段，深沟排水，以防雨水之冲刷，而保永久。现在完成八十余亩，外形极为整齐。

丑、扩充苗圃　本场苗圃，原有三区，仅敷试验之用。今后续垦茶园渐多，势难供给大众苗木，因就新垦茶园区坡度较缓处，作梯形畦段，以为苗圃，已于三月间整地播种矣。

丙、移植、更新、及插条播种之试验

子、老茶树之移植试验　本场所有茶树均为点播，距离不匀，发育亦难，不得不择要移植，改为条植；既便管理，兼可淘汰劣株，让出空地，惟树龄均在二十岁以上，恐难繁植，特先移植四行，稍事修剪，以作试验。今年立夏前后，均放新芽，颇形匀齐，因移植而死亡者极少。

丑、老茶树之更新试验　本场边近林隐之茶丛，发育特坏，改善无望，因择其尤甚者、移植一行，并将地面上一部之枝干完全铲去，以与他项移植者作相互比较试验。今夏各茶株之根部，先后发出嫩枝，极为旺盛，三年后即可采摘矣。

寅、苗圃之插条试验　茶树插条繁植，国内行之者尚鲜，本场举行插条试验，希于无性繁殖中，以谋优异而纯一之品种。此项试验，前场已行之，自二十二年四月起，每月之一日及十五日两日，各扦插一次，每次百株。以前所插者，因受去年大旱影响，活者极少，新插者，以未经盛夏，其死活率之多寡，尚难预卜。

卯、播种时期试验　本试验之目的，系欲考察茶子发芽时期百分率及生育状，与播种时期关系之比较试验。播种期自十二月十日起，每间十日举行一次，至五六月之间，茶子先后发芽出土，冬播者反较春播者发芽为迟，而发芽率春播较冬播者为多，惟生育状况，则冬播者较春播者为健全耳。此经本场屡试不爽者也。

附茶子粒形大小比例之检查

茶子粒形大小，关系发芽力及幼苗之强弱甚切。其粒形大者，发育力恒强，生育力亦旺盛；粒小者反是。兹从大堆种子中，量水一石，平分两次检查，使用网眼不同之筛，分为大中小三种。

(1) 粒形大小标准

a＋公厘网眼下者为小形。

b＋五公厘网眼下者为中形。

c＋五公厘网眼上者为大形。

(2) 第一次检查结果

| 粒形 | 粒数 | 容积 | 粒数所占百分比 | 每升平均数 |
|---|---|---|---|---|
| 小 | 8.723 | 10.0 | 31.28% | 872 |
| 中 | 9.648 | 18.0 | 34.59 | 536 |
| 大 | 9.510 | 21.0 | 34.23 | 453 |
| 合计 | 27.881 | 49.0① | | |

① 第一次检查容积结果，则为四斗九升，视原量减少一升。盖因粒形大小装盛时每升容量疏密有差异，故不免稍有出入。

| 粒　　形 | 粒　　数 | 容　　积 | 粒数所占百分比 | 每升平均数 |
|---|---|---|---|---|
| 小 | 8.791 | 10.0 | 32.34% | 870 |
| 中 | 9.732 | 18.3 | 35.06 | 532 |
| 大 | 9.240 | 21.6 | 32.64 | 427 |
| 合计 | 27.763 | 50.0 | | |

（3）第二次检查结果

丁、茶园敷草防寒

茶树易罹冻害，尤以幼苗为甚。故本场于严冬之前，各敷以防寒之物，以防冻害。幼苗根际，拥以稻糠，茶丛则敷以茅草。至春季天气晴暖，复将此拥敷之物，埋入土中，以作肥料。

戊、统计各区茶丛数目

本场平地、低山、高山各区茶丛，前场难有记载，甚恐失于精确。兹为便于考查研究起见，特于三月间督领场工，用绳索两根，牵成直线，按区分段指数，并前后移动。检查结果，统计总数为二万九千三百二十六丛。

己、鲜叶之采摘及其产量

春茶于四月二十二日雇女工开始采摘，迄五月八日停止，共计采得鲜叶九千六百三十六市斤余。

夏茶于五月二十六日雇女工开始采摘，迄六月十日停止，共计采得鲜叶三千二百零七市斤。

以上两项，共为一万二千八百四十三市斤，较之去年八千八百八十余市斤，约增加百分之三十，此实由于茶树施肥得宜之结果。

2、工厂之部

甲、工场之扩充

子、新建工厂　本场原有工厂，极为狭小，不足供大量之制造。本场委员会有见及此，特予扩充，以谋大量生产，而便示范于民间。现已择定祁门县城附近之凤凰山地址，另建工场一座，专供经济制茶试验之用。其建筑图样，已由工程师拟具，经几次修改，现正着手估价，最短期内，当可兴工建筑。

丑、机械之购置　本场原有机械，甚为简陋，不敷应用。兹为充实工厂内容设备起见，特向德国克虏伯工厂订购巨型揉茶机一部，粗制筛分机一部，烘干机一部，二十四马力柴油引擎一部，约于八月中可以到沪。其他从日本台湾大成工厂所订购之揉茶机烘干机，均已先后运抵本场矣。

乙、制茶事宜之准备

本场自三月以后，除一切经常事务以外，全力注重制茶。如工厂之修葺，制茶用具之添置，薪炭消耗品之采办等等，均一一妥为准备，免得临时周章。惟原有工场，过于狭仄，机械又极简陋，对于大规模之经济制茶，犹不免临事棘手也。

丙、制茶试验

子、试制秋茶　本场改组合办，已在秋末。祁门向不采制秋茶，但因工厂方面，尚无若何重要工作，并以本场平地区茶园，尚有细嫩芽叶可采，遂于十月十日及十四日两次采叶数斤，试制红茶、绿茶二种。当将该茶送往上海，经外商审查结果，据谓品质尚可。惟茶园以时期关系，未便过事采摘，致伤茶丛元气。

丑、试制春茶夏茶　本场地处祁红出产之中心，其宗旨在改良红茶之制造方法。故制茶试验，极为重要，而试验目标，亦以红茶为主体。时至谷雨，开始试制，依据计划，逐日试验。原料一项，除本场茶园生产者外，复由民间收买，以为原料之比较。本年因限于人力物质，仅能扼要举行下列各种试验。

萎凋试验：（1）萎凋水分减量之比较，（2）萎凋摊布厚薄之比较，（3）萎凋与温度关系试验，（4）萎凋与通风关系之比较；（5）室内萎凋与室外萎凋之比较，（6）日光萎凋与加热萎凋之比较。

揉捻试验：（1）手揉与机揉之比较，（2）手揉次数之比较，（3）机揉次数之比较，（4）机揉时间之比较，（5）机揉加重之比较。

发酵试验：（1）发酵加温与不加温之比较，（2）发酵与温度高低关系之比较，（3）发酵时间之比较，（4）发酵次数之比较，（5）发酵摊布厚薄之比较，（6）发酵温度关系之比较。

干燥试验：（1）日光晒干与火力烘干之比较，（2）高温烘干与低温烘干之比较，（3）烘干次数之比较。

以上各项试验，春夏茶均经一再举行，兹就其成绩之普遍现象述之于次：

1. 茶叶形状，已较普通祁红为紧细匀齐。

2. 茶叶色泽，已较普通祁红为优润调和。

3. 茶叶水色，已较普通祁红为红艳透明。

以上三者，均为上海中外茶商所赞许。此外尚有冯技师绍裘设计试制仿锡兰一种，曾送伦敦茶叶市场，经外商品评，与锡兰红茶之上等黄色李密顿氏茶极相似，惜已失却祁红固有风味，市价反不若祁红之高。倘能于两湖宁州等处，有大量之生产，则湖红与宁红之复兴，颇有希望。

丁、经济制茶

本场经济制茶，过去鲜有举行，本届制茶，实为嚆矢，故亦仅属试验性质。今年经济制茶，分春夏二季，其目的：一、求大量生产品质之改进，一、谋制造成本之减轻。冀在制造上获得一适当之标准方法，俾供各地茶商茶农参考仿效，而作对外之竞销。兹春茶制造凡二十五日，制成红茶二十七箱，（研究样品在外）合市秤一千七百八十七斤余；夏茶制造凡二十四日，制成红茶二十四箱，（研究样品在外）合市秤一千三百九十八斤余。先后分运上海销售，经中外茶商品评，均称适可，尚无大疵。

戊、提倡夏茶之采制

祁门夏茶，向少制造红茶，本场为增加祁红产量，改善茶农生活起见，特提倡夏茶之采制。惟事属初创，销路若何，自难预定，因特先作试制。大凡普通夏茶之品质，例较春茶为劣，其所得市价自亦较低。本场夏茶制成之后，正沪方祁红茶价惨落之时，当时上海每担春茶价格仅开至四十元左右，然本场夏茶在沪之品价，竟达七十五元，较祁门普通春茶之价格，高出三十余元，足证祁门夏茶之采制红茶，前途甚有望也。

三、合作运动

本场自改组成立以后，即列推行合作为重要事业之一。盖欲减轻制造成本，非合作制销，见效固属不易，而将来本场改良栽培与制造之推行，非先有茶农之基本组织，恐亦不易收功也。然推行合作，不能不先有充分投资，而推行伊始，尤赖有专家实地指导。本场有鉴及此，爰于去冬由场长亲自赴沪，接洽投资，一方转请经委会农业处指派专家，前来指导。

二月底农业处所派专员到场，三月初上海银行亦派该行南京分行农部主任偕工作人员莅祁，当即商定原则开始工作。推行区域，则偏重于南西两乡，以其产量多也。发展程序以旧社为中心，以其便于指导也。计自三月半起至四月十号止，前后次第成立一十八社，制茶三二〇七箱，（约二十一万余磅）约当全县产量十分之一，而花香不计焉。社员六一九户，投资一〇九，七八一·三二元。此固由于工作同人之努力，然亦见当地茶农需要合作之殷也。

祁门茶叶产销合作社

然当时以条件不合，及其他原因，而未予成立者，实远在此数之上。兹次参加办理合作人员，除农业处一人及上海银行三人外，本场共有五人。而当工作正紧之时，场中职员几全部出动，盖今年成立各社，虽经慎重选择，而以事属初创，恐合作之意义未明，不敢不严格监督，随时指正，以便纳各社于合作之轨也。以上为本场今年组织合作之大概情形，其详细报告，尚在整理之中。

| 社　名 | 社　员 | 茶　箱 | 贷　款 |
|---|---|---|---|
| 老胡村 | 54 | 298 | 9,865.71 |
| 西　坑 | 28 | 168 | 5,397.84 |
| 龙　潭 | 30 | 153 | 4,899.00 |
| 茅　坦 | 36 | 340 | 9,991.00 |
| 仙　源 | 33 | 153 | 5,134.00 |
| 石　墅 | 25 | 157 | 5,185.69 |
| 石　谷 | 63 | 432 | 13,141.58 |
| 竹　溪 | 26 | 120 | 3,823.00 |
| 石　坑 | 23 | 156 | 5,334.80 |
| 殿　下 | 21 | 117 | 4,130.00 |
| 坳　里 | 34 | 121 | 3,854.00 |
| 湘　潭 | 47 | 125 | 4,054.00 |
| 兰　溪 | 45 | 296 | 8,467.00 |
| 郭　溪 | 27 | 90 | 2,975.00 |
| 魁　源 | 21 | 107 | 3,547.00 |
| 奇　岭 | 34 | 151 | 5,117.00 |
| 庚　峰 | 22 | 122 | 4,274.70 |
| 雾　源 | 50 | 100 | 3,426.00 |
| 合联运费 | | | 7,165.00 |
| 总　计 | | | 109,781.32 |

关于上海推销一节，自非本场现有能力所能顾及，幸承有关各方，通力合作，力免陨越。兹将上海推销概况，撮要分述于下：

（一）运输　以前祁门红茶出口，多由水道而达上海，沿途耽搁，最速亦需半月。杭徽公路既通，亦有利用汽车输送者。惟以由祁门至屯溪一段，路系初辟，尚无商营车辆，故利用之者，仍不多见。本年社茶运沪，除屯溪一段，系自备汽车装运外，其他由屯至杭，由杭到沪，事先皆与输运公司厘订合同，负责办理，故结果不但运输时间缩短，而每担所省运费，亦在一元以上。

（二）堆栈　向例商人茶叶到沪，皆存于茶栈之堆栈。此种堆栈，例多隐暗，租金高昂，且以管理不周，并多偷窃之事，据之偷窃损失，每箱平均约数磅之巨，欲偷窃必须先将茶箱破坏，而因破坏所遭走味受潮等损失，更不可以道路计。今年社茶到沪，皆存于自租之新式仓库，上述各弊，皆一律避免。又因茶叶既存于自租之仓库，随时提取，不受他人勒制，处理售卖上尤多便利。

（三）陋规　商人茶叶到沪，存入茶栈堆栈之后，一切售卖之事，皆由茶栈经手，货主反多无权过问。其脱售所得茶价，亦须先经茶栈之手。茶价既先经茶栈之手，茶栈因得任意割宰，遂使陋规之多，骇人听闻。今年社茶在沪销售，以有组织关系，并蒙各方协助，许多浪费，自皆避免。例如送茶车力一项，通例以人力输送。为每箱二角，而社茶以用汽车自运，每箱只费五分而已。

（四）报关　商人茶叶经杭，不论水陆运沪，皆在该处报关，此实由于商人等不明法令所致。今年社茶由杭徽公路直接运沪，在杭并未报关，故不徒报关费用，一概减免，而运输时间，亦大为缩短。

杭州报关验关费为每字十六元，报关手续费为每箱七分。

（五）自由售卖　今年祁茶在沪出售，打破向来一家茶栈把持之恶例。凡甲栈兜售不得善价者，即交乙栈代售。乙栈售卖不力，则改交甲栈，故茶栈无从把持。茶之品质之优劣，则先经数方决定，所得售价与品质相合，则脱售，否则即不售，故今年社茶所得售价，远较商茶为优。此外本年有数家洋行，本愿与合作社直接交易，后因直接交易，恐影响市面，故未大规模积极进行。直接售于洋行，大部份陋规，皆可避免。

（六）直接运英　我国祁红市场虽在伦敦，然华商经营多集中上海，从无直接运英者。今年社茶到沪之后，凡在上海可以脱售者皆在沪脱售，其中有数茶品质颇好，而在沪讫不能获到其应得之价，不得已乃直接运英，伦敦祁红市价，较沪约高百分之十五。

（七）其他各国试销　祁门红茶市场，近年皆集中伦敦，惟伦敦外，他处是否亦有销路，颇值一试。本年曾将茶样寄往北美等处。但以祁红特质，知者甚少，非广为宣传，不易见效，故除试样外，并未运送。

(八)国内试销　此事虽经详细计划，然以事实上困难甚多，未曾实行。香港方面，据说对于低级祁红颇有相当销路，后经派人前往调查，似无大量发展，亦遂作罢。

以上数点，皆系今年推销之大概情形。

(四)经费状况〔略〕

## 祁门茶业改良场委员会组织规程

二十三年九月二十六日核准

第一条　本委员会由全国经济委员会、实业部、安徽省政府联合组织，定名为祁门茶业改良场委员会。

第二条　本委员会以全国经济委员会代表二人，实业部代表三人，安徽省政府代表二人组织之。

本委员会设常务委员三人，由全国经济委员会、实业部、安徽省政府各就委员中指定一人担任之，并设秘书主任一人，由常务委员就委员中推选之。

第三条　本委员会设茶业改良场于安徽祁门，其组织规程另定之。

第四条　本委员会之职权如下：

一、审订祁门茶业改良场每年工作计划及监督与实施；

二、决定场长人选；

三、审核该场经费之预决算。

第五条　本委员会为促进该场工作起见得聘请场外茶业专家为顾问。

第六条　本委员会每半年开常会一次，由常务委员召集之。开会之地点及日期均由常务委员指定，遇必要时得开临时会，除各委员外，经常务委员之同意得请其他人员列席，但此项人员无表决权，开会时以过半数委员之出席为法定人数。

第七条　本委员会决议事项交由常务委员执行，并呈报全国经济委员会、实业部、安徽省政府备案。

第八条　本委员会常务委员办事细则另订之。

第九条　本委员会委员及顾问均为名誉职。

第十条　本规程得以本委员会之议决呈请全国经济委员会、实业部及安徽省政府核准修改之。

第十一条　本规程自全国经济委员会、实业部及安徽省政府核准之日施行。

## 祁门茶业改良场组织规程

二十三年九月二十六日核准

第一条　本规程依据祁门改良场委员会组织规程第三条之规定订定之。

第二条　本场受祁门茶业改良场委员会之指导及监督。

第三条　本场分事务技术二股。

甲、事务股职掌如下：

一、关于收发、撰拟、保存文件及典守印信等事项；

二、关于编制统计报告及刊行出版物等事项；

三、关于款项出纳及编制预算决算等事项；

四、关于场有产物及器具之保管、购置、交换及发售等事项；

五、关于工人之管理事项；

六、关于其他不属于技术方面之一切事项。

乙、技术股职掌如下：

一、关于茶叶制造、装璜事项；

二、关于茶叶栽培、试验事项；

三、关于茶叶调查统计事项；

四、关于茶叶改良宣传推广及指导事项；

五、关于练习生之训练及会同事务股管理工人。

第四条　本场设场长一人兼技术主任，由本场委员遴选委派之，秉承本场委员常务委员之命综理全场事务。

第五条　本场设事务员二人至四人，承场长之命办理事务股一切事宜。

第六条　本场设技术员及助理员三人至五人，承场长之命办理技术股一切事宜。

第七条　本场技术员、事务员、助理员由场长商承委员会常务委员派充之。

第八条　本场遇必要时得招收练习生，其办法另定之。

第九条　本场办事细则另定之。

第十条　本规程自全国经济委员会、实业部、安徽省政府核

## 6.实业部关于全国农事试验场调查的各项统计

（1936年）

表1　　全国学校农场各省市分布表

| 省　市 | 国　立 | 省　立 | 区立 | 县立 | 私立 | 总计 |
|---|---|---|---|---|---|---|
| 河北省 | 3 | 4 | | | | 7 |
| 湖北省 | | 4 | 3 | 1 | 2 | 10 |
| 四川省 | | 1 | | | | 1 |
| 广东省 | 1 | 14 | 1 | 30 | 5 | 51 |
| 河南省 | 1 | | 2 | | | 3 |
| 江苏省 | 3 | | | | | 3 |
| 陕西省 | 1 | 1 | | 2 | 1 | 5 |
| 山西省 | | 5 | | | 1 | 6 |
| 福建省 | | | | | 3 | 3 |
| 山东省 | | 4 | | 1 | | 5 |
| 安徽省 | | 3 | | 1 | | 3 |
| 浙江省 | | 6 | | 3 | 2 | 14 |
| 南京市 | 14 | | | | | 11 |
| 上海市 | 1 | 1 | | | 1 | 4 |
| 总　计 | 24 | 43 | 6 | 38 | 15 | 126 |

准备案之日施行。

〔全国经济委员会档案〕

表1　　全国农事试验场成立时期统计表

| 省市 | 元年 | 二年 | 三年 | 四年 | 五年 | 六年 | 七年 | 八年 | 九年 | 十年 | 十一年 | 十二年 | 十三年 | 十四年 | 十五年 | 十六年 | 十七年 | 十八年 |
|---|---|---|---|---|---|---|---|---|---|---|---|---|---|---|---|---|---|---|
| 江苏 | | | | | | | | | | | | | | | | | 1 | |
| 浙江 | | | | | | | | | | | | | | | | | | |
| 安徽 | | | | | | | | | | | | | | | | | | |
| 江西 | | | | | | | | | | | | | | | | | | |
| 河北 | | | | 1 | | | | | | | | | | | | | 1 | 1 |
| 河南 | | | | | | | | | | | | | | | | | | |
| 湖南 | | | | | | | | | | | | | | | | 1 | 2 | |
| 山东 | | | | | | | | | | | | | | | | | | |
| 山西 | | 1 | 4 | 1 | 3 | 3 | 6 | 5 | 1 | 1 | | 1 | | | | 1 | | 1 |
| 陕西 | | | | | | | | | | | | | | | | 1 | 1 | |
| 甘肃 | | | | | | | | 1 | 1 | | | | | | 3 | 2 | 1 | |
| 宁夏 | | | | | | | | | | | | | | | | | | 3 |
| 四川 | 2 | | 1 | 1 | 3 | | 1 | 5 | | | 1 | | | 1 | | 1 | | 1 |
| 云南 | 1 | | | | | | | | | | | | | | | | | |
| 贵州 | | | | | | | | | | | | | | | | | | |
| 福建 | | 1 | | | | | | | | | | | | | | | | |
| 广西 | | | | | | | | | | | | | | | | | | |
| 察哈尔 | | | | | | | | | 2 | | | | | | | | | 3 |
| 绥远 | | | | | | | | | | | | | 2 | | 1 | | | 1 |
| 广东 | | | | | | | | | | | | | | | 1 | 1 | 2 | 2 |
| 吉林 | | | | | | | | | | | | | | | | | | |
| 热河 | | | | | | | | | | | | | | | | | | |
| 南京 | | | | | | | | | | | | | | | | | | |
| 上海 | | | | | | | | | | | | | | | | | | |
| 北平 | | | | | | | | | | | | | | | | | | |
| 青岛 | | | | | | | | | | | 1 | | | | | | | |
| 分年统计 | 3 | 2 | 5 | 3 | 6 | 3 | 7 | 11 | 4 | 1 | 1 | 2 | 2 | 1 | 5 | 7 | 8 | 14 |

续表

| 省市 | 十九年 | 二十年 | 二十一年 | 二十二年 | 二十三年 | 二十四年 | 二十五年 | 未填明 | 总计 | 备考 |
|---|---|---|---|---|---|---|---|---|---|---|
| 江苏 | 1 | | | 4 | 2 | | | 10 | 18 | |
| 浙江 | | | 1 | | 4 | 4 | | 19 | 28 | |
| 安徽 | | | 2 | | 2 | | | 1 | 5 | |
| 江西 | | | | | 2 | 1 | | | 3 | |
| 河北 | 1 | 2 | | 20 | 77 | | | | 103 | |
| 河南 | | | 5 | | | | | 11 | 16 | |
| 湖南 | 1 | | 3 | | 1 | 3 | | 2 | 13 | |
| 山东 | | | | | | 6 | 1 | 4 | 11 | |
| 山西 | 12 | 25 | 7 | 18 | 10 | 6 | | 3 | 109 | |
| 陕西 | 2 | 3 | | 2 | 2 | | | | 11 | |
| 甘肃 | 1 | 1 | 2 | 3 | 2 | | | 1 | 18 | |
| 宁夏 | | | | | 1 | | | | 4 | |
| 四川 | 1 | 3 | 3 | 4 | 6 | 1 | | | 36 | 内加宣统元年一 |
| 云南 | | | | | 1 | 3 | | | 5 | |
| 贵州 | 1 | 4 | | 2 | 18 | 2 | | | 27 | |
| 福建 | | | | | | 2 | | 6 | 9 | |
| 广西 | | | | | 3 | | 2 | 8 | 13 | |
| 察哈尔 | | | 1 | 1 | 6 | | | | 13 | |
| 绥远 | 2 | 3 | 1 | 3 | 6 | | | | 19 | |
| 广东 | 2 | | | | | | | | 5 | |
| 吉林 | 2 | | | | | | | | 9 | |
| 热河 | | 2 | | | | | | | 4 | |
| 南京 | 1 | 1 | | | | 1 | | 2 | 4 | |
| 上海 | | | | | | | | 2 | 3 | |
| 北平 | | | | | 1 | | | 1 | 2 | |
| 青岛 | | | | | | | | | 1 | |
| 分年统计 | 30 | 41 | 25 | 57 | 144 | 29 | 3 | 70 | 489 | 内加宣统元年一 |

表3　　全国农事试验场种类统计

| 省市 | 农事 | 农林 | 农棉 | 稻作 | 麦作 | 稻麦 | 棉作 | 棉稻 | 棉麦 | 棉蚕 | 蚕丝 | 蚕种 | 种子 | 苗圃 |
|---|---|---|---|---|---|---|---|---|---|---|---|---|---|---|
| 江苏 | 7 | 1 |  | 1 | 2 |  | 2 |  |  |  | 1 | 1 |  |  |
| 浙江 | 19 | 2 |  |  |  | 1 | 1 |  |  |  |  |  |  |  |
| 安徽 | 1 |  |  | 1 | 1 |  |  |  |  | 1 |  |  |  |  |
| 江西 |  |  |  | 1 |  |  | 1 |  |  |  |  |  |  |  |
| 河北 | 5 |  |  |  |  |  | 1 |  |  |  |  |  | 30 |  |
| 河南 | 9 | 5 |  |  |  |  |  |  |  |  |  |  |  |  |
| 湖南 | 3 | 1 |  |  |  |  | 6 | 1 |  |  |  |  |  |  |
| 山东 | 5 |  |  |  |  |  | 2 |  |  |  |  |  |  |  |
| 山西 | 106 |  |  |  |  |  | 2 |  |  |  |  |  |  |  |
| 陕西 | 4 | 1 | 6 |  |  |  |  |  |  |  |  |  |  |  |
| 甘肃 | 18 |  |  |  |  |  |  |  |  |  |  |  |  |  |
| 宁夏 | 4 |  |  |  |  |  |  |  |  |  |  |  |  |  |
| 四川 | 31 | 1 |  | 1 |  |  |  |  | 1 |  |  |  |  | 1 |
| 云南 | 3 |  |  |  |  |  | 1 |  |  |  |  |  |  |  |
| 贵州 | 7 |  |  |  |  |  |  |  |  |  |  |  |  |  |
| 福建 | 3 | 2 |  |  |  |  |  |  |  |  |  |  |  |  |
| 广西 | 3 |  |  |  |  |  | 1 |  |  |  |  |  |  | 1 |
| 察哈尔 | 6 | 3 |  |  |  |  |  |  |  |  |  |  | 2 |  |
| 绥远 | 4 | 15 |  |  |  |  |  |  |  |  |  |  |  |  |
| 广东 | 2 | 1 |  | 1 |  |  |  |  |  |  |  |  |  |  |
| 吉林 | 9 |  |  |  |  |  |  |  |  |  |  |  |  |  |
| 热河 | 4 |  |  |  |  |  |  |  |  |  |  |  |  |  |
| 南京 | 4 |  |  |  |  |  |  |  |  |  |  |  |  |  |
| 上海 | 3 |  |  |  |  |  |  |  |  |  |  |  |  |  |
| 北平 | 2 |  |  |  |  |  |  |  |  |  |  |  |  |  |
| 青岛 | 1 |  |  |  |  |  |  |  |  |  |  |  |  |  |
| 分类统计 | 263 | 32 | 6 | 5 | 3 | 1 | 17 | 1 | 1 | 1 | 1 | 1 | 32 | 2 |

续表

| 省市 | 推广 | 示范 | 园艺 | 果树 | 烟草 | 林业 | 茶业 | 渔业 | 植物 | 水产 | 家畜 | 总计 | 备考 |
|---|---|---|---|---|---|---|---|---|---|---|---|---|---|
| 江苏 | | | | 1 | | 1 | | | | | | 18 | |
| 浙江 | | | | 1 | | 3 | 1 | | | | | 28 | |
| 安徽 | | | | | | | 1 | | | | | 5 | |
| 江西 | | | | | | | 1 | | | | | 3 | |
| 河北 | 48 | 19 | | | | | | | | | | 103 | |
| 河南 | | | 2 | | | | | | | | | 16 | |
| 湖南 | | | | | | | 2 | | | | | 13 | |
| 山东 | | | | | 1 | 2 | | | | 1 | | 11 | |
| 山西 | | | | | 1 | | | | | | | 109 | |
| 陕西 | | | | | | | | | | | | 11 | |
| 甘肃 | | | | | | | | | | | | 18 | |
| 宁夏 | | | | | | | | | | | | 4 | |
| 四川 | | | | 1 | | | | | | | | 36 | |
| 云南 | | | | | | | | | 1 | | | 5 | |
| 贵州 | 20 | | | | | | | | | | | 27 | |
| 福建 | | | | | | 2 | 1 | | | | 1 | 9 | |
| 广西 | | 8 | | | | | | | | | | 13 | |
| 察哈尔 | 2 | | | | | | | | | | | 13 | |
| 绥远 | | | | | | | | | | | | 19 | |
| 广东 | | | 1 | | | | | | | | | 5 | |
| 吉林 | | | | | | | | | | | | 9 | |
| 热河 | | | | | | | | | | | | 4 | |
| 南京 | | | | | | | | | | | | 4 | |
| 上海 | | | | | | | | | | | | 3 | |
| 北平 | | | | | | | | | | | | 2 | |
| 青岛 | | | | | | | | | | | | 1 | |
| 分类统计 | 70 | 27 | 3 | 3 | 2 | 8 | 6 | 1 | 1 | 1 | 1 | 489 | |

表4　　全国农事试验场面积经费统计表

| 省市 | 总面积 |  | 试验地 |  | 经费（年计单位元） |  |  |
|---|---|---|---|---|---|---|---|
|  | 亩 | 市亩 | 亩 | 市亩 | 中央款 | 省市款 | 区款 |
| 江苏 | 34,374.99 |  | 1,190 |  |  | 227,940 |  |
| 浙江 | 59,158.561 |  | 1,968 |  |  | 107,595 | 49,966 |
| 安徽 | 1,865.17 |  | 188 |  | 12,000 | 45,411 |  |
| 江西 | 193 | 323 | 253 |  |  | 22,248 |  |
| 河北 | 2,817.92 | 9 | 1,112 |  | 10,350 | 27,921.2 |  |
| 河南 | 6,046 |  | 2,622 |  |  |  | 143.633 |
| 湖南 | 2,699.4 |  | 761 |  | 3,600 | 207,177 |  |
| 山东 | 1,397.54 |  | 762 |  |  | 117,196 | 19,872 |
| 山西 | 2,611.66 |  | 2,065.71 |  |  | 17,118 |  |
| 陕西 | 448 |  | 174 |  |  | 3,876 |  |
| 甘肃 | 246 |  | 174.5 | 6 |  | 3,132 |  |
| 宁夏 | 126 |  | 20 |  |  | 2,556 |  |

续表

| 省市 | 经费(年计单位元) | | 经费无定场数 | 田地无定场数 | 试验地无定场数 | 未填明场数 | 共计场数 | 性质分别总计 | | | | | |
|---|---|---|---|---|---|---|---|---|---|---|---|---|---|
| | 县款 | 私款 | | | | | | 国 | 省 | 市 | 区 | 县 | 私 |
| 江苏 | | 23,600 | 1 | | 10 | 1 | 18 | | 9 | | | | 9 |
| 浙江 | | 30,600 | | | 10 | 10 | 28 | | 6 | | 4 | 9 | 9 |
| 安徽 | | 4,500 | | | 1 | | 5 | | 4 | | | | 1 |
| 江西 | | | | | | | 3 | | 3 | | | | |
| 河北 | 60,891.312 | | 5 | 1 | 97未填明 | | 103 | 1 | 5 | | | 97 | |
| 河南 | | | | | | 11 | 16 | | 2 | | 14 | | |
| 湖南 | 3,028.2 | 4,600 | | | 1 | 1 | 13 | | 10 | | | 2 | 1 |
| 山东 | | | | | | 4 | 11 | | 7 | | 4 | | |
| 山西 | 27,052.46 | | | | | 3 | 109 | | 4 | | | 105 | |
| 陕西 | 3,737 | | | | 1 | | 11 | | 1 | | | 10 | |
| 甘肃 | 4,862 | | 4 | | | | 18 | | 1 | | | 17 | |
| 宁夏 | 980 | | | | 3 | | 4 | | 1 | | | 3 | |

| | | | | | | | |
|---|---|---|---|---|---|---|---|
| 四川 | 2,944 | | 892.9 | | | 64,000 | |
| 云南 | 2,356 | | 602 | | | 43,944 | |
| 贵州 | 1,220.7 | | 223.7 | | | 6,579.8 | |
| 福建 | 806,325 | | 230.2 | | | 19,560 | |
| 广西 | 5,883 | | 545 | | | 68,347 | |
| 察哈尔 | 763 | | 301 | | | 3,841.56 | |
| 绥远 | 38,181 | | 1,253 | | | 18,874.5 | |
| 广东 | 710 | | 380 | | | 36,432 | |
| 吉林 | 2,627.76 | | 501.8 | | | 11,928 | |
| 热河 | 71.89 | | 57.39 | | | | |
| 南京 | 2,309.8 | | 1,190 | | 980,000 | | |
| 上海 | 123.9 | | 28.9 | | | 6,960 | |
| 北平 | 253 | | 162 | | | 48,000 | |
| 青岛 | 249.52 | | 134.66 | | | | |
| 总计 | 170,584.136 | 332 | 17,792.76 | 6 | 1,005,450 | 1,110,637.06 | 213.471 |

| | | | | | | | | | | | | | |
|---|---|---|---|---|---|---|---|---|---|---|---|---|---|
| 四川 | 19,955.92 | | 7 | 1 | 4 | | 36 | | 2 | | | 34 | |
| 云南 | 720 | | | | | | 5 | | 5 | | | | |
| 贵州 | 13,689.7 | | 2 | 2 | 3 | | 27 | | 1 | | | 26 | |
| 福建 | 160 | 17,377.874 | | | | 5 | 9 | | 7 | | | 1 | 1 |
| 广西 | | | | | 1 | 10 | 13 | | 4 | | | 1 | |
| 察哈尔 | 6,369 | | 1 | | | | 13 | | 1 | | | 2 | |
| 绥远 | 4,951.2 | | | | 1 | | 19 | | 2 | | | 17 | |
| 广东 | 3,960 | | | | 1 | | 5 | | 4 | | 8 | 1 | |
| 吉林 | 26,768.6 | | | | | | 9 | | 1 | | | 8 | |
| 热河 | 760.8 | | 1 | | | | 4 | | | | | 4 | |
| 南京 | | 8,600 | | 1 | 3 | | 4 | 2 | | | | | 2 |
| 上海 | | 10,700 | | | 2 | | 3 | | | 1 | | | 2 |
| 北平 | | 2,000 | | | 1 | | 2 | | | 1 | | | 1 |
| 青岛 | | | 1 | | | | 1 | | | 1 | | | |
| 总计 | 177,886.192 | 101,977.874 | 22 | 5 | 139 | 45 | 489 | 3 | 80 | 3 | 30 | 347 | 26 |

表5　　全国学校农场经费面积统计表

| 单　　位 | 国 | 立 | 省市立 | | 区 | 立 |
|---|---|---|---|---|---|---|
| | 经　　费 | 面积 | 经费 | 面积 | 经费 | 面积 |
| 广东省 | | | 33,257 | 10356亩<br>+2028井 | 1,000 | 5 |
| 浙江省 | | | 3,450 | 940 | | |
| 湖北省 | | | 14,920 | 1,265 | 4,924 | 439 |
| 河北省 | | | 50,333 | 3,456 | | |
| 四川省 | | | 2,800 | 160 | | |
| 陕西省 | | | 无固定 | 150 | | |
| 福建省 | | | | | | |
| 山东省 | | | 1,200 | 132 | | |
| 安徽省 | | | 无固定 | 443 | | |
| 上海市 | | | | | | |
| 中央大学 | 116,450 | 15,052 | | | | |
| 清华大学 | 3,520 | 2,101 | | | | |
| 西北农林专校 | 27,436 | 460 | | | | |
| 中山大学 | 52,000小洋 | 600 | | | | |
| 北平大学 | 19,200 | 106 | | | | |
| | 166,606大洋<br>+52,000小洋 | 18,319 | 105,960 | 16,902亩<br>+2028井 | 5,924 | 444 |

续表

| 单　位 | 县　立 | | 私　立 | | 总　计 | |
|---|---|---|---|---|---|---|
| | 经费 | 面积 | 经费 | 面积 | 经　费 | 面积 |
| 广东省 | 23,580 | 1918.7亩<br>+30井 | 73,981 | 1,297.5 | 131,818 | 135722亩<br>+2058井 |
| 浙江省 | 12,000 | 5,386.5 | 360 | 75 | 15,810 | 6,401.5 |
| 湖北省 | 37 | 5 | | | 19,881 | 1,709 |
| 河北省 | | | | | 50,333 | 3,456 |
| 四川省 | | | | | 2,800 | 160 |
| 陕西省 | 660 | 150 | 7,000 | 500 | 7,660 | 800 |
| 福建省 | | | 38,400 | 20里<br>65亩 | 38,400 | 20里<br>65亩 |
| 山东省 | | | | | 1,200 | 132 |
| 安徽省 | | | | | | 443 |
| 上海市 | | | 19,480 | 45.6公亩 | 19,480 | 456公亩 |
| 中央大学 | | | | | 116,450 | 15,052 |
| 清华大学 | | | | | 3,520 | 2,101 |
| 西北农林专校 | | | | | 27,436 | 460 |
| 中山大学 | | | | | 52,000 | 600 |
| 北平大学 | | | | | 19,200 | 106 |
| | 32,277 | 7460.2亩<br>+30井 | 139,221 | 1937.5亩<br>+20里<br>+45.6<br>公亩 | 453,988大洋<br>+52,000小洋 | 45,062.7<br>亩<br>+20里+<br>456公亩<br>+2058井 |

〔实业部档案〕

## 7. 棉业统制委员会各省棉产改进所暂行组织通则

（1936年8月4日）

全国经济委员会棉业统制委员会各省
棉产改进所暂行组织通则

二十三年六月廿一日核准　二十五年八月四日修正

第一条　棉业统制委员会为改进产棉省分棉产事宜得与各省省政府或建设厅合组设置棉产改进所，依本通则各规定办理。

第二条　各省棉产改进所设管理委员会，以棉业统制委员会主任委员、各省省政府主席或建设厅长及中央棉产改进所所长等为当然委员，另由会省或厅双方会聘植棉专家或地方公正人士为委员，其人数由会省或厅双方酌定之。聘任委员任期三年，届时得由会省或厅继续聘任之。

第三条　管理委员会设主任委员一人，由委员互选之，任期三年，连选得连任。

第四条　管理委员会对于本所进行计划工作报告暨经费预决算等事项负有审核稽查之责，前项进行计划之审核应商同中央棉产改进所办理。

第五条　各省棉产改进所设正副所长各一人，均由管理委员会提请棉业统制委员会暨各该省省政府或建设厅会聘之，秉会省政府或建设厅之命商承管理委员会综理所务关于棉产改进技术事项，并应受中央棉产改进所之指导副所长辅助所长处理所务。

第六条　各省棉产改进所酌设技师、副技师、技术员、指导员、事务员、助理员各若干人，均由所长延用之，分承长官之命办理各项应办事务。

第七条　各省棉产改进所因事业进行之需要得设各项研究室、各地育种场及植棉合作指导所。

第八条　各省棉产改进所对于各该省各县之农场或农业指导所，办理有关棉产改进事宜，有指导监督之责。

第九条　各省棉产改进所经费由会省双方共同负担。

第十条　各省境内之大学、农学院或其他机关团体自愿负担经费协力举办棉产改进事业者，得由会省双方会同邀请加入合作。

第十一条　本通则由棉业统制委员会提请全国经济委员会核准公布施行。

〔实业部档案〕

## 8. 全国稻麦改进所就成立一年来推进农业改良实况致实业部呈

（1936年9月8日）

案查前奉行政院全国稻麦改进监理委员会训令，饬本所编送关于国民大会国府政治总报告案内本所重要工作报告，呈送钧部汇编一案，经遵造于本年八月二十八日先行拟定于日呈送钧部鉴核在案。兹续编就本所稻麦两部重要工作报告，理合清缮一份，备文呈请鉴核赐予汇编，实为公便。谨呈

实业部部长吴

次长刘

次长周

附呈本所工作报告一册

全国稻麦改进所所长　谢家声

副所长　钱天鹤

中华民国二十三年九月八日

# 国民大会国民政府政治总报告全国稻麦改进工作报告

二五年九月

国民大会国民政府政治总报告

行政事项

(六)实业

甲、全国稻麦改进工作

子、稻作改进

一、引言

二、推广良种

1. 推广帽子头改良稻种

2. 举办农田示范

3. 试办检定品种

三、螟虫防治

1. 二十四年冬季治螟

2. 二十五年治螟推进

四、育种试验

1. 水稻纯系育种及杂交育种

2. 水稻品种比较及纯系比较

3. 各地著名稻种比较试验

4. 陆稻育种

5. 水稻抗虫抗病育虫

五、生态研究

1. 栽式试验

2. 播种期及苗龄实验

3. 早稻促进栽培试验

4. 籼粳稻抗肥性比较试验

5. 水稻产量因子分析试验

六、米粮调制储藏

1. 胚白米制造法之研究

2. 碾白量度研究

3. 糙米成数研究

4. 仓库建筑方法之考察与研究

七、改良稻米运销

1. 稻米产销调查

2. 稻米分级检验

3. 米粮经济研究

八、机力灌溉排水

九、推进各省稻米改进

1. 湘米改进

2. 赣米改进

3. 川米改进

## 一、引　言

稻米为我国民食之首要，惟最近七十年来，生产与消费不能相抵，致每年皆有大量洋米入口，平均每年进口数量达一千六百万担。农村濒于破产，生产减少，储藏无力，运输不便，技术落后，病虫频仍，水利不修，有以致之统筹改进，实不容缓。爰经专家拟定米粮自给计划，谋我国米粮之自给，进而谋有余剩储藏，作临时之准备。举凡稻田水利之整理，稻虫稻病之防除，稻作种子之改良，适当肥料之运用，栽培方法之改进，分级及储藏方法之推行，米粮经济调查，运销方法之改良，合作放款之提倡等，皆有详密之计划。惟兹事体大，为谋控制与稻产有关之全体因数统筹改进，以谋整个之解决起见，而有全国稻麦改进所之设立，作统一之推行。该所于二十四年十二月正式成立于南京，迄今未及一载，工作粗具规模，关于稻产改进者，约略于次：

1. 推广帽子头改良稻种

稻产改进之目的原为推广，以期质量俱增，实收成效。查有国立中央大学农学院育成之改良稻种，名帽子头者，历年在南京、江苏之昆山、江宁、江浦、安徽之芜湖、宣城、江西之南昌、湖南之长沙及河南之信阳等地，试验成绩，均甚优异，较普通农家品种之产量高出百分之十乃至百分之十五，堪作推广之材料。经于二十四年秋季由全国稻麦改进所在湖南、江宁、昆山、吴江各地先后收购该项良种达二十万斤，二十五年春先后由该所与江宁、昆山、宣城、衡阳、常德各地行政机关及农业机关合作，分在各该县内择定适当地为推广中心区域，依照统一办法大量推广，总计亩数如次：

| | |
|---|---|
| 江宁县 | 一六八二一亩 |
| 昆山县 | 三五〇〇亩 |
| 宣城县 | 六〇〇〇亩 |
| 衡阳县 | 三九一七亩 |
| 常德县 | 八〇〇亩 |
| 合　计 | 三一〇三八亩 |

在生育期中，均派员分赴各农户田内考查记载，计共四次，秋收后复在各推广区内选购优良纯净之种子一八四〇〇〇〇斤，备明年推广三〇〇〇〇〇亩之用，明年推广地点除扩大本年度旧有之推广区外，并推广至各示范成绩优良区域。

2. 举办农田示范

本年为观察改良水稻品种对于各地风土适应性之大概及表证，改良稻种之优性使农民作初步认识，为明年实施推广之准备起见，特就江苏省之六合、溧水、句容、江浦、高淳、昆山、安徽省之芜湖、繁昌、合肥、无为、巢县、含山、桐城、当涂、和县与宣城及沿江南铁路一带，湖南省之粤汉铁路两旁，如岳阳、湘潭、湘乡、邵阳、宁乡、衡阳、攸县等地，择适当中心地点，特约优秀农家，举行农田示范，此项工作或由全国稻麦改进所直接办理，或由该所与各合作推广机关会同举行，计共二一五〇亩。秧田．幼苗、生育、收获各期均派员分别各处实地作田间考查、记载，俾资统计成绩，为明年扩大良种推广区域之依据，办理结束均甚优良。

3。试办检定品种

为淘汰各地水稻之劣种，以期提高稻之产量，划一米之品质起见，经全国稻麦改进所拟定民国二十五年度试办湘苏皖赣水稻检定品种实施计划大纲及各县水稻检定品种委员会简章各一份，由实业部咨请湘苏皖赣四省政府令行建设厅转饬试办，区域各县政府负责办理，并饬与全国稻麦改进所合作。本年度试办区域规定如次：

湖南省：岳阳、湘乡、湘潭、宁乡、衡阳、攸县、邵阳、醴陵等八县。

江苏省：江宁、句容、高淳、江浦、高邮、松江、吴县、吴江、无锡、昆山等十县。

安徽省、宣城、芜湖等二县。

江西省：南昌、临川、九江、宜春、贵溪、赣县等六县。

计共四省二十六县，均经先后计划成立各县水稻检定品种委员会，进行工作。

三、螟虫防治

螟虫与稻作重要害虫，分布至广，为害剧烈，江浙尤甚，约为总产额百分之二十八。据估计全国每年损失于螟虫者约为十二万万元，故扫除螟虫灾害每年增加之米粮，既可杜塞洋米入口之漏区。民国二十四年秋，在江宁县采卵治螟，计采得螟卵七千万块，减少被害稻之损失达三十四万元，既可见其成效。兹更就二十四年冬季治螟及二十五年治螟推进情形述之：

1。二十四年冬季治螟

治螟之方法甚多，惟以冬季杀虫及春季采卵为最有效，据学者研究，在江浙一带，三化螟虫百分之九十以上均在刈余稻料内，越冬二化螟虫亦有一部如此，若能在冬季毁灭稻根或灌水没田，则可以扫去在田内越冬之螟虫，成效当非浅鲜。二十四年冬季全国稻麦改进所与江宁县政府及昆山县政府合作，举办冬季治螟，除由该所派员指导外，各该县农业技术人员、行政人员及全体农民均一致出动，更由军警协助进行，自十月开始，迄十二月终了，大部农田均依法毁灭稻根，或灌水没田，成绩极佳，本年该二县螟虫灾害减少，此实为其主因。

2. 二十五年治螟推进

依据过去治螟之卓著成效，本年益扩大其范围，本年三月由全国稻麦改进所召集江浙皖三省及南京市治螟讨论会于南京，以谋讨论推进三省及南京市治螟实施办法。到会会员四十八人，对治螟组织及推进办法均有详细讨论。嗣经该所拟定南京市、江苏省之江宁、昆山、吴江、常熟、太仓、嘉定、句容、浙江省之海宁、安徽省之芜湖、宣城等各县为本年实施治螟之中心地点，将来再逐渐扩大，以期将螟虫完全扑灭。经该所派员分赴各县指导春季举办合式秧田、秧田采卵、拔除枯心苗及秋季本田采卵等工作，在研究试验方面，因稻烟茎以抗螟虫颇著效果。该所本年乃与昆山、吴县、吴江、常熟、太仓、嘉定、嘉兴、海宁、江宁、芜湖、宣城各地农业场校合作试验，以观成效，并资示范，至各地测螟站之已设立者，有江苏、安徽、浙江、江西、湖北、湖南、福建、广东等省，凡数十处。

四、育种试验

1. 水稻纯系育种及杂交育种

按纯系育种之依据，系因水稻在同一品种中有性质攸别产量悬殊之各系统，如能将其分离，自可得一丰产质优之品系。其开始时即就各地选择多数单穗种作穗行，按年选择淘汰，观察记载，则逐年增其详确统计方法，则愈益精严，结果品质优良，产量丰富之系统，自能表现。此项工作系由全国稻麦改进所继续中央农业实验所进行，已有三年之成绩，甚多优良纯系，本年度举行者，有籼粳、糯稻各级试验一七三九三行。

至杂交育种之目的，在将分别存于两品种中不同之优良性状合并于一品种中，创造未存在之新系统，为统系育种更进步之方法，现已行人工交配杂交种子者一八九种，另有第一代杂交之种子者二五种，本年均分别插下试验研究，预计七八年后可获得理想之丰产质优之新品种。

2. 水稻品种比较及纯系比较

由纯系育种获得优良纯系，颇需年月，欲在短期中选出过渡时期较优之品种，则在征集各地优良品种，举行品种比较试验，用精密方法比较其优劣，观察其特性，期于二、三年内即可决定孰为较佳之品种，暂作推广之用。此项试验亦有籼粳糯三类，各类中又分为早中晚三组，共有品种一五四六种。

又为集过去各场较已育成或较有希望之纯系作一比较起见，乃举行纯系比较试验，计搜得纯系二十五系种作六七八行。

3. 各地著名稻种比较试验

征集全国各地栽培最广之优良品种及各场校育成之优良纯系，计得九十八种，由全国稻麦改进所分发全国主要产稻之苏、浙、闽、皖、赣、豫、湘、鄂、川、桂、陕等十二省二十九试验场校用同一标准方法，受统一之监督指导，举行普遍的比较试验藉凭各品种在各处之生产能力及适合性，而定各地最适宜推广之品种及其推广之范围，并可明瞭各地气候与稻种适应性之关系，而区分全国稻产区域，各试验场校名名称于次。

（抄各试验场校单）

（1）南京　全国稻麦改进所

（2）江苏　中央大学农学院昆山稻作试验场

（3）江苏　中央大学农学院江浦农事试验场

（4）江苏　江苏省立稻作试验场

(5) 浙江　浙江省稻麦改良场

(6) 浙江　浙江省稻麦改良场五夫分场

(7) 浙江　浙江省立金华实验农业职业学校

(8) 安徽　安徽省立稻作改良场

(9) 安徽　江南铁路公司农业改良场

(10) 安徽　安徽大学

(11) 江西　江西农业院

(12) 江西　江西省立宜春乡村师范学校

(13) 江西　江西省立赣县乡村师范学校

(14) 江西　江西省立九江乡村师范学校

(15) 江西　江西省立贵溪乡村师范学校

(16) 湖北　国营金水流域农场

(17) 湖北　国立武汉大学

(18) 湖北　中华大学农学院

(19) 湖南　湖南棉业试验场长沙场

(20) 湖南　湖南棉业试验场衡阳场

(21) 湖南　湖南农事试验场常德分场

(22) 四川　四川中心农事试验场

(23) 四川　国立四川大学农学院

(24) 河南　河南省立第二区农林局

(25) 陕西　西北农林专校

(26) 福建　福建省建设厅长乐农场

(27) 广东　国立中山大学农学院

(28) 广西　广西农事试验场

(29) 广西　广西大学农学校

4. 陆稻育种

为扩充稻田面积及适应干旱区域之需要起见，征集国内外优良陆稻品种共三六一种，举行陆稻品种比较试验，并自普通农田及陆稻品种试验区，采选优良单穗举行陆稻纯系育种，预计将来可得最优之陆稻品种，以应需要。

5. 水稻抗虫抗病育种

本项育种试验在研究水稻品种对于抗虫、抗病之能力及每品种所具之各性状与其抵抗力之关系，期获得抗病、抗虫之优良品种，供试品种计有一百一九种，三千五百七十行。

五、生态研究

1. 栽培试验

本试验在研究水稻栽值时，每株最适宜之本数及距离，并粳稻与籼稻、重肥与轻肥、小株密植与大株疏植三因子间之相互影响及关系，以探求水稻生产最高之合理栽植方式，计分中熟及晚熟两组，每组以优良籼粳稻多一种作材料，本年在试验中。

2. 播种期及苗龄试验

本试验研究之目的，在确知各种类水稻之成熟期及产量，与播种期之早迟，秧田期长短，播种期及秧田期之各种不同结合之关系，藉知各种水稻最适宜之播种期及秧田期，栽培方法及轮作法得以改进，办法以成熟期不同之籼粳稻品种八种作材料，用随机区块法，分八次播种期试验，每次播种期分为三种秧田期，因之播种期及苗龄成为二十四种不同之结合，本年在试验中。

3. 早稻促进栽培试验

过早熟之水稻品种其产量常较劣，为求其兼能丰产，特选籼粳稻各二十五种为试验材料，施以促进栽培处理如早播、早移植、早施速效肥料等，以期早熟品种兼能丰产，工作在进行中。

4. 籼粳稻抗肥性比较试验

为研究籼稻及粳稻对于肥料重轻各种反应之异同，及反应之种类各产量丰歉，成熟迟早，倒伏程度，抗病能力，分蘖数目等起见，特举行本试验。计分中熟及晚熟两组，每组以籼粳稻各八种作材料，又分重肥、中肥、轻肥各二区，用移植法随机区块三行区，重复五次。

5．水稻产量因子分析试验

本试验之目的，在获得水稻产量构成之主要因子，及各品种中各因子之优劣情形，而为□稳选种及杂交最有效力之依据。以各种类之优良品种八十种为材料，单本种植，每种三百株，用移植及重复方法种植于田间，观察其生长日数、分蘖能力，收割后在室内检查其每株产量穗数，稳长稳重，每穗粒数，百粒种子重量，杆长等特性，并计算各特征与产量之相关系数。

六、米粮调制储藏

1．胚白米制造法之研究

糙米去皮而留胚谓胚白米，其滋养率优于白米，而食味则腾于糙米，日本陆军大半以此为食粮，兹以各种糙米用不同方法及器具研究胚白米之制造法已有成效，半年内即可结束，推广施行。

2．碾白程度研究

本所研究在用各种糙米测定各段时期之碾灭成数，藉确定碾白之方法与程度，以便推广施行供试品种有二十种籼粳稻皆有之。

3．糙米成数研究

用品种不同，新陈互异，品质不同之稻，测定糙米成数大小，藉确定其与育种分级调制等之关系，已测定之品种有十余种。

4．仓库建筑方法之考察与研究

现在国内贮稻之仓库，大都简陋不堪，有形之损失如虫蚀等固大，而滋养率减低，米粒缩小，物理性劣化等损失实是为重大。稻与米之仓库应如何不同，长期贮藏与短期贮藏之仓库应如何建筑，均应研究。经派员赴朝鲜、日本、台湾及国内各地考察，并搜集材料，研究其建筑方法，现在整理材料，而谋改进原有之仓库建筑。

七、改良稻米运销

1。稻米产销调查

苏、皖、赣、湘、鄂、豫、陕、粤、桂等省各大市场米之来源，分销处所，平时及旺时屯集数量，米市价格，及输出运入之方法、路线等，均由全国稻麦改进所与资源委员会合作作精确之调查。并为谋调剂湘粤两省稻米产销之盈亏，杜绝粤省洋米入口起见，后由该所派员实际调查，拟定湘米运粤代替洋米办法，对粤省米质及所需外米之种类，粤米洋米之价值，粤省洋米进口量，湘米品质及等级，湘米价值，湘米每年输出数量，湘米销粤具体办法等，均有详细之叙述。

2。稻米分级检验

为确定米质之各品级应具之标准条件与检验方法，以利市场销售、储藏，兹实施检验进口米之品质，以取缔劣种而增信用，由全国稻麦改进所与中央大学农学院合作稻米分级试验，搜集各处米样，详细分析稻米分级初步标准，业经厘定，稻米检验将于二十六年一月开始。

3。米粮经济研究

米粮经济研究，现暂侧重米市流通与米价涨落，每日各大米市之市价及其变动情形，各大米市米之来源，各大米市流通之情形，各种米在市场活跃之情形，均在研究中。

八、机力灌溉排水

我国稻田现用之灌排水方法多利用人力、畜力、偶遇干旱淫潦，即因效力薄弱而不适用，且费用甚高，稻产成本因之加大。故为减轻稻产成本，增加产额，应对灌溉排水之方法及工具力谋改良，木炭引擎机灌溉所需成本，极廉易于推广，全国稻麦改进所成立之后，即着手实验研究，在江苏昆山稻作试验场设机戽水，计算价值效率，以谋改进，而备推广。

九、推广各省稻米改进

1．湘米改进

湘米年有余剩，适足以运粤抵制洋米之入口，而谋全国粮之自给。惟湘米品质之改善，产销之推进，诸待进行。由全国稻米改进所与湘省建设厅合组湘米改进委员会，统筹规划。该会于本年春正式成立，进行之工作计有一、推广良种四千亩，二、举行纯系地方试验者，有岳阳等七县，三、试办检定地方品种者，有长沙等八县，四、在各场校举行育种试验及区域试验，五、设计改良灌溉排水，六、推进分级调治方法，七、举办产销调查等事项。

2．赣米改进

赣米每年亦有余剩运销浙、闽、粤诸省者甚多，近年兵灾匪祸，遂致生产减少，经由全国稻麦改进所与江西省农业院合作力谋改进。

3．川米改进

川米产额居全国各省之第二位，土地肥沃，为谋国家经济复兴之重要根据地，已由全国稻麦改进所派员赴川精详考察实况，并指导改进工作。

五、麦作改进

一、麦作改进之重要

二、麦作改进之准备

三、麦作改进之计划

四、麦作改进之实施

甲、推广事项

(一)推行改良麦种

(二)推行改良农具

(三)推行病虫害防治法

乙、研究调查事项

(一)育种试验

(1) 小麦纯系育种与杂交育种
(2) 小麦抗病育种
(3) 小麦杂交研究
(4) 小麦促短生长试验
(二)区域试验
(三)栽培实验
(四)病虫防治
(1) 小麦黑穗病之防治
(2) 小麦仓库害虫之防治
(五)肥料试验
(六)农具改良
(1) 打麦机之仿制
(2) 打麦机之试用
(七)分级检验
(1) 国产小麦分级标准之研究
(2) 国产小麦检验及取缔搀水搀杂工作之研究及指导
(八)经济研究
(九)仓库运销之调查与研究
(十)各地小麦损失视察调查
丙、各省小麦试验及推广工作之协助

全国稻麦改进所麦作组总报告

一、麦作改进之重要

麦粮入超，金钱外溢，为农业国之隐忧，此近年来一般对于小麦问题之论调也。今春以来，报载麦产丰稔，粮商以红陈为虑，日商收买，粉厂又以缺乏原料为忧，何前后现象之矛盾也，其主要原因有三：生产技术落后，其一也。仓储制度未备，其二也；运销方法不良，其三也；惟因生产技术之落后，致品质不佳，产量不足，极难应合新式面粉工业之需求；惟因仓储制度之未备，致丰年浪粜，凶岁饥馑，易受邻国野心家之操纵，惟因运销方法之不良，致多寡不均，调节维艰，不能与舶来麦粮相竞销，有此三因，故歉受之年，面粉业恃洋麦为原料。中熟之年国麦难与洋麦相抗争，丰稔之年，市场易受他人之操纵，于是不论丰歉，无一而可。吾人为国防计，为民生计，不能仅仰他人之鼻息，当求麦粮之自给。欲达此旨，当以针对以上三点之方案为对策，政府有鉴于此，爰有稻麦改进所麦作组之设，其任务即在实现此项对策也。

二、麦作改进之准备

查我国小麦改良工作，近十年来，既有金陵大学之提倡于前，后有本部中央农业实验所之继起于后，积极奋斗，基础略树，对于选集麦种及区域试验等初步工作，已见成效，而对于推广麦种及检验小麦等第二步工作则正在进行，至于仓库运销等工作则有待于推进。自二十四年八月奉中央政治会议及行政院先后通过全国穗麦改进办法大纲，合行本部令中央农业实验所进行准备等设全国稻麦改进所后。该所农艺系除整理原有小麦改良工作成绩外，即积极从事于大规模麦种及改进之准备。其准备工作得分两部述之：甲、已告完成之初步准备工作：(一)选定小麦合作试验场，共有合作试验场十六区，分布于秦、晋、燕、鲁、豫、鄂、蜀、苏、皖等九省，(二)搜集小麦品种作区域试验，结果知中国小麦种植区域可分为长江流域、淮河流域、陇海东段、豫鲁北部、燕晋区、陕西渭河区、春麦区等七区，及各区可以推广之改良品种，与荒年应向何处购种及试验时采选麦稻之范围。乙、当时进行准备之第二步工作为：(一)推广改良麦种，直接在苏皖豫三省推广，改良麦种一万七千亩，俾明年稻麦改进所有十七万亩之良种供农民购种，(二)与友邦交换麦种二千余种，供大规模比较试验之用，(三)举行七省小麦肥料试验，以决定小麦施肥量及其区域，(四)准备小麦检验分级工作，俾划一市场国产小麦之标准，(五)仿制打麦机以便根本改良麦产之净洁程度及减少农民订货时之损失，(六)作仓库运销之初步研究。此外并继续该所原有小麦育种工作，以育成优良品种供将来推广之用。

三、麦作改进之计划

全国稻麦改进所成立之初，该组即拟订工作计划，俾为有系统的进展。该项计划分组织、事业、麦种、经济之研究、人才训练等四大部。甲、组织方面：(一)在中央则求技术及训练之集中，(二)在各省则与重要产麦区域之优良农事技术机关合作。乙、事业方面：(一)增加产量，减低成本者：(1)推广改良麦种，预计第一年拟推广五千万亩，(2)繁殖各省改良品种，预计二十五年度可在河北之北平、定县、山西之太谷、山东之济南等处选定优良品种，各繁殖一二百亩，至试验其可以推广之区域，(3)肥料试验，除在本所试验外，主在各省合作场试验农家小麦施肥之实际方法，(4)防治小麦病害，研究黑穗病及线虫病防治法，并育成抗病品种，(5)改良农具，仿制打麦机及改良风车，(6)推进各省改良工作，对于技术方面设有指导，以收宏效而求迅捷。(二)改进小麦品质者：(1)小麦分级工作之研究(2)取缔小麦搀水和杂之准备。(三)试办运销仓库，并防治害虫。(丙)麦种经济之研究：(一)运销调查，与资源委员会合作办理。(二)价格与关税之研究，(三)全国仓库网及面粉网之研究设计。(丁)人才训练，拟举办推广人员训练及全国高级人才训练。

四、麦作改进之实施

全国稻麦改进所自二十四年十二月成立以来，迄今已有九阅月之工作，综计其进行之事项，胥为前节计划之实施。兹为简述如左：

甲、推广事项

(一)推行改良麦种

自去年中央农业实验所推广改良麦种一万七千亩后，麦粮推广之材料已有相当之准备，此外尚有金陵大学、河南农林局及宁属作物改良指导委员会等推广者约四万余亩，均可收买供推广之用。该组所推广之麦种，均具有丰富之产量及优良之品质，据以往试验结果：金大二九〇五号每亩可产二二六市斤，较当地农家品种多收百分之三十二，品质宜于制面，粮食行收买时，因其品质优良，每担麦价较市价多给三角。金大南宿州六十一号每亩可产三三二市斤，较当地品种多收百分之二十九。徐州小红芒每亩可产二三〇斤，较农家品种多收百分之七，制面粉极佳，各粉厂均愿出高价收买之。徐州火燎芒每亩可产二四〇斤，较农家品种多收百分之六，制面甚佳。金大开封一二四每亩可产二三九斤，较农家品种多收百分之十七，其品质比美国冬红麦二号为尤佳，出粉率较高于农家品种，面筋亦多。今春为慎重麦种之纯洁计曾派大批技术人员分赴各推广区举行田间检查，并指导田间去劣及收割脱粒储藏等方法，计共检查四万余亩。六月份开始收买，迄八月份止计在苏、皖、豫等三省收集改良麦种一万余担，农民因改良麦种质量均佳，多自留种及食用，又售与邻居与亲戚，故农民不愿将所有麦种大量售与本所，以致本所直接收买之数量，较预期者为少。然农民自动推广者数量甚属可观，收买之举现已陆续截止，并着手组织农村作物改良会及合作社，备作有系统之推广。据各方之报告，农民对于改良麦种之信仰极深，开封南宿州农民鉴于改良麦种之优点卓著，多不愿大量出让，南京湖熟一带粮行放价竞收改良麦种，均为良好现象。预计本年该所可直接推广二十三万余亩，此外农民自动推广者亦约二十万亩；共计约四十三万余亩，列表如左：

（二）推行改良农具

今春与金陵大学合作，制成引擎打麦机一种，应用马力五匹，价值约五百余元，每日可打麦六十余石，仅用火油一听，所出小麦杂物甚少，此机并可供打高粱稻粟之用，试用成绩，尚属满意，

| 区域 | 地名 | 推广面积 | | | 推广品种 |
|---|---|---|---|---|---|
| | | 直接推广 | 农民自动 | 共计 | |
| 南京附近 | | 50,000 | 50,000 | 100,000 | 金大2905号 |
| 江苏 | 丹阳 | 1,000 | | 1,000 | 金大2905号 |
| | 泰兴 | 800 | | 800 | 金大2905号 |
| | 徐州 | 30,000 | | 30,000 | 小红芒火燎、芒 |
| 安徽 | 宿县 | 100,000 | 100,000 | 200,000 | 金大南宿州6061号 |
| | 临淮关 | 2,600 | | 2,600 | 金大2905号 |
| | 凤阳 | 1,500 | | 1,500 | 金大2905号 |
| 河南 | 开封 | 50,000 | 50,000 | 100,000 | 金大开封124 |
| 河北 | 定县 | 1,000 | | 1,000 | 定县72 |
| | 北平 | 400 | | 400 | 河南白 |
| 山西 | 太谷 | 300 | | 300 | 169 |
| 总计 | | 237,600亩 | 20,000亩 | 437,600亩 | |

现继续研究其效率，以求尽善，拟于下半年制造五六架，试行推广于各重要产麦区域。

(三)推行病虫害防治法

该所除研究防治小麦病害及育成抗病品种以为根本之防治外，并研究仓库害虫之防治法，七月间丹阳吕城仓库发生虫害，请求派员前往防治，经用青酸熏蒸，结果尚佳，据查害虫死亡率平均达百分之九十以上。

乙、研究调查事项

(一)育种试验

(1)小麦纯系育种与杂交育种　民国二十年，该试验即已由中央农业实验所开始进行，全国稻麦改进所继续办理，至今已有五年半之历史，进至高级试验之阶段，今春计收获各级试验，世界小麦试验，品种比较试验等三万九千余行，计有中外品系一万一千九百余种，不久当可选出优良之推广品种。

(2)小麦抗病育种　此项试验亦系继续中央农业实验所之工作，以育成抵抗杆黑粉病，腥黑穗病、散黑穗病、赤霉病、白粉病，锈病之品种为目的，今春收获后举行检查者计一万四千余行。除该所试验外又派员至绥、冀、晋、陕、豫、鲁、皖、鄂、湘、赣、苏、浙诸省调查小麦病害，估计其损失量，并设计改良各地小麦之方法。

(3)小麦杂交研究　此项试验系以研究遗传现象及联合品种间优良性状于新品种为目的，已有二年之历史，去夏所收之第一代杂种一千八百三十六粒，种植后今春均已陆续抽穗，并已收获，对于育成抗病早熟丰产新品种之希望甚大，今春迄五月初旬止又交配一百四十余单穗。

(4)小麦促短生长试验　本试验在中央农业实验所已行之二年，今继续举行试验，目的在求一种灾后播种误期之补救方法。据两年试验结果，有数种小麦即在秋季不及播种兼可在冬季发芽，藏于室内一个半月，于春初解冻时播种，当年五月可抽穗而得相当收获。现仍继续试验中。

(二)区域试验

根据中央农业实验所过去三年在各省试验之结束，我国小麦产区依气候土壤之不同，可分为长江流域区、淮河流域区、陇海洛徐段区、陕西渭河区、豫鲁北部区、燕晋区及春麦区等七区。将来灾区输种、育种材料及改良品种之推广等，均可依此区域决定之。现该所正准备举行全国各区大规模之区域试验，以测验各区推广品种。

(三)栽培试验

本试验包括播种期与播种法之试验，行距与种子量试验，排水试验，其目的在研究小麦栽培之适当的技术。一部份之试验开始于二十三年十月，由中央农业实验所办理，兹由该所接办已有二年之成绩。

(四)病虫害防治

(1)小麦黑穗病之防治——麦类黑穗病为吾国农产之大害，全国产麦区域普遍患之，损失极巨。该所与中央农业实验所病虫害系合作研究防治之方法，以利用温热消毒为最经济之方法，除用冷清温度法去获相当之成绩外，更思利用日光防止该病，俾农民大众能于应用，经多次之试验后，已有相当之成绩。

(2)小麦仓库害虫之防治——仓库害虫为麦产储藏上之绝大问题，害虫猖獗，则辛苦所获之产品受损失甚巨，殊堪惋惜。该所除于今夏派员往各市场调查各仓库受害情形外，并在试验室研究害虫之种类及其生活史，以便应用科学方法实施防治。

(五)肥料试验

本试验系与中央农业实验所土壤肥料系合作举行，去年所得结果颇佳，凡用适量肥料确能增加小麦产量，今年继续是项试验，分向安徽、山东、河北、河南、山西、陕西各省及江苏之徐州、浏河等处举行。(1)氮磷钾三要素肥料试验，其目的在测定当地土壤肥力及小麦需要之三要素肥料。(2)小麦品种抗肥力试验，其目的在试验小麦品种耐肥力之差异，使优良品种得充分发挥其生产能力。(3)硫酸錏施用量与施用时期试验，其目的在试验氮肥对于小麦之适当用量及适当施用时期。

(六)农具改良

(1)打麦机之仿制——我国农民打麦沿用旧法，其弊有四(子)土法打麦器机简陋，仅能打落易于脱粒之小麦，若麦谷稍紧，农民即因其不易打落而厌弃之，故数千年来因打麦之笨法未能改良，致使谷紧之品种自然淘汰。须知我国小麦易于脱险，在收获时又损失极大，故求减少落粒之损失，必须先从改良打麦器具入手，俾推广将来麦谷较紧之优良麦种时，农民不致感受困难。(丑)土造打麦器为迟笨，每人每日不过打麦一石余，设遇天雨，麦子不能赶速打出，往往发霉甚至麦粒自行发芽，不能食用，致受极大之损失。应即改良打麦器具，俾能加快打麦之数率。（寅）打麦区地设备简陋，用时往往开裂，麦粒落入裂缝间，亦为一种损失，应行设法补救。（卯）场地上多砂粒，打麦时此项砂石即混入麦粒之间，故农家小麦种不净洁，此为我国小麦内砂粒特多之一重要原因，对于小麦运销影响极大，欲图提高国产小麦之品级，改良打麦方法，实为重要之步骤。该所爰与金陵大学农学院合作，设法制造适合国情之打麦机。

（2）打麦机之试用——今春该所制就打麦机一架，于夏间就该所农场试用，即以场中所繁殖之改良麦种为试验，据计算之结果，用原动五至六匹马力，按小时能打麦六市石，每日以工作十小时计，可打麦六十石，每季以打麦四十担计，则每担（百斤）用费仅需八分，如打麦二十担且须特置引擎及机匠，则每担需费一角五分。如用人工打麦每担需人工二分之一二，畜工四分之一二，需费二角。是机器打麦远较人工打麦为省费，且据计算，每人用机器打麦每日可打麦十担，每担折合而需人工十分之一二，机为七分之一马力。是机器打麦远较人工打麦而省工。该所现正继续改进，以求完善。

（七）分级检验

（1）国产小麦分级标准之研究——国产小麦尚不分级，优劣混杂，商人采购不便，为运销方面之一大问题。该组已购销大批仪器，采集全国各大市场之小麦样品进行分级标准之研究。

（2）国产小麦检验及取缔搀水搀杂工作之研究及指导——我国小麦搀水搀杂，久为市场所诟病，据查长江一带小麦搀杂达百分之二至百分之二十之多，小麦品质及销售受莫大之打击，为小麦运销之一大障碍。该组今春曾奉国产检验委员会之委托，起草国产小麦检验分级并取缔搀水搀杂之计划条例。最近该所利用电阻方法，检验麦粒水分，每一样品仅需二十秒钟，即可检定，为将来检验工作上之重要贡献。此外对于储藏小麦所含水分之规定标准及储藏方法均有研究，并得相当之成绩。

（八）经济研究

该组对于历年小麦输出输入情形，参考各项数字加以研究，对于小麦贸易现状，严察注意。俾明麦种进口出口对于民食之关系。最近小麦问题极为各方所注意，该所曾提供研究所得，供上级机关之参考。

（九）仓库运销之调查

该所对于全国小麦运销情形，曾派员作初步调查，据查冀、鲁、豫三省所产虽丰，但因人口稠密，食麦者每年不敷甚巨。青岛一埠，每年岁全靠洋麦供给。上海所出面粉有百分之五十销售于青岛及平津一带，虽有苏皖二省供给其原料，采因面粉供给华北各埠之故，不敷应用，只得借助于洋麦。陕、甘、察、绥各省小麦均可有余，惟目前除潼关有一部分小麦运出外，余多因交通关系不能输出。最近该所与资源委员会合作办理皖省粮食运销之精密调查，期得更明瞭之认识，以为解决运销问题之助。

（十）各地小麦损失视察调查

该所今春派员赴产麦各区视察小麦生长及病虫害情形，据报告长江一带赤霉病甚烈，系因五月下旬降雨过多之故，杆黑粉病在苏、皖、豫、鲁、鄂诸省甚为普遍，黑穗病及锈病各地皆有之，本年锈病为害颇烈，线虫病在皖北凤阳、鄂省武昌、湘省岳州及苏省萧县为害均烈。

丙、各省试验小麦及推广工作之协助

该组对于各省小麦试验及推广，除予以技术之协助外，并得订定合同，给以在经济上之补助。最近拟定全国小麦改良协调计划，对于全国改良小麦技术及推广方法力求其通力合作，俾收宏效而求迅捷。

〔实业部档案〕

## 9. 全国经济委员会关于1936年份全国棉业蚕丝业改良与统制状况的函呈

（1937年2月3日）①

函呈

常务委员钧鉴：案准行政院来函，略谓二十五年起，每届年终，本院即将中央及地方行政机关设施经过，编成行政总报告，经委会主办事业皆系发展国民经济之重要中心工作，设施成绩尤有表彰之必要，嘱即将二十五年全年设施情形，编报送院汇编等由。经已按照本会各项事业设施情形，编具报告送院查核汇编，兹谨将是项报告抄呈一份，敬祈鉴察为叩，专肃，祗请钧安。

附呈报告一份

秦〇谨上

### 全国经济委员会

全国经济委员会成立之初，对于兴办各项事业之选择，首先决定原则三项：(一)集中经费，举办少数重要事业，以期力量凝聚。(二)举办之事业在择定区域内施行，以免散漫。(三)事业虽属重要而筹款方法尚未确定者，暂不举办，以免经费不继，中途停顿。历经本此原则就公路、水利、农业、卫生各项中择其确属者有益民生而为各部会尚未实施之部分，分别举办，并随时与各部会接洽联络，以收调整并进之效。公路建设始于民国二十一年初，从督造苏浙皖三省联络公路入手，其后陆续扩展至赣鄂湘豫闽粤陕甘青诸省，并直接兴筑西北干线，如西兰、西汉等路。二十四年起，兴办国营公路运输事业于西北，并同时推进有关汽车及燃料之自给事项。迨至二十五年，会同铁道部订定铁路与公路联络办法，呈

① 此为发文时间。

经中央核准，公路事业乃益为经委会重要工作之一。水利事业始于二十一年之接办救济水灾善后委员会移交未完工程与江汉修防事宜，并兴办西北灌溉工程。嗣于二十三年奉中央指定为全国水利总机关，所有各部会涉及水利之职掌，均经划经委会管理，对于全国水利行政事业，自此乃负有统一办理之责。关于农业方面之工作，初分棉业、蚕丝业、畜牧、茶业以及农村合作诸端。二十五年经行政院商定将畜牧、茶业及农村合作等项移归实业部接管，经委会遂专致力于棉业及蚕丝业之改良与统制。至卫生事业系依照前卫生部与国联卫生组商定办法，经行政院于二十一年确定隶属经委会之原案办理，所有卫生方面技术事项悉归经委会主办。上列各项事业经费均系就中央核定数额中，在管理费力求撙节，事业费力求增多之原则下为适当之支配。所有各项工作办理概况暨二十五年份事业进行情形，兹撮要分述如左：

一、公路〔略〕

二、水利〔略〕

三、棉业

全国经济委员会办理改进、发展全国棉业、纺织业事宜始于二十二年间，其时原棉输入数量激增，棉纺织事业又凋敝不堪，因即一面力谋增进棉产，以塞漏卮，一面设法改良纺织技术，以图救济，三年来，粗见成效。就二十五年言，各省棉产丰收，总额达一千四百万担，超过以往各年纪录。品质亦显提高，各地纺织厂纷纷复工增锭，并有复兴气象。兹将二十五年各项主要设施分改进棉产、取缔棉花搀水、搀杂及改进棉纺织业三部分，列述如左：

甲、改进棉产

民国二十年原棉输入达四百余万担，价值约二万万元，实为海通以来最高之纪录。益以近年以来，细纱原料需要日增，故改进棉产特就增加产量，改进品质，双方并进，以期达到棉产自给之目的。一面为此项改进事业得有整个计划顺利进行起见，经设立中央棉产改进机关，以重其成，推行改进工作，研究改进技术，同时于宜棉各省与各该省政府合作，设立各省棉产改进机关，办理棉作改良及推广事宜。截至二十五年年底止，河南、陕西、山西、湖北、河北各省均已设有棉产改进机关，所有办理各事业略举如下：

（一）改良棉种　改良棉种实为改进棉产之主要工作，各省所办棉场均曾按指定区域选择各项棉种分别试植，嗣经各棉场举行品种试验，所得结果、成绩最著者为斯字棉，较原有之标准品脱字棉及金字棉尤佳，平均每亩增收子花四十二斤至五十三斤。因于二十五年春购买此项棉种四万二千磅，分发华北各省棉场繁殖，以备推广，一面并选购多量良种，分发各宜棉省份，广为种植，计河南省推广种植面积约一万一千余亩，陕西省设置棉种统制区约六万亩，山西省办理特约棉场一处。

（二）创办轧花厂　棉区轧花之设备亦为重要问题，曾聘请工程人员研究轧花机之改良，并设计创办轧花厂，前已设立甚多，二十五年间又在河南彰德区新设轧花厂一所，规模甚为伟大。

（三）实施棉花分级　吾国市场上之棉花初无一定标准，因之贸易上至感不便。曾由中央棉产改进机关设分级室，训练分级人员，制造棉花品级标准，派员分赴各省办理产地分级检验。二十五年执行产地检验之地点，大部在冀、豫两省，品级程度显见提高。此外并采用厂家特约试验制，颇得商界信用。

（四）研究考察　关于有关棉产改进各项研究考察工作，截至二十五年底止，经已分别办理者：棉虫方面为（子）调查重要棉区棉虫分布情形及为害程度；（丑）研究棉虫生活史；（寅）防治重要棉虫，如用烟草水及棉油乳剂杀治蚜虫，极著成效，在河北蠡县防治约及一万五千亩，深得农民信仰；（卯）制造杀虫器械；（辰）编纂中外棉虫文献名录。棉病方面为（子）调查全国棉病；（丑）研究病原，发见棉之叶切病为盲椿象所致；（寅）防治棉病，如以陈种子法防治炭疽病，以氯化汞防治立枯病，继续试验均有效果。棉作化学方面为（子）研究棉油乳剂制造方法，已有结果；（丑）制造国产砒酸钙，其价值仅及舶来品之半；（寅）抽取除虫菊有效成份，防治害虫；（卯）测定各省棉区土壤及肥料成分。中棉抗病育种方面为用中国棉与印度棉杂交，以期育成抵抗畸形病之品种，兹已到第二代，尚在继续进行中。国外研究考察方面为派员赴美研究分级植棉及棉业经济，赴埃及、印度两国考察最近棉业情形，藉资借镜。

乙、取缔棉花搀水搀杂

（一）创办经过　经委会鉴于吾国棉花搀水、搀杂之弊害，亟应取缔，经即详细计划，拟订草案，送经行政院召集关系各部会同审定取缔棉花搀水、搀杂暂行条例，陈经中央政治会议核定交立法院审议通过，呈奉国民政府于二十三年七月十日公布，于九月二十日明令十月一日为施行日期，同时公布施行细则。经委会即依据规定组织中央棉花搀水、搀杂取缔机关，积极办理是项取缔事宜。二十五年三月二十三日复奉明令公布修正取缔棉花搀水搀杂暂行条例。

（二）设置各省市取缔机关　经委会于设置中央棉花搀水、搀杂取缔机关后，又分别派员赴宜棉各省洽商合设各该省取缔机关，截至二十五年底止，计先后设置苏、豫、陕、湘、鄂、鲁、晋、赣、皖各省取缔机关，以资进行便利。

（三）工作概况　中央及各省棉花搀水、搀杂取缔机关之最要工作，为查验、抽查棉商登记及取缔搀水、搀杂案件等项，历经切实办理。二十五年内棉花水分含量平均为百分之一一·三三，较开办时已降低了百分之三，杂质含量平均为百分之一·三八，较开办时降低了百分之八〔？〕。

丙、改进棉纺织业

棉纺织为吾国最大之民族工业，设法改进不容稍缓。经委会曾就是项技术方面着手改良，如培养技术人才，充实研究机关，指导经营技术各项，均经分别办理，所有进行情形，略如左述：

（一）培养技术人才　吾国纺织业技术之幼稚，原因虽多，而人才缺乏实为主要原因之一。前曾择国内设有染织专科之著名学校，拨款补助，俾得充实内容，以造就切合实用之人才。二十五年继续补助者为南通学院，用途为添设讲座及学生实习费，此外并派遣技术人员赴日研究，其研究项目为技术管理。

（二）充实研究机关　经委会为改进染织技术起见，曾与中央研究院合办棉纺织染实验馆一所，利用最新设备作共同公开研究机关，其内容原定分年完成，二十五年完成者为纺织部、织布部，均已开始运转工作，各厂技术管理上之困难问题可赖以解决，其有裨于吾国纺织业，诚非浅鲜。

（三）指导经营技术　各处请求指导时或认为有必要时，即派员前往指导，二十五年内经指导之机关计学校、纱布交易所、各地纱厂等凡十五处，指导事项为检查工场设备，指示标准棉纱检定方法，研究联合经营方式，研究成本会计，代拟设计等。

四、蚕丝业

我国出口生丝在国际贸易上原占重要地位，近十数年来，生产技术不求进步，以致日趋低落，旧有市场几于尽失。生丝出口贸易十八年份有十九万担，二十三年则降至五万担。二十二、三年间，国内丝厂纷纷停闭，丝工、蚕农相率失业。全国经济委员会鉴于丝业衰退情形，因亟图根本挽救之策，由二十三年起，对于全国蚕丝生产各部，或予指导，或予补助，或予统筹倡办，以期均衡发展，共达繁荣。二、三年来，技术既逐渐提高，设备复按步改善，生产能力加大，生产费用减小，而茧丝之品质亦均有所增进，二十四年生丝外销由五万担增至七万余担，丝价亦由四百元增高至一千元左右，我国蚕丝事业乃渐有生机，兹将二十五年份工作进行情形分述于左：

甲、栽培

自民国十九年以后，丝价惨落，丝市萧条，蚕农因育蚕无利，大好桑园往往任其老废，甚且掘桑改植其他作物。经委会深恐丝市繁荣之日反有桑园缺乏之虞，爰订立无偿配给桑秧办法，凡老废桑园及荒山废地之宜于栽桑者，均可请由地方政府转会无偿领植优良桑苗，二十三、四两年，共发桑苗约二百八十万株，二十五年春，续行请领桑苗者，计有江苏、浙江、安徽、湖北、四川、南京等省市，其数量计共三十六万余株，均系无偿发给，并以四川省气候、土壤极宜栽桑育蚕，复于十一月发给该省优良桑苗二百万株，广为种植。又自二十四年起，丝价转好，蚕作旺盛，桑叶之需要激增，而国内供给桑苗之区域仅有浙江省之海宁、崇德等县。据调查，品质既未尽优良，产量亦颇形缺乏，殊足影响栽桑事业，爰于二十五年夏秋之间，一面在杭州市自设桑苗圃一所，培养大量优良桑苗，一面会同江浙两省政府组织桑苗改进机关，指导农民改良品质，增加产量，并规定价格，由政府尽量收买，以资提倡，此后桑苗之供给加多，桑叶自可适应育蚕之需要而无虞。

乙、制种

我国各地之土蚕品质日低，蚕作既不安定，收成亦甚歉薄，而所结之茧，因丝量少而缫折甚大，因丝质劣而不堪缫制高匀度生丝，近年蚕丝事业之失败，此实为重要原因之一。经委会因即积极提倡改良蚕种，为奖励蚕农试育，曾会同地方政府酌予津贴种价，虽蚕农守旧成习，推行之始，不无阻碍。嗣以试育成绩优良，改良种之产茧率高出土种一倍以上，蚕农信仰乃渐巩固，国内制种场亦因此日形发达，经登记注册者，已达二百五十二家。二十五年各省饲育改良蚕种，春期约二百六七十万张，夏期约五万张，秋期约一百六七十万张，晚秋期约十二三万张，共计约达四百五十万张，较之二十四年约超出八十万张，较之二十三年则超出一百八十万张，此可见改良蚕种之推行已收宏效。惟国内制种场之生产能力尚嫌薄弱，二十五年春秋两蚕期所制之种，除秋种不计，可供明春饲育者，仅达三百余万张，虽较之二十二三年间之产量已有大量增加，而证以三年来改良蚕种需要递增之速，此数殊不敷供给。经详细调查，深知普通蚕种生产能力之薄弱，其弊在原种之缺乏，爰于二十六年春季起，大量制造原种，以防种荒。至普通种之制造，已于二十五年春季开始，春秋两期计制种五万六千余张，除所制秋种一万四千余张于秋间供给浙江萧山县饲育外，可供二十六年饲育者约四万二千余张。此外，为防各制种场或有粗制滥造之弊，经设有蚕种业指导机关予以技术上之指导，并逐年调查各蚕种饲育成绩，以规定蚕种品种及交杂型式，其在规定外之品种，则一概禁止制造，以期品质之向上。

丙、育蚕

科学育蚕为改良蚕丝必要之图，我国蚕农向无科学知识，自非指导不为功。经委会因即在各蚕丝省份设立育蚕指导机关，派遣技术人员，从事实际之指导。二十五年春期，在江苏、浙江、安徽、湖北、山东、四川等省，秋期在浙江、广东、四川等省，分设是项指导机关。其指导工作约分领发蚕种、共同暖种、稚蚕共育、改良上簇、蚕室蚕具消毒、技术指导、合作烘蚕、产销合作等数项。四川气候、土壤尤宜于育蚕，将来对于该省之育蚕指导，拟予尽量扩充，庶几致力既专，收效亦宏。

丁、制丝

现代缫丝技术日新月异，欲复兴丝业，自非改善丝厂设备不可。经委会曾购备新式缫丝车，扬返车、煮茧机、烘茧机等贷与江浙两省丝厂使用，或贷款使添置最新设备，并倡导江浙丝厂组织为江浙联合丝厂，订有共同收茧、技术合作、管理合作、改良机械等四项合作办法，现在丝折已由七八百斤减至三四百斤，女工缫丝能力已由每日五六两增至三十两左右，缫丝工费已由每担四百元减至百元左右，各丝厂亦率能缫制高匀度生丝，以争胜于国际市场。此外并筹设示范丝厂一所，以期设备完全，技术新颖，管理经营得宜，藉树楷模，至关于吾国生丝之外销，已派遣专员赴美英法义四国接洽办理。

戊、试验研究

关于蚕丝方面试验研究工作曾分别举办，并聘请国联蚕丝专家意大利籍玛利博士协助办理蚕种品种之试验，其认为有希望之品种先行无偿发给蚕农试育，迨试育成绩优良，再正式规定为蚕种品种。二十五年规定蚕种品种中之广麻交华六即屡经试验成功之品种。关于桑树病虫害，曾委托浙江省昆虫局代为研究防治，所有研究结果，现已撰成报告，并随时由育蚕指导人员详向蚕农讲述，因此蚕农防治病虫害知识已较前提高。此外并调查国内外蚕丝情况，发行《蚕丝统计月刊》及《中国蚕丝》杂志，以唤起研究兴味，传播蚕丝学识。

已、培植人才

国内蚕丝事业渐见起色，而干部人才极感缺乏，前曾成立一高级蚕丝技术人员训练所，先招制丝科一班，与江苏浒墅关蚕校之制丝专科同地授课，现并拟在京创办一蚕丝专门学校，以为百年树人之大计。

五、卫生〔略〕

〔全国经济委员会档案〕

## 10. 实业部颁布奖励农产通则
(1937年3月5日)

各省市奖励农产通则

民国二十六年三月五日部令公布

第一条　凡中华民国人民经营农业合于左例各款之一确著成

绩者，得依本通则奖励之。

(一)应用科学方法、优良品种或新式农具等，以增加农产产量者；

(二)应用科学方法、优良品种或新式农具等，以改良农产品质者；

(三)发现优良之新品种或新方法者；

(四)改良农业用具者；

(五)改良农村副业产品者。

第二条　本通则所称农产，凡农作物、园艺作物、蚕丝、畜产、水产、农村副业产品及与改良农产有关之农具等均属之。

第三条　农产之奖励，应根据左列各款之一：

(一)在农产展览会或农产比赛会经评定成绩优良者；

(二)举行农田耕种比赛、农田示范、家畜示范或艺园示范经评定成绩优良者；

(三)县市区乡农会、乡镇区公所、县农业推广机关、农事试验机关或其他合法机关、团体，依调查或视察报告认定其成绩优良者；

(四)农民自行请求奖励，经查明其成绩优良者。

第四条　奖励之种类如左：

(一)奖金；

(二)奖章；

(三)褒状；

(四)匾额；

(五)奖牌；

(六)奖盾。

前项奖励中之奖章及褒状须呈请县市政府或者农政主管官署发给之。

奖金得分别等级，并得以农具、种子、其他相当物品或参观农业机关之旅费等代替之。

奖牌得分等级，由农产展览会、农产比赛会或其他机关、团体制备发给，奖盾得用银盾或赛银盾。

第五条　农产展览会或农产比赛会由省或直隶行政院之市农政主管官署单独或联合他省市举办时，应拟具组织章程、办法纲要及征集出品规则等，呈请实业部备案。

第六条　农产展览会或农产比赛会由县市政府单独或联合他县市举办时，应拟具组织章程、办法纲要及征集出品规则等，呈请省农政主管官署备案并得转呈实业部备查。

第七条　农产展览会或农产比赛会由县市乡区农会、乡镇区公所、县农业推广机关等联合或分别举办时，应拟具组织章程、办法纲要及征集出品规则等，呈请县市政府备案，并于完竣时，将办理情形呈报县市政府。

前项农产展览会及农产比赛会应逐年举行，其章程经呈请县市政府备案后，得继续适用之。

第八条　依前三条拟定之章程，载明名称、会址、会期及其组织概要等项。

第九条　县市内农产展览会或农产比赛会经费由主办人筹集，于必要时，得呈请县市政府补助之。

第十条　农产展览会或农产比赛会得聘专家，并请农业机关、团体等派员合组审查委员会，评定出品之优劣。

第十一条　凡已给奖仍继续扩充改良者，得依其成绩给奖，但已得奖之产品，不得再行例入。

第十二条　一种优良产品得同时给予两种以上奖励。

第十三条　政府所设农事试验场所之产品参加农产展览会或农产比赛会时，不得与农民竞争奖品。

第十四条　凡合于本通则第三条一、二、三款之规定者，除由各机关、团体给奖外，得择最优良者呈请县市政府、省农政主管官署或实业部奖励之。

第十五条　依本通则第三条第四款之规定请求奖励之农民，应先向当地合法农业机关、团体或地方自治机关登记，于适当时期内将农产品生长情形、预定收获长成时日，拟具报告书，请其派员查验。

经前项查验后，得有备申请书，径呈县市政府或由地方合法之农业机关、团体或地方自治机关转请奖励，其成绩特优或关系较重者，得呈请省农政主管官署或实业部奖励之。

第十六条　凡呈请实业部给奖者，应遵照实业部奖励实业规程办理。

第十七条　农民依第十五条之规定申请奖励，应于可能范围内附送样品，并依左列各款填具事项表：

一、请求者之姓名、经历及住址；

二、产品之名称及种类；

三、田亩面积、地址或产品之数量；

四、所用之材料及改良方法等；

五、改良之成绩；

六、其他必要之记载。

第十八条　县市政府、省及直隶行政院之市农政主管官署或实业部对于农民请求奖励之呈请书、事项表及样品等，如发生疑义时，得派员或委托当地相当机关、团体实地调查。

第十九条　凡以虚伪取得奖励者，一经查明，得由原给奖之机关、团体撤销其奖励。

第二十条　县市内各机关、团体依本通则奖励农产时，应随时将奖励情形呈报县市政府备查。

省及直隶行政院之市农政主管官署或各县市政府，每年应将境内办理农产奖励情形径呈或转报实业部备查。

第二十一条　省及直隶行政院之市农政主管官署得拟具补充

本通则之章则或办法。

第二十二条　本通则自公布日施行。

〔军委会南昌行营档案〕

## 11. 棉业统制委员会所属各种棉产改进机关概况①

（1937年7月1日）

### 棉业统制委员会所属各棉产改进机关一览表

二十六年七月一日

中央棉产改进所：所在地南京，成立于二十三年四月。内分总务室及植棉、棉业经济、分级检验三系，设有棉作、棉虫、棉病、棉化、品级、品质各研究室。附设孝陵卫棉场及上海运销总办事处、徐州、江浦二指导所，并将创办琼崖植棉试验场。

河南棉产改进所：所在地开封，成立于二十三年七月（廿三年三月至六月名为河南植棉指导所）。内分总务、技术、推广、经济四股。附设安阳、郑县、洛阳、灵宝、太康、开封、六棉场，安阳、郑县、洛阳、灵宝、太康五指导所，确山、商邱二指导区，新乡、南阳二指导员办事处。

陕西棉产改进所：所在地西安，成立于二十三年四月。内分总务、植棉、经济三股。附设泾惠、洛惠二棉场，省东区繁种场，兴平、咸阳二合作繁种场，省东区指导所及泾惠区指导所。

湖北棉产改进所：所在地武昌，成立于二十五年七月（廿五年七月以前名为湖北省棉产改进处由湖北省单独设立）。内分总务、技术、合作三股。附设随县棉场，襄阳、随县、天门三植棉指导所，双沟、東津湾、小河、孔家湾、太平店、老河口、厉山、枣阳、渔薪河、下达口、石首、兰溪等十二办事处。

河北棉产改进会：所在地北平，成立于二十四年十月（二十

---

① 原件为表格。

四年二月至二十五年六月本会单独办理河北棉产改进所，廿五年七月起河北棉产改进所并入改进会内）。内分总务、技术二部，技术部分试验推广、合作运销、棉产调查三组。附设南苑、定县、沧县三棉场，及北平、天津、保定、霸县、易县、东光、南乐、邯郸、南宫、晋县、蠡县、赵县十二指导区。

山西棉产改进所：所在地太原，成立于二十五年七月（自廿三年四月起至廿五年六月止名曰山西植棉指导所，为棉统会单独设立）。内分总务、植棉、棉业经济三股。附设榆次、运城、临汾三棉场，临汾、运城二植棉指导所，文水、沁县、定襄、长治、高平五指导办事处，榆次、和顺、离石三指导区。

〔实业部档案〕

## 12. 中央棉产改进所棉产改良状况及今后计划

（1937年）

### 中央棉产改进所过去状况与今后计划

一、过去状况：

中央棉产改进所成立于民国二十三年四月，隶属于棉业统制委员会，其工作之性质可概括之为二类：一为推进全国棉产改进之事业，一为研究棉作上各项问题，过去组织规程及组织系统见附录一及二。

该所之物质的基础简括言之，现有孝陵卫自购棉场三百十二亩、办公室及实验室大楼一所、温室一座（分三部）、职员宿舍三座、堆花室一座、农夫室一座、厨房一座、打水机房一座、治虫密室一座、厕所一座，以上皆属瓦房，又堆肥室及农夫室草房各一座，房屋地皮共值七万六千余元，棉作、棉虫、棉病、棉化分级各研究室、仪器设备共值二万余元，图书甚少，现有工作人员一百四十余人。廿五年度经常费为十五万三千元，另有纱布交易所补助棉产调查费四万元，补助治蚜费壹万元（廿六年份），永利硫酸錏厂补助化学肥料试验及推广费每年一万元，共三年（廿六年至廿八年）。

过去工作及成绩可约略述之如下：

1．棉作股与全国各试验场合作举行棉花品种区域试验，发现一最优之棉种名为斯字棉，其产量比各地原有品种平均增加三分之一，品质又佳，可增加价值约八元。今年此棉已在黄河流域六省二十四场繁殖一万二千亩。并已开始推广四万一千五百亩，预计三年之后可以普及黄河流域，其他德字棉育种、中棉育种、抗病育种等等均在进行。

2．棉虫股研究蚜虫之防治法，去年在河北省防治蚜虫一万五千亩，每亩可减少损失五元，今年在冀、鲁、豫、晋四省作大规模的推广，据报至六月底止已防治十万亩，预计达到一百万亩以上，可减少农民损失五百万元，其他红铃虫、卷叶虫、金钢钻、红蛛蛛、地老虎等之防治均在进行。

3．棉病股研究叶□病之病原，已有新发现，全国棉病之调查已得有结果，中棉立枯病之防治本年已作小规模之推广。

4．棉化股杀虫剂方面，棉油乳剂改良之成功为去年及今年大规模治蚜之主力，黄色杀虫药剂之制造已经开始，价廉物美，效力甚佳，砒酸铅、砒酸钙之制造均已成功，如有资本即可设厂制造。至于土壤肥料方面，全国土壤之调查已得结果，肥料试验在全国十一省二十八处举行化学肥料之示范试验，在六省二百余农户进行。

5．棉业工程股指导各省建设机力轧花厂廿二处，共有引擎三百八十四，轧花厂机三百三十四部，现仍在规划创建之中。

6．合作股协助各省组织合作社达一千余社，社员七万八千余人，社员棉田一百余万亩，介绍各种贷款五百余万元。

7．调查股现正联合十二省棉产改进机关办理全国棉产之调查统计事宜，现有农村通讯报告员约一万九千人，棉产调查员约二百人。

8. 运销总办事处设在上海，分办事处设在郑州、咸阳、渭南，过去代各合作社运销棉花十三万六千担。

9. 棉花品质之研究已得有结果，棉花品质检定方法已详为研讨，中美棉纤维品质不同之点已经明瞭。

10. 棉花品级之制造，已制成美棉品级标准五级，中棉品级标准四级，过去三年分遣人员至各省合作社实施分级三万余包。

11. 代办江苏省部分，据最近报告江浦推广美棉约二万亩，徐州推广美棉约四万亩，盐阜推广美棉约十万亩，东台推广美棉十五万亩。

以上工作大部分由本所领导各省进行或以本所研究之所得向各省推行，故该所地址虽在南京而工作人员之足迹无工作范围之所及实遍于全国也。

二、将来计划

该所既然有上述物质与人才之基础，且有相当工作成绩之表现，自应更为充实内容，以求工作效能之增加。查该所组织方面之分级检验一系，如国产检验委员会、棉花检验处，办理市场分级，似可缩小范围，改为一股属于指导经济系下，专办合作社棉花分级事宜，至纤维研究因与棉花育种关系至为密切，似应并入棉作股办理，至于该所原有棉工一股，因现今华北之凿井灌溉问题与轧花建设问题，亟须研究，应独立一系，次研究之。至于附属机关，因江苏省盐垦区内之各场所，前经棉统会与江苏省建设厅商定自二十六年度起移归江苏省办理，自应删去海南岛之植棉，该所现有相当之筹划，廿六年度应即积极进行，且棉花会既归部辖之后，该所组织章程亦应修正，俾与本所其他附属机关一致。兹拟该所之章程及组织系统如附录三及四。

附表一、

全国经济委员会棉业统制委员会中央棉产改进所暂行组织规

# 中央棉产改进所之组织系统表

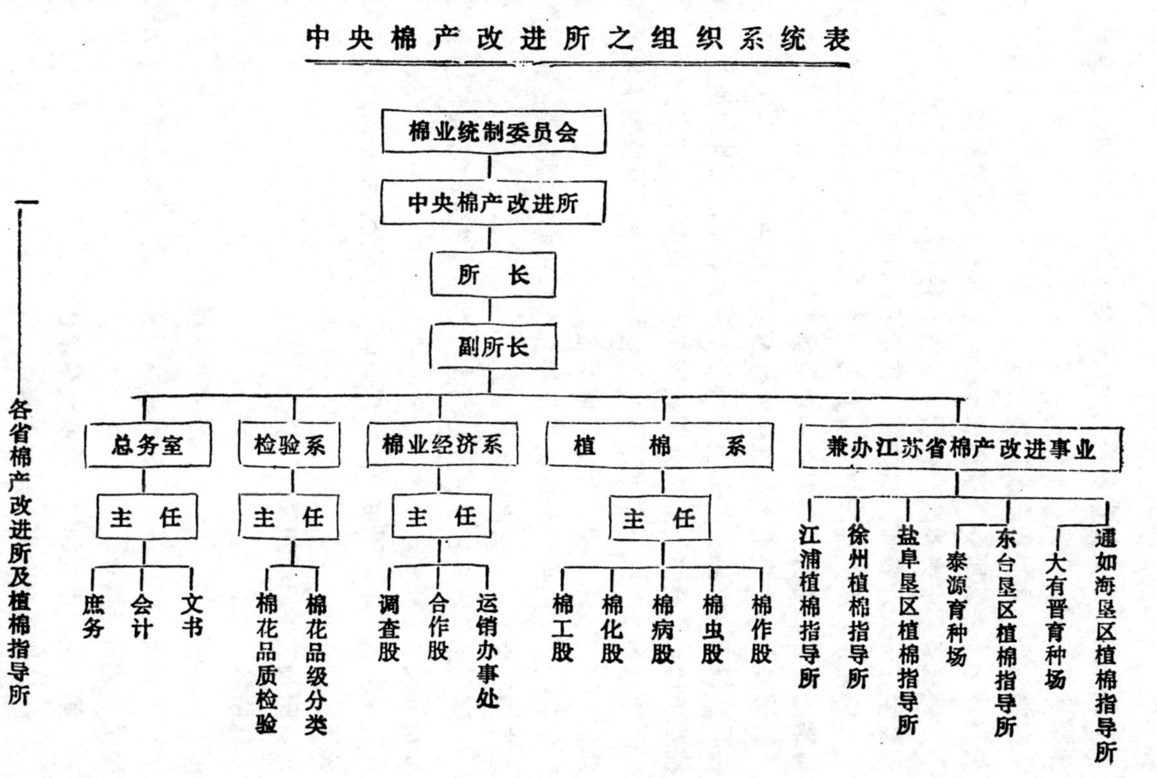

程　二十三年六月二十二日核准

第一条　中央棉产改进所为改进全国植棉事业而设，直隶属于棉业统制委员会。

第二条　中央棉产改进所置所长一人，承棉业统制委员会主任委员之命综理所务，副所长一人，辅助所长处理所务。

第三条　中央棉产改进所设植棉、棉业经济、检验三系，每系置主任一人，技师、副技师、技术员、助理员若干人。

第四条　中央棉产改进所文书、会计、庶务以及其他不属于各系之事务设总务室办理之，总务室置主任一人，办事员八人。

第五条　中央棉产改进所所长及副所长由棉业统制委员会主任委员提请全国经济委员会延用之，其他各项职员均由所长提请棉业统制委员会主任委员分别延聘学有专长人员充任之。

第六条　中央棉产改进所对各省棉产改进所及植棉指导所办理棉产改进技术事项应有指导监督之责。

第七条　中央棉产改进所得委各大学代办各项有关改进棉产之专门教育事业，其办法另订之。

第八条　本章程如有未尽事宜，由棉业统制委员会提请全国经济委员会修正之。

第九条　本章程由棉业统制委员会提请全国经济委员会核准公布施行。

附录二　旧组织系统

附录三

中央棉产改进章程草案

第一条　中央棉产改进所隶属于实业部并受实业部棉业统制委员会之监督指导。

第二条　中央棉产改进所之职掌如下：

一、推动全国棉产改进之事业；

二、研究关于棉产改进上之各项问题；

三、办理棉产改良推广之各项业务；

四、训练棉产改进之技术人员；

五、指导全国棉产改进机关之技术工作。

第三条　中央棉产改进之工作应与中央农业实验所密切联络。

第四条　中央棉产改进所分棉业生产、棉业经济、棉业工程三系，每系得视事业之繁简分设若干股办理技术事宜。

第五条　中央棉产改进所设总务课办理文书、会计、统计、庶务等事项。

第六条　中央棉产改进所设正副所长各一人，均简任，掌理全所事务，监督所属职员及机关。

第七条　中央棉产改进所设技正十人至十五人，均荐任，技士十二人至十八人，荐任或委任，技佐三十五人至五十人，均委任，承长官之命，办理技术事宜。各系股设主任一人，以技正或技士兼充。

第八条　中央棉产改进所设总务主任一人，荐任，办事员六人至九人，委任，办理总务事宜。

第九条　中央棉产改进所为助理技术或总务，得雇用助理员六十人至八十人并得招收练习生十八人至十五人。

第十条　中央棉产改进所于必要时得聘用外籍专家为顾问。

第十一条　中央棉产改进所设试验场于南京，并得于各省相当地点设立棉场或植棉指导所办理试验推广事宜，上项场所得就当地原有农业机关委托或合作办理之。

第十二条　中央棉产改进所得设图书室及各项研究室及田野实验室。

第十三条　中央棉产改进所为训练技术人员起见，得开办各种训练班或与其他教育机关合作办理人才训练事宜。

第十四条　中央棉产改进所得与各大学农学院或其他公私立

农业机关合作，办理棉业上之研究或推广事项。

第十五条　中央棉产改进所得接受公私团体之经费补助，办理与棉产改进有关之事业。

第十六条　中央棉产改进所各项办事细则另定之。

第十七条　本章程自实业部呈准公布之日施行。

〔实业部档案〕

## 三、水 利 建 设

### 1. 黄河水利委员会关于工作纲要致国民政府呈

（1933年6月24日）

呈为拟具本会工作纲要陈请鉴核备案事：本会奉令赶速组织，遵经著手筹备，一俟财政部拨发开办经费，即可勘定会所，购置仪器，组织成立，积极工作。顾斯事体大，设计宜详，兹先就黄河本支各流之现状，考诸以往治导之情形，通盘筹划，拟订方案，以科学之运用，谋合理之设施，按部就班，循序渐进，期达弭患兴利之的，非惟补苴罅漏之图。谨拟具本会工作纲要，备文呈送，仰祈鉴核，俯准备案，并乞指令祗遵，实为公便。谨呈

国民政府

计附呈本会工作纲要一份

黄河水利委员会委员长　李仪祉

中华民国二十二年六月二十四日

#### 黄河水利委员会工作纲要

一、测量工作

甲、地形河道测量

测量为应用科学方法治河之第一步工作，盖以设计之资料多

是赖也。然黄河各段情形不同，故所需测量之详略亦异。例如，巩县以下河患特甚，测量宜详，巩县至韩城次之，韩城至托克托则在山峡之间，又次之，托克托至石嘴子较为平坦，有灌溉航运之利，宜较详，石嘴子以上则次之。

巩县至河口一段长约八百五十里，两堤间之距离有为十五公里，有为四公里，今估计测量之宽度为三十公里，测定河床形状及两岸地形，绘制五千分之一至万分之一地形图，若组织四大队测量，约三年可以竣事。巩县至韩城一段长约四百公里，测绘万分之一地形图，韩城至托克托一段长六百公里，亦测绘万分之一至两万分之一地形图。于山峡处测量区域可窄于欲修筑工程处，如闸坝等，则测量较详，约二大队，二年可竣。托克托至石嘴子一段，长亦约六百公里，亦测绘万分之一地形图，二队约二年可竣。石嘴子以上则暂作河道纵断面及切面测量，一队约二年可竣。黄河上游之地形及河口之状况，概以飞机测之，如是则组织五大队测量，五年内即可竣事。

乙、水文测量

水文测量包含流速、流量、水位、含沙量、雨量、蒸发量、风向及其他关于气候之记载事项。

其应设水文站之地点如下：皋兰、宁夏、五原、河曲、龙门、潼关、孟津、巩县、开封、鄄城、寿张、泺口、齐东、利津、河口及湟水之西宁、洮水之狄道、汾水之河津、渭水之华阴、洛水之巩县、沁水之武陟。其应设水标站之地点如下：贵德、托克托、葭县、陕县、郑县、东明、蒲台、汾水之汾阳、渭水之咸阳、洛水之洛宁、沁水之阳城，并令各河务局沿途各段设水标站。

于河源、皋兰、宁夏、河曲、潼关、开封、泺口各设气候站测量气温、气压、湿度、风向、雨量、蒸发量等，并令本支各河流域之各县建设局设立雨量站。

二、研究设计工作

治河之事，环境复杂，其受天然之影响亦至巨，故必有充分之研究，方可作设计之依据。河床之变迁，河道冲刷之能力、沉淀之情形等测验、流量系数之测定、泥土试验、材料试验、模型试验等工作，举凡一切工程，于实施之先，必有充分之探讨，对于采得之张本，必加深切之研究。

于开封、济南各择一段河身作天然试验，又择适当地址设模型水工试验场一所，以辅助之。

三年之后，上项之测量与研究工作大半完足，即可根据以计划治导之方案，以便作工之实施，举凡本河之根本治导工作，即可于第五年起实施，次第进行。

三、河防工作

黄河之变迁、溃决多在下游，故于根本治导方法实施之前，对于河之现状，必竭力维持之防守之，免生溃决之患。欲各河务局之工作与将来计划不冲突及其防护合理起见，冀、鲁、豫三省河务局统归本会指导、监督，本会并常派员视察指导改良，其工作举凡埽坝砖石之应用，增镶新修之工程皆应努力为之。查我国治河有四千年之历史，其成绩与方法殊可钦仰，惟防决之法，似有改进之必要，对于汛员、兵弁宜加以训练，俾得明瞭新法之运用，同时并训练新工人以作递补之用。

四、实施根本治导工作

按照上项计划约四年之后，即可实施治导之工作，其项目如下：

（甲）刷深下游河槽。换言之，即对于下游河道横切面加以整理，河口加以疏濬。河水含沙过多为黄河之一大问题，欲河槽不淤垫，则流速与切面必有合理之规定，如是则河槽刷深，水由地中行矣。其法或用束堤，或用丁坝，因地制宜。

（乙）修正河道路线。河道过曲为下游病症之一，故应裁直之处甚多，惟同时亦应顾及现有之事实，相势估计规定之后，于何处应裁直，何处宜改弧，亦当次第兴办也。

(丙)设置滚水坝。于内堤之适当地点设滚水坝，俾洪水暴涨时，可以漫流而过，流入内堤外堤之间，既可免冲决之患，且可淤高两堤间之地，以固地形。惟必加以测验，审慎处置，以免河水因疏而分，因分而弱，因弱而淤河床。

(丁)设置谷坊。山谷间之设坊横堵，既可节洪流，且可淀淤沙、平邱壑，应相度本支各流地形，以小者指导人民设置之，大者官力为之。

(戊)发展水力。沿河可发展水力之地甚多，宜利用之，而以测量壶口为第一事。

(己)开辟航运。黄河上下游必整理之，俾便航行，凡比降过大或礁石隔阻之处，可设闸以升降之，或炸除其碍。

(庚)减除泥沙。于泥沙入河之后应使之携淀于海，然为治本清源计，以能减少其来源为上，其法为严防两岸之冲塌及另选避沙新道，再则为培植森林，平治阶田，开挟沟洫(参考第六、第七节)。

(辛)防御溃决。于各项新工程实施之后，则水由地中行，水患自可逐渐减除，惟仍宜竭力防护之。

以上工作有须待四年之后起首者，有随时可以兴办者，期十年小成，三十年大成。

五、整理支流工作

支流之整理与干流本为一体，惟各支流之情形不同，则治导之方法与利用自当因地制宜，例如，渭水航行及灌溉之利与其含沙量是当特殊注意者，其他若汾沁等支流亦皆应加整理以清其源也。

六、植林工作

森林既可减少土壤之冲刷，且可裕埽料防泛滥，故沿河大堤内外及河滩、山坡等地皆宜培植森林。造林贵乎普及，非一机关或少数人所能为力者，必与地方政府及人民合作之，严定赏罚条例。

七、垦地工作

垦地工作，一则有利河道，再则增加生产，实属有益，兹分述之：

（甲）恢复沟洫。治水之法有设谷闸以节水者，然水库善游，若分散之为沟洫，则不啻亿千小水库可以容水，可以留淤，淤经渫取，可以粪田，利农兼以利水。惟西北阶田必须以政府之力督令人民平治整齐，再加沟洫，方为有效。

（乙）整理河口三角洲。河口三角洲淤田三百万亩，且河道迁移不定，水难畅行，弃富源于地，亦殊可惜，应即着手治理，则工程农田两收其利。

（丙）整理河滩荒地。沿河两岸荒地甚多，或由于河道之变迁，或由于两岸之淤高，多为未垦之地。如豫省之沿河两岸及陕西韩郃华一带是。

（丁）碱地放淤。沿河碱地多为不毛，每亩价格极低，即以山东而论，已有近十万顷之数，其他若河南、河北两省，沿岸亦甚多，若能整理得法，则荒田变佳壤，其利甚溥。

（戊）河套垦地。河套一带未垦之地尚多，宜垦殖之。

（己）灌溉田亩。黄河上游及各支流宜施行灌溉工作，况上游雨量缺乏，尤宜行之。惟在下游颇有考虑之必要，盖以巩县而下，支流无几，若引多量之水以资溉田，则所取者多为水面及河边之水，而含沙量必较少，因之河水之含沙量之百分数必增加。是故下段灌溉应于河道切面设计时，加以考虑也。

八、整理材料工作

我族沿黄河而东开拓，华夏其与黄河之关系尤为密切，而黄河又具其难治之特征，泛滥变迁时有所闻，故益为人类所重视，是故史册所载、私家著述，汗牛充栋，极为丰富。今者各实业家及水利机关或派员视察，或施行测绘、研究者，亦不乏其人，惟以分地保存，散失不完，若不早日搜集而整理之，则恐年久无存，且昔人之经营可作今日之借镜，是以应将各种材料搜集整理之也。

〔国民政府档案〕

## 2. 全国经济委员会水利委员会暂行组织条例

（1933年11月28日）

全国经济委员会水利委员会暂行组织条例

民国二十二年十一月二十八日呈奉国府核准备案

第一条　全国经济委员会为审议水利专门事项，依组织条例第七条之规定设置水利委员会。

第二条　水利委员会设委员若干人，由全国经济委员会常务委员聘任之。

第三条　水利委员会设主任委员一人，常务委员二人，主持会务，由全国经济委员会就委员中指定之。

第四条　水利委员会掌理左列各事项：

一、关于水利建设计划之审议事项；

二、关于水利建设经费之核议事项；

三、关于水利法规及工程标准之审议事项；

四、关于全国经济委员会交办之有关水利事项。

第五条　水利委员会会议由主任委员召集之。

第六条　水利委员会之议决案，由主任委员报由全国经济委员会秘书长转陈常务委员考核。

第七条　水利委员会委员遇必要时，得列席全国经济委员会委员会议，陈述意见。

第八条　水利委员会需用技术人员，由全国经济委员会秘书长就水利处技术人员中指定之。

第九条 水利委员会得设秘书及其他办事人员，由全国经济委员会秘书长指定之。

第一〇条 本条例自呈奉国民政府核准日施行。

〔中国银行档案〕

## 3. 统一水利行政事业进行办法

(1934年7月)①

统一水利行政事业进行办法

中央政治会议第四一五次会议修正通过

一、以全国经济委员会为全国水利总机关。

二、各部会有关水利事项之职掌统归全国经济委员会办理。

三、由全国经济委员会延聘现在有关统一水利人员组成水利委员会。

四、现有各流域水利机关应如何改组归并，由全国经济委员会遵照中央议定统一水利行政及事业办法纲要(二)、(七)、(八)、各条，拟定方案核转中央核准施行。

五、各省县水利机关由各省政府遵照中央议定统一水利行政及事业办法纲要(三)条，拟具整理方案送由全国经济委员会核定施行。

六、各项水利计划如何集中办理，由全国经济委员会交水利委员会拟订办法核转中央核准施行。

七、各项水利计划先经国民政府核准者仍照案进行。

八、地形测量、水文测验、水利调查事项由全国经济委员会交水利委员会拟订大纲，核交水利处办理。

---

① 原件无时间，经考证为1934年7月间。

九、原有国库负担之各水利机关经费，按照预算所列总数，统由全国经济委员会总领统筹转发。

一〇、中央总预算内自二十三年度起，年列中央水利事业费六百万元，准由全国经济委员会按月请领五十万元统筹支配。

一一、各省县水利事业经费应由各省县自筹，各省原有修防费等仍由各省照旧负担。

一二、各水利机关经中央指定之的款或经筹集之款项及已办之工程，仍应按照原定程序积极进行。

〔中国银行档案〕

## 4. 统一水利行政及事业办法纲要

(1934年7月)①

统一水利行政及事业办法纲要

中央政治会议修正通过

一、中央设水利总机关主办全国水利行政事宜。

二、各流域不设水利总机关，一律由中央水利总机关接收后统筹支配，分别办理。

三、各省水利行政由建设厅主管，各县水利行政由县政府主管，受中央水利总机关之指挥、监督。水利关涉两省以上者，由中央水利总机关统筹办理，水利关涉两县以上者，由建设厅统筹办理。

四、各部会组织法涉及水利者修改。

五、水利计划统由中央水利总机关集中办理。

六、地形测量、水文测验、水利调查事项由中央水利总机关

---

① 原件无时间，经查证似为1934年7月间文件。

直接办理。

七、治导工程之计划完成工费有著者，设局办理之，工程已完者得设局所，仍归某河管理处统辖之。

八、岁修防汛由各修防机关办理，一律改称某河管理处，受中央水利总机关指挥监督。

九、原由国库负担之经费拨归中央水利总机关支配，大宗工款并由中央水利总机关筹划。

一〇、各海关水利附加税除已特定用途者外，一律拨归中央水利总机关作水利建设基金，并另借拨英庚款为材料专款。

一一、技术人员及仪器设备等由中央水利总机关集中支配。

〔中国银行档案〕

## 5. 全国经济委员会水利处暂行组织条例

（1934年12月18日）

全国经济委员会水利处暂行组织条例

民国二十二年十月七日呈奉国民

政府核准二十三年十二月十八日呈奉修正

第一条　全国经济委员会为办理水利建设事务，依组织条例第八条之规定设置水利处。

第二条　水利处分设左列各科：

一、水政科；

二、设计科；

三、工务科；

四、测绘科。

第三条　水政科掌管事项如左：

一、水利行政设施之规划及指导；

二、水道之保护；

三、水权之处理及登记；

四、水利法规、统计及报告之编订；

五、水利人员之进退考核奖惩及训练。

六、其他关于水利行政事项。

第四条　设计科掌理事项如左：

一、水利建设或发展计划之设计及审核；

二、水利建设或发展计划应需经费之估计及审核；

三、水利工程技术标准之拟订；

四、水利工程之调查研究及试验；

五、水利工程资料之编译及整理；

六、其他关于水利设计事项。

第五条　工务科掌理事项如左：

一、水利工程之勘估、督察、考核及验收；

二、水利工程经费之稽核；

三、水利工程之统计；

四、水利工程之养护及管理；

五、特定水利工程之直接实施；

六、其他关于水利工务事项。

第六条　测绘科掌理事项如左：

一、水道地形之测绘；

二、气象、水文之测验；

三、测量工作之考核及统计；

四、测量及测验图表之征集及整理；

六、其他关于水利测绘事项。

第七条　水利处置处长一人，简任，秉本会常务委员及水利委员会主任委员之命，商承本会秘书长，综理处务并监督所属职员及各机关。

第八条　水利处置副处长一人，简任，辅助处长处理处务。

第九条　水利处置秘书二人至四人、科长四人，荐任；科员十人至十六人，其中四人荐任，余委任；办事员十人至十六人，委任。分承长官之命，办理各项应办事务。

第一〇条　水利处置技正八人至十二人，其中四人简任，余荐任；技士十人至十六人，其中六人荐任，余委任；技佐十二人至二十人，绘图员六人至十二人，委任分承长官之命，办理各项技术事务。

第一一条　水利处文书、会计、庶务以及不属于各科之事务，由处长指定秘书或其他职员办理之。

第一二条　水利处为研究各项特种问题，得延用专员及技术顾问或设置各种委员会。

第一三条　水利处为研究水利工程，得设置水工试验所。

第一四条　水利处因实施工程必要时，得设置测量队站及工程局所。

第一五条　水利处得酌用练习员及雇员。

第一六条　水利处办事细则另定之。

第一七条　本条例自呈奉国民政府核准日施行。

〔中国银行档案〕

## 6. 兴办水利奖励条例

（1935年4月4日）

兴办水利奖励条例

民国二十四年四月四日国府修正公布

第一条　凡兴办水利确有成绩或于水利上有重大贡献者，得依本条例奖励之。

第二条　奖励分左列二种：

(一)褒扬，

(二)奖章。

第三条　办理水利有左列事实之一者，特予褒扬：

(一)捐助款项一万元以上者；

(二)经募款项三万元以上者；

(三)河塘堤埝变出非常竭力抢堵消灭重大危险者；

(四)办理堵口大工特著奇能减轻灾害者；

(五)对于水利学术有特殊发明者。

第四条　办理水利有左列事实之一者酌给奖章：

(一)捐助款项者；

(二)经募款项者；

(三)种植森林有裨水利者；

(四)抢险出力者；

(五)革除河工积弊者；

(六)办理河湖修防三汛安澜者；

(七)办理大工计划适当工科坚实者。

第五条　凡前两条所未列而其事实相等适合于奖励者，由全国经济委员会比照前两条之规定分别核定奖励之。

第六条　凡依本条例请奖者，由主管机关叙列事实，开具履历递报全国经济委员会核办。

第七条　凡应予褒扬者，由全国经济委员会审核，专案呈报国民政府行之。

第八条　各省市单行兴办水利奖励章则，经中央核准有案而与本条例无抵触者仍得适用。

第九条　本条例自公布日施行。

〔中国银行档案〕

## 7. 全国经济委员会抗战前水利建设概况①

（1937年2月）

水利建设报告　孔祥熙　二十六年二月

吾国以农立国，水利向所重视。国府成立，于兹十年，对于水利建设，尤深注意。然而水旱频仍，灾患迭告，农村崩溃，民不聊生，日言兴水利而利未全兴，日言除水患而患未悉除者，盖以水政之系统分歧，职权不专。水利建设之成效，因以未彰。中央鉴及于此，乃于二十三年有统一水利行政事业之举。厘定水利行政之系统，为中央省县三级，以全国经济委员会为全国水利总机关，各省建设厅主持省之水利，各县县政府主持县之水利，均受全国水利总机关之指挥监督。全国经济委员会既奉命统掌水政，乃推祥熙以常务委员，兼任水利委员会主任委员主持全国水利，祥熙曾于二十二年，以财政部长兼任黄河水灾救济委员会委员长，督率主办冯楼贯台堵口事宜，目击人民荡析离居之惨，深知水利建设之刻不容缓，故离职责艰巨，而不敢不勉竭棉薄，爰即依照统一水利行政事业纲要，及其进行办法，分别按步进行，一面调整各级水利机关之组织，一面统筹全国水利事业之方案。关于各河之治导，其已定有治本计划者，如导淮及永定河工等，则督促其根据计划，循序实施。其尚未拟有治本计划者，如黄河扬子江等，则先谋巩固堤防，以为治标之计。同时增设水文气象测站，扩充勘测设计组织，创设水工试验所，整理水利文献，以供江河治本计划之探讨。其灌溉航运等生利之水利建设，亦已尽量举办。关于水利之经费，则虽当国库万分艰窘之时，亦无不悉力筹拨，以济工需。综计中央各项水利经费，现在已年逾千万，故两载以来，兴利防灾事业，进行均甚顺利，成效已渐昭著。又以二十四

① 沿用原标点。

年江河泛滥，灾区甚广，彼时水政甫告统一，善后救济，责无旁贷，复经特发公债二千万元，分配被灾各省，办理堵口复堤工事，于二十五年大汛期前一律告竣。二十五年各河幸庆安澜，农产咸获丰收，农村经济得以复苏。凡此皆中央统一水利行政事业所获之效果，是后益当本已定之方针，谋继续之迈进。兹谨将近年来之水利建设，择其荦荦大者，分别流域，略陈梗概，乞赐察焉。

甲、淮河水利工程

淮水介于江河之间，合淮运沂沭四水系而成淮河流域。自黄河南徙，夺淮入海，而淮大病。清咸丰五年，黄河复又北行，尾闾遂即淤塞，而淮失故道，乃至无所归宿。于是犯运侵江，侵淫于淮扬之间，每遇洪水，则苏皖北境，辄成泽国。现在导淮计划，业已确定，其排洪要旨，乃以江海分疏为原则，一方整理入江水道，一方开辟入海水道，并利用洪泽湖拦洪蓄水以为发展灌溉航运之用。惟是全部工程，需款几达两万万元，不得不酌察财力，分别缓急，逐年推进。兹将实施各工择要分述于次：

（一）邵伯淮阴刘老涧三大船闸工程　为整理运河航道计，乃于苏省江都属之邵伯，淮阴属之扬庄，宿迁属之刘老涧三处，各建大船闸一座。于高邮运河西岸之越河港，建小型船闸一座。并堵筑里运河西堤缺口，以维持水位，修建惠济闸，俾作节制里运河航运及灌溉水量之关键。二十三年春，先后兴工，至二十五年全部完成。复为接济中运河下游水源，增高深度，便利航运灌溉起见，又于刘老涧闸东岸，另辟引河，加建钢筋混凝土双管涵洞一座，正在着手施工。以上各项工程，共需三百二十万元。此后南起长江，北达鲁省，九百吨之大船，可以终年畅行无阻，并与陇海津浦两铁路联络。其于内地农产物之运输，殊多便利，而江北里下河区域，亦得利用节宣，而获灌溉之益。

（二）三河活动坝工程　三河活动坝，建筑于洪泽湖口新辟之引河内，上接洪泽湖，下通三河，用以操纵淮河入江之水量，并增进洪泽湖吐纳之功效，估需工费五百五十万元。其引河工程，于二十四年春开工，现已完成十分之四。活动坝工程，系于二十五年八月开工，预计二十七年可以全部告竣。该坝完成后，淮水畅泄，里下河一带泛滥之灾，固可免除，而洪泽湖蓄水，并足以发展航运灌溉之利。

（三）入海水道工程　导淮入海水道，起自洪泽湖，出张福河至杨庄，经废黄河至套子口入海，全长约二百公里。其第一段工程，为开浚张福河，起自洪泽湖口之高良涧，至淮阴码头镇运河口止，长约三十一公里，乃入海水道之咽喉，并为引淮济运之孔道，已于二十二年七月告成。第二段自淮阴至海口为止，系于二十三年十一月兴工，征工自十三万八增至二十四万人，本年夏当可全部完成，计需工费一千二百万元。此后淮河一部分之洪水，由此分泄入海，则上游之沉灾，自可大为减轻。

（四）杨庄活动坝工程　杨庄活动坝，在淮阴杨庄镇之东，用以控制淮水入海水量，并调节运河水位。坝凡五孔，计费六十四万余元，于二十四年冬季开工，廿六年春可以完成。

（五）周门活动坝　周门活动坝，位于阜宁之周门，用以操纵入海水道之水流，并给水以达串场河及沿海新运河，供海滨垦殖灌溉之需，全部工程估计需款一百万元，于二十五年冬季兴工，现正在积极进行中。

（六）整理安丰塘工程　安丰塘位于安徽寿县南，昔为灌溉水库，迄今来源淤阻，塘堤颓废，蓄水之效，几已全失。特计划增培环湖堤防，开挖引水干渠，并修建进水分水涵洞闸坝等初步工程，用以灌溉沿塘之农田二十万亩。于二十五年四月开工，越三月引水渠完工，现正继续建筑进水闸及整理塘堤等工程，约于二十六年春可以完成。

乙、黄河水利工程

黄河发源青海，流经九省，吸纳众川，蜿蜒东入于海，关系我国北部诸省之水利，至为重大。其上游地势陡峻，水流湍急，挟沙以行，素少水患。孟津以下，骤达平原，流沙淤积，河床日浅，每届大汛，洪涛奔腾，漫溢堤岸，自古迄今，河道大徙者凡六，而溃决为灾，史不绝书。治本计划之探讨，正在进行。关于治标方面，如冯楼贯台董庄三次堵口工程，以及冀鲁豫三省大堤培修工程，皆其荦荦大者。兹择要分述如次：

（一）修堤及护岸工程　黄河自孟津出山，始有堤防。经二十二年大水之后，两岸堤埝，摧毁甚多。二十三年大汛后，堤埝险要情形，有加无减。近年来就冀鲁豫三省堤坝工程之紧急者，择要施工，略举如次：

（子）培修金堤工程　金堤在黄河北岸，长凡一百八十一公里，为冀省之屏障，惟以年久失修，多已残坏。二十三年长垣大堤决口，溜迫金堤，危险堪虞。乃于办理贯台堵口工程之际，同时培修金堤，藉资捍御。自二十四年四月开工，是年七月完竣，计完成土方一百六十余万公方，用款三十三万余元。

（丑）修筑贯孟堤工程　二十四年贯台堵口既成，乃修筑贯台至孟冈堤工，以期筑固。先筑贯台至双王一段，堤长十二公里。于二十四年五月开工，十月完竣，计完成土方一百十余万公方，用款二十五万余元。

（寅）培修兰封小新堤及丁疙挡护岸工程　小新堤在兰封附近，大溜顶冲，一旦溃决，水将沿故道东泻，危及豫苏，故须加以掩护。共用块石一万七千余公方，石子一千四百余公方，填土挖土各三万余公方。第一期于二十四年五月间开工，八月完竣。第二期于二十五年四月开工，六月完竣，共计用款十一万八千余元。

（卯）沁河口滩地护岸工程　平汉路桥以西，沁河口滩地，坍塌不已，堤外田地低于黄河洪水位达七公尺之巨，一旦滩地塌卸，大堤崩溃，将有泽国之虞故保堤必先守滩。是项护滩工程，长四公里半，共计土方四万二千余公方，石工四万三千余公方。第一期于二十四年七月开工，十月完工。第二期于二十五年四月开工，七月完工，共计用款八万余元。

（辰）复堤工程　二十四年大汛后，冀鲁豫三省大堤，险工迭出，由中央拨发公债一百零五万元，交由各该省办理复堤工程。二十五年大汛前，均已大致完成。计河南境内为恢复东坝头石护岸工程，及修筑杨庄新堤石护岸工程与温县赵庄民埝工程等，共计用款十三万余元。河北境内为冷寨挑水坝十道，及霍寨挑水坝十道等，共用工款十八万余元。山东境内为培修朱董段大堤，及修复董庄堤埝，修护朱口险工等工程，共用款五十八万余元。其他协助冀鲁豫三省经办之中牟黑岗口坝工，石车段，刘庄，老大坝埽工，及陈桥，黄十段，临濮附近之培修工程等，亦均已先后完成。

（二）黄河堵口工程　近年来黄河堵口工程，重要者计有三次，分述如下：

（子）冯楼堵口工程　二十二年八月，黄河伏汛，洪水骤至，全河告警。数日之间，豫冀两省漫决五十余口。未几各口门相继断流，当即先后堵合。惟长垣之香亭燕庙石头庄三口较大，河水自冯楼奔注，几至全河夺流堵口工事，颇为艰巨，至翌年三月方始合拢。嗣即着手堵塞石头庄各口门，又于冯楼至孟岗及八堡，各筑围埝一道，并将太行堤缺口加以堵筑，继又加培石车段大堤，于是年七月全部完竣，总计用款一百三十余万元。

（丑）　贯台堵口工程　二十三年八月，黄河水涨，水由河南北岸贯台地方之串沟，直冲河北大堤，致长垣九股路一带决口四处，遂于贯台着手堵口，次年四月合龙，总计用款九十余万元。

（寅）　董庄堵口工程　二十四年七月，黄河暴涨，山东董庄民埝与大堤，先后漫决，大溜直趋鲁西苏北，数十县同遭沦胥，灾情之重，不减于二十二年。堵口工程，于决口一月后即筹备进行，于二十五年三月合龙，不误春耕。计用石料四万余方，砖一百万块，柳枝八百二十余万斤，禾料三千七百余万斤，完成土方三百余万公方，用款约三百余万元。

(三)疏导苏北积水工程　二十四年七月，黄河决于董庄，泛滥于鲁西苏北，积水至冬未退，不特有碍农地之春耕，盐区之春晒，且于苏省正在进行之导淮入海水道工程，亦复大有影响。经委员会爰即召集有关各方，筹款疏导苏北积水，着手疏浚苏省善后，岑池，车轴三河，征工挑挖，于二十五年二月十日开工，十月三十日全部完竣，共用款五十五万元。

(四)河口裁湾工程　黄河自利津以下，受海潮顶托，水缓沙停，河流经行之道，逐年淤垫增高。乃于乱荆子及寿光围子两处，举办裁湾取直工程，挑挖引河两道，并于引河上口各筑挑水坝一道，于二十五年六月开工，至七月告竣，计完成土方一百九十余万公方，拨款二十五万元。

(五)黄运联运工程　山东北运河北通卫河，南于陶城埠入黄，为天津济南间水运要道，自清季漕运废止，久失修治，现已从事整理。计自临清向南，至黄河约长一百十公里，中设新式船闸二座，陶城埠附近，设立吸水机房，汲水输入运河。此项工程完成后，吃水一公尺半之船只，在该段内可以通航无阻。第一期工程于廿四年十月兴工，至现在止，除船闸工程外，均已大致就绪，计需三十七万元。第二期宣泄运西坡水工程，亦已继续兴工。

丙、扬子江水利工程

扬子江为我国第一巨川，其在四川境内，比降较陡，水流湍急，运输虽较困难，而颇饶灌溉之利。自宜昌以下，江流出峡，挟其多量泥沙，奔放于鄂中平原。昔由九穴十三口分注洞庭云梦诸湖，今则北岸诸口，均经湮没，云梦诸湖，遂与江流隔绝。而洞庭湖亦受江流影响，淤垫日甚。江流无容纳之地，遂致泛滥为患，下至汉口，复有襄河来会，襄河在钟祥以下，河身狭小，不敷宣泄，时酿巨患，至汉阳与江会合，若遇江水盛涨，两相顶托，则危及武汉三镇。汉口以下，江身较宽，泥沙淤积，洲渚罗布。标本兼治，实属刻不容缓。现在扬子江治本计划，正在着手规划。其近年关于修筑堤防及调节水流等重要工程，分叙如下：

(一)湖北金水闸工程　金水为扬子江右岸支流之一，流域以内，地势低洼，春冬则湖水流泄于江，夏秋则江水倒灌诸湖，以致流域以内之良田，日就荒废。二十二年春，建筑拦河大坝，以堵闭金水，并就禹观山开凿泄水洞之道，装置活动闸门，以调节湖水之外泄。另从禹观山至赤矶山筑造横堤一道，以防阻江水之泛滥。二十四年三月全部完工，用款九十余万元，该闸完成后，涸出可垦土地，约九十万亩。

(二)吴淞江虞姬墩裁湾工程　吴淞江为太湖下游泄水之要道，又为苏沪间航道之捷径，附近农田之赖以灌溉者，约在四百万亩以上。惟以久失浚治，上下游均形淤浅。尤以虞姬墩一段，最为湾曲，淤浅亦甚。以致泄水航运，均受阻碍。乃于二十四年夏兴工整治，其人工挑挖部分计挖土约三十万公方，是年十月完成。机船挑挖部分，共挖土六万余公方，至二十五年五月完成。全部工费，共计十一万余元。该段整理后，所有绕道淀泖，或由京沪铁路运输之一部分货物，因路程之短捷，及运费之低廉，均将取道于此。且吴淞江下游农田，亦蒙灌溉之利。

(三)白茆河节制闸工程　白茆河为太湖下游通江之要港，惟以江湖之间，多属低洼之区，高潮之时，江水倒灌，泛滥为患。设遇旱年，则太湖之水，来源甚微，而下游宣泄过速，又失灌溉之利。乃于白茆建闸，以期蓄清拒浑。闸座计分五孔，共宽四十四公尺，于二十五年一月开工，同年八月完成，计用工款二十九万余元。该闸告成后，江潮不致倒灌，对于嘉太昆常四县之农田利益甚溥。

(四)华阳河闸坝工程　华阳河流域，位于皖赣鄂三省之交，襟江带湖，面积宽广。惟以江水倒灌，农田受害，而其间湖泊又以江水挟泥停潴，湖底日渐淤高，蓄水之量大减，水枯时航运往往阻塞。爰在华阳河口，建筑拦河坝，以拒江水之倒灌。并建泄水闸，以泄流域内过量之雨水。又在华阳河口之上，建筑泄洪道，分泄扬子江盛涨时之洪水入湖。现在泄水闸及拦河坝，均于二十五年十一月开工，预计本年内完成。该项工程，全部兴办后，华阳河流域固受灌溉之利，同时排洪航运，亦受益甚大。

（五）钟祥襄堤工程　二十四年夏，襄河暴涨，堤防溃决多处，而以钟祥三四弓决口为最大，宽达四公里。钟祥以下各县，受灾甚重。是年十一月，着手兴筑遥堤一道，长凡十八公里，计土方七百余万公方，征集民伕十二万人，加紧施工。迄二十五年五月间，已大体告竣，不意汛水特早，骤被冲击。七月正将合龙，复因上游水位突涨，又受影响。迄秋后水落，继续堵筑，先将熊家桥拦水坝及断流坝各溃口堵筑完成，继续修筑遥堤第四段土工，二月间可以竣工，共计用款三百五十余万元。

（六）江汉干堤工程　江汉干堤工程，自二十一年十一月由江汉局接办以来，四载之内，所有培修干堤工程，计扬子江方面培土共一千一百五十余万公方，襄河方面培土七十余万公方，石工共用蛮石六十三万余公方，工款共用五百六十余万元。

（七）堵口复堤工程　民国二十四年夏汛，江水暴涨，湘鄂皖赣等省沿江圩堤，溃决甚多，尤以鄂省江汉干堤，决口多至二十余处。堵复工程，需款甚巨。中央特发行工赈公债，分别支配补助，现在堵复工程，大都于二十五年大汛前完成，计湖南省完成土方三千二百余万公方，江西省五百五十余万公方，安徽省七百余万公方。

丁、华北水利工程

华北水道之自成系统而入海者，以辽河，大小凌河，滦河，蓟运河，沽河等为主。诸河之中，尤以沽河为大，源流凡五，曰北运，曰永定，曰大清，曰子牙，曰南运，至天津汇流入海。沽河又称海河。查华北诸河之上游，多系高山峻岭，下游又全属平原，其涨也骤，其消也速。且上游所经，又每属黄土层，一遇霪雨，泥沙随水入河，输至下游者，为量甚巨，故河道最易淤浅。治本治标工事，均已分别举行。兹择要分叙如次：

(一)海河治标工程　海河航运，关系华北全区经济之荣枯，惟以永定河携带多量之泥沙，以致河身日渐淤高，航运多被阻滞，遂于廿二年办理海河放淤工程，至廿五年伏汛以前，全部完成，功效显著，计用工款一百九十余万元。

(二)永定河中游增固工程　永定河于民国十八年金门闸附近决口之后，虽经堵筑合龙，而对于堤坝之增固，则未遑举办。因于廿五年续办此项工程，计修理旧石坝二处，新建石坝一座，长二百公尺，新建透水坝四座，培修大堤二十公里，修理芦沟桥滚坝及铁桥，统于廿五年底完成，用款三十五万余元。

(三)金门闸南岸放淤工程　永定河金门闸南岸放淤工程，一则为补助海河放淤工程之不足，再则可以增高河岸地面巩固堤防，故曾列入永定河治本计划之中。该项工程，共分进水闸，引水渠、围堤及泄水渠四项，于廿五年十月开工，廿六年春可以全部完成，需费廿一万元，淤灌之地约计一万七千余亩。

(四)建筑永定河官厅水库　永定河为华北最重要之河流，其流量亦最大，而所挟　沙又最多，两岸农田，时遭昏垫之患。治本计划，业已拟定，其尾闾海河，自经治标工程实施以来，已有相当之功效。中游增固工程，亦已完成。兹为节制洪流起见，勘定怀来之官厅，为蓄水库之地址，廿四年从事钻探地质等工作，现已着手准备施工，估需四百七十万元。

(五)桑乾河第一淤灌区工程　山西桑乾河为永定河上游一大支流，永定河治本计划中，曾规定该河段内，择地建筑拦河坝工程，藉以缓水停沙，兼得淤灌之利。兹择定在桑乾河西岸，山阴至应县间，举办第一淤灌区工程，其堰闸部分，共需工费六十五万余元，廿五年四月开工，廿六年秋后可以完成，淤灌田地约计一百万余亩。

(六)滹沱河灌溉工程　滹沱河发源山西，流入河北省境，两岸均为高山，至平山县北，虽入平原，但两岸仍甚高峻，迄未得灌溉之利。廿二年春，于灵寿县境开渠引水，以资灌溉。其重要工程为拦水堰，泄水闸，引水闸，进水闸，抽水厂，及引水渠，自流渠，高水渠等工程，廿四年六月告竣，用款五十九万余元。灌溉灵寿正定等县田地达十三万三千余亩。

(七)龙凤河建闸工程　龙凤河为北运河之支流，地势特洼，北运河稍涨，即有倒灌之虞。爰于龙凤河口建筑节制闸一座，以遏倒漾之水，而兼宣泄之用。廿四年四月开工，同年八月完成。闸凡八孔，全闸共长三十八公尺，用款十四万余元，保护田地达二十万亩。

戊、西北水利工程

西北各省，雨量稀少，每苦干旱，救济之道，端在兴办灌溉工程。自陕西泾惠渠完成后，灌田五十万亩，成效大著。继起之洛惠渠，亦已观成有日，梅惠渠现已开工。他如绥宁甘等省水渠，迭经规划进行。其已完成者，为宁夏之云亭渠，灌田二十万亩。正在进行者，为甘肃之洮惠渠。兹将各项渠工分述如次：

(一)泾惠渠工程　泾惠渠工程，于二十一年夏，虽已放水灌田。惟该渠上部工程，多未完竣，而下部防险工程，亦未设施。二十二年大水，已成之拦水坝及干渠渠道渠岸，复被冲毁。其他支渠工程，亦尚多未完成之处。爰于二十三年三月继续规划修治，至二十四年四月完工。现在该渠灌田面积计在五十万亩以上，续费工款二十五万元。

(二)洛惠渠工程　洛惠渠由蒲城老洑筑坝引水，灌溉朝邑平民一带地亩，总干渠长二十一公里。中经桥梁九座，隧洞五道，至铁镰山麓，设闸分水，而达干支各渠。渠首之弧形滚水坝，长百五十公尺，高出河底十六公尺，其屈里夺村二渡槽，系钢筋混凝土建筑，工程亦颇伟大。尤以隧洞工程，最为艰巨。洞长共计四千八百四十二公尺。至干渠工程，共长六万八千余公尺，中设分水闸二座，桥梁四十五座，涵洞三十一座。现在各项工程，大都告竣。仅第五号横穿铁镰山之隧洞，因发现流沙水泉，进行艰难，尚有小部分未竣。总计全渠需款一百八十万元。可灌田五十万亩，本年夏季可以全部竣工。

(三)梅惠渠工程　梅惠渠在陕西之郿县，灌溉郿及岐山二县田地，计二十万亩。渠首之滚水坝，长一百三十五公尺。新辟干支水渠共计土方七十余万公方。其他建筑物，计分水闸一座，跌水六座，桥梁十三座，涵洞五座，斗门三十座，全部需款六十万元。于二十五年七月兴工，现在进行。

(四)洮惠渠工程　甘肃地处西北高原，雨量稀少，水渠灌溉，需要甚殷，爰先办理洮惠渠工程。渠起于临洮城南十余公里之大户李家附近，开凿渠口，引洮河之水，由干达支，自北塔起至小沟沿止，可灌地约三万余亩，需款十九万元。惟该处地僻人稀，物料缺乏，运输不便，进行甚为困难。自开工以来，土工已完成过半，其他渡漕两处亦在兴筑，预计本年内可以完竣。

(五)宁夏云亭渠　宁夏古代水渠，鳞次栉比，故谚称黄河千里，惟富宁夏。民国二十三年十一月，又新筑宁夏云亭渠。渠口借宁朔县惠农渠之二渠桥旁，为云亭渠口，北经杨和乡，入宁夏县属之李祥，通宁，通朔，通贵，通昌等乡，至平罗县属之通吉乡境内而入于河，长约七十公里。其他建筑物，计渠口闸一座，退水闸三道，堤坝长共三千公尺，桥梁七座，涵洞三座，二十四年五月完成，灌溉面积达二十万亩，用费二十万元。

己、其他水利设施

(六)水文测验　水文测验，为水利设计必要之基本工作，非普遍设站，长期继续进行，殊艰得有精确之记载。水利行政统一后，首先整理全国水文方面之设备，除原有之雨量站七百八十一处，水位站四百十三处，及流量站一百五十六处外，于二十四年增设雨量站一百八十八处，水位站八十一处，流量等站三十一处。二十五年复于汉口西安各设头等测候所一处，及标准雨量站一百处，以为预告江河洪水之准备。所有全国水文测验结果，均按期汇集，以资参考。

（二）水道测量　水道测量，于前数年已略具规模。统一水政以后，经拟定集中测量办法，效率愈著。现在华北各河已测七千六百余方公里，黄河方面已测一万八千九百余方公里，淮河方面已测一千三百余方公里，扬子江及襄河方面已测三千五百余方公里，西北各河流已测五百余方公里，共计水道测量已达三万二千余方公里。

（三）航空测量　查我国地域辽阔，水道辐辏，为迅速制定各河流治本方案起见，特创设水利设计航测队，采用最新航测办法，俾期迅速精密，现该队已于二十六年一月成立，正在积极规划进行中。

（四）水工试验　近世各国，多藉水工试验，研讨水利计划之良窳，及工程之成败，于水利设施，实有莫大之裨益。民国二十一年及二十三年，我国曾为研究黄河治导原理，敦请德国水工专家，从事试验，结果均甚圆满。对于黄河治本计划，有特殊之贡献。近为规划各河流治本方案起见，因即创设中央水工试验所于南京，二十五年冬兴工建筑，计需四十余万元。并为适应目前实施工程之需要起见，又先设临时水工试验所，于二十五年一月开始试验工作。其已经完成及正在进行之各项试验，为1．杨庄活动坝试验，2．整理马当水道试验，3．三河活动坝试验，4．华阳河泄洪道试验，5．沙砾移动试验。试验结果，对于实施工程颇多改善之处。

(五)整理文献　吾国水利，自古讲求，所有图籍，亦复繁多。惟以年久散佚，流传甚尠。水政统一以后，各项水利建设，正在统筹规划，对于水利文献，需要甚殷。除刊印水利孤本以广流传外，并将有关水利之资料及档卷，加以编纂，以供各河流治本计划之参考。现在着手编纂再续行水金鉴及民国水利志等书。

(六)训练人才　水利事业日渐发展，颇感人才缺乏。爰就各水利机关具有实地经验之技术人员，每年考选数人，分别派赴欧美各国，及埃及印度安南爪哇等处，实习灌溉，治河，及水工试验等工程。三年期满回国，仍分发各水利机关服务。办理以来，颇著成效。

以上各项，系就中央各水利机关主办，或有关省分协助中央办理之水利建设，择其荦荦大者，撮要报告。其详细情形，及设施经过，则已分别另有专刊。若统一水利行政事业纪要，二十四年江河修防纪要，各年水利建设报告，及计划汇编，与雨量水文报告等，均已有详尽之记载，兹不赘述。至各省市水利建设，各该省市政府，亦均极为重视。数年以来，颇呈突飞猛晋之象。兴利防灾，兼筹并进。生产建设方面，如灌溉航运诸端，均已具有相当之成绩。征工服役，成效尤著。惟以限于篇幅，详情亦姑从略。要之水利行政，贵乎有一贯之系统，水利建设，贵乎有通盘之规划。至水利事业之进展，治本与治标并进，兴利与防灾并重。经委会负水利行政事业之专责，正在本此方针，循序渐进，假以时日，当能有所成就也。

〔全国经济委员会档案〕

# （四）灾荒与救济

## 一、灾 荒 概 况

### 1. 薛笃弼视察陕甘豫三省灾情的呈文

（1929年3月18日）

呈为呈报视察陕甘豫三省灾情，缮具视察报告，收集灾民食物连同实地摄影，恭陈仰祈鉴核事：窃笃弼于二月五日奉国民政府特派，状开：特派薛笃弼前往陕西、甘肃视察灾情。此状。等因奉此。遵于二月一日偕同内政部特派员赵丙炎等人由京起程，于十五日抵潼关县，十六日起由潼关县西行视察，沿途经过各县村庄，每至一处，笃弼等亲至该村居民住所察看瓶罍有无盖藏，并详询年来雨水田禾收成及最近生活状况，为之拍照留影，取具各种现下食物样品。经过城市，笃弼等则向当地官长、绅士及各团体领袖询问受灾轻重，及现在办理救济情形，一面宣布中央关念灾黎暨筹赈办法，藉资抚慰。先后经过陕西之潼关、华阴、华县、渭南、临潼、长安、泾阳、三原、富平、耀县、咸阳、醴泉、乾县、永寿、邠县、长武及甘肃之泾川、平凉等县，于二月二十五日行抵平凉，三月一日返抵潼关。接准国民政府文官处感电开：旅平河南赈灾会电陈，豫省灾情奇重，乞援陕甘晋绥例，特派大员查赈一案。奉主席谕电：薛部长俟陕甘灾情查勘完竣回豫时，就近查勘，特达。并准内政部梗电，以奉院谕据旅平河南赈灾会电同前情，饬转知顺道查勘各等固。准此。遵于三月三日绕道河东，三月六日视察阌乡、灵宝各县村庄，三月七日视察陕县。业将查勘陕甘豫各县村庄灾状以及各地方吁请急赈情形，并笃弼等起行住宿地点，逐日电陈钧院鉴核在案。三月十日返京，又将查勘略情即日面陈覆命。查此次陕甘豫三省灾情，诚为空前，浩劫异常惨重，其故在频年以来土匪遍地劫掠焚烧，既难安居务农，复无丝毫积聚。去夏以来，地方粗定，而旱魃为虐，雨泽愆期，天道亢阳，遍地成火，池沼涸竭，百草尽焦。非但秋粮无收，兼以春麦未种，除少数有水田多处外，余均为赤地千里。又复交通阻滞，输运艰难，粮价飞腾，涨逾五倍，陕甘豫西各地每石粮价约四十元，每元仅能购面五斤，兰州每元购面三斤半，导河每元三斤。自去冬以来，人民之远走逃荒与夫饥饿致毙者，无村蔑有，幸而存活，则皆食用油渣、豆渣、棉花子渣、苜蓿、麸糠与杏叶、地衣、槐豆、苓草根、榆树皮、牛筋等物，尤苦者以雁粪为食，其拆房卖房鬻女弃儿以期苟延残生者，尤所在多，惨苦情形殆难名状。总计陕西省灾民共有六百二十五万五千二百六十四人，甘肃省灾民共二百四十四万零八百四十余人，河南灾民共七百六十一万一千六百六十六人，合计陕甘豫三省现有灾民一千六百三十万余人。受灾种类计有旱灾、匪灾、水灾、雹灾等类，而以旱灾为普遍之灾，刻下因各地得有微雪，人心略安。窃念此次陕甘豫三省灾区之大，灾民之众，灾情之烈，实非寻常可比，况值此青黄不继之时，草根树皮掘食殆尽。此次视察所至，饥民千百哀号乞食，一闻中央派员前来，牵裾遮道涕泣求救。笃弼目睹其鸠形鹄面，命如悬丝之惨状，而赤手空拳，惟有挥泪抚慰，并于无可如何之中，撙节旅费，略事赈济。每按到场人数，酌给钱食或亲自散放或交地方长官代发，以期仰付中央饥溺之怀。惟杯水车薪，全活终属有限，受灾各县虽间有办理平粜粥厂或工赈者，然仅廖廖数处，又多限于经费，未能广为救济，将来为期一久，势必尽成饿殍，似此情形，若非速办急赈，西北灾民实属不堪设想。拟请先由政府速拨大宗款项、粮米，派员运赴灾区，会同当地官绅施行急赈，以救垂毙之难民。至于根本办法自应开渠凿井兴办水利，或乘此农隙兼办工赈，是在随时随地妥慎筹维者也。所有遵令视察陕甘豫三省灾情缘由，理合缮具视察报告连同沿途收集灾民食物二十种，实地摄影七十四片，备文呈报，仰祈鉴核。谨呈

行政院

附呈视察报告一件、灾民食物一匣计二十种、实地摄影七十四片

特派视察陕甘灾情
卫生部部长　薛笃弼

中华民国十八年三月十八日

## 视察陕甘豫三省灾情报告

一、视察陕西、甘肃、河南三省灾情所经县分村庄表

甲、陕西

(一)潼关县：吊桥。

(二)华阴县：上洞村、红镇、白家河。

(三)华县：罗家堡、东赤水。

(四)渭南县：郭家河、北张村、褚家堡、黄家屯、马利滩、黄家村。

(五)临潼县：姜沟。

(六)长安县：官亭。

(七)富平县。

(八)泾阳县：蒙家村。

(九)三原县

(十)耀县

(十一)咸阳县：王村、地张窖、双庄、尼门寺。

(十二)醴泉县

(十三)乾县：续张村。

(十四)永寿县：蒿店、地角沟。

（十五）邠县

（十六）长武县

乙、甘肃

（一）泾川县：窑店、瓦窑镇、葫芦湾、老园上、西家铺、何家嘴子。

（二）平凉县：史家沟、白水镇、郿现镇、二十里铺、羊子寨、万家庄、任家庄、王家沟。

丙、河南

（一）阌乡县：庙儿村、达子营。

（二）灵宝县：稠双村。

（三）陕县，达营。

二、陕西灾情概况

（一）灾民总数，六百二十五万五千二百六十四口。

（二）被灾县分：七十七县。

（三）受灾最重县分：蒲城、白水、澄城、郃阳、富平、泾阳、三原、高陵、朝邑、韩城。

三、甘肃灾情概况

（一）灾民总数：二百四十四万零八百四十余人（截至上年底止已报到者）。

（二）被灾县分：计共六十四县，内匪灾兼受旱灾计五十一县，旱灾兼冰雹灾计十三县。

（三）受灾情形：甲、旱灾：兰山、渭川两区最重，甘凉、泾原、宁夏西宁次之，安肃区又次之；乙、匪灾：兰山、甘凉、渭川、泾原等区属之静宁、隆德、会宁、定西等县最重，安肃、宁夏、西宁及泾原区属之平凉、泾川等县稍次之。

四、河南灾情概况

（一）灾民总数：七百六十一万一千六百六十六人。

（二）被灾区域：全省一百十二县均有灾，以豫南为最重，豫西次之，豫东、豫北又次之。

(三)被灾情形：全省各区均受匪灾，豫南、豫西兼受旱灾。

五、灾民食物样品目录表

油渣馍、棉花叶、醋油渣、榆树皮、蒌草根、榆树皮面、蔓青、地衣、棉花子面、苜蓿根、杏叶、豆渣、槐豆、油渣面、醋糟馍、谷糠面、糠秕馍、槐豆白薯叶、刺筋、杏叶拌杂面。

〔相片略〕

〔行政院档案〕

## 2. 王瑚报告晋绥两省灾情给行政院的呈文
(1929年4月)

呈为呈报视察晋绥两省灾情仰乞钧鉴事：本年二月十三日奉国府第69号特派状：特派王瑚前往山西、绥远视察灾情等因。遵于二十一日选带随员三人由开封启程前往两省，悉心视察，三月二十四日返至太原，曾将大概情形会同部派员续摸电呈在案。今再为我国府详陈之一，山西向分南中北三区，南区即河东，全省之灾以河东为重，河东又以西南两方面为极重。该区向以种麦为大宗，十七年大旱夏秋两季均颗粒无收，迤如永济、解县、虞乡各县面价现洋一元仅买六七斤，而豫西、陕北犹越境来购，以致粮价日涨，人心恐惶，嗣经禁止出境，又有本地商民由东北两方采运小米，粮价稍平。然去秋无雨，宿麦未种，今春拟改种杂粮，又苦无透雨。亲见妇孺遍野掘草根剥树皮以为食，若今春再旱，则全年又成凶荒。目下虽有本地种耆筹办粥厂平粜，然非有外来大宗粮食源源接济，则此一区三百万生民将尽流为饿殍。接济之法宜由河北、奉天购粮，用火车运至榆次，由公家派汽车输送。此垂毙之民急望于该省政府之援救，尤重望于我国府之恩施者也。晋中太原附近向食杂粮小米，价现洋一元可买十五六斤，惟太谷、祁县、交水、交城、平遥、介休等县均被雹灾，甚至有夏秋两受雹灾者。而寿阳一县乃发大水，波及阳曲、太原、榆次、徐沟、清源等县，有成灾者且有重灾者。该省政府已有工赈大计划及抵产局各办法，亦因款项难筹，未能畅行。晋北雁门至大同地旷人稀，向来收成四五分足给一年之食，即收成二三分亦可供半年之食。去岁各县约计二分收，而遮西之苛岚、五寨、神池、宁武等县，遮东之浑源、灵邱、广灵等县均有四五分收。惟该区累年兵灾，又经奉军强迫种罂粟，勒收籽种费，土地率成荒芜，房屋大半破坏，而绥远商民、军队来此采买粮食者，络绎不绝，而无产穷民不得粒食，竟有食油渣、野菜、草根、树皮者，长此以往，则本地灾民将益受其困，救济之法宜令绥远由奉天、北平、天津、察哈尔采运外粮，晋北一带一律禁止运出境，此两利之道也。总计山西一省自军兴以来，民穷财尽，故经此荒灾，不苦于无办法而苦于无财源，此山西被灾之情形也一。绥远原有十县西设治局，民数二百四十万，还由察哈尔遮西划拨五县，则察属完全为非灾区，绥属尽成为灾区。该区地居边远，土旷民稀，土著者居其半，客民居其半，乃自十五年以来，初受兵灾，次受匪灾，继受旱灾，终受瘟灾，其受灾尤以萨拉齐、托克托、固阳、包头各县为极惨，因遮西五原、临河稍有收成，该各县人民遂弃家就食。乃匪者赵半吊者竟将彼处存粮付之焚如，意图胁民为匪，故饥民不死于故土而死于中途者不可胜计。其客民亡去者亦不可胜计，村庄大者二三百家，现在者不过三四家，家亦不过两三人。鬻妻卖儿女者动以万数，现虽经该省政府禁止，而公安局扣留之妇孺日至数十起，然亦无善策处置。鼠穴余粮，人乃掘而食之，故发生鼠疫，我国府曾派医官来此消防，此早经上闻者也。又卤地生草名曰碱葱，人食其籽则面肿，然贵至一斗价八角，今则并此而无之，则全区三百万人民将尽化为乌有。夫民生要义也，实边上策也，该省向为产粮极富之区，故实业家、资本家争来开垦，而民多盖藏埋粮于地，虽经一二歉岁不致成灾。乃自战事缠联，官兵则征求无已，土匪复罗掘一空，况复经此大旱，寸草不生，哀此穷黎，不死何待？目下救济之法，宜从奉天、河北、察哈尔采运杂粮，火车减费验照放行，则朝发夕至，垂毙之民庶有更生之望。又黄河上游固多可开之渠，平滂、包宁两铁路皆可以工代赈，召集流亡以实边，开濬沟渠以防旱，此当今之急务也。夫国家设官以为民耳，今人民皆憔悴而官吏如渥丹，其不关心民瘼可知矣。拟请我国府严令各省凡有牧民之责者，民生与生，民死与死，遇凶年当先为请命，并自筹办法，民有饿死者不得归罪于岁而已也，尤不得如受人之牛羊者，不急为之求牧与刍，乃立而视其死也。如此，则民生主义不致托为空谈，而邦本可以永固矣。所有奉派视察山西、绥远两省灾情，理合呈请钧院鉴核。除分呈外，谨呈

国民政府行政院

王　瑚

中华民国十八年四月　日

〔行政院档案〕

## 3. 湖南省政府报告去岁兵旱灾情严重请列为甲等赈灾地区的呈文

(1929年4月3日)

呈为转呈属省各县灾民代表缕述灾情，请颁巨赈，仰祈鉴核，矜怜湘灾提列甲等，以救孑遗事：案据耒阳、资兴、永兴、鄠县、平江、宁远、桂东、郴县、醴陵、桂阳、宜章、安仁、攸县、茶陵、蓝山、临武、汝城、阳明、新田、浏阳、泸溪、临澧、慈利、临湘、石门、麻阳、安乡、辰谿、澧县、沅陵、祁阳、岳阳、汉寿、沅江、南县、乾城、嘉禾、芷江、大庸、永明、邵阳、长沙、益阳、永顺、湘阴、黔阳、永绥、新化、常德、会同、安化、华容、宁乡、东安、龙山等五十五县灾民代表谢馨、潘喻枢、杨书

洗、李熙、张黑文等一百五十八人请愿书称：为请愿事：窃我郴县、耒阳、宜章、桂东、酃县、永兴、资兴、安仁、桂阳、汝城、临武、攸县、茶陵、宁远、平江、醴陵、衡阳、浏阳、阳明、蓝山等二十县迭遭共祸，人民死亡以百万计，财产损失以亿万计，房屋焚烧以数十万计。有全城被毁者，有全家被戮者，有举室逃亡者，灾情之惨，不亚于海陆丰。其或幸免共匪杀害者，流离转徙，颠连困苦，尤难笔宣。虽经政府屡次派军清剿，次第就平而田屋已成丘墟，餐食无归，迭经呈请政府速颁赈款救济在案。至我长沙、湘阴、泸溪、临澧、慈利、石门、麻阳、安化、桃源、澧县、邵阳、沅陵、辰谿、祁阳、桑植、汉寿、常德、岳阳、乾城、嘉禾、芷江、大庸、永明、桂东、华容、宁乡、东安、龙山等二十八县，去岁入春雨泽既已愆期，夏则旱魃为虐，苗槁苞枯，赤地千里，秋收失望，饿殍盈途，所有旱灾情形已经呈请查勘，蠲赋并乞颁赈接济。兼之连年军事倥扰，盗匪乘机窃发，出没无常，杀人劫物，不能安居，以致匪炽成灾，虽经政府派兵剿办，然兵来匪去，兵来地方愈增痛苦，此亦曾经报灾有案者。我安乡则洪水为灾，崩堤溃垸，尽成泽国，漂流人畜，死亡甚多，灾情至为重大。我益阳、永绥、南县、永顺、安化等县大火成灾，延烧房屋以千计，被灾人民以万计，损失财产以百万计，灾情极惨。均经呈报有案，并荷钧府转报中央，请列为特别灾区，颁发赈款。我灾民等均各派代表留省候赈，方冀立沛甘霖以活残喘，迺昨阅报载，湘灾竟列为丁等，是我数百万之灾黎不特有杯水车薪之叹，且将束手待毙而已。闻耗之余，蜀胜悚惧，顾蝼蚁尚且惜生沟壑畴甘就死，矧值国民革命成功之时，正人民解除痛苦之日，来苏有望，惟恐后我。特为缕呈灾况，伏乞钧府速予转呈中央，请列为甲等，立颁巨款，以救垂死之灾黎，无任衔感之至。等情据此。窃属省各县灾情，以天灾论有三十余县，灾民约计有二百余万人；以共祸与匪灾论，凡被灾之区寸物无存，灾民有四百余万人，毫无生活根据，其中孤儿寡妇或因成残废不能自谋生存者，占十之五六，啼饥号寒，惨不忍闻，死亡相枕，尤难忍睹。键蒿目时艰，只以占金乏术，无法筹款，实深罪疚。近以各省军队缩编，湘籍退伍归里者，又在二十万以上。灾后流亡之抚绥，尚苦无措，失业民众之安辑，更难预筹，左支右绌，顾此失彼，既无将伯之助，徒兴仰屋之嗟。所望拯我灾黎者，惟有鹄候赐予钜款以备救济耳。所有属省灾情图表、影片均经先后呈赉钧院，计邀洞察前准旅京湖南赈务委员会电告湘灾列为甲等，至深焦灼，当经电请矜怜湘民，请改列甲等矣。兹据前情理合备文呈请钧院俯念湘灾奇重，锡列甲等，迅颁赈款以救孑遗，毋任迫切待命之至，并乞指示祗遵。谨呈

国民政府行政院院长谭

湖南省政府主席　何　键

中华民国十八年四月三日

〔行政院档案〕

### 4．杨树庄陈报闽省各县灾情电

（1931年8月——10月）

（1）1931年8月29日电

南京。国民政府行政院钧鉴、赈务委员会、内政部公鉴：闽省久遭赤祸，元气早已凋残，乃近月以来，水患风灾又复接踵而至，业于敬日先行电陈在案。兹将各县被灾情形摘要电陈如下：（一）永安县县长报：风雨骤至，洪水怒涌，逃避不克，悉被溺毙，田舍财物漂没甚多。（二）卢师长兴邦报：连城、古田铣日洪水涨溢，墙崩屋塌，田禾竹木以及三百余所之纸槺碓槺建筑物总计损失在百余万以上。（三）宁洋县县长报：铣夜大雨倾盆，溪洪暴涨，高二丈，桥路坂卡冲毁无余，庐舍田园有成瓦砾，粮食、牲畜及其他一切财产损失无算。（四）闽侯县县长、福州市公安局等先后

报：洪水为灾，省垣稍低地段悉成泽国，田园漂没，秋收无望。(五)罗源县县长报：灰晨飓风猛烈，县府房屋崩塌，民间损失尤重。(六)古田县县长报：职县十日大雨如注，同时上游洪水陡发，沿溪民房被水冲刷，木料器具随波漂流，县府前监狱围墙均倒塌，尤以第五、第六两区受害为惨。(七)古田县执委会、古田县商会先后报：古邑风雨为灾，男女压毙多人，已据得尸身十二人，余尚不知漂流何处。房屋倒塌，田园财物冲毁不计其数，东、北两乡受祸更惨。(八)霞浦县县长、霞浦县商会先后报：蒸晨风雨至，翌晨尤烈，民间房屋田园损伤几遍，人口压毙不少，县府房屋倒塌无余，现暂住民房办公。就县城损失已不止数十万，乡镇尚未查明。(九)宁德县县长报：狂风大雨为灾，庙宇庐舍崩塌无数，船只倾覆数十艘，死伤甚多，乡区灾情续报。(十)水上公安局报：三都灰日风雨交作，警舰及民船数十艘悉遭沉破，渔民死者数十人，陆上店屋倾倒二十余家。(十一)诏安县县长报：诏邑风雨为灾，水涨二丈，河堤决裂十多处，民房倒塌百余家，县府亦塌房屋五间，电报局亦被水冲去，羊寮村、头溪村覆没，人畜死亡不计其数。(十二)张师长贞、龙溪县县长、漳州水灾赈济会等先后报：连日大雨倾盆，筱暴泛城区，低处悉遭湮没，屋宇倾圮，人民潦压，死者百余人，更有市路、里路及飞机场均多冲坏。合邑田禾淹没殆尽，实二千年来未有之奇灾。(十三)漳浦县县长报：铣、筱等大雨为灾，山洪暴发，县城东南各隅水深丈余，南门外各村悉成泽国，局民楼宿屋顶，房屋粮食财物等一切漂流极多。(十四)连江县第八区西洋保卫团团长黄忠源寝电报：飓风为灾，西洋全市不满七百家竟低折毁屋房至六百余户，即幸存者，损失亦极不少，所有粮食等悉被飓风连根拔起，寸株不留，压毙受伤及屋房漂没至今尚不能得确概，诚为空前浩劫。(十五)水上公安局、福鼎县长先后报：福鼎南镇及沙埕等处狂风大雨，如怒涛如涌，山崩树拔，桥塌屋倾，民居十坏八九，渔民浮尸盈海，损失莫可数计。又英商升威商轮由香港往上海，避风沙埕港，铁锚浮荡，漂至歧澳头，触礁遇险，经警署极力施救各等情。查此次风灾水患，几遍全省，田园冲没，庐舍坍塌，全村覆没者有之。灾民露居野处，为状至惨。除电令被灾各县就地先筹急赈，并由省赈务会特电请赈外，务恳迅赐发给钜帑赈济，曷胜迫切待命之至。福建省政府主席杨树庄叩。艳。印。

（2）1931年9月3日电

南京。国民政府行政院钧鉴、赈务委员会、救济水灾委员会、内政部勋鉴：敬、艳、三卅电计蒙鉴及，兹顷据各县报告灾情摘要电陈如下：（一）据民政厅呈沙县县长报称，霪雨为灾，田园廪舍冲没甚多，东区及下南区一带被灾尤甚。（二）据民政厅呈德化县长报，铣晚狂风暴雨，折栋崩榱，县署及监狱墙倒，庙宇民房折毁自西墩乡至世科、上荇、丁乾、塔雁一带，受灾尤重。（三）据民政厅呈云霄县县长报，删晚淋雨不止，内山水发，铣午城市水高五六尺至丈余不等，人畜房屋均有损失。（四）据民政厅呈闽清县县长报，连日山潮暴发，霪雨倾盆，全城泽国，人民流离失所，禾苗果树被淹者，不计其数。各等情合再电请察鉴，俯赐准照卅电施行，不胜迫切待命之至。福建省政府主席杨树庄叩。江。印。

（3）1931年10月23日电

南京。国民政府行政府钧鉴、赈务委员会、内政部、上海国府救济水灾委员会公鉴：顷准漳州张师长贞筱电略开：本月真、文、元等日，海潮高涨，漳属如诏安、云霄、漳浦、海澄、麻溪、泉属如晋江、南安、同安等县，滨海田地均被海水淹没，稻谷等农作物损失殆尽，十数县民食至此全陷绝境。又据农民云，凡经海水淹没之田，地质含盐，至少须三年后方可耕种，似此灾患存臻，民食既缺，盗匪易生，非速筹救济，后患何堪设想等由。并据同安、诏安等县县长先后电同前情，除饬就地赶筹善后，并将详情查报外，谨电奉闻。福建省政府主席杨树庄叩。漾。印。

〔行政院档案〕

## 5.赈务委员会、内政部转陈苏浙鄂赣四省水灾情况给行政院呈

（1931年12月26日）

为会呈事：案查本年七月间奉钧院第3667号训令，以奉国民政府令饬，即合同派员分往各灾区调查水势及农产受害实情，按照灾况统筹救济一案。当以本年被灾地方以江苏、浙江、江西、湖北、湖南、安徽、河南等七省为最重，遵经会同制定水灾调查表，遴派本部视察袁维薰前往江苏、浙江、张錡前往江西，熊开先前往湖北，本会科长周一夔前往湖南、秘书洪迴前往安徽、冯学棻前往河南，率同技术人员分途切实查勘，并会同呈奉钧院本年八月二十八日第4260号训令，已转奉国民政府指令，呈悉饬即知照，一面由本部会等随时与救济水灾委员会筹商救济各在案。兹据本部视察袁维薰、张錡、熊开先等将调查江苏、浙江、江西、湖北等四省水灾情形按照所发原表分别详填，先后呈报前来。综合各该员等调查各项灾况，虽有轻重不同，而灾区广大，灾民众多，似非筹有大宗款项分别支配办理善后，不足以资救济。除检同原表函请救济水灾委员会查照办理外，理合抄具原呈并检同原表会同呈请钧院察核，转呈国民政府鉴核。再湖南、安徽、河南等三省水灾情形本会科长周一夔等业已查竣回京，正在分别编辑报告，容俟另文呈报并陈明。谨呈行政院

计抄呈原呈六件，原表八件

赈务委员会委员长　许世英

内政部长　刘尚清

常务次长　张我华代行

中华民国二十年十二月二十六日

抄呈

敬呈者：案奉钧令开：派该员克日驰往江苏、浙江两省被灾地方，按照附发表列事项，将灾区水势及农产受害状况并人民被灾情形分别切实查勘，从速回报，以便统筹救济。除呈复行政院并分咨江苏、浙江两省政府查照接洽外，仰即遵照。此令。等因。计发表二百纸，奉此，遵于八月十二日启程先赴镇江，诣江苏省政府，由金秘书长出见，声言本府已准会咨令行民政厅派员会同查勘，当承其陪往民厅与胡厅长接洽，适值各县报灾文电纷至沓来，业经派员数起分途往勘，尚有整装待发者，嘱先会查数县，余再派员同行，倘以转折费时，独往亦可。维薰仰体斯意，商准行知被灾各县，如无省委偕来，即令县长会同办理，似此不受牵制，较易进行。仅同省委陈曾谷会查江都、宝应、淮安、淮阴、泗阳等五县，余即单独往查。计由江北里运河而出天生港，取道申江以入浙，晋谒浙江省政府主席，面陈奉委出京，距今已近一月，此间水灾较前扩大，应如何会查，唯命是听。旋蒙指派民厅第三科徐科长同往赈务会，勘酌灾情轻重派员分别会勘。斯时正逢该会开会常委俱在，出示灾况一览表，圈定被灾较重十余县，余属轻灾，自无会勘必要。翌日省委汪濂同行，先至旧治湖属，而余杭，而宁属，穷十数日之力赶办竣事。复由京沪、京宜两路转浦口以达徐海。调查结果：江苏被灾县分计三十有九，以高邮、宝应、兴化、盐城、阜宁、东台、泰县、江都、高淳、铜山等十县为最重，淮安、淮阴、泗阳、涟水、泰兴、如皋、仪征、宜兴、溧阳、杨中、镇江、丹阳、溧水、汤山、江宁、六合、江浦、萧县、宿迁等十九县次之，句容、吴江、金坛、睢宁、东海、丰县、沛县等七县又次之，合计待赈者已达五百三十万人，赣榆、沭阳、邳县因道路不清，暂付阙如，探闻灾情尚非过重，此苏省水灾之大概情形也。浙江报灾县分照赈务会底册原为三十有八，继经各县续报，轻灾请免派勘或据勘报无须办赈自应照数除外，余如维熏等会查之十一县，以吴兴、长兴、德清、武康、镇海等五县受灾较重，安吉、杭县、余杭、定海等四县次之，合计待赈三十万余人，此外奉化、鄞县亦经履勘，秋成间或减歉，未得成灾，此浙省水灾之大概情形也。综上以观，急赈固关紧要，各县奉国省两方暨得慈善各团体拨助款项，多已实施，暂解倒悬之苦。惟来日方长，饥寒交迫，戚友借贷已遍，富绅之周济已穷，唯一生机端赖冬赈。其积水未涸之低洼地亩，弗克耕种，麦收更无指望，尤须春赈抚绥。事关民族生存，地方治乱，窃冀赈灾公债及其他义赈源源接济，转危为安。至此次成灾原因苏浙两省同时雨水过多，山洪暴发，来源下注，势若建瓴，原有河湖久经淤积，容量已逊于前，加之归江、归海故道复多壅塞，宣泄几不可能，且堤防多年失修，一经泛滥，已难抵遏，再遇风伯助虐，溃决随之，势非根本修治，不能解除后患。然处此环境，财力不遑，姑治其标亦当挑选灾民尽量疏浚河湖，培补堤岸，以工代赈，俾收一举两得之效。愚虑所及，伏乞钧裁。此外灾区水势及农产受害状况并人民被灾情形，均已填列表内，理合检同调查表四十五分，每分一样五张，分订十本，一并呈请鉴核施行。谨呈

赈务委员会委员长许

内政部 部长 刘<br>次长 张

委员 袁维熏

抄原呈

谨呈者：窃委员前奉训令查勘湖北水灾，曾于差次，先将调查各县被灾概况呈报在案。惟应行查填各市县水灾表，因该省被

灾区域极广，全省六十八县报告水灾者达四十八县一市，且有匪共出入之区，道路阻梗，详情尤不易得，故需时较多。兹经先后设法调取齐全每市县，缮填五分，共填表二百四十五张，计分五本订载。前次呈报系一市四十五县，旋又有宜昌、枣阳、兴山三县陆续报灾，故共有一市四十八县。至表中方里一项，因该省向用市里计算，均以市里填送，未便更改。合并呈明所有奉命调查湖北水灾填缮水灾表各情形，理合呈请鉴核。

谨呈

赈务委员会委员长许

内政部部长　刘<br>　　　次长　张

委员　熊开先

附呈湖北各市县水灾调查表五本计二百四十五份〔缺〕。

抄呈

敬呈者：窃职于八月十一日奉钧会、部民字第128号训令：奉行政院令派该员赴江西省查勘水灾，仰速回报等因。计发表一百纸，奉此遵于八月十三日起程驰赴南昌，面谒省政府、鲁主席暨民政厅王厅长，商承派委水利局局长燕方畋与其局员杨亮臣等，会同前往被灾各县实地视察，至九月七日查勘完竣，谨将该省水灾情形缕陈于后：查江西水灾，其初四月间春汛盛涨，沿赣、沅、修各流域被灾颇重，迨水势稍杀，而七月间淫雨兼旬，各内河向以鄱湖、大江为宣泄之地者，至是江水陡涨，倒灌入湖，地势又极低洼，潴水过多，以致成灾。凡滨江沿湖各县，冲溃无数圩堤，灾域至大且重，为百年来所未有。计灾重者如九江、新建、南昌、湖口、彭泽、都昌、星子、德安、永修、瑞昌、鄱阳等十一县，其次则余干、进贤等各县。各县灾民竟有达三十万之巨者，少者亦在四五万人，什之六七以劳工或借贷度日，而死者及流离失所者尚不在少数。灾情既如此惨重，而该省出产又以米谷为大宗，此次淹没农田，为时亘两月余之久，收成既什九绝望，而依照气候亦已过时，又不能改种别项粮食。灾黎遍野，极堪悯恻，至地方救济情形当时各县亦间有筹设赈务机关分途劝募设法救济者，而省政府库帑拮据，至报省务会议决仅二万余元散发灾情较重各县急赈，以六万余元分配各县作工赈费，共九万元，灾域过大为数甚微，杯水车薪，无济于事，此该省被灾损失及地方救济之大略情形也。所有奉令查勘江西水灾缘由，理合备文连同南昌等十八县水灾调查表各五分，呈请鉴核施行。

谨呈

赈务委员会委员长　许

内　政　部　部长　刘

　　　　　　次长　张

委员　张　錡

附呈江西各县水灾调查表五本〔缺〕

〔行政院档案〕

## 6.黄河水灾救济委员会关于黄河水灾概况的调查报告①

（1933年10月）

### （一）河北省

长垣　八月十一日长垣境内两岸同时漫决约四十余口，两岸自三区之大车集以下至五区之石头庄三十余里开口三十二处，大车集以上为太行、旧堤、华园、雨淋头等村开口六处，计三十八处，东岸自马堤、兰通以下亦漫决数处。堤初开时，水势高者一二丈，低亦有数尺。波涛汹涌，奔腾澎湃，一刹那间全县沦胥，

① 择自国民政府黄河水灾救济委员会1933年10月份工作报告。

八百余村尽成泽国。约计淹没面积一万四千余顷，村庄七百余，房屋五万余间，灾民二十六万人，财产损失约估在二千五百万元之谱。

东明　全县共七百余村，被灾者十之八九，以一二区为最惨重，被灾面积达二千余方里，灾民约十七万人。当决口时，水势浩大，高达丈余，人民惨死无算，幸大水即退，麦已完全播种。

濮阳　该县居长垣各口下游，大水由河南滑县入境，灾情以一、三、六、八、十各区为最重，灾民达二十余万人，被水村庄六百余，灾区面积三千余方里，财产损失约估三千余万元。

（二）山东省

荷泽　黄水自长垣入境，宽三四里，深五六尺，灾情最重者十二乡，较轻者五乡，淹没村庄一千余，倒塌房屋九万余间，灾民三十万人，损失约三千万元。

城武　该县水灾约计淹没田园四十万亩，村庄三百余，灾民六十万人，财产损失约估一百万元。

东平　该县水灾约计淹田三十余万亩，村庄三百余，灾民八万人，损失约估二百万元。

濮县　该县水灾淹没面积约计一千二百万方里，村庄五百余。

金乡　该县被灾面积约计七百方里，灾民二万人，损失五十万元。

曹县　黄水分两股，一经黄河旧道波及十余里，深约丈余，一经沙河、白河，泛滥数十里，约计淹田六十余万亩，灾民十余万人，损失二百余万元。

定陶　据报告黄水浸入该县尚缓，故未伤人，惟城南二三两区一片汪洋，淹没面积一百方里，村庄二百，灾民万余人，冲毁房屋淹毙牲畜无算。

东阿　该县被灾面积八万亩，村庄七十，灾民二万余人，地方损失四十万元。

肥城　该县被灾面积三十方里，损失一百万元。

鄄城　全县六区被灾者四区，约计淹田十三万亩，灾民一万八千人，损失约百万元。

嘉祥　洙河上游决口，三面被水，淹田约三十万亩，灾民九万人，损失一百万元。

单县　兰封决口，水灌县境，城北被淹较重，黄河旧道二滩之地冲刷殆尽，灾民四万人，损失一百万元。

寿张　该县灾区面积二十余万亩，淹没村庄三百余，灾民十万人，损失约六百万元。

巨野　八月十八日黄水入境，淹地二百余方里，以一七两区为最重，淹没村庄四百余，灾民十万余人。

范县　据查报淹地六百方里，村庄三百余，灾民九万人，损失约计四百余万元。

郓城　据查报灾情较大，田禾荡然，庐舍倒塌，淹没村庄数约三百。

阳谷　据报淹田六万余亩，灾民二万人，冲毁房屋七千间，损失约一百万余元。

济宁　据报该县仅西南五六七三区各淹一部分，约计灾民五万人，损失六十万元。

平阴　据报该县淹田四千亩。

汶上　该县距河较近之第十区被灾稍重。其他九区亦非全部淹没，约计淹田四十万亩，灾民五万人。

（三）河南

陕县　据报该县淹田一千余亩，损失五万元。

沁阳　八月八日黄河暴涨，邻近温武两县之南保封村，大水汪洋，淹地约计三十余顷，田禾收获无望，灾民四千余人嗷嗷待哺。

济原　八月九日黄河暴发，水高二丈余，经过一空，沼滩地亩七十余顷淹没十之八九，灾民七千余人。

巩县　八月八日夜至九日下午大雨倾盆，山洪暴发，河水漫溢，第一区七里铺、神堤、双槐树、阜民、关仁、存沟等乡秋禾被淹者万余亩，而七里铺滩道在洛水入黄之口，壅垫滞塞，致洛水将滩堤堰冲决，向东直流，良田顿成河身。计淹没面积七百余方里，房屋二百余间，灾民一万余人，损失十五万元。

滑县　全县共十区，以东南五六七区被灾最重，被灾面积五千余方里，淹没村庄四百余，房屋十余万间，灾民二十万人，淹毙者万余口，牲畜五千余头，财产损失约计三千万元。

汜水　八月九日午间，黄水暴涨，倒灌汜河，水出槽逼堤而行，水深数尺或丈余不等，约计淹田五千亩，灾民二三千人，秋禾、牲畜、粮食、农具、衣服等尽付东流，河北滩民受灾亦重。

开封　八月十一晚二时县属黄河北岸第十区被水浸入，南岸五八区沼泽，新老滩堤被水冲刷共湮没一百二十余村庄，房屋九千余间，灾民五万余人，损失六十余万元。

民权　该县治黄河故道第一区被淹，约计面积八万余亩，损失二十五万余元。

武陟　汛由驾部村至西唐郭等处而来，河水漫溢，治滩、村庄悉成泽国，约计淹田十万余亩，房屋六千余间，灾民八万余人，损失二百四十万元。

温县　该县位于黄河北岸，南距官堤二十余里，官堤以南即沙滩，距黄河老堤十余里，地势较洼。八月八、九日黄水继涨、漫溢成灾，堤北东西四十余里，南北二十余里，汪洋一片，约计淹田十九万亩，倒塌房屋二万余间，灾民二万余人，损失约计一百数十万元。

兰封　该县治城西北二十余里之铜瓦厢，适当黄河转弯处。八月十日河水暴涨，大小新堤均被冲决，其水淹没二三两区，约计被灾面积六百余方里，淹田二十余万亩，房屋一万余间，灾民二万余人，财产损失四百余万元。

封邱　兰封、长垣决口，波及该县第四区，南起东西大堤，北至瑙利，淹田约十三万亩，村庄一百，灾民二万余人，损失约计一千余万元。

广武　该县第四区遍处河北，地势洼下，黄河暴涨，平地水深丈余，滨河三十余里尽成泽国。时正值夜半，人民弱毙甚多，五六两区北为黄河滩地，亦被淹没，灾民约三万人。

考城　七月底河水窜入考城第一区西圈端堤外，兰封所属滩地八月十一日圈堤漫水，阅二三时即至城下，继灌入城中，水深七八尺，被水面积约五十方里，淹田三十万亩，村庄百余，房屋五万间，灾民二万人，财产损失无算。

陈留　八月十日黄水陡涨，平地水深二丈三四尺，淹第四区，约计面积三十余里，田五万亩，房屋千余间，财物损失尚无统计。

孟县　黄河陡涨，上游堤溃漫溢入境，约计淹田六万余亩，房屋数百间，村庄三十余，财产损失亦巨。

孟津　七月二十九日黄河陡涨，和家庙村北堤决数十丈，卅一夜双槐镇决堤十余丈，八月一日小集镇、双槐镇之间堤决二十余丈，自扣马以至铁谢一带之和家庙、老水口、徐村、小集、花园数十村尽皆湮没，八月二三两日河水复涨，堤防溃决，平地水深七八尺至一丈余，约计淹田三万余亩，村庄四十余，房屋二三千间，灾民二万余人，约计损失六十万元。

原武　八月十日河水飞涨，河滩全被淹没，十二日晚河水复涨至堤边，最深处水达丈余，西南成为泽国，约计淹田四万余亩，损失四十余万元。

虞城　八月十四日河水自西北曹县流入县境，第二区水势浩大，深丈余，宽二里许，所过之处田庐尽被冲淹，约计被灾面积一百四十方里，淹田二十万亩。

灵宝　该县地势滨河，八月七日风雨暴至，河水陡发，一宿之间，水位骤增十余尺，泛滥数十里，淹田约计四百余亩，倾倒房屋无数，财产损失亦巨。

渑池　八月九日该县第六区黄河沿岸滩地六七十顷尽被淹没，秋禾归于乌有，财物损失亦巨。

郑县　八月十日午后一时，黄水暴涨，登岸入村，该县第六区顿时一片汪洋，器具牲畜尽付东流，水势至四时始停涨，翌日方渐退落。

中牟　七月二十五日黄河继续暴涨，水势增高丈余，滨河第四区下滩面积三十余里尽被淹没，损失在十万元以上。

商邱　八月十一、十二日淹没县西北小坝集，县北徐隆店集，约计田地二十万亩。

〔行政院档案〕

## 7．刘湘报告川省水旱灾情请拨款赈济电

（1934年8月21日）

急。南京。国民政府主席林、行政院院长汪、南昌行营委员长蒋钧鉴：窃查川省本年入夏以来，霪雨连绵，昼夜不息，至今未已。山洪猝发，岷、沱、嘉、雅诸江相继泛滥，怀山襄陵，弥漫广袤。先后据各县官绅呈报，水灾前来，计近山者，达县、宣汉、万源、广元、局县、汶川、丹棱、夹江、洪雅、天全、峨嵋、峨边、珙县、屏山、长宁等县。沿江者，大邑、邛崃、蒲江、新津、双流、乐山、犍为、彭山、资阳、三可、德阳等县。又如成都附近各县向恃都江堰为灌溉，今因雨量过多，宝瓶口水则涨至二十三划，内外两江分流之石堤堰塘名为马鱼乂嘴者，竟被冲毁，以致灌县、郫县、温江、新繁、崇宁、彭县、广汉、什邡、金堂等县皆被水灾，人民田庐冲毁，器物荡然，生者露宿饥寒，朝不保夕。死者尸骸蔽流，掩埋不及，满地哀鸿，情极悲惨。而灾情最

重者，尤以什邡县之李家碾、彭县之九尺铺、温江县之第四区、屏山县之黄主场，全境人口、牲畜、房屋悉被洪涛冲没，居民逃出寥寥无几，诚数十年来未有之巨灾。此外，广元则并遭冰雹，綦江、酉阳、秀山、黔江、苍溪等县，天久未雨，禾稼稿枯，又以旱灾，入告秋收无望。以上各县水旱灾情皆急待赈济，湘抚绥乏术，负咎良深，当经分别督饬地方文武官吏及法团神耆，赶办急赈，并饬水灾各县抢险防护，勉尽职责，本未敢遽渎钧聪，乞求拨赈。惟是川中去岁曾受旱灾，筹办赈济，罗措已穷，今年复水旱并至，来日方长，灾区甚广，当此剿赤吃紧，军需浩繁，支绌万端，殊难为继。睹兹流离之惨，实属拯救力穷。伏念钧座痌瘝在抱，遐迩瞻依，报载行政院电令受灾各省将灾况详勘报。查知川灾情形，久萦廑念，合无仰恳钧座饬下财政部筹拨巨款，派员到川查勘散放，以济灾黎，不胜迫切待命之至。兹仅就已报灾情，先行电呈，一俟沿江受灾各县查报齐全，再行造册，详细续报。除分电内政部暨全国赈务会外，谨电驰陈，伏乞垂察。职刘湘叩。马。政。印。

〔行政院档案〕

## 8．江西省政府报告水旱灾情严重请赈济的代电

（1935年5月15日）

行政院院长汪钧鉴：赣省不幸，灾祸频仍，匪赤披猖数载，惨遭劫难者，五十二县区，瑞金白骨成冢，何止万人，宁都翠微遗烈，超乎前古，死者何辜，生者待拯。去秋收复之后，经本府督饬赈务会收容流亡遣送回籍者，约七万人，急赈获甦者约十八万人，而疮痍触目，遍野榛芜，惨淡经营，亟需绥辑，初盼秋成丰获挹彼注，兹讵料全省亢旱，赤地数千里，田亩龟裂，稻麦萎枯，荒灾面积广达六十九县区，嗷嗷哀鸿，与日俱增，为近今所罕见。本府兼筹并顾，力绌心痺，乃向世界红卍字会上海筹募各省旱灾

义赈会呼吁，虽然获分赈银米，无如杯水车薪，鲜克有济赈，后以树皮、草根、杂蕨、糠粃为食者，仍复不少其最苦者，莫若食观音土。方冀本年大有民困昭苏，不意近一月来，春行冬令，霪雨连绵，几无晴日，山洪暴发，冲毁河床，吉水、峡江等十余县区，一片汪洋，沦为泽国，抑且浸及城垣，荡折庐舍，油菜、豆麦等行将收割，悉被淹没，春收绝望，而苦雨阴寒，甫种之谷秧复霉烂殆尽，补种无力，秋获何来。在位兴仰屋之嗟斯民有填壑之痛，救死不瞻，非赈莫苏，目击灾荒，安忍缄默。除妥筹防护，期策安全暨令赈务会、水利局、民财两厅会同派员查勘外，谨将江西之匪灾与二十三年之旱灾及本年各县已经电陈之水灾制成三表附电呈报，伏乞钧长大发慈悲，益宏胞与克日指拨巨款，加以赈济，俾劫后灾黎稍延生命，感激德施，永无既极，临颖迫切，不胜翘企待命之至。职熊式辉叩。秘。删。叩。

附呈灾况表三份〔缺〕

〔行政院档案〕

## 二、灾 荒 救 济

### 1. 国民政府文官处为豫陕甘赈灾委员会请拨给赈灾公债六百万元救济三省旱灾致行政院函

（1929年1月11日）

中华民国国民政府文官处公函　第422号

径启者：奉主席发下豫陕甘赈灾委员会主席冯玉祥呈：为据情再申豫陕甘受灾特殊情形，恳请拨给赈灾公债六百万元，以资救济呈一件。奉谕交行政院等因，相应抄同原件，函达查照。此致

国民政府行政院

计抄送原呈一件

中华民国十八年一月十一日

文官长　古应芬

抄呈

呈为据情再申豫陕甘受灾特殊情形，恳请拨给赈灾公债六百万元，以资救济，恭呈仰祈钧鉴事：伏读明令财政部发行一千万元赈灾公债赈济各省灾黎，仰见轸念民瘼，惠及闾阎之至意，钦佩莫名。窃查豫陕甘三省灾重情形及连年兵匪频仍，全境皆在灾区。商运阻塞，粮食无法转运。他省偶受偏灾，商运粮食尚可接济。种种不同之点，历经详呈在案。复准钧府文官处发交三省各团体及各灾区代表告灾文电，状惨声哀，读之泪下。并据三省省政府及各旅外同乡会、救灾会，径来属会陈报受灾特殊情形，文电纷驰。复据推代表来会声称：三省此次旱灾，近古未有，自春徂秋，滴雨未降，河流皆断，泾、渭、汉、褒诸水可以行车。陕甘全境、豫南各属秋收全无，二麦未种，此异于他省者一也。三省素称贫瘠，粮食皆仰给他省。陕甘僻处西北，运输尤感困难，虽属有秋之平，民食尚难维持，一遇灾祲，所以立呈绝食之境，此异于他省者二也。灾区广二百万方里，灾民达二千余万之众，壮者流离四方，老弱转死沟壑，卖妻鬻子，全家迫于饥寒仰药自尽者不可胜计，此异于他省者三也。此次政府发行赈灾公债，自能察及三省异于他省受灾之处，多数拨给公债以资拯济。复据陕西代表声称，逊清光绪三年曾遭旱灾，国家发帑银三百万两，运往赈粮不下一百二十万石，其时地方尚称富庶，人口死亡犹达九十余万。迨二十六年复罹旱灾，由各省输供米协饷于关中平粜施赈，计费国帑九百余万两，发常平义仓，转运东南之粟一百九十余万石，尚不足以安流亡。此次旱灾较前为烈，陕西一省最少须请发赈灾公债六百万元，方可活民命。各等情。查陕西灾情既重于甘肃，而甘肃重于河南，河南又重于其他受灾各省。所称尚属实情，陕西一省既须三百万元，甘豫二省非要三百万元，不足以救死亡。拟请钧府格外垂念，准予将前赈灾公债拨给三省六百万元，以便支配施赈。所有据情再申豫陕甘受灾特殊情形，恳请拨给赈灾公债六百万元缘由，除函赈款委员会赈务处外，理合具文呈请鉴核，指令祗遵。谨呈

国民政府

豫陕甘赈灾委员会主席　冯玉祥

〔行政院档案〕

### 2. 文官处为晋察冀绥赈灾委员会请拨款举办急赈致行政院函

（1929年1月14日）

中华民国国民政府文官处公函　第543号

径启者：顷准晋冀察绥赈灾委员会函，据察绥晋各省赈灾代表等，历陈各省灾情，呼恳早施急赈各等语。查各省灾情曾奉明令筹发公债一千万元，无如冀北各省地瘠民贫，灾情较烈，经议决请预借三十万元，以放急赈，将来即由分配各被灾省分之公债项下如数归还。请转陈。俯念民生，准予早日饬拨函一件，奉谕交行政院核办等因。相应抄同原件函达查照办理。此致

国民政府行政院

计抄送原函一件

中华民国十八年一月十四日

文官长　古应芬

照抄原函

晋冀察绥赈灾委员会公函　字第4号

径启者：敝会前以晋冀察绥四省远在朔北，气候苦寒，灾民无食无衣，势将槁饿而死，正在设法筹募，以便赶办急赈。适有

察哈尔张代表砺生来会报告，察区近四年来迭遭荒旱，盖藏早空。夏间尚有草根树皮藉以果腹，今则冰天雪地，满目荒寒，哀呼之声彻于道路，恳请政府速为救济。复据绥远募款委员会委员阎代表继徵报告，该处荒旱，禾稼久枯，继以兵匪蹂躏，谋生无路，甚有举室自尽者，恳请速拨巨款，提前振恤。又据山西赈务会姚代表大海报告，山西亢旱及晋南晋北等县被灾情况，灾民啼饥号寒，卖儿鬻女，惨不忍闻，吁恳及早施放急赈，俾延残喘。各等语。查本年各省告灾甚众，曾奉钧府明令筹发公债一千万元，分配各被灾省分，以资救济。无如冀北各省地瘠民贫，其被灾情形较之他省为烈，连日灾民露处风雪之中，饥寒交迫，专俟公债一项仍恐缓不济急。经敝会第二次委员会议议决，拟请钧府预借银三十万元，以便赶放急赈，将来即由分配各被灾省分之公债项下如数归还。值此苦寒，但得早赈一日，即可多延若干人之生命，务乞钧府轸念民生，俯如所请，并祈早日饬拨，无任呼祷。相应函请查照，转呈钧府鉴核施行为荷。

此致

国民政府文官处

［行政院档案］

### 3．赈灾委员会关于一九二九年赈灾公债一千万元分配情形呈

（1929年5月25日）

呈为呈报分配赈灾公债情形仰祈鉴核转呈事：案查属会前奉国民政府发下十八年赈灾公债一千万元，饬令分配灾区办理赈务，当经属会第一次会议议决，应按照前赈款委员会呈报核准灾区轻重标准，分定甲、乙、丙、丁、戊五等灾区之成案分配赈济。旋经属会第一、四、五等三次会议先后分配各灾区公债共九百六十三万元，留存三十七万元以备不时之需。嗣经属会第七次会议以甲等灾区陕晋甘绥灾情过重，议决加分陕甘晋三省各拾万元，绥省

七万元，合第一、四、五等三次会议分配之数，共计分配一千万元，均经属会先后电达各省政务会派员具领，办理各地赈务，并经多数省分推派代表具领，业已分配完竣。至各省赈务会所领之债票，其劝募情形，尚未据详报，所已知悉者祇有在沪押借之一途，且各省亦尚有未领者，其未领之票俱存于上海江苏银行待领。除俟各地将办理灾区赈务情形汇报到会后另文呈报外，所有属会分配灾区十八年赈灾公债一千万元之成数，理合缮具清册，备文呈报，恭请鉴核，转呈国民政府备案，实为公便。谨呈

行政院

附呈分配各灾区十八年赈灾公债一千万元成数清册贰分

赈灾委员会主席　许世英

中华民国十八年五月二十五日

谨将奉发十八年赈灾公债一千万元分配各灾区之成数缮具清册恭呈鉴核

第一、四、五等三次常务会议分配灾区之成数：

一、甲等灾区四省，共分配四百八十七万元：

(一)陕西分一百九十万元，

(二)甘肃分一百十万元，

(三)山西分一百十万元，

(四)绥远分七十万元。

二、乙等灾区三省，共分配二百万元：

(一)河南分八十万元，

(二)山东分七十万元，

(三)察哈尔分五十万元。

三、丙等灾区五省，共分配一百七十五万元：

(一)河北分四十五万元，

(二)广东分三十五万元，

(三)广西分三十五万元，

(四)安徽分三十万元，

(五)浙江分三十万元。

四、丁等灾区五省，共分配一百零五万元：

(一)湖南分三十五万元，

(二)湖北分二十五万元，

(三)江苏分二十五万元，

(四)江西分十五万元，

(五)黑龙江分五万元，指定赈呼玛水灾。

五：戊等灾区一处分配三万元：

(一)北平冬赈办事处分三万元。

第七次会议加分甲等灾区之成数：

(一)陕西分十万元，

(二)山西分十万元，为该省四交河工赈之用，

(三)甘肃分十万元，

(四)绥远分七万元。

[行政院档案]

**4．国民政府文官处为河南赈务会报告豫省灾情并拟具救急办法案致行政院函**

(1930年11月18日)

国民政府文官处公函　字第7208号

径启者：准中央执行委员会秘书处公函：为奉交河南省赈务会呈为陈述豫省各区灾况及救急之计数项，请早日议决施行一案，奉批交府并案办理，抄同原呈函达查照转陈。等因准此。经即转陈，奉主席谕交行政院等因。查前准中央执行委员会秘书处函达河南省赈务会呈拟河南各县战灾报告及施政方案，请迅拨巨款拯济灾黎一案，过处即经转陈奉交贵院并案速筹办法在案。准函前

由并奉上因，涂函复外，相应抄同原件函达查照。此致
行政院

计抄送原函暨附抄呈各一件

文官长　古应芬

中华民国十九年十一月十八日

抄原函：

顷奉常务委员交下河南省赈务会呈（会18048号），为陈述豫省各区灾况及其施赈办法应需款额请早日议决施行以救孑遗等情一案，奉批交国民政府并案办理。查该案前据该会呈请到会，经已奉批函达贵处转陈核办有案，兹据前情复奉上批，特抄同原呈函达，即希查照转陈为荷。此致
国民政府文官处

附抄原呈一件

抄原附抄呈：

呈为豫灾惨重恳急赈济具书请愿事：查豫省地处中原，绾毂南北，素称四战之区，屡膺兵革之苦。年来水旱雹蝗兵战匪共迭见互乘，苛捐杂税，竭尽脂膏，生产日减，供应浩繁，痛苦情形笔难罄述。方则革命成功，民脱苦海，讵料空前大战又集中州，历时七八阅月，损失达万万元以上。现在衣食住俱无，嗷嗷待毙之灾民不下一二千万。以解除中国时局，扫除统一障阻之战，竟今河南一隅独受其祸，抚恤赔偿，国家应负其责。兹将各区灾况及施赈办法应需款额，撮述如左，恭请鉴核：查豫东一带为战事最烈之区，数月来炮火弥天，沟垒遍地，二麦未及收获，秋禾又未布种。顷据调查开封、陈留、杞县、通许、尉氏、洧川、鄢陵、中牟、兰封、禹县、密县、新郑、商邱、宁陵、睢县、鹿邑、柘城、西华、太康、考城、许昌、扶沟、临颍、郾城、郑县、长葛、

襄县、荥泽、荥阳、汜水、河阴、民权等三十二县，或为逆军驻扎，或系作战区域，析家荡产，鸡犬无闻，搜掠征发，昼夜不息。民众借贷无路，应付俱穷，最重要者，纵横战沟，连贯数百里，灾民无力平填。现逾深秋，播种之期犹感牲畜籽种之缺，已误耕耘，焉望收获。今岁惨劫，带荒来年，而目前千余万人民，户口、衣食、住三项，完全俱无，饥寒交迫，沟壑流离，瞬届寒冬，何以度命。以上各县应请速办急工两赈，并顾兼筹，先多设粥厂，收养老弱妇孺，召集流亡，填平战沟，恢复田土，并即日速放种籽，贷给牛具，俾可播种春麦，从事耕作，一面重修开封东至商邱，南至周口汽车道路，以工代赈。其乡民房舍毁诸炮火者，不可数计，亦应查明，发款补助修葺，以期召回流亡，各安生业。此战线所经各县，应施放急赈、工赈之大概情形也。

查豫南地方虽非战线所经，然潢川、固始、商城、息县、光山、罗山等县，共匪猖獗，占据城池，破寨掠树，杀人盈野，烽火烛天，逃亡空巷，村舍尽为邱墟，秋禾麦弃原野。顷据调查，共匪绑票，贫富无遗，即贫苦小贩亦必勒赎数元。男则锥刺其腹，女则刀割其乳，或以滚水浇灌，或以钝刀脔割，无力回赎者，则聚集一室，似火焚烧，谓之一锅熬煮。近又变更策略，迎合孑遗心理，以挞富济贫相号召，每以劫余之财，少散残黎之用，以致流氓，悍匪乘势风从，学子、惰农被惑响应。同时并利用真正土劣之稍具武力者，宰割平民，以造恐怖世界，至良善者，逃无可逃，守无可守。尤有甚者，迫令四十岁以下之妇女改嫁，稍不听从则施以酷刑。邪说所蔓，且有侵及豫西之势，若不从速剿办，将延及全省。为今之计：(一)应迅派知兵大员，多率劲旅在鄂豫皖三省交界处合围痛剿，限期肃清以专责成，(二)应严切预防共党侵入学校，诱惑青年，以绝根株，(三)应速拨大宗粮款，召集流亡，散放急赈，以转移愚民心理，并多派人宣传，俾困苦农工洞知其目前小惠乃其手段，将来支配乃其目的，湘赣前车可为殷鉴。以救劫余而安人心，并择修重要道路，办理工赈，与民休养，此豫南各县剿办共匪，应放急赈之大概情形也。

查豫西地方前为逆军根据地，年来备受刮削，已属不堪其苦。昨冬沦为战区，今年往返蹂躏，老弱丁壮全被征集驱入火线冲锋，死亡无算，山区僻壤间有少数秋禾亦因土匪出没，摊派频繁，率多弃家逃徙，任其荒芜。据前在豫西一带调查所及洛阳、偃师、巩县、孟津、登封、临汝、新安、渑池、郏县、宝丰、伊阳、平等、自由、陕县、灵宝、阌乡、卢氏、嵩县、宜阳等县，除县城车站巨镇各地方尚略有住户外，其余乡区村寨人口萧条，即偶遇二三乡农，均属老弱伤残，鸠形鹄面，立谈数语，泣不成语，或晕倒僵卧，气息奄奄，其粮食之缺乏宝贵尤为意想所不及。军队持钱购买，迹遍乡村，往往不得升合，携资而还，其民间之无钱而坐待者，痛苦可想而知。拟请最低限度援照去岁由豫陕甘赈灾委员拨给平粜基金之例，迅拨三四十万元专办豫西平粜，移各区之粟以济偏枯之区，一面施粥、施衣、放粮、放款，并择要兴修路工，凿井开渠，以活无钱购粮之老弱丁壮。同时并应肃清匪患，召集流亡，督促农作，贷款以备牲畜，放种以便播种，但能少事宁息人民即获生活，此豫西各县亟应施赈与特办平粜之情形也。

查豫北地方连年收获，虽较胜于西南，惟烈风雹水旱蝗蝻，已经灾歉迭见。前为逆军后防，派粮、派款、拉夫、征兵，财物粮食搜罗罄尽，几于有村皆空，无家不破。刻下黄河以北饥军蚁聚，狼奔扰掠之惨，不堪设想，据调查所及沿平汉线一带，如新乡、汲县、淇县、濬县、汤阴、安阳等县，平日征发甚于掠夺，今又负固，莫之敢撄，驱农为兵，死亡遍野。封邱、延津、济源、孟县、武陟、温县、原武、阳武均在沿河地方，为当时溃军必由之路，奸淫劫掳，所過为墟，秋禾不能收获，冬来尚多未种，民间疾苦，楮墨难宣。拟诸散放急赈，安辑流亡，贷款贷种，俾布春麦，此豫北各县应行施放之情形也。综查以上之情形，均属各区之实在，目前救济已属后时，再不设法，何堪设想。今为救济之计条例如下：(一)统筹冬赈、春赈，至少非三千万元不能延残黎之命于麦秋，而刻下筹办急赈最低限度亦须三百万元，请迅予赐拨，俾早着手。(二)查赈委员第十二次常务会议决呈请颁发赈灾公债一千万元，业经照准发行请速指定先以此款专作豫灾之用。(三)查国府前于第五十次国务会议议决，借拨编遣公债一百万元办理河南去岁战地赈灾，当蒙先拨二十万元押现，查放下余之八十万元令部拨发在案。此款今仍未发，请提前饬发，以救眉急。(四)请照去岁豫陕甘赈委会拨给平粜基金之例，速令拨发三四十万元专作办理豫西平粜之用。(五)前由归德省政府电请中央准发急赈洋十万元，今尚未发，恳饬速拨，以践前言。(六)查各县田赋普通均征至二十三年，更有征至二十五年者，灾况十成有增无减，焉能余力再供征调，应请明令停征二年，以苏喘息，所有河南一切政费，另由中央发行公债二千万元，以资弥补。以上六项，均属善后要需，请分别速办，用救垂死之孑遗而挽失望之人心，此不过撮要录陈，其详细情形与办法应候军事完全结束，再为通盘筹划，详确查报。现值钧会开会讨论民生之际，正我豫省残黎求生不得，求死不能之时。党国硕彦，济济一堂，统一成功，同深欢跃。应洞知军事之凯旋，乃豫民牺牲之代价，若独视河南蹙蹙灾黎，身罹百年浩劫，茫茫中土，目断千里炊烟，而不急为振救，非惟为总理在天之灵所不安，谅亦与诸公福国利民之素愿大相悖也。用敢不辞烦琐，掬泪陈情，务恳将所请各项俯赐议决，早见施行，全豫孑遗不胜延颈待命之至。谨呈

中央执行委员会

河南赈务会主席　张钫

［行政院档案］

## 5.赈务委员会一九三一年八月起至一九三二年四月止拨发赈款一览表

（1932年5月26日）

赈务委员会拨发赈款一览表

二十年八月起至二十一年四月止

| 拨款时间 | 拨款数目（元） | 案由摘要 | 拨交何处 | 备考 |
|---|---|---|---|---|
| 二十年八月 | 3000000 | 首都自七月以来淫雨为灾，低洼等处棚户贫民情形尤惨。本会除于七月间拨洋二千元派员查放外，因灾情扩大不敷散放，特加拨三千元以资救济。 | 首都水灾急赈会 | |
| | 2000000 | 皖省定远叠遭匪乱，民不聊生，据该县灾民代表杜墨林等请求急赈，当经令县查复。旋据该代表等以水灾重大，灾黎待赈迫切，请将前请赈款提前拨放，特并案酌予救济。 | 定远县政府、商会 | |
| | 3000000 | 据江宁县长冷隽呈报，该县大雨滂沱，洪水泛滥，田禾淹没，庐舍漂浮，请予急赈。 | 江宁县政府 | |
| | 2000000 | 据安徽宿县雹灾救济委员会呈，以雹灾奇重，泣请急赈，当饬该县县长陈吉思查复。旋据复称，宿邑被灾情状及伤亡人数经派员查勘属实，复因水灾浩大，不分高洼，尽成泽国，请迅速拨赈。 | 宿县县政府 | |
| 二十年九月 | 1000000 | 据霍邱旅蚌同乡会代电称，该县被匪焚掠，逃蚌难民待赈孔急，请拨款迅施救济。 | 蚌埠公安局 | |
| | 10000000 | 自东省事件发生，留日侨胞据报章所载被迫失业无力回国，纷向横滨领馆求救济会，因振款匮乏，特于华侨捐助水灾款内借拨一万元，汇日救济。 | 驻日公使蒋作宾 | 已于十月专案呈报 |

续表

| | | | | |
|---|---|---|---|---|
| 二十年十月 | 10000000 | 自日本侵略辽宁事件发生后，东三省难民逃入关内平津等处者，为数甚多，惨痛莫名，当因普通□款无多，特借拨指定赈款一万元救济 | 张副司令学良 | 已于十月专案呈报 |
| | 2996000 | 本会先后准国府救济水灾委员会函，据东三省兵工厂被难工人逃难来沪，生活困难，请予救济，当饬科员陈揆携款分起赴该难工所住之瞿真人庙，分别救济。 | 陈科员揆 | 已于本年一月专案呈报 |
| 二十年十一月 | 3000000 | 据郑州灾童教养院呈称，该院收容水灾灾童甚多，财力不继，请予援助。 | 郑州灾童教养院 | |
| | 3000000 | 准本会驻平办事处朱委员庆澜先后电，以河北水灾难民日多，值此冬令，平市盼赈孔亟，请迅予筹款拨发。 | 本会驻平办事处 | |
| 二十一年一月 | 1000000 | 据江宁水灾义赈会呈称，江宁水灾奇重，城内人民无衣无食，际此寒威日迫万难，坐请俯念灾黎，慨拨巨款救济。 | 江宁水灾义赈协会 | |
| | 1000000 | 据上海慈善团体联合会函称，本会每年冬季设立临时庇寒所，收容各处来沪灾民，本年各省水灾更为惨烈，自应循旧举办，请慨予补助，以惠灾黎。 | 上海慈善团体联合会 | 已于二月间专案呈报 |
| | 2000000 | 据徽州旅京同乡会代表程振钧等呈称，以婺源县城遭匪攻陷，人民流离，请发款赈济。 | 徽州旅京同乡会 | |
| | 16438510 | 广西结存指定赈款一万六千余元前因政局未定，留会保存。兹因和平统一，准李委员宗仁派白代表志鹍来会请领款回桂备赈，当即如数拨发。 | 李委员宗仁 | 已于二月间专案呈报 |
| | 2000000 | 首都红卍字分会，每年冬间例办粥厂，以惠贫黎，本年水灾加重，呈请拨款补助。 | 南京红卍字分会 | |

续表

| | | | |
|---|---|---|---|
| 二十一年一月 | 2000000 | 据南京市政府社会局呈称，本年水灾奇重，现届冬令，京市各灾民饥寒交迫，请援照历年冬赈办法予拨助。 | 南京市政府社会局 |
| | 1000000 | 准朱委员庆澜函，以北平朝阳学院东北学生无力维持生活，请予援助，又拟联合上海各界发起东北国难被灾同胞救济会，请由会拨款以为之倡，并案办理。 | 朱委员庆澜 |
| 二十一年二月 | 3000000 | 自日本兵侵略上海战事发生，闸北、吴淞、江湾一带同罹战祸，经委员长会同地方各慈善团体组织，战区难民临时救济会，逐日分途派员救护出险，并拨款三千元交该会应用。 | 上海战区难民临时救济会 |
| | 1000000 | 自沪战发生，难民救济不容稍缓，除由本会委员长在沪办理沪市救济事宜外，京市由市府主持，商由本会拨款遣送京市流动灾民，以资救济。 | 南京市政府社会局 |
| 二十一年四月 | 467000 | 首都四条巷发生水灾，贫民困苦难堪，据京市社会局酌拨赈款，派员散放，以资救济。 | 张科员世恩 |
| | 200000 | 安徽当涂青山圩灾民代表谢润九等，因水灾破圩，无力修复，呈请拨款补助。 | 谢代表无量 |

〔行政院档案〕

## 6. 勘报灾歉条例

（1934年2月24日）

### 勘报灾歉条例

民国二十三年二月二十四日行政院修正公布

第一条　各地遇有水、旱、风、雹、虫、伤诸灾及他项灾伤，应行查勘蠲缓田赋者，均应依本条例办理。

第二条　旱虫各灾由渐而成，应由县局长随时履勘，至迟不得逾十日，风、雹、水灾及他项急灾应立时履勘，至迟不得逾三日，履勘后先将被灾概情形分报该管省政府及民政厅、财政厅察核。

第三条　直隶行政院各市应由社会局长会同财政局长、土地局长负责履勘，并会报市政府察核。

直隶省府各市应由社会局长会同财政局长、土地局长，负责履勘，并呈报该管省政府及民财两厅察核，其尚未设局各市应由市长勘报。

第四条　报灾日期，夏灾限立秋前一日，秋灾限立冬前一日为止，但临时急变因而成灾者不在此限，气候较迟之区域，亦得酌量展限。

第五条　各县市灾案民财两厅据报后，立即会派委员会同县市复勘，将被灾地亩分数电厅转呈省府核定令饬遵办，并由县市局遵照核定被灾地亩分数造具区村地亩、应行蠲缓数目清册连同印委勘结及简明表，报由财政厅核明咨同民政厅会报省政府，分咨内政、财政两部，核转行政院呈请国民政府备案。

第六条　直隶行政院各市灾案市府据报后，立即派员会局复勘，将被灾地亩分数呈复市政府核定，饬局遵办，并由局造具清册、印结及简明表，呈经市政府分咨内政、财政两部，核转行政院呈请国府备案。

第七条　清册印结应各造一份，各省存财政厅，各市存财政局，简明表应造五份，分存省市政府、内政部、财政部、行政院及国府查核。

第八条　复勘限十五日，核定限五日，造册表限十五日，核转限五日，共四十日。

第九条　地方续被灾伤，除旱虫各灾由渐而成亦仍依限勘报外，其他各项续灾距原报灾情之日未过十五日者，统于正限内勘报，不准展限，若已过初灾勘报正限之后续被重灾，准另起勘报。

第一〇条 地方勘报夏灾，察看灾情较轻尚可播种秋禾者，统俟秋获时再行确勘，酌定蠲缓，分数呈报省政府或市政府复核，其播种只有一季，向不播种秋禾者，即在夏灾限内勘定分数。

第一一条 地方勘报灾伤，将灾户原纳正赋作十分计算，按灾请蠲：

一、被灾九分以上者，蠲正赋十分之八；

二、被灾七分以上者，蠲正赋十分之五；

三、被灾五分以上者，蠲正赋十分之二。

前项蠲免分数得由各县市就地方原有惯例另订单行办法报部查核。

第一二条 前项规定蠲除之田赋应分年带征如后：

一、被灾七分以上者作三年带征，

二、被灾五分以上者作二年带征。

前项蠲余带征年限由各省市就地方原有惯例另订单行办法报部查核。

第一三条 田赋项下一切附加均随同正赋蠲缓分数，一律蠲缓。

第一四条 被灾地方田赋业经勘明应行蠲缓者，即自奉省市政府核定三日起施行，并布告周知。

其有输官在前者，应蠲部分，准其流抵次年，应完各款应缓部分，既已完纳免再分年带征。

第一五条 被灾十分地亩经省市政府查明确有特殊情形，得免征本年田赋及其附加，并专案分咨内政、财政两部核转备案。

第一六条 成灾五分以上各县内成熟村庄应征田赋及其附加，得准其一体缓至次年秋成后补征。

勘不成灾地方其中偶有一二村庄实应请缓者，缓至次年麦熟时补征。其次年麦熟时应征田赋及其附加递缓至该年秋成后补征，如系被灾之年，直至深冬方得雨雪及积水方退者，得缓至次年秋成后新旧并纳。

第一七条　被灾地方如有应行请赈者，由县市长于复勘限内将应赈户口从速查造清册，呈请省市政府核明，于省市款项下筹拨赈济并分咨内政、财政两部备案。

但遇地方灾情重大或被灾区域较广时，得将被灾确实情形咨请内政、财政两部转请中央酌予补助。

第一八条　被灾地亩如系因山崩地陷、水冲沙压永远不能垦复者，该主管长官应将该地原有赋额专案造册，呈请省市政府核明豁免，并分咨内政、财政两部核转行政院呈请国府备案。

如系暂时不能耕种者，应仍限令原产垦复，其应完成赋额归入蠲缓案内办理。

第一九条　特别行政区域内灾案，由该主管官署仿照本条例关于直隶行政院各市之规定办理。

第二〇条　县市局长勘报灾歉有左列各款情形之一者，依照公务员惩戒法办理之：

一、地方遇有灾伤不即履勘或履勘后并不呈报或呈报不实者；

二、地方报灾后若将所报灾地留待勘报分数，不令赶种致误农事者；

三、初勘、复勘逾本条例规定期限者。

第二一条　会勘委员有前条第一项第一款、第三款情事者应一律予以惩戒，其程序依前条之规定。

第二二条　本条例自公布之日施行。

〔中国银行档案〕

## 7. 行政院关于黄河堵口工程情形及冀鲁豫三省善后工程款统筹办法的呈文

（1934年3月10日）

案据黄河水灾救济委员会呈称：案查黄河为患，数千年来，号称难治。现下情势而言，南可夺淮入江，断绝南北之交通，北可夺卫入海，影响国际之贸易。不独苏、皖、豫、冀、鲁诸省泛滥成灾，田庐淹没，人民荡析之为害已也。去岁该河决口，先由黄河水利委员会分区设立工程处，计有三处：第一区担任堵筑考城、兰封、温县决口，第三区担任堵筑小庞庄决口，以上两区决口后水落，成为旱口门，堵筑不难，已完全竣工，由中央、地方会同本会验收在案。第二区原有决口处四：其第一二四三处已作透水柳坝，淤高断流，惟第三决口处，现全河夺流，已成堵筑最难之形势，施工以来，几经变更工作方法，现已堵至水口门，距离二十五公尺，深十公尺有奇，尤为堵筑最难工程中之最难者，加以主要料物，因冰冻匪扰，运输阻滞，致工程遽告停顿，危险堪忧。适工赈组主任周象贤，调任杭州市长，乃以黄流水利委员会委员兼本会委员总视察孔祥榕继任。就职旬日，赶将所有应需料物，分别采运，并拟定补救工程方案，经监察院派赴工程视察委员、黄河水利委员会委员暨豫省河务局长会同该组主任及总工程司〔师〕等履勘，并召集临时紧急工程会议讨论审定，交由该区工程处，加紧赶堵，全工复呈活动之现象，俟集中人工料物，察看水形溜势，相继进行，以期于桃花汛前，工竣合龙，此堵口工程进行将成之情形也。惟堵口成功，同时并应举办三省善后御水工程，以防洪水之危险。良以决口多在高水位时，两岸堤坝均已冲毁，且现在河北所属之石头庄决堤处，东西两坝之堤顶，淤与河平，长数十里，均须重修堤岸，不容少缓，加以临时防汛各项工程，三省估计，共需一千四百余万元。关于善后工程，拟由本会督同黄河水利委员会暨各该省河务局，分工合作，并统筹工程款办法，计分三项：（一）仿照十四年黄河决口成案，施行铁路、邮电、轮船附加捐，惟铁路、轮船限于客票，以免影响商运。（二）由河南、山东、河北三省政府，指定相当担保品，发行堵筑黄河决口善后御水工程债券。（三）询河北人民代表之请求，据案请由全国经济委员会酌拨美麦、美棉借款若干，以资补助。此项筹款办法除已征得豫、冀、鲁三省政府及黄河水利委员会同意外，因有夺淮、夺卫关系，并商得苏皖两省政府及导淮委员会、华北水利委员会赞同，先后复电请由本会领衔直请中央政府核准施行。所有呈报本会堵口工程经过情形以及统筹三省善后工程款项办法，理合呈请鉴核提出行政会议议决遵行。等情。据此，经提出本院第一五零次会议决议通过，并函全国经济委员会，除指令并照案函送暨分行外，理合备文呈请钧府鉴核备案。谨呈

国民政府主席林

行政院院长　汪兆铭

中华民国二十三年三月十日

［国民政府档案］

# （五）农业发展状况

## 一、农业生产力水平

### 1. 实业部中央农业实验所1931年—1933年各省主要作物之种植面积①

（1933年）

（一）1931—1933年各省主要作物之种植面积

（面积单位1,000亩）

| 省名 | 籼粳稻 | | | 糯稻 | | | 小麦 | | |
|---|---|---|---|---|---|---|---|---|---|
| | 民国二十年 1931 | 民国二十一年 1932 | 民国二十二年 1933 | 民国二十年 1931 | 民国二十一年 1932 | 民国二十二年 1933 | 民国二十年 1931 | 民国二十一年 1932 | 民国二十二年 1933 |
| 察哈尔 | — | — | — | — | — | — | 1900 | 1797 | 1246 |
| 绥远 | — | — | — | — | — | — | 2545 | 2572 | 2769 |
| 甘肃 | — | — | — | — | — | — | 9024 | 9869 | 8905 |
| 陕西 | 1235 | 1214 | 967 | — | — | — | 14050 | 14908 | 16403 |
| 山西 | — | — | — | — | — | — | 15793 | 16371 | 16316 |
| 河北 | — | — | — | — | — | — | 28786 | 33464 | 31455 |
| 山东 | — | — | — | — | — | — | 50010 | 52052 | 48352 |
| 江苏 | 24714 | 25777 | 32968 | — | — | — | 41661 | 42456 | 38771 |
| 安徽 | 21890 | 20384 | 22121 | 568 | 578 | | 21253 | 20270 | 20111 |
| 河南 | — | — | — | — | — | — | 56193 | 60568 | 55521 |
| 湖北 | 21744 | 22590 | 18912 | 1399 | 1399 | — | 18877 | 18843 | 18878 |
| 四川 | 24146 | 42685 | 40803 | — | — | — | 17150 | 16957 | 16696 |
| 云南 | 10652 | 10753 | 9891 | 2039 | 1944 | 2893 | 4487 | 5021 | 5465 |
| 湖南 | 24261 | 24806 | 25864 | 1684 | 1728 | 2024 | 3295 | 3644 | 3141 |
| 江西 | 19259 | 19388 | 23212 | 2977 | 2823 | 2701 | 3607 | 3570 | 3133 |
| 浙江 | 23457 | 23530 | 23207 | 3883 | 3674 | 4191 | 9955 | 9656 | 8441 |
| 福建 | 14820 | 14277 | 15332 | 1866 | 1904 | 1960 | 3745 | 4752 | 4712 |
| 广东 | 49833 | 50084 | 49562 | 3626 | 3679 | 3357 | 1131 | 1423 | — |
| 总计 | 254011 | 255488 | 262779 | 18042 | 17729 | 17126 | 303462 | 318193 | 300315 |

① 选自国民党政府实业部中央农业实验所1933年农情报告汇编

近三年各省籼粳稻种植之面积，似属增加，尤以民国二十二年面积增加最广，此因江苏省骤增约七百万亩之故。

各省籼粳稻面积，以广东、四川、江苏、湖南、浙江等省为最广。

糯稻之面积，以浙江、广东最广。

近三年各省小麦种植面积，民国二十二年似属减少，而民国二十一年则大为增加，尤以河南、山东、江苏、河北四省主要产麦区面积之增加，颇足注意。

(二)1931—1933年各省主要作物之种植面积(一续)

(面积单位，1000亩)

| 省名 | 大麦 | | | 高粱 | | | 玉蜀黍 | | |
|---|---|---|---|---|---|---|---|---|---|
| | 民国二十年 1931 | 民国二十一年 1932 | 民国二十二年 1933 | 民国二十年 1931 | 民国二十一年 1932 | 民国二十二年 1933 | 民国二十年 1931 | 民国二十一年 1932 | 民国二十二年 1933 |
| 察哈尔 | 748 | 753 | 598 | 1306 | 1224 | 1900 | 418 | 371 | — |
| 绥远 | 1393 | 1393 | 1295 | 3035 | 2716 | 1997 | — | — | — |
| 甘肃 | 1857 | 1681 | 1308 | 1138 | 1210 | 1069 | 1186 | 859 | 1841 |
| 陕西 | 3129 | 2929 | 2487 | 2050 | 2214 | 1576 | 3694 | 3815 | 3922 |
| 山西 | 2094 | 1853 | 1644 | 9648 | 10742 | 8680 | 3987 | 3895 | 3748 |
| 河北 | 3583 | 3568 | 2515 | 20371 | 21367 | 20925 | 15205 | 15402 | 16026 |
| 山东 | 3403 | 3376 | 2988 | 24832 | 21578 | 20777 | 5964 | 6852 | 4973 |
| 江苏 | 21184 | 21468 | 21960 | 7214 | 6589 | 7468 | 3718 | 3904 | 3618 |
| 安徽 | 6972 | 6911 | 6780 | 4302 | 5284 | 4428 | 470 | 471 | 349 |
| 河南 | 10492 | 10138 | 9022 | 15003 | 14903 | 14624 | 8544 | 9459 | 8235 |
| 湖北 | 10706 | 10536 | 9540 | 3622 | 3712 | 3834 | 5321 | 5806 | 5429 |
| 四川 | 7695 | 7633 | 8365 | 5242 | 5388 | 6340 | 14265 | 14699 | 12759 |
| 云南 | 2456 | 2211 | 3132 | 718 | 1077 | 775 | 3849 | 3577 | 2449 |
| 湖南 | 1821 | 1869 | 1396 | 1681 | 1643 | 1949 | 1332 | 1332 | 1042 |
| 江西 | 2005 | 2005 | 2026 | 89 | 89 | 99 | — | — | — |
| 浙江 | 4451 | 4223 | 3675 | 131 | 115 | 112 | 1088 | 1042 | 1297 |
| 福建 | 754 | 775 | 900 | 19 | 19 | — | — | — | — |
| 广东 | 320 | 344 | 258 | — | — | — | — | — | — |
| 总计 | 85063 | 83666 | 79889 | 98401 | 99870 | 96553 | 69041 | 71484 | 65688 |

大麦并不包括裸麦在内。

近三年大麦之种植面积，亦属减少，盖受绥远、陕西、山西、山东、河南等省之影响，其种植面积最广省，有山东，河北，河南，山西，江苏，四川等省。

玉蜀黍面积之增减，亦以二十一年为高；二十二年则降低，因其主要省份河北、四川、湖北、山东、河南中有四川、山东、河南三省及云南等省减少甚多故也。

（三）1931年—1933年各省主要作物之种植面积（二续）

（面积单位：1,000亩）

| 省名 | 小米 | | | 糜子 | | | 甘薯 | | |
|---|---|---|---|---|---|---|---|---|---|
| | 民国二十年 1931 | 民国二十一年 1932 | 民国二十二年 1933 | 民国二十年 1931 | 民国二十一年 1932 | 民国二十二年 1933 | 民国二十年 1931 | 民国二十一年 1932 | 民国二十二年 1933 |
| 察哈尔 | 3807 | 3716 | 4020 | 158 | 203 | 255 | — | — | — |
| 绥远 | 3164 | 3739 | 4068 | 1723 | 1946 | 1642 | — | — | — |
| 甘肃 | 3460 | 3785 | 3785 | 418 | 466 | 506 | 31 | 31 | 28 |
| 陕西 | 5092 | 4990 | 5356 | 440 | 490 | 589 | 93 | 101 | 132 |
| 山西 | 18241 | 17917 | 16634 | 1010 | 995 | 868 | 188 | 184 | 252 |
| 河北 | 23441 | 24154 | 23697 | 106 | 102 | 85 | 1122 | 1160 | 1088 |
| 山东 | 21059 | 20999 | 22753 | 843 | 803 | 628 | 2030 | 1850 | 2198 |
| 江苏 | 1645 | 1796 | 2391 | — | — | — | 3408 | 3887 | 3544 |
| 安徽 | 369 | 399 | 427 | — | — | — | 396 | 500 | 576 |
| 河南 | 18397 | 18920 | 19181 | — | — | — | 2420 | 2318 | 2890 |
| 湖北 | 2394 | 2496 | 2460 | — | — | — | 1118 | 1118 | 957 |
| 四川 | 717 | 735 | 765 | — | — | — | 5386 | 4952 | 6507 |
| 云南 | 842 | 862 | 791 | — | — | — | 200 | 313 | 272 |
| 湖南 | 1049 | 962 | 1129 | — | — | — | 2223 | 2549 | 1455 |
| 江西 | 689 | 731 | | — | — | — | 1370 | 1385 | 1722 |
| 浙江 | 776 | 684 | 608 | — | — | — | 1716 | 1660 | 1690 |
| 福建 | — | — | — | — | — | — | 1604 | 1725 | 2118 |
| 广东 | — | — | — | — | — | — | 1899 | 1910 | 1987 |
| 总计 | 105142 | 106885 | 108065 | 4698 | 5005 | 4573 | 25204 | 25643 | 27416 |

近年来小米之种植面积逐年增加，其主要之种植省份，有河北、山东、河南、山西四省。

糜子之种植地偏于华北，尤以绥远、山西、山东为多。

甘薯之种植地，以四川、江苏为最广，其种植面积，亦年有增加

(四)1931年—1933年各省主要作物之种植面积(三续)

(面积单位：1,000亩)

| 省名 | 棉花 | | | 大豆 | | | 油菜籽 | | |
|---|---|---|---|---|---|---|---|---|---|
| | 民国二十年1931 | 民国二十一年1932 | 民国二十二年1933 | 民国二十年1931 | 民国二十一年1932 | 民国二十二年1933 | 民国二十年1931 | 民国二十一年1932 | 民国二十二年1933 |
| 察哈尔 | — | — | — | — | — | — | — | — | — |
| 绥远 | — | — | — | — | — | — | — | — | — |
| 甘肃 | 69 | 69 | 46 | 846 | 621 | 866 | — | — | — |
| 陕西 | 3112 | 3151 | 3710 | 1863 | 2037 | 1737 | — | — | — |
| 山西 | 1585 | 1668 | 1598 | 3200 | 3552 | 3176 | — | — | — |
| 河北 | 8867 | 8537 | 8496 | 9145 | 9949 | 9622 | — | — | — |
| 山东 | 5083 | 4690 | 3278 | 28670 | 28963 | 32504 | — | — | — |
| 江苏 | 12293 | 10966 | 17363 | 19085 | 19801 | 22793 | 719 | 747 | 595 |
| 安徽 | 2147 | 2233 | 3027 | 8526 | 9090 | 6839 | 835 | 981 | 866 |
| 河南 | 9205 | 9220 | 12389 | 14456 | 14170 | 13488 | 143 | 147 | 165 |
| 湖北 | 8495 | 8138 | 8714 | 5730 | 5492 | 6540 | 197 | 216 | 257 |
| 四川 | 4218 | 3948 | 2206 | 4856 | 6953 | 6535 | 3473 | 3402 | 3394 |
| 云南 | | | | 3259 | 3125 | 2778 | 333 | 295 | 306 |
| 湖南 | 2974 | 2951 | 2573 | 3333 | 3055 | 3299 | 397 | 401 | 425 |
| 江西 | 1767 | 1875 | 1370 | 3943 | 3904 | 2225 | 1145 | 1238 | 1370 |
| 浙江 | 1702 | 1752 | 2737 | 2648 | 2949 | 2676 | 1483 | 1502 | 1666 |
| 福建 | 117 | 117 | — | 1541 | 2065 | 1115 | 127 | 132 | 105 |
| 广东 | — | — | — | 1623 | 1381 | 1506 | 101 | 99 | 79 |
| 总计 | 61634 | 59315 | 67507 | 114724 | 117107 | 117699 | 8953 | 9160 | 9228 |

棉田面积，年来增加甚速，盖受江苏省北部棉田增加之影响。各省间，棉田之增加者除江苏外，尚有河南、安徽、浙江诸省，减

少者有山东、四川省。江苏、河南、湖北、河北诸省棉田分布最广。

大豆之种植面积，以山东、江苏、河南诸省为最广，各省总计亦有增加。

油菜籽以四川、浙江、江西种植最多，其他安徽、江苏等省亦有相当之种殖面积。 〔国民政府经济部档案〕

## 2．实业部中央农业实验所1931年—1933年各省主要作物每亩产量统计

（1933年）

### （一）1931—1933年各省主要作物之每亩产量

（产量单位：斤）

| 省名 | 籼粳稻 | | | 糯稻 | | | 小麦 | | |
|---|---|---|---|---|---|---|---|---|---|
| | 民国二十年1931 | 民国二十一年1932 | 民国二十二年1933 | 民国二十年1931 | 民国二十一年1932 | 民国二十二年1933 | 民国二十年1931 | 民国二十一年1932 | 民国二十二年1933 |
| 察哈尔 | — | — | — | — | — | — | 100 | 128 | 143 |
| 绥远 | — | — | — | — | — | — | 104 | 151 | 156 |
| 甘肃 | — | — | — | — | — | — | 186 | 156 | 148 |
| 陕西 | 474 | 365 | 432 | — | — | — | 145 | 110 | 100 |
| 山西 | — | — | — | — | — | — | 98 | 115 | 129 |
| 河北 | — | — | — | — | — | — | 108 | 114 | 119 |
| 山东 | — | — | — | — | — | — | 140 | 137 | 141 |
| 江苏 | 237 | 371 | 305 | — | — | — | 130 | 122 | 122 |
| 安徽 | 228 | 239 | 256 | 286 | 278 | — | 134 | 136 | 135 |
| 河南 | — | — | — | — | — | — | 109 | 105 | 129 |
| 湖北 | 330 | 397 | 391 | 273 | 403 | — | 182 | 203 | 191 |
| 四川 | 329 | 361 | 302 | — | — | — | 149 | 163 | 149 |
| 云南 | 277 | 299 | 270 | 252 | 285 | 248 | 137 | 141 | 102 |
| 湖南 | 413 | 533 | 425 | 389 | 468 | 387 | 146 | 172 | 155 |
| 江西 | 357 | 378 | 360 | 280 | 345 | 305 | 117 | 123 | 118 |
| 浙江 | 324 | 369 | 318 | 283 | 334 | 299 | 135 | 136 | 122 |
| 福建 | 310 | 306 | 268 | 309 | 321 | 292 | 133 | 145 | 138 |
| 广东 | 294 | 312 | 264 | 257 | 276 | 242 | 244 | 267 | — |
| 总平均 | 325 | 357 | 326 | 291 | 339 | 296 | 139 | 146 | 135 |

籼粳稻之每亩平均产量以陕西、湖南为最高，湖北、江西次之，安徽最低。

民国二十一年，各种作物大致皆属丰收，而各省间之局部歉收在所不免。二十二年之收成亦佳，然不及二十一年。广东之小麦甚少，然每亩产量似属高于其他各省。

(二)1931—1933年各省主要作物之每亩产量(一续)

(产量单位：斤)

| 省名 | 大麦 | | | 高粱 | | | 玉蜀黍 | | |
|---|---|---|---|---|---|---|---|---|---|
| | 民国二十年 1931 | 民国二十一年 1932 | 民国二十二年 1933 | 民国二十年 1931 | 民国二十一年 1932 | 民国二十二年 1933 | 民国二十年 1931 | 民国二十一年 1932 | 民国二十二年 1933 |
| 察哈尔 | 102 | 135 | 167 | 170 | 240 | 161 | 196 | 246 | — |
| 绥远 | 112 | 134 | 134 | 222 | 278 | 184 | — | — | — |
| 甘肃 | 348 | 203 | 244 | 159 | 111 | 234 | 213 | 205 | 199 |
| 陕西 | 141 | 101 | 98 | 134 | 113 | 151 | 145 | 147 | 185 |
| 山西 | 116 | 134 | 142 | 107 | 142 | 130 | 145 | 179 | 179 |
| 河北 | 130 | 136 | 129 | 130 | 141 | 117 | 133 | 138 | 119 |
| 山东 | 136 | 136 | 132 | 175 | 187 | 171 | 143 | 140 | 126 |
| 江苏 | 115 | 116 | 107 | 127 | 167 | 131 | 141 | 158 | 107 |
| 安徽 | 134 | 146 | 136 | 119 | 156 | 192 | 130 | 184 | 169 |
| 河南 | 111 | 115 | 134 | 114 | 144 | 161 | 90 | 105 | 107 |
| 湖北 | 156 | 173 | 179 | 152 | 203 | 169 | 185 | 280 | 394 |
| 四川 | 183 | 197 | 177 | 149 | 167 | 130 | 175 | 191 | 149 |
| 云南 | 104 | 110 | 77 | 109 | 112 | 101 | 161 | 144 | 141 |
| 湖南 | 154 | 186 | 148 | 229 | 282 | 217 | 140 | 165 | 145 |
| 江西 | 111 | 121 | 109 | 117 | 131 | 151 | — | — | — |
| 浙江 | 131 | 132 | 124 | 141 | 140 | 128 | 154 | 174 | 152 |
| 福建 | 120 | 130 | 122 | — | — | — | — | — | — |
| 广东 | 127 | 145 | — | — | — | — | — | — | — |
| 总平均 | 141 | 142 | 139 | 147 | 170 | 158 | 154 | 175 | 167 |

大麦之每亩最高产量为民国二十年甘肃之348斤，最低则为民国二十二年云南之77斤。

高粱之每亩最高产量为民国二十一年湖南之282斤，最低则为民国二十二年云南之101斤，相差约三倍。玉蜀黍之每亩产量以河南最低，仅90斤，湖北最高，达394斤。

（三）1931年—1933年各省主要作物之每亩产量（二续）

（产量单位：斤）

| 省名 | 小米 | | | 糜子 | | | 甘薯 | | |
|---|---|---|---|---|---|---|---|---|---|
| | 民国二十年 1931 | 民国二十一年 1932 | 民国二十二年 1933 | 民国二十年 1931 | 民国二十一年 1932 | 民国二十二年 1933 | 民国二十年 1931 | 民国二十一年 1932 | 民国二十二年 1933 |
| 察哈尔 | 142 | 187 | 156 | 88 | 138 | 118 | — | — | — |
| 绥远 | 188 | 239 | 178 | — | — | — | — | — | — |
| 甘肃 | 144 | 123 | 121 | 139 | 116 | 97 | — | — | — |
| 陕西 | 125 | 104 | 133 | 146 | 138 | 156 | 670 | 687 | 756 |
| 山西 | 125 | 133 | 147 | 103 | 100 | 90 | 486 | 520 | 1038 |
| 河北 | 135 | 137 | 120 | 214 | 184 | 226 | 1289 | 1474 | 1278 |
| 山东 | 188 | 184 | 171 | 79 | 87 | 72 | 928 | 964 | 981 |
| 江苏 | — | — | — | — | — | — | 802 | 997 | 895 |
| 安徽 | 133 | 153 | 122 | — | — | — | 568 | 766 | 969 |
| 河南 | 110 | 122 | 129 | — | — | — | 925 | 1071 | 1297 |
| 湖北 | 167 | 216 | 236 | — | — | — | 545 | 967 | 757 |
| 四川 | 129 | 168 | 125 | — | — | — | 1028 | 1074 | 726 |
| 云南 | 138 | 146 | 120 | — | — | — | 1526 | 1592 | 1636 |
| 湖南 | 188 | 243 | 192 | — | — | — | 866 | 1054 | 832 |
| 江西 | 154 | 172 | 161 | — | — | — | 696 | 768 | 717 |
| 浙江 | 190 | 210 | 198 | — | — | — | 1081 | 1276 | 1203 |
| 福建 | — | — | — | — | — | — | 1048 | 1089 | 820 |
| 广东 | — | — | — | — | — | — | 697 | 747 | 656 |
| 总平均 | 150 | 169 | 156 | 128 | 127 | 127 | 884 | 1003 | 971 |

小米之每亩产量各省间无大差异，均在243斤至104斤之间。

甘薯为作物中每亩产量之最高者，云南省在民国二十二年，每亩有1636斤之收获，似为最适合种植甘薯之地。

### （四）1931年—1933年各省主要作物之亩产（三续）

（产量单位：斤）

| 省名 | 棉花① | | | 大豆 | | | 油菜籽 | | |
|---|---|---|---|---|---|---|---|---|---|
| | 民国二十年 1931 | 民国二十一年 1932 | 民国二十二年 1933 | 民国二十年 1931 | 民国二十一年 1932 | 民国二十二年 1933 | 民国二十年 1931 | 民国二十一年 1932 | 民国二十二年 1933 |
| 察哈尔 | — | — | — | — | — | — | — | — | — |
| 绥远 | — | — | — | — | — | — | — | — | — |
| 甘肃 | 23 | 13 | 23 | 132 | 113 | 129 | — | — | — |
| 陕西 | 27 | 27 | 28 | 124 | 113 | 165 | — | — | — |
| 山西 | 20 | 16 | 33 | 83 | 120 | 131 | — | — | — |
| 河北 | 30 | 25 | 22 | 121 | 122 | 140 | — | — | — |
| 山东 | 29 | 28 | 27 | 133 | 122 | 150 | — | — | — |
| 江苏 | 24 | 32 | 28 | 115 | 141 | 118 | 108 | 100 | 64 |
| 安徽 | 22 | 25 | 29 | 102 | 147 | 140 | 147 | 165 | 117 |
| 河南 | 20 | 24 | 25 | 88 | 123 | 153 | 138 | 142 | 154 |
| 湖北 | 17 | 23 | 27 | 126 | 249 | 196 | 66 | 61 | 68 |
| 四川 | 17 | 17 | 16 | 127 | 142 | 128 | 131 | 149 | 130 |
| 云南 | — | — | — | 136 | 122 | 132 | 156 | 170 | 91 |
| 湖南 | 20 | 24 | 22 | 140 | 184 | 150 | 74 | 79 | 75 |
| 江西 | 24 | 24 | 25 | 108 | 116 | 110 | 93 | 92 | 83 |
| 浙江 | 32 | 41 | 33 | 106 | 124 | 117 | 82 | 77 | 82 |
| 福建 | 21 | 24 | 20 | 118 | 124 | 114 | 40 | 43 | 41 |
| 广东 | — | — | — | 150 | 168 | 148 | 162 | 196 | — |
| 总平均 | 23 | 25 | 26 | 119 | 139 | 139 | 109 | 116 | 91 |

〔原注〕①皮花。

浙江棉花之每亩产量最高，平均可收皮花三、四十斤，其他各省则仅二、三十斤。

大豆每亩之平均产量，在83斤至249斤之间。油菜子则在40—196斤之间。

[国民政府经济部档案]

## 3. 实业部中央农业实验所各种役畜所占百分率及每一中等农家所有之肉畜头数统计

(1933年)

| 省名 | 役畜之百分率 | | | | | 平均每一中等农家之肉畜头数 | | | |
|---|---|---|---|---|---|---|---|---|---|
| | 水牛 | 黄牛 | 马 | 骡 | 驴 | 羊① | 猪 | 鸡 | 鸭 |
| 察哈尔 | 0 | 24 | 20 | 14 | 40 | 13.0 | 2.5 | 8.3 | 0 |
| 绥远 | 0 | 59 | 20 | 8 | 13 | 15.6 | 9.2 | 12.6 | 0.2 |
| 宁夏 | 0 | 43 | 13 | 10 | 34 | 30.3 | 1.6 | 5.0 | 0.5 |
| 甘肃 | 0 | 53 | 7 | 10 | 30 | 12.7 | 2.2 | 6.6 | 0.3 |
| 陕西 | 0 | 65 | 8 | 8 | 19 | 4.4 | 2.1 | 6.1 | 0.5 |
| 山西 | 0 | 35 | 10 | 22 | 33 | 8.3 | 1.8 | 6.4 | 0.2 |
| 河北 | 0 | 35 | 12 | 23 | 30 | 0.9 | 2.2 | 7.2 | 1.0 |
| 山东 | 0 | 50 | 8 | 14 | 28 | 1.0 | 2.0 | 7.8 | 1.7 |
| 江苏 | 23 | 56 | 4 | 2 | 15 | 1.7 | 2.6 | 11.2 | 3.0 |
| 安徽 | 39 | 32 | 6 | 5 | 18 | 1.0 | 2.1 | 12.0 | 4.4 |
| 河南 | 3 | 51 | 6 | 10 | 30 | 1.4 | 1.4 | 7.4 | 1.2 |
| 湖北 | 23 | 59 | 6 | 5 | 7 | 1.0 | 2.2 | 10.9 | 3.3 |
| 四川 | 57 | 33 | 5 | 3 | 2 | 3.3 | 5.0 | 8.2 | 5.6 |
| 贵州 | 44 | 40 | 12 | 3 | 1 | 2.5 | 2.7 | 9.2 | 5.9 |
| 湖南 | 50 | 47 | 2 | 1 | 0 | 1.4 | 2.7 | 12.2 | 6.8 |
| 江西 | 37 | 57 | 4 | 1 | 1 | 0.7 | 2.3 | 12.5 | 4.4 |
| 浙江 | 32 | 65 | 1 | 1 | 1 | 1.5 | 2.3 | 9.7 | 3.0 |
| 福建 | 51 | 43 | 3 | 1 | 2 | 1.5 | 2.3 | 12.8 | 6.6 |
| 广东 | 50 | 48 | 2 | | 0 | 2.3 | 2.8 | 15.3 | 6.4 |
| 加权平均 | 21 | 46 | 7 | 9 | 17 | 2.1 | 2.6 | 9.2 | 3.4 |

〔原注〕①：羊包括绵羊及山羊。

拟上表各省之役畜中，黄牛所占百分率最为平均。故我国各省之役畜中，以黄牛为最普遍；则其重要之程度，可以想见。水牛因气候上之关系，以南部各省为多，尤以福建、广东、四川等省最占多数。马、骡、驴则以西北诸省较多，南方各省其数甚少。

又每一中等农家所有之肉畜头数，以鸡与猪在全国各省之分布，较为平均。猪之头数绥远、四川两省较多外，其余每家平均为一头半至三头。鸡则以广东、宁夏外，其余各省均在六只与十二只之间；故我国各省之肉畜中，以猪与鸡最为普通，亦最为重要。羊则因气候及人民食肉习惯关系，以西北各省为多。

［国民政府经济部档案］

## 4. 土地委员会关于全国土地利用状况的调查报告①

（1937年1月）

……

### 第二章　土地利用

### 第一节　土地利用方式

土地利用方式，视自然环境，社会经济状况，人民习性，及科学技术等而定。此次调查，注重于最关重要之农家土地利用，于城市建筑地，交通用地，军事用地等未加调查。

农家土地利用，曾于普查表中，就普通习用之田地种类，分为水田、旱地、山林地、池荡地、荒山地及其他等六类，加以调查。水田旱地为栽培农作物之地，蔬菜园、果园、桑园等包括在旱地内。山林地包括森林、茶山、竹林、油桐地等。池荡地包括渔塘、藕塘、芦塘等。荒滩、碱场、沙渍、坟墓等无收益之地统

---

① 选自全国土地委员会1937年1月编《全国土地调查报告纲要》，沿用原标点。

包括在荒地内。宅地晒场等列入其他项内。调查之结果如下第三表：

第三表　农家田地种类

| 省别 | 调查县数 | 调查户数 | 田地总面积亩 | 各种田地所占百分率 | | | | | |
|---|---|---|---|---|---|---|---|---|---|
| | | | | 水田 | 旱地 | 山林地 | 池荡地 | 荒地 | 其他 |
| 江苏 | 12 | 218149 | 3315435.125 | 46.65 | 45.52 | 2.61 | 0.54 | 1.59 | 3.09 |
| 浙江 | 15 | 116212 | 1207859.995 | 71.28 | 13.68 | 12.35 | 0.28 | 0.82 | 1.59 |
| 安徽 | 12 | 107643 | 1808234.298 | 53.19 | 40.05 | 2.09 | 1.26 | 1.04 | 2.37 |
| 江西 | 5 | 23697 | 254161.928 | 85.86 | 8.80 | 1.31 | 0.45 | 2.09 | 1.49 |
| 湖南 | 14 | 240211 | 3376389.677 | 59.46 | 8.43 | 21.13 | 3.79 | 3.82 | 3.37 |
| 湖北 | 11 | 106546 | 1267344.295 | 51.31 | 33.57 | 8.08 | 1.89 | 2.04 | 3.11 |
| 河北 | 23 | 158109 | 3283253.727 | 5.15 | 87.17 | 0.37 | 0.32 | 3.67 | 3.32 |
| 山东 | 18 | 233061 | 3565639.294 | 0.15 | 93.55 | 0.59 | 0.43 | 1.62 | 3.66 |
| 河南 | 12 | 137672 | 2591388.683 | 7.70 | 86.62 | 0.48 | 0.40 | 1.28 | 3.52 |
| 山西 | 2 | 6415 | 244121.103 | 8.64 | 84.93 | 0.04 | 0.02 | 3.54 | 2.83 |
| 陕西 | 12 | 61654 | 1400038.561 | 5.28 | 88.97 | 0.80 | 0.05 | 1.43 | 3.47 |
| 察哈尔 | 1 | 1428 | 340364.436 | 0.56 | 84.05 | — | — | 15.23 | 0.16 |
| 绥远 | 2 | 3105 | 317818.290 | 2.66 | 71.82 | 0.13 | 0.51 | 23.96 | 0.92 |
| 福建 | 10 | 79736 | 718672.085 | 69.95 | 22.80 | 3.12 | 0.19 | 1.08 | 2.86 |
| 广东 | 2 | 14513 | 86448.085 | 85.51 | 14.19 | 0.07 | 0.21 | 0.01 | 0.02 |
| 广西 | 12 | 26769 | 411452.073 | 63.93 | 20.64 | 8.23 | 1.48 | 2.66 | 3.00 |
| 总计 | 163 | 1534920 | 24188621.655 | 31.27 | 57.06 | 4.99 | 1.00 | 2.60 | 3.08 |

观第三表，在一百五十余万户所经营之土地面积中，旱地占半数以上，水田几及三分之一，两者合计达88.33%；而旱地水田之多寡，又因地域而异，华中华南多水田，华北则旱地多而水田甚少，盖气候使然也。

又在农家周年出入调查表中，详细调查栽培各种作物，及其他各项利用所占亩数。兹以限于篇幅，总为第四五两表如下：

## 第四表　农家各种土地利用面积百分率

| 省别 | 调查县数 | 调查户数 | 作物面积 | | | | 菜园 | 桑园 | 果树园 | 竹园 | 柴草芦苇 | 池塘 | 树林 | 坟地 | 房屋 | 晒场 |
|---|---|---|---|---|---|---|---|---|---|---|---|---|---|---|---|---|
| | | | 水田 | 旱地 | 其他 | 合计 | | | | | | | | | | |
| 江苏 | 12 | 502 | 44.69 | 44.60 | 0.26 | 89.55 | 0.38 | 0.46 | 0.38 | 0.45 | 3.37 | 1.35 | 0.10 | 0.68 | 1.71 | 1.57 |
| 浙江 | 15 | 741 | 71.94 | 14.07 | 1.30 | 87.31 | 0.87 | 2.54 | 0.13 | 0.69 | 2.81 | 0.67 | 2.13 | 0.87 | 1.47 | 0.51 |
| 安徽 | 10 | 537 | 55.72 | 33.39 | 0.01 | 89.12 | 0.70 | 0.15 | 0.10 | 0.25 | 0.78 | 2.99 | 1.33 | 0.94 | 2.26 | 1.38 |
| 江西 | 3 | 113 | 82.65 | 12.49 | 0.26 | 95.10 | 0.60 | — | 0.25 | 0.03 | 0.48 | 0.44 | 0.01 | 0.07 | 1.49 | 0.73 |
| 湖南 | 10 | 531 | 71.78 | 7.04 | 0.42 | 79.24 | 1.71 | 0.08 | 0.56 | 0.46 | 2.24 | 2.92 | 8.84 | 0.96 | 1.90 | 1.09 |
| 湖北 | 6 | 217 | 72.68 | 19.97 | 0.04 | 92.69 | 0.02 | 0.06 | 0.04 | 0.02 | 0.03 | 0.76 | 1.69 | 0.76 | 2.11 | 1.22 |
| 河北 | 23 | 1156 | 6.34 | 88.42 | 0.18 | 94.94 | 0.26 | 0.01 | 0.36 | — | 0.08 | 0.14 | 0.33 | 1.07 | 1.69 | 1.12 |
| 山东 | 17 | 785 | 0.02 | 94.37 | 1.08 | 95.47 | 0.27 | 0.01 | 0.58 | — | 0.10 | 0.13 | 0.24 | 0.64 | 1.48 | 1.08 |
| 河南 | 11 | 546 | 3.50 | 91.91 | 0.25 | 95.66 | 0.06 | 0.01 | 0.01 | — | 0.10 | 0.08 | 0.15 | 0.96 | 1.75 | 1.22 |
| 山西 | 2 | 67 | 1.80 | 88.00 | 3.54 | 93.84 | 2.84 | — | 0.21 | — | 0.08 | — | 0.55 | 0.86 | 1.07 | 1.05 |
| 陕西 | 11 | 389 | 4.56 | 90.26 | 0.10 | 94.86 | 0.28 | 0.01 | 0.05 | 0.02 | 0.16 | 0.02 | 0.08 | 0.85 | 1.87 | 1.80 |
| 绥远 | 3 | 174 | 57.26 | 28.31 | 0.59 | 86.06 | 0.26 | 0.01 | 0.01 | — | 5.87 | 0.46 | 0.43 | 5.30 | 0.96 | 0.54 |
| 福建 | 10 | 515 | 66.83 | 16.00 | 4.61 | 87.44 | 0.63 | 0.12 | 1.33 | 0.27 | 0.30 | 0.20 | 5.35 | 0.88 | 3.00 | 0.48 |
| 广西 | 12 | 161 | 44.56 | 37.43 | 0.63 | 82.62 | 1.50 | 0.19 | 1.67 | 0.25 | 0.66 | 1.39 | 1.79 | 3.21 | 4.02 | 2.90 |
| 总计 | 145 | 6434 | 29.28 | 61.24 | 0.68 | 91.20 | 0.59 | 0.20 | 0.31 | 0.14 | 1.28 | 0.72 | 1.34 | 1.36 | 1.72 | 1.14 |

第五表　各种作物栽培面积百分率

| 省　别 | 栽培总面积亩 | 稻 | 小麦 | 粟 | 玉蜀黍 | 高粱 |
|---|---|---|---|---|---|---|
| 江苏 | 21092.81 | 26.35 | 26.88 | 0.69 | 4.30 | 4.01 |
| 浙江 | 17257.41 | 52.22 | 10.88 | 0.65 | 2.94 | — |
| 安徽 | 18141.79 | 42.74 | 20.25 | — | 1.13 | 3.31 |
| 江西 | 3013.00 | 80.74 | 2.01 | 0.17 | 0.01 | — |
| 湖南 | 20338.14 | 77.19 | 1.36 | 0.10 | 0.01 | 0.07 |
| 湖北 | 5088.02 | 52.73 | 16.70 | — | 1.57 | 0.23 |
| 河北 | 50220.66 | 0.20 | 22.41 | 21.87 | 17.16 | 9.57 |
| 山东 | 37572.28 | 0.03 | 35.91 | 10.48 | 3.08 | 17.23 |
| 河南 | 32981.88 | 0.08 | 39.39 | 9.95 | 5.68 | 7.47 |
| 山西 | 8201.23 | 0.16 | 6.94 | 33.95 | 0.11 | 25.18 |
| 陕西 | 19647.49 | 3.98 | 37.78 | 5.52 | 4.87 | 0.68 |
| 绥远 | 16928.22 | — | 10.98 | 10.88 | — | 11.36 |
| 福建 | 9812.06 | 68.24 | 7.56 | 0.03 | 0.23 | — |
| 广西 | 4555.25 | 49.28 | 7.40 | 1.63 | 9.72 | 0.60 |
| 总计 | 264850.24 | 32.42 | 17.60 | 6.85 | 3.67 | 5.69 |

附注。调查县数及户数同第四表。

续表

| 省　别 | 大麦及裸麦 | 其他谷类 | 豆类 | 落花生 | 油菜 | 其他油料类 |
|---|---|---|---|---|---|---|
| 江苏 | 13.81 | 0.09 | 14.99 | 0.71 | 2.19 | 0.69 |
| 浙江 | 4.93 | 2.12 | 10.98 | 0.57 | 4.16 | 0.62 |
| 安徽 | 6.08 | 0.38 | 11.02 | 1.93 | 6.49 | 1.79 |
| 江西 | — | 1.00 | 2.75 | 0.02 | 3.19 | 0.39 |
| 湖南 | 0.42 | 1.82 | 3.42 | 0.23 | 3.17 | 0.12 |
| 湖北 | 4.81 | 3.11 | 6.37 | 0.42 | 5.11 | 1.08 |
| 河北 | 0.81 | 2.22 | 9.29 | 1.06 | — | 0.84 |
| 山东 | 0.69 | 1.86 | 26.33 | 1.33 | 0.03 | 0.08 |
| 河南 | 3.55 | 0.16 | 21.68 | 0.63 | 0.05 | 2.44 |
| 山西 | 2.29 | 17.23 | 9.05 | — | — | 0.02 |
| 陕西 | 3.30 | 5.72 | 4.58 | 0.97 | 4.03 | 0.08 |
| 绥远 | — | 42.42 | 14.40 | — | — | 5.27 |
| 福建 | 3.76 | 0.01 | 6.02 | 2.93 | 0.26 | — |
| 广西 | 0.88 | 0.23 | 7.86 | 2.88 | 0.01 | 0.21 |
| 总计 | 3.25 | 5.60 | 10.63 | 0.77 | 2.05 | 0.98 |

续表

| 省别 | 甘薯 | 其他根薯类 | 蔬菜 | 棉花 | 麻类 | 烟草 | 其他 |
|---|---|---|---|---|---|---|---|
| 江苏 | 1.15 | 0.22 | 0.24 | 2.62 | 0.08 | — | 0.98 |
| 浙江 | 1.82 | 0.37 | 2.98 | 0.68 | 0.19 | 0.04 | 3.85 |
| 安徽 | 1.52 | 0.27 | 0.85 | 1.20 | 0.01 | 0.11 | 0.92 |
| 江西 | 0.25 | 0.40 | 0.14 | 2.74 | — | — | 6.19 |
| 湖南 | 1.16 | 0.44 | 3.61 | 2.04 | 1.29 | 0.41 | 3.14 |
| 湖北 | 1.40 | 0.24 | 0.59 | 2.92 | 2.25 | 0.31 | 0.16 |
| 河北 | 0.62 | 0.39 | 0.44 | 12.91 | 0.08 | 0.01 | 0.12 |
| 山东 | 0.92 | 0.29 | 0.28 | 0.67 | 0.02 | 0.16 | 0.01 |
| 河南 | 2.60 | 0.03 | 0.78 | 5.31 | 0.02 | 0.04 | 0.14 |
| 山西 | — | 3.44 | 1.04 | — | 0.59 | — | — |
| 陕西 | 0.04 | 0.47 | 2.16 | 25.24 | — | — | 0.58 |
| 绥远 | — | 0.55 | 1.11 | — | 0.01 | 0.38 | 2.64 |
| 福建 | 8.25 | 0.09 | 1.93 | — | — | — | 0.69 |
| 广西 | 4.28 | 2.01 | 5.14 | 0.26 | 1.74 | 0.04 | 5.83 |
| 总计 | 1.72 | 0.67 | 1.52 | 4.04 | 0.45 | 0.10 | 1.79 |

观第四表，作物面积超过百分之九十，其余各种利用并计，不及百分之十。而坟地面积几与房屋用地相等，且大于菜园、桑园、果园、竹园四项面积之合计。以我国山陵之多，树林地本应较栽培农作物及果蔬之耕地面积为大，而林地面积小至犹在坟地面积之下，虽森林大都非属私人，此次调查复偏于森林较少处之农家，然亦不应如此之少，森林缺乏之状，可以概见。又观第五表，谷类栽培亩数多至总面积数之四分之三有奇，豆类次之，纤维类油籽类又次之。饲料作物栽培面积及放牧地极少。显见粮食自给问题之重要，及畜牧之不发达。凡此均为极可注意之点。

第二节　土地利用程度

各种土地利用之现状，略如上述。本节进而研究现今所为之利用，是否已达地尽其利之程度。我国至今犹为农业国，耕地在农业上最为重要，而此次调查复大部限于季风区域，牧地极少，故在此所须注意者有下列四点：（1）耕地占总面积百分之几，即垦殖指数如何，（2）每年收获若干次，（3）每亩产量若干，（4）可耕而未耕之地犹有若干。

欲求垦殖指数，须知总面积及耕地面积，此次曾于县调查表中加以调查。虽调查所得耕地面积，因地籍未清，粮亩不尽可靠，且有若干省县之耕地面积，习俗不以亩计，此次调查，不得不出以估计，自难准确，惟多数尚能近似，其可疑者均经严格剔除。全县总面积则均已依据陆地测量总局之测算更正。据此计算，总为第六表如下，虽不尽确，可见其概。

观下表，各省垦殖指数，颇有上下，江苏最高，青海最低，相差几达十五倍。然除江苏外，耕地面积无一达总面积之半，各省总计仅及22.34%，而调查省县复大都为农业较发达之处，垦殖指数未免过低。方之各国，颇有逊色。虽自然环境不同，未可概论，而我国垦殖未尝尽人力之所及，则显然可见。

我国耕地，往往一年不止收获一次，与欧美不同。二年三收，

第六表　各省垦殖指数

| 省别 | 调查县数 | 总面积（亩） | 耕地面积（亩） | 占总积（%） |
|---|---|---|---|---|
| 江苏 | 61 | 161083920 | 98008103.347 | 60.84 |
| 浙江 | 60 | 125032980 | 35501909.000 | 28.39 |
| 安徽 | 40 | 146507700 | 34340053.275 | 23.44 |
| 江西 | 24 | 67095840 | 13495024.290 | 20.11 |
| 湖南 | 44 | 193122810 | 29490775.805 | 15.27 |
| 湖北 | 49 | 187543455 | 33447989.214 | 17.84 |
| 四川 | 21 | 42218610 | 13728507.779 | 32.52 |
| 河北 | 84 | 126309825 | 59209046.235 | 46.28 |
| 山东 | 84 | 173580225 | 83806467.491 | 48.28 |
| 山西 | 104 | 230623305 | 56159396.873 | 24.35 |
| 陕西 | 56 | 154301205 | 27829716.868 | 17.86 |
| 甘肃 | 34 | 155701365 | 13705060.032 | 8.45 |
| 察哈尔 | 15 | 314661000 | 13734265.000 | 4.36 |
| 宁夏 | 10 | 65464665 | 2130192.950 | 4.61 |
| 青海 | 10 | 95886915 | 3950723.320 | 4.12 |
| 福建 | 48 | 136250965 | 17404316.091 | 12.77 |
| 广东 | 5 | 18727875 | 1362258.000 | 7.27 |
| 广西 | 9 | 34998285 | 3534697.845 | 10.10 |
| 云南 | 31 | 13284000 | 6658313.439 | 7.29 |
| 贵州 | 25 | 72643725 | 14399907.156 | 19.82 |
| 总计 | 814 | 2515038570 | 561896724.010 | 22.34 |

则一亩可抵一亩半。一年二收，则一亩可抵二亩。故学者称此种选次收获亩数曰作物亩，以别于耕地面积。兹将此种作物亩与耕地面积之比率（以耕地面积为一百），称为作物亩指数，并据农家周年出入调查表计算作物亩指数，列为第七表如下。

观月表作物亩指数，华中华南大于华北，以绥远为最低，作物亩

第七表　各省作物亩指数(以耕地亩数为基地)

| 省别 | 调查县数 | 调查户数 | 耕地亩数 | 作物亩数 | 作物亩指数 |
|---|---|---|---|---|---|
| 江苏 | 12 | 502 | 12619.01 | 21091.28 | 167.14 |
| 浙江 | 15 | 741 | 11383.45 | 17267.63 | 151.69 |
| 安徽 | 10 | 537 | 12452.22 | 18102.71 | 145.38 |
| 江西 | 8 | 113 | 2625.64 | 3013.00 | 114.75 |
| 湖南 | 10 | 531 | 16449.96 | 24017.03 | 146.00 |
| 湖北 | 6 | 217 | 3445.82 | 5208.00 | 151.14 |
| 河北 | 23 | 1156 | 40917.99 | 50150.36 | 122.56 |
| 山东 | 17 | 785 | 25516.46 | 36663.95 | 143.69 |
| 河南 | 11 | 546 | 21264.45 | 33044.57 | 155.40 |
| 山西 | 2 | 67 | 8098.47 | 8201.23 | 101.27 |
| 陕西 | 11 | 389 | 17715.79 | 19653.24 | 110.94 |
| 绥远 | 3 | 174 | 18061.60 | 16958.44 | 93.89 |
| 福建 | 10 | 515 | 4766.33 | 9756.20 | 204.69 |
| 广西 | 12 | 161 | 3670.20 | 4555.22 | 124.11 |
| 总计 | 145 | 6434 | 198987.39 | 267682.86 | 134.52 |

且小于耕地面积，盖气候较冷也。地形与水利亦有关系，然远不及气候之重要。长江流域以南各省，普通均可一年二收，然其作物亩指数，除福建外，均不及二百，可见一年一收之地犹多，约当耕地面积之半。

各种主要作物之每亩产量及其价值，据农家周年出入调查表统计，总为第八表如下。

第八表　各省重要作物每亩产量及价值(二十三年份)(见527页)

虽岁有丰歉，价有涨跌，一年之数不足代表，要可略见其概。兹并以我国每亩产量与各国比较，列为第九表如下：　(见529页)

| 省别 | 秈粳稻 | | 小麦 | | 大麦 | | 粟 | | 玉蜀黍 | | 高粱 | | 荞麦 | |
|---|---|---|---|---|---|---|---|---|---|---|---|---|---|---|
| | 产量（斗） | 价值（元） | 产量（斗） | 价值（元） | 产量（斗） | 价值（元） | 产量（斗） | 价值（元） | 产量（斗） | 价值（元） | 产量（斗） | 价值（元） | 产量（斗） | 价值（元） |
| 江苏 | 56.04 | 13.15 | 26.43 | 3.10 | 14.92 | 2.47 | 13.45 | 2.83 | 7.30 | 3.14 | 8.07 | 2.17 | 8.16 | 2.30 |
| 浙江 | 19.90 | 8.90 | 7.78 | 3.27 | 8.48 | 3.00 | 7.99 | 3.86 | 10.76 | 3.40 | — | — | — | — |
| 安徽 | 36.84 | 9.16 | 9.33 | 4.31 | 14.05 | 2.65 | — | — | 16.90 | 6.93 | 8.19 | 3.13 | 4.75 | 1.29 |
| 江西 | 18.33 | 7.15 | 7.54 | 3.97 | — | — | 4.82 | 1.52 | 12.33 | 7.77 | — | — | 8.14 | 2.93 |
| 湖南 | 32.14 | 9.31 | 12.91 | 5.99 | 23.29 | 7.81 | 9.87 | 3.80 | — | 12.38 | 17.18 | 5.45 | 15.76 | 5.61 |
| 湖北 | 35.08 | 15.72 | 18.65 | 5.42 | 15.03 | 5.10 | — | — | 19.14 | 7.83 | 10.57 | 2.28 | 7.83 | 2.86 |
| 河北 | 12.55 | 7.13 | 7.71 | 3.55 | 21.71 | 3.86 | 12.52 | 3.33 | 10.22 | 3.99 | 10.29 | 2.72 | 8.66 | 2.69 |
| 山东 | — | — | 4.80 | 3.45 | 6.02 | 2.16 | 9.41 | 3.46 | 11.38 | 3.91 | 5.50 | 3.03 | — | — |
| 河南 | 15.61 | 15.95 | 6.21 | 3.34 | 8.94 | 2.02 | 12.53 | 2.61 | 9.91 | 2.38 | 8.60 | 2.06 | 3.33 | 1.02 |
| 山西 | 13.49 | 10.51 | 7.88 | 4.24 | 15.03 | 5.11 | 10.94 | 2.28 | 5.62 | 0.90 | 8.35 | 1.94 | 7.13 | 1.33 |
| 陕西 | 29.68 | 9.61 | 9.42 | 4.68 | 13.27 | 3.22 | 9.87 | 2.23 | 10.36 | 3.50 | 7.05 | 1.11 | 4.05 | 1.29 |
| 绥远 | — | — | 7.00 | 2.22 | — | — | 4.95 | 1.10 | — | — | 7.58 | 1.12 | — | — |
| 福建 | 17.12 | 9.31 | 11.57 | 6.92 | 11.17 | 4.33 | 11.78 | 9.69 | 20.56 | 9.67 | — | — | 9.35 | 3.25 |
| 广西 | 23.32 | 8.95 | 21.92 | 9.65 | 5.27 | 2.19 | 22.75 | 8.62 | — | 6.36 | 41.77 | 4.12 | 12.69 | 3.26 |
| 总平均 | 25.84 | 10.40 | 11.37 | 4.55 | 13.10 | 3.66 | 10.91 | 3.72 | 12.23 | 5.55 | 12.10 | 2.65 | 8.17 | 2.44 |

| 省别 | 黄豆 | | 落花生 | | 油菜 | | 甘薯 | | 棉花 | | 烟草 | |
|---|---|---|---|---|---|---|---|---|---|---|---|---|
| | 产量（斗） | 价值（元） | 产量（斗） | 价值（元） | 产量（斗） | 价值（元） | 产量（斗） | 价值（元） | 产量（斗） | 价值（元） | 产量（斗） | 价值（元） |
| 江苏 | 4.69 | 1.50 | 145.66 | 3.52 | 32.77 | 3.90 | 754.99 | 3.96 | 80.61 | 8.47 | — | — |
| 浙江 | 5.73 | 3.14 | 165.07 | 6.82 | 6.89 | 3.07 | 985.75 | 6.66 | 102.30 | 8.32 | 262.36 | 24.68 |
| 安徽 | 7.41 | 3.09 | 335.59 | 2.03 | 9.40 | 4.45 | 921.75 | 4.27 | 97.07 | 6.60 | 172.74 | 24.42 |
| 江西 | 3.68 | 2.88 | 86.74 | 4.57 | 4.01 | 2.96 | 377.55 | 3.26 | 31.53 | 4.29 | — | — |
| 湖南 | 20.80 | 6.67 | 381.64 | 14.26 | 8.19 | 4.11 | 836.21 | 5.76 | 52.42 | 8.18 | 196.29 | 26.47 |
| 湖北 | 19.93 | 7.48 | 461.08 | 19.14 | 7.57 | 3.17 | 1167.90 | 8.68 | 68.80 | 11.80 | 72.13 | 6.86 |
| 河北 | 8.50 | 3.08 | 267.73 | 6.65 | — | — | 1121.75 | 6.37 | 65.56 | 8.09 | 163.04 | 14.67 |
| 山东 | 4.73 | 2.62 | 118.05 | 3.78 | 6.71 | 1.99 | 847.09 | 5.41 | 54.67 | 6.63 | 191.59 | 4.57 |
| 河南 | 5.90 | 1.82 | 190.32 | 4.55 | 5.56 | 1.84 | 924.61 | 4.45 | 54.41 | 8.80 | 155.90 | 10.42 |
| 山西 | 7.58 | 1.92 | — | — | — | — | — | — | — | — | — | — |
| 陕西 | 6.18 | 2.41 | 214.59 | 6.05 | 5.42 | 1.84 | 1709.77 | 14.65 | 20.03 | 6.00 | — | — |
| 绥远 | 14.28 | 3.22 | — | — | — | — | — | — | — | — | 170.40 | 17.16 |
| 福建 | 5.39 | 3.86 | 208.97 | 10.38 | 2.66 | 2.86 | 1505.89 | 20.41 | — | — | — | — |
| 广西 | 20.10 | 13.17 | 122.54 | 7.18 | — | — | 565.74 | 4.89 | 26.20 | 4.64 | 124.24 | 10.87 |
| 总平均 | 9.64 | 4.06 | 224.83 | 7.41 | 8.92 | 3.02 | 976.58 | 7.40 | 59.42 | 7.44 | 167.63 | 15.57 |

| 国别 | 小麦（市石） | 稻（市石） | 玉蜀黍（市石） | 棉花（市斤） |
|---|---|---|---|---|
| 荷兰 | 2.769 | — | — | — |
| 丹麦 | 2.705 | — | — | — |
| 比利时 | 2.469 | — | — | — |
| 瑞典 | 2.233 | — | — | — |
| 德国 | 2.197 | — | — | — |
| 英国 | 2.188 | — | — | — |
| 瑞士 | 2.152 | — | 2.690 | — |
| 奥国 | 1.643 | — | 1.976 | — |
| 芬兰 | 1.643 | — | — | — |
| 挪威 | 1.634 | — | — | — |
| 法国 | 1.634 | — | 1.197 | — |
| 日本 | 1.634 | 3.567 | 1.503 | 96.00 |
| 匈国 | 1.498 | — | 1.475 | — |
| 意大利 | 1.452 | 4.054 | 1.679 | 48.00 |
| 波兰 | 1.162 | — | 0.566 | — |
| 中国 | 1.137 | 2.410 | 1.223 | 59.42 |
| 保加利亚 | 1.089 | 1.638 | 1.250 | 41.33 |
| 阿根廷 | 0.971 | — | — | 77.33 |
| 罗马尼亚 | 0.944 | — | 0.872 | 54.67 |
| 西班牙 | 0.758 | 5.858 | 1.419 | 30.67 |
| 美国 | 0.681 | 2.014 | 1.329 | 57.33 |
| 加拿大 | 0.663 | — | 2.145 | — |
| 墨西哥 | 0.626 | — | 0.557 | 88.00 |
| 安南 | — | 0.922 | — | — |
| 暹罗 | — | 1.417 | — | — |

附注：本表除中国产量系根据本会调查外，余均系根据 International Yearbook of Agricultural Statistics, 1933—34，折算为每市亩产量。

观该二表，各省每亩产量，殊为参差，虽地有肥瘠，不应相差如此之甚。各省平均每亩产量，较之各国，亦见逊色。虽列国犹有较我为低者，然我国素以耕作集约，用力甚勤著称，产量自须与较多者媲美。可见即以各省每亩产量言之，殊不足谓为已近地尽其利之程度。

荒地究有若干，最难求得。县调查表中曾加调查，兹总为第十表如下。

第十表　各省荒地指数

| 省别 | 调查县数 | 总面积（亩） | 荒地面积（亩） | 荒地占总面积(%) |
|---|---|---|---|---|
| 江苏 | 42 | 113659095.000 | 8176914.408 | 7.19 |
| 浙江 | 38 | 83552205.000 | 10000358.693 | 11.97 |
| 安徽 | 34 | 118558050.000 | 2015629.995 | 1.70 |
| 江西 | 22 | 63381780.000 | 37568116.300 | 59.27 |
| 湖南 | 44 | 193122810.000 | 9091549.435 | 4.71 |
| 湖北 | 39 | 155032170.000 | 6112767.000 | 3.94 |
| 四川 | 12 | 30112110.000 | 3211421.214 | 10.66 |
| 河北 | 24 | 45271140.000 | 1652709.818 | 3.65 |
| 山东 | 41 | 97218375.000 | 5777809.174 | 5.94 |
| 山西 | 73 | 166755300.000 | 3403257.579 | 2.04 |
| 陕西 | 33 | 97235640.000 | 1778978.816 | 1.83 |
| 甘肃 | 29 | 122659845.000 | 3400914.612 | 2.48 |
| 宁夏 | 10 | 65464665.000 | 1716995.970 | 2.62 |
| 青海 | 9 | 87923295.000 | 6618564.680 | 7.53 |
| 福建 | 35 | 90885645.000 | 14832878.336 | 16.32 |
| 广东 | 2 | 10141875.000 | 162764.000 | 1.60 |
| 广西 | 7 | 29778300.000 | 1701784.478 | 5.71 |
| 云南 | 27 | 94065390.000 | 10624488.663 | 11.29 |
| 贵州 | 25 | 72643725.000 | 8051217.966 | 11.08 |
| 总计 | 547 | 1737461415.000 | 135964121.137 | 7.83 |

然各县荒地，既未履勘，调查表中所填，概出县中若干人士之估

计，是否可耕，有无遗漏，均不可必。证以其他若干方面发表之数字，每与实际情形不符，且可耕与否及如何始为荒地，复随主观而异，则第十表所载自不能谓其近真，列之以见大概而已，且第十表所载，系零星分散于各县之荒地。前第三表农家田地种类中，亦有荒地一项，可与此参看。此外大片集中于一区域之荒地有沿海沿江各省之盐垦区与滩地沙田，及西北西南各边省之丘陵山谷原野等。盐垦区及西北曾作专门调查，编有报告，其可垦面积，前者约二千八百万亩，后者约四万三千万亩。西南可垦地未作专门调查。综观上述，虽数字未必准确，要可见犹有大量荒地待垦也。

## 第三节　人口与耕地面积

农民与人口总数之比例，人口与耕地之比例，及农民与耕地之比例，为本节研究之对象；盖此等比例，足以表示：(1) 直接依地为生者之多寡，(2) 土地利用之性质与程度，(3) 农产供给之丰啬，(4) 农民可得耕地之多寡及其难易。

各县户口总数及农业户口数，曾于县调查表中加以调查。兹据此等户口数及各该县耕地亩数，总为第一、十二、十三表如下：

第十一表，各省农民百分率，如江苏反较四川高约七分之一，不无可疑，估计容有错误。然大体尚属近似。且盈亏相抵，全国平均数当颇近于事实。全国平均，农户约近总户数五分之四，人数则微过总人口数四分之三。按近年英国农民百分率为百分之七，美国百分之二十六，德国三十一，法国四十二，日本五十五，均远较我国为低。印度亦只百分之七十二，不及我国农民百分率之高。

观第十二、十三两表，每户平均摊得耕地十四亩有奇，每人则仅二亩七分，单以农民人口言之，每户亦仅十八亩有奇，每人三亩六分八厘。此为全国平均数，大抵北多而南少，广东每人平

## 第十一表　农民占总人口数之百分率

| 省别 | 县数 | 总户口 | | 农民户口 | | 农民户口占总人口 | |
|---|---|---|---|---|---|---|---|
| | | 户数 | 人数 | 户数 | 人数 | 户数（%） | 人数（%） |
| 江苏 | 34 | 4816767 | 22508196 | 3768113 | 16784161 | 78.23 | 74.33 |
| 浙江 | 35 | 1656899 | 7353457 | 1186516 | 5152316 | 71.61 | 70.07 |
| 安徽 | 36 | 2741356 | 16359442 | 2229909 | 13273951 | 81.34 | 81.14 |
| 江西 | 23 | 807019 | 4544408 | 626642 | 3531198 | 77.65 | 77.70 |
| 湖南 | 45 | 3260165 | 15705322 | 2384399 | 12255542 | 73.14 | 78.03 |
| 湖北 | 47 | 3240879 | 17155266 | 2554625 | 13508560 | 78.84 | 78.74 |
| 四川 | 26 | 1898235 | 10677578 | 1307821 | 6673886 | 68.90 | 62.50 |
| 山东 | 56 | 3944639 | 21178934 | 3427434 | 18191453 | 86.89 | 85.89 |
| 河南 | 108 | 5785542 | 33542806 | 4732683 | 25988789 | 81.80 | 77.48 |
| 山西 | 41 | 730521 | 3987006 | 585490 | 3089853 | 80.15 | 77.50 |
| 陕西 | 50 | 1023950 | 5734575 | 843965 | 4743393 | 82.42 | 82.72 |
| 甘肃 | 32 | 519829 | 2826543 | 427425 | 2278542 | 82.22 | 80.61 |
| 察哈尔 | 2 | 26282 | 120539 | 16706 | 75541 | 63.56 | 62.67 |
| 宁夏 | 5 | 51176 | 1198409 | — | 96281 | — | 8.03 |
| 青海 | 7 | 68990 | 421622 | 50692 | 326332 | 73.48 | 77.40 |
| 福建 | 40 | 1713126 | 8971816 | — | 6581729 | — | 73.36 |
| 广东 | 5 | 265365 | 1748202 | — | 1069357 | — | 61.18 |
| 广西 | 8 | 324209 | 1615057 | — | 1187060 | — | 73.50 |
| 云南 | 30 | 629478 | 3152166 | 488221 | 2382392 | 77.56 | 75.58 |
| 贵州 | 27 | 487896 | 2111599 | 402074 | 1739494 | 82.41 | 82.38 |
| 总计 | 657 | 33992323 | 180912943 | 25032715 | 138929835 | 79.12 | 76.79 |

## 第十二表　每户每人平均摊得耕地亩数

| 省别 | 调查县数 | 总户口 | | 耕地面积（亩） | 平均摊得亩数 | |
|---|---|---|---|---|---|---|
| | | 户数 | 人数 | | 每户（亩） | 每人（亩） |
| 江苏 | 57 | 6791602 | 31803955 | 92089057.257 | 13.56 | 2.90 |
| 浙江 | 60 | 3583314 | 15620554 | 35501909.000 | 9.91 | 2.27 |
| 安徽 | 40 | 2641140 | 16672334 | 34340053.275 | 13.00 | 2.06 |
| 江西 | 24 | 851628 | 4086300 | 13495024.290 | 15.85 | 2.91 |
| 湖南 | 43 | 3295578 | 17234652 | 28661796.605 | 8.70 | 1.66 |
| 湖北 | 48 | 3269008 | 17265237 | 32969597.927 | 10.09 | 1.91 |
| 四川 | 21 | 1334108 | 7823306 | 13728507.779 | 7.38 | 1.75 |
| 河北 | 84 | 3387532 | 18362924 | 59209046.235 | 17.48 | 3.22 |
| 山东 | 80 | 5576937 | 29469456 | 79506930.289 | 14.26 | 2.70 |
| 山西 | 98 | 2005045 | 10716085 | 51758465.325 | 25.81 | 4.83 |
| 陕西 | 53 | 1188223 | 6128271 | 25449671.738 | 21.42 | 4.14 |
| 甘肃 | 34 | 544914 | 3010602 | 13705060.032 | 25.15 | 4.55 |
| 察哈尔 | 15 | 330565 | 1646551 | 13734265.000 | 41.55 | 8.34 |
| 宁夏 | 5 | 51176 | 1326022 | 1298605.250 | 25.38 | 1.02 |
| 青海 | 10 | 101454 | 626081 | 3950723.320 | 38.94 | 6.31 |
| 福建 | 48 | 1929939 | 10323778 | 17404316.091 | 9.02 | 1.69 |
| 广东 | 5 | 231813 | 1543657 | 1362258.000 | 5.88 | 0.88 |
| 广西 | 9 | 383932 | 1869805 | 3534697.845 | 9.02 | 1.69 |
| 云南 | 30 | 617645 | 3117461 | 6658313.439 | 10.78 | 2.14 |
| 贵州 | 25 | 445517 | 1928787 | 14399907.156 | 32.32 | 7.47 |
| 总计 | 789 | 38561070 | 201295808 | 542758206.353 | 14.08 | 2.70 |

## 第十三表 农民每户每人平均摊得耕地亩数

| 省别 | 调查县数 | 总户口 | | 耕地面积（亩） | 平均摊得亩数 | |
|---|---|---|---|---|---|---|
| | | 户数 | 人数 | | 每户（每） | 每人（亩） |
| 江苏 | 38 | 4610245 | 17392731 | 66070197.986 | 14.33 | 3.80 |
| 浙江 | 51 | 2058888 | 7849373 | 29547796.358 | 14.35 | 3.76 |
| 安徽 | 33 | 1921539 | 12014646 | 30704902.411 | 15.98 | 2.56 |
| 江西 | 23 | 626642 | 3531198 | 12440253.290 | 19.85 | 3.52 |
| 湖南 | 55 | 2937993 | 14658318 | 40766908.420 | 13.88 | 2.78 |
| 湖北 | 47 | 2403234 | 12140654 | 30498032.714 | 12.69 | 2.51 |
| 四川 | 13 | 712501 | 3547523 | 8103626.282 | 11.37 | 2.84 |
| 河北 | 78 | 2337211 | 12632188 | 53161296.141 | 22.75 | 4.21 |
| 山东 | 84 | 5024626 | 26193484 | 97026636.674 | 19.31 | 3.70 |
| 河南 | 105 | 4623505 | 25366917 | 107085205.146 | 23.16 | 4.22 |
| 山西 | 66 | 959758 | 4447538 | 33130870.869 | 34.52 | 7.45 |
| 陕西 | 56 | 915594 | 5197494 | 26099946.297 | 28.51 | 5.02 |
| 甘肃 | 35 | 458416 | 2410135 | 13218858.244 | 28.84 | 5.48 |
| 福建 | 41 | 1226495 | 6591441 | 16043290.131 | 13.08 | 2.43 |
| 广东 | 5 | 153344 | 1069357 | 1261146.000 | 8.22 | 1.18 |
| 广西 | 8 | 251837 | 1187060 | 3322891.845 | 13.19 | 2.80 |
| 云南 | 27 | 454639 | 2269534 | 6311251.823 | 13.88 | 2.87 |
| 贵州 | 35 | 392074 | 1689494 | 15485412.638 | 39.50 | 9.17 |
| 总计 | 791 | 32068541 | 160189085 | 590278523.269 | 18.41 | 3.68 |

均仅八分八厘，农民每人平均亦仅一亩一分八厘。每人摊得耕地既少，故必须集中利用耕地于直接生产粮食，而畜牧不能发达。虽我国耕地往往一年两熟，然即以作物亩计之，农民每人亦仅五亩有奇，按总人口摊得之数更少，仅三亩六分四厘，见下列第十四表。

第十四表　每户每人平均摊得作物亩数

| 省　　别 | 每户（亩） | 每人（亩） | 农民每户（亩） | 农民每人（亩） |
|---|---|---|---|---|
| 江苏 | 22.66 | 4.85 | 23.95 | 6.35 |
| 浙江 | 15.03 | 3.44 | 21.77 | 5.70 |
| 安徽 | 18.90 | 2.99 | 23.23 | 3.72 |
| 江西 | 18.19 | 3.22 | 22.78 | 4.04 |
| 湖南 | 12.70 | 2.42 | 20.26 | 4.06 |
| 湖北 | 15.25 | 2.89 | 19.18 | 3.79 |
| 河北 | 21.42 | 3.95 | 27.88 | 5.16 |
| 山东 | 20.49 | 3.88 | 27.75 | 5.32 |
| 河南 | — | — | 35.99 | 6.56 |
| 山西 | 26.14 | 4.89 | 34.96 | 7.54 |
| 陕西 | 23.76 | 4.59 | 31.63 | 5.57 |
| 福建 | 18.46 | 3.46 | 26.77 | 4.97 |
| 广西 | 11.19 | 2.10 | 16.37 | 3.48 |
| 总平均 | 18.82 | 3.64 | 25.30 | 5.07 |

附注：每户每人平均摊得作物亩数，系据第十二、十三两表平均摊得之耕地亩数及第七表各该省作物亩数折算而得。

第四节　每户经营面积之大小与分布

上节叙明每户每人平均摊得之耕地，本节进而研究农家每户实际经营之面积。兹据一百五十余万户农家普查表调查所得，分别整理统计，节要列为第十五、十六两表如下。

附注：调查县数户数及总面积同第十五表。

## 第十五表　每户经营面积大小各组户数百分率

| 省　别 | 调查县数 | 调查户数 | 调查总面积 | 5亩以下 % | 5—9.9亩 % | 10—14.9亩 % | 15—19.9亩 % | 20—29.9亩 % |
|---|---|---|---|---|---|---|---|---|
| 江苏 | 12 | 218149 | 3315435.125 | 23.67 | 28.59 | 17.48 | 10.48 | 10.19 |
| 浙江 | 15 | 116212 | 1207859.995 | 37.20 | 29.80 | 14.70 | 7.03 | 6.11 |
| 安徽 | 12 | 107343 | 1808234.298 | 20.29 | 23.72 | 15.51 | 10.66 | 11.99 |
| 江西 | 5 | 23697 | 254161.928 | 33.48 | 20.76 | 20.46 | 11.53 | 9.56 |
| 湖南 | 14 | 240211 | 3376389.677 | 30.78 | 25.70 | 15.36 | 8.81 | 9.21 |
| 湖北 | 11 | 106546 | 1267344.295 | 31.11 | 29.32 | 15.44 | 8.43 | 8.16 |
| 河北 | 23 | 158109 | 3283253.727 | 17.42 | 22.58 | 16.10 | 12.10 | 13.20 |
| 山东 | 18 | 233061 | 3565639.294 | 24.39 | 25.26 | 16.51 | 10.78 | 11.20 |
| 河南 | 12 | 137672 | 2591388.683 | 24.51 | 23.39 | 14.17 | 9.78 | 10.67 |
| 山西 | 2 | 6415 | 244121.103 | 5.94 | 10.99 | 11.12 | 11.75 | 18.11 |
| 陕西 | 12 | 61654 | 1400038.561 | 17.81 | 20.88 | 13.97 | 9.69 | 12.24 |
| 察哈尔 | 1 | 1423 | 340364.426 | — | 1.40 | 2.73 | 2.03 | 3.15 |
| 绥远 | 2 | 3105 | 317818.290 | 3.83 | 5.51 | 8.37 | 10.50 | 14.46 |
| 福建 | 10 | 79736 | 718672.085 | 39.63 | 32.14 | 13.46 | 6.33 | 5.06 |
| 广东 | 2 | 14513 | 86448.085 | 51.23 | 36.19 | 8.26 | 2.74 | 1.25 |
| 广西 | 12 | 26769 | 411452.073 | 25.77 | 25.32 | 16.29 | 10.47 | 10.95 |
| 总计 | 163 | 1534920 | 24188621.655 | 24.38 | 22.60 | 13.75 | 8.94 | 9.72 |

续表

| 省别 | 30—49.9亩 % | 50—69.9亩 % | 70—99.9亩 % | 100—149.9亩 % | 150—199.9亩 % | 200—299.9亩 % | 300—499.9亩 % | 500亩以上 % |
|---|---|---|---|---|---|---|---|---|
| 江苏 | 5.78 | 1.52 | 0.98 | 0.90 | 0.19 | 0.16 | 0.05 | 0.01 |
| 浙江 | 3.45 | 0.94 | 0.47 | 0.20 | 0.05 | 0.03 | 0.01 | 0.002 |
| 安徽 | 9.61 | 3.07 | 1.41 | 0.59 | 0.10 | 0.03 | 0.01 | 0.01 |
| 江西 | 3.72 | 0.31 | 0.15 | 0.03 | 0.004 | — | — | — |
| 湖南 | 6.27 | 2.04 | 1.03 | 0.48 | 0.14 | 0.11 | 0.06 | 0.01 |
| 湖北 | 5.50 | 1.39 | 0.44 | 0.16 | 0.02 | 0.01 | 0.01 | 0.01 |
| 河北 | 10.84 | 3.69 | 2.36 | 1.08 | 0.31 | 0.21 | 0.08 | 0.03 |
| 山东 | 7.92 | 2.25 | 1.08 | 0.42 | 0.11 | 0.05 | 0.02 | 0.01 |
| 河南 | 9.53 | 3.58 | 2.57 | 1.35 | 0.31 | 0.11 | 0.02 | 0.01 |
| 山西 | 20.25 | 9.32 | 6.81 | 3.48 | 1.08 | 0.84 | 0.23 | 0.08 |
| 陕西 | 12.80 | 6.05 | 4.08 | 1.79 | 0.41 | 0.22 | 0.04 | 0.02 |
| 察哈尔 | 2.17 | 3.99 | 4.90 | 24.58 | 12.12 | 21.85 | 12.68 | 8.40 |
| 绥远 | 16.17 | 8.34 | 10.08 | 6.73 | 3.99 | 4.74 | 3.74 | 3.54 |
| 福建 | 2.50 | 0.53 | 0.22 | 0.09 | 0.02 | 0.01 | 0.01 | — |
| 广东 | 0.29 | 0.03 | 0.01 | — | — | — | - | — |
| 广西 | 7.24 | 2.01 | 1.03 | 0.58 | 0.14 | 0.12 | 0.06 | 0.02 |
| 总计 | 7.76 | 3.06 | 2.36 | 2.64 | 1.19 | 1.78 | 1.06 | 0.76 |

## 第十六表　各省平均每户经营面积

| 省别 | 水田旱地 | | | 其他土地 | | | | | 共计 |
|---|---|---|---|---|---|---|---|---|---|
| | 水田 | 旱地 | 合计 | 山林地 | 池荡地 | 荒地 | 其他 | 合计 | |
| 江苏 | 7.089 | 6.918 | 14.006 | 0.396 | 0.082 | 0.242 | 0.471 | 1.191 | 15.197 |
| 浙江 | 7.409 | 1.422 | 8.831 | 1.280 | 0.029 | 0.085 | 0.165 | 1.559 | 10.390 |
| 安徽 | 8.936 | 6.728 | 15.664 | 0.351 | 0.211 | 0.174 | 0.398 | 1.134 | 16.798 |
| 江西 | 9.209 | 0.944 | 10.153 | 0.141 | 0.049 | 0.224 | 0.159 | 0.573 | 10.726 |
| 湖南 | 8.358 | 1.184 | 9.542 | 2.970 | 0.523 | 0.537 | 0.474 | 4.514 | 14.056 |
| 湖北 | 6.104 | 3.993 | 10.097 | 0.961 | 0.224 | 0.242 | 0.370 | 1.797 | 11.894 |
| 河北 | 1.069 | 18.102 | 19.171 | 0.076 | 0.067 | 0.763 | 0.688 | 1.594 | 20.765 |
| 山东 | 0.023 | 14.312 | 14.335 | 0.089 | 0.066 | 0.247 | 0.561 | 0.963 | 15.298 |
| 河南 | 1.448 | 16.504 | 17.752 | 0.091 | 0.075 | 0.241 | 0.663 | 1.070 | 18.220 |
| 山西 | 3.288 | 32.319 | 35.607 | 0.015 | 0.007 | 1.348 | 1.077 | 2.447 | 38.054 |
| 陕西 | 1.198 | 20.201 | 21.399 | 0.181 | 0.013 | 0.326 | 0.790 | 1.310 | 22.709 |
| 察哈尔 | 1.330 | 200.335 | 201.665 | — | — | 36.306 | 0.379 | 36.685 | 238.350 |
| 绥远 | 2.724 | 73.505 | 76.229 | 0.136 | 0.526 | 24.527 | 0.940 | 26.129 | 102.358 |
| 福建 | 6.305 | 2.055 | 8.360 | 0.281 | 0.017 | 0.097 | 0.258 | 0.653 | 9.013 |
| 广东 | 5.094 | 0.845 | 5.939 | 0.004 | 0.012 | 0.001 | 0.001 | 0.018 | 5.957 |
| 广西 | 9.827 | 3.172 | 12.999 | 1.265 | 0.227 | 0.409 | 0.471 | 2.372 | 15.371 |
| 总计 | 4.928 | 8.992 | 13.920 | 0.786 | 0.159 | 0.409 | 0.485 | 1.839 | 15.759 |

观上第十五表，五亩以下之户数，几达总户数四分之一，合之五亩以上至不足十亩者则占46.98%，将近总数之半。此尚就全国平均数言之，若在闽粤，则十亩以下之农户，占总户数百分之七十或八十以上。再观第十六表，全国平均每户经营面积为十五亩有奇，各省平均数则以察哈尔为最大，达二百三十八亩余，广东为最小，不足六亩。察绥天寒水少，生产力弱，每户经营面积虽至百亩以上，民生犹苦。此外华北各省平均不足二十亩，华中平均约十四亩，华南除广西地瘠较多外，闽粤均不足十亩。方之欧美，以小农著称之丹麦，其平均每户经营面积，当我国之十五倍有奇，即以最小之荷兰言之，亦几达七倍。我国每户经营面积太小，至为明显。兹将若干主要国平均每户经营面积，折算为市亩，列表于下，以便比观。

第十七表 各国平均每户经营面积之比较

| 国别 | 每户经营面积（亩） | 调查年份 |
|---|---|---|
| 澳洲 | 4120.652 | 1927 |
| 巴西 | 4019.495 | 1920 |
| 纽西兰 | 3059.993 | 1929 |
| 坎拿大 | 1100.080 | 1921 |
| 美国 | 873.221 | 1925 |
| 英吉利威尔斯 | 380.826 | 1924 |
| 丹麦 | 276.694 | 1925 |
| 爱尔兰 | 212.727 | 1917 |
| 法国 | 135.372 | 1908 |
| 德国 | 111.570 | 1925 |
| 荷兰 | 101.057 | 1921 |
| 中国 | 15.759 | 1935 |

附注：本表除中国系由本会此次调查所得外，余均由佐滕宽次《日本农业》248-9页所列数字改算而得。

## 第十八表　各省各类田地每丘平均面积

| 省别 | 调查县数 | 调查户数 | 水　田 | 旱　地 | 山林地 | 池荡地 | 荒　地 | 其　他 | 各类田地平均(亩) |
|---|---|---|---|---|---|---|---|---|---|
| 江苏 | 12 | 218149 | 2.254 | 3.989 | 4.530 | 1.375 | 1.048 | 0.574 | 2.501 |
| 浙江 | 15 | 116212 | 1.067 | 0.726 | 2.527 | 0.393 | 0.670 | 0.234 | 1.008 |
| 安徽 | 12 | 107643 | 1.157 | 2.079 | 1.671 | 0.805 | 2.234 | 0.532 | 1.370 |
| 江西 | 5 | 23697 | 0.857 | 0.696 | 0.656 | 0.609 | 1.008 | 0.246 | 0.809 |
| 湖南 | 14 | 240211 | 1.050 | 0.674 | 4.327 | 0.880 | 1.744 | 0.576 | 1.158 |
| 湖北 | 11 | 106546 | 1.082 | 1.192 | 5.054 | 2.045 | 1.256 | 0.541 | 1.170 |
| 河北 | 23 | 158109 | 6.822 | 4.775 | 5.312 | 2.623 | 2.125 | 0.555 | 3.717 |
| 山东 | 18 | 233061 | 3.142 | 2.960 | 1.896 | 2.433 | 1.978 | 0.436 | 2.417 |
| 河南 | 12 | 137672 | 2.146 | 4.157 | 2.051 | 1.247 | 1.596 | 0.557 | 3.115 |
| 山西 | 2 | 6415 | 6.906 | 8.556 | 6.846 | 1.876 | 3.564 | 1.234 | 6.906 |
| 陕西 | 12 | 61654 | 2.119 | 5.081 | 2.235 | 1.272 | 1.045 | 0.723 | 3.762 |
| 察哈尔 | 1 | 1428 | 41.292 | 48.769 | — | — | 97.822 | 3.093 | 51.438 |
| 绥远 | 2 | 3105 | 9.184 | 19.178 | 12.047 | 74.235 | 86.540 | 1.221 | 19.680 |
| 福建 | 10 | 79736 | 1.353 | 0.900 | 2.464 | 0.514 | 0.789 | 0.294 | 1.114 |
| 广东 | 2 | 14513 | 1.324 | 1.489 | 1.273 | 2.322 | 1.777 | 0.703 | 1.346 |
| 广西 | 12 | 26769 | 0.745 | 0.863 | 2.463 | 0.866 | 1.083 | 0.390 | 0.799 |
| 总计 | 163 | 1534920 | 1.254 | 2.995 | 3.565 | 1.024 | 1.946 | 0.508 | 1.860 |

我国每户经营面积，不仅太小，而且此本已太小之面积，复划分为若干丘，东西分散，并不聚为一整片。兹据农家普查表调查所得，将各省各类田地每丘平均面积及其与农舍之距离，节要列为第十八、十九两表下。

第十九表　各省田地与农舍间距离之平均里数

| 省　　别 | 调查县数 | 自 耕 农 | 半自耕农 | 佃　　农 |
|---|---|---|---|---|
| 江苏 | 12 | 0.55 | 0.62 | 0.56 |
| 浙江 | 15 | 0.88 | 0.94 | 0.98 |
| 安徽 | 10 | 0.41 | 0.38 | 0.37 |
| 江西 | 3 | 0.72 | 0.77 | 1.42 |
| 湖南 | 10 | 0.58 | 0.68 | 0.58 |
| 湖北 | 6 | 0.62 | 0.54 | 0.64 |
| 河北 | 23 | 1.87 | 1.39 | 1.41 |
| 山东 | 17 | 1.30 | 1.95 | 2.06 |
| 河南 | 11 | 1.01 | 1.10 | 1.07 |
| 山西 | 1 | 2.53 | 2.38 | 2.76 |
| 陕西 | 11 | 1.13 | 1.03 | 1.17 |
| 绥远 | 3 | 1.78 | 1.03 | 2.24 |
| 福建 | 10 | 0.61 | 0.76 | 0.76 |
| 广西 | 12 | 1.69 | 1.51 | 4.47 |
| 总平均 | — | 1.12 | 1.08 | 1.46 |

观十八、十九两表，全国平均每丘面积，水田仅一亩二分，旱地亦不足三亩，各丘与农舍间之距离，平均在一里以上。丘小而距离远，可见丘亩零星四散之甚。

……

［实业部档案］

## 二、重要经济作物生产调查

### 1. 1919—1931年全国棉花产量与消费量比较表①

（1932年7月）

| 年　别 | 生　产　量 | 消　费　量 |
|---|---|---|
| 八年 | 10,220,779 | |
| 九年 | 9,028,390 | |
| 十年 | 6,750,403 | |
| 十一年 | 5,429,220 | 4,691,000 |
| 十二年 | 8,310,355 | 6,033,000 |
| 十三年 | 7,144,642 | 5,891,000 |
| 十四年 | 7,808,882 | 6,037,000 |
| 十五年 | 7,534,351 | 6,581,000 |
| 十六年 | 6,243,585 | 7,200,000 |
| 十七年 | 6,722,108 | 7,560,000 |
| 十八年 | 7,748,366 | 7,338,200 |
| 十九年 | 8,809,567 | 8,893,960 |
| 二十年 | 6,460,641 | 8,859,967 |

〔行政院档案〕

### 2. 湖南省建设厅关于调查全省棉产情形呈

（1933年1月4日）

呈为呈赍湘省产棉各县二十一年份棉田亩数及中美棉产量调查表仰祈鉴核事：前奉钧部农字第二零四九号训令，并发棉产调查表式一纸，饬派员前往各棉区按照实际情形，逐项填列汇报，等因奉此。当以本省棉产多出滨湖各县，而各该地棉业试验场或已

① 选自1932年7月江苏实业厅编《江苏省主要实业实施方案》。

设置分场及育种场，或已成立合作棉场，调查棉产情形由棉场分饬办理似较便利确实，此令发该场遵办在案。兹据复称：窃本场对于本省产棉各县每年于棉种萌发之后即行派员分赴各县举行第一次估计调查，棉作收获之后复派员分赴各县举行第二次修正调查。现第二次调查已据各调查员将调查结果先后报告前来，理合将修正数目造具调查表呈核等情，并赍到调查表二份，除提存一份备查外，理合检同调查表一份备文转呈钧部，敬乞鉴核示遵。谨呈实业部部长陈

附赍湖南省二十一年棉产调查表一份

湖南省建设厅厅长　谭常恺

中华民国二十二年一月四日

全国棉产调查表(湘省二十一年份)

| 县名 | 棉田总亩数 | 中棉亩数 | 美棉亩数 | 棉产总数量石 | 中棉数量石 | 美棉数量石 |
|---|---|---|---|---|---|---|
| 澧县 | 265102 | 116630 | 148472 | 51718 | 14625 | 37093 |
| 石门 | 21000 | 19500 | 1500 | 5058 | 4680 | 378 |
| 慈利 | 24000 | 24000 | —— | 6480 | 6480 | —— |
| 临澧 | 16010 | 14940 | 1070 | 3168 | 2958 | 210 |
| 安乡 | 95400 | 16500 | 78900 | 24238 | 4356 | 19882 |
| 南县 | 66110 | —— | 66110 | 12058 | —— | 12058 |
| 华容 | 132640 | —— | 132640 | 24352 | —— | 24352 |
| 临湘 | 70260 | 60000 | 10260 | 13710 | 11700 | 2010 |
| 岳阳 | 87000 | 80000 | 7000 | 13420 | 11760 | 1660 |
| 湘阴 | 56000 | 36000 | 20000 | 13200 | 7600 | 5600 |
| 沅江 | 34063 | 1070 | 32993 | 8868 | 205 | 8663 |
| 汉寿 | 32100 | 15500 | 16600 | 5794 | 2820 | 2974 |
| 常德 | 46000 | 46000 | —— | 10600 | 10600 | —— |
| 桃源 | 37000 | 37000 | —— | 7100 | 7100 | —— |
| 总计 | 982685 | 467140 | 515545 | 199764 | 84884 | 114880 |

调查者：湖南棉业试验场指导员漆彰誉、宋志坚、李贯三、谈光四、夏开国、刘天青、彭鸣玦、杨鉴清、唐叔封。

［实业部档案］

## 3. 浙江省建设厅关于调查全省棉产情形呈

（1933年1月25日）

案查前奉钧部农字第二零四九号训令，检发棉产调查表式，饬遵照遴员前往各棉区实地查填呈部，等因奉此。遵即转饬农业改良总场遵照查填并呈复各在案，兹据该场呈送此项调查表到厅察核，尚无不合，除指令外，理合检同原呈调查表一份，备文呈送，

全国棉产调查表（浙江省二十一年份）

| 县名 | 棉田总亩数（亩） | 中棉亩数（亩） | 美棉亩数（亩） | 棉产总数量（皮棉担） | 中棉数量 | 美棉数量（担） |
|---|---|---|---|---|---|---|
| 杭县 | 60600 | 60600 | — | 11 363 | 11363 | — |
| 海宁 | 5800 | 5800 | — | 1180 | 1180 | — |
| 海盐 | 2430 | 2430 | — | 372 | 372 | — |
| 平湖 | 167200 | 167200 | — | 24746 | 24746 | — |
| 萧山 | 250000 | 250000 | — | 92500 | 92500 | — |
| 绍兴 | 98200 | 98200 | — | 32701 | 32701 | — |
| 上虞 | 79400 | 79400 | — | 30172 | 30172 | — |
| 余姚 | 695925 | 695925 | — | 172241 | 172241 | — |
| 慈溪 | 217700 | 21700 | — | 38098 | 38098 | — |
| 镇海 | 60400 | 57000 | 3400 | 8490 | 7980 | 510 |
| 定海 | 7120 | 5840 | 1280 | 747 | 613 | 134 |
| 象山 | 8750 | 8750 | — | 1680 | 1680 | — |
| 玉环 | 4250 | 4250 | — | 612 | 612 | — |
| 鄞县 | 5000 | 5000 | — | 880 | 880 | — |
| 宁海 | 9000 | 9000 | — | 1382 | 1382 | — |
| 总计 | 1671775 | 1667095 | 4680 | 417164 | 416520 | 644 |

仰祈鉴核。谨呈

实业部

计呈送棉产调查表一份

浙江省建设厅厅长　曾养甫

中华民国二十二年一月二十五日　〔实业部档案〕

### 4. 江西省建设厅关于调查全省棉产情形呈
（1933年2月18日）

全国棉产调查表（江西省二十一年份）

| 县名 | 棉田总亩数（亩） | 中棉亩数（亩） | 美棉亩数（亩） | 棉产总数量（担） | 中棉数量（担） | 美棉数量（担） |
|---|---|---|---|---|---|---|
| 九江 | 50000 | 50000 | —— | 3875 | 3875 | —— |
| 湖口 | 15500 | 15500 | —— | 2335 | 2335 | —— |
| 彭泽 | 90000 | 90000 | —— | 27000 | 27000 | —— |
| 鄱阳 | 10000 | 10000 | —— | 1500 | 1500 | —— |
| 都昌 | 5700 | 5700 | —— | 1159 | 1159 | —— |
| 德安 | 650 | 650 | —— | 62 | 62 | —— |
| 永修 | 28000 | —— | 28000 | 6574 | —— | 6574 |
| 高安 | 300 | 300 | —— | 45 | 45 | —— |
| 南昌 | 220 | 220 | —— | 26 | 26 | —— |
| 新建 | 170 | 170 | —— | 21 | 21 | —— |
| 丰城 | 500 | 500 | —— | 67 | 67 | —— |
| 清江 | 444 | 444 | —— | 53 | 53 | —— |
| 新淦 | 5200 | 5200 | —— | 795 | 795 | —— |
| 进贤 | 3304 | 3304 | —— | 693 | 693 | —— |
| 临川 | 6200 | 6200 | —— | 576 | 576 | —— |
| 东乡 | 5800 | 5800 | —— | 957 | 957 | —— |
| 南城 | 40 | 40 | —— | 5 | 5 | —— |
| 金溪 | 700 | 700 | —— | 84 | 84 | —— |
| 总计 | 222728 | 194728 | 28000 | 45827 | 39253 | 6574 |

调查者：江西省立湖口农业试验场

江西省建设厅呈　字第二五九九号

呈为呈复事：案奉钧部农字第二零四九号训令，饬将省属各县棉产派员详晰调查，填表送部等因，计抄发棉产调查表二张，奉此。窃查本省产棉各县除因匪乱未平，交通不便者外，所有九江等十八县民国二十一年产棉状况，业经江西省立湖口农业试验场派员实地调查两次。奉令前因，经即饬据该场将调查所得情形照表填送到厅，理合检同赉送原表，备文呈复钧部，伏乞鉴核。谨呈

实业部部长陈

计呈全省棉产调查表一份

中华民国二十二年二月十八日

〔实业部档案〕

## 5. 山东省实业厅关于调查全省棉产情形呈

(1933年2月27日)

为呈复事：案奉钧部农字第二二二八号训令内开：为令催事：本部为调查二十一年份全国棉产情形，于上年十一月间令发表式，饬即遵照遴派妥员前往各棉区实际查填，限文到一个月内汇报，以便考核在案。现浙江、湖南、江西等省均已遵限报部，惟尚未据该厅呈报前来。该项棉产调查亟待统计，未便久延，合行令仰该厅遵照转饬，迅行查填，尅期报部，实为至要。此令。等因奉此。当经转饬未报各县迅速填报去后，兹据历城等县先后填送前来，除将仍未呈报各县电催，尅日填报，再行汇呈外，理合检同历城等县棉业调查表六十三份，先行备文呈请鉴核施行。谨呈

实业部部长陈

附呈历城等县棉产情形调查表六十三份

山东省政府委员兼实业厅厅长王芳亭

中华民国二十二年二月二十七日

## 山东各县二十一年棉产统计表

| 县名 | 棉田总亩数（亩） | 中棉亩数（亩） | 美棉亩数（亩） | 棉产总数量（斤） | 中棉数量（斤） | 美棉数量（斤） |
|---|---|---|---|---|---|---|
| 历城 | 2230 | 1000 | 1230 | 158400 | 60000 | 98400 |
| 章邱 | 18277 | 15200 | 3077 | 2345200 | 1976000 | 369200 |
| 淄川 | 1500 | 1400 | 100 | 89500 | 84000 | 5500 |
| 桓台 | 4000 | 2000 | 2000 | 800000 | 160000 | 640000 |
| 齐东 | 63000 | 38000 | 25000 | 2146000 | 1216000 | 930000 |
| 济阳 | 212487 | 212145 | 343 | 215528 | 212450 | 3078 |
| 博兴 | 126052 | 84852 | 41200 | 11974900 | 8060900 | 3914000 |
| 高苑 | 62500 | 10417 | 52083 | 1562500 | 260425 | 1302075 |
| 博山 | 750 | 750 | —— | 5500 | 5500 | —— |
| 惠民 | 48000 | 38000 | 10000 | 2246000 | 1846000 | 400000 |
| 无棣 | 200 | 170 | 30 | 6780 | 5690 | 1090 |
| 滨县 | 212600 | 150000 | 62600 | 30760000 | 8060000 | 22700000 |
| 利津 | 712 | 498 | 214 | 42720 | 29880 | 12840 |
| 沾化 | 1334 | 937 | 397 | 74640 | 46850 | 27790 |
| 蒲台 | 349998 | 233332 | 116666 | 22166540 | 13999920 | 8166620 |
| 商河 | 88560 | 88410 | 150 | 6199950 | 6188700 | 11250 |
| 青城 | 25000 | 10000 | 15000 | 1500000 | 600000 | 900000 |
| 滋阳 | 1000 | 900 | 100 | 9100 | 8100 | 1000 |
| 邹县 | 1960 | 1910 | 50 | 127650 | 124150 | 3500 |
| 滕县 | 5000 | 4700 | 300 | 75000 | 70000 | 5000 |
| 鱼台 | 6000 | 5000 | 1000 | 31000 | 25000 | 6000 |
| 临沂 | 2920.1 | 2901 | 190.1 | 20689 | 20307 | 382 |
| 费县 | 3700 | 2850 | 850 | 46950 | 34700 | 12750 |
| 蒙阴 | 32800 | 32770 | 30 | 6263000 | 6258630 | 4370 |
| 沂水 | 320 | 300 | 20 | 3540 | 3000 | 540 |
| 菏泽 | 159285 | 148243 | 11042 | 1471441 | 1375910 | 95531 |
| 曹县 | 200000 | 160000 | 40000 | 12000000 | 9400000 | 2600000 |
| 单县 | 150000 | 149500 | 500 | 6750000 | 6720000 | 30000 |
| 城武 | 5200 | 4100 | 1100 | 317000 | 240000 | 77000 |

续表

| | | | | | | |
|---|---|---|---|---|---|---|
| 定陶 | 61639 | 60124 | 1515 | 6194200 | 6012400 | 181800 |
| 聊城 | 200 | 150 | 50 | 13000 | 9000 | 4000 |
| 博平 | 7500 | 2625 | 4875 | 750000 | 249375 | 500625 |
| 茌平 | 4000 | 2000 | 2000 | 384000 | 168000 | 216000 |
| 清平 | 350000 | 100000 | 250000 | 27500000 | 750000 | 2000000 |
| 冠县 | 200000 | 168000 | 32000 | 12730000 | 10170000 | 2560000 |
| 馆陶 | 130000 | 60000 | 70000 | 780000 | 360000 | 420000 |
| 高唐 | 500000 | 50000 | 450000 | 11000000 | 4000000 | 37000000 |
| 恩县 | 150000 | 45000 | 105000 | 11100000 | 2700000 | 8400000 |
| 临清 | 620000 | 320000 | 300000 | 60000000 | 33000000 | 27000000 |
| 邱县 | 169000 | 100000 | 690000 | 8450000 | 5000000 | 3450000 |
| 德平 | 9590 | 6540 | 3050 | 1298200 | 981000 | 317200 |
| 平原 | 15808 | 15680 | 128 | 416657 | 409257 | 7400 |
| 临邑 | 58000 | 53000 | 5000 | 1369500 | 1261000 | 108500 |
| 禹城 | 38518 | 11554 | 26964 | 2696450 | 1155400 | 1541050 |
| 东平 | 10500 | 500 | 10000 | 10030000 | 30000 | 10000000 |
| 东阿 | 5818 | 5800 | 18 | 501000 | 500000 | 1000 |
| 平阴 | 600 | 520 | 80 | 36000 | 31200 | 4800 |
| 鄄城 | 450 | 450 | —— | 18000 | 18000 | —— |
| 观城 | 290.5 | 232.5 | 58 | 8308 | 6510 | 1798 |
| 范县 | 740 | 428 | 312 | 40120 | 21400 | 18720 |
| 蓬莱 | 45 | 30 | 15 | 460 | 300 | 160 |
| 栖霞 | 1000 | 600 | 400 | 60000 | 36000 | 24000 |
| 招远 | 690 | 320 | 370 | 35850 | 16000 | 19850 |
| 莱阳 | 6830 | 5830 | 1000 | 683000 | 583000 | 100000 |
| 牟平 | 340 | —— | 340 | 9600 | —— | 9600 |
| 平度 | 33122 | 28702 | 4420 | 1324880 | 1148080 | 176800 |
| 昌乐 | 1000 | 1000 | —— | 40000 | 40000 | —— |
| 胶县 | 340 | 320 | 20 | 20000 | 18000 | 2000 |
| 高密 | 7600 | 6600 | 1000 | 1834000 | 1584000 | 250000 |

续表

| | | | | | | |
|---|---|---|---|---|---|---|
| 益都 | 3700 | 3200 | 500 | 483000 | 420000 | 63000 |
| 临淄 | 2000 | 1200 | 800 | 80000 | 48000 | 32000 |
| 寿光 | 7102 | 4420 | 2682 | 568160 | 326780 | 241380 |
| 诸城 | 665 | 600 | 65 | 62200 | 55000 | 7200 |
| 邹平 | 29800 | 23500 | 6300 | 2823000 | 2130000 | 693000 |
| 堂邑 | 250000 | 120000 | 130000 | 23900000 | 9600000 | 14300000 |
| 武城 | 102318 | 63456 | 38862 | 6916320 | 3807360 | 3108960 |
| 泗水 | 18376 | 15249 | 3127 | 961346 | 92570 | 3564.6 |
| 德县 | 25000 | 15000 | 10000 | 2500000 | 1500000 | 1000000 |
| 肥城 | 820 | 730 | 90 | 51120 | 43920 | 7200 |
| 峄县 | 5500 | 5000 | 500 | 110000 | 95000 | 15000 |
| 陵县 | 32100 | 20000 | 12100 | 2810000 | 1600000 | 1210000 |
| 掖县 | 75 | 70 | 5 | 6800 | 6300 | 500 |
| 乐陵 | 72000 | 50000 | 22000 | 7590000 | 5500000 | 2090000 |
| 阳谷 | 3000 | 1800 | 1200 | 360000 | 216000 | 144000 |
| 齐河 | 500 | 180 | 320 | 48000 | 14400 | 33600 |
| 巨野 | 63000 | 62800 | 200 | 4410000 | 4396000 | 14000 |
| 金乡 | 16300 | 14800 | 1500 | 494000 | 449000 | 45000 |
| 长山 | 700 | 200 | 500 | 34400 | 9400 | 25000 |
| 汶上 | 2965 | 2965 | —— | 181989 | 181989 | —— |
| 安邱 | 3200 | 2700 | 500 | 133000 | 108000 | 25000 |
| 新泰 | 700 | 400 | 300 | 62000 | 32000 | 34000 |
| 长清 | 500 | 200 | 300 | 56000 | 20000 | 36000 |
| 阳信 | 1200 | 800 | 400 | 104000 | 64000 | 40000 |
| 曲阜 | 300 | 260 | 40 | 4960 | 4160 | 800 |
| 莒县 | 475 | 463 | 12 | 5768 | 5556 | 212 |
| 嘉祥 | 550 | 500 | 50 | 55500 | 50000 | 5500 |
| 广饶 | 1342.6 | 1304.5 | 38.1 | 12083 | 11766 | 317 |
| 濮县 | 329 | 247.5 | 81.5 | 169975 | 163475 | 6500 |
| 泰安 | 390 | 270 | 120 | 48600 | 32400 | 16200 |

续表

| | | | | | | |
|---|---|---|---|---|---|---|
| 荣成 | 118 | 100 | 18 | 21440 | 20000 | 1440 |
| 郓城 | 71200 | 70500 | 700 | 4279000 | 4230000 | 49000 |
| 朝城 | 320 | 200 | 120 | 36800 | 20000 | 16800 |
| 莘县 | 1500 | 800 | 700 | 120000 | 64000 | 56000 |
| 莱芜 | 450 | 100 | 350 | 24250 | 5000 | 19250 |
| 寿张 | 520 | 490 | 30 | 42200 | 39200 | 3000 |
| 海阳 | 80 | 40 | 40 | 4600 | 2200 | 2400 |
| 临朐 | 12212 | 12000 | 212 | 611000 | 600000 | 11000 |
| 夏津 | 438000 | 21900 | 416100 | 30988500 | 1861500 | 29127000 |
| 共计 | 5147074.9 | 2783805 | 2363269.9 | 364337052.6 | 175224010 | 189113042.6 |

〔实业部档案〕

## 6. 河南省建设厅关于调查全省棉产情形呈

(1933年2月28日)

呈为呈复事：案奉钧部农字第二二二八号训令，以通令限期调查二十一年份棉产情形一案，未据依限汇报，饬即尅期报部，等因奉此。查此案前奉钧部令发表式下厅，当经通饬所属各区农林局切实查填，依限呈报在案。嗣据各局先后填报前来，共计杞县等七十县，其余各县或非产棉县份，或因匪乱不能调查。兹奉前因，理合汇集原表四纸，具文赍呈鉴核。谨呈实业部

全国棉产调查表(河南省二十一年份)

| 县号县名 | 棉田总亩数 | 中棉亩数 | 美棉亩数 | 棉产总数量 | 中棉数量 | 美棉数量 |
|---|---|---|---|---|---|---|
| 确山县二等 | 3500 | 3000 | 500 | 75000斤 | 60000斤 | 15000斤 |
| 遂平县二等 | 3200 | 2900 | 300 | 320000斤 | 280000斤 | 40000斤 |
| 信阳县一等 | 2400 | 2100 | 300 | 99000斤 | 84000斤 | 15000斤 |
| 总　计 | 9100 | 8000 | 1100 | 494000斤 | 424000斤 | 70000斤 |

调查者：林英浩

计呈送棉产调查表四纸

河南省建设厅厅长　张静愚

中华民国二十二年二月二十八日

全国棉产调查表(河南省第一区二十一年)

| 县名 | 棉田总亩数(亩) | 中棉亩数(亩) | 美棉亩数(亩) | 棉产总数量(斤) | 中棉数量(斤) | 美棉数量(斤) |
|---|---|---|---|---|---|---|
| 杞县 | 84500 | 11000 | 13500 | 23604 | 18744 | 4860 |
| 太康县 | 375000 | 175000 | 200000 | 100950 | 40950 | 60000 |
| 淮阳县 | 125000 | 110000 | 1500 | 25408 | 24750 | 658 |
| 西华县 | 12200 | 7500 | 4700 | 2560 | 1300 | 1260 |
| 尉氏县 | 5600 | 3900 | 1700 | 1337 | 810 | 527 |
| 禹县 | 46000 | 46000 | 无 | 5980 | 5980 | 无 |
| 郑县 | 42000 | 2000 | 40000 | 10924 | 364 | 10560 |
| 荥阳县 | 无 | 无 | 无 | 无 | 无 | 无 |
| 商水县 | 2500 | 2500 | 无 | 170000 | 170000 | 无 |
| 长葛县 | 4370 | 2825 | 1545 | 27765 | 10950 | 10815 |
| 宁陵县 | 34522 | 34522 | 无 | 2071320 | 2071320 | 无 |
| 睢县 | 120000 | 108000 | 12000 | 9360000 | 8640000 | 720000 |
| 陵鄢县 | 4500 | 4455 | 45 | 450000 | 445500 | 4500 |
| 沈邱县 | 1660 | 1500 | 160 | 263000 | 240000 | 23000 |
| 许昌县 | 11500 | 7800 | 3700 | 975500 | 624000 | 351500 |
| 新郑县 | 550 | 350 | 200 | 24000 | 14000 | 10000 |
| 夏邑县 | 9500 | 7000 | 2500 | 409000 | 284000 | 125000 |
| 陈留县 | 9013 | 8911 | 102 | 472009 | 467827 | 4182 |
| 舞阳县 | 53400 | 35600 | 17800 | 674200 | 427200 | 247000 |
| 项城县 | 5000 | 4000 | 1000 | 16000 | 12000 | 4000 |
| 叶县 | 2640 | 1910 | 730 | 86000 | 57000 | 29000 |
| 总计 | 949455 | 634773 | 301182 | 16159557 | 13562695 | 1606862 |

调查者：河南省第一区农林局局长王陵南

## 全国棉产调查表(河南省豫北区二十一年份)

| 县名 | 棉田总亩数（亩） | 中棉亩数（亩） | 美棉亩数（亩） | 棉产总数量（担） | 中棉数量（担） | 美棉数量（担） |
|---|---|---|---|---|---|---|
| 辉县 | 4500 | 1500 | 3000 | 1017 | 297 | 720 |
| 安阳 | 870000 | 220000 | 650000 | 78300 | 19800 | 58500 |
| 汤阴 | 95600 | 600 | 95000 | 14190 | 90 | 14100 |
| 临漳 | 26000 | 6000 | 20000 | 6216 | 1596 | 4620 |
| 林县 | 该县境内 | 因匪未能 | 全到， | 暂缺 | — | — |
| 武安 | 250000 | 150000 | 100000 | 36600 | 21600 | 15000 |
| 涉县 | 棉产甚少 | — | — | — | — | — |
| 内黄 | 棉产甚少 | — | — | — | — | — |
| 汲县 | 8000 | 1000 | 7000 | 1182 | 132 | 1050 |
| 新乡 | 58000 | 8000 | 50000 | 7264 | 864 | 6400 |
| 获嘉 | 51130 | 15630 | 35500 | 10687 | 2735 | 7952 |
| 淇县 | 5150 | 650 | 4500 | 682 | 68 | 594 |
| 延津 | 9000 | 8500 | 500 | 1500 | 1400 | 100 |
| 滑县 | 80000 | 70000 | 10000 | 25080 | 22680 | 2400 |
| 濬县 | 17200 | 15200 | 2000 | 2300 | 2000 | 300 |
| 封邱 | 产棉少许 | — | | — | — | — |
| 沁阳 | 3120 | 2500 | 620 | 452 | 350 | 102 |
| 济源 | 34300 | 11000 | 23300 | 7626 | 2244 | 5382 |
| 博爱 | 产棉甚少 | — | — | — | — | — |
| 修武 | 产棉甚少 | — | — | — | — | — |
| 武涉 | 产棉甚少 | — | — | — | — | — |
| 孟县 | 103000 | 48000 | — | — | — | — |
| 温县 | 23540 | 23540 | 无 | 4943 | 4943 | — |
| 原武 | 产棉甚少 | — | — | — | — | — |
| 阳武 | 产棉甚少 | — | — | — | — | — |
| 总计 | 1638540 | 582120 | 1056420 | 242059 | 100339 | 141720 |

调查者：河南省第五区农林局

全国棉产调查表(河南省二十一年份)

| 县名 | 棉田总亩数 | 中棉亩数 | 美棉亩数 | 产棉总数量(担) | 中棉数量(担) | 美棉数量(担) |
|---|---|---|---|---|---|---|
| 洛阳 | 133000 | 900 | 132100 | 79530 | 270 | 79260 |
| 新安 | 2000 | 1600 | 400 | 680 | 480 | 200 |
| 渑池 | 10000 | 3450 | 6550 | 5310 | 1380 | 3930 |
| 陕县 | 50000 | 5000 | 45000 | 37500 | 1500 | 36000 |
| 灵宝 | 100000 | 120 | 99880 | 59976 | 48 | 35928 |
| 阌乡 | 120000 | 180 | 119820 | 83946 | 72 | 83874 |
| 孟津 | 7500 | 200 | 1300 | 580 | 60 | 520 |
| 偃师 | 100000 | 10000 | 90000 | 45300 | 300 | 45000 |
| 巩县 | 80000 | 30000 | 50000 | 34000 | 9000 | 25000 |
| 汜水 | 960 | 700 | 260 | 340 | 210 | 130 |
| 临汝 | 9200 | 4200 | 5000 | 3760 | 1260 | 2500 |
| 登封 | 9000 | 4300 | 4700 | 3640 | 1290 | 2352 |
| 宝丰 | 8300 | 4000 | 4300 | 3350 | 1200 | 2150 |
| 鲁山 | 1220 | 520 | 700 | 506 | 156 | 350 |
| 嵩县 | 1330 | 340 | 900 | 579 | 129 | 450 |
| 伊川 | 1000 | 450 | 350 | 410 | 135 | 275 |
| 伊阳 | 900 | 400 | 500 | 370 | 120 | 250 |
| 洛宁 | 1500 | 700 | 800 | 610 | 210 | 400 |
| 宜阳 | 800 | 350 | 450 | 330 | 105 | 225 |
| 卢氏 | 1500 | 700 | 800 | 610 | 210 | 400 |
| 郏县 | 500 | 200 | 300 | 210 | 60 | 150 |
| 总计 | 632710 | 68400 | 564310 | 361537 | 18195 | 343342 |

调查者：河南省第四区农林局

[实业部档案]

## 7. 安徽省建设厅关于调查全省棉产情形呈

(1933年3月3日)

呈为呈报事：案奉钧部农字第二二二八号训令，以通令调查二十一年份棉产情形一案，亟待统计，饬遵照前颁表式，迅行查填，尅期报部，等因奉此。查前奉钧部颁发二十一年份全国棉产调查表式，饬遵照遴员前往各棉区实际查填汇报，等因到厅，适本厅业经制表派员前往调查并呈复在案。现该员等已先后回厅，

全国棉产调查表(省二十一年份)

| 县名 | 棉田总亩数(亩) | 中棉亩数(亩) | 美棉亩数(亩) | 棉产总数量(担) | 中棉数量(担) | 美棉数量(担) |
|---|---|---|---|---|---|---|
| 东流 | 48000 | 18000 | 30000 | 16600 | 6600 | 10000 |
| 秋浦 | 200 | 100 | 100 | 46 | 21 | 25 |
| 贵池 | 53400 | 24000 | 29400 | 15260 | 6000 | 9260 |
| 铜陵 | 4400 | 4400 | — | 1170 | 1170 | — |
| 青阳 | 3400 | 3400 | — | 765 | 765 | — |
| 繁昌 | 4600 | 4600 | — | 900 | 900 | — |
| 泾县 | 2000 | 2000 | — | 700 | 700 | — |
| 南陵 | 4500 | 4500 | — | 1590 | 1590 | — |
| 芜湖 | 700 | 700 | — | 200 | 200 | — |
| 宣城 | 90000 | 90000 | — | 27000 | 27000 | — |
| 当涂 | 1420 | 1420 | — | 217 | 217 | — |
| 滁县 | 3500 | 1500 | 2000 | 600 | 200 | 400 |
| 望江 | 38000 | 38000 | — | 7752 | 7752 | — |
| 太湖 | 6500 | 6500 | — | 1072 | 1072 | — |
| 潜山 | 8600 | 8600 | — | 1560 | 1560 | — |
| 桐城 | 5200 | 5200 | — | 1201 | 1201 | — |
| 舒城 | 16000 | 16000 | — | 2640 | 2640 | — |
| 合肥 | 520000 | 520000 | — | 68640 | 68640 | — |
| 六安 | 8000 | 8000 | — | 1056 | 1056 | — |
| 巢县 | 30000 | 30000 | — | 3840 | 3840 | — |
| 和县 | 75000 | 75000 | — | 12375 | 12375 | — |
| 总计 | 923420 | 861920 | 61500 | 165144 | 145459 | 19685 |

将调查情形呈报前来，业经遵照前颁表式，分别填注。奉令前因，理合检同调查表备文呈报，仰祈鉴核。谨呈

实业部

附填送棉产调查表一份

安徽建设厅厅长　刘贻燕

中华民国二十二年三月三日

〔实业部档案〕

### 8．山西省建设厅关于调查全省棉产情形呈
（1933年4月26日）

为呈送事：案奉钧部农字第二三八二号训令内开：为令催事，关于该省二十一年份棉产情形，前经令饬查报并令催在案。现其他各省多已汇送齐全，亟待统计合行令仰该厅迅即呈报勿延为要。此令。等因奉此。查此案自奉发到表式后，当经委派职厅视察员李信洽前往各棉产区域详细调查，确实填报去后，兹据该员呈报到厅查核尚属实在，理合检同表式随文呈送，即请鉴核施行。谨呈

实业部部长陈

附呈全国棉产调查表一纸

中华民国二十二年四月二十六日

## 全国棉产调查表（山西省二十一年份）

| 县名 | 棉田总亩数（亩） | 中棉亩数（亩） | 美棉亩数（亩） | 棉产总数量（斤） | 中棉数量（斤） | 美棉数量（斤） |
|---|---|---|---|---|---|---|
| 阳曲 | 304 | 176 | 128 | 10235 | 5240 | 4995 |
| 太谷 | 14568 | 35 | 14533 | 30436 | 620 | 29816 |
| 祁县 | 525 | 455 | 70 | 6551 | 5571 | 980 |
| 徐沟 | 238 | — | 238 | 18051 | — | 18051 |
| 清源 | 3845 | 425 | 3220 | 24076 | 3985 | 20091 |
| 交城 | 4488 | 4013 | 475 | 131263 | 60013 | 71250 |
| 文水 | 16695 | 6343 | 10352 | 204124 | 34380 | 169744 |
| 兴县 | 660 | 420 | 240 | 38134 | 25964 | 12170 |
| 平遥 | 4600 | 901 | 3699 | 152895 | 29095 | 123800 |
| 介休 | 2055 | 803 | 1252 | 587600 | 253000 | 334600 |
| 孝义 | 2553 | 372 | 2181 | 41160 | 3251 | 37909 |
| 临县 | 44547 | 331 | 44216 | 237724 | 8724 | 229000 |
| 石楼 | 5680 | 2219 | 3461 | 95860 | 32400 | 63460 |
| 离石 | 7049 | 267 | 6782 | 136945 | 5305 | 131640 |
| 中阳 | 1664 | 1500 | 164 | 3430 | 3126 | 304 |
| 襄垣 | 481 | 481 | — | 10140 | 10140 | — |
| 潞城 | 8183 | 1237 | 6946 | 253678 | 14006 | 239072 |
| 黎城 | 441 | 106 | 335 | 25773 | 19933 | 5840 |
| 壶关 | 24 | 24 | — | 480 | 480 | — |
| 平顺 | 1204 | 876 | 328 | 32888 | 24360 | 8528 |
| 晋城 | 2187 | 1008 | 1179 | 81085 | 31480 | 49605 |
| 高平 | 674 | 232 | 442 | 5139 | 1771 | 3368 |
| 陵川 | 59 | 59 | — | 283 | 283 | — |
| 沁水 | 1280 | 1280 | — | 14320 | 14320 | — |
| 辽县 | 92 | 92 | — | 1370 | 1370 | — |
| 汾阳 | 2335 | 1047 | 1288 | 71921 | 27075 | 44846 |
| 榆社 | 171 | 69 | 102 | 3881 | 1180 | 2701 |
| 沁县 | 4320 | 4320 | — | 24183 | 24183 | — |

续表

| | | | | | | |
|---|---|---|---|---|---|---|
| 沁源 | 77 | 16 | 61 | 320 | 80 | 240 |
| 武乡 | 250 | 250 | — | 2431 | 2431 | — |
| 平定 | 116 | 72 | 44 | 1174 | 774 | 400 |
| 盂县 | 5092 | 4562 | 530 | 115384 | 108384 | 7000 |
| 赵城 | 12725 | 4217 | 8508 | 1482384 | 323184 | 1159200 |
| 寿阳 | 57 | 57 | — | 456 | 456 | — |
| 临汾 | 18134 | 5018 | 13116 | 847060 | 213618 | 633444 |
| 襄陵 | 33627 | 4170 | 29457 | 833549 | 95600 | 737949 |
| 洪洞 | 65773 | 20454 | 45319 | 2296455 | 498750 | 1797705 |
| 浮山 | 3879 | 1645 | 2234 | 163500 | 41810 | 121690 |
| 汾城 | 28219 | 9670 | 18549 | 752453 | 164671 | 587782 |
| 安泽 | 2398 | 2025 | 373 | 238795 | 186575 | 52220 |
| 曲沃 | 163748 | 87227 | 76521 | 6692933 | 3724728 | 2968205 |
| 翼城 | 44418 | 2602 | 41816 | 1531690 | 50655 | 1481035 |
| 吉县 | 913 | 312 | 601 | 29387 | 6570 | 22817 |
| 乡宁 | 1166 | 1016 | 150 | 29640 | 22840 | 6800 |
| 永济 | 63890 | 21630 | 42260 | 238345 | 65720 | 172625 |
| 临晋 | 25257 | 14623 | 10634 | 215266 | 14363 | 200903 |
| 荣河 | 149790 | 119820 | 29970 | 49930 | 39940 | 9990 |
| 万泉 | 25307 | 7207 | 18100 | 69432 | 13764 | 55668 |
| 猗氏 | 13851 | 7281 | 6570 | 1004348 | 566365 | 437983 |
| 解县 | 35161 | 24089 | 11072 | 418485 | 361151 | 57334 |
| 安邑 | 17617 | 9135 | 8482 | 124385 | 63925 | 60460 |
| 夏县 | 12625 | 5261 | 7364 | 799003 | 104548 | 694455 |
| 平陵 | 21598 | 4197 | 17401 | 214180 | 48810 | 165370 |
| 芮城 | 12928 | 912 | 12016 | 268910 | 109110 | 159800 |
| 新绛 | 53821 | 3996 | 49825 | 1739570 | 99580 | 1639990 |
| 河津 | 20838 | — | 20838 | 200837 | — | 200837 |
| 闻喜 | 12725 | 4217 | 8508 | 1358320 | 337360 | 1020960 |
| 稷山 | 25442 | 5102 | 20340 | 346954 | 60650 | 286304 |

续表

| | | | | | | |
|---|---|---|---|---|---|---|
| 绛县 | 59064 | 32292 | 26772 | 1723256 | 547608 | 1175647 |
| 垣曲 | 7590 | 3114 | 4476 | 408690 | 140130 | 268560 |
| 灵石 | 8183 | — | 8183 | 195820 | — | 195820 |
| 霍县 | 11183 | 6205 | 4978 | 874039 | 295225 | 578814 |
| 阳城 | 562 | 120 | 442 | 13437 | 10987 | 2450 |
| 汾西 | 2844 | 1775 | 1069 | 87987 | 53122 | 34865 |
| 隰县 | 1868 | 482 | 1385 | 68719 | 13604 | 55115 |
| 大宁 | 44490 | 19400 | 25090 | 722356 | 9850 | 712506 |
| 永和 | 19521 | 5315 | 14206 | 217317 | 85450 | 131867 |
| 蒲县 | 1160 | 769 | 391 | 3266 | 1374 | 1892 |
| 朔县 | 19 | — | 19 | 30 | — | 30 |
| 忻县 | 236 | 127 | 109 | 8750 | 4830 | 3920 |
| 定襄 | 1052 | 243 | 809 | 192422 | 73060 | 119362 |
| 榆次 | 1409 | 127 | 1282 | 58682 | 6222 | 52460 |
| 五台 | 586 | 586 | — | 8790 | 8790 | — |
| 崞县 | 317 | 103 | 214 | 20080 | 3690 | 16390 |
| 保德 | 193 | 97 | 96 | 9056 | 5228 | 3828 |
| 虞乡 | 37764 | 6552 | 31212 | 452013 | 155120 | 296893 |
| 太原 | 169 | 31 | 138 | 6535 | 1200 | 5335 |
| 总计 | 1211083 | 477912 | 733171 | 29866756 | 9770066 | 20096690 |

调查者：李信洽

〔实业部档案〕

## 9. 陕西省建设厅关于调查全省棉产情形呈

（1933年5月3日）

呈为呈赍事：案查前奉钧部农字第二零四九号训令，发下二十一年份全国棉产调查表式，饬限一个月内汇报等因，经即印发表式转饬关中区产棉各县建设局派员调查填报去后，时逾月余，仅据临潼、长安等五六县填赍前来，致未能依限汇办。嗣奉钧部农

目列表呈赍，祇请鉴核汇办，实为公便。谨呈

实业部部长陈

呈赍全国棉产调查表一纸

陕西省建设厅厅长　赵守钰

中华民国二十二年五月三日

## 10．湖北省建设厅关于调查全省棉产情形呈

（1933年5月4日）

湖北省政府建设厅呈　和字第一五八号

呈为呈复事：案奉钧部农字第二三八二号训令，以通令限期查报二十一年份棉产情形一案，亟待统计，令催迅即呈报，等因奉此，查此案于上年十二月奉钧部令行下厅，遵经依照本省产棉较多县份划分五区，每区指定调查员一人，即就各区附近棉场职员派充，所有调查报告统限于二十二年一月底以前呈厅汇报。现仅据江陵、钟祥两棉场调查员填报江陵等十三县棉产调查表，其余武昌等二十一县因徐家棚棉业试验场裁撤，原派调查员三人未及出发。兹奉前因，除即发原表式分令武昌等二十一县县长遵照查填限文到一个月内赍厅汇转外，理合将江陵等十三县棉产调查表先行汇呈钧部鉴核。谨呈

实业部部长陈

中华民国二十二年五月四日

字第二二二八号训令，饬即迅行查报等由，复经转饬尅日具报各在案。迄今先后共计长安等十九县赍表，尚合其他或未填明确数或仅呈明种植情形，碍难汇转，均经发还饬另造赍。顷奉钧部农字第二三八二号令催迅行呈报勿延，除再严催未报以及发还另造各县火迅查填，以备另案汇转外，理合先将长安等十九县棉产数

全国棉产调查表(陕西省二十一年份)

| 县名 | 棉田总亩数（亩） | 中棉亩数（亩） | 美棉亩数（亩） | 棉产总数量（斤） | 中棉数量（斤） | 美棉数量（斤） |
|---|---|---|---|---|---|---|
| 长安 | 115000 | 98000 | 17000 | 4770000 | 3920000 | 850000 |
| 渭南 | 37000 | 21000 | 16000 | 296000 | 168000 | 128000 |
| 朝邑 | 87100 | 40522 | 46578 | 345720 | 133788 | 211932 |
| 周至 | 32000 | 9000 | 23000 | 960000 | 270000 | 690000 |
| 华县 | 4985 | 4485 | 500 | 73963 | 63651 | 10312 |
| 郿县 | 4200 | 4000 | 200 | 42800 | 40000 | 2800 |
| 宝鸡 | 3587 | 3120 | 467 | 40355 | 31200 | 9155 |
| 商县 | 1600 | 1600 | — | 43200 | 43200 | — |
| 郃阳 | 86000 | 72880 | 13120 | 464400 | 417960 | 46440 |
| 陇县 | 1150 | 1131 | 19 | 29420 | 28850 | 570 |
| 武功 | 1615 | 658 | 957 | 66990 | 19140 | 47850 |
| 兴平 | 12269 | 11656 | 613 | 422192 | 407960 | 14232 |
| 临潼 | 161700 | 158466 | 3234 | 333102 | 316932 | 16170 |
| 蓝田 | 5320 | 4900 | 420 | 160500 | 147900 | 12600 |
| 富平 | 23400 | 21000 | 2400 | 467000 | 395000 | 72000 |
| 鄠县 | 9845 | 8369 | 1476 | 104525 | 79613 | 24912 |
| 淳化 | 620 | 620 | — | 10425 | 10425 | — |
| 澄城 | 2797 | 2706 | 91 | 3511 | 3350 | 161 |
| 韩城 | 6532 | 4260 | 2272 | 14200 | 8520 | 5680 |
| 总计 | 596720 | 468373 | 128347 | 8648303 | 6505489 | 2142814 |

〔实业部档案〕

全国棉产调查表(湖北省二十一年份)

| 县名 | 棉田总亩数 | 中棉亩数 | 美棉亩数 | 棉产总数量(担) | 中棉数量(担) | 美棉数量(担) |
|---|---|---|---|---|---|---|
| 江陵 | 756000 | 无 | 756000 | 30240 | 无 | 30240 |
| 监利 | 325000 | 3350 | 321650 | 19433 | 134 | 19299 |
| 公安 | 600545 | 120109 | 480436 | 84655 | 12589 | 72066 |
| 石首 | 348300 | 无 | 348300 | 24860 | 无 | 248600 |
| 枝江 | 191400 | 无 | 191400 | 7656 | 无 | 76560 |
| 松滋 | 425000 | 4850 | 470150 | 23653 | 146 | 23507 |
| 当阳 | 496000 | 8540 | 487460 | 27503 | 256 | 27247 |
| 钟祥 | 130000 | 45000 | 85000 | 15600 | 3600 | 12000 |
| 枣阳 | 540000 | 270000 | 270000 | 59400 | 21600 | 37800 |
| 襄阳 | 200000 | 130000 | 70000 | 20100 | 11000 | 9100 |
| 谷城 | 140000 | 80000 | 60000 | 10800 | 4800 | 6000 |
| 宜城 | 50000 | 30000 | 20000 | 4800 | 2200 | 2600 |
| 光化 | 120000 | 70000 | 50000 | 7800 | 3500 | 4300 |
| 总计 | 4372245 | 761849 | 3610396 | 3304998 | 598249 | 2706749 |

〔实业部档案〕

## 11. 云南省实业厅关于调查全省棉产情形呈

(1933年5月30日)

呈为呈送全国棉产调查表请祈核汇示遵事。案查前奉钧部令饬调查二十一年份云南棉产情形具报汇办等因一案，遵即遴派专员查填去后，只以交通不便，往返需时，久未据报，嗣复奉钧部令催赶办到厅，当又严催赶办在案。兹据填呈前来核尚无异，理合具文连同调查表呈请实业部部长察核。

计呈全国棉产调查表一纸

兼云南实业厅厅长　缪嘉铭公出　　代行拆秘书雷宣

中华民国二十二年五月三十日

## 全国棉产调查表(云南省二十一年份)

| 县　名 | 棉　田<br>总亩数 | 中棉<br>亩数 | 美棉<br>亩数 | 棉产总数量<br>(斤) | 中棉数量<br>(斤) | 美棉数量<br>(斤) |
|---|---|---|---|---|---|---|
| 宾川 | 61500 | 61500 | 无 | 246000 | 246000 | — |
| 弥渡 | 18000 | 18000 | 无 | 54000 | 54000 | — |
| 保山 | 3700 | 3700 | 无 | 11000 | 11000 | — |
| 开远 | 2000 | 1500 | 500 | 6000 | 4000 | 2000 |
| 文山 | 1000 | 1000 | 无 | 3500 | 3500 | — |
| 元江 | 2000 | 2000 | 无 | 6000 | 6000 | — |
| 曲溪 | 300 | 300 | 无 | 900 | 900 | — |
| 石屏 | 300 | 300 | 无 | 900 | 900 | — |
| 富县 | 1000 | 1000 | 无 | 3000 | 3000 | — |
| 广南 | 2000 | 2000 | 无 | 6000 | 6000 | — |
| 元谋 | 300 | 300 | 无 | 900 | 900 | — |
| 巧家 | 800 | 800 | 无 | 2400 | 2400 | — |
| 普洱 | 2000 | 2000 | 无 | 6200 | 6200 | — |
| 永北 | 200 | 200 | 无 | 600 | 600 | — |
| 绥江 | 200 | 200 | 无 | 600 | 600 | — |
| 双江 | 300 | 300 | 无 | 950 | 950 | — |
| 车里 | 500 | 500 | 无 | 1500 | 1500 | — |
| 佛海 | 300 | 300 | 无 | 950 | 950 | — |
| 五福 | 300 | 300 | 无 | 950 | 950 | — |
| 镇越 | 300 | 300 | 无 | 950 | 950 | — |
| 普文 | 400 | 400 | 无 | 950 | 950 | — |
| 六顺 | 400 | 400 | 无 | 1200 | 1200 | — |
| 江城 | 400 | 400 | 无 | 1200 | 1200 | — |
| 总计 | 98200 | 97700 | 500 | 354900 | 354900 | 2000 |

调查者：云南省实业厅

〔实业部档案〕

## 12. 河北省实业厅关于调查全省棉产情形呈

（1933年7月11日）

为呈送事，案奉钧部俭代电，为调查二十一年份棉产情形饬转行未报告各县一体呈报，等因奉此。查河北省二十一年份棉产情形，业经本厅于本年三月三日呈报宛平等八十六县，复于本年五月十二日呈报东明等三十二县，并迭奉钧部农字第二二八六号及农字第二四零号指令各在案。现复据武强等五县先后呈报前来，兹奉前因，除再电饬未送各县迅速呈报，一俟到厅，再行汇转外，理合先将武强等县棉产情形缮列统计表一份，备文呈请钧部鉴核。谨呈

实业部

附呈棉产统计表一份

河北省实业厅厅长　史靖寰

中华民国二十二年七月十一日

河北省各县二十一年份棉产统计表

| 县名 | 棉田总亩数 | 中棉亩数 | 美棉亩数 | 棉产总数量（斤） | 中棉数量（斤） | 美棉数量（斤） |
|---|---|---|---|---|---|---|
| 宛平 | 7870 | 1088 | 6782 | 822640 | 108800 | 713840 |
| 三河 | 1700 | 750 | 950 | 6150 | 1875 | 4275 |
| 武清 | 200000 | 2000 | 198000 | 14000000 | 100000 | 13900000 |
| 宝坻 | 4000 | 2500 | 1500 | 57000 | 36000 | 21000 |
| 固安 | 35250 | 15500 | 19750 | 3082257 | 730000 | 2352257 |
| 昌平 | 1200 | 400 | 800 | 36000 | 12000 | 24000 |
| 顺义 | 300 | 82 | 218 | 3000 | 790 | 2210 |
| 密云 | 300 | 200 | 100 | 7000 | 4500 | 2500 |
| 怀柔 | 1200 | 800 | 400 | 96000 | 56000 | 40000 |
| 平谷 | 9200 | 2000 | 7200 | 224000 | 34000 | 190000 |
| 天津县 | 650 | 435 | 215 | 96000 | 56000 | 40000 |

续上表

| | | | | | | |
|---|---|---|---|---|---|---|
| 沧县 | 2720 | 1550 | 1170 | 224000 | 34000 | 190000 |
| 盐山 | 560 | 220 | 340 | 44400 | 28275 | 16125 |
| 庆云 | 160 | 95 | 65 | 101105 | 54250 | 46800 |
| 南皮 | 57000 | 48000 | 9000 | 39800 | 14300 | 25500 |
| 河间 | 950 | 900 | 50 | 13150 | 6650 | 6500 |
| 献县 | 600 | 480 | 120 | 872000 | 720000 | 152000 |
| 肃宁 | 350 | 250 | 100 | 94500 | 90000 | 4500 |
| 交河 | 51000 | 19000 | 32000 | 72600 | 54600 | 18000 |
| 宁津 | 30000 | 25000 | 5000 | 21200 | 14700 | 6500 |
| 景县 | 2900 | 2200 | 700 | 8610000 | 2850000 | 5760000 |
| 吴桥 | 287600 | 166700 | 120900 | 2500000 | 2000000 | 500000 |
| 故城 | 8620 | 5400 | 3200 | 392000 | 280000 | 110000 |
| 东光 | 135000 | 99000 | 36000 | 28760000 | 16670000 | 12090000 |
| 迁安 | 7600 | 600 | 7000 | 862000 | 540000 | 322000 |
| 昌黎 | 5910 | 2450 | 2460 | 621300 | 171500 | 449800 |
| 遵化 | 1575 | 575 | 1000 | 136000 | 46000 | 90000 |
| 丰润 | 158730 | 95238 | 63492 | 27141240 | 14442840 | 1269800 |
| 玉田 | 40980 | — | 40980 | 15990 | — | 15990 |
| 交安 | 463 | 240 | 223 | 33850 | 18240 | 15610 |
| 大城 | 800 | 240 | 560 | 21800 | 5000 | 16800 |
| 新镇 | 43 | 17 | 26 | 3100 | 1020 | 2080 |
| 宁河 | 900 | 300 | 600 | 78000 | 24000 | 54000 |
| 清苑 | 12250 | 6780 | 5470 | 1334400 | 678000 | 656400 |
| 满城 | 180700 | 180000 | 700 | 10805600 | 10800000 | 5600 |
| 徐水 | 50000 | 30000 | 20000 | 5450000 | 2400000 | 3000000 |
| 定兴 | 105900 | 42400 | 63500 | 8894000 | 2544000 | 6350000 |
| 望都 | 2230 | 2050 | 180 | 96070 | 88150 | 7920 |
| 完县 | 40000 | 40000 | — | 800000 | 800000 | — |
| 雄县 | 1400 | 860 | 540 | 70000 | 42000 | 28000 |
| 高阳 | 108466 | 72311 | 36155 | 4230170 | 2530885 | 1699285 |

续上表

| | | | | | | |
|---|---|---|---|---|---|---|
| 正定 | 210300 | 209000 | 1300 | 10348000 | 14030000 | 98000 |
| 井陉 | 12118 | 12060 | 58 | 434300 | 432451 | 1849 |
| 栾城 | 128520 | 128500 | 20 | 8996000 | 8995000 | 1000 |
| 行唐 | 39001 | 39000 | 1 | 250000 | 249940 | 60 |
| 灵寿 | 13512 | 13022 | 430 | 286800 | 274000 | 1280 |
| 平山 | 75678 | 74178 | 1500 | 8339580 | 8159580 | 160000 |
| 元氏 | 123880 | 123500 | 380 | 7970206 | 7939206 | 39946 |
| 晋县 | 332342 | 308729 | 23613 | 33027726 | 29013326 | 4014210 |
| 无极 | 172000 | 170500 | 1500 | 15480000 | 15435000 | 135000 |
| 藁城 | 132800 | 132740 | 60 | 6640600 | 6637000 | 3600 |
| 新乐 | 900 | 840 | 60 | 28200 | 25200 | 3000 |
| 涞水 | 5950 | 5800 | 150 | 300000 | 291000 | 9000 |
| 曲阳 | 2350 | 2346 | 4 | 18804 | 18768 | 36 |
| 深泽 | 47000 | 46970 | 30 | 1880600 | 1878800 | 1800 |
| 深县 | 1660 | 1280 | 380 | 140400 | 102400 | 38000 |
| 饶阳 | 18399 | 12421 | 5978 | 2447000 | 1490520 | 956480 |
| 安平 | 4280 | 4100 | 180 | 172300 | 166680 | 5620 |
| 大名 | 2430 | 2400 | 30 | 115600 | 112000 | 3600 |
| 南乐 | 3500 | 3000 | 500 | 220000 | 180000 | 40000 |
| 清丰 | 2419 | 2250 | 169 | 246970 | 225000 | 21970 |
| 濮阳 | 211186 | 181163 | 30023 | 680925 | 544890 | 136035 |
| 邢台 | 5840 | 5700 | 140 | 116800 | 114000 | 2800 |
| 沙河 | 2600 | 2100 | 500 | 158000 | 154000 | 4000 |
| 平乡 | 2800 | 1500 | 1300 | 90000 | 45000 | 45000 |
| 广宗 | 57000 | 45000 | 12000 | 2280000 | 1800000 | 480000 |
| 巨鹿 | 6800 | 5200 | 1600 | 356000 | 260000 | 96000 |
| 尧山 | 13080 | 12390 | 690 | 2636900 | 2616000 | 20900 |
| 内邱 | 2512 | 2500 | 12 | 200760 | 200000 | 760 |
| 任县 | 630 | 390 | 240 | 60000 | 31200 | 28800 |
| 永年 | 167290 | 166170 | 1120 | 10037400 | 9970200 | 67200 |

续表

| | | | | | | |
|---|---|---|---|---|---|---|
| 曲周 | 320000 | 120000 | 200000 | 14800000 | 4800000 | 10000000 |
| 广平 | 55000 | 50000 | 5000 | 3300000 | 2900000 | 400000 |
| 邯郸 | 110000 | 70000 | 40000 | 8100000 | 4900000 | 3200000 |
| 成安 | 270000 | 90000 | 180000 | 12150000 | 4050000 | 8100000 |
| 威县 | 380000 | 266000 | 114000 | 33060000 | 23940000 | 9120000 |
| 清河 | 60000 | 25000 | 35000 | 10000000 | 4000000 | 6000000 |
| 磁县 | 180000 | 60000 | 120000 | 9600000 | 2400000 | 7200000 |
| 冀县 | 182000 | 180000 | 2000 | 14580000 | 14400000 | 180000 |
| 南宫 | 500000 | 200000 | 300000 | 32000000 | 10000000 | 22000000 |
| 枣强 | 16170 | 14674 | 1496 | 853380 | 733700 | 119680 |
| 赵县 | 287800 | 280000 | 7800 | 7354900 | 7252000 | 102900 |
| 柏乡 | 70000 | 50000 | 20000 | 7250000 | 5000000 | 2250000 |
| 隆平 | 30000 | 29000 | 1000 | 2440000 | 2320000 | 120000 |
| 临城 | 2420 | 1790 | 630 | 78900 | 53700 | 25200 |
| 肥乡 | 100000 | 66670 | 33330 | 5000000 | 3334000 | 1664000 |
| 东明 | 20000 | 18000 | 2000 | 1220000 | 1080000 | 140000 |
| 乐亭 | 18000 | 6000 | 12000 | 1500000 | 480000 | 1020000 |
| 束鹿 | 351200 | 350000 | 1200 | 15804000 | 15750000 | 54000 |
| 易县 | 10860 | 8610 | 2250 | 1089900 | 774900 | 315000 |
| 香河 | 67450 | 42750 | 24700 | 6868500 | 4275000 | 2593500 |
| 衡水 | 1800 | 950 | 1050 | 152250 | 52500 | 99750 |
| 通县 | 37500 | 21000 | 16500 | 1102500 | 525000 | 577500 |
| 定县 | 98408 | 34672 | 63763 | 1898216 | 623496 | 1274720 |
| 安国 | 44185 | 44100 | 85 | 2656200 | 2646000 | 10200 |
| 任邱 | 20000 | 19000 | 1000 | 2000000 | 1880000 | 120000 |
| 阜平 | 100 | 70 | 30 | 5300 | 3500 | 1800 |
| 永清 | 1200 | 400 | 800 | 84000 | 20000 | 64000 |
| 唐县 | 40600 | 40000 | 600 | 2018000 | 2000000 | 18000 |
| 阜城 | 3300 | 3500 | 2000 | 440000 | 280000 | 160000 |
| 新城 | 1400 | 1200 | 200 | 42400 | 36000 | 6400 |

| 大兴 | 46000 | 10600 | 28000 | 5160000 | 1800000 | 3360000 |
|---|---|---|---|---|---|---|
| 涿县 | 39412 | 2531 | 1411 | 304160 | 177170 | 126990 |
| 新河 | 102000 | 38000 | 64000 | 7520000 | 4480000 | 3040000 |
| 良乡 | 820 | 250 | 570 | 63100 | 17500 | 45600 |
| 霸县 | 30000 | 600 | 29400 | 2400000 | 36000 | 2396400 |
| 高邑 | 78000 | 56000 | 22000 | 5776000 | 5600000 | 176000 |
| 蠡县 | 21000000 | 16000000 | 5000000 | 6300000 | 4800000 | 1500000 |
| 南和 | 210 | 无 | 210 | 14700 | 无 | 14700 |
| 宁晋 | 178200 | 106320 | 71280 | 17650000 | 10600000 | 7060000 |
| 兴隆 | 2500 | 1300 | 1200 | 125000 | 55000 | 70000 |
| 长垣 | 7285 | 7267 | 18 | 582260 | 581360 | 900 |
| 赞皇 | 550 | 500 | 50 | 114400 | 112700 | 11700 |
| 获鹿 | 120208 | 120108 | 100 | 7212480 | 7206480 | 6000 |
| 房山 | 2700 | 1620 | 1080 | 232200 | 113400 | 118800 |
| 静海 | 3780 | 950 | 2830 | 292900 | 66500 | 226400 |
| 抚宁 | 41500 | 11500 | 30000 | 318250 | 63250 | 255000 |
| 滦县 | 81300 | 24390 | 56910 | 2278700 | 548700 | 1730000 |
| 武强 | 150 | 50 | 100 | 16000 | 4000 | 12000 |
| 容城 | 3000 | 900 | 2100 | 240000 | 63000 | 177000 |
| 鸡泽 | 45000 | 44700 | 300 | 1350000 | 1348000 | 12000 |
| 安次 | 3410 | 2760 | 650 | 314700 | 2380700 | 66000 |
| 青县 | 1000 | 600 | 400 | 29200 | 20000 | 9200 |

〔实业部档案〕

## 13. 贵州省建设厅关于调查全省棉产情形呈

（1933年8月15日）

呈为呈送事，案奉钧部农字第二零四九号训令，当即令饬各县依期填报，以凭汇呈在案。兹奉前因，遵将已报各县按表填列，理合具文呈送，伏祈俯赐鉴核示遵。谨呈

实业部部长陈

计呈棉产调查表壹份

贵州省建设厅厅长　刘民杰

中华民国二十二年八月十五日

## 全国棉产调查表(贵州省二十一年份)

| 县名 | 棉田总亩数 | 中棉亩数 | 美棉亩数 | 棉产总数量(斤) | 中棉数量(斤) | 美棉数量(斤) |
|---|---|---|---|---|---|---|
| 三合 | 1000 | 600 | 400 | 7000 | 3000 | 4000 |
| 息烽 | 87 | 87 | — | 1380 | 1380 | — |
| 绥阳 | 6000 | 6000 | — | 30000 | 30000 | — |
| 沿河 | 200 | 200 | — | 2000 | 2000 | — |
| 定番 | 40 | 40 | — | 300 | 300 | — |
| 湄潭 | 210 | 210 | — | 1300 | 1300 | — |
| 都江 | 155 | 155 | — | 7500 | 7500 | — |
| 平舟 | 28 | 28 | — | 2530 | 2530 | — |
| 青溪 | 30 | 20 | 10 | 1400 | 900 | 500 |
| 龙里 | 100 | 100 | — | 400 | 400 | — |
| 麻江 | 420 | 420 | — | 11250 | 11250 | — |
| 织金 | 80 | 80 | — | 1600 | 1600 | — |
| 台拱 | 120 | 80 | 40 | 5200 | 3000 | 2200 |
| 火定 | 100 | 100 | — | 1300 | 1300 | — |
| 習水 | 20 | 20 | — | 300 | 300 | — |
| 贞丰 | 200 | 140 | — | 16000 | 11200 | 4800 |
| 省溪 | 60 | 60 | — | 960 | 960 | — |
| 三穗 | 212 | 212 | — | 19400 | 19400 | — |
| 贵定 | 15 | 15 | — | 300 | 300 | — |
| 关岭 | 1200 | 800 | 400 | 15500 | 9000 | 6600 |
| 凤冈 | 4000 | 2600 | 1400 | 30000 | 20000 | 10000 |
| 下江 | 3000 | 3000 | — | 120000 | 120000 | — |
| 大塘 | 90 | 90 | — | 2400 | 2400 | — |
| 镇远 | 190 | 172 | 18 | 1900 | 1720 | 180 |
| 安顺 | 35 | 35 | — | 1000 | 1000 | — |
| 印江 | 420 | 420 | — | 6300 | 6300 | — |
| 榕江 | 1000 | 700 | 300 | 7200 | 4200 | 3000 |
| 总计 | 19012 | 16384 | 2628 | 294420 | 263240 | 31180 |

〔实业部档案〕

## 14. 各省每年棉田面积与棉产量统计① （1933年12月）

### 各省每年棉田面积 I 民国八年至二十一年

| 年别 | | 合计 单位数量千亩 | 合计 指数（基年民国15年） | 江苏 | 湖北 | 山东 | 河北 |
|---|---|---|---|---|---|---|---|
| 民国八年 | | 33038 | 121 | 19278.3 | 1478.0 | 3218.0 | 6397.0 |
| 九年 | | 28327 | 104 | 12474.7 | 6269.7 | 428.3 | 4391.0 |
| 十年 | | 28216 | 103 | 11812.6 | 2849.1 | 2333.2 | 4710.0 |
| 十一年 | | 33465 | 122 | 9606.0 | 7612.9 | 3534.7 | 4351.8 |
| 十二年 | | 29554 | 108 | 8164.8 | 5848.1 | 3677.3 | 3630.7 |
| 十三年 | | 28772 | 105 | 7760.9 | 6432.9 | 2984.4 | 3067.9 |
| 十四年 | | 28121 | 103 | 7815.0 | 5927.0 | 3099.2 | 2895.0 |
| 十五年 | | 27350 | 100 | 8129.0 | 5061.0 | 3284.6 | 2433.0 |
| 十六年 | | 27610 | 101 | 7328.6 | 6292.0 | 3172.6 | 2490.8 |
| 十七年 | | 31926 | 117 | 8824.0 | 11106.0 | 3317.2 | 2103.1 |
| 十八年 | | 33811 | IV(119)124 | 9511.2 | 12083.3 | 4239.0 | 2567.4 |
| 十九年 | | 37593 | (133)137 | 8625.2 | 11465.7 | 6544.3 | 2950.2 |
| 二十年 | | 30495 | (111)111 | 7656.2 | 4284.3 | 7974.1 | 2953.0 |
| 廿一年 | | 37100 | (132)136 | 8514.8 | 7626.7 | 6844.2 | 5143.2 |
| 最近三年平均 | 面积 | 35063 | (125)128 | 8265.4 | 7792.2 | 7120.9 | 3682.1 |
| | 百分比%III | 100.0 | | 23.6 | 22.2 | 20.3 | 10.5 |

| 年别 | | 河南 | 浙江 | 陕西 | 湖南 | 安徽 | 山西 | 江西 |
|---|---|---|---|---|---|---|---|---|
| 民国八年 | | 1417.7 | | | | 762.6 | 486.3 | |
| 九年 | | II | 1270.1 | 1283.7 | | 1195.7 | 615.2 | 398.9 |
| 十年 | | 856.0 | 1199.0 | 2405.6 | | 1099.0 | 695.0 | 256.7 |
| 十一年 | | 3047.1 | 1096.0 | 1867.2 | | 1148.0 | 839.3 | 361.6 |
| 十二年 | | 2693.1 | 1181.0 | 1642.3 | | 1151.4 | 875.9 | 689.6 |
| 十三年 | | 2677.0 | 1867.2 | 1642.3 | | 1036.3 | 613.1 | 689.6 |
| 十四年 | | 2985.7 | 1772.9 | 1316.0 | | 841.2 | 755.0 | 714.0 |
| 十五年 | | 2881.2 | 1731.0 | 1447.0 | | 433.9 | 1407.4 | 541.7 |
| 十六年 | | 2817.0 | 1734.2 | 1442.5 | | 436.7 | 1298.6 | 597.2 |
| 十七年 | | 1566.6 | 1730.8 | 1282.8 | | 469.5 | 949.4 | 576.9 |
| 十八年 | | 908.5 | 1843.5 | 185.0 | 1389.7 | 466.3 | 313.3 | 304.1 |
| 十九年 | | 2680.3 | 1851.6 | 1208.9 | 1215.3 | 490.6 | 274.8 | 286.1 |
| 二十年 | | 2880.4 | 1984.2 | 1638.8 | 266.5 | 462.9 | 348.9 | 46.1 |
| 廿一年 | | 3424.1 | 1671.8 | 1412.7 | 982.7 | 955.1 | 302.0 | 222.7 |
| 最近三年平均 | 面积 | 2994.9 | 1835.9 | 1420.1 | 821.5 | 636.2 | 308.6 | 185.0 |
| | 百分比%III | 8.5 | 5.2 | 4.1 | 2.3 | 1.8 | 0.9 | 0.5 |

① 选自1933年12月全国经济委员会棉业统制委员会编《棉花统计》。

（注）资料来源：根据上海纱厂联合会棉产统计编制。

Ⅰ 限于上海纱厂联合会已调查省份，但辽宁除外（因只有民国二十一年统计）。

Ⅱ 民国九年河南以盗匪兵祸未调查，故是年无统计。

Ⅲ 最近三年各省每年平均棉田面积在已调查总面积中所占百分比。

Ⅳ 括弧内数字系不包括湖南省之指数。

## 各省每年皮棉产量 I　　民国七年至二十一年

| 年别 | 产量 | 合计 数量 | 合计 指数（基年：民国15年） | 山东 | 湖北 | 江苏 | 河北 | 河南 | 浙江 | 陕西 | 湖南 | 安徽 | 山西 | 江西 |
|---|---|---|---|---|---|---|---|---|---|---|---|---|---|---|
| 七年 II | 皮棉总产量（单位千担） | 10221 | 164 | 720.8 | 2325.2 | 4128.7 | 2099.4 | 268.2 | | | | 243.0 | 304.3 | 131.3 |
| 八年 | 皮棉总产量（单位千担） | 9029 | 145 | 894.6 | 1207.0 | 2763.2 | 2683.8 | 427.6 | 264.9 | 355.0 | | 125.5 | 201.9 | 105.0 |
| | 平均每亩产量（单位斤） | 27.3 | 121 | 27.8 | | 14.3 | 41.9 | 30.2 | | | | 16.5 | 41.5 | |
| 九年 | 皮棉总产量（单位千担） | 6751 | 108 | 126.1 | 1580.0 | 3022.2 | 1022.2 | III | 251.1 | 294.0 | | 292.0 | 65.0 | 97.9 |
| | 平均每亩产量（单位斤） | 23.8 | 106 | 29.4 | 25.2 | 24.2 | 23.3 | | 19.8 | 22.9 | | 24.4 | 10.6 | 24.5 |
| 十年 | 皮棉总产量（单位千担） | 5429 | 87 | 295.1 | 615.2 | 1283.7 | 1819.3 | 219.4 | 308.8 | 430.0 | | 163.8 | 248.7 | 45.3 |
| | 平均每亩产量（单位斤） | 19.2 | 85 | 12.6 | 21.6 | 10.9 | 38.6 | 25.6 | 25.8 | 17.9 | | 15.0 | 35.8 | 17.7 |
| 十一年 | 皮棉总产量（单位千担） | 8310 | 133 | 1005.2 | 2029.9 | 2446.7 | 1295.1 | 555.0 | 98.3 | 476.6 | | 154.8 | 164.1 | 84.6 |
| | 平均每亩产量（单位斤） | 24.8 | 110 | 28.4 | 26.7 | 25.5 | 29.8 | 18.2 | 9.0 | 25.5 | | 13.5 | 19.6 | 23.4 |

续上表

| | | | | | | | | | | | | | | |
|---|---|---|---|---|---|---|---|---|---|---|---|---|---|---|
| | 平均每亩产量（单位斤） | 27.7 | 123 | 18.1 | 32.8 | 28.8 | 31.4 | 13.7 | 20.0 | 20.7 | | 29.4 | 30.4 | 21.5 |
| 十八年 | 皮棉总产量（单位千担） | 7587 | VI（115）122 | 1213.1 | 2071.3 | 2276.6 | 801.3 | 122.9 | 444.3 | 33.9 | 393.8 | 82.3 | 40.3 | 107.1 |
| | 平均每亩产量（单位斤） | 22.4 | 100 | 28.6 | 17.1 | 23.9 | 31.2 | 13.4 | 24.1 | 18.4 | 28.2 | 17.6 | 12.7 | 35.2 |
| 十九年 | 皮棉总产量（单位千担） | 8810 | （137）141 | 2170.7 | 3061.6 | 1084.8 | 834.8 | 566.5 | 472.7 | 135.5 | 251.3 | 95.7 | 62.5 | 73.5 |
| | 平均每亩产量（单位斤） | 20.8 | 92 | 33.2 | 26.7 | 12.6 | 28.2 | 21.1 | 25.5 | 11.2 | 20.7 | 19.5 | 22.7 | 25.7 |
| 二十年 | 皮棉总产量（单位千担） | 6222 | （99）100 | 2154.9 | 1037.0 | 626.5 | 844.0 | 644.5 | 389.9 | 346.3 | 45.3 | 43.1 | 81.7 | 8.9 |
| | 平均每亩产量（单位斤） | IV 20.4 | 91 | 27.0 | 24.2 | 10.8 | 28.6 | 22.4 | 14.7 | 21.1 | 17.1 | 9.3 | 23.4 | 19.3 |
| 廿一年 | 皮棉总产量（单位千担） | 8106 | （127）130 | 1769.4 | 1634.4 | 1778.2 | 1282.9 | 596.8 | 417.2 | 157.8 | 199.8 | 169.5 | 53.9 | 45.8 |
| | 平均每亩产量（单位斤） | 21.8 | 97 | 25.8 | 21.4 | 20.9 | 24.9 | 17.4 | 24.9 | 11.2 | 20.3 | 17.7 | 17.9 | 20.6 |
| 最近三年平均 | 皮棉总产量（单位千担） | 7713 | （121）124 | 2031.7 | 1911.0 | 1163.2 | 987.2 | 602.6 | 426.6 | 213.2 | 165.5 | 102.8 | 66.0 | 42.7 |
| | 百分比% V | 100.0 | | 26.3 | 24.8 | 15.1 | 12.8 | 7.8 | 5.5 | 2.8 | 2.1 | 1.3 | 0.9 | 0.6 |

续上表

| | | | | | | | | | | | | | |
|---|---|---|---|---|---|---|---|---|---|---|---|---|---|
| 十二年 | 皮棉总产量（单位千担） | 7145 | 114 | 1387.7 | 1271.8 | 1489.1 | 945.0 | 667.5 | 330.0 | 462.0 | | 189.5 | 230.7 | 171.5 |
| | 平均每亩产量（单位斤） | 24.2 | 108 | 37.7 | 21.7 | 18.2 | 26.0 | 24.8 | 27.9 | 27.1 | | 16.5 | 26.3 | 24.9 |
| 十三年 | 皮棉总产量（单位千担） | 7809 | 125 | 937.2 | 1119.3 | 2768.8 | 798.6 | 572.1 | 675.6 | 467.9 | | 153.5 | 161.5 | 154.4 |
| | 平均每亩产量（单位斤） | 27.1 | 120 | 31.4 | 17.4 | 35.1 | 26.0 | 21.3 | 36.1 | 28.5 | | 14.8 | 26.2 | 22.3 |
| 十四年 | 皮棉总产量（单位千担） | 7534 | 121 | 995.6 | 1007.4 | 2242.5 | 958.3 | 544.6 | 506.1 | 772.0 | | 176.5 | 161.5 | 169.8 |
| | 平均每亩产量（单位斤） | 26.8 | 119 | 32.1 | 17.0 | 28.7 | 33.1 | 18.2 | 28.5 | 58.6 | | 20.9 | 21.3 | 23.6 |
| 十五年 | 皮棉总产量（单位千担） | 6244 | 100 | 518.3 | 1112.1 | 1920.8 | 814.3 | 557.4 | 326.5 | 370.9 | | 126.5 | 380.6 | 116.2 |
| | 平均每亩产量（单位斤） | 22.5 | 100 | 15.7 | 21.9 | 23.6 | 33.4 | 19.3 | 18.8 | 25.6 | | 29.1 | 27.0 | 23.6 |
| 十六年 | 皮棉总产量（单位千担） | 6722 | 108 | 709.8 | 1350.8 | 1637.6 | 770.6 | 590.2 | 529.2 | 358.1 | | 129.6 | 501.9 | 144.5 |
| | 平均每亩产量（单位斤） | 24.3 | 108 | 22.3 | 21.4 | 22.3 | 30.9 | 20.9 | 30.5 | 24.8 | | 29.5 | 38.6 | 24.1 |
| 十七年 | 皮棉总产量（单位千担） | 8839 | 142 | 620.4 | 3638.0 | 2542.3 | 653.1 | 214.3 | 346.4 | 265.4 | | 146.0 | 289.0 | 124.3 |

（注）资料来源：根据上海纱厂联合会棉产统计编制。

I 仅限于上海纱厂联合会已调查省份，但辽宁除外（因只有民国二十年一年统计）。

II 棉田面积统计自民国八年始，故民国七年无每亩平均产量。

III 民国九年河南以盗匪兵祸未调查，故本年无统计。

IV 表中辽宁除外故与纱厂联合会之20.2略有差异。

V 最近三年各省皮棉平均产量在全国调查皮棉总产量中所占百分比。

VI 括弧内数字系不包含湖南省之指数。

〔全国经济委员会档案〕

## 15. 湖南省茶产统计

（1935年7月）

### 一、湖南全省茶叶产量表

| 县别 | 植茶面积 | 红茶产量 | 青茶产量 | 产量百分率% | 土质 | 说明 |
|---|---|---|---|---|---|---|
| 安化 | 200,000亩 | 37,000石 | 109,000石 | 37.430 | 砂质壤上 | 上列青茶分两种<br>(一)细青茶占二万余石<br>(二)老青茶占八万余石 |
| 临湘 | 200,000 | 5,000 | 130,400 | 34.756 | 砂质壤土 | 本栏青茶分为两种<br>(一)老青茶占十三万石<br>(二)细青茶占四万石 |
| 平江 | 60,000 | 20,000 | | 05.130 | 砂质壤土 | |
| 桃源 | 34,300 | 5,000 | 6,400 | 02.910 | 粘质壤土 | |
| 沅陵 | 31,300 | 10,000 | 400 | 02.662 | 粘质壤土 | |
| 新化 | 30,000 | 10,000 | | 02.560 | 砂质壤土 | |
| 醴陵 | 30,000 | 10,000 | | 02.560 | 粘质壤土 | |
| 湘阴 | 19,000 | 5,000 | 13,000 | 04.560 | 粘质壤土 | |
| 浏阳 | 18,000 | 6,000 | | 01.540 | 砂质壤土 | |
| 长沙 | 10,000 | 3,000 | 200 | 00.820 | 砂质壤土 | |
| 岳阳 | 9,000 | | | | | |
| 汉寿 | 9,000 | 3,000 | | 00.770 | 砂质壤土 | |

续上表

| | | | | | | |
|---|---|---|---|---|---|---|
| 湘乡 | 7,000 | 1,500 | 700 | 00.564 | 砂质壤土 | |
| 大庸 | 4,000 | | 2,000 | 00.513 | 粘质壤土 | |
| 邵阳 | 3,200 | 1,000 | 70 | 00.274 | 粘质壤土 | |
| 武冈 | 3,000 | 1,000 | | 0.256 | 砂质壤土 | |
| 郴县 | 2,800 | | 1,000 | 00.256 | 粘质壤土 | |
| 石门 | 6,6301 | 1,000 | | 00.256 | 粘质壤土 | |
| 江华 | 2,000 | | 840 | 00.215 | 粘　　土 | |
| 宁乡 | 1,900 | | 600 | 00.154 | 砂质壤土 | |
| 益阳 | 1,800 | | 600 | 00.154 | 砂质壤土 | |
| 祁阳 | 2,000 | | 400 | 00.102 | 砂质壤土 | |
| 干城 | 680 | | 220 | 00.056 | 粘　　土 | |
| 湘潭 | 1,000 | 100 | 200 | 00.051 | 粘质壤土 | |
| 常宁 | 600 | | 200 | 00.051 | 砂质壤土 | |
| 酃县 | 650 | | 200 | 00.051 | 粘　　土 | |
| 永顺 | 300 | | 200 | 00.051 | 粘　　土 | |
| 宁远 | 390 | | 200 | 00.051 | 粘　　土 | |
| 沅江 | 500 | | 160 | 00.041 | 砂质壤土 | |
| 攸县 | 460 | | 130 | 00.033 | 砂质壤土 | |
| 衡山 | 400 | | 110 | 00.028 | 砂质壤土 | |

续上表

| | | | | | | |
|---|---|---|---|---|---|---|
| 耒阳 | 300 | | 100 | 00.025 | 粘质壤土 | |
| 衡阳 | 300 | | 100 | 00.025 | 粘质壤土 | |
| 道县 | 1,300 | | 100 | 00.025 | 砂质壤土 | |
| 汝城 | 150 | | 100 | 00.025 | 粘　土 | |
| 东安 | 200 | | 50 | 00.013 | 粘　土 | |
| 新田 | 170 | | 40 | 00.010 | 粘　土 | |
| 麻阳 | 050 | | 030 | 00.0077 | 粘质壤土 | |
| 慈利 | 720 | | 30 | 00.0077 | 粘质壤土 | |
| 蓝山 | 130 | | 30 | 00.0077 | 砂 砾 土 | |
| 安仁 | 130 | | 30 | 00.0077 | 砂质壤土 | |
| 古丈 | 060 | | 20 | 00.0051 | 砂质壤土 | |
| 茶陵 | 60 | | 20 | 00.0051 | 砂质壤土 | |
| 辰溪 | 30 | | 20 | 00.0051 | 砂质壤土 | |
| 城步 | 50 | | 20 | 00.0051 | 砂质壤土 | |
| 临武 | 100 | | 20 | 00.0051 | 粘　土 | |
| 永兴 | 80 | | 16 | 00.0040 | 粘　土 | |
| 新宁 | 150 | | 5 | 00.0013 | 砂　土 | |
| 宜章 | 20 | | 4 | 00.0010 | 砂　土 | |
| 靖县 | 20 | | 4 | 00.0010 | 粘质壤土 | |

续上表

| | | | | | | |
|---|---|---|---|---|---|---|
| 通道 | 10 | | 1 | 00.0002 | 砂　土 | |
| 合　计 | 693,970 | 118,600 | 270,970 | 100.0000 | | |

备　考：

一、上列五十一县之茶产系根据二十二年及两次调查所得但产量不满一石者则未列入

二、据上表全省产量为四十万石，其中红茶十二万石，老青茶及安化黑茶二十二万石，均属外销，余六万石为细青，悉为本省内销，但以本省人口与需要计算实际恐不止，殆调查者于各县农户家制茶以漫无组织无从调查，亦便估计欤。

## 二、湖南各县生茶每亩收获量比较图①

| 县　　别 | 每亩产量(斤) | 县　　别 | 每亩产量(斤) |
|---|---|---|---|
| 安化 | 170 | 石门 | 150 |
| 平江 | 160 | 江华 | 120 |
| 桃源 | 140 | 宁乡 | 110 |
| 沅陵 | 179 | 益阳 | 98 |
| 新化 | 120 | 祁阳 | 00 |
| 醴陵 | 90 | 干城 | 129 |
| 湘阴 | 150 | 湘潭 | 91 |
| 浏阳 | 170 | 常宁 | 100 |
| 临湘 | 130 | 鄠县 | 80 |
| 长沙 | 159 | 永顺 | 50 |
| 岳阳 | 120 | 宁远 | 70 |
| 汉寿 | 85 | 沅江 | 79 |
| 湘乡 | 119 | 攸县 | 105 |
| 大庸 | 90 | 衡山 | 119 |
| 邵阳 | 95 | 耒阳 | 100 |
| 武冈 | 100 | 衡阳 | 90 |
| 郴县 | 120 | | |

附注：生茶每亩收获量虽因采摘迟早有质量之不同，但观此比较而各县茶树栽培之情形概可想见。

① 原件为曲线图。

## 16．徐方干关于浙江茶叶生产状况致实业部呈

（1936年9月10日）

呈为报告视察杭绍茶业及改进杭绍茶业意见事：窃职于七月一日奉部令第三〇三七号派为视察员，等因。遵即回部请示，此后工作方针奉周次长面谕仍返浙继续会同浙江省建设厅协办浙江省茶场事宜，并调查视察杭绍各地茶业等因。职遵于返浙后，先后亲赴杭绍各地，又在龙井、平水实地研究绿茶制造方法。兹谨将杭绍茶业视察报告暨改进杭绍茶业意见书分别呈部审核，是否有当仰祈钧长批示，实为德便。谨呈

科长转呈

司长、部长、次长

附呈视察杭州旧属茶业报告书壹件

视察曹娥江流域报告书壹件

改进杭绍茶业意见书壹件

视察员　徐方干　九月十日

中华民国二十五年九月十日

### 视察曹娥江流域茶业报告书

视察员　　徐方干

一、绪论

（一）范围与环境：

曹娥江流域系包括浙江省旧绍属七县之绍兴、嵊县、上虞、新昌、余姚、诸暨、萧山而言，概集中于绍兴之平水镇，盖以其制造最早、输出最先，故又可以平水茶区名之。至其他各处所产，悉仿平水制法，装璜亦以平水茶之名出售。该区所制统属洋庄，出口箱茶惟萧山一邑多仿制龙井旗枪，新昌、诸暨、余姚三县间有以毛茶出售为上海土庄茶栈制造之原料，其绍兴、嵊县、上虞十

九均为珠茶，相沿至今，故在国际茶业市场上仅知平水之名，而不知其他。考此处地势极高，西有会稽山脉，东有四明山脉，南有天台山脉，盘亘境内。西至萧山县之萧山山脉，东至嵊县之嵊县山脉，为会稽山脉之南北两大干，盘旋于萧山、诸暨、绍兴，上虞、嵊县诸境，绵亘数县，广袤约二百里，概为高原峻岭。四明山脉起于余姚天台山脉之北支伸入新昌，万山重叠，上有巨大森林，遮蔽风日，云雾笼罩，空气至为湿润，颇足适应茶之生育习性。其下后有曹娥江经流其间，计长三百余里，溪流错杂，诸支流均可通舟筏，水运至为便捷，平茶有此天然环境，宜其产名独异，昔之日铸茶在唐宋时代已著有极光荣之声誉，他如山荫天衣山之丁坑茶、会稽山之茶山茶、嵊县之剡溪茶、上虞之覆卮山茶、余姚之瀑布茶、新昌烟山茶均有相当之价值，证之历来文献之记载，颇多，兹举其要者如下：

《青箱记》云：越州日铸茶江南第一。《方胜览》云：会稽有日铸岭产茶。欧阳修云：两浙产茶日铸第一。《嘉泰志》云：日铸岭下有寺名资寿，其阳坡名油车，朝暮常有日产茶，绝奇，故谓之日铸。《剡溪》云：会稽茶以日铸名天下，吾行入日铸寺汲泉沦茶，茶与水味深入理窟，茶生苍石之阳碧涧穿注，兹乃水石之灵，岂茶者，山中僧言左右岩坞能几何，入京师供好事者何可给，盍取近峰剡居半马，然则世之烹日铸茶多嵊茶也。《茶经》云：浙东以越州上，余姚县生瀑布泉号仙茗大者，殊异小者与襄州同。《归田录》云：草茶胜于两浙之品，江南第一。综上所举，已足表示平茶产品之优与驰名之早也。当鼎盛之年，输出达二十万担之巨，农民生活源泉强半依赖于是，农村经济全视茶市兴衰为转移。近二十年来，以制法不良，海外销路受日茶倾销竞卖影响，益以消费各国复受经济恐慌之袭击，购买力弱，因之逐年锐减，现时年不过八九万担，农村经济益频危境，茶栈受亏之大，尤以去年为甚，损失总数数约二百万元，本年勉力复业者统计不过八十余家，又以茶价低贱，最高每担不过二十元，仅及制造成本，是以茶农生活亦以今年为最痛苦。

(二)面积及产量

平水茶区产地极形散漫，绝无有规模种植者，欲求正确统计，至为困难，亩数大小又不一律，距离疏密，各县亦无或同者，故面积与产量精确之统计不能不有待也。且产量因天时及市价之关系，有增有减，大抵因栽培之粗放，天时之失调，灾害之侵袭。市场之呆滞，全数产量年有锐减之势，兹根据浙省最近之统计之数字于下，聊示其概数，但可信其现时产量必不及此数也。

(表一)平水区各县茶园面积及产量调查表

| 县别 | 面积(亩) | 绿茶(担) | 红茶(担) | 产量合计 | 备考 |
|---|---|---|---|---|---|
| 绍兴 | 240,000 | 90,000 | 30,000 | 120,000 | |
| 嵊县 | 27,000 | 21,600 | | 21,600 | |
| 新昌 | 16,000 | 12,000 | | 12,000 | |
| 上虞 | 2,900 | 13,000 | | 3,000 | |
| 余姚 | 14,290 | 10,000 | | 10,000 | |
| 萧山 | 1,200 | 297 | | 297 | |
| 诸暨 | 30,000 | 8,500 | 2,000 | 10,500 | |
| 共计 | 331,390 | 145,397 | 32,000 | 177,397 | |

(三)栽培状况

平水茶农向以茶为副业，在昔有利之年，获利甚厚，对茶之管理尚可加以相当之注意，迨至近年茶获常不能敌其工本时，则任其自然，为汲汲于惜念地力增进，收入是图，且于隙地内夹种其他作物，以补茶产之不足，如在绍兴各地间种雷笱，新昌则间种白术、落花生，萧山、诸暨则与果木园艺作物同种者比比皆是，其他种以玉蜀黍、白豆、蕃薯、乌桕、桑树者犹为普遍，获利不丰则粗放其栽培，因栽培之粗放，故产量少而品质劣，终至售价亦不高也。此不独栽培之不善，即制造一端亦多不精，茶片老大者，使用木砻，砻之使细，色泽不良者，则加用色料以饰外观，质硬不卷者，则利用粘质以图紧结，粗制滥造兼而有之，是以平茶在我国绿茶品质上仅居中庄地位，宜其售价不高，难与高庄徽茶争衡。兹将平茶栽制之一般情形述之如下：

本区域以山地为多，故茶亦多栽于山地，平地者次之，俗有高山茶、平地桑之谚。茶又适于山地之环境，故发育良好。

(1) 开垦播种：开垦时，先伐树木去其障碍物，而后整地。在最初之一年多种玉蜀黍，后取茶籽插入土内，大约每株相距五六尺，而行距则较宽，亦有先行育苗而后移植者。四五年后生长茂盛，即可开始采叶，惟产量不多，但亦不能尽量采下，其纤弱细小尚须蓄养以增树势。迨至七八年后生长鼎盛，叶量亦为丰收之时，自多可摘。

(2) 中耕除草：中耕每年约二次，多在春秋两季行之，至除草次数正式者每不过一次。

(3) 肥料：肥料亦不常使用，所用者为自有之人粪尿、草木灰或河泥，或用豆饼。在最初之数年，因有丰厚之地力，不用尚可，及至产量不丰老宿之态过甚者，稍稍用之其有用者，惟其主要目的为栽培间作物，茶树不过沾其余润耳。

(4) 采摘时期及次数：采摘每年两次，其第一次在立夏边，是为头茶，谚语云夏后三日茶，不啻为平茶采摘之标准期。第二次在夏至前后，谓之二茶或称霉尖。三茶采者甚少，盖囿于采三茶犯天骂之谚语，以茶摘三次，树易枯倒，故不敢多采也。但去年买者激增，售价尚高，三茶采摘者甚多，不意今年头叶售价不及二茶之值，除自家劳力供应之外，决不雇用外力，以免多数亏蚀，故二茶放叶不摘者亦有之，三茶更无论矣。其在萧山者，摘期较早，制成之品以龙井之名出售，非早摘不能为也。其采摘次数与杭属各地相同，有采三茶、四茶者。本年摘工概为包工制，头茶每斤一分二厘，二茶每斤八厘，此系摘园茶生青者，至摘制旗枪茶者，其工资视采摘之迟早而异，早采者其叶细小工费其值亦昂，迟摘者叶大量重工亦较少，其值自应低廉，大多尽一家族之劳力为之。其收获量大者，家工不足势必多雇人工为之协助，普通茶户以头茶价高，则多用雇工赶制，二茶价低侧重家工制，藉以减轻其所耗也。

(四)制造方法

茶叶制造分红绿两种，兹将各项方法分述如下：

(1) 绿茶之初制：此粗制手续由茶农行之，其法将采来之鲜茶投入热锅中，每次投入量约四五斤，用手上下翻炒约二十分钟，此时火力甚烈，炒拌宜速，不可停止或间断，使其热度均匀，片片到底，否则生熟不匀之弊间有。以热气炙手，炒至中途改用竹棒代之，至茶叶萎柔如棉，发生粘性即行取出，俗名炒青草。乘时拣去粗梗杂枝，置竹匾内用力揉之，使茶汁外浸，揉成条状。复振散之，再下锅缓缓滚转，此时火力较低，用力可小，从容翻炒，以免多成碎末，是为做烂茶，于是在文火之中仍继续上下翻拌，待茶在锅中略有响声时，则知已将干燥之程度，是名做干茶。茶叶制好后，即盛入布袋内，置于干燥处贮以待售。查茶叶以随采随制为佳，断不宜久置，如久置不制，生叶即起变化，色香味均难完美、多数茶农以人工不足，每于日间采叶，入夜始制，有时采叶过多不及赶制，即堆集于地上，翌日始行炒制。亦有限于制茶工具之不备，将做好未干之茶堆放一处，迄一二日后再行下锅炒之。或置日光中利用日光干燥，工料固可节省，但其品质每多不良。茶农非不知随采随制为佳，但限于人工、时间之关系而未能，致流于粗放，此种失于处理之生叶及毛茶，无论制造技术如何精妙，品质万难提高，平茶品质低劣殆由此故。

(2) 绿茶之精制：此种制造之手续由茶栈行之，茶栈购入之毛茶系未十分干燥者，必须加工复焙，以期干燥，而后始可进筛，分手续：

(一)分筛：茶筛有筛眼疏密不同之茶筛十种，每种筛有正副筛之分，另外又有铜板筛一种，用以筛别大小、粗细，经筛之回数计百余次，精密繁复至为困难，俗有茶叶做到老，筛路学不了之谚。

(二)亚灶燀：灶之构造三面以壁围之，十余座相连，下一面为火门，上面置铁锅，锅面为前高后低，每锅投入茶叶八斤，二人共做之。炒时用手向前方推之，茶即顺锅势之趋向由后面高处滚下，其时火力较大，至相当时，喷以米浆使松懈，未卷之叶加紧卷结，故制造初步之茶用之，每次约需四十至五十分钟。

(三)亚灶燀：灶之构造与亚灶同，惟锅呈水平面，故称平灶。茶经筛拣扇之后，复在锅内燀之，火力较弱，至相当时，加用滑石粉、色料等，俾茶有光泽，可使一律售价得以增高，然亦有不用此灶用以滚茶机者，每次约四十分钟。

(四)拣别：此种手续多系女工，某工价以拣出之茶梗之多少而定，盖茶叶之中混有夹杂物，如梗朴扁、子实黄、片觔角之类，若不拣去，于售价上诸多不利。

(五)扇别：此法多在风扇中行之，藉风力扇去飘叶、黄片、碎叶、子实、细末、石砂，分出正子口茶而使之纯净也。

(六)筛末：茶经过筛拣燀扇之种种手续，循迴展转无虑百度经过一部分手续，以器物之磨拭及手掌之抵触，每多有碎为粉末者，故在均堆之前，必行筛末一次，以筛去之而免灰分过多，影响其售价也。

(七)平锅摩头：其法行于平灶内，以文火焙之，使其十分干燥，而增其香气色泽，以便久贮不坏。

(八)均堆：茶经精制完毕，每一字号茶之中必有各号筛之茶，分别堆存于木箱中，欲使其每字号之茶形状齐一，须有赖均堆之法，将各号筛之茶混合搅拌之，使成一律，即售出时之某字号之茶是也。

（九）装箱：粗制完毕均堆后之茶，随即装箱，箱为长方形，以木板构成之，内衬锡罐，外包篾箱，以免裂损而利搬运。

此为平水茶区各地精制法之大概，手续似不及徽庄制法之精详，记者曾见有数家茶栈之茶筛密度已失去其相当之距离尚复使用，至每种茶形状不整，即属拣选不精或夹杂物不净，其最大缺点即草率将事，而制茶工人一味偷工取巧，不求上进。在筛分中最重要之簸扬法置而不用，以其费时、费力坐令品质低降，资方主人亦昧于此道，任其无识工人自由处理，其他有待改进之点甚多，俟有暇时当将平茶制法之缺点另文论之，以与我茶业同志一商榷之。

（3）红茶之制造：平水茶叶以绿茶为主要，红茶乃属极少数，中之最小部份仅诸暨、萧山、绍兴三地稍稍有之，其法先将采来之生叶薄摊于竹苇上，曝于日光下，时加翻拌，俟其萎软如棉，握之成团而无弹力为止，再置于竹帘上揉捻之，至揉成条状复堆于木桶中充分压紧，上覆以厚布，置日光中使之发酵，变为红褐色放出香气，又振散入铁锅内焙干之，茶农毛茶之制造大略如此，待杭属茶贩来此收买。至红茶之精制，平水各栈尚鲜制造者。

二、各县茶叶生产概况

（一）绍兴县

绍兴一邑在秦时为会稽、山阴两县，宋元明清隶绍兴府，民国府治并山会两县为绍兴，面积为平水区内之最大县份，地势西南多山，东北濒海，计分十区，第一、二、三、八、十等五区多系平原，四、五、六三区为山地，八、九两区为濒海区。山地盛产茶，平地多为稻麦，驰名最早之平水茶即在该县城南三十里之平水镇。该地属于第五区与嵊县接壤，为一大高原，山峰环列，溪流众多，凡会稽山脉中各山所产之茶，大部份均集中于该镇及其附近之地，为交易之所，故能形成平水茶区内制造、集散之中心。当杭甬路未筑以前，陆路运输不便之时，平水镇拥有供应之众多运河之便利，费用之廉宜，制茶之专业等，种种优越条件，是以在平茶区域之地位，俨然执平茶之牛耳。元稹序《白氏长庆集》有云：予常于平水市中见村校诸童竞集歌诗。盖平水在唐时已为市矣。迨杭甬通车以及陆运较便，该镇地位不免因之转移。近年陆路交通更有长足之进步，平水地位已空拥领袖之虚声，所幸近日亟谋沪杭甬路接线，将来更可由此路直达沪埠，无容绕道宁波，未来之发展正方兴未艾也。其附近产茶最优之地为童家岭、天庙岗、头子坞、山显潭、大清沃、杜家山、孙岙、马溪、金家岭、孙家岭，举坑西北山塘墺等地，普通称之为北山制造，精实品质优良他如横岗、石砂、蒋村、肇湖、长桥、南墺、竹墺等，地势稍平坦，质味较薄，其价亦较北山为次。昔日山阴天衣山之丁圳茶、兰亭之花坞茶、会稽日铸岭之日铸茶、陶宴岭之高坞茶、会稽山之茶山茶、秦望山之小朵茶俱为不可多得之品，是以绍兴所产颇有代表平水茶之地位，其卧龙山之瑞龙茶、会稽山之日铸茶为驰名。唐杜牧之《卧龙山茶》诗云：山实东吴地，茶称瑞草魁。又宋晏殊《日铸茶》诗云：稽山新茗绿如烟，静洁都蓝煮惠泉。未向人前杀风景，更持醪醑醉花前。

(二)嵊县

嵊县古称剡，境内多山，茶为农产之大宗，北乡最多，西南乡次之。其剡山白峰岭、清风岭等处之茶与东乡之前庄、华堂、北庄等处产量最多，西南乡崇仁之顺安区与绍兴毗连，居平水茶区之重要部份，平水园茶大部份仰给于此，其长乐一镇又为店庄长茶贸易之中心地点，其品质最著者为剡溪茶，钱江茶、上湖山茶均甚著名，唐时清昼剡茶诗有云：越人遗我剡溪茗，采得金芽爨金鼎。又宋华镇《剡中瀑布岭仙茶》诗云：烟霞密迩神仙府，草木微滋亦有灵。此剡茶在唐时已负盛名，不独供诗人之吟咏，当时文豪之士复对剡茶栽培、精制、品评亦多注意。古诗人仲皎曾取剡山作茶品十，复取剡潭谷作水品亦十，合并诗录之于下：茶品：(一)瀑布茶、(二)五龙茶、(三)真如茶、(四)紫岩茶、(五)焙坑茶、(六)大昆茶、(七)小昆茶、(八)鹿苑茶、(九)细坑茶、(十)焦坑茶；水品为：(一)五龙潭、(二)葛翁井、(三)石门潭、(四)三悬潭、(五)雪潭、(六)偃公泉、(七)亚父潭、(八)紫岩潭、(九)[illegible]岩潭、(十)簟潭。此剡茶不独品质名贵，水亦清冽，盖茶非水[illegible]可，水得茶方神，犹龙井茶之于虎跑泉，顾渚茶之于金沙泉，媲美于世，故有此双绝。又李易《剡山诗》：云巘移佳茗，风潭遶古松(试种也)；趁时务撷茗，余力工捣楮(采撷也)；丹鼎山头气，茶炉竹外烟(烹试也)。

(三)上虞县

上虞位于绍兴之东，境内多山，西南与绍兴接壤，东部余姚毗连。有山曰大岚，又曰昇仙，支连四明山，盘亘于上虞、余姚、嵊县、奉化四县之交界处，为四县产茶总发源地。其在上虞县南境，以油竹坪、田家山、里家岙、张家山、覆卮山、姥婆岭、隐地等处为最多，自昔之覆卮山茶、鹁鸪岩茶、凤鸣山茶、后山茶颇有盛名，至烹茶之泉有凤鸣山之瀑布泉与姥婆岭泉、五步泉，均能使茶之色香味俱臻妙境，兹将历史记载，择要录之，示其品质之优异焉。

(一)覆卮山茶、鹁鸪岩茶：茶产岩之上下，采取烘干，有绸白毛，名曰白毛尖，其味隽永，颇为难得。

(二)凤鸣山茶：明朝黄宗羲诗：檐溜松风方扫尽，轻阴正是采茶天；相要直上孤峰顶，出市都争谷雨前；两筥东西分梗叶，一灯儿女共团圆；炒青已到更阑后，犹试新分瀑布泉。又喜庆志云：以山上瀑布泉烹之，色香味俱绝，或以县北姥婆岭泉烹之亦佳。

(三)后山茶：《嘉靖通志》云：茶之类有上虞后山茶，备稿日今县北诸山多产茶，其在罗岩山上者，假称云雾茶，味更佳。明韩锐有《后山茶》诗。

（四）新昌县

新昌旧属剡县，于吴越王钱鏐开平二年割台分剡，始立新昌。邑之东北一带古称剡东，西乡则为剡南，东南一带毗连天台，四境诸山为天台山脉之北支，四周群峰环绕，云雾弥漫，空气湿润，朝露浓厚。物产茶为大宗，不独占新昌农产物之重要地位，且为平水茶区主要生产县份，每年供给平水各地茶栈制造之原料甚多，高山所产之茶又与天台华顶之云雾茶相并美，如万年山、天姆山、沃洲山、黄罕山等山，皆巍巍独出，浓雾厚露之地，茶品极佳。考新昌之有茶业历史固属悠久，在昔仅有烘青与红茶两种之制造，销售嘉湖杭等处，迨平水章镇园茶业发达以后，该两处以原料采自此间，利较优厚，于是遂改为园茶，以趋厚利，是以园茶历史距今不过六七十年间之事耳。近时茶农以洋庄园茶衰落，茶价涨落无常，时受栈家倒账之危险，均无甚好处，又多改制长茶以供内销，且可立得现款，工省费廉，复有相当销路，故在新昌一邑有本销、洋销之分，属于洋销又有园茶之分，属于本销者则称长茶，亦称旗枪。在昔之洋销全盛时代，岁计三十余万元之巨，今以洋销不劲，园茶制造数亦大减，前之做园茶者今多改做长茶，以应环境之需求。

新昌产茶区域甚广，大别可分为三大区，南乡为烟山区，西乡为遁山区，东乡为里山区。（一）烟山区与东阳、天台两县接壤，地势最高，面积亦大，以尖山、铁店、马江、岙楼下、宅蚕溪、树下坑、方田、平千山、尖古回、竹山、宅下丁、大宅里等处为最多。（二）遁山区范围较烟山区小，与嵊县南乡接壤，在未分以前本为剡南，如岭头、东陈、西陈、瓦屋、毛羊、东平、百步岭、大枫树、竹庙、林山下等处概为著名茶村，其最优者为暖峙、芭蕉、门岩三处，为此区产名之精英，最为名贵。（三）里山区：此区多做长茶，属于沃洲山，向分上山背、下山背，凡西山坑、西桐树园、大市聚为上山背，至下山背为管家岭、后梁、前梁、毛坪山、南桥头、下浦、何家、郭坑、竹坞、后坞属之，品质以上山背为优，下山背次之。

(五)余姚县

余姚县内山地、平原各居其半，农产物以棉、盐、茶为大宗，西北多属平地，土质宜棉，在浙江产棉地位为多棉之县份。东南多山，盛产茶，其产地以四明山脉起处之化安山瀑布岭之四明茶，及会稽山脉尽处之南黄山、童家墺等地所产之南黄茶最为珍贵。其第二区南乡鹿亭、甘露、云岩、小岭、岚峰、华左、明山、白云、南溪、凤亭、双雁等处，除岚峰一地尚以稻为主要，余则多以茶叶及其他山货为主，大部集中于梁弄，由梁弄至四明江，向宁波鄞江桥输出，供该地茶栈或上海土庄茶栈园茶之原料，产量虽不甚多，品质尚属精美。在唐时陆明羽《茶经》已载有：……余姚瀑布泉昔号仙茗大者，殊异；小者，与襄州同。已可见当时声誉之隆，其他史乘所载亦多，兹示其要者如下：〔略〕

(六)萧山县

萧山产茶本不甚多，在平水区域内为最少。品质亦有相当之荣誉，昔之茌山、茗山皆其最著。有邑之《名胜志》云：萧山县茗山产佳茗之语。现时培育者亦无几，徒拥虚名也，其南乡之白鹿塘、鲁家坞、老屋、邱家坞、竹莲洞、木杓池、头沈圈、子里、桃园、新庄、高家坞、赵家坞、十里王、江塘里、马社山、栖圈等处，品质优美，制工亦佳，概多仿制龙井茶。每年有杭州浮山良户一带龙井茶贩携款来此收买，择其品质制工精美者，混入上等真龙井茶内，一并出售，其掺和成数约占百分之三，可得真龙井庄之价格。该县虽为平茶区域，而所制概为龙井式，目之为龙井之区域亦可。

(七)诸暨县

诸暨县茶产东、西、南三乡均有，以枫桥、五岩、蔡冯家、大坞、董村、跨坞山、里外陈、五泄山、人挂山、石笕山、宝家山、梓坞山、扁担山、坑墅山、鸡冠山、太白山等处为最多，尤以东乡陈蔡石墅脚一带为最佳，为供给绍兴各茶栈制造园茶之原料，其长茶一部份多为嘉杭湖各店庄之销售，或为上海土庄茶栈派员来县收买，用麻袋或篓袋运沪制造。

三、茶商经营概要：〔略〕

四、运销及贸易情形：〔略〕

## 视察杭州旧属茶业报告书

视察员徐方干

### 一、绪论

杭州旧属产茶为数虽不甚多，但因其品质甚佳，价格高贵，故每年收入为数至巨。龙井之茶国人称为珍品者，已数百年，昔邓文原《游龙井》诗有：烹有黄金芽，不取谷雨后之句，足见龙井茶在元时已为一般骚人雅士所赞许。《浙江通志》云：杭郡诸茶总不及龙井之产，而雨前取其一旗一枪尤为珍品，第所产不多，宜其矜贵也。足征旗枪之名创于龙井，其制法之清巧可为浙省之冠，乾隆《采茶歌》云：火前嫩，火后老，惟有骑火品最好，西湖龙井旧擅名，适来试一观其道。盖龙井茶之本身固有相当之价值，而经历代文人称扬歌咏，所谓一经品题身价十倍，致龙井茶声誉震全国，推为茶之珍品，亦一原因也。但龙龙茶之品质究竟如何，栽培制造方法究竟如何，不可不加以深刻之研究耳。

魏原《钱塘县志》批评龙井茶有云：龙井茶作豆花香，色青味甘。此语批评颇为中恳，兹据实地尝试，其形状扁平，颜色青绿，甚为美观，泡后一芽一叶，直立盏中，香味亦甚甘美，惟汁甚淡，经过数开，香味即失，西洋人士不甚欢迎，若以世界之眼光批评龙井茶，当失之过淡，故龙井茶为适合华人口味之饮料，称之为国粹则可，若以之为国际贸易之商品，则尚须加以研究耳。

龙井故名龙泓，亦名龙泉，位于西湖西北之风篁岭，南高峰、北高峰南北对峙，烟霞岭、棋盘山东西分立，林壑深沉，云雾笼罩，故所产茶叶味清而甘甜。艺蘅煮泉小品云：武林诸泉，惟龙泓入品，而茶亦惟龙泓山为最，其上为老龙泓，寒碧焙之，其地产茶为南山绝品，盖茶以泉名也。

自风篁岭以上天门山侧，有势若蹲狮名狮子峰，山径孤峭，树木朦胧，产茶极佳，该山有庙名万寿宫，又名胡公庙，庙前有茶约二十余株，据寺僧告云：古时该处仅有茶十八株，曾受乾隆封为贡茶，品质特佳，此语无所根据，当不足信。惟因其僻处深山，土质美沃，且因寺僧相传为贡茶，视为神圣不可侵犯，爱护特深，故其生育甚为繁茂。据实测量，茶树最高者五呎八吋，最低者二呎八吋，普通者四呎，茶从肩部周围最大者十九呎，最小者五呎六吋，普通者十二呎，叶名苍萃，叶质柔软，较普通茶似稍胜一筹，此盖地利与人力之所赐，并非因封而自美也。

魏原《钱塘县志》云：此地产茶，岁不过数片，在宝云塔林白云诸品之上。又《广群方谱》引《茶笺》：龙井茶不过数十亩，此外有茶皆不及，盖古时之称龙井茶者，系指切近龙井所产者而言，其距离稍远者皆不与焉。今则鸡笼山、翁家山、梅家坞甚至留下四乡等处，所制形状稍似者均称龙井茶，冒名取利者日多，致失龙井之真面目。兹本篇所谓龙井茶者，当不若古时所指范围之狭而距离过远，如留下四乡等冒名者当亦不可列入，酌以市府所规定西湖区为范围，如狮龙、云虎、灵隐、天竺诸名山以及翁家山、鸡笼山、丁家山等处，因其气候土质相等，经营习惯相同，所产茶叶当亦不相上下，故可以广义的范围而同一名称之。其他产地则如今之杭县西、南两乡，南乡之上四乡一带，所有茶叶多半产于平地，其香味虽不及龙井，有过之无不及，西乡留下镇附近之屏风山、西木湖、小湖山一带均为产茶之区域，产茶量较多于南乡，惟其品质则稍逊耳，至两地栽培面积及价格则如下表：

## 杭州产茶统计表

| 县别 | 产茶面积（亩） | 红茶（担） | 绿茶（担） | 合计（担） | 茶叶价值（元） |
|---|---|---|---|---|---|
| 杭州市 | 2000 | | 637 | 637 | 191100 |
| 杭县 | 12000 | 1000 | 2000 | 12000 | 700000 |

## 杭州产茶分区表

| 县别 | 区别 | 产茶面积（亩） | 产茶量（担） | 茶叶价值（元） | 备考 |
|---|---|---|---|---|---|
| 杭州市 | 南山 | 900 | 36 | 108000 | 产茶每亩平均斤茶价每斤平均3元 |
| | 灵庆里 | 1085 | 271 | 81300 | |
| | 北山 | 15 | 6 | 1800 | |
| 杭县 | 西区 | 10000 | 10000 | 500000 | 产量每亩平均一担茶价每担平均 元 |
| | 南区 | 2000 | 2000 | 200000 | 茶价每担平均百元 |

二、产销状况

杭市产茶地点属于南山者为天马山、珍珠寺、石屋洞、四眼井、满觉弄、杨梅岭、翁家山、饮马桥、贵人峰、虎跑、扫帚湾、赤山埠、杨家山、于坟、鸡笼山、三台山、小天竺、茅家埠、法相巷、龙井、丁家山、理安等处，属于灵庆里者为黄泥岭、普福岭、九里松、大同坞、狮子峰、云栖弄、从春桥、灵隐、东山弄、白药桥、天竺、黄泥弄、石莲亭、金沙巷、石虎山、玉泉、桃源岭、青石桥、长生街、仰家塘、通利桥、法云弄等处，属于北山者为金祝、牌楼上、宁桥、铜佛寺等处，南山计产茶面积约九百余亩，产茶量约三百六十余担，灵庆里产茶面积约计千余亩，产茶量约二百余担，北山产茶面积不过十余亩，产量每年五、六担，所产茶叶每年均有供不应求之势，盖因龙井茶既声震全宇，每当茶市，各埠均纷纷前来采办，而西湖游客亦多入山购买，故如许少量出产，每年均可扫数售罄，而无剩余之虞。

狮峰茂记茶场为高氏所设，其规模宏大，为龙井诸山之冠，计有茶园七百三十余亩，上季工人五百余名，长工亦二十余，茶锅十余口。惟范围过广，培养未能尽善，致产量不丰，每亩平均产不过二十余斤，所产茶叶均由杭市所设之发行所出售，组织可谓完备，倘能于栽培上加以研究，使产量增加，当可更为发达。虎跑厚大茶场为上海戴某所设立，所产茶叶直接运沪销售，规模较小，该场现归工人包工管理，其开销固可节省，而工程方面当不免有所流忽也。

三、栽培情形：

1．垦地：栽培上第一步工作为垦地，龙井垦地分开辟、翻土、整地等手续，其高山倾斜者筑梯形之横阶，每级之下方以石砌之，以防土壤、肥料被水淹没，故其工程颇大，每亩垦辟较易者约需三十余工，其较难者则需四十余工。

2．种植：种子即在本山茶园所采摘，每亩种子量因其发芽率甚小故需二、三斗，种植或用直播法将种子盛于蒲包内，于十月间埋于向阳之土坑内，上盖以泥土，次年春掘起播种，均用点播法，掘直径一尺深数寸之穴，须将穴之底土掘松、耙平，每丛五、六粒至十余粒，上盖砻糠，再盖泥土或烧土灰，距离行间二、三尺至五、六尺不等。

3．中耕除草：中耕每年二次或三次者，第一次五月内，第二次八、九月间，第三次约十月中，除草每年三四次、五六次不定，如见园内有草即须除刈，间或有一定时期者。

4．培肥：肥料多施人粪尿或菜饼，人粪施用幼苗，带稀薄，隔半月至一月，每次亩用十余担，树老者施原粪，年约一、二次，每次亩约二十余担。菜饼施用时，树旁须掘圆沟施入，上盖泥土，每亩施用二担至四担，时期一次或二次，一次者十一月间，二次者在四五月间、九十月间施用。

5. 剪枝：茶叶如有枯枝，则在头茶后或三茶后齐株元剪去，如衰老者须齐地完全斫去之后，四围掘沟施以肥料盖好，约在十一月时间，然此树非经三年后始可开采。

6. 采摘：新种茶园须经四、五年后开采，但开采之第一、二年只可采其顶部芽头一次，如经六、七年逐年有摘三次或四次者，采摘都用指摘法，头茶则在谷雨前后，约采一个月，二茶在夏至前，约可采二十天，三茶在小暑后，约采半月，如采第四次者，即在三茶后数日再采一次，但后采之粗茶间或用手勒者。

7. 病虫害：病害者甚少，患虫害者多为蓑衣虫、土人，视为天灾，但别无方法去除之。

8. 垦植费：茶园垦植费约如下表：（每亩）

| 县别 | 调查地点 | 开垦 | | 种苗 | | 种植 | | 费用合计（元） | 备考 |
|---|---|---|---|---|---|---|---|---|---|
| | | 工数 | 工资（元） | 数量（斗） | 价值（元） | 工数 | 工资（元） | | |
| 杭州市 | 龙井 | 30 | 18.0 | 3.00 | 1.00 | 200工 | 1.20 | 20.20 | 每工工资伙食六角 |
| 杭县 | 屏风山 | 20 | 12.0 | 2.00 | 0.20 | 100工 | 0.60 | 12.80 | |

附注：工资系以零工价值计算（连伙食），至于月工每月约十元至十二元，长年约七八十元（伙食由东家供给）。

9. 收支：龙井茶每亩所需费用计四十九元，而所收茶叶价格则有六十元之多，其获利达十元以上，盖因其肥料费较多，产量较丰。尤可注意者，其摘工达二十四元之多，盖其摘工既大则所采者多系嫩芽，品质较佳，故茶价亦能提高出售也。又将每亩茶园每年收支列表于下：

每亩茶园每年收支表

| 县别 | 调查地点 | 收入 | 支出 | | | | | | 收支两比 | |
|---|---|---|---|---|---|---|---|---|---|---|
| | | 鲜叶价值 | 租或税 | 中耕除草 | 肥料费 | 摘工 | 杂费 | 合计 | 盈 | 亏 |
| 杭州市 | 龙　井 | 60.00 | 税0.30 | 10.80 | 12.00 | 24.00 | 2.00 | 49.10 | 10.90 | |
| 杭　县 | 屏风山 | 25.00 | 租0.30 | 6.00 | 5.34 | 7.35 | 1.50 | 20.49 | 4.51 | |

附注：各县茶户所收叶肉均系自行制造，所估价格即系茶户估出平均计算。

四、制造方法

1．绿茶：龙井绿茶以旗枪为主，其制茶之锅如系新置者，须先以石再以砖磨之，使其光亮，则平置于茶灶上。当炒茶之际，先以腊油少许，使其润滑，但不可过多，否则茶叶须变黑色。炒茶所用之柴须松毛片柴，并用司火之人，须有相当经验，使火力猛弱适度，每人仅可司锅三只，否则恐照顾不及。炒茶每次入鲜叶三、四两，以手翻踏，使其扁平，此时宜猛火，以茶发响为度，炒至柔软，稍为干燥时取出。摊盛于匾，使其风凉，同时拣出茶梗、黄片，用筛分出粗、细各再入锅炒之，此时火宜文，炒时手之轻重宜适度，免破碎，至炒燥后取出。后再各合并总炒，名为总锅，至见稍起白毛取出，筛去茶末，摊于匾内过夜，使其发散热气，但须用清净之布盖之，免侵入外面湿气。次晨倘不出售，须以纸包之，安于罐内，但罐底须先置石灰，用布装使内面干燥，并可保存色味。

2．红茶：将鲜茶薄摊匾内，置日光下晒之，经五分至十分钟时嫩叶用手揉老，叶用足踏揉之出汗，并稍呈红色时盛于匾内，以布盖之，使其发酵及至变为红色取出，再揉至卷缩成条晒燥，以筛筛之，其粗者则略捏碎，如不即时出售，亦以纸包，如绿茶入灰罐贮藏之。

3. 毛茶制造费：制造费以各地工资高低、柴炭价格之贵贱，以及手续之繁简与柴炭应用滥费与经济，各有不同，致有高低，所收获利益亦有厚薄，实有研究之价值，其制工成本较高者，其出品较为精良，售价可提高，获亦厚。如龙井每担需三十工，工资二十四元而获利达五十元。兹将各县每担干茶制造费列表如左：

每担干茶制造收支计算表

| 县别 | 调查地点 | 收入干茶价 | 支出 | | | | | 收支两比 | |
|---|---|---|---|---|---|---|---|---|---|
| | | | 原料费 | 制造工资 | 柴炭 | 杂费 | 合计 | 盈 | 亏 |
| 杭州市 | 龙　井 | 200.00 | 120.00 | 24.00 | 4.00 | 2.00 | 150.00 | 50.00 | |
| 杭　县 | 屏风山 | 50.00 | 30.00 | 6.00 | 1.00 | 0.50 | 37.50 | 12.50 | |

附注：原料系指鲜茶而言，价格亦以平均数为标准，油灯杂费概以其生活程度估计。

上表亦均以收入价值及支出费用而言，至于每担干茶所需鲜叶量制造工数、工资及柴炭数量均未列入。查各地干茶用秤多十六两为一斤，鲜茶则十六两至二十四两不等，且干燥程度亦有不同，故其所需鲜叶量亦多寡不一。兹将每担干茶所需鲜叶量、制造工数等项列表如下：

每担干茶所需鲜叶量及制工柴薪调查表

| 县别 | 调查地点 | 每担所需鲜叶（斤） | 制工 | | 柴薪 | | 备考 |
|---|---|---|---|---|---|---|---|
| | | | 工数 | 每工工资 | 所需数量（担） | 每担价（元） | |
| 杭州市 | 龙　井 | 400 | 30 | 0.80 | 400 | 100 | 每斤干茶需鲜叶三斤至五斤每工约制干茶三斤许 |
| 杭　县 | 屏风山 | 300 | 10 | 0.60 | 100 | 100 | 头茶二斤十两（二十四两秤）二茶三斤半做干茶一斤 |

五、贩卖状况：〔略〕

六、茶市概要：〔略〕

改进杭绍茶业意见书〔略〕

〔实业部档案〕

## 17. 张宗成视察河南山东安徽烟草生产状况的报告

(1930年)

### 视察河南山东安徽烟草状况报告

按我国之有烟草始于明季嘉靖间，逊清光绪二十一年海关贸易册始列有烟类进口一项。近据海关贸易册烟草进口约值数千万两至一万数千两，烟草原料之输入尤以美国为大宗，外人估计中国人民每年金钱耗诸纸烟一途者，且达三万万元。我国近年烟叶种植日益推广，据调查所得全国种烟草区域有十六省，面积在八百万亩以上，民国十四年出口总金额约二千一百万两，输出国别有英、德、法、荷兰、埃及、朝鲜、日本等，就中以日本、朝鲜、台湾三处为我国烟草输出之绝大尾闾。

中国烟草品类繁多，每因产地风土关系，又各具有一种特色，不独供给国内皮丝旱烟等用，且适于各国制烟之代用品。近自种熏烟种子输入，产于名区如河南许州、山东青州、安徽、湖北等地逐渐为美烟所代替，其原因由于国人视纸烟为通常消耗品，嗜者日增，而土产皮丝等烟自日趋减少也。谨将视察河南、山东、安徽烟草种植状况报告为次：

一、河南烟草状况

按河南烟草以许州为最著名，实则自许昌以西禹县襄城一带周围数万里产烟最富，年产约三十余万担，价值约自三角至一元一斤，约值数万至一千数万元。

许州等地在昔，本以土产烟叶为大宗，近自美种输入移植以来，以价格之优，销数之广，采购者之踊跃，土产烟叶遂一蹶不振，只襄城附近及黄河以北之新乡等地尚有种植，数量已逐见减少，仅供皮丝旱烟之用。现纸烟日见兴盛，土产烟叶浸久恐不免归于淘汰。许州一带全数产量，近数年来销售于英美烟公司者，约占百分之三十以上，南洋及华成等烟公司则占百分之三十而弱，其余百分之四十则销售于烟商及他处。许昌有烟行多家，农人售卖与收买者各取百分之三中佣，合为百分之六，名为中费，实则不异苛捐。盖此等烟草行曾向省政府领有牙帖，年缴牙帖税若干，又向财政部烟酒印花税机关领有牌照，每行每季四十元，年缴一百六十元，而每年各烟行坐收其利，何止万元，烟商烟农两受其害。而运输情形尤为黑暗，铁路方面由转运公司包办一切，运费既加重，生产费用逐渐增高，每每国产原料不能与外货争衡，原因多半由此。

河南许州、襄城、禹县一带地质多冲积层，有粘性沙质壤土，风土气候极宜植烟，且所产烟叶茎夹杂不纯，烘制不得法，色泽不均，叶多霉败，若设法改良，勤加指导，不难成为国内最良植烟区域。

种植情形：

一、种子来源：由英美烟公司及南洋公司分年散发，美种烟子于植烟农民不取代价。

二、下种时期：阴历三月下旬多用苗床移栽。

三、采心日期：约在烟花含苞欲放时，惟农人多任意行之，不甚注意。

四、肥料施用：多用豆饼或芝麻饼及泥土混合之堆肥，用量无定准，大概多用堆肥为基肥，用豆饼及芝麻饼为追肥，以调查所得平均计之，每亩约下豆饼五、六十斤，堆肥三车，每车约一百二十斤(当地农民对其他作物只用堆肥，惟种烟草方始用饼)。

五、农家情形：大户有种烟草四、五十亩者，佃农及自耕农平均每家不过种烟四、五亩。

六、收获情形：每户平均约收烘烟一百四十五斤。

七、轮栽：种烟后冬季种麦，收获后种大豆或甜山芋，冬休闲三、四月，种高粱或玉蜀黍，冬季麦又种烟。

八、烘房：用土砖造成为平房一间，上用茅草覆盖，与平常村屋无异，惟较高及有烟窗耳，每房可烘烟叶三、四百斤至六、七百斤不等，每房可烘烟叶七八次，每次约四日。故种三十亩之烟即须有烘房一所，每村烘房有多至数十家至百余家者，所有烘房之形势建筑及烘制方法入手多由英美烟公司等之指导，日久农人多以意为之，如不忍多开通风气窗，以为可以保温省煤，不用寒暑表，以致叶内湿气不能透去，烟色烟品多被毁坏，而农民于此等损失，若精密统计颇不赀也。

二、山东烟草状况

考山东烟产以青州为最著，美种烟草占百分之九十以上，沿胶济铁路一带，西自杨家庄，东至黄旗堡，中贯坊子、潍县，周环数十里至百里之农家无不习种烟草。去年烟草产量约四千一百万磅，平均价格约二角四分一磅。

青州一带地质为深色沙质壤土，各地略有变迁，较许州为肥沃，农民对于烟草种植及烘藏方法亦较许州为精练。各处烟田烟株生长状态亦极整齐，其原因由于英美烟公司驻厂外人指导之力居多，沿胶济一带英美烟公司势力尤为雄厚，烟叶厂设于二十里堡，共有新旧两厂，沿路产烟各站无不设有收烟分栈，共有西人三十人余，皆来自美国南部产烟区域，每年分散大宗烟种于农民，故烟种亦较许州为纯。

烟质比较，青州所产远不及许州为佳，青州产者色深质粗，许州产者茎纹甚细，色泽亦优，青州烟叶比较，以临朐为佳。惜许州农民对于种殖及烘藏不善，每多上品流为下级。

烟叶原料之分配情形，自以英美烟公司购买力为最强，南洋烟草公司虽于坊子亦设有烟叶厂，不若英美烟公司之各处设有分栈。近闻南洋销数且不及华成，若不急谋整顿，不出数年必将关闭。至其他烟商既缺资本，更乏团结，烟行则只知剥削，转运则惟图中饱，故农民对英美烟公司之大宗直接购买，皆表示欢迎。

农民施用肥料普通为豆饼堆肥，最近英商卜内门、德商爱理司两肥料公司乘机侵入，大事宣传。按除有钾质磷质混合肥料外，如独用硫酸錏肥料，不独与烟草无益，且与土地遗有多量酸质之害，此间农民自种烟草施用多量豆饼堆肥，轮栽他种作物为高粱等，产量皆较往日约增多一倍。

兖州一带仍以土烟为主要作物，兖州城内种有多量烟草，年产约二、三万石，用日光曝晒，最佳者可作雪茄包叶，最高价值约得三十至五十元一石。英美烟公司近颇欲于兖州南驿一带另辟植烟新地带，盖以河南方面与地方感情不佳，又患兵匪，安徽又拘于天时地利，因于兖州一带谋推广美种烟叶，颇亟亟也。

青州一带农民于烟草种植约于春分下种，芒分栽，每亩（七百二十方步）产量约七、八百磅，施肥数量约用豆饼（每个约重二十斤每个约值一元四角）十五个至二十个堆肥，约五百斤至七百斤，轮栽作物多半为小麦与高粱。

英美烟公司在青州一带所散发烟种为 oldcock及 Bonanga 两种。

平均每家约有炕房一所，每所可炕烟叶四、五亩。炕烟期间一过，即改为仓房或住屋，此间农民于炕房每多一举两用，甚为经济。

三、安徽烟草状况：

考安徽凤阳、宿松等地，本以土产烟叶著名，自英美烟公司设厂于门台子，南洋烟草公司设厂于刘府，散放美种烟于刘府门台子一带，农民始有美种烟叶之种植。查刘府一带美烟约占收获量八成，至凤阳、宿松一带仍以土产烟叶为大宗，烟草产量若在丰年，雨量得宜，约有二千万磅，今年以水灾歉收，约损失十分之

五、六，美种烟叶估计约在二百万磅左右，土产烟叶倍之。

安徽地多粘土，加以受天时雨量之限制，烟草产量颇难估计。

凤阳所产土烟限于环县城一带，多用土法曝晒，肥料每亩施用人粪及芝麻饼一百二、三十斤，可收晒烟二十串，每串约重八斤多，用作皮丝及旱烟，最上者亦有用作雪茄烟包皮者。

关于土烟改良，因土烟之用途不一，有用作制旱烟丝者，有用作制皮丝者，亦有用作制雪茄烟包皮者，需要太杂，漫无定准，须先详细调查并分析需要情形，如何方能定改良标准。

按我国烟草市场原料来源，每年由国外输入者约值二万万元，而国内制造事业及销路又为英美烟公司及日本东亚烟公司占绝大势力，英美复于我腹地重要产烟区域为胶济、津浦、平汉一带设栈收烟，设厂熏叶，散放种子及贷款于农民，是我国烟草生产事业又被外人侵略。而农民方面对于外人以其直接及大宗购买，无不表示欢迎与好感，若不急谋救济与整顿，不惟漏卮堪虞，而我国烟草事业将完全操诸外人之手。窃以为我国烟草事业重要关键，一方固在改良生产，而一方尤重在控制销路，现正搜集参考资料，妥慎拟具改良烟草具体计划，俟拟妥后另呈。所有奉命视察山东、河南、安徽等省烟草状况情形，理合具文呈请鉴核。谨呈
部长、次长

农艺科科长　张宗成谨呈

［实业部档案］

## 18. 财政部关于全国烟草产额概况致实业部公函

（1933年2月14日）

财政部公函　税字第4304号

径复者：案准贵部农字第二一八二号公函内开：国内近年烟草产额亟待调查，贵部对于各省烟草因税收关系，应有较详册报。

兹特函请查照转饬税务署，将各省近年产烟概况寄示全份，以资参考，并希见复为荷。等由。准此。查烟叶原包括薰烟及土烟两种，民国二十年间曾将全国烟叶调查一次，由本部前印花烟酒税处制有全国烟叶产额概数表。上年将烟叶中之薰烟改办统税，又经由本部税务署函，据上海各烟公司将二十年度各厂所用豫、鲁、皖三省国产薰烟叶数量查明报告后，制有上海各烟公司采用国产薰烟叶数目表。准函前由，相应抄同各表一份函达查照。此致

实业部

附表二份

部长　宋子文

中华民国二十二年二月十四日

二十年间调查全国烟叶产额概数表

| 省名 | 每年产额(磅) |
|---|---|
| 浙江 | 40000000 |
| 安徽 | 40000000 |
| 江西 | 40000000 |
| 山东 | 80000000 |
| 湖北 | 40000000 |
| 湖南 | 15000000 |
| 广东　广西 | 75000000 |
| 河南 | 70000000 |
| 四川 | 75000000 |
| 甘肃 | 25000000 |
| 江苏　河北<br>山西　陕西<br>福建　云南　贵州 | 100000000 |
| 辽吉黑三省 | 100000000 |
| 合计 | 700000000 |

上海各烟公司采用国产薰烟叶数目表二十年度〔略〕

〔实业部档案〕

## 19. 曾养甫关于全国经济委员会蚕丝改良与改良蚕丝业发展状况致秦汾函

（1935年5月2日）

景阳①吾兄秘书长勋鉴：日前本会秘书主任杨孟纪兄在京晋谒崇阶，承询及本会各项事业进行现况及将来发展计划，仰见关注之殷，曷胜纫佩。我国蚕丝事业天赋特厚，历史悠长，久具独霸之势，惟人民墨守陈法，不知改进，遂使日本以新兴之国，仗科学之长，凌驾前驱，垄断丝市，而陷我于垂绝之境，痛愤何如。本会使命即在以科学方法改进一切，期出口大宗生丝以与日本争夺国际市场。一年以来，按照既定计划，对于植桑、制种、育蚕、烘茧以至制丝改进工作，均兼筹并举，以我国蚕区之广，积习之深而须从事改进之方面又特多，故万难于最短期间求达改良之速效。所幸年来对于改良之基础业已树立，循序以进，三年后，对于改良生丝之出口当可增至壹万万元之收入。同时本会办理此事，实含有国际竞争之背景，所有各改良工作只能埋头苦干，未便多所宣传，故外间知者甚少，事实如此，想亦早邀洞鉴。兹既承吾兄注及，特将本会过去进行事业及将来发展计划胪陈大略，另纸缮就，送请鉴督，并希指教，毋任盼祷。专此，即颂勋安。

弟曾养甫拜启　五．二

附本会之过去及将来一帙

全国经济委员会蚕丝改良委员会之过去及将来

---

① 秦汾字景阳。

近年我国蚕丝业受日丝倾销与人造丝压迫，致丝价惨落，丝绸厂相继倒闭，蚕农以育蚕劳无所得，亦多掘桑变计改事他业，迅见四千余年之蚕桑祖国，蚕丝殆将绝迹。夫我国蚕丝事业既具有深长之历史，广厚之基础，至此果将无复兴之望耶；亦绝无筹济之策耶；此直接与间接从事蚕丝事业之数千万人民亦将任其自生自灭，转辗哀号于失业之痛苦，国家视若无睹而不为之设法挽救耶；有识之士细察我国蚕丝衰落之原因，表面上虽由于日丝之倾销及人造丝之压迫，而其所以不能在国际市场与日丝争一日之短长者，实则由我国人于植桑选种、育蚕、烘茧、缫丝诸技术均墨守成法，罔知改进，致出口丝不良，不能应市场之需要而逐渐为日丝所夺也。诚能自植桑以至缫丝均用科学方法彻底改善，增加生产，减低生产费，一面保存国丝优点，一面求合乎市场需要，则利用我国廉值之人工，低减之成本，以与日丝争衡，未始无复兴之把握。故全国经济委员会爰于二十三年二月有蚕丝改良委员会之组设，本会成立之始，即按照改良计划，兼筹并举，截至现时止，为时仅及一年二个月，所进行各事业其可述者分别缕陈，并将预筹以后积极进行之三年计划及其可规之效，表列于后。

一、植桑事业

二十三年春选购优良桑苗一百三十万株，无偿分发江浙皖三省农民栽植，使老废桑园更易优种而改良蚕儿饲育之原料，此举大受蚕农欢迎，所得成效甚佳，故去冬各省请求续发桑苗者计江、浙、鲁、皖、鄂、川、陕七省，而请求发给之株数竟达三百五十万，因之二十四年春仍续购优良桑苗一百六十余万株，无偿分配上述七省蚕农栽植。

二、桑树病虫害之研究防治

江浙两省桑虫为害向为各地所未曾注意，致蔓延猖獗，损失极巨。自二十三年冬起，本会即拨款委托江浙昆虫局于江浙两省各蚕区研究防治，以减少虫害损失而增加生产。

三、制种事业

我国从前各土种既毒率高不易饲育，而又丝量少，缫折高，以之制丝极不经济。而现时所推行之各改良种又多为江浙各私家制种场所制造，其设备、技术多未能尽善，故本会于推行各改良种时，曾设江浙蚕种业指导委员会加以指导，并选拔优良蚕种，同时为根本解决全国蚕品种问题计，特于南京、杭州设立两国营制种场，以冀发展至民国二十七年能供给全国各蚕区优良品种。二十三年春南京场垦地五百余亩，树桑十八万株，二十四年继续收地千余亩，从事扩充。杭州场近两年来已垦地千三百余亩，树桑四十五万株。两场之蚕室、办公室等均先后从事建筑，将来视叶量之增加，逐步完成场内各区之蚕室，以期达到原计划之目的。

四、育蚕指导事业

我国蚕农大多不谙合理之技术，对于养蚕极为粗放，即使有优良桑园及优良蚕种而饲育法不知改良，则收成不丰而茧质亦不能如预期之优良，缫丝时将大受影响，故育蚕指导，殊为必要。本会爰于二十三年在江苏之金坛、浙江之萧山、杭县设置三改良蚕桑模范区，为集中力量之集约指导，同时并于四川重庆、潼川、安徽全椒及山东临朐与广东顺德等地办有蚕桑指导所，为示范之指导，极具成效，能唤起各蚕农之育蚕改进。本年则以办有成效之各蚕桑模范区交由各该省自办，移此育蚕指导费补助各省政府，于各该省未办指导所之蚕区办理指导事宜，以期推广普及于全国各蚕农，计本年拨款补助育蚕指导者有江、浙、皖、鲁、鄂、川、粤等七省，共十万元。

五、烘茧事业

查土灶烘茧既多耗烘工而又有损品质，于丝之优良极有关系，故本会设法贷款一部分于各重要蚕桑区，创立新式烘茧机，以力图改良。计已创设者有江苏之金坛、无锡共五台，浙江杭县一台，山东临朐一台，其余各地以旧式茧行积习太深，多为地方封建势力所把持，一时不易转变，尚在继续劝导创立中。

六、制丝事业

查复兴我国蚕丝事业，端在出口丝之能推销于国外市场，既有优良蚕茧，使无新式机械暨设备完善之丝厂而又辅以科学管理与夫精深技术决不为功。本会爰提创江浙联合丝厂，对于加入各丝厂并分别贷款及租予新式丝车，使其改造内部机械及设备，现加入之丝厂计十有二家，虽已规模略具，而于技术之改进，管理之改良与夫生丝之获益、推销于国外等问题，本会迄未忽视，因特另设立江浙联合丝厂指导委员会，随时加以切实指导，以期能出产高匀度之出口生丝而推销国外。

八、训练人才

关于复兴蚕丝事业所需要之人才约有两种：一为深入农村，为各蚕农育蚕指导之人才，一为制种及制丝之高深技术人才。前者只须身强力健，能具普通之育蚕、制种之学识、经验及育蚕指导之方法即可胜任，后者则须根底较深，训练较专，始克胜任。本会为造就前项人才，曾于二十三年春招收来自农村之女士四百名，设立蚕桑指导人员养成所，于第一年加以学理训练，并于蚕期分发各种制种场实习，第二年则一面仍加以学理训练，一面则于蚕期分发各地指导所随从实习指导事宜，两年毕业后即派赴各地指导所担任指导工作。又为造就蚕丝之高级技术人才，亦于本年设立蚕丝高级技术人员训练所，招收高级农工学校毕业生四十名加以两年之深切训练，始分发本会制种场或国内各丝厂服务。

九、蚕桑试验

本会因国联蚕丝专家玛利博士应聘来华，曾于二十三年在杭州设立蚕桑试验部从事品种之试验，后以杭地设备不全而又多湿，不宜此项试验，乃由本会特拨款七万五千元，于本会南京制种场内建筑完备之办公室、蚕室及女生宿舍等，本年四月初即已完工，将陆续迁入该部，系从事品种之试验及交杂种之研究，以期获得优良新种，以应国内需用，同时并附带训练育蚕指导人才。

十、蚕丝之调查与宣传

我国蚕丝向乏精确之统计，一般从事蚕丝事业者，对于海外产销情形固茫然无知，即国内丝茧产销情形亦无切实之认识，供求既未明瞭，而望能谋蚕丝事业之发展，实为事实所不许。同时本会所进行各项蚕丝事业之改良工作，虽已努力分别实施，而亦有赖于有效之宣传以资推广。本会有见及此，爰于本年在会内特设调查宣传委员会，一面从事国内外蚕丝事业之调查统计，以时公诸国人，一面将改良蚕丝工作自制种、育蚕、烘茧、制丝以至织绸均分别摄制活动影片，于国内各蚕桑区映放，以用作民众蚕桑教育，而谋改良工作之推广，必要时可将是项影片映放于国外，以宣传华丝优点而谋推广华丝之销路。

以上十项系本会成立后一年来之设施，虽在蚕丝极度衰落环境中难求改进之速效，然以过去经验所显示所定改良方针并无错误，且对于蚕丝事业之复兴工作确有相当成功。如去岁所选各改良种分发各蚕区饲育，并辅以科学方法之指导，其春蚕鲜茧产量每张种有十分之七达三十斤以上，虽秋蚕因天气亢旱，各区产量稍有差异，然优者亦与春蚕相等，所产各茧缫折已由六百斤，最低者减至三百八十斤，每包生丝之缫工亦由二百八十元减至一百二十元之谱。又以江苏一省而论，其二十三年所用改良种共一百一十万张，其所产丝为一万四千余担，每担以五百元计算，共价值七百一十余万元。二十四年可用改良种百二十万张，产丝一万六千余担。每担仍以五百元计算共值八百三十余万元。预算到二十七年，可用改良二百四十万张，产丝四万七千余担，共值二千三百余万元。又如浙江一省，二十三年所用改良种八十四万张，产丝一万九百余担，共值五百四十余万元。二十四年即可用改良种一百四十万张，产丝二万二千七百余担，共值一千一百三十余万元，递至二十七年可用改良种三百万张，产丝六万（下转613页）

| 省别 | 年次 | 桑树增植（株） | 实用改良蚕种数（张） | 干茧产量（担） | 缫折（斤） | 产丝数量（担） | 总价额（每担丝价平均以五百元计算） |
|---|---|---|---|---|---|---|---|
| 江苏 | 23 | 710000 | 1100000 | 66000 | 460 | 14348 | 7174000 |
| | 24 | 910000 | 1200000 | 75000 | 450 | 16666 | 8333000 |
| | 25 | 950000 | 1500000 | 112000 | 420 | 26666 | 13333000 |
| | 26 | 1100000 | 2000000 | 140000 | 390 | 35897 | 17948500 |
| | 27 | 1500000 | 2400000 | 170000 | 360 | 47222 | 23611000 |
| 浙江 | 23 | 400000 | 840000 | 50400 | 460 | 10957 | 5478500 |
| | 24 | 430000 | 1400000 | 100000 | 440 | 22727 | 11363500 |
| | 25 | 1500000 | 2100000 | 150000 | 400 | 37500 | 18750000 |
| | 26 | 1500000 | 2600000 | 200000 | 380 | 52632 | 26316000 |
| | 27 | 1500000 | 3000000 | 240000 | 350 | 68571 | 34285500 |
| 四川 | 23 | — | 6000 | 360 | 460 | 78 | 39000 |
| | 24 | 2000 | 15000 | 1000 | 450 | 222 | 111000 |
| | 25 | 15000 | 30000 | 2000 | 420 | 476 | 238000 |
| | 26 | 50000 | 80000 | 6000 | 390 | 1538 | 769000 |
| | 27 | 100000 | 150000 | 11000 | 360 | 3055 | 1527500 |

续上表

| | | | | | | | |
|---|---|---|---|---|---|---|---|
| 山东 | 23 | — | — | — | — | — | — |
| | 24 | 30000 | 80000 | 5000 | 450 | 1111 | 555500 |
| | 25 | 100000 | 150000 | 12000 | 420 | 2666 | 1333000 |
| | 26 | 500000 | 250000 | 20000 | 390 | 5128 | 2564000 |
| | 27 | 1000000 | 400000 | 35000 | 360 | 9722 | 4861000 |
| 安徽 | 23 | — | — | — | — | — | — |
| | 24 | 100000 | 50000 | 3500 | 450 | 777 | 388500 |
| | 25 | 150000 | 80000 | 6000 | 420 | 1427 | 713500 |
| | 26 | 280000 | 150000 | 12000 | 390 | 3076 | 1538000 |
| | 27 | 500000 | 300000 | 25000 | 360 | 6944 | 3472000 |
| 湖北 | 23 | — | — | — | — | — | — |
| | 24 | 100000 | 30000 | 2000 | 450 | 444 | 222000 |
| | 25 | 200000 | 60000 | 4500 | 420 | 1071 | 535500 |
| | 26 | 500000 | 100000 | 8000 | 390 | 2051 | 1025500 |
| | 27 | 1000000 | 160000 | 13000 | 360 | 3611 | 1805500 |
| 合计 | 23 | 1110000 | 1940000 | 116760 | — | 25383 | 12691500 |
| | 24 | 1572000 | 2775000 | 186500 | — | 41947 | 20973500 |

续上表

| | | | | | | | |
|---|---|---|---|---|---|---|---|
| | 25 | 2915000 | 3920000 | 286500 | — | 69806 | 34903000 |
| | 26 | 3930000 | 5180000 | 386000 | — | 100322 | 50161000 |
| | 27 | 5600000 | 6410000 | 494000 | — | 139125 | 69562500 |
| 备注 | 广东省尚未列入 | | | | | | |

〔全国经济委员会档案〕

(上接609页)八千五百的余担,共值三千四百余万元。若以江、浙、川、鲁、皖、鄂六省合计,二十三年共用改良种一百九十四万张,产丝二万五千余担,共值一千二百六十九万元。二十四年可用改良种二百七十七万五千张,产丝四万一千余担,共值二千万元有奇,二十五年可产丝约七万担,共值三千四百九十余万元,二十六年可产丝十万担,共值五千万元,二十七年可产丝约十四万担,共值七千万元左右。益以广东所产二十五年可达五千万元,二十六年可达七千余万元,二十七年可达一万万元。此系由本会一年来工作之成效,推断今后三年中,可预期之成绩,兹将江、浙、川、鲁、皖、鄂六省自二十三年至二十七年每年所增植之桑树株数、实用改良蚕种张数、干茧产量、丝之缫折、产丝数量以及产丝总值(每担均以五百元计算)列成总表,藉资参阅。

## 三、林业管理与渔牧业状况

### 1. 实业部关于管理国有林公有林暂行规则的训令

(1931年5月)

实业部训令

令各省实业、建设、农矿厅

为令行事:查我国各省国有公有森林,凡在交通便利地方,几发放殆尽,所有领户贪图目前利益,专事滥伐,实于森林更新及规定应行保留树木,绝未计及,以致领伐林地,类多荒废,若不严加取缔,于林业前途影响至巨。兹特制定管理国有林、公有林暂行规则八条,呈奉行政院核准,并经本部于五月二十六日公布施行在案。嗣后各该省所有国有林、公有林之管理,理应依照前项规则办理。除分令外,合行捡发该项规则乙份,令仰该所切实遵行,并转饬所属一体知照。此令

附检寄实业部管理国有林、公有林暂行规则中华民国二十年五月

实业部管理国有林公有林暂行规则

第一条　凡国有林、公有林之管理监督，暂依本规则之规定。

第二条　自本规则公布之日起，国有林即行停止发放，公有林绝对禁止发放。

第三条　国有森林在实业部未决定整理办法以前，应由各省主管官厅暂行管理，并负责保护。

第四条　凡已经发放之国有林或公有林，其承领于采伐林木时，须依左列各项办理：

（一）每亩于适当距离内，应保留距地面三尺五寸高，直径一尺以上之母树十株，以备天然更新；

（二）天然更新发生障碍时，应即培养苗木，原采伐地造林；

（三）母树及新植幼树均应负责切实保护。

第五条　各省主管官厅对于已发放之国有林或公有林，应随时派员切实检查，如有违反前条各项情事之一时，应即撤销承领权。

第六条　各省主管官厅派员检查前项林地完竣时，应将检查结果详细报部备查。

第七条　本规则得由本部随时修正之。

第八条　本规则自公布日施行。

〔实业部档案〕

## 2. 森　林　法

（1932年9月15日）

### 森　　林　　法

二十一年九月十五日公布　二十四年三月十二日施行

## 第一章　总则

第一条　森林依其所有权之归属分为国有林、公有林及私有林。

第二条　以所有竹木为目的而于其林地有地上权、贷借权或其他使用权或收益权者，于本法适用上视为森林所有人。

第三条　森林用地于土地法未施行前，应由主管部令该管地方官署调查荒山、荒地之宜于造林者，编定公布之。

前项编定与土地法上地政机关之编定有同一效力。

## 第二章　国有林及公有林

第四条　国有林由主管部设立林区经营管理之，公有林由各该地方主管官署或自治团体经营管理之。

第五条　公有林有左列情形之一者，得收归国有，但应给与补偿金：

一、国土保安上或国有林之经营上有收归国有之必要者；

第六条　私有林于国有林或公有林之经营上有必要时，得依法征收之，或以相当之国有林或公有林与之交换。

第七条　主管部或地方主管官署经营管理之林区，每区应附设苗圃，以廉价或无偿供给私有或自治团体所有林地造林用之林苗。

第八条　国有或公有林地有左列情形之一者，得为出租或让与：

一、学校、病院或公园之用地所必要者；

二、铁道、国道、河川或其他交通用地所必要者；

三、公用事业用地所必要者。

违反前项指定之用途或于指定期间不为前项之使用者，其出租或让与之林地应收回之。

## 第三章　保安林

第九条　国有林、公有林、私有林有左列情形之一者，应编为保安林：

一、为预防水害、风害、潮害所必要者；

二、为涵养水源所必要者；

三、为防止砂土崩坏及飞砂坠石泮冰颓雪等害所必要者；

四、为公众卫生所必要者；

五、为航行目标所必要者；

六、为利便渔业所必要者；

七、为保存名胜古迹风景所必要者；

第十条　已编为保安林之森林无继续存置之必要时，得经主管部之核准解除其一部或全部。

第十一条　保安林之编入或解除得由森林所在地之自治团体或其他有直接利害关系者，呈由地方主管官署向主管部声请之。

第十二条　地方主管官署受理前条申请或拟呈请为保安林之编入或解除时，应通知森林所有人、土地所有权人及土地他项权利人，并公告之。

自前项公告之日起至第十五条第二项公告之日止，止于编入保安林非经地方主管官署之许可，不得开垦林地或砍伐竹木。

第十三条　就保安林之编入或解除有直接利害关系者。对于其编入或解除有异议时，得自前条第一项公告日起二十日内，提出意见书于地方主管官署。

第十四条　保安林之编入或解除，地方主管官署得提交保安林委员会审议之。

保安林委员会之组织由主管部定之。

第十五条　地方主管官署应将关于保安林编入或解除之各种关系文件，附具意见书呈转主管部核定之。

依前项规定经主管部核定后地方主管官署应公告之并通知森林所有人。

第十六条　非经地方主管官署之许可，不得于保安林砍伐，或伤害竹木开垦牧放牧畜，或为土石、草皮、树根、草根之采取或采掘。

除前项外，地方主管官署对于保安林之所有人，得限制或禁止其使用、收益，或指定其经营及保护之方法。

违反前二项规定者，地方主管官署得命其造林或为其他之必要回复原状行为。

第十七条　禁止砍伐竹木之保安林，其所有权人或竹木所有人以所受之直接损害为限，得请求补偿金。

保安林之所有人依前条第二项指定而造林者，其造林费用视为前项损害。

前二项损害由中央或地方政府补偿之，但得命因保安林之编入特别受益之自治团体或私人负担其全部或一部。

第十八条　山陵或其他土地合于第九条第一款至第三款所定情形之一者，主管部得划为保安林地备用本章之规定。

## 第四章　林业合作社

第十九条　经营林业者，有左列各款情事之一时，得限定区域组织林业合作社：

一、原有森林有协同保护之必要时；

二、荒废林地有协同造林之必要时；

三、森林施业工事及经济上有协同合作之必要时；

四、因其他关系森林事项而有合作之必要时。

第二十条　林业合作社之设立，应订定章程，受地方主管官署之许可。

第二十一条　林业合作社之设立，应具备左列要件：

一、有无合作社社员资格者三分之二以上之同意；

二、前款同意人所有森林占该区域内森林总面积三分之二以上之面积。

第二十二条　林业合作社成立后，有无合作社社员之资格者，均为其社员。但命令或章程定为无加入之义务者，不在此限。

第二十三条　林业合作社社员非得合作社之承诺，不得就该区域内之森林或林产物为防碍合作社事业之行为。

第二十四条　林业合作社由主管部及地方主管官署监督之。

监督官署得随时征集关于合作事业之报告，检查其事业与财产之状况，及发布监督上必要之命令或为必要之处分。

第二十五条　林业合作社有依本法规定无偿承领附近国有荒山荒地之优先权。

第二十六条　监督官署认合作社总会之决议或职员之行为违反法令或章程或妨害公益时，得为左列各款之处分：

一、决议之撤销；

二、职员之解职；

三、合作社之解散。

## 第五章　土地之使用及征收

第二十七条　森林所有人因自森林运搬产物或因关于运搬之设备有必要时，经地方主管官署之许可，得使用他人之土地。

地方主管官署为前项许可时，应通知土地所有权人及土地他项权利人。

经前项通知后使用土地人为取得关于该土地之权利，应与土地所有权人及土地他项权利人协商之，协商不谐或无从协商时，得请求地方主管官署决定之。

第二十八条　土地之使用继续至三年以上或变更土地之形质者，土地所有权人得请求征收其土地。

第二十九条　因土地一部之征收致余地不能供原来之用途时，土地所有权人得请求征收全部。

第三十条　使用或征收土地时，应给付补偿金于土地所有权人及土地他项权利人。

第三十一条　因土地一部之使用或征收致减损余地之价格，或关于余地有其他损失时，应给付补偿金。

第三十二条　因土地之使用或征收致有新筑、改筑、增筑或修缮通路、沟渠、墙栅或其他工作物之必要时，应给付补偿金。

第三十三条　经第二十七条第二项通知后，土地所有权人或土地他项权利人欲变更土地之形质，或为工作物之新筑、改筑、增筑或大修缮者，应经地方主管官署之许可，未经许可者不得请求补偿金。

第三十四条　经第二十七条第二项通知后，因事业变更或废止不欲使用土地者，对于土地所有权人及土地他项权利人所受损失仍应给付补偿金。

第三十五条　征收土地时，其所有权于征收时，归需用土地人取得之其他权利概归消灭。

使用土地时，其使用权于使用期内由土地之使用人取得之其他权利，于不妨害其使用之范围内，仍得行使之。

第三十六条　土地使用完竣时，应将土地回复原状交还之，如不能回复原状致有损失时，应另给付补偿金。

第三十七条　关于土地征收除本章别有规定外，备用土地法第五编之规定。

第三十八条　森林所有人因自森林运搬产物，或因关于运搬之设备有必要时，经地方主管官署之许可，得使用变更或除去他人设置于水流之工作物。

对于因前项工作物之使用变更或除去所生损害，应给付补偿金。

第三十九条　因利用水流运搬竹木时，得进入沿岸之土地，如致有损害应赔偿之。

第四十条　关于森林或森林事业因实地调查有必要时，经地方主管官署之许可，于通知所有人或占有人后，得进入他人土地设置目标或除去障碍物，如致有损害应赔偿之。

## 第六章　监督

第四十一条　经营林业者，应将其森林所在地名称，林地面积、竹木种类、林场地图及施业计划，呈由地方主管官署汇报主管部。

主管部或地方主管官署认为必要时，对于前项施业计划得指导之。

第四十二条　公有林或私有林有荒废之虞者，主管部或地方主管官署得指定施业之方法。

违反前项指定方法而砍伐竹木者，得命其停止砍伐并补行造林。

前项经停止砍伐之森林于保育上有必要或有不得已之事由时，仍得经原处分官署之许可砍伐之。

第四十三条　受前条第二项造林之命令而怠于造林者，该管官署得代执行或使自治团体代为之。

前项造林所需费用由该义务人负担。

第四十四条　主管部或地方主管官署得依森林所在地之状况，指定一定处所及期间限制或禁止土石、草皮、树根、草根之采取或采掘。

第四十五条　私有土地编入森林用地者，地方主管官署得指定期限命其造林，逾前项期限而不造林者，地方主管官署得代执行或由需用林地人，以定期造林之条件呈请征收之。

## 第七章　保护

第四十六条　地方主管官署认为必要时，得为左列各款命令或处分：

一、令选定用于林产物之记号或印章呈报该管警察官署，并于林产物搬出前使用之；

二、禁止经他人呈报有案之同一或类似记号或印章之使用；

三、对于违反前二款规定者，停止林产物之运搬；

四、令林产物营业人设置账薄，记载其林产物之出处种类、数量及销路；

五、其他关于森林危害防止之事项。

第四十七条　森林公务员或有侦查犯罪职权之公务员，因执行职务认为必要时，得检查林产物营业人之执照、账簿及器具。

第四十八条　森林保护区内不得有引火之行为，但经该管公务员之许可者不在此限。

前项保护区由地方主管官署划定之。

第四十九条　经前条第一项许可为引火之行为时，应预为防火之设备，并通知邻近各森林之所有人或管理人。

第五十条　森林发生害虫或有发生之虞时，森林所有人应驱逐或预防之。

前项情形森林所有人于必要时，经警察官署之许可得进入他人土地、为森林害虫之驱逐或预防，如致有损害应赔偿之。

第五十一条　森林害虫蔓延或有蔓延之虞时，地方主管官署得命有利害关系之森林所有人，或自行为驱逐或预防上所必要之处置。

前项驱逐预防费用以有利害关系之土地面积或地价为准，由森林所有人负担之，但费用负担人间别有协定者不在此限。

第五十二条　铁道通过森林保护区者，应有防火、防烟之设备，设于保护区附近之工厂亦同。

电线穿过森林保护区者，应有防止走电之设备。

第八章　奖励

第五十三条　森林用地得依土地法第三百二十七条之规定减税，其尚未造林者，自开始造林之日起，得于三十年以内免其造林地区之税。

前项减税额数及免税年限于土地法未施行前，由主管部呈请核定。

第五十四条　凡经营林业合于左列各款之一者，得分别奖励之。

一、造林或经营林业者有成绩者；

二、经营特种林业，其林产物与国际贸易有重大关系者；

三、养成大宗林木足供造船、筑路及其他重要用材者；

四、经营苗圃，培养大宗苗木供给地方造林之用者；

五、发明或改良林产工艺物品者。

前项奖励办法由主管部定之。

第五十五条　国有荒山、荒地编为森林用地者，除保留供国有林之经营者外，中华民国人民愿承领造林者，得无偿给与人。

第五十六条　依前条承领造林者，其面积不得过二十五方里。

承领人造林已竣时，经地方主管官署查明确有成绩者，得呈请增广其面积。

第五十七条　第五十五条之承领人每十方里应缴二十元以上百元以下之保护金，不满十方里者，以十方里计算，其额数由主管部按所领荒山、荒地情形定之。

前项保证金自承领之日起满五年后，经地方主管官署查明其造林确有成绩者，得就造林已竣部分发还之。

第五十八条　承领人自请准承领之日起，过一年尚未着手造林者，撤销其承领并没收保证金，但因不可抗之事由呈经地方主管官署转呈主管部核准展期者不在此限。

第五十九条　无偿给与之国有荒山、荒地于造林未竣前，不得转卖、让与或抵押。

违反前项规定者，撤消其承领并没收保证金。

## 第九章　罚则

第六十条　于森林窃取其主副农产物者，为森林窃盗，处一年以下有期徒刑、拘役或赃额二倍以下罚金。

第六十二条　森林盗窃有左列各款情形之一者，处六月以上三年以下有期徒刑，并科赃额二倍以下罚金：

一、于保安林犯之者；

二、依官署之委托或其他契约有保护森林义务之人犯之者；

三、于行使林产物采取权时犯之者；

四、结伙二人以上或雇使他人犯之者；

五、以赃物为原料制成木炭、松油或其他物品者；

六、为运搬赃物使用牲口、船舶、车辆或有运搬造材之设备者；

七、掘采、毁坏、烧毁，或隐蔽根株以图罪迹之湮灭者；

八、以赃物为燃料使用于矿物之采取、精制或石灰砖瓦或其他物品之制造者。

前项第五款所制物品视为森林窃盗之赃物。

第六十二条　知为森林窃盗之赃物而收受、搬运、寄藏、收买或为牙保者，处三年以下有期徒刑，并料赃额二倍以下罚金。

第六十三条　放火烧毁他人之森林者，处三年以上十年以下有期徒刑，放火烧毁自己之森林者处一年以下有期徒刑、拘役或三百元以下罚金。

因而烧毁他人之森林者，处六月以上五年以下有期徒刑。

失火烧毁他人之森林者，处一年以下有期徒刑、拘役或三百元以下罚金。失火烧毁自己之森林因而烧毁他人之森林者，处六月以下有期徒刑、拘役或三百元以下罚金。

第六十四条　第六十条第六十一条及前条第一项之未遂罪罚之。

第六十五条　移转毁坏或污损他人为森林而设之标识者，处三十元以下罚金。

第六十六条　于他人之森林内擅自开垦或设置工作物者，处五十元以下罚金。

前项之罪如系于保安或禁止开垦之森林犯之者，处六月以下有期徒刑并科二百元以下罚金。

第六十七条　于他人之森林内牧放牲畜者，处二十元以下罚金。

第六十八条　违反第十二条第二项之规定者，处五十元以下罚金。

第六十九条　违反第十六条第一款之规定者，处百元以下罚金。

违反第十六条第二项之规定者，处二十元以下罚金。

第七十条　违反第四十四条之规定者，处十元以下罚金。

第七十一条　违反第四十六条第二款或第三款之命令或处分者，处十元以下罚金，拒绝第四十七条之检查者亦同。

第七十二条　违反第四十八条第一项或第四十九条之规定者，处五十元以下罚金，因而烧毁他人之森林者，依第六十三条第三项之规定处断。

第七十三条　违反第四十六条第一款、第四款或第五款或第五十条第一项之规定者，处拘留或二十元以下罚金。

第七十四条　第十八条之土地于本章之适用上视为森林。

## 第十章　附则

第七十五条　本法施行规则由主管部定之。

第七十六条　依旧法第六条编为保安林而在本法施行之日仍系保安林者，认为保安林。

第七十七条　本法施行日期以命令定之。

〔实业部档案〕

## 3. 森林法施行细则

（1935年2月4日）

### 森林法施行细则

民国二十四年二月四日部令公布

#### 第一章 总则

第一条 本规则依森林法第七十五条之规定制定之。

第二条 本法及本规则所称地方主管官署，在省为林务主管厅，在隶属行政院之市为主管局，在县市为县市政府。

第三条 本法第三条所称荒山荒地，包括国有公有私有一切荒废之山岳、丘陵海岸，沙滩及其他原理而言。

第四条 地方主管官署于本法施行后，应即从事森林用地之调查，其调查期限由实业部会同中央地政机关酌量各地方情形分别定之。

第五条 调查森林用地应记载左列各事项，并附简单之实测图或目测之略图三幅：

（一）所在地及四至；

（二）面积；

（三）地形；

（四）土地所有权之所属；

（五）现时使用状况及使用人姓名；

（六）定着物情形；

（七）四邻土地概况。

第六条 前条调查程序完毕后，地方主管官署须将调查结果于三个月内编制表册，加具说明并附简单之实测图或目测之略图二份，呈送实业部及中央地政机关会核转请行政院备案后交地方主管官署公布之。

第七条 森林用地之公布除登载公报及揭示外，并通知土地所有权人及其他项权利人。

第八条　编定为森林用地之土地不得供他项使用，但经实业部会同中央地政机关核准暂供他项使用者不在此限。

第九条　私有土地编为森林用地后，土地所有权人及其他项权利人欲暂供他项使用者，应自编定公布之日起三十日内呈由地方主管官署转呈实业部及中央地政机关核办。

已划为保安林地之森林用前条及本条前项之规定。

## 第二章　国有林及公有林

第十条　国有林之编定或收用及林区之设立，由实业部拟定计划呈请行政院备案行之。

第十一条　国有林之经营管理除依本法第四条规定外，得由实业部委托地方主管官署为之。

第十二条　国有林之管理规则由实业部定之。

第十三条　实业部于不妨害国有林经营范围内，得呈准行政院指拨其一部作为该国有林所在地公益事业之基金。

第十四条　公有林之经营管理应由各省市政府依据中央法令参酌地方情形制定管理规则，咨请实业部备案行之。

第十五条　公有林决定收归国有后，应由实业部于实行接受三个月前通知该公有林管理机关，在接收未办竣时，原管理机关仍负保护之责。

第十六条　公有林管理机关得于接到前条通知之日起一个月内，叙明理由呈请实业部复核。

第十七条　公有林收归国有时，得以相当之国有林与之交换。

第十八条　私有林之征收应依左列之规定：

（一）征收为国有时由实业部依本规则第十条之规定行之；

（二）征收为公有时由请求收用之机关拟具计划书并附实测图，呈请各该省政府核准，并咨请实业部及中央地政机关备案，其在隶属行政院之市应呈请行政院核准。

第十九条　征收计划书应备载左列事项：

（一）请求征收之原因；

（二）被征收森林之所在地及面积；

（三）被征收森林之状况；

（四）被征收森林之所有人姓名及住址；

（五）曾否与森林所有人协商及其经过情形；

（六）以现金征收时，应载明估定之补偿金数额，以森林交换时，应载明交换森林之所在地面积及状况。

第二十条　征收私有林以森林为交换时，须得该私有林所有人之同意。

第二十一条　私有林核定征收后应依左列程序办理：

（一）征收为国有时，应将本规则第十九条第一、第二、第六各款事项令行地方主管官署公告之，并通知被征收森林之所有人；

（二）征收为公有时，应由省政府于核准征收后，将本规则第十九条第一、第二、第六各款事项令行地方主管官署公告之，并通知被征收森林之所有人，其在隶属行政院之市应于奉准后由主管局办理。

第二十二条　私有林所有人对于补偿金之估计或交换之森林有异议时，应由主管市县政府核定之，不服其核定者，得依法诉愿。

第二十三条　依本法第五、第六两条之规定公有或私有林被收用时，如土地竹木外，有他项损害者，得请求收用之机关查核补偿之。

第二十四条　公有或私有林之一部被收用时，其剩余之森林如有必须归并之情形，得请求收用之机关并予收用。

第二十五条　凡被征收之私有林如有轇轕时，应责成原森林所有人限期清理之，原森林所有人逾期尚未清理者，得由地方主管官署代为清理，其清理费由补偿金内扣除之。

第二十六条　凡依本法第七除之规定请求供给林苗者，须开具左列各事项，申请核发：

(一)申请人之姓名、住址或自治团体之名称、地址及其负责人之姓名；

(二)林苗之种类株数及年龄；

(三)造林地名；

(四)造林面积。

第二十七条　领受林苗后有左列各款情事之一者，应责令赔偿林苗价格：

(一)将林苗抛弃或作薪材者；

(二)将林苗转卖者。

第二十八条　凡依本法第八条第一项之规定请求出租或让与国有或公有林地者，应由请求之机关具左列各事项，商请该林地之管理机关转呈实业部或地方主管官署核定之：

(一)请求机关之名称；

(二)需用林地之所在地；

(三)需用林地之面积；

(四)需用之事业务及理由；

(五)出租或让与出租者其期限。

## 第三章　保安林

第二十九条　各分区国有林管理机关对于所辖之国有林有编为保安林之必要者，应叙明理由并附实测图呈请实业部核定。

第三十条　各省市县森林管理机关对于所辖之公有林有编为保安林之必要者，应叙明理由并附实测图呈经各省市政府核转实业部核定。

第三十一条　私有森林有编为保安林之必要者，依本法第十一条规定之程序办理。

第三十二条　保安林编入或解除之申请书，应附实测图并备载左列各事项：

(一)申请编入或解除保安林之名称、地位及其面积；

(二)编入或解除之理由；

(三)申请人姓名、住址或自治团体之名称、地址及其负责人姓名。

第三十三条　保安林编入或解除之通知及公告须附实测图。

第三十四条　公有或私有林依本法第九条第一、第三、第四、第六、第七各款之规定编为保安林者，其损害由地方政府补偿之，依第二、第五两款之规定编为保安林者，其损害由中央补偿之。

第三十五条　前条补偿金之请求，须开具损害计算书呈请地方主管官署或呈由地方主管官署核转实业部核准给付之。

## 第四章　林业合作社

第三十六条　林业合作社除本法各规定外，依合作社法之规定在合作社法未施行前适用农村合作社暂行规程。

第三十七条　林业部合作社员得以林木、林地、树苗、苗圃、土地折充股金。

第三十八条　林业合作社之施业计划须经社员大会通过，呈请地方主管官署核准。

第三十九条　林业合作社对于监督官署之报告应备载左列事项。

(一)施业情形；

(二)财产状况；

(三)社员大会决议案。

## 第五章　土地之使用及征收

第四十条　关于土地之征收在土地法未施行前适用土地征收法。

第四十一条　森林所有人依本法第二十七条之规定请求使用他人之土地时，应开具左列事项呈请地方主管官署核办：

(一)使用土地原因；

(二)使用土地所在；

(三)土地所有权人或其他项权利人之姓名、住址；姓名、住址不明时，其管理人之姓名、住址。

(四)使用土地内有无国有或公用之土地；

(五)土地之现状及有无定着物。

第四十二条　依本法第三十八条之规定请求使用变更或除去他人设置于水流之工作物者，应开具左列各事项呈请地方主管官署核办：

(一)使用变更或除去之理由；

(二)使用变更除去工作物之种类及所在位置等；

(三)使用变更除去工作物之所有者，或其关系人之姓名、住址；

(四)使用变更除去之日期及期间。

第四十三条　私有林为前二条之请求时，以有确定之施业案并经地方主管官署核准者为限。

## 第六章　监督

第四十四条　经营林业者为本法第四十一条之呈报时，应依本规则所附第一书式办理。所有人变更时，依本规则所附第二书式呈报。

第四十五条　本法第四十二条第一项所称荒废之虞，系指任意采伐或怠于保护而言。

第四十六条　本法第四十二条第三项所称保育上有必要或不得已事由，系指发生虫害、菌害、风害、雪害、火灾及必要之疏伐等事而言。

第四十七条　依本法第四十四条之规定为限制或禁止之处分

时，应告之并通知森林所有人。

## 第七章　保护

第四十八条　地方主管官署依本法第四十八条第二项之规定划定森林保护区时，应公告之并呈报实业部备案。

第四十九条　依本法第四十八条第一项之规定许可引火之申请时，应依本规则所附第三书式填发许可证。

第五十条　凡森林之无防火设备者，地方主管官署得斟酌情形令其设置。

第五十一条　森林发生害虫或有发生之虞时，经营林业者除自行驱除或预防外，得请求就近之森林管理机关予以指导及协助。

## 第八章　奖励

第五十二条　依本法第五十二条之规定请求减税减免税者，应具申请书备载左列事项，呈由地方主管官署核加意见，转呈实业部会同内政财政两部拟定免税年限，呈请国民政府核准：

(一)林地之所在地面积种类；

(二)着手造林之年月；

(三)森林之现状。

第五十三条　依本法第五十四条规定应受奖励者，得由地方主管官署查明转请或自行呈请实业部核给之。

第五十四条　依本法第五十四第一至第四各款为奖励之呈请时，须开具左列各事项并附林木或苗圃照片及木材标本：

(一)受奖人姓名、住址、如系团体，其团体名称及代表人姓名住址；

(二)林地或苗圃所在地；

(三)面积及区域；

(四)树木或苗木之种类，株数及年龄；

(五)施业经过及现状。

依本法第五十四条第五款为奖励之呈请时，须开具左列各事项并附成品模型或样品：

(一)发明或改良者姓名、履历及住址，如系公司其名称地址及经理人姓名；

(二)物品名称；

(三)发明或改良之经过；

(四)原料来源及种类。

第五十五条　依本法第五十五条之规定承领国有荒山荒地造林者，应依本规则所附第四书式向地方主管官署呈请之。

地方主管官署接到前项呈请后，应于两个月内核加意见，呈由实业部转呈行政院核定。

第五十六条　实业部奉前条之核定后，除发给领荒造林执照外，并请中央地政机关转饬主管地政机关依法予以登记，发给土地所有权状及勘图。

依本法第五十六条第二项之规定呈请增广造林面积者，其增广面积仍不得过二十五方里。

第五十八条　本法第五十七条规定之保证金，由实业部转解国库保存。

第五十九条　凡违反本规则各规定者，公务员依惩戒法，人民依行政执行法分别办理。

第六十条　本规则与森林法同日施行。

附一

第一书式

森林报告书　　　　报告者

<table>
<tr><td colspan="2">所　在　地</td><td colspan="6">省（或市）　县（或市）　乡（或镇）</td></tr>
<tr><td colspan="2">森林面积</td><td colspan="6"></td></tr>
<tr><td colspan="2">四　　至</td><td colspan="6"></td></tr>
<tr><td colspan="2">林地概况</td><td colspan="6"></td></tr>
<tr><td colspan="2">是否经过土地登记</td><td colspan="6"></td></tr>
<tr><td colspan="2" rowspan="2">所　有　人</td><td rowspan="2">姓名</td><td rowspan="2"></td><td>籍贯</td><td></td><td>职业</td><td></td></tr>
<tr><td>年龄</td><td></td><td>住址</td><td></td></tr>
<tr><td rowspan="4">森林状况</td><td>（一）竹木种类</td><td colspan="6"></td></tr>
<tr><td>（二）材积估计或竹木株数</td><td colspan="6"></td></tr>
<tr><td>（三）平均年龄</td><td colspan="6"></td></tr>
<tr><td>（四）生长状况</td><td colspan="6"></td></tr>
<tr><td colspan="2">施业经过及将来施业计划</td><td colspan="6"></td></tr>
<tr><td colspan="2">备　　考</td><td colspan="6"></td></tr>
</table>

中华民国　　　年　　　月　　　日

说明

<table>
<tr><td colspan="2">所在地</td><td colspan="6">省(或市)　　县(或市)　　乡(或镇)</td></tr>
<tr><td colspan="2">森林面积</td><td colspan="6"></td></tr>
<tr><td colspan="2">四至</td><td colspan="6"></td></tr>
<tr><td colspan="2">林地概况(是否经过土地登记)</td><td colspan="6"></td></tr>
<tr><td colspan="2" rowspan="2">原所有人</td><td rowspan="2">姓名</td><td rowspan="2"></td><td>年龄</td><td></td><td>职业</td><td></td></tr>
<tr><td>籍贯</td><td></td><td>住址</td><td></td></tr>
<tr><td colspan="2" rowspan="2">现在所有人</td><td rowspan="2">姓名</td><td rowspan="2"></td><td>年龄</td><td></td><td>职业</td><td></td></tr>
<tr><td>籍贯</td><td></td><td>住址</td><td></td></tr>
<tr><td colspan="2">购买价格</td><td colspan="6"></td></tr>
<tr><td colspan="2">购买时期</td><td colspan="6">年　　月　　日</td></tr>
<tr><td rowspan="4">森林状况</td><td>竹木种类</td><td colspan="6"></td></tr>
<tr><td>竹木材积或株数</td><td colspan="6"></td></tr>
<tr><td>平均年龄</td><td colspan="6"></td></tr>
<tr><td>生长状况</td><td colspan="6"></td></tr>
<tr><td colspan="2">施业经过及将来施业计划</td><td colspan="6"></td></tr>
</table>

（一）报告者应署名盖章。

（二）所有人若系法团，其法团之名称、地址及其负责人员之姓名、年龄、籍贯、住址、职业应分别注明。

（三）应附具森林实测图或目测略图。

附二

第二书式：

森林报告书　　　　报告者

中华民国　　　　年　　　　月　　　　日

说明

（一）报告者应署名盖章。

（二）所有人若系法团，其法团之名称、地址及其负责人员之姓名、年龄、籍贯、住址、职业应分别注明。

（三）应附具森林实测图或目测图。

附三

第三书式：

表　　　面

| 森林引火许可证 | | | | | | |
|---|---|---|---|---|---|---|
| 请求引火人姓名 | 引火地点 | 引火目的 | 预定引 | 火日期 | 发给机关长官或主管林务员签名 | 中华民国　年　月　日发给 |
| | | | 自年月日起 | 至年月日止 | | |

## 反面

### 引火人注意事项

（一）引火人引火时须携带引火许可证

（二）引火人非俟火灭后不得离开引火地点

（三）引火人将引火日期地点预先通知附近森林所有人及管理人

（四）安置防火设备于有延烧危险之处所

（五）引火时须服从森林公务员警察公务员之指挥

附四

第四书式：

为遵照森林法，呈请领荒造林事：窃某某现查得市、县某区尚有国有森林用地荒地、荒山二段，计共　方里，谨依森林法第五十五条之规定，呈请准予承领造林。除应缴保证金额，一俟奉准再行遵批呈缴外，理合开具左列各项，呈请鉴核施行。谨呈地方主管官署

承领人某某谨呈（盖章）

计开：

（一）承领人之籍贯、年龄、职业、住址（若系法人其法人之名称、地址、及其负责人员之姓名、籍贯、年龄、职业）。

（二）承领荒地之面积。

（三）承领荒地之四至界域。

（四）造林之经费。

（五）造林之计划。

（六）其他必要记载事项。

〔实业部档案〕

## 4. 国民政府颁发渔业法训令

（1929年11月11日）

国民政府训令　字第1099号

令中央研究院

为令知事：查渔业法业经制定，明令公布。除施行日期另以命令定之并分令外，合行抄发原条文，令仰知照并转饬所属一体知照。此令

计抄发渔业法一份

中华民国十八年十一月十一日

### 渔　业　法

#### 第一章　总纲

第一条　本法称渔业者，谓以营利之目的而为水产动植物之采捕或养殖之业。

本法称渔业人者，谓为渔业之人及有渔业权或入渔权之人。

第二条　本法称行政官署者，在中央为农矿部，在各省为农矿厅；未设农矿厅者，为建设厅，在各地方为渔业局；未设渔业局者，为县政府。

第三条　凡在中华民国领海或其他公用水面取得渔业之权利者，应依本法呈请该管行政官署核准登记转报主管厅部备案。前项之呈请人以有中华民国国籍者为限。渔业登记规则由农矿部定之。

第四条　非公用水面与公用水面连成一体者，适用本法。前项水面之占有人或其水底地之所有人，经该管行政官署之核准得限制或废止他人关于渔业之利用。

#### 第二章　渔业权及入渔权

第五条　渔业权视为物权，准用民法关于土地之规定。

第六条　以渔业权为抵押者，其定着于该渔场之工作物除契约别有订定外，现为附属于渔业权而成为一体之物。

第七条　法院之土地管辖依不动产所在地而定者，以与渔场最近沿岸所属之镇乡或相当之行政区域为不动产所在地。

第八条　渔业权非经该管行政官署之核准，不得分割或为其他之变更。

第九条　渔业权之存续期间由该管行政官署定之，但不得逾二十年。前项期间因渔业权人之申请得更新之。

第十条　入渔权人依契约或地方习惯，有入属于他人专用渔业权之渔场内经营该专用渔业权全部或一部渔业之权利。

第十一条　入渔权视为物权，但除继承及转让外，不得为权利之标的。

第十二条　入渔权非经渔业权人之同意不得转让，但地方别有习惯者不在此限。

第十三条　渔业权或入渔权为共有者，其各共有人非经其他共有人之同意不得处分其应有部分。

第十四条　入渔权之存续期间未经订定者，视与该渔业之存续期间同。

第十五条　渔业权人得向入渔权人收取入渔费，如怠于交付，渔业权人得拒绝其入渔。入渔权人连续二年以上怠于交付入渔费时，渔业权人得请求入渔权之消灭。

第十六条　前二条之规定如与地方习惯有不同时，从其习惯。

## 第三章　行政及管理

第十七条　凡欲设定鱼具以经营采捕业或区划水面以经营养殖业者，应呈请该管行政官署核准转报主管厅部备案。

第十八条　凡欲专用一水面经营渔业者，应呈由该管行政官署转呈主管厅核准转报农矿部备案。

前项专用水面之权利非经渔会之呈请不得核准。

第十九条　除前二条规定外，农矿部如认为有应予特许之渔业以命令定之。

第二十条　行政官署为保护水产动植物之繁殖或为其他公益之必要于渔业之核准时，得加以限制或附以条件。

第二十一条　渔业经核准后如有左列各款情形之一者，行政官署得撤销之：

一、自核准之日起一年内不从事渔业或继续停业满二年者；

二、渔业之核准发现有错误者。

第二十二条　有左列各款情形之一者，行政官署得限制或停止已核准之渔业或撤销其核准：

一、因保护水产动植物繁殖之必要者；

二、因船舶航行碇泊之必要者；

三、因安设水底电线或国防及其他军事上之必要者；

四、于公益有妨害者。

第二十三条　渔业人违背本法或根据本法所发布之命令时，行政官署得限制或停止其渔业。

第二十四条　渔业人于左列事项有必要时，经行政官署之许可得使用他人之土地或限制其竹木土石之除去：

一、建设渔场之标识；

二、建设或保存渔业上必要之目标；

三、关于渔业之信号及其他必要之设备。

第二十五条　因关于渔业之测量实地调查或为前条之目的有必要时，经行政官署之许可得入他人之土地内除去其障碍之竹木或其他障碍物。

第二十六条　为前二条之行为者，应预先通知该土地之所有人或占有人，其后此所生之损害应赔偿之。

第二十七条　行政官署得命渔业人建设渔场之标识。

第二十八条　行政官署对于在水面一定区域内所安设之工作

物，认为有妨害鱼类之道路时，得命其为除去妨害之工事。

第二十九条 依前条规定所为之工事，行政官署应给予相当之补偿金，但因利害关系人之呈请而命其为工事者，行政官署应决定金额由该呈请人补偿之。

第三十条 依法令之规定于监督渔业认有必要时，该管行政官署得在渔业之船舶店铺及其他场所检查其簿据及物件。

前项检查时，如发现有关于渔业犯罪之情事，得为搜查或扣押其足以证明犯罪事实之物件。

第三十一条 对于渔业之核准登记期满更新，或其他呈请事件之准驳有不服，及第四条第二项、第二十一条、第二十二条、第二十三条、第二十八条各规定之处分有不服者，得提起诉愿，其因违法而害及权利时，得提起行政诉讼。

第三十二条 渔业人间关于渔场之区域，渔业权与入渔权之范围及渔业之方法有争执时，其关系人得呈请该管行政官署裁定之。不服前项之裁定者，得提起诉愿，其因违法而害及权利时，得提起行政诉讼。

## 第四章 保护及奖励

第三十三条 行政官署为保护水产动植物之繁殖或取缔渔业，得发布左列命令：

一、关于水产动植物采捕之限制或禁止；

二、关于水产动植物及其制品之贩卖或持有之限制或禁止；

三、关于渔具渔船之限制或禁止；

四、关于投放有害水产动植物之物之限制或禁止；

五、关于采取或除去水产动植物繁殖上所必要保护之物之限制与禁止；

前项之命令得设关于渔获物及渔具之没收与追征价额之规定。

第三十四条 在渔汛期内，该管行政官应呈请派遣护船任救护、巡缉之责，其办法由农矿部定之。

第三十五条　渔获物之征税以一次为限，其税率不得过值百抽五；以前对于渔获物及渔具渔船等各种止杂税捐，一律免除。

第三十六条　渔业所用之盐，其税率每百斤最多不得过二角。

第三十七条　政府为奖励渔业之改良发达，应于预算内特设渔业奖励金及渔业银行之基金。

第三十八条　有左列各款情事之一者，该管行政官署得呈请主管官厅转请农矿部核准，给予奖励金：

一、以汽船或帆船在远洋捕渔或运鱼者；

二、设备护船常在一定水面任救护及巡缉者；

三、改良渔船渔具或采捕之方法者；

四、创办水产学校著有成绩者；

五、设备水产物之制造场及其使用之器械者；

六、设备水产物之储藏仓库或搬运之舟车者；

七、新辟渔港或船澳者；

八、新设水产之繁殖场、畜养场、鱼种场、人工孵化场者；

九、其他有认为应奖励之事项者。

第三十九条　渔业奖励规则由农矿部定之。

第五章　罚则

第四十条　侵害渔业之权利者，除赔偿损害外，处二百元以下罚金。

第四十一条　迁移污损或毁坏渔场之标识者，处五十元以下罚金。

第四十二条　拒绝或妨害第三十条所定职务之执行，或在检查搜查时对于官吏之询问不答辩或虚伪之陈述者，处百元以下罚金。

第四十三条　有左列各款情事之一者，处二百元以下罚金：

一、未经核准或在停止期内而经营渔业者；

二、违背核准之条件而经营渔业者；

三、于专用渔业停止期内在该渔场经营所停止之渔业者；

四、违背关于渔业之限制或禁止之命令而经营渔业者。

依前项各款处罚者得没收其所有之渔获物及渔具，不能没收其全部或一部时，得追征其价额。

第四十四条　私设栅栏建筑物或任何渔具以断绝鱼类之通路者，处二百元以下罚金。

第四十五条　投放药品饵饼或爆裂物于水中以麻醉或灭害鱼类者，处一年以下徒刑并科百元以下罚金。

第六章　附则

第四十六条　国营及公营之渔业除法律别有规定外，准用本法之规定。

第四十七条　本法施行规则由农矿部定之。

第四十八条　在本法施行前取得渔业之权利者，应于本法施行后一年内依法呈请登记。

第四十九条　本法施行日期以命令定之。

〔实业部档案〕

## 5. 国民政府颁发渔会法训令

（1929年11月11日）

国民政府训令　字第1100号

令中央研究院

为令知事：查渔会法业经制定，明令公布。除施行日期另以命令定之并颁令外，合行抄发原条文，令仰知照并转饬所属一体知照。此令。

计抄发渔会法一份

中华民国十八年十一月十一日

## 渔　会　法

第一条　渔会以增进渔业人之智识、技能，改善其生活并发达渔业生产为目的。

第二条　渔会为法人。

第三条　渔会之任务如左：

一、改良渔业事项；

二、整理渔村渔市事项；

三、筹借渔业资金及租赁渔船、渔具事项；

四、筹办渔业共同贩卖制造运输事项；

五、举办渔业教育事项；

六、筹办水产陈列所及赛会事项；

七、组织生产消费、购买、信用、住宅等合作社事项；

八、举办储蓄、保险、医疗所、托儿所事项；

九、关于渔业之保护及救恤事项；

十、关于渔业之调查及建议事项；

十一、关于官署之谘询及委托事项；

十二、关于调处渔业间之事议事项；

十三、筹设水上标识事项；

十四、其他关于会员共同利益之事项。

第四条　渔会以县为区域在渔业繁盛之地方设置之。同一区域内不得设置两个渔会，但重要港埠相距在四十里以外者得设分会。

第五条　凡住居同一区域内年满十六岁以上之渔业人，或营水产之制造、运输、保管各业者，得连署五十人以上为发起人，依本法组织渔会。

前项发起人应开创立大会，议定章程，推出代表五人至九人，提出立案请求书并附具章程、代表履历、发起人名册，向该管行政官署呈请立案。渔业呈准立案后应将成立日期及选出职员之履历、会员名簿呈报该管行政官署。

第六条　有左列情事之一者，不得为发起人或会员：

一、褫夺公权尚未复权者；

二、受破产之宣告者；

三、禁治产者；

四、吸用鸦片或其代用品者。

第七条　渔会章程应载明左列各款：

一、名称、区域及会址所在地；

二、会员资格及权利义务之规定；

三、会员入会退会及除名之规定；

四、职员额数权限及选任、解任之规定；

五、会议之规定；

六、共同设施事业之规定；

七、经费及财产管理之规定；

八、解散之规定。

前项章程须呈经主管官厅核准转报农矿部备案，其变更时亦同。

第八条　渔会设理事由委员中选任之，但有必要时经该管官署之认可得选任非本会会员充之。理事处理会内一切事务，对外代表本会。

第九条　渔会设监事由会员选任之。监事审核渔会簿记账目，稽查事业进行状况，并监察各职员。

第十条　渔会设事务员及调查员，但调查员须以具有水产学识或渔业经验者为合格。

第十一条　渔会之理事或其他职员因执行职务所加于他人之损害，渔会应负连带赔偿之责任，但他人明知其为越权之行为或因自己故意或过失而致受损害者，不在此限。

第十二条　渔会会议分会员大会、代表大会及临时大会。会员大会每年召集一次，代表大会每三个月召集一次，临时大会由会员三十人以上之提议或理事监事认为必要时召集之。

第十三条　召集大会理事应于十五日前通知各会员，但临时会不在此限。

第十四条　左列各款应经会员大会或代表大会之议决：

一、会章之变更；

二、职员及代表之选任、解任或停止被选举权；

三、会员之除名；

四、经费之筹集；

五、预算决算之议决；

六、共同事业之创办；

七、基金之管理或处分；

八、渔会联合会之组织及其加入或退出；

九、渔会之解散；

十、清算人之选任及关于清算事项。

第十五条　渔会经费为左列二种：

一、事务费：凡执行会务所必要之经常支出者属之；

二、事业费：凡举办共同事业所必要之特别支出者属之。

前项事务费以会员会费充之，事业费由大会议决筹集。

第十六条　渔会得向会员征收会费，但入会金每人不得过一元，月捐每人不得过二角。

第十七条　渔会每年应将左列各件呈报该管官署转报厅部备案：

一、职员之姓名、履历表；

二、会员名簿；

三、经费出入预算及决算书；

四、财产清册；

五、大会议决录；

六、事业进行概要；

七、渔业状况报告；

八、各项纠纷事件之经过。

第十八条　渔会因有左列事由之一而解散：

一、会章预定之事实发生；

二、依大会之决议；

三、渔会之分裂或合并；

四、渔会破产；

五、行政官署依法所为之处分。

第十九条　渔会解散时，应依第十四条第十款之规定选任清算人，如清算人无可选任时，得由该管行政官署指定之。

第二十条．清算人执行清算事务遇有关系重大者，应召集会员大会议决行之；但会员大会不能召集时，清算人得自行决定，呈请该管行政官署核准。

第二十一条　清算人职务非俟清算报告呈准备案后，不得解除。

第二十二条　渔会为相互共同达到其目的得联合组织渔会联合会。渔会联合会非呈经所在地官署立案后不得设立。

第二十三条　渔会或渔会联合会免课所得税、营业税、或登记税，但不得为营利事业。

第二十四条　行政官署无论何时得命令渔会或渔会联合会提出事业之报告，核准其事业，检查其事业及财产之状况，并发布其他监督上必要之命令及处分。

第二十五条　渔会、渔会联合会之决议或职员之行为有违反法令会章或认为有妨害公益时，该管行政官署得予以左列之处分：

一、取销决议；

二、开除职员；

三、解散渔会或渔会联合会。

第二十六条　渔会或渔会联合会有违反本法或基于本法所发布之命令时，得处其职员以三百元以下之罚金。

第二十七条　本法除第四条至第六条外，于渔会联合会适用之。

第二十八条　本法施行前沿海各省渔业人民所设之渔业团体，应于本法施行后六个月内依法改组，呈请立案。

第二十九条　本法施行日期以命令定之。

〔实业部档案〕

## 6. 国民政府文官处为张柱遵勾结日本渔轮侵与中国渔场事致行政院函

（1930年11月29日）

公函　第七五七九号

径启者：奉主席交下浙江外海渔民代表冯成根等呈，为浙江水产职业学校校长张柱尊引用日人，夺我海权，结合日本渔轮驱逐该民等捕鱼帆船，侵占渔场，渔民生计断绝，恳命部对日严重交涉，并饬省究办该校长一案，奉谕交行政院分别转饬办理等因。相应抄同原件，函达查照办理为荷。此致

行政院

计抄送原呈一件

中华民国十九年十一月二十九日

呈为日轮侵渔，夺我海权，浙水产职业学校校长张柱尊引狼入室，丧心辱国，且受海盗劫略，渔民生路断绝，吁请严重对日交涉，惩办无耻矇上校长，以拯渔民而崇国体事。窃民等系浙江

渔民，素在浙海境内捕鱼为业。历年来，受尽日本渔轮压迫，以致生计日艰，曾先后呈请严励交涉，庶国权不致丧失，渔民得能生存各在案。不料延至今岁，日本轮益后复变本加厉，于侵略我国浙海渔洋之外，更又结队冲撞民等渔船，且其恃浙江省立水产职业学校校长张柱尊契合之力。与夫该校民生一二两号渔船引导卫护，竟敢肆虐无忌，加之海上盗匪横行，民等遭此重重压迫，不独痛国权之丧失，抑且生命堪危，生路断绝，为此推举代表分别吁请速赐救援。缘本年九月间，民等渔船二十余对正在花鸟山东北百余里洋面下网捕鱼之际，忽自东驶来东洋铁甲渔轮二十余艘，侵入民等下网洋面，开足汽机横冲直撞，大肆虐威。民等各船见来势凶猛，且以帆船力弱未堪抵抗，迫不得已只得弃网逃避，生命险遭不测，渔网损失更无待言，其当时海上纷逃及船伙呼救，惨哭情形言之下泪。及至民等渔船逃离日轮约十余里地面时，忽见后面有较少之渔轮一艘追踪而至，开驶甚速，民等各船正惊惶无措间，忽闻该轮有我国人呼喝之声，且远远招手表示命弗再逃之意，转瞬间该轮驶近，招呼民等一二较近渔船与彼谈话，民等见非日轮方始心安，经民等详细看明该轮书有民生字样，遂有民生轮中多人立在船舷告以本轮已嘱日本渔轮不再来追赶，汝等各船只须速行离开此处洋面，以后亦不许在此下网，汝等可勿慌张，并要传知各船等语。民等于惊恐之余，又聆此种言论，疑窦滋生，后向宁波、定海等一带调查，始知民生号渔轮系浙江省立水产职业学校渔轮，闻共有民生一二两号各一艘，由浙水产职业学校校长张柱尊雇用日本渔人三四名，穿着中国衣服，专在民生号两艘轮中捕鱼，与侵入浙海各日本渔轮均早已然默契。查该校长之所以雇用日本渔人以及结合日本渔轮驱逐民等捕鱼帆船，侵占渔场，原因经多方调查，知该校长张柱尊与日本对中国侵渔之野心大王名熊田头四郎者其人大有密切关系，去年该校长赴日时，曾与该野心日人订有密约，一俟浙江水产校渔轮造成时，由其派日人数名暗地到轮帮同捕鱼，其用意在调查浙海渔场，探知航线，复导引彼国渔轮潜入侵渔，种种野心不闻可知，并由该日人每月津贴该校长千余元作为协约酬金，而该校长张柱尊所以时赴上海不在校中者，实系与沪上某日人秘密接洽。此事以上数端，不难密查即得，该校长竟敢贪图私利，引用而复勾结日人，将该校渔轮为日渔轮之向导，逐我渔船，压迫同胞，朦罩省厅，借省府经营事业，暗供日人之用，其丧心辱国罪难擢发。凡我国人谁不愤慨，渔民更切痛心，民等横遭辱害，痛不欲生，为此推举代表带泪陈词，若不沐钧府严重对日交涉，免致丧失国权且将浙江省立水产职业学校校长张柱尊拘案惩办，不足以戢日人野心而儆辱国贪污之流，否则不独民等浙海数百万渔民生路断绝，浙省经营事业亦难免不自侵渔一事始逐渐为外人所利用，而不知国权将日就丧失于不觉。国计民生关系至巨且大，除分呈浙江省政府暨建设厅农矿处迅赐转呈对日交涉并法办张柱尊外，仰祈钧座令部对日严重交涉，并饬浙江省政府从严究办浙江省省立水产职业学校校长张柱尊，以重国权而申国法，不胜切祷之至。谨呈

国民政府主席蒋

浙江外海渔民代表　冯成根　郭宏发　张临德

中华民国十九年十一月二十四日

［国民政府档案］

## 7．国民政府文官处为渔商护洋事与行政院往来函

（1931年4月9日—12日）

（1）国民政府文官处函（4月9日）公函　第二八五八号

径启者：奉主席发下渔商永丰公司张申之等呈，为渔税奉令豁免现在正届渔汛，需轮巡护之时，请令财政部转饬江浙渔业事务局将护轮两艘交由该商等筹款接管，以保渔业一案，奉谕交行政院等因，相应检同副呈函达查照。

此致

行政院

计检送原副呈一件

中华民国二十年四月九日

呈为渔税奉令豁免，请将福海等护轮交商接管继续巡护以保渔业事：窃商等均系沿海居民，以贩运鱼鲜为业，比年以来，在市场则厄于日本鱼货之倾销，在洋面则厄于南北海盗之掳劫，营业鲜船日益减少，亏蚀倒闭时有所闻，兼以江海常关及江浙渔业局征取两重之渔税，商民不胜负担，尤为营业衰落之主因。近在报端恭读命令，将所有鱼税渔业税一律豁免，并明令申戒，嗣后无论何须机关皆不得另立名目，征收此项捐税。仰见我主席视民如伤，恩意周至，明令所言，悉如我商民之所欲言，伏读之下感极涕零。惟查江浙渔业局现征之渔税，在上海一埠每船每次收银三十元，内十五元经该局与各商议定专充护洋经费之用，所有护洋轮船福海、海鹰两艘专恃此款以资挹注。现在正届渔汛，需轮巡护之时，此项护轮万不能中途停驶。商等再四筹商，因该局护轮本为前江浙渔会所经管，官有民有问题日久争持，未经解决，现为临时应急起见，拟吁请钧府饬下财政部转令江浙渔业事务局将福海等护轮两艘交渔商永丰、鸿安、台州、等各公所接管，由商等共同负责，自行筹集经费，照常出发巡护。庶渔税奉恩豁免，而护洋事项仍继续维持，使商等得以沐两重之德，赐延一线之生机，实感高厚。再本案如蒙赐准，拟将筹款接管办法逐一妥拟具，呈主管官厅核准办理，以昭慎重，合并呈明。谨呈

国民政府

渔商永丰公所　张申之

连署　周梅庭　王杏荪

忻桂生　曹赤猷

渔商鸿安公所　许焯

连署　金　榜　朱福生

渔商台州公所　葛醴泉

连署　王士水　尤道林

渔商长安公所　林　梅

连署　冯祥甫　冯善甫

渔商镇安公所　朱爱棠

连署　张霭昌

渔商定沈公所　朱云水

连署　江霭贵

奉化渔商代表　邬振磐

连署　邬信泰

渔商永丰冰鲜公所

鸿安公所

台洲公所

渔商长安公所

镇海镇公安所

定沈鱼商公所

嵊山奉化公所

通讯处上海法租界洋行街四六号江浙渔业公会转

中华民国二十年四月五日

（2.）行政院公函（4月12日）

行政院公函　字第二八六七号

径启者：案准贵处第二八五八号公函，除原文有案免录外缀开，相应检同副呈函达查照。等由。准此。查前据实业、财政、海军三部会呈拟请将江浙渔业事务局所有护洋行政部分及巡舰等交由实业部接管，改组为江浙区渔业管理局等情，业经提出本院第二

十四次国务会议决议照办。该商等所请将福海等护轮交由接管一节，自应毋庸置议。准函前由，相应函达查照转陈。此致

国民政府文官处

中华民国二十年四月十二日

［国民政府档案］

## 8．国民党中执委关于江浙沪渔业状况函

（1932年12月24日）

径启者：本会议第三三一次会议决议，关于渔业问题交实业部详细计划，呈送本会议核定，当函行政院转饬遵照。嗣据行政院函送实业部所拟整理及发展渔业计划请核定前来，该计划内所拟目前整顿计划为：（一）渔获物税暂不征收，获洋费仍照渔获物价值值百抽二，并以院令确定取之于渔用之于渔之原则。（二）扩充江浙区海洋渔业管理局预算。（三）本年度渔获物收入之盈余应即先行建筑简单气象台五处，其余之款全拨为渔民贷借基金，立即开办渔民借贷所。等项，经交唐委员有壬、陈委员公博等审查，据报告称，已详细审查并召集江苏、浙江建设厅及上海市政府代表列席陈述意见，议得结果：（一）渔业建设费照渔获物价值值百抽二，由鱼行代收汇缴，以行政院令确定取之于渔用之于渔之原则，其余一切名目税捐依渔业法第三十五条一律取消。（二）由实业部设江浙渔业改进委员会，以江浙区渔业管理局局长、江苏、浙江两省建设厅、上海市社会局各派代表一人、渔业代表、渔业专家各二人组织之，以实业部长为主席委员，其职权为经费之保管、支配、稽核及其他改进渔业事项。（三）江浙区渔业管理局每月经费不得超过二千元，其巡舰经费另定之。是否可行，请公决。等因。经本会议第三三六次会议决议原则通过，交主管机关参照成规酌量办理，相应录案函达，即希查照办理。此致

国民政府

附实业部所拟整理及发展渔业计划一件

中央执行委员会政治会议
二十一年十二月二十四日

## 实业部整理及发展渔业计划

查海洋渔业管理局，经立法院定为江浙、闽粤、冀鲁、东北四区，除东北一区目前未能举办外，江浙、闽粤、冀鲁三区均经先后设立关于江浙区渔业情形迭经部长于钧院会议及中央政治会议席上口头报告说明，窃意欲整顿沿海渔业，当从江浙起。以江浙渔业为全国最繁盛之区，内容较为复杂，而早经设立之江浙区渔业管理局其腐败又因沿历史而至今未能改善，江浙若有办法其他当可迎刃而解。兹谨将江浙渔民之情形、管理局历来之状况及目前彻底整顿之方法，条举如左：

(一)江浙渔业情形

江浙渔民数究有若干尚无确实统计，惟渔船则有二万余艘，每年渔获物价值根据各地鱼行最近调查如下：

上　　海　总额为二千万元
宁　　波　总额为八百万元
乍　　浦　总额约六十万元
澉　　浦　总额约六十万元
苏　　州　总额约三百万元
石　　浦　总额约二百万元
绍　　兴　总额约三百万元
镇　　海　总额约二百万元
浒浦常熟　总额约三百万元

其余温州、台州以及江苏其他各处，总额约二千万元。

总计上列总额为数约六千万元，内中三分之一为河鱼价值，是则江浙海洋渔业每年总值为四千万元。　(下转第657页)

## 一、关于非法团体抽收之规费

| 团体名称 | 所在地 | 负责人 | 规费名称 | 征收方法 | 每年抽收总额数(约数) | 用途 | 备考 |
|---|---|---|---|---|---|---|---|
| 人和公所 | 沈家门 | 朱云水 | 水警专护费 | 借护渔为名连络水警队向各帮渔船征收 | 上下两季合计五万元 | 为宁波各帮之护洋费 | |
| 鱼栈公所 | 鱼栈公所 | 刘寄亭 | (一)公川费<br>(二)公益费<br>(三)栈费 | 由各栈在售出货价内扣收百分之二 | 三万余元 | 不明 | |
| 靖和公所 | 靖和公所 | 陈人宝 | (一)护费<br>(二)办理护渔公费 | 向嵊山一带捕鱼之渔船征收 | 一万六千元 | 办理护洋 | |
| 永安公所 | 永安公所 | 史仁航 | (一)护费<br>(二)办理护渔公费 | 向嵊山一带捕鱼之船征收 | 八千五百元 | 办理护洋 | |
| 建帮八闽会馆 | 建帮八闽会馆 | 李胜纪<br>郭阿多 | (一)护费<br>(二)会馆费 | 一般每年征收一次规定由十四元至二十八元附带一成会馆费 | 一万八千元 | 带鱼汛护洋经费会馆费用途不明 | |

续上表

| | | | | | | | |
|---|---|---|---|---|---|---|---|
| 对渔业公会 | 沈家门 | 刘谷人 | 公会费 | 每对渔一对征费八元 | 一万二千元 | 护洋及公会基金 | 该会成立于民国十七年 |
| 渔商协会 | 岱山东沙角 | 汤亦规<br>戴免齐 | 公益费<br>及护费 | 由会规定征收 | 五千元 | 公益及护费 | |
| 老渔商协会 | 岱山东沙角 | 陈莘庄 | 公益及护费 | 由会规定征收 | 八千五百元 | 公益及护费 | |
| 维丰渔业公所 | 镇海邮浦 | 蔡汝蘅 | 水警专护费及护关费 | 连同水警队向渔船征收每年分上下季两次每次收八元至十六元 | 二万四千元 | 为镇海各帮护军之专护费 | 自渔税豁免后每次一律改收十六元 |
| 永丰公所 | 鄞县江东后堂街 | 张申之 | 护洋费及报关费 | 以冰鲜船为主体每船收八元至十六元不等 | 二万四千元 | 专充保护冰鲜船经费 | |
| 北蒲公所 | 鄞县城内双街 | 孙光传 | 公益费 | 随时征收 | 四千元 | 平数缴入水警充护费余用途不明 | |
| 太和公所 | 石浦 | 胡常英 | 公益及码头 | 由客栈代扣 | 一千五百元 | 不明 | |
| 渔业公所 | 石浦 | 潘 | 公益<br>及码头 | 由客栈代扣 | 五千元 | 不明 | |

续上表

| | | | | | | | |
|---|---|---|---|---|---|---|---|
| 台州渔业公所 | 临海北岸 | 项椿生 葛醴泉 | 事业公费 | 每渔船渔户须按年缴五角至一元 | 六千元 | 不明 | 现该公所改为临海渔会 |
| 温岭渔业公所 | 松门温岭 | 刘柏榆 包卓人 | 事业公费 | 每渔船渔户须按年缴五角至一元 | 三千五百元 | 不明 | 现该公所改为温岭渔会 |
| 渔业公所 | 温州坎门 | | 护费 | 每船抽收二十四元 | 二万元 | 大都秘密解缴海盗作为消极保护 | |
| 敦和公所 | 上海 | 方椒伯 | 盐务捐 | | | 不明 | |
| 敦和公所 | 上海 | 方椒伯 张申之 | 冰鲜船护费 | 进上海口之渔船每次纳十五元 | 四万五千元 | 专充保护冰鲜船之经费 | |
| 江浙渔业公会 | 上海 | 邬振磬 | 公费及报关费 | 进上海口之渔船每次约四元或六元 | 一万二千元 | 专充会内开支及代船报关 | |

二、关于行商抽收之规费

| 征收行商 | 规费名称 | 抽收方法 | 每年总额数 | 备考 |
|---|---|---|---|---|
| 镇海正茂协顺渔行 | 神捐及公川费 | 每元抽二厘在货价内扣除 | 镇海各鱼行统计每年约可抽收一万五千元 | 此项收入均为各鱼行所私有所谓神捐公川者借名而已 |
| 各地渔商 | 扣现 | 每百元扣一元或二元不等 | 仅在浙江一省论每年至少当在五万元以上 | 在浙江沿海一带均以每百元扣去一元为标准各曰九九扣现例如各渔商向渔户承买鱼鲜渔户交货时向渔商支取现款以九十九元作一百元今则不支现亦以九九扣现已成为普通之定列矣 |
| 上海各渔行 | 码头捐公川费 | 以每元抽一分半为标准 | 约九万元以上 | 此款除一部份解缴码头捐外余均为各鱼行所私有 |
| 沈家门各栈定海石浦乍浦等处之各渔行 | (一)神捐<br>(二)天打捐 | 大抵在货价内扣除乍浦洪昌润泰两渔行竟抽收每船至五角之多 | 统计各地捐款每年至少在三万元以上 | 此项捐款大部份均借神捐为名而为各鱼行及鱼栈所私有 |

(上接第653页)　然此仅就近之渔船言之，若能添置出海机船，所获价值必更十倍于此。以江浙渔民年有四千万之生产，虽不能谓为富裕。然亦当不至困穷，但实际渔民之困若有非常人所可思议者，其原因如下：

(一)渔民智识低下，复乏科学之管理。沿海重要地点既无新式渔港之建筑，以为渔业根据地，又无简单气象台之设立，以测飓风一遇，意外生命财产只有听诸命运。

(二)海上渔民既无教养，大都好赌性成，渔船入口所得利益不崇朝而尽迨其出口，则预向鱼行或公所借贷，利息常在四五分以上，而所借者又非现金概为柴米油盐蔬菜香烟等物，折价复往往超过市价，及其进口以渔获物抵还，则渔行公所之用秤至少十八两当为一斤，其多者竟至二十三两，以是渔民终岁勤劳，以生命博得之生权，乃至了无存蓄。

（三）渔民之困苦尤在渔棍之非法需索及官厅之捐勒为最苛，统计每一渔船据调查所知者，平均至少每人负担一百余元，至于未及调查者，尤不知凡几，上海一隅每一渔船之牌照，多至八种，兹就调查所得者列表如次：

（注）一、除列入上述两表者外其他细碎之陋规尚多，因时间短促未能一一查明故不列。

二、水警除征收旗照费外，往往另向渔民额外需索多种规费，约计浙江一省每年可达五万元以上，连同旗照正费竟达十二万元以上，因无确实报告，故亦未列入表内。

三、无论水警、渔棍及其他各种非法团体，其抽收规费大都均借护鱼为名，实则渔民始终未受到护鱼利益。

前述鱼行以重利贷款渔民，肆意剥索，至公所则或自备军械，强迫收规，或勾结海盗，平分规款，此江浙渔民痛苦之大概情形也。

（二）管理局历来状况

江浙区海洋渔业管理局之前身为江浙渔业事务局，原财政部管辖，预算每月六千七百三十九元，二十年五月实业部接收以后，预算并未增加，但同时国府明令免收一切税款改由财政部拨付，自是年九月起即以财政困难延欠未拨，本年只于一月份发过两千元。部长于万难之中就部款酌量移拨以维现状，然究其实不独财政部原订之预算数不敷应用，即照二十年度预算所列九万六千五百四十元开支，实亦仍难收保护渔民之实益，因现有巡舰四艘，平均每艘连薪工煤炭等费至少每月需二千五百元，是则一年巡舰之费用已需十二万元，故后又追加十万零六千五百八十四元，至今

渔船进出上海港口解纳各官署用费

| 官署名称 | 用费名称 | 数　目 | 备　考 |
| --- | --- | --- | --- |
| 浙江建设厅 | 船舶牌照费 | 春冬两季每季缴四元 | |
| 江苏水警队 | 旗照费 | 春冬两季每季缴一元 | |
| 实业部渔业管理局 | 牌照费 | 每年一次缴三元二元一元不等 | |
| 交通部航政局 | 定期检查登记费 | 每年一次缴十一元另加刷号费一元 | |
| 上海市公用局 | 登记费 | 每年一次缴三元三角 | |
| 上海市财政局 | 月　捐 | 每月缴四元三角五分 | |
| 海　关 | 刷号费 | 每年一次缴一元六角 | |
| 法捕房捐 | 月　捐 | 每月四元五角 | |
| 监务稽核所 | 监　捐 | 每担三角 | |

尚未奉核准。因经费不敷，遂致弊病取出，如局中无款则令巡舰停止出洋，渔民要求保护则又需索护费，甚至舰长、士兵私贩烟土，盘运私货。巡舰仅有四艘，防盗不足，有时且为海盗所袭击。如上年该局巡舰因与海盗冲突，为盗所掳，秘密以六千元赎回，该局虽不敢呈报，然路人皆知，威信尽失。部长接任伊始，即闻有舰长、士兵不独不要月薪，反而出钱买缺。及以上种种情弊，当时即决定两种办法，或本取之于渔用之于渔之义，仍照渔业法之规定征收合法之渔获物税，俾资实行整顿局舰，以尽保护管理之责，或即根本将该局撤消，俾国家少一殃民机关。钧院提出征收渔获物税后，以上海战争发生政府移洛，久未奉准，直至七月始获通过收护洋费。关于征收渔获物税一节，亦经原则通过，然因

上海一部份渔商不明抽税真相，以为取之于渔未必用之于渔，来电反对，至今尚未实行，此江浙渔业局之历来情况也。

（三）目前彻底整顿方法

日前部长曾召集各帮渔业团体代表方椒伯、张申之、戴雍唐、陈器伯、邬振磬诸人，告以政府决心整顿渔业及询以反对渔获物税之理由，彼等面称以往鱼税渔业税税则既重，征款又不用之于渔业，徒增渔民负担。去年豁免，渔民欢腾，今闻恢复，故应反对，今既依照法令征收渔获物税，并能指定专用之于渔业改进及发展，自无反对理由，不过既名为税，恐税则一定有加无已，仍请以护洋费或渔业建设费等名义征收等语。当以征费问题既告解决，仍拟本诸从前设计依次进行，兹拟定原则办法如下：

（一）渔获物税暂不征收护洋费，仍照渔获物价值值百抽二并以院令确定取之于渔用之于渔之原则。

（说明）江浙两省渔获物年值约计四千万，百分征二当为八十万，除消极保护费用之外，尚有赢余，应即确定用之于渔之原则，以防移为别用。其征收办法由本部另定，由渔业管理局委托渔商于收购渔获物时代征，以免多设机关，无谓糜费，其余一切名目之税捐如牌照费等一律取消，以资划一。

（二）扩充预算为三十七万九千八百元。

（说明）原有巡舰不足保护，既如上述现拟除原有巡舰四艘外，添置巡舰六艘，其经费项目如下：

（甲）巡舰十艘每艘平均每月经费二千五百元；

（乙）管理局经费每月六千六百五十元。

在实业部未能添购巡舰以前，商借海军部轻舰四艘，财政部缉私舰两艘，各处口岸由局直接委派专员，取消一切办事处等机关。以上项目概算分配方法，如承核准照办，再行补呈详细预算项目。

（三）本年度渔获物收入之盈余，应即先行择地建筑简单气象台五处，其余之款全拨为渔民贷借基金，立即开办渔民贷借所。

以上办法为目前简捷有效之方法，如承核准，部长并拟暂兼该局局长，试行清理历来积弊，使后来继任之人有所遵循也。

另附呈本部原定各种渔业建设详细计划书一件〔缺〕

〔国民政府档案〕

## 9．杜镛等恳请选聘专家设置机构以复兴或统制全国渔业电

（1933年9月22日）

急。南京。中央社请代分送中央党部常务委员会、中央政治会议、国民政府林主席、行政院汪院长、立法院孙院长，军事委员会转九江蒋委员长，财政部宋部长、实业部陈部长、全国经济委员会、建设委员会、农村复兴委员会钧鉴：我国渔村占沿海各省农村之大部分，近年濒于破产，渔场受日轮压迫，渔民流为盗匪。又淡水区域之水产业亦属农村重要副业，非设法救济不足以谋振兴。恳请中央选聘渔业专家加入农村复兴委员会，或设统制全国的渔业改进委员会，并于全国经济委员会添列救济渔业专案，俾得详拟计划，确定经费，实施复兴，伏乞俯准，以慰喁望。上海杜镛、林康侯、方椒伯、陈椿寿、王德发，江苏侯朝海、王文泰、冯立民、陈汉愚、张柱尊、钱沧硕、王珏，浙江邬振磐、张传保、胡濬泰、金炤、陈谋琅，河北张元第、郑紫宸、刘伦，座〔广〕东陈同白、邹应中、黄正言、曾广清，福建吴毅、张荣昌、程一岳、张辉汉，山东李安人同叩。养。

〔国民政府档案〕

## 10. 南通县渔会等为救济江苏渔村致国民政府代电

（1933年9月30日）

国民政府林主席钧鉴：报载江苏将成立垦殖专区，查该区地滨东海、黄海，渔产素富。先总理所规定新洋港、吕四港亦均在此区域内，现以日轮压迫，渔村几濒破产，亟待救济，恳请详拟计划，确定经费，专充江苏复兴渔业之用，以维百万渔民之生计。南通县渔会、崇明县渔会、如皋县渔会、东台县渔会、盐城县渔会、阜宁县渔会、涟水县渔会、灌云县渔会、崇明县渔会嵊山分会、灌云县渔会响水口分会叩。

中华民国二十二年九月三十日

［国民政府档案］

## 11. 国民政府文官处关于张荣昌代电陈请救济渔业的公函

（1933年10月30日）

公函　第五〇一九号

径启者：奉主席发下福建私立集美高级水产航海学校校长张荣昌寒代电陈：我国东南渔区辽阔，渔业濒于破产，外轮侵入，国防堪虞，欲言救济，对于水产尤宜注视，拟请中央于农村复兴委员会及全国经济委员会，速聘水产专门人才，并划定经费，提出方案，以资研究，而便实行一案，奉谕分交行政院全国经济委员会等因。除分函并检原代电据已分陈不另抄送外，相应函达查照。

此致

行政院

全国经济委员会

中华民国二十二年十月三十日

快邮代电　第　　号

南京。分送中央党部、国民政府林主席、行政院汪院长、实业部陈部长、全国经济委员会、建设委员会、农村复兴委员会钧鉴：我国东南渔区辽阔，水产繁富，惟以人谋不臧，渔业濒于破产，外轮侵入，国防甚虞。窃思渔业大利，占农村重要成分，欲言救济，对于水产尤宜注视，应请中央于农村复兴委员会及全国经济委员会速聘水产专门人才，并划定经费，提出方案，以资研究，而便施行，至纫公谊。福建私立集美高级水产航海学校校长张荣昌叩。寒。

中华民国二十二年十月十四日上午九时　分发

〔国民政府档案〕

## 12. 赵连芳关于考察西北农业及畜牧业报告致秦汾函

（1934年8月21日）

前准大处第四二九八号函，以关于开发西北事项，曾经各处派员前赴西北各省实地调查，所有调查情形，应由各主管处转饬各该调查人员于一星期内编成报告送处，以凭转陈察核，查照办理，等因。当即分转西北牲畜改良场筹备处粟主任显倬及考察西北合作事业刘专员淦芝遵办去后，嗣据刘专员面称，关于考察西北合作事业，已与伯饶尔顾问合编详文报告，另案呈送，兹据粟主任邮呈考察西北农业及畜牧事业报告一份前来，相应备函转送，即祈察核转陈。再粟主任此项报告，因从甘省远道寄呈，是以稍稽时日，合并声明。此上

秘书长秦

计附送考察西北农业及畜牧事业报告一份

代理农业处处长赵连芳

副处长许仕廉代

八. 二十一

## 考察西北农业及畜牧事业报告

农村破产为现时我国一般的呼声，西北自十六、七、八年旱灾之后，其情况更不堪言，且其破产之情形仍在进行中，甚至有少数之地，已由破产而进于消灭之一途。故欲求挽救之法，决不能从空洞的观念下手，因此农村经济调查实为目前之一重要问题。东南各省关于农村复兴及救济工作正在多方努力，而西北边疆之地，以交通不便，民族复杂，即欲对于复兴农村有所建设，亦甚感地方情形不熟悉。本会农业处有见及此，特派员前往西北调查一切农业情形，而尤重畜牧事业，盖以西北为吾国之天然牧场也。

此次西北调查，计自四月五日由南京出发，至六月五日奉令在兰州组织西北牲畜改良场筹备处止，计费时二月之久，而所调查者，为陕西、甘肃、青海三省，而宁夏尚未到达。查甘肃原包括青海、宁夏，近虽分为三省，而通常每以甘宁青呼之。此三省位居西北之中心，东联陕绥，南界川藏，西接新疆，北邻蒙古，万山络绎，幅员广大，土地辽阔，不特为边陲之孔道，且为中原与外番来往之枢纽，至其牲畜繁殖，农产品茂盛及物产蕴藏之丰富，尤为吾人意料所不逮，但因此间人士，性偏保旧，坐令无穷之蕴藏，辽阔之土地，荒废埋没，殊为可惜也。惟本报告仅就青海、甘肃而言，盖陕西已经邹君枋详为报告，故无容重述耳。

### 一、甘肃、青海之地势及人口

甘肃、青海高于海面二千六百余尺至三千余尺不等，西部有祁连山脉及合黎山脉，东部有六盘山脉，而黄河纵横其中。土壤多为碱性，东部之山因碱性，常致草木不生，故土人有穷山苦水之称。而西北部及南部则多平原，牲畜均繁殖于此区域，即大多数之农作物亦均能生长，为该省繁盛之区。至甘肃之面积，约为百余万方里，人口稀薄，风气未开，产业不振。居民汉族约居三分之二，回族约居三分之一，共约百五十余万至二百万人（无准确之统计），平均每方里约为十七人至二十人之谱，然自清同治间回教之乱及近年地震之患，更以十六、七、八年连年旱灾，元气大耗，荒馑之灾，村落为墟，民生凋弊不堪矣。

青海原为甘肃之一部分，民十七年划甘肃之西宁道与青海区域而成，面积约为二百四十余万方里，人口约百万至百五十万（无准确之统计）。该省可分为三区：即（一）为黄河流域，风土近于河域，居民为汉、满、蒙、回、藏（俗称番子）杂居之区，（二）为柴达木地方，在本省之西北部，属内居民为蒙人，（三）玉树土司地方，在长江上流，居民为藏人。至山脉，则东为西倾山脉，西连阿尔金山脉，南沿黄河为积石山脉，北接甘肃之祁连山脉，中部有巴颜喀喇山脉，除沿各河流域之两岸略有平原外，几全部为山地。虽同如甘肃有连年之旱灾，然回、蒙、藏人民大部以畜牧为职业，饮牛奶，食牛肉，故其灾情，未若陇省之甚也。

二、气候及雨水量

甘、青为大陆之高山气候，夏凉而冬寒，即一日之中亦有剧烈之变化，每年生长期约六月之久（自四月至九月之间），在此生长之期中，平均温度约在华氏五十度之间，余时则冻冰不解，雨量因季候风关系，以南部略多，每年平均约在十寸至十五寸之间，亦有終年不见雨者，因之人民常感雨水缺乏之患。即以近年因不雨之旱灾而论，人民以树皮、草根为食，每一馒头即能换一女人，真所谓野有饿殍，民有饥色，盗贼纷起，民不聊生，幸至十九年来，雨量充足，生产茂盛，可谓风调雨顺，又丰年之象矣。

三、农业之概况

甘、青之农业当然是仍默守旧法，农作物除水稻及棉花外，他种农作物无不生长者，尤以甘肃鸦片乃为特产，几遍地皆是，次则为水烟叶，盖此两种作物之栽培，获利大而销售速，因之人民之吃食鸦片者，除回回外，占百分之九十五以上，青海不许种鸦片。总之，甘肃所产之粮食常不能供本省之用，必由外省如陕西、青海输入以补不足，其运输方法除骡马车外，每用牛羊皮划子作运输之工具，至所用之肥料以马、牛、羊粪为大宗，间有油渣、骨肥者，兹将两省农作物之种类及产量，栽种亩数列表如下：

甲、甘肃省

| 农作品 | 产量(斤) | 栽种亩数 |
| --- | --- | --- |
| 小麦 | 1247562 | 8659 |
| 小米 | 446041 | 3554 |
| 大麦 | 344821 | 2513 |
| 高粱 | 234065 | 1531 |
| 玉米 | 195010 | 1287 |
| 糜子 | 92780 | 800 |
| 绿烟 | 3万至4万石 | 每石240斤 |
| 青料 | 无详细之统计 | |

乙、青海省

| 农作物 | 产量(石) | 栽培亩数 |
| --- | --- | --- |
| 小麦 | 1194 | 无详细之统计 |
| 大麦 | 8900 | 同右① |
| 小米 | 190 | 同右 |
| 玉米 | 2320 | 同右 |
| 豆类 | 22000 | 同右 |
| 胡麻子 | 4240 | 无详细之统计 |
| 青料 | 85900 | 同右 |

① 原文自右至左竖写。

上列之统计均不确切，以调查所得资料或得之于当地官吏之推测，或根据私人之估计，故仅得其大略，而青海尚有数县未能列入，尤以番蒙人民所居之地无法统计，故更不真确也。

农民之负担在十余年前地方升平之际，农民除了丁银粮草束之正式国课而外，再无别项负担。然近数十年来，苛捐杂税层层剥削，亩款、军粮接踵摊派，农民终年辛苦之农产正副收获不足抵公家之税款，故自十五、六年以后，农业经济完全陷于破产，入不敷出，负债累累，加以债权者重利盘剥，本利辗转，积算三年，则田产尽化为无有矣。至耕二、三十亩之小农户，除每年成熟期能得一饱外，春冬两季，多半啼饥号寒，饿死于沟壑者，比比皆是。兹将税课名目概列如下：

甲、甘肃省

地丁粮草束内分民粮、屯粮两种，民粮较轻，屯粮较重（皆无定额）。

亩款每亩由八元起至十余元或二十元等。

水磨课，无水磨不担负（无定额）。

羊捐，每只羊由五分至一角以上（地方税）。

牲畜税，每头牛、马、骡约数元，视价值而定，每一元纳税洋三分，牙捐三分。税为国家税，牙为地方税。

特税，农产如棉、麻、油、皮毛等为国家税（无定额）。

屠宰税，每头猪、羊约四、五角，牛约一元有余。

富户捐（无定额）。

军粮、军款，此种担负驻军之县大略皆同，每月每户为无限制之供给。

乙、青海

正粮（即屯粮、番粮、秋粮等）。

附加粮（即耗羡盈余的陋规，百五经费等）。

附加款。

羊头税。

上述各种税课均无定额，可以随时增减，而在甘肃之军粮，军款为农民担负之最大者，盖政府随意派出且为无限制之供给也。

两省之农作方法尚属采取旧法，先以犁犁地，然后用柳枝所制之耙耙一次，再用耧播种成条播，每亩约须种三四升之谱，以春麦为大宗，其余如小米、糜子、高粱及豆类等亦有栽培者，其收量，水田每亩收禾谷类约五斗至六斗，豆类约六斗至七斗不等，川旱田每亩可收禾谷类四斗上下，山田则仅二斗至三斗之间，马铃薯可收入三千斤左右，但两省均为高原之地，易罹旱灾，虽有河流，然其灌溉均守旧法，用水斗或用辘轳或用水车，凿井则须十余丈甚至二十余丈，方能取得少许之水，曾见数次由井取水者，用牛或驴拖绳之一端，行走一里余方见水桶汲半桶之水，足见农业经营之一般状态矣。

冬寒之时，农民之贫寒者，或挑担向外贸易，或用骡驴贩米粮以营利，亦有妇女在家以手工编制毛袜、手套等物，男人挑运川省出售者。惟丰裕之家，除男子每晨拾粪积储作来年肥料外，余则围炉共话矣。

农村组织除间有乡村学校及乡区农会、民团、济农会、青苗会组织外，其余如合作社等均无其组织，即前述之会亦非永久者，视地方情形而定，随又归之消灭。

两省之天然森林亦一大富源，如甘肃之临潭、岷县、连城、松山、西固等处，青海大通县之鹞子沟、循化县之曲卜藏边都、卑塘、起台、韩家集、本城镇、白藏、亹源县之班固寺照壁山、仙米、朱固地及西宁之西泰乡、由义乡、治平乡、同仁乡、翠屏乡等处，松柏、梓树及白杨树均系数百年之大森林，千霄蔽日，绵延数百里。惟人民恣意采伐，绝不培养，人造林倘不设法救济，亦不免变为牛山濯濯。

四、甘青之畜牧概况

西北为吾国之天然牧场，羊毛、牛皮为出口之大宗，公私经济咸赖其利，而尤以甘肃、青海及宁夏为最然，除私人自由牧畜外，并无大规模之牧场，且人民之饲养法亦不近科学化，春夏之间则依天然之牧草以为生，秋冬之用者，更以品种不分，选种智识全无，混杂交配，是以品种错乱，产品品质恶劣，苟不从速设法挽救，将来畜牧事业恐陷于不可收拾之地位。兹将西北畜牧情况略述于下：

西北牲畜之种类

西北为吾国最大之牧区，其牲畜之种类繁多，然大部为杂交之结果，兹择要者分别言之。

甲、羊种

子、普通小尾羊　产于两省大河两岸及甘肃之平凉、固原、古浪、山丹、平番、凉州、永昌、甘州、肃州及秦州等县，青海之巴颜哈拉山南部之藏番八族，阿利克、鲁仓等处均有此种羊，每年每羊可产毛五斤，毛泽润滑，长而细，织造呢绒极为适合。

丑、玉树小尾羊　产于青海玉树二十五族，剪毛量较少而毛质之长细及曲缩则在普通小尾羊之上，惟产量较少耳。

寅、大尾羊　此种与内部各省所有相同，系由外蒙古输入种，肉食极佳，毛质则粗硬，不适用，每年每羊可剪毛四、五斤。

乙、牛种

子、黄牛　此种牛与各省之黄牛相同，惟因西北之饲养法不若内部之良，每日所得食粮仅牧草而已，故体小皮薄，拖负力亦不甚强。

丑、犁牛　为西藏、蒙古输入，毛与角均特长，本地人民多用以取乳，每日约可产乳五六磅，亦因饲养不良，体小皮薄。

丙、马种

子、蒙古马　体小性恶，不易驯育，更以连年天灾人祸，近已绝迹。

丑、本地马　因饲养不合法，是以体小而瘦，拖负力不强。

寅、伊犁马　此种马原为俄国种输入吾国新疆伊犁有年，故名伊犁马，对于西北之环境甚为合宜，体高大而拖负力强，将来改良西北马种，实利赖之。

羊毛之种类及各地所产之比较

羊毛为毛织品之原料，其品质之优劣与毛织品之销路有极大关系，西北为羊毛出产最大之区域，公私经济咸赖其利，然以气候、土性、畜牧方法、水草之环境等关系，故差异很多，兹就各点分别述之如下：

甲、羊毛之种类

子、以时期分类者：

一、春毛　为春末采剪者，质较劣

二、秋毛　为秋末采剪者，质较佳

丑、以采剪法分类者：

一、剪毛　以剪取者

二、割毛　用刀割者，藏民多用之

三、抓毛　老羊皮制成熟皮时，由皮匠用铁抓取者

寅、以产地分类者

一、鞑毛　产自蒙古族地方

二、果罗毛　产自果罗族地方

三、番毛　其余羊毛统曰番毛

卯、以毛质分类者

一、绒毛　质甚佳

二、粗毛　甚坚硬无弹性

三、死毛　呈白色无光泽常杂入粗毛中

辰、以形态分类者：

一、长毛　约五寸至八寸余，且有长至尺余者，品质粗而劣

二、短毛　约一寸至三寸许，品质颇佳

乙、羊毛之曲缩

| 羊毛之产地 | 每长度三厘米平均之曲缩 |
|---|---|
| 辛集毛 | 2.5(厘) |
| 西路毛 | 4.0 |
| 西宁毛 | 4.5 |
| 赤峰毛 | 3.5 |
| 甘肃毛 | 4.5 |
| 京州毛 | 3.5 |
| 锦州毛 | 3.5 |
| 顺德毛 | 4.0 |
| 山西毛 | 3.5 |

以上各地所产羊毛以甘肃、青海毛为佳，按羊毛以曲缩多者为上，全世界之羊毛以美利奴羊毛为最好，因长度一吋之内有二十五至卅个以上之曲缩。盖曲缩多者，不特纺织容易，即所织之物品，亦柔而有弹性也。

丙、羊毛中所含之尘芥或杂质

| 羊毛之产地 | 所含杂质之百分率 |
|---|---|
| 赤峰毛 | 5.6 |
| 西宁毛 | 3.5 |
| 锦州毛 | 49.4 |
| 顺德毛 | 33.9 |
| 京州毛 | 35.5 |
| 西路毛 | 31.6 |
| 辛集毛 | 28.9 |
| 甘肃毛 | 17.0 |
| 山西毛 | 31.0 |

甘肃青海羊毛之主要产区

两省之农民多以牧羊为副业，其余蒙藏人民纯以牧畜事业为生活，故西北人民有言曰人穷养羊，因不加改良之故，终无长足之进展。兹将两省之主要羊毛产区列表如次：

甲、甘肃省

| 主要之产毛区 | 每年之产额 |
|---|---|
| 两当县 | 四百斤 |
| 洮沙县 | 二万斤(三十二两秤) |
| 隆德县 | 三万斤 |
| 宁定县 | 二万斤 |
| 灵台县 | 四万五千斤 |
| 甘谷县 | 六百斤 |
| 武山县 | 一万一千斤 |
| 临洮县 | 十万斤 |
| 徽　县 | 五百斤 |
| 安西县 | 十万斤 |
| 会宁县 | 七万斤 |
| 天水县 | 五千六百斤 |
| 临泽县 | 二万斤 |
| 皋兰县 | 二万斤(三十二两秤) |
| 泰安县 | 三千五百斤 |
| 漳　县 | 九千五百斤 |
| 靖远县 | 十五万斤 |
| 崇信县 | 三千五百斤 |
| 泾川县 | 五千斤 |
| 平凉县 | 四万五千斤 |
| 清水县 | 一万一千二百斤 |
| 酒泉县 | 四十万斤 |
| 临夏县 | 十万斤 |

| | |
|---|---|
| 临潭县 | 七千斤 |
| 岷　县 | 二万斤 |
| 鼎新县 | 五千斤 |
| 镇原县 | 一万五千斤 |
| 拉卜楞 | 一百万斤 |

按上表甘肃约年产羊毛二百二十九万余斤，共值洋九十三万四千六百余元。惟此项统计并不准确，且仅二十八县，曾见古浪县之报告，按羊毛之产量及该县之羊数，每羊每年平均仅产羊毛半斤，对之建设季刊甘肃年产羊毛约在一千余万斤，故更可证其不可靠也。

乙、青海

| 主要产区 | 每年之产额 |
|---|---|
| 贵德县 | 二百万斤 |
| 循化县 | 一百万斤 |
| 化隆县 | 一百万斤 |
| 大通县 | 一百万斤 |
| 玉树县 | 四百万斤 |
| 囊谦县 | 二百五十万斤 |
| 都兰县 | 五百万斤 |
| 刚咱族 | 二百万斤 |
| 郭密族 | 一百八十万斤 |
| 综举族 | 一百六十万斤 |
| 牙拉族 | 二百万斤 |
| 娘磋族 | 一百六十万斤 |
| 其他各地 | 一千万斤 |

以上之统计亦不十分准确，仅大概情形也。

甘肃、青海之皮革事业

两省每以皮毛并称，均属出口大宗，实则皮与毛之比相差甚多。然地属游牧之区，所产亦较内地为盛，惟因毫无改良之研究，所出成品不佳且为洋商操纵，收买、输出、加以制造，重运入口，获利最大。兹将两省所产之皮革列表如下：

甲、野性皮革

| 品类名称 | 每年平均产量 | 每张平均价值 |
| --- | --- | --- |
| 猞猁皮 | 四千至五千张 | 四十余元 |
| 狐　皮 | 二万张 | 十五元至二十元 |
| 狼　皮 | 八千张 | 六元至十元 |
| 熊　皮 | 五百张 | 十五元至二十元 |
| 草猞猁 | 八千张 | 六元至八元 |
| 沙狐皮 | 五千至六千张 | 三元 |
| 豹　皮 | 二千至三千张 | 二十余元 |
| 水獭皮 | 二百至三百张 | 四十余元 |

乙、家畜皮革

| 品类名称 | 每年平均产量 | 每张平均价值 |
| --- | --- | --- |
| 羊皮 | 六百万张 | 一元至二元 |
| 牛皮 | 三百万余张 | 六元 |
| 马皮 | 七万张 | 四元至五元 |
| 骡皮 | 一万余张 | 三元 |
| 狗皮 | 四万余张 | 三元 |

以上所列皮革各栏数目仅以约略之数表明，决非精确之统计，然据此亦可证皮革在西北位置之重要也。

两省之毛织事业

两省所产之羊毛，除小部分输往外洋或邻省外，余均供各本省之用。然近年百业凋弊，羊毛亦因之而滞销，常有囤积之患。虽两省各有公私经营之毛织事业，如织毯毡、制褐子及他种纺织，然统无补于囤积之羊毛也。兹分别两省之毛织事业略述之。

甘肃省原有织呢总局，系清光绪初年成立，费资二百万两，然以生产不旺，开支过巨，逐渐亏蚀，致所有资本耗尽，遂即停办，中间虽复经数次之经营，终告歇业，至今尚无恢复之望。至其私人经营之羊毛纺织业，均以资力有限，出品不良，亦无大规模之组织。

青海则有加牙栽毡工厂，附近农村妇女大小率能纺线，以供栽毡之用，其出品亦颇多，惟尚未能成庄，更以纺织粗糙，染色尤劣，故亦虽以发展，若不急图改良，殊觉可惜也。

两省马牛之情形

西北畜牧次于羊毛者则为马、牛，然自十六、七、八年旱灾之后，其数大减，仅番藏人民间有成群之牛马，然其数亦远不如十六年前之数也。西北马种为全国之冠，然与外国马种比较，则瞠乎其后，但凡农用、工用、军用及运输用，在在需用马力，因之国防民生均为主要之动物，故改良繁殖，不容稍缓。即牛亦为农业之需，且甘青人民每以牛乳为饮料，惜其产量不丰，更以番、回、藏人民均赖牛肉为生，实有增加繁殖之必要。

牲畜之病害

两省之畜牧方法均守旧方，对于家畜卫生及防疫等毫不讲究，每发生病害，则迁徙他处，辗转迁移，更易传染。至其病害，以牛瘟为最，羊瘟为次，骡马瘟更次之。兹将其普通病名及病状列下：

| 病名 | 病　状 |
| --- | --- |
| 牛瘟 | 鼻孔流涕，后跨脊跌离，不能起立，间有腹涨大。 |
| 羊瘟 | 同上 |
| 骡马瘟 | 同上 |
| 骡马黑汗风 | 大汗不已，汗带粘质，两三小时即死。 |
| 骡马结症 | 分水结、草结二种，不小便为水结，不大便为草结，病畜腹部膨胀，顿失常态。 |
| 骡马黄病 | 胸部或腱部生块状物，食欲停止。 |

| | |
|---|---|
| 牛之漏蹄 | 分血漏、灰漏两种，血漏为碰伤所致，灰漏因践踏人粪尿所致(此说不确)。 |
| 牛之泻症 | 不动不食，粪便稀糜放恶臭。 |
| 羊之泻症 | 泻黄色水，食欲停止，死后身体僵直。 |

五、结论

西北为吾国蕴而未发之宝藏，凡吾国人类皆知之。从民生主义上观察，国防方面观察，国内人口分配上观察，开发西北为当今之必需。然开发西北，首重垦牧，盖人民先能饱食，方能工作，故曰国以民为本，民以食为天。然牧业与农业实并行而不相悖，西北土地肥沃，耕种之后，施肥及除草等均为易事，且收获甚丰富。更就牧畜而言，甘肃之西北部及南部，青海之西部各地所生之牧草，低者盈尺，高者三数天，为绝好之天然牧场。如就西北振兴牧业，其每年出产之丰饶岂可限量，总理有言曰：南美阿根廷共和国为世界肉类之最大出产地，若我国西北牧场能从事开发，则供给世界肉类之举，可取阿根廷而代之。证以英商和记公司在五原所设牧羊场，获利之厚，方知斯言之不谬也。惟进行之步骤必具一定之计划，按步就班经营，以期实事求是，当可收相当之效率也。查本会对西北农业开发计划，仅畜牧及兽疫防治，除兽疫防治经卫生处设计外，兹草拟畜牧场改良方针如下：

改良之方针：本场之初步工作即从事选择本地优良之土种，先从事饲养试验，然后逐渐引入优美品种。惟马种则拟购用伊犁马与本地马杂交，盖此种马原为俄国种，体大而拖负力强，且能适于本地水土。牛则利用美国之短角牛shorthorn或黑福德牛Hereford，盖此二种牛早已输入中国。尚能合用羊，则用美利奴羊以作改良基础及杂交用。其余如制革及羊毛纺织，均须附属办理，籍可试验改良进行之程度及各种饲养方法对于产品之影响也。

西北牲畜改良场筹备处主任　粟显倬

〔全国经济委员会档案〕